经以济世
社稷为本

贺教育部
重大攻关项目

圆满结项

李君如
丙申十月八

教育部哲学社会科学研究重大课题攻关项目

中国社会转型中的
政府治理模式研究

RESEARCH ON GOVERNANCE PATTERNS
IN THE PROCESS OF
CHINA'S SOCIAL TRANSFORMATION

娄成武 等著

经济科学出版社
Economic Science Press

图书在版编目（CIP）数据

中国社会转型中的政府治理模式研究/娄成武等著.
—北京：经济科学出版社，2015.7
教育部哲学社会科学研究重大课题攻关项目
ISBN 978-7-5141-5757-4

Ⅰ.①中… Ⅱ.①娄… Ⅲ.①国家行政机关-行政管理-管理模式-研究-中国 Ⅳ.①D630.1

中国版本图书馆 CIP 数据核字（2015）第 099891 号

责任编辑：白留杰
责任校对：靳玉环
责任印制：邱　天

中国社会转型中的政府治理模式研究
娄成武　等著
经济科学出版社出版、发行　新华书店经销
社址：北京市海淀区阜成路甲 28 号　邮编：100142
总编部电话：010-88191217　发行部电话：010-88191522
网址：www.esp.com.cn
电子邮件：esp@esp.com.cn
天猫网店：经济科学出版社旗舰店
网址：http://jjkxcbs.tmall.com
北京季蜂印刷有限公司印装
787×1092　16 开　28.25 印张　540000 字
2015 年 7 月第 1 版　2015 年 7 月第 1 次印刷
ISBN 978-7-5141-5757-4　定价：70.00 元
（图书出现印装问题，本社负责调换。电话：010-88191502）
（版权所有　侵权必究　举报电话：010-88191586
电子邮箱：dbts@esp.com.cn）

课题组主要成员

李兆友　孙　萍　魏淑艳　杜宝贵　王玉波
高　进　蒋龙翔　耿国阶　高红成　张晓杰

编审委员会成员

主　任　孔和平　罗志荣
委　员　郭兆旭　吕　萍　唐俊南　安　远
　　　　　文远怀　张　虹　谢　锐　解　丹
　　　　　刘　茜

总　序

哲学社会科学是人们认识世界、改造世界的重要工具，是推动历史发展和社会进步的重要力量。哲学社会科学的研究能力和成果，是综合国力的重要组成部分，哲学社会科学的发展水平，体现着一个国家和民族的思维能力、精神状态和文明素质。一个民族要屹立于世界民族之林，不能没有哲学社会科学的熏陶和滋养；一个国家要在国际综合国力竞争中赢得优势，不能没有包括哲学社会科学在内的"软实力"的强大和支撑。

近年来，党和国家高度重视哲学社会科学的繁荣发展。江泽民同志多次强调哲学社会科学在建设中国特色社会主义事业中的重要作用，提出哲学社会科学与自然科学"四个同样重要"、"五个高度重视"、"两个不可替代"等重要思想论断。党的十六大以来，以胡锦涛同志为总书记的党中央始终坚持把哲学社会科学放在十分重要的战略位置，就繁荣发展哲学社会科学作出了一系列重大部署，采取了一系列重大举措。2004年，中共中央下发《关于进一步繁荣发展哲学社会科学的意见》，明确了新世纪繁荣发展哲学社会科学的指导方针、总体目标和主要任务。党的十七大报告明确指出："繁荣发展哲学社会科学，推进学科体系、学术观点、科研方法创新，鼓励哲学社会科学界为党和人民事业发挥思想库作用，推动我国哲学社会科学优秀成果和优秀人才走向世界。"这是党中央在新的历史时期、新的历史阶段为全面建设小康社会，加快推进社会主义现代化建设，实现中华民族伟大复兴提出的重大战略目标和任务，为进一步繁荣发展哲学社会科学指明了方向，提供了根本保证和强大动力。

高校是我国哲学社会科学事业的主力军。改革开放以来，在党中央的坚强领导下，高校哲学社会科学抓住前所未有的发展机遇，紧紧围绕党和国家工作大局，坚持正确的政治方向，贯彻"双百"方针，以发展为主题，以改革为动力，以理论创新为主导，以方法创新为突破口，发扬理论联系实际学风，弘扬求真务实精神，立足创新、提高质量，高校哲学社会科学事业实现了跨越式发展，呈现空前繁荣的发展局面。广大高校哲学社会科学工作者以饱满的热情积极参与马克思主义理论研究和建设工程，大力推进具有中国特色、中国风格、中国气派的哲学社会科学学科体系和教材体系建设，为推进马克思主义中国化，推动理论创新，服务党和国家的政策决策，为弘扬优秀传统文化，培育民族精神，为培养社会主义合格建设者和可靠接班人，作出了不可磨灭的重要贡献。

自2003年始，教育部正式启动了哲学社会科学研究重大课题攻关项目计划。这是教育部促进高校哲学社会科学繁荣发展的一项重大举措，也是教育部实施"高校哲学社会科学繁荣计划"的一项重要内容。重大攻关项目采取招投标的组织方式，按照"公平竞争，择优立项，严格管理，铸造精品"的要求进行，每年评审立项约40个项目，每个项目资助30万~80万元。项目研究实行首席专家负责制，鼓励跨学科、跨学校、跨地区的联合研究，鼓励吸收国内外专家共同参加课题组研究工作。几年来，重大攻关项目以解决国家经济建设和社会发展过程中具有前瞻性、战略性、全局性的重大理论和实际问题为主攻方向，以提升为党和政府咨询决策服务能力和推动哲学社会科学发展为战略目标，集合高校优秀研究团队和顶尖人才，团结协作，联合攻关，产出了一批标志性研究成果，壮大了科研人才队伍，有效提升了高校哲学社会科学整体实力。国务委员刘延东同志为此作出重要批示，指出重大攻关项目有效调动了各方面的积极性，产生了一批重要成果，影响广泛，成效显著；要总结经验，再接再厉，紧密服务国家需求，更好地优化资源，突出重点，多出精品，多出人才，为经济社会发展作出新的贡献。这个重要批示，既充分肯定了重大攻关项目取得的优异成绩，又对重大攻关项目提出了明确的指导意见和殷切希望。

作为教育部社科研究项目的重中之重，我们始终秉持以管理创新服务学术创新的理念,坚持科学管理、民主管理、依法管理,切实增强服务意识,不断创新管理模式,健全管理制度,加强对重大攻关项目的选题遴选、评审立项、组织开题、中期检查到最终成果鉴定的全过程管理,逐渐探索并形成一套成熟的、符合学术研究规律的管理办法,努力将重大攻关项目打造成学术精品工程。我们将项目最终成果汇编成"教育部哲学社会科学研究重大课题攻关项目成果文库"统一组织出版。经济科学出版社倾全社之力,精心组织编辑力量,努力铸造出版精品。国学大师季羡林先生欣然题词:"经时济世　继往开来——贺教育部重大攻关项目成果出版";欧阳中石先生题写了"教育部哲学社会科学研究重大课题攻关项目"的书名,充分体现了他们对繁荣发展高校哲学社会科学的深切勉励和由衷期望。

创新是哲学社会科学研究的灵魂,是推动高校哲学社会科学研究不断深化的不竭动力。我们正处在一个伟大的时代,建设有中国特色的哲学社会科学是历史的呼唤,时代的强音,是推进中国特色社会主义事业的迫切要求。我们要不断增强使命感和责任感,立足新实践,适应新要求,始终坚持以马克思主义为指导,深入贯彻落实科学发展观,以构建具有中国特色社会主义哲学社会科学为己任,振奋精神,开拓进取,以改革创新精神,大力推进高校哲学社会科学繁荣发展,为全面建设小康社会,构建社会主义和谐社会,促进社会主义文化大发展大繁荣贡献更大的力量。

教育部社会科学司

前　言

《中国社会转型中的政府治理模式研究》是我们承担的2008年度教育部哲学社会科学研究重大课题攻关项目的最终成果。

该项目获批后，课题组成员随即展开文献查阅与实地调研，在收集了一些地方政府的治理案例以及国外部分城市治理模式素材的基础上，于2009年3月完成开题报告。之后，课题组继续开展政府治理方面的理论研究，于2009年暑期成功举办"全国公共管理博士生学术论坛"，拓展了政府治理模式的研究视域。2010年9月该项目完成中期检查。根据开题专家组与中期检查专家的意见，我们将研究重点做了适当调整，最终形成《中国社会转型中的政府治理模式研究》的结题报告，并于2013年5月上报教育部社科司申请结题。2013年底，该项目通过专家组评审获得优秀，并被推荐进入《教育部哲学社会科学研究重大课题攻关项目》丛书，由经济科学出版社正式出版。这是课题组全体成员的知识结晶，更是学术界对课题组研究成果的肯定。

自该项目申请书的填报开始，该项目经历了7年的时间。7年间，课题组成员先后出版7部学术著作、发表100余篇学术论文，并有10多个博士毕业，该项目的主要参加者有的已由讲师晋升为副教授、有的则由副教授晋升为教授，基本完成了搭建一个平台、出版一批成果、培养一批人才的最初设计目标。在本书即将出版之际，对所有参与该项目的人员表示由衷的谢意，对参与项目结题报告与专著撰写工作的成员表示感谢。

全书大约52万字，共10章内容。本书研究得出如下结论：（1）中国社会转型中的政府治理模式，既不是西方学者提出的政府治理模式的翻版，也不是我国原有的政府管理模式的修修补补，而是充分考虑全球治理的境遇与中国社会转型的社会背景，充分考虑我国政府行政改革的实践与价值取向，才能作出正确选择的问题。(2) 我国不可能完全实行西方的多中心治理模式，政府与社会协同治理模式成为我国的现实性选择。政府与社会协同治理模式是以中国共产党为中心的多元主体治理模式，是强调治理主体之间平等协作关系的治理模式，是治理权威多样性的模式，是多元主体力量综合性提升的治理模式，是治理主体具有共同目的性的治理模式。(3) 我国治理变革的主要探索包括政党治理、政府治理、社会治理等方面，这些方面的探索呈现出渐进性、实用性、政治改革滞后性、技术性等特点。完善国家治理体系，需要把握好四个方面的关键环节：党要严治，政府善治，社会法治，全民得治。四个维度可以归结为党风、政风、社风、民风建设，其中党风建设是核心，政风、民风建设是关键，密切党群关系、实现人民利益最大化和社会和谐是本质。

本书由项目首席专家娄成武教授拟订写作提纲，由相关研究人员负责完成各章的写作，最后由娄成武教授、李兆友教授统稿、定稿。特别需要指出的是，在课题立项、开题、中期检查、课题验收的过程中，教育部各位领导及全国学术同仁给予了大力支持。在本书即将出版之际，谨向各位领导、各位同仁表示衷心的感谢，同时，感谢经济科学出版社以及责任编辑白留杰女士的辛勤劳动。

娄成武
2015 年 6 月 2 日

摘　要

"社会转型"一词源自西方现代化理论。自20世纪90年代开始，"社会转型"这一概念逐渐进入中国的学术语系中，并逐渐成为描述和解释中国改革开放以来社会变迁的重要理论之一，也成为理论界研究中国社会热点及重点问题的表达方式。与此同时，治理也在20世纪90年代成为一个最流行的概念、思潮和理念。国际组织纷纷使用治理来表达其研究成果，西方学术界更是对治理投入巨大的研究热情。我国学者也对治理表现出浓厚的兴趣，出版发表了大量的学术著作与学术论文。

中国社会转型是在社会主义框架下的社会稳定和社会发展的内在统一，是社会系统结构的整体性变迁，其发生过程伴随着人们价值观念的多方面的变革与冲突。中国社会转型中的政府治理模式，既不是西方学者提出的或预测的政府治理模式的翻版，也不是我国原有的政府管理模式的修修补补，而是需要充分考虑全球治理的境遇与中国社会转型的社会背景，需要充分考虑我国政府行政改革的实践与价值取向，才能作出正确选择的问题。因此，只有认真研究我国社会转型期行政改革的基本经验，认真研究西方治理理论本土化过程以及我国学者对政府治理的理解，才能形成我国社会转型时期的政府治理理论创新成果，并在此基础上作出合乎中国国情的政府治理模式选择。

社会转型时期我国行政改革在政府机构改革、行政审批制度改革、"省直管县"体制改革等方面取得了一定的成就，但也存在着诸多的问题，需要通过转变政府职能、优化政府结构、建设服务型政府来解决。为此，需要以邓小平改革开放思想为理论指导，深化政府改革；以社会主义核心价值体系为指导，重塑政府形象与政府行政理念；以和谐政府理论为基础，科学地解决公务员同被服务民众之间、公务员相互之间、公务员同其职位之间的关系协调；以有效政府理论为基础，实现政府行政内容、行政程序以及行政评价的有效性之间的协同。

我国治理变革经历了治理变革的初步探索、以维护稳定为中心的治理变革、治理变革的新探索三个阶段。我国治理变革的主要探索包括政党治理、政府治理、社会治理等方面，这些方面的探索呈现出渐进性、实用性、政治改革滞后性、技术性等特点。我国学者对西方治理理论的研究，则经历了治理理论的引介、应用、探讨和反思、本土转化的努力等阶段。由于治理所处社会发展脉络不同、治理立基的社会结构不同、治理的发育过程不同、治理面对的问题集不同、治理主体的政治理性化程度不同，我国学者对治理概念有着独特的理解。

政府治理模式作为政府治理的具体范式，指的是依据本国的社会经济条件，为高效实现公共利益，由政府治理理念、政府治理结构和政府治理工具构成的内在关联的体系范式。社会转型背景下我国政府治理模式研究的着力点在于：科学界定政府治理与国家治理的边界，调适政府与市场在资源配置中的关系，优化责权利相统一的政府运行体系，培育社会治理能力并使之不断壮大。基于此，我国不可能完全实行西方的多中心治理模式，政府与社会协同治理模式成为我国的现实性选择。

政府与社会协同治理模式是以中国共产党为中心的多元主体治理模式，是强调治理主体之间平等协作关系的治理模式，是治理权威多样性的模式，是多元主体力量综合性提升的治理模式，是治理主体具有共同目的性的治理模式。政府与社会协同治理模式的良好运作，必须以政府自身能力的提升为依托，以建立高效的行政机构和精干的公务员队伍为载体。只有在推进政府自身改革、加强社会建设、构建政府与社会信任关系的基础上，全面提升政府现有治理能力，才能促使政府与社会协同治理模式的完善。

基于以上的理论分析，本书探讨了土地资源管理方面的政治一元化框架内的多元化治理模式、社会保障方面的公共契约治理模式、教育管理方面的公共治理模式。此外，本书还探讨了社会转型时期我国地方政府竞争的治理模式以及中国市辖区政府治理模式。

Abstract

"Social transformation" derives from the western modern theory. Since 1990s, the concept of "social transformation" gradually enters the Chinese academic languages, and gradually becomes one of the fundamental theories to describe and explain the social changes since China's reform and opening up, and also becomes the way for researchers to describe Chinese social hotspots and the key problems. At the same time, governance also becomes one of the most popular concept, thought and idea in 1990s. International organizations are mostly using governance to express its research achievements, and the western academics also show fantastic enthusiasm to the study of governance. Our Chinese scholars also express a keen interest to governance, and have published a lot of academic works and papers on it.

The transformation of Chinese society is the unity of social stability and social development under the framework of socialism, and it is the integrity change of social system structure, and in its process the values of the various people changed and had conflicts. The mode of governmental governance in Chinese social transition is neither the mode of government governance which proposed by western scholars, nor the existing tinkered government management mode of our own country. But it is the right choice which needs fully considering the situation of global governance and the social background of social transformation in China, and needs fully considering the practice of our country's government administrative reform and value orientation. Therefore, only under a careful study of the basic experience of the administrative reform in China's social transition, and carefully studying the localization process of western governance theory, and scholars' understanding of governance in our country, can it produce innovational achievements of the governance theory during the period of social transformation in our country. And on the basis of this, it can make right choice to form a governmental governance mode according to.

During the period of social transformation, our administrative reform has obtained certain achievements in government bodies' reform, in the reform of the administrative examination and approval system, and in "made the county" system, but it still has many problems. These problems need to be resolved through the transformation of government function, optimizing the structure of government, and building a service-oriented government. To do this, we need to deepen the reform of the government under the guidance of the theory of Deng Xiaoping's reform and opening-up thoughts; to reshape the government image and the government administrative concept guided by the socialist core value system; on the basis of harmonious government theory, to scientifically coordinate the relationships between civil servants and the people, between civil servants with each other, and between civil servants and their positions; on the basis of the effective government theory, to realize of the synergy of the effectiveness between the government administrative content, administrative procedures and administrative evaluation.

Our country's governance reform has experienced three stages of change—preliminary exploration of governance reform, the governance reform to maintain stability and new exploration of governance. The main explorations of China's governance reform include party governance, governmental governance and social governance and so on. These aspects show progressive, practical, hysteresis of political reform and technical characteristics. Studying on the western governance theory, our Chinese scholars have experienced introduction, application, discussion and reflection, and indigenous transformational efforts. Due to different governance of social development, different social structures established by governance, different developmental process of governance, different governance problems and different levels of political rationalization of the governance body, our Chinese scholars have a unique concept of governance.

As a specific government governance paradigm governmental governance mode is based on the country's social and economic conditions, and is the inner relation of system model which constituted by the concept of governance, governance structure and governance tools in order to realize the effective implementation of public interests. Under the background of social transformation in our country, the study governmental governance mode focuses on scientifically defining the boundary between governmental governance and governance, adjusting the relationship between government and market in the allocation of resources, optimizing the unity of the government running system and cultivating social governance capacity. On the base of this, our country can't complete implement the polycentric governance mode of the west. The government and social cooperative governance model becomes the realistic choice of our country.

The government and the society coordinated governance model is the multi-main-body governance mode which considers communist party of China as the center. It emphasizes the equal collaboration relationships between governance bodies. It is the managerial authority and diversity patterns. It is a governance mode to improve the strength of multiple main bodies comprehensively. It is also a governance model which governance bodies have common purposes. The good operation of governmental and social cooperative governance model must be based on the ability of government itself and relay on efficient civil servants who are the carrier of administrative institutions and hard working. Only under the reform of the government by itself, strengthening social constructions, building the trust on the basis of the relationship between government and social, improving the existing management ability, can it finally encourage the improvement of the government and social cooperative governance model.

Based on the above theoretical analysis, this book discusses the political diversity model within the framework of unified management pattern in the aspects of the land resource management. This book also analyzes public contract governance mode of social security and public governance mode of education management. In addition, this book also discusses the local government competition governance mode and the municipal government governance mode in China during the period of social transformation.

目 录

第一章 ▶ 社会转型与治理的概念界定　1
第一节　社会转型的理论源流及其内涵分析　1
第二节　治理的内涵　23

第二章 ▶ 社会转型时期的我国行政改革　42
第一节　社会转型时期我国行政改革的重要成就　42
第二节　社会转型时期行政改革存在的主要问题及成因分析　64
第三节　社会转型时期我国行政改革的经验总结与未来走向　73

第三章 ▶ 社会转型时期政府治理变革的理论基础　80
第一节　邓小平改革开放思想　80
第二节　社会主义核心价值体系　89
第三节　和谐政府理论　99
第四节　有效政府理论　115

第四章 ▶ 社会转型时期我国治理理论创新与政府治理模式探索　128
第一节　西方治理理论的本土化探讨　128
第二节　社会转型期的我国治理变革　138
第三节　我国学界对政府治理的理解　149
第四节　政府治理模式的内涵、要素与特点　155
第五节　社会转型对我国政府治理模式的影响　170

第五章 ▶ 社会转型时期政府与社会协同治理模式　177
第一节　政府与社会协同治理模式的内涵与特征　177

　　　　第二节　政府与社会协同治理模式的理论依据　183

　　　　第三节　政府与社会协同治理模式的运行载体、前提与社会基础　191

　　　　第四节　政府与社会协同治理模式对政府治理能力的要求　200

第六章 ▶ 社会转型中政府与社会协同治理模式的实现路径　214

　　　　第一节　推进政府自身改革　214

　　　　第二节　加强社会建设　231

　　　　第三节　构建政府与社会信任关系　243

第七章 ▶ 社会转型期城市土地资源治理模式　247

　　　　第一节　转型期城市土地资源管理模式及问题分析　247

　　　　第二节　转型期城市土地资源"公共治理"适用性分析　257

　　　　第三节　社会转型期城市土地资源治理模式的构建　260

　　　　第四节　转型期地方（城市）土地财政治理变革　270

　　　　第五节　基于治理理念的城市土地经营　284

第八章 ▶ 社会转型时期社会保障服务的政府治理模式　293

　　　　第一节　社会保障服务的提出与政府购买社会保障服务　293

　　　　第二节　政府购买社会保障服务的国际比较与借鉴　301

　　　　第三节　政府购买医疗保障服务的公共契约治理模式　307

　　　　第四节　政府购买基本医疗服务人头费测算　315

　　　　第五节　面向人口老龄化的养老服务时间银行模式构建　323

第九章 ▶ 社会转型时期教育发展的政府治理模式　336

　　　　第一节　教育的产品属性与教育的公共治理　336

　　　　第二节　教育公共治理中的角色分析　343

　　　　第三节　教育公共治理中的各种关系与机制设计　350

第十章 ▶ 社会转型时期中国地方政府治理模式　367

　　　　第一节　社会转型期中国地方政府竞争的治理模式　367

　　　　第二节　社会转型期中国市辖区政府治理模式　400

参考文献　424

Contents

Chapter 1 Connotation of social transformation and governance   1

   1. 1   Theoretical origin of social transformation and its connotation   1

   1. 2   Connotation of governance   23

Chapter 2 China's administrative reform in the period of social transformation   42

   2. 1   Important achievements of China's administrative reform in the period of social transformation   42

   2. 2   Main issues and their reasons of China's administrative reform in the period of social transformation   64

   2. 3   Experience summary and future trend of China's administrative reform in the period of social transformation   73

Chapter 3 Theoretical basis of governance reform in the period of social transformation   80

   3. 1   Deng Xiaoping's thought of opening and reform   80

   3. 2   Socialist system of core values   89

   3. 3   Theory of harmonious government   99

   3. 4   Theory of effective government   115

Chapter 4 Survey of China's governance theory and governance patterns in the period of social transformation   128

   4. 1   Localization of western governance theory   128

4.2　China's governance change in the period of social transformation　138

4.3　Academics'understanding of governance　149

4.4　Connotation, elements and characteristics of governance patterns　155

4.5　Impact of social transformation on China's governance patterns　170

Chapter 5　Collaborative governance patterns of government and society in the period of social transformation　177

5.1　Connotation and characteristics of collaborative governance patterns of government and society　177

5.2　Theory basis for collaborative governance patterns of government and society　183

5.3　Operational carrier, premise and social basis of collaborative governance patterns of government and society　191

5.4　Requirements of governance ability for collaborative governance patterns of government and society　200

Chapter 6　Implementation paths of collaborative governance patterns of government and society in the period of social transformation　214

6.1　Advancing government's own reform　214

6.2　Strengthening social construction　231

6.3　Building trust relationship between government and society　243

Chapter 7　Urban land resources governance patterns in the period of social transformation　247

7.1　Urban land resources management mode and issues analysis　247

7.2　Applicability analysis of urban land resources public governance　257

7.3　Building urban land resources governance patterns　260

7.4　Governance change of urban land finance　270

7.5　Urban land running based on governance ideas　284

Chapter 8　Governance patterns of social security service in the period of social transformation　293

8.1　Raising of social security service and government's purchasing social security service　293

8.2　International comparison and reference of government's purchasing social security service   301

  8.3 Public contract governance patterns of government's purchasing public health care services   307

  8.4 Reward measure of government's purchasing basic medical service   315

  8.5 Old-age service time banking model building facing the aging of the population   323

Chapter 9 Governance patterns of education development in the period of social transformation   336

  9.1 Education's production attributes and education's public governance   336

  9.2 Role analysis of education's public governance   343

  9.3 Various relations and mechanism design of education's public governance   350

Chapter 10 China's local governance patterns in the period of social transformation   367

  10.1 Governance patterns of China's local government competitions   367

  10.2 Governance patterns of China's government of municipal districts   400

References   424

第一章

社会转型与治理的概念界定

第一节 社会转型的理论源流及其内涵分析

一、社会转型的理论源流

"社会转型"一词源自西方现代化理论,社会转型范畴产生的语言背景则是当代现代化的实践。① 有的研究者甚至认为,我们今天所关注的社会转型,实质上与现代化是同一个问题。②

我国著名历史学家、现代化研究专家罗荣渠指出,现代化是用来概括人类近期发展进程中社会急剧转变的总的动态的新名词。现代化的含义包括四个方面:一是指近代资本主义兴起后的特定国际关系格局下,经济上落后国家通过技术革命,在经济和技术上赶上世界先进水平的历史过程;二是指工业化,是经济落后国家实现工业化的进程,是人类社会从传统的农业社会向现代工业社会转变的历史过程;三是指自科学革命以来人类急剧变动过程的统称,这种变化不仅限于工

---

① 张雄:《社会转型范畴的哲学思考》,载《学术界》1993年第5期,第35页。
② 耿云志:《社会转型与现代化的内在机制与外部条件》,载《史学月刊》2005年第2期,第5页。

业领域或经济领域，同时也发生在知识增长、政治发展、社会动员、心理适应等各个方面；四是指一种心理态度、价值观和生活方式的改变过程，现代化可以看做是代表我们这个历史时代的一种"文明的形式"。罗荣渠认为，现代化的过程有若干不同的层面：经济发展是物质的层面，政治发展是制度的层面，而思想与行为模式则是社会的深度层面。罗荣渠还将现代化做了广义和狭义的区分。广义的现代化作为一个世界性的历史过程，是指人类社会自工业革命以来所经历的一场急剧变革，它以工业化为推动力，导致传统的农业社会向现代工业社会的全球性的大转变。狭义的现代化是指落后国家采取高效率的途径，通过有计划地经济技术改造和学习世界先进经验，带动广泛的社会改革，以迅速赶上先进工业国和适应现代世界环境的发展过程。①

对现代化问题研究的重视首推美国学者，这主要是因为战后美国政府从其全球战略出发，非常注意研究发展中国家和地区的发展策略，他们希望将后者纳入美国设想的世界格局之中。因此，现代化问题的提出，是密切为美国对外政策服务的。1950年，由美国著名经济学家库兹涅茨提议，创建了美国社会科学研究理事会经济增长委员会，并创办了该委员会的学术刊物《文化变迁》杂志，标志着现代化理论研究的开端。1951年，该杂志的编辑部在芝加哥大学举行学术会议，讨论了当时有关贫困和经济发展不平衡的问题、美国的对外政策以及有关的各种理论。与会者感到使用"现代化"一词来说明从农业社会向工业社会的转变是比较合适的。"现代化"这个术语开始被学者们广泛使用。②

1960年，罗斯托出版《经济成长的阶段——非共产党宣言》，该书按照社会的经济规模将所有社会分为五类：传统社会、为发动创造前提条件阶段、发动阶段、向成熟推进阶段、高额群众消费时代。③ 罗斯托认为，一国经济起飞后，将进入持续增长的阶段，美国不仅是现代化的国际样板，而且它的责任就是"在世界许多地区帮助维护现代化进程中的国家主权完整和独立自主"。罗斯托的观点代表了战后美国社会科学的主流思想，他们力图把其他后发展国家的现代化引向"西化"甚至"美国化"的轨道。德国学者查普夫也认为，现代化理论首先是在"二战"后的美国建立起来的，根据这种理论，欠发达社会应以一种有计划、有控制、加速度的方式重现西方的发展。在亚非拉各国尚不存在西方体制及传统时，应引进或通过"功能等同物"来加以替代。④

---

① 罗荣渠：《现代化新论：世界与中国的现代化进程》，商务印书馆2004年版，第8~17页。
② 布莱克：《比较现代化》，上海译文出版社1996年版，第2~3页。
③ ［美］罗斯托，国际关系研究所编译室译：《经济成长的阶段——非共产党宣言》，商务印书馆1962年版，第10~19页。
④ ［德］查普夫：《现代化与社会转型》（第二版），社会科学文献出版社2000年版，第8页。

美国普林斯顿大学史学教授布莱克提出用比较的方法和跨学科的方法展开现代化研究的主张。他领导的研究小组首先对俄国和日本的现代化进行了比较，出版了《俄国和日本的现代化——一份比较报告》和《现代化的动力》，为现代化理论指出了新的研究方向。他认为，现代化理论研究的对象是在科学和技术革命的作用下社会所发生的和正在发生的转变过程。不过，早期的现代化理论过多地强调了西方影响的作用，却忽视了对各类正在现代化的社会内部文化传统的研究。现代化这个概念在解释人类发展方面包含着极广的范围，它具有四个主要特征：第一，一个社会在前现代时期内产生的有利于现代化的能力具有特别重要的意义；第二，知识的进展，尤其是反映在科学和技术革命中的知识进展，是这种变化的原动力，而且正是由于有了这种变化才使现代完全区别于过去任何时代；第三，它着重考察知识进步在政治、经济和社会方面提供了可能性的情况下，社会利用这些可能性的能力有多强；第四，它应当批判性地评价一些社会的政治领导人在力图改造传统遗产和有选择性地向先进社会借鉴的过程中可能采取的各项政策的得失。布莱克认为，不仅西方社会的传统建制有能力适应现代性的要求，非西方社会的传统建制也在不同的程度上有适应现代性要求的能力。因此，较晚开始现代化的社会所面临的主要问题并不是抛弃自己的建制，一味地向西方借鉴，而是认真地评估他们的建制遗产，以决定在多大程度上可以将它转变过来满足现代的要求。非西方社会的文化应当从它本身的角度认真地加以研究，而不是简单地去看它在与较早现代化的社会的影响发生联系时所具有的功能。[①]

亨廷顿认为，现代化是沟通现代社会与传统社会之间的桥梁，西方学者对现代化过程的大致状况和特征也取得了基本上一致的看法，大多数学者或明或暗地提出了现代化过程的九个特征：（1）现代化是革命的过程；（2）现代化是复杂的过程；（3）现代化是系统的过程；（4）现代化是全球的过程；（5）现代化是长期的过程；（6）现代化是有阶段的过程；（7）现代化是一个同质化的过程；（8）现代化是不可逆转的过程；（9）现代化是进步的过程。[②] 亨廷顿同时提出，现代化可能只是西方文化的特色，非洲和亚洲文化中发生的任何变化与西方社会中发生的变化不仅在性质上根本不同，结果也很不相同。[③]

以西方化为中心的现代化理论由于种种原因自其提出以来，就受到尖锐的批判。沃勒斯坦在1976年发表的文章《现代化安息吧》中宣称，"现代化理论之酒已经酸了。让我们回到原来的立场。我们认为，我们这个世界的现实情况是：

---

① 布莱克著，杨豫译：《现代化与政治发展》，载《国外社会科学》1989年第4期，第1页。
② 布莱克：《比较现代化》，上海译文出版社1996年版，第44~47页。
③ 同②，第57页。

这是一个资本主义的世界经济，它正处于向一个社会主义世界政府过渡的起步阶段。"① 查普夫指出，"在最近的关于'后现代'的讨论当中，甚至谈到现代化的失败、'现代工程的失败'。"② 查普夫认为，经过冲突论和创新论"淬火"的现代化理论是理解东方的转变以及西方的当前问题和未来机遇的合适的理论模式。容纳、价值普遍化、分化和地位提高是社会变迁的机制，他称之为"继续现代化"，包括方向恒定和结构改善这两重含义。③ 正是在这种情况下，"社会转型"成为表达"现代化"过程的另一个语词，成为现代化理论关于当前世界社会变迁趋势的基本概念。④ "社会转型"是西方现代化理论发展到一定程度的产物，其中心用意是说，非现代社会应该加速实现现代化，而那些已经走在现代化路上的国家也应当继续现代化，其中关键的问题是实现社会结构的现代化。⑤

二、社会转型的内涵分析

布莱克概括了所有现代化社会必定面临的关键性问题，包括：（1）现代性的挑战。现代观念和制度、现代化拥护者的出现，使社会在传统知识范围内遇到了最初的对抗。（2）现代化领导的稳固。权力从传统领袖向现代领袖转移，这一过程的尖锐的革命斗争通常可达数代人之久。（3）经济和社会的转型。经济增长和社会变迁达到这样的程度，社会从农村和农业为主的生活方式转向城市和工业为主的生活方式。（4）社会整合。经济和社会转型导致了整个社会基本结构的重组。⑥ 布莱克指出，按现有的脉络来理解，经济和社会转型阶段指的是从现代化领袖接管政治权力到社会全面发展这两者之间的一段时间。布莱克认为，在发达国家中，经济和社会转型过程在英国从 1832～1945 年完成；法国是 1848～1945 年；美国是 1865～1933 年。现代化迟发国家中，这一过程在俄国开始于 1917 年；土耳其是 1923 年；巴西是 1930 年；中国是 1949 年；埃及是 1952 年。目前，这些国家仍在进行这一过程。⑦ 布莱克进一步指出，在经济和社会转型时期，知识和政治方面的转变可能在事后回忆中比在现实中更清晰，但经济和社会的转变却在各种情况下都是极明显的。确实，它们的冲击太大了，以至社会理论

---

① ［德］查普夫：《现代化与社会转型》（第二版），社会科学文献出版社 2000 年版，第 63 页。
② 同①，第 10 页。
③ ［德］查普夫著，陆宏成、陈黎译：《现代化与社会转型》（第二版），社会科学文献出版社 2000 年版，第 65 页。
④⑤ 雷龙乾：《中国社会转型的哲学阐释》，人民出版社 2004 年版，第 23 页。
⑥ ［美］布莱克著，景跃进、张静译：《现代化的动力：一个比较史的研究》，浙江人民出版社 1989 年版，第 60 页。
⑦ 同⑥，第 67 页。

家们无法抵制这一诱惑，即以牺牲其他较深刻的现代化特征为代价而强调它们。一般来说，这些变化的范围在下列转变中反映出来：社会半数以上的劳动力从农业转向制造业、运输业、商业和服务业；更多的人口从农村迁向城市。这一转型的程度在不同国家有很大区别。①

查普夫提出，"转型和过渡是现代化进程，其特点在于现代化进程的目标是明确的：接受、建立、吸收现代的民主、市场经济和法制制度。"② 他将现代化理论讨论的现状归纳为：（1）转型社会选择了现代西方社会及其基础体制作为唯一的模式；（2）转型的困难和冲突不应成为反对现代化的借口；（3）自从在东南亚有过很多成功的现代化进程之后，现代化就不再是简单的西化；（4）现代性的矛盾性已获承认；（5）没有一项对现代化理论和现代社会的批评提出过有说服力的选择方案；（6）生态问题是不断自发产生的，是对现代社会的一种新的挑战；（7）在转型过程中，民族和国家的形成所起的重要作用仍是人们始料未及的；（8）大众消费和福利国家仍是现代社会最重要的合法化机制。③ 查普夫认为，社会转型是一个自觉的过程，转型和过渡都是"赶超式的现代化"，都涉及对创新的模仿，当然，简单的模仿又是不够的，对体制和行为方式的自我发明和再发明是必不可少的。然而，后来的追赶者在特定的条件下不仅可以赶上，甚至可以超越。④ 因此，社会转型并不是"西化"或"欧化"，它实际上是一次社会创新过程，这些社会创新同竞争制民主和市场经济是完全兼容的。⑤

从20世纪90年代开始，"社会转型"这一概念逐渐进入中国的学术语系中，并逐渐成为描述和解释中国改革开放以来社会变迁的重要理论之一，也成为理论界研究中国社会的热点及重点问题的表达方式。不过，对大多数人而言，"转型"仍是一个新的词语，在商务印书馆出版的《现代汉语词典》（2002年增补本）的正文部分并没有这个词语，而是在附录的"新词新意"中列出了"转型"，包括两个意思：（1）社会经济结构、文化形态、价值观念等发生转变；（2）转换产品的型号或构造。⑥

目前，我国学术界关于社会转型的观点并未达成完全一致的看法。主要可以区分为两种视角的研究，即社会学的研究与哲学的研究。

---

① [美] 布莱克著，景跃进、张静译：《现代化的动力：一个比较史的研究》，浙江人民出版社1989年版，第69页。
② 同①，第78页。
③ 同①，第80~82页。
④ 同①，第78页。
⑤ 同①，第81页。
⑥ 中国社会科学院语言研究所词典编辑室：《现代汉语词典》（2002年增补本），商务印书馆2002年版，第1830页。

从社会学视角出发，郑杭生、郭星华指出，转型是指事物从一种运动型式向另一种运动型式过渡的过程。转型既包括事物结构的转换，也包括事物运动机制的转换。所谓社会转型，是指社会结构和社会运行机制从一种型式向另一种型式转换的过程，转型社会则是指在这一转换过程中的一种特殊社会运行状态。党的十一届三中全会以来，我国进入了从传统社会向社会主义现代化社会转型的新时期①。

李培林提出，经过十几年的改革开放，中国已进入一个新的社会转型时期。社会转型是一种整体性发展，也是一种特殊的结构性变动，是一个数量关系的分析概念。社会转型的主体是社会结构，它是指一种整体的和全面的结构状态过渡，而不仅仅是某些单项发展指标的实现。社会转型的具体内容是结构转换、机制转轨、利益调整和观念转变。在社会转型时期，人们的行为方式、生活方式、价值体系都会发生明显的变化。②

陆学艺、景天魁则认为，社会转型是指中国社会从传统社会向现代社会、从农业社会向工业社会、从封闭性社会向开放性社会的社会变迁和发展。③ 朱力提出，社会转型是指中国社会结构从农业国向工业国、从不发达向现代化、从封闭社会向开放社会转化的社会发展格局、模型。④

刘祖云认为，社会转型是一种特定的社会发展过程，它包括三个方面：一是指社会从传统型向现代型转变的过程；二是指传统因素与现代因素此消彼长的进化过程；三是指一种整体性的社会发展过程。⑤

刘玲玲提出，当代中国社会的转型是从20世纪70年代末开始的，这种转型本质上是在近代工业化还远没有完全实现的历史前提下，超越阶段、合二为一地走向现代的社会。这一历史条件规定了中国社会在当代的发展必然包含着完成工业化和实现现代化的双重目标，规定了中国社会的转型必然同时推进两种类型的转型，即文明转型与体制转型。文明转型中的工业化、城市化问题，以及体制转型中经济体制的转轨问题，集中表现了当代中国社会发展和经济增长中的效率问题。而推进工业化、城市化以及经济体制转轨，又同整个社会结构和文明构型息息相关。⑥

---

① 郑杭生、郭星华：《中国社会的转型与转型中的中国社会——关于当代中国社会变迁和社会主义现代化进程的几点思考》，载《浙江学刊》1992年第4期。
② 李培林：《另一只看不见的手：社会结构转型》，载《中国社会科学》1992年第5期。
③ 陆学艺、景天魁：《转型中的中国社会》，黑龙江人民出版社1994年版。
④ 朱力：《中国社会转型临近关节点》，载《南京社会科学》1994年第2期。
⑤ 刘祖云：《社会转型：一种特定的社会发展过程》，载《华中师范大学学报》（哲学社会科学版）1997年第6期。
⑥ 刘玲玲：《社会转型的类型和当代中国社会转型的实质》，载《教学与研究》1997年第4期。

李金认为，中国社会转型所蕴含的结构性变迁和社会分化的趋势在客观上提出了新的整合要求，伴随着中国社会的转型，社会的整合形态亦将发生变化。[1] 王雅林认为，现有的"二分范式转型论"的"单层转型"的模式——"从农业化向工业化转型"的理论，已不能成为研究中国现代化变迁理论的支点。因此，必须赋予"社会转型"概念以新的内涵，即用"三分范式"的"社会双重转型论"（农业—工业—信息业三元结构）来代替现有的社会转型理论。[2] 陈国庆提出，广义的社会转型是指人类社会从一种社会形态向另一种社会形态转变。狭义的社会转型是指在同一个社会形态下，社会生活的某一个或几个方面发生了较大甚至较为剧烈的变化，但是这种变化不涉及社会形态的变化。[3] 王清明认为，当代中国由传统的社会主义向有中国特色社会主义的转型，既有农业社会向现代工业社会转变的共性，又具有当代中国所处历史条件下的个性。[4]

宋林飞认为，社会转型有三种主要的含义：（1）社会体制在较短时间内急剧的转变，是社会制度的创新；（2）社会结构的重大改变；（3）社会发展的阶段性转变。他认为，社会转型的三种含义都具有一定的分析价值与解释力。社会转型是一个社会学概念，是原有的社会向更发达、更充满活力与生气的社会转变的一个历史过程。[5]

吴忠民认为，社会转型是指由传统社会向现代社会的过渡、结构性变动和整体性转化。它主要包括五个方面的内容：一是由农业社会向工业社会转化；二是由乡村社会向城市社会转化；三是由封闭半封闭社会向开放社会转化；四是由分化不明显的社会向高度分化的社会转化；五是由宗教准宗教社会向世俗社会转化。[6]

孙立平特别强调社会转型的实践层面的研究，强调对社会转型实践过程的分析。认为从社会转型的实践过程中捕捉在现实生活中真正发挥作用的实践逻辑，才能更深入地理解社会转型过程中社会所发生的实质性变化。[7]

综上所述，国内社会学界普遍认为，社会转型是一种社会变迁，是一种社会的结构性变化，是新旧两种结构体系与社会机制交替更迭的社会状态。

---

[1] 李金：《中国社会转型过程中的整合问题》，载《探索》1999年第2期。
[2] 王雅林：《"社会转型"理论的再构与创新发展》，载《江苏社会科学》2000年第2期。
[3] 陈国庆：《中国近代社会转型刍议》，载《华夏文化》2001年第2期。
[4] 王清明：《论"当代中国社会转型"的历史定位》，载《当代世界社会主义问题》2002年第1期。
[5] 宋林飞：《中国社会转型的趋势、代价及其度量》，载《江苏社会科学》2002年第6期，第30~36页。
[6] 吴忠民：《20世纪中国社会转型的基本特征分析》，载《学海》2003年第3期，第98~104页。
[7] 孙立平：《实践社会学与市场转型过程分析》，载《中国社会科学》2002年第5期；孙立平：《社会转型：发展社会学的新议题》，载《社会学研究》2005年第1期。

从哲学的视角出发，张雄提出，社会转型是代表着历史发展趋势的实践主体自觉推进社会变革的历史创造性活动。社会转型具有两种形式，一种是以阶级斗争为中轴的社会转型，另一种是以理性化规范结构的现代化过程为中轴的社会转型，后者主要通过理性的力量和主体合理化决策的导向，在不变更原社会形态的范围内，实行有计划、有步骤、自上而下和自下而上双重结合的社会结构系统的转换。[1] 米加宁、黄丽华提出，社会转型过程中的个体不是简单被动地进行角色转换与适应，个体在这一过程中既是社会转型的接收者，又是社会转型的积极参与者。社会转型既包括外在的物质世界的变革，也包括内在的精神世界的变化。[2]

庞景君提出，社会转型概念包含三个方面的含义：第一，社会转型是器物层面、制度规范层面、思想文化层面等各个社会领域的全方位变革；第二，社会转型是社会发展合目的性与规律性的统一；第三，社会转型的最终目的是为了实现人的自由全面发展。在此基础上，他将社会转型界定为：一定社会历史条件下的社会主体在社会基本矛盾的推动下全方位地变革人的生存发展状况和社会结构关系的社会实践过程。他认为，与传统的马克思主义社会哲学原有范畴相比，社会转型更强调社会变革的全方位性，更加注重社会变革中的文化含量，更加强调社会变革中的过程和结果的统一，更加强调社会主体之主体性在社会变革中的重要作用。[3]

衣俊卿认为，中国社会转型的特殊历史定位带来了前所未有的文明冲突和文化碰撞，它使得原本应以历史的形态依次更替的农业文明、工业文明和后工业文明及其基本的文化精神在中国的嬗变和演进，由于中国置身于开放的世界体系之中而转化为共时的存在形态，不同的文化精神同时挤压着中华民族。因此，中国社会转型的特殊历史定位及其文化冲突不仅造成了精英层面的自觉的人文精神的冲突，而且也导致了大众层面的自在的文化价值的裂变。[4]

晏辉认为，社会转型实质上是社会结构的变迁，具体表现为借助于社会规范体系的重建而实现的生产方式、交往方式和生活方式的转型；社会转型的动因起自于人类意识与意义结构的完满性与社会规范体系非完满性的矛盾；社会转型的目的是寻求一个更加合理的社会结构，为人的生活提供更为有效的社会环境和价值保证。[5]

李钢指出，社会转型的本质是同以人为中心、以人为目的的社会发展的根本

---

[1] 张雄：《社会转型范畴的哲学思考》，载《学术界》1993年第5期。
[2] 米加宁、黄丽华：《论社会转型的个体内化过程》，载《学术交流》1997年第3期。
[3] 庞景君：《社会转型的动力与标志》，载《社会科学辑刊》1995年第4期，第22页。
[4] 衣俊卿：《论中国社会转型的特殊历史定位》，载《哲学动态》1995年第2期。
[5] 晏辉：《论社会转型的实质、困境与出路》，载《内蒙古大学学报》1998年第1期。

目标一致的，是为了促进人的全面发展和社会的全面进步。社会转型的意义在于从根本上改变了人类社会的发展格局，改变了传统的历史，使其走向崭新的"世界历史"。[1]

韩庆祥认为，社会转型就是社会发展理念和价值的变迁、社会发展的主导力量和决定因素的转移、社会结构的质的变化、社会运作方式和机制的根本转变和社会特征的显著变化的历史过程。社会转型的基本特征表现为：由权力社会走向能力社会、由人治社会走向法治社会、由人情社会走向理性社会、由依附社会走向自立社会、由身份社会走向实力社会、由注重先天给定社会走向注重后天努力社会。[2]

杨森认为，社会转型概念是表征人类社会全面发展全面进步的概念，体现着社会结构及其社会形态的变迁，是人类社会由低级向高级的前进上升运动。没有社会转型，就没有人类的进步和文明。我国社会转型是从传统的社会结构转型到现代的社会结构。所谓传统型社会，主要是指"人的依赖性关系"为特征的社会；所谓现代社会，主要是指"以物的依赖性为基础的人的独立性"社会。[3]

戚攻认为，中国社会转型具有特殊的文化底蕴。中国社会转型受基本制度强制而带有本土特色和寻求稳定的取向，但其原有社会模式与结构因国家目标改变、市场取向改革和结构转型而引起社会结构多向度重构。[4]

总体上看，哲学视角的研究比较强调社会转型实现人的自由全面发展的目的性，强调主体人参与社会转型实践活动的意义。

从以上有关社会转型的社会学的与哲学的两个层面的研究成果可以看出，我国学术界对社会转型概念的理解上尽管存在着一定的区别，但在本质上并不存在根本性的对立，都强调社会转型是一种社会形态与社会结构的变迁，强调在这种变化过程中主体人的能动作用。正如林默彪提出的，对于当代中国社会转型主要有两种分析框架：一是马克思主义社会历史哲学的社会形态理论；二是社会学现代化理论的"传统—现代"转换的结构分析和比较分析。实际上，从整体性角度关注社会系统结构同从社会结构的各要素来把握社会系统变化，只是同一个问题的两个不同的方面。运用马克思的社会形态理论分析当代中国社会转型可以发现，当代中国社会转型是一个包括生产力、生产关系、经济基础和上层建筑的社会系统结构的整体性变迁；这种社会转型的历史必然性和动力可以从社会结构内

---

[1] 李钢：《论社会转型的本质与意义》，载《求实》2001年第1期。
[2] 韩庆祥：《当代中国的社会转型》，载《现代哲学》2002年第3期。
[3] 杨森：《中国社会转型的特殊性分析》，载《甘肃社会科学》2003年第1期。
[4] 戚攻：《论社会转型中的"边缘化"》，载《西南师范大学学报》（人文社会科学版）2004年第1期。

部的矛盾运动中来寻找。从现代化理论的"传统—现代"分析框架来看,把当代中国社会转型理解为由传统社会向现代社会的转型,就是在对传统社会结构的各要素及其特征与现代化社会结构的各要素及其特征的厘定和比较分析中来观照当代中国社会转型。①

三、中国社会转型的特征

中国社会不是在西方工业文明方兴未艾、朝气蓬勃之际来实现由传统农业文明向现代工业文明的社会转型和现代化,而是在西方工业文明已经高度发达,以至于出现自身的弊端和危机,并开始受到批判和责难而向后工业文明过渡之时才开始向工业文明过渡的。② 因此,中国社会转型具有其自身的独特性,主要表现在如下几个方面:

(一)中国社会转型是在社会主义框架下的社会稳定和社会发展的内在统一

中国社会转型是由中国共产党领导全国各族人民在坚持社会主义制度的前提下进行的关于建设社会主义的又一次伟大实践,转型的方向是实现社会主义现代化。社会转型之初,邓小平就明确指出:"我们要在中国实现四个现代化,必须在思想政治上坚持四项基本原则。这是实现四个现代化的根本前提。这四项是:第一,必须坚持社会主义道路;第二,必须坚持无产阶级专政;第三,必须坚持共产党的领导;第四,必须坚持马列主义、毛泽东思想。"③ 1981 年 7 月 17 日在关于思想战线上的问题的谈话中,邓小平在肯定党对思想战线和文艺战线的领导有显著成绩时重申:坚持四项基本原则的核心,是坚持共产党的领导。没有共产党的领导,肯定会天下大乱,四分五裂。④ 1982 年 4 月,在中共中央政治局讨论《关于打击经济领域中严重犯罪活动的决定》的会议上,邓小平指出:"有四个方面的事情,四个方面的工作和斗争,要伴随着社会主义现代化建设的进程走。这四个方面的工作,也可以叫坚持社会主义道路的四项必要保证,第一,体制改革;第二,建设社会主义精神文明;第三,打击经济犯罪活动;第四,整顿党的

---

① 林默彪:《论当代中国社会转型的分析框架》,载《马克思主义与现实》2005 年第 5 期,第 124~127 页。
② 衣俊卿:《论中国社会转型的特殊历史定位》,载《哲学动态》1995 年第 2 期,第 5 页。
③ 《邓小平文选》(第 2 卷),人民出版社 1994 年版,第 164~165 页。
④ 同③,第 391 页。

作风和党的组织，包括坚持党的领导，改善党的领导。"① 1982 年 9 月，在党的十二大开幕词中，邓小平提出，"我们的现代化建设，必须从中国的实际出发。无论是革命还是建设，都要注意学习和借鉴外国经验。但是，照抄照搬别国经验、别国模式，从来不能得到成功。这方面我们有过不少教训。把马克思主义的普遍真理同我国的具体实际结合起来，走自己的道路，建设有中国特色的社会主义，这就是我们总结长期历史经验得出的基本结论。"②

　　社会稳定意味着解决棘手的社会问题。随着社会转型的发生，特别是随着中国的体制转轨与结构转型的同步进行，一系列棘手的社会问题不断出现，社会中的不稳定因素日益增多。经过 30 多年的社会转型过程，中国的传统社会结构在一系列领域都产生了越来越多的社会差异，不仅不同组织、领域、区域的各种差异越来越大，而且阶层差异、利益差异和观念差异等不断凸显，使得社会结构呈现出越来越复杂的局面。伴随着新的社会阶层和职业群体相继出现，所有制成分多样化，社会流动日益加剧，因结构失衡也会产生一系列问题，比如地区差别、城乡差别、贫富分化、环境恶化、社会保障问题、就业问题以及教育、医疗、交通等问题。③ 与此同时，传统和旧有的社会整合方式又无法适应这种快速增长的社会差异，以致在社会差异与社会整合的交接过程中出现严重的空白环节。传统的社会控制力下降，从而对社会稳定构成了重大威胁和影响。在社会转型期，社会差异往往会过大过快，其产生的速度、强度、深度和广度比任何时期都要深刻，以致社会整合常常难以适应它的变化而使社会出现暂时的"断裂"和"失衡"现象。而这正是导致转型过程中社会不稳定和社会问题大量涌现的根本性原因。④

　　正因如此，邓小平早就指出社会稳定的重要性。他说，"中国的问题，压倒一切的是需要稳定。没有稳定的环境，什么都搞不成，已经取得的成果也会失掉。中国一定要坚持改革开放，这是解决中国问题的希望。但是要改革，就一定要有稳定的政治环境。"⑤ 他还指出，"我们搞四化，搞改革开放，关键是稳定……中国不能乱，这个道理要反复讲，放开讲。"⑥ "中国如果不稳定就是个国际问题，后果难以想象。只有稳定，才能有发展。只有共产党的领导，才能有一

---

　　① 《邓小平文选》（第 2 卷），人民出版社 1994 年版，第 403～404 页。
　　② 《邓小平文选》（第 3 卷），人民出版社 1993 年版，第 2～3 页。
　　③ 糜海燕、符惠明、李佳敏：《我国社会转型的内涵把握及特征解析》，载《江南大学学报》（人文社会科学版）2009 年第 1 期，第 25 页。
　　④ 文军：《转型中的社会差异及其对中国社会稳定的影响》，载《探索与争鸣》2010 年第 9 期，第 12 页。
　　⑤ 同②，第 284 页。
　　⑥ 同②，第 286 页。

个稳定的社会主义中国。"① "中国要实现自己的发展目标,必不可少的条件是安定的国内环境与和平的国际环境。我们不在乎别人说我们什么,真正在乎的是有一个好的环境来发展自己。"②

改革开放 30 多年来,我国经济始终保持持续快速健康发展,综合国力显著增强,人民生活逐步改善,各项事业生机勃勃,国际威望不断提高。这一切都同我们的社会保持团结稳定的局面密切相关,都同党中央一再强调社会稳定和社会发展并将其提到战略发展的高度密切相关。可以说,社会稳定是社会转型得以顺利进行的保障。③

社会稳定和社会发展迫切需要建立起新型的信任关系。然而,当今中国经济的单面发展,非但没有建立一种新型的信任关系,反而其传统根基也受到动摇。中国在大力推进市场经济时,没有同时推进现代社会所需要的信任机制。④ 也就是说,我国社会转型期出现了传统向现代过渡的信任断裂,原有的社会结构和规范体系遭到破坏,社会整合弱化,社会控制力降低,社会风险增大,普通民众怀疑和忧虑情绪增强,对制度和他人产生不信任感,进而导致信任危机。这种社会情绪和国民心态如果长时间持续下去,不予以及时关注和疏导,将会萌生社会风险、危及社会稳定和谐,甚至造成社会动荡。⑤ 因此,如何在社会稳定和社会发展中,重建社会信任关系,同时在信任关系的重构过程中,如何促进社会稳定和发展,将是中国社会转型过程中所面临的重要任务。

(二) 中国社会转型是社会系统结构的整体性变迁

马克思指出,"人们在自己生活的社会生产中发生一定的、必然的、不以他们的意志为转移的关系,即同他们的物质生产力的一定发展阶段相适合的生产关系。这些生产关系的总和构成社会的经济结构,即有法律的和政治的上层建筑竖立其上,并有一定的社会意识形态与之相适应的现实基础。物质生活的生产方式制约着整个社会生活、政治生活和精神生活的过程……社会的物质生产力发展到一定阶段,便同它们一直在其中运动的现存的生产关系或财产关系(这只是生产关系的法律用语)发生矛盾。于是这些关系便由生产力的发展形式变成生产力的桎梏。那时社会革命的时代就到来了。随着经济基础的变更,全部庞大的上

---

① 《邓小平文选》(第 3 卷),人民出版社 1993 年版,第 357 页。
② 同①,第 360 页。
③ 孙静:《以稳定促转型——当代中国社会转型中的稳定问题》,载《学理论》2011 年第 18 期,第 95~96 页。
④ 翟学伟:《信任与风险社会:西方理论与中国问题》,载《社会科学研究》2008 年第 4 期,第 128 页。
⑤ 井世洁:《转型期中国社会信任问题研究的路径选择》,载《社会科学》2011 年第 7 期,第 84 页。

层建筑也或慢或快地发生变革……大体说来，亚细亚的、古代的、封建的和现代资产阶级的生产方式可以看做是经济的社会形态演进的几个时代。"① 正是社会结构内部的矛盾运动推动了人类社会由低级向高级的有规律的发展，并揭示了这一过程依次经历的社会形态的更替。运用马克思的上述理论可以发现，当代中国社会转型是一个包括生产力、生产关系、经济基础和上层建筑的社会系统结构的整体性变迁。

社会转型的整体性并不是说社会的所有层面和所有因素同时并同步发展变化，也不是指社会的所有层面和所有因素在社会转型过程中处于同等地位并发挥同等作用，而是指：第一，社会的不同层面和因素在社会转型过程中都要发生变化，尽管其变化在时间上有先后之别；第二，处于转型之中的社会不同层面和因素是相互联系的，既相互促进又相互制约，尽管它们在地位和作用上有主次或轻重之分。② 正如有的研究者所指出的，中国社会转型表现在如下各个层面：一是由计划经济向市场经济转化；二是由农业社会向工业社会转化；三是由乡村社会向城市社会转化；四是由封闭半封闭社会向开放社会转化；五是由分化不明显的社会向高度分化的社会转化；六是由宗教准宗教社会向世俗社会转化；七是由同质单一性社会向异质多样性社会转化；八是由伦理型社会向法理型社会转化；九是由权力社会走向能力社会；十是由人情社会走向理性社会；十一是由依附社会走向自立社会；十二是由身份社会走向自治社会；十三是由人的依赖社会走向物的依赖社会；十四是由静态社会走向流动社会；十五是由国家社会走向市民社会；等等。③

（三）中国社会转型伴随着人们价值观念的多方面的变革与冲突

权力本位的价值观念早已成为中国传统社会中最重要的价值取向。而现代社会追求个性和能力发挥，现代化的发展靠的是人们的知识和劳动，知识就是力量以及劳动创造财富已然成为人们的共识。不过，当人们开始用现代的价值标准对人与事进行价值评价时，权力本位依然是不少人追逐的价值评价标准，由此导致权力本位与知识、劳动本位的价值观念冲突。

两千多年的中国封建社会，形成了典型的专制与人治的价值观念，而专制的价值观念是中国迈向现代化的最大障碍。改革开放以来，民主的价值观逐渐深入

---

① 《马克思恩格斯选集》（第2卷），人民出版社1995年版，第32~33页。
② 刘祖云：《社会转型：一种特定的社会发展过程》，载《华中师范大学学报》（哲学社会科学版）1997年第4期，第36页。
③ 杜玉华：《社会转型的结构性特征及其当代中国的表现》，载《华东师范大学学报》（哲学社会科学版）2012年第5期，第70页。

人心，成为人们生活方式的一个组成部分。① 民主是推行法治的前提和基础，在推行民主和法治的时代，民主观念与专制观念势必发生冲突。

在社会转型时期的价值冲突中，道德和利益的冲突最为激烈。因为社会生活的利益观念是道德观念发生变化的根本原因，每一次社会转型都会对利益观念予以不同程度的解放，而每一次利益观念的解放又都会较大地冲击社会已有的道德观念，并由此而引发道德价值观念与利益价值观念之间的冲突。② 我国在由单一的计划经济转变为社会主义市场经济体制的过程中，社会的利益结构发生很大的变化，个体的地位和利益得到提升，利益价值观念得到解放，对传统的道德观念提出了挑战。一方面，人们获得了谋取正当利益的充分自由的权利，激发出前所未有的积极性与创造性，给社会生产力的发展注入空前的活力；另一方面，市场经济的这些动力又会诱发功利主义。在许多人看来，利润最大化是人们市场行为的主要动机，或者说是他们行为的主要的价值坐标，功利成为他们行动的直接动力，道德的作用被蔑视。在这种情况下，人们对道德价值和功利价值的认识产生了矛盾，其实这种矛盾是由于社会转型引起人们价值标准发生变化的结果。

中国几千年的社会演进形成了根深蒂固的平均主义思想观念，平均主义的价值观念对中国人的影响最为深刻。马克思认为，公平的观念必须与一定的社会经济结构和社会文化结构相适应，那种"粗陋的共产主义"的公平观实际上是"否定人的个性"，是"平均化的顶点"，其结果是"对整个文化和文明的世界的抽象否定，向贫穷的、没有需要的人……的非自然的简单状态的倒退"。③ 中国向社会主义市场经济的转型，激活了中国人的聪明才智，推动着中国社会的发展。市场经济所实行的"各尽所能，按能分配"的分配制度，倡导的"效率优先，兼顾公平"的政策，将充分调动中国人的积极性、主动性和创造性。然而，在中国已经存在了两千多年的平均主义价值观则不会马上消失，平均主义与公平和效率统一观念的冲突也将在一定时期内存在。

上述社会转型时期的价值观念冲突，根源于社会转型带来的人的存在方式的转变、利益关系的调整、社会主导价值观的缺失。

社会转型时期人的存在方式的转变是价值观念冲突的主体根源，因此引发价值观念冲突的是价值主体。价值主体是指通过劳动等各种社会实践来满足自身各种需要的人。改革开放以来，集体作为价值主体以其特有的号召力给社会以较大

---

① 吴光章、唐孝东：《社会转型时期的价值观冲突及其意义》，载《玉溪师范学院学报》2007年第5期，第27页。
② 郭良婧：《论我国当前社会转型期的价值冲突》，载《河南大学学报》（社会科学版）2004年第2期，第19页。
③ 马克思：《1844年经济学哲学手稿》，人民出版社1985年版，第75页。

的影响。与此同时，社会个体也成为市场主体与社会价值观的主体，社会阶层呈现多样化，出现了至少十几个阶层和社会集团，形成有自己特点的价值观念。[①]由于不同的价值主体对于同一价值客体或同一价值主体对于不同价值客体有着不同的价值评价，因而产生各种价值差异并引发各种价值观念冲突也就是在所难免的。

利益关系的调整是引起价值冲突的深层根源。利益是人们价值生活和价值活动的基本动力，也是人们进行价值判断和价值选择的基本依据。利益关系决定了人们的基本价值取向和价值观念。利益关系不同会导致人们判断是非、善恶、美丑等的价值标准的不同。触动人们的利益关系必然会在价值观念上强烈地反映出来，利益关系的调整和变动会引起价值观念的变化。[②]在社会转型中，大多数社会成员对改革的新举措、新政策持赞同态度，就是因为这给他们带来了实际的利益，他们成为改革的受益者；一部分人对改革的新举措、新政策持反对态度，是因为这给他们的既得利益造成了一定的损失。改革引起人们利益关系的重新调整，导致人们实际收入差别和利益差别的扩大，使国家干部和公务员、国营和集体企业职工、个体劳动者、私营企业主的实际利益出现了或增或减、或升或降的变化，这无疑会引起不同社会群体之间、群体与个体之间以及个体与个体之间尖锐激烈的价值矛盾和冲突。

社会主导价值观的缺失是价值观念冲突的直接原因。一个社会如果存在强有力的主导价值观，即使出现了价值观念冲突，也会因主导价值观的协调作用而得以消解。在社会转型时期，计划经济体制下的主导价值观——集体主义已不能发挥主导作用，而新的主导价值观又没有建立起来，社会主导价值观处于缺失的状态。加之长期以来人们对集体主义科学内涵的把握并非十分准确，甚至陷入从集体主义与个人主义两极对立的角度来理解集体主义。这种"非此即彼"的形而上学思维方式产生了两种完全相反的错误倾向：一是片面强调集体利益，完全否定个人利益，把集体主义理解为个人对集体的无条件地服从，而集体可以完全不顾个人，追求个人正当利益的行为被当做是对集体主义的叛逆，是个人主义的表现。于是，社会主义的集体主义价值观和封建主义的"整体主义"价值观的界限被混淆了，所谓"集体的事再小也是大事，个人的事再大也是小事"，就是这种错误观念的典型表现；二是忽视集体主义对个人主义的扬弃是一个历史过程，忽视集体主义在历史进程中的特定历史条件下应当具有的不同实践形式。把现阶段倡导的集体主义价值观同人类共产主义价值观念混为一谈，对全体社会成员提

---

① 钟万祥：《论转型时期价值体系的冲突与创新》，载《求实》2005年第12期，第30页。
② 王伟民：《社会转型时期价值冲突的特点与解决的对策》，载《西北工业大学学报》（社会科学版）2003年第3期，第15页。

出不切实际的行为要求。尤其是在社会主义市场经济条件下，把集体主义价值观念同市场经济对立起来，认为市场经济就是要追求个人利益，发展市场经济就不能提倡集体主义。这种严重背离现实社会生活客观要求的"集体主义"，极大地削弱了人们对集体主义的价值认同，导致人们在实践中价值选择的困惑。

四、中国社会转型的政治结构效应分析

政治结构是指国家范围内公共生活中各种角色要素基于一定原则和方式的系统整合。将"效应"这一概念引入政治结构的分析之中主要用来表明两种含义：一是社会转型作为一种影响因素对政治结构产生的结构性影响，即政治结构的结构性效应；二是社会转型作为一种影响因素对政治结构产生的功能性影响，即政治结构的功能性效应。

（一）中国社会转型的政治结构效应

中国社会转型的政治结构效应主要表现为如下两个方面：

1. 结构摩擦性效应

改革过程中，中国政治结构作出的适应性调整体现了政治发展对于政治分化的一般要求。对于中国政治结构而言，这种政治分化表现为：一是政治结构和社会结构的分化。中国原有社会结构是内含于政治结构之中的，应该由社会结构完成的功能几乎都由政治结构代替完成。二是政治结构的内部分化。由于社会转型过程中新社会阶层不断出现，这些阶层相对于原有的社会结构和政治结构都属于异质要素，新的结构角色要素的出现涉及政治结构中的机会结构单元如何有效吸纳、施动结构单元如何有效治理的问题，从而带动政治机会结构单元出现分化和重新整合。

（1）政治结构和社会结构之间存在适应性摩擦。中国政治结构和社会结构的分离过程为社会结构的独立发展提供了空间，但是在中国社会经济发展直接推动下的社会结构转型过程出现了诸如社会阶层分化和固化等结构性问题。阶层分化是社会结构转型的重要内容，中国的阶层分化实质是资源获取能力差异性的社会表现。由于资源获取能力差异性的累积性影响，在阶层分化的过程中出现了阶层固化现象，使我国社会结构自身的平衡性缺失。具体表现为：一是阶层之间和阶层内部的整合关系失衡。中国不同阶层之间缺少可供交换的利益需求，因而普遍缺少对话和交流。二是社会弱势阶层对强势阶层的依附加强。在国家社会保障体系不健全的背景下，弱势阶层主要从强势群体那里寻求生存和发展机会，从这一点上说，社会强势阶层甚至还获得了存在的合理性和基于上述理由的民意支持

带来的合法性。加上强势群体可以影响公共政策过程、掌握社会话语权，其力量的发展和合法性的累积会加强，结果可能就是政治结构的公共性受到侵犯。

当下紧迫的问题在于，我国政治结构对社会结构的形塑作用发挥不够。从党的十四大开始，中国的政治体制改革明确了一个目标，即围绕经济建设展开，却没有围绕社会建设展开，仅仅是在强调维护社会稳定的前提下做被动式的应急反应，对于社会结构中的核心问题即社会分层关注不够，甚至在某些方面强化着这种社会分层固化的趋势。以公共物品的分配为例，公共物品的分配不均与职业化的身份固定存在着某种联系：中国社会分层经历着从身份（政治）到职业（经济）再到职业化的身份固定（固化的过程），国家的资源投入在强化着这一过程，高收入群体所在的行业就是政府资金和其他资源投入较大的领域。

当下中国社会结构的转型过程也是政治结构以经济体制变革的方式加以启动的结果，而且政治结构对社会结构的调适和型构过程应该伴随社会结构转型的始终。

（2）机会结构单元和施动结构单元之间存在适应性摩擦。机会结构单元主要承担政治输入过程和为施动单元提供政治合法性支持的功能。当机会结构单元的功能发挥受限时，直接影响政治输入的过程，当有效的政治输入过程无法完成时，就会自然引发各种非法的政治输入过程，产生与施动单元的对立，影响政治稳定。现代民主政治结构中机会结构单元的功能发挥依赖于政治结构与社会结构边界的合理划分，而中国政治系统的结构边缘处在不断变动中。由于中国公民社会正在成长的过程中，中国政治结构和公民社会结构两者关系的边界模糊。例如，作为公民社会主要力量的各种社会团体既是国家的实体，又是社会的实体，是双重利益的代表。在团体间，横向的市场依赖很少，具有层层向上的联系结构。[1] 从公民社会结构看，尽管处于成长之中独立性不断增强，但自主性不够，存在对政治结构的依附，这就表明机会结构单元发挥功能的基础薄弱。

目前出现的阶层固化加剧了这种政治资源分配上的累积性不平等，这种不平等表现为公民权利表达和利益表达空间虽然平等存在，但是表达渠道是混溶的而不是分化的。分化的利益表达空间和渠道意味着给每个阶层独立的表达空间，彼此不进行交叉。在社会分层固化的前提下，混溶的利益表达空间更多地为强势群体独占，结果是当面临问题的时候，机会结构单元往往会出现裂痕，而且公众的广泛参与会进一步加深这种裂痕。在这种混溶的政治表达空间里，缺乏政府保护的公民个人缺少与精英争夺政治参与机会的能力，于是中国的政治参与出现了一种精英参与的倾向，而普通社会大众的政治参与不足。

---

[1]　张静：《法团主义》，中国社会科学出版社1998年版，第157~160页。

麦克亚当认为，社会变化导致现存社会权力结构的两个变化，即政治机会结构的扩展和社会运动组织力量的增强，政治机会为某个被排除在国家常规政治过程之外的群体发动一场社会运动提供了可能。① 中国社会转型过程同样提供了一种社会运动发生的可能，如果有效的制度框架内的政治输入过程无法完成，社会运动就更可能发生。

2. 功能不良性效应

由于政治结构对社会结构型构作用不强、缺少对社会结构挑战的有效回应，由此导致机会结构单元弱化以及与施动单元的关系失衡，使政治结构空间未能得到充分和有效地利用，以致出现一些政治结构功能缺位和越位的现象发生。

（1）资本权力化的社会力量阻断功能缺失。社会转型过程中政府一般对于权力资本化也就是防止权力寻租比较关注，但更应关注资本权力化的过程。这一过程产生的危害在于：一是侵蚀政治结构公共性。在社会转型过程中政府的政治权力和资本的经济权力必须适度结合、相互支撑才能有效推动经济发展，但结合得过分紧密，资本的外部性就会侵占权力的公共性，公共性受到侵蚀的政府权力在社会中尤其是底层空间容易丧失合法性，资本的社会影响就有超越经济领域而挤占政治领域空间的机会，最终使原本主要由权力主导下的社会秩序变成权力和资本共同主导下的社会秩序。二是资本寻求与权力结合干扰市场经济过程。权力资本化和资本权力化是一个相互支持的过程。由于中国市场经济的不健全，权力资本化的过程或权力寻租的过程是较为普遍的现象，而资本权力化的过程在某种程度上还受到政府的推动，这一过程来源于政府的吸引和资本的渗透，可能出现的极端表现就是大量市场资本的所有人或代理人进入公共权力系统。三是资本与权力之间的资源交换损害大众利益。资本渗透政治结构并分享政治权力是资本增值的有效方式，而政治结构为了有效吸纳资本精英，同时又要适度阻止资本精英进入权力结构、避免权力被资本精英分享，可行的方式就是以经济利益甚至政治让步换取资本精英的政治认同，而这种让步的实质是剥夺应该由大众共同分享的利益成果。

（2）政治结构的社会延伸控制功能迷失。社会转型过程中维持动态的社会稳定是必要的，社会稳定的实现需要政治性的力量和社会性的力量共同实现。在社会性力量弱化的现实下和原有的社会控制方式解体的前提下重构政治结构的延伸控制功能的替代方式，是实现社会平稳转型的前提。政治结构的延伸控制功能是指借助于政治结构与社会结构的交叉和重合，实现政治控制和社会控制的有效结合，计划经济体制下的单位制就是这种延伸控制的典型表现。国家赋予单位组

---

① 朱海忠：《西方"政治机会结构"理论述评》，载《国外社会科学》2011年第6期。

织行使部分社会成员生存和发展所需资源的分配权力，从而使单位成员对单位产生较为全面的依赖关系，这样国家就借助于单位组织实现了对社会的有效管理和控制。

当下中国社会，个人对单位和国家的依附性减弱，相对独立的社会力量开始发育，社会的自组织化程度有所提高，但是社会并没有成为提供资源和机会的独立力量，中国公民社会的基础还比较薄弱，完全或主要依靠社会的力量实现社会的自我管理和自我控制是不现实和难以完成的。

"我国城市社区在形成的过程中出现的'单位化'倾向，说明了表征传统权威的单位体制不容易被轻易抛弃，同时也说明了社区自治还有很长的路要走。"[①] 在一定程度上，社区可以成为传统单位制的替代形式。社区所发挥的功能同样是为了起到连接社会成员与国家、提供社会成员所需要的一些资源和权利。在政治上起到提高社会的组织程度、实现社会有效整合的目的，可以有效地保证国家权力的有效实施；在经济上实现了对某些保障性社会资源的分配。这些功能都是传统单位制的功能所在，但是不能代替全部的社会控制功能，而且有效性还没有充分发挥。由于缺少有效的工具和载体，社会延伸控制出现弱化的趋向，这带来的是社会整合的难度增加。

（3）政治实践对政治结构分化的逆向背离。一是地方政府的利益本位化趋向加强。中国政治结构分化的一个重要表现就是中央和地方的分权加大，这种纵向的分权发生使得代表社会整体利益的中央权力和代表地方利益的地方政府权力之间发生矛盾。导致地方政府成为本地区利益的代表，用各种方式从中央权力中获取利益，甚至出现地方权力对中央权力的俘获。二是施动结构单元的构成组织之间缺少相互协作和制约。政治结构分化的结果在中国政治的现实中已经和正在发生着，政府部门工作的细分就是这种分化的现实表现，但是伴随而来出现了种种弊端。以"毒胶囊事件"为例，涉及卫生、药监、工商等多个部门的监管，公权力在已经分化的前提下不但没有实现有效监管，反而是大量监管失效的现象发生，监管部门甚至成为其所监管领域的保护部门和利益代表机构，彼此之间缺少交流和协作机制，不断增加的是利益上的争夺。

政治结构的功能迷失和功能背离推动着政治结构的失衡过程，二者互相强化，放大了政治结构的社会政治效应。由于中国政治结构的运行过程中存在着政治责任和行政责任的混同现象，以上主要属于政府行为的政治实践过程导致的结果却是社会公众把对行政责任的问责转移到对政治结构的问责上，甚至出现对政

[①] 武中哲：《社会转型时期单位体制的政治功能与生存空间》，载《文史哲》2004年第3期，第150~156页。

治结构的不信任。

（二）社会转型政治结构效应的调适路径

1. 达成功能导向下中国政治结构的合理共识

政治结构的基本功能包括：维持政治系统的存在、利益的聚合和表达功能，规范和调整社会关系和交往活动，组织和保护社会经济生活，通过有组织的强制性力量来履行社会职能。[①] 对于政治结构应从功能发挥的角度加以评价。

对照中国政治结构的实际，从功能发挥的视角，在社会转型过程中，中国政治结构无论是结构摩擦性效应还是结构不良性效应都不属于冲突性效应，而是调试性效应，是社会发展过程中出现的政治结构的适应性问题。中国共产党主导的、已经进行的中国政治结构的调试和变动过程表明中国的政治结构具有自我修复功能，体现为政治结构的"故我扬弃"过程。社会转型过程中出现的问题主要是社会结构转型因素导致，现有政治结构未对其迅速反应的滞后表现加剧了问题的社会经济和政治后果。

中国政治结构在社会转型的过程中具有特殊的价值，就是有利于中国国家能力的增强，国家能力不是国家权力，但是以国家权力为依托。国家权力是一个静态的概念，国家能力是一个动态的概念。如果一个看似强大的国家却无能力渗透、动员社会，则在社会转型的过程发生失控的可能性必然加大。在社会转型过程中国家权力的扩大不是问题的关键，关键是国家权力是否得到社会的有力支撑，从而实现国家权力和国家能力的协调。中国政治结构为国家权力与国家能力匹配和协调提供了可能，为国家能力的不断提升奠定了基础。

从功能性视角分析社会转型政治结构效应产生的原因恰恰是现有政治结构的空间没有被充分利用或者被不适当使用的结果。以中国目前的改革和发展为例，不是说在现有的政治结构框架内改革没有空间了，而是单纯以经济发展为取向的改革没有空间了，实际上中国的改革从来不是以经济发展为唯一取向的。试图通过突破现有政治框架的改革呼声实际上还是这种以经济发展为导向的改革取向。但是在这种发展中，阶层之间相对获益的逐渐加大是对改革初衷的背离，而且不能解决面临的问题，只能使问题进一步累积。如果追求的是相对获益差距减少的改革，中国的政治结构具有空间。需要做的是把这种空间留给社会大众，而不是向政治结构要自由的精英群体。

随着中国社会分层的加速，中国社会从传统的同质社会向异质社会转化的趋势明显，随之带来价值上的分化，各阶层对社会发展的实际取向是不一致的。不

---

① 任剑涛：《政治学：基本理论与中国视角》，中国人民大学出版社2009年版，第255~257页。

能从各阶层力量的对比出发衡量政治结构的发展趋向问题,对于政治结构的认同问题应该充分考虑社会各阶层成员的整体认知,不是要推动政治结构向着无条件偏向某个阶层的方向变动,而是要实现政治结构对于整个社会成员而言的公正和合理。对于社会结构的调试也是如此,"社会发展的结果是推动整个社会结构向着更加合理、公正、和谐的方向转化;还是无条件地偏向特定社会阶级阶层的利益需要,以社会结构对社会发展的决定性作用为借口,机械地维持特定的社会结构,抑制社会发展的变革性力量"①,这不是一个难以回答的问题。政府在这一过程中要从社会整体角度出发考察发展的价值取向,做到各阶层利益的整合和协调。如同哈贝马斯所认同的,政治权力不是技术精英进行社会系统的协调的问题,而是一个社会利益均衡和妥协的道德、伦理问题。② 多元主义下的竞争结构在社会结构失衡的条件下只能是加剧这种失衡。现有的政治结构为这种整合和协调预留了空间,需要做的是不断强化政治结构的基本架构,避免出现政治结构与社会结构在分化的过程中社会结构对政治结构的重构,在此基础上实现政治结构与社会结构的平衡以及政治结构内部施动单元和机会单元的平衡,激发中国政治结构理念基础的固有价值,促进国家治理能力的提升。

2. 实现平衡基础上政治结构效应的动态调适

(1) 在"一元主导"的框架内促进国家能力增强。中国共产党在我国的政治生活中具有特殊地位,中国的政党和国家关系不同于西方国家,中国的情况是政党建构国家,因而政党在国家政治生活中就拥有基础性地位。中国共产党在国家政治生活中既承担社会政治要素角色,又承担广义政府要素角色,不是严格属于机会结构单元或者是施动结构单元,承担着有效整合两种结构单元的功能和作用。

"一元主导结构"标志着政党与国家关系、国家与社会关系的重新调整,同时带动了中国的政治结构在构成要素的组合方式和关系网络上出现了一些变化。从构成要素的组合上,政党、国家、社会的三角结构替代了政党、国家、社会的垂直结构;国家和社会的关系也经历着从国家吸纳社会到国家与社会适度分离的转变。这是中国共产党为顺应中国社会发展的需要对中国政治结构作出的一系列适应性调整,这些调整反映了中国共产党执政方式的变化。

强调"一元主导"的结构框架还和中国共产党的特殊权威性相关。在中国的政治实践过程中,政府是操作层面的因素,而政党特别是中国共产党还被看做

---

① 杨海蛟、林毅:《新中国60年阶级阶层社会结构变迁与政治发展》,载《西北大学学报》2010年第3期。
② 王晓升:《政治权力与交往权力——哈贝马斯对于民主国家中的权力结构的思考》,载《苏州大学学报》2007年第3期。

是理念价值层面的因素，具有传统意义上的价值权威性。强调"一元主导"的结构框架就是要有效发挥中国共产党对于政治机会结构和施动结构的强力整合作用，有利于加速社会结构和政治结构平衡的实现，也有利于机会结构单元和施动结构单元的协调。

王绍光在《中国国家能力报告》中，将国家能力界定为国家将自己的意志、目标转化为现实的能力，包括汲取能力、调控能力、合法化能力、强制能力等。[①] 在转型背景下，汲取能力是基础和前提，一个有效的现代国家需要有效的国家汲取能力的支撑。而在各种国家汲取能力中，公共财政汲取能力是基础。社会转型过程中财政汲取能力的增强可以为中国政治结构的稳固提供有力的支持，进而为中国社会转型的可控提供资源保障，这是实现可控性社会转型的重要条件。

（2）在国家能力增强的前提下推动社会力量成长。

首先，国家与社会适度分权的同时加强政治结构与社会结构的联系，重启社会分层，构建阶层间的流动机制。社会结构基于社会阶层分化和固化过程出现渐趋定型的趋势，政治结构要打破这种阶层固化的现实，否则就是把没有完全转型的社会转型过程中途固定化。政治结构不是要与现有的社会结构相适应，而是要发挥引领作用，推动社会结构继续发生变化而达成与政治结构的相互协调。

其次，按照差别对待的原则，协调社会主体之间的关系，给予社会弱势群体更多的权利表达保障。必须注意的问题是，各阶层之间公民权利表达能力的失衡状态不是政治结构本身造成的。中国政治结构无论是理念基础还是制度设计都是均衡的追求，这种失衡表现在操作层面上。原因是不同群体的社会结构位置和面临的机会结构都是不同的，加上某些个体因素造成现实当中的权利追求能力不同、社会影响力不同，最终导致实际的政治权利表达能力不同。

再其次，实现民主体系的社会拓展，构建民主的社会基础，拓展机会结构单元的权利表达空间。"有利益分化就必然有利益表达的欲求，而利益表达最典型的方式就是政治参与。"[②] 政治参与方式与政治机会结构单元的变化紧密联系。社会转型的过程也是政治机会结构扩张的过程，机会结构的扩张可以有很多方式，中国的机会结构在扩张中出现分化，出现了融入式和对抗式的扩张趋势，社会阶层分化过程中的社会顶层采用的基本方式是融入，而底层采取的方式出现了对抗式的苗头，群体性事件的增长就是其现实表现，表明这是一种被扭曲的弱势群体的政治参与过程。由于机会结构单元直接影响社会阶层参与政治生活的策略选择，因此，把社会弱势群体纳入政治机会结构之中是改变这一现状的有效方

---

① 王绍光、胡鞍钢：《中国国家能力报告》，辽宁人民出版社1993年版，第6~7页。
② 谢岳：《权力的流变：当代中国社会结构转型的政治话语》，载《中共福建省委党校学报》2000年第2期。

式，而纳入过程也是民主体系的拓展过程。这一过程的完成可以借助社区发展的时机，将社区自治与地域式的权利表达整合，将社区组织作为基础性的权利表达载体，并以此抵消阶层分化导致的机会结构扩张分化的消极影响。

第二节 治理的内涵

一、西方治理研究的现实背景

（一）国家空洞化的出现

罗茨（R. Rhodes）在对英国政府的分析中认为，"空洞国家"概括了当前英国政府已经发生的和正在发生的变化："私有化以及公共干预范围的缩小、中央与地方政府部门（相对于其他可选择的服务系统，如中介）功能的缺失、英国政府（相对于欧盟）功能的缺失等。"[①] 国家空洞化实质上是指公共部门变得碎片化，而这种碎片化使得政府执行中的控制力减弱。"公共服务，如社区照顾，是由包括中央部门、地方当局、卫生部门、中介、私营企业以及志愿性组织在内的组织网络来提供的……实际上，在20世纪80年代，英国政府增加了提供主要公共服务的组织网络的数量。"[②] 然而，当网络增加的时候，诸多复杂组织的调控变得困难，政府的调控能力也受到质疑。凯特尔（D. F. Kettle）指出，"由于合同外包，政府发现他们自己正处于复杂的公私关系的风口浪尖上，而对这种公私关系的认识和理解却非常模糊。政府仅仅保留松散的影响力，然而却要为一个他们缺少真正控制力的体制负责。"[③] 罗茨也认为，"英国已经通过重新唤起政府对资源的掌控来弥补介入控制的缺损，分散的服务供给与集中的财政控制并肩同行。那些不介入的控制不可能给予政府足够的影响力以调控网络，国家空洞化侵蚀了政府的协调与计划能力。"[④]

无独有偶，弗雷德里克森（G. Frederickson）在对公共管理发展的描述中提

[①] R. Rhodes. The new governance: governing without government. Political Studies, 1996, 44 (4), P. 661.

[②④] R. Rhodes. The new governance: governing without government. Political Studies, 1996, 44 (4), P. 662.

[③] D. F. Kettle. Sharing Power: Public Governance and Private Markets. Washington D C: The Brookings Institution, 1993, pp. 206–207.

到,"公共管理正在稳步向前发展……趋向于协调理论、网络理论、治理理论以及制度构建和维持理论。公共管理在理论和实践上,正重新定位自己以应对分散国家所带来的各种麻烦问题。简言之,重新定位的公共管理是一门力图使碎片化和不完整的国家运转起来的政治科学。"[1] 当然,并不是所有的学者都认同这种"分散国家"的说法,然而国家的分散化却是事实。石立科(A. Schlick)认为,"国家已经被弱化,地方分权使得资源和权威从中央向地方转移;独立中介从它们原本附属的国家手中获得经营自主权;世界组织侵占了国家一些非常重要的功能,包括刑事司法,国防和经济政策;非政府组织已经成为公共服务的提供者,并往往在国际论坛中扮演准政府的角色;市场也日益被用来提供公共服务。"[2] 皮埃尔(J. Pierre)则认为,"治理的兴起不应被看做是国家的衰败,而应该是国家适应外部环境变化的一种能力的体现。"[3] 在他看来,国家空洞化不是一种零和博弈,治理的兴起会增加国家对公民社会的控制。因此,皮埃尔更愿意将国家的空洞化看作是一种转变和改革,而不是国家的弱化。丹麦政治学家索伦森(E. Sorensen)同样对国家的碎片化属性与现状有所关注,她认为,"国家并不是作为一个统一体,而是作为一套既联系又分割的机构与制度而行动的。首先,国家已经成为一个分化、碎片化以及多中心的组织综合体,这一复合体是通过几乎正式化的网络来保持良好状态的;其次,治理往往通过公私参与者的网络关系来推动,国家与社会的分界线已经变得模糊。"[4]

(二) 公共性及其场域的形成

公共性源于"公共",汉娜·阿伦特认为,"公共"一词意指两种紧密联系而又不完全相同的性质:公开和共同。公开指事物公开地出现,能被在场的所有人从各个不同的角度看到、听到和谈论。共同指各个角度的观看、听和说最后都指向一个共同的东西、为人所共有的东西。[5] 因此,"公共"具有公众从公开的视域中寻求共同且共有东西的关系属性。在一般意义上,公共性具有特定的语义表达。"公共性是指特定范围内由特定对象、环境和结果将具体个人(或主体)

---

[1] G. Frederickson. *The repositioning of American Public Administration. Political Science and Politics*,1999,32(4),P. 702.

[2] A. Schlick, *The Performing State:Reflection on an Idea. Whose Time Has Come but Whose Implementation Has Not. OECD Journal on Budgeting*,2003,3(2),pp. 94 – 95.

[3] J. Pierre. *Debating Governance:Authority,Steeing and Democracy*. Oxford University Press,2000,P. 3.

[4] E. Sorensen. *Metagovernance:The Changing Role of Politicians in Processes of Democratic Choice. The American Review of Public Administration*,2006,36(1),P. 100.

[5] 王寅丽:《汉娜·阿伦特:在哲学与政治之间》,上海人民出版社 2008 年版,第 113 页。

联系起来的具有普遍性、不确定性和意识交互性的社会关系。"① 从政府治理的角度，公共性也体现着特定的内在规定。按照治理理论来看，治理主要是基于对传统等级官僚制模式和扩展的自发市场秩序模式的反思，旨在解决政府失败与市场失灵的矛盾问题，通过政府、市场和市民社会的合作，在合作共治中实现三者比较优势的最大化，以实现对公共事务的善治，从而调整国家、市场与市民社会的关系。在此过程中，政府、市场和市民社会都体现一定的公共性。

政府是公共性的主要实现者。"政府的公共性是政府的第一属性。"② 正如马克思指出，国家除了阶级职能外，"一切政府都不能不执行一种经济职能，即举办公共工程的职能。"③ 政府的公共职能即是政府的公共性外化的体现。在政府治理的特定视域中，"公共性是政府的第一属性，政府因为实现其公共目标、维护其公共利益而建立，这也是政府公共性的起源，虽然不同时代、不同背景对政府公共性的外部特征有不同要求，但实现正义、提供公共物品却是所有政府公共性的公共内容。"④ 政府属性的定位和把握，是治理合作的共同基础，更是实现善治的根本动力。公共性的属性要求政府治理的价值目标在提供公共物品和公共服务的过程中彰显公正，从而达到目标与原点的高度一致，真正行使政府的角色与职能，促进政府治理趋向善治的终极关怀。

市场是公共性的关联者。市场作为资源配置的手段，关系到个人实体的生产和生活，关系到企业的发展和壮大，关系到国家的进步与兴衰。市场是生产领域公共产品的主要提供者，是消费领域商品买卖的重要依托方。市场并不是私人领域的方式手段，而是公共领域提供公共产品的基本手段，这种表现形式根源于市场内在的公共性。在治理的理念与框架下，市场通过自由竞争、价格机制和利润来配置公共领域具有公共性的社会资源。虽然市场是以追求效益为价值导向，但是，公共性的实现是市场行为的客观结果，因此，市场也是公共性的重要实现者。

市民社会是公共性的参与者。作为政府治理的"他者"，市民社会也是公共性的重要载体。马克思在《德意志意识形态》中指出："在过去一切历史阶段上受生产力制约同时又制约生产力的交往形式，就是市民社会。"⑤ 这种交往的组织形式具有特定的公共性。市民社会正是公民追求公共利益实现公共性的特定渠道。市民社会开辟了实现公共性依赖政府的崭新路径，因为"在现代国家条件下，公民参加国家普遍事务的机会是有限度的。但是人作为伦理性的实体，除了

---

① 高鹏程：《公共性：概念、模式与特征》，载《中国行政管理》2009年第3期，第65~67页。
② 祝灵君、聂进：《公共性与自利性：一种政府分析视角的再思考》，载《社会科学研究》2002年第2期，第7~11页。
③ 《马克思恩格斯选集》（第1卷），人民出版社1995年版，第762页。
④ 高晓红：《政府伦理研究》，中国社会科学出版社2008年版，第142页。
⑤ 同③，第87~88页。

他私人目的之外,有必要让其参加普遍活动。这种普遍物不是现代国家所能经常提供他的,但他可以在同业公会找到",①同业公会正是黑格尔主张市民社会实现公共性的组成部分之一。即使是文明发展的当代社会,市民社会仍然是实现公共性不可替代的载体。哈贝马斯将市民社会分为"狭义的市民社会"和"公共领域","对于私人所有的天地,我们可以区分出私人领域和公共领域。私人领域包括狭义的市民社会,亦即商品交换和社会劳动领域,家庭以及其中的私生活也包括在其中"。"私人领域当中同样包含着真正意义上的公共领域,因为它是由私人组成的公共领域",而这种公共领域包括"教会,文化团体和学会,还包括独立的传媒,运动和娱乐协会,辩论俱乐部,市民论坛和市民协会此外还包括职业团体,政治党派,工会和其他组织等"。②公共领域的本质属性就是公共性实现的场域。

由此可见,在治理的语境下,公共性是指政府、市场与市民社会等治理主体通过协调合作实现善治的关联属性。一方面,公共性是国家、市场与市民社会合作的基础、联系的纽带。另一方面,公共性的价值目标在国家、市场与市民社会的治理中得以实现。

公共性的场域是公共领域。"所谓'公共领域',我们首先意指我们的社会生活的一个领域,在这个领域中,像公共意见这样的事物能够形成。"③而这种公共领域包括"教会,文化团体和学会,还包括独立的传媒,运动和娱乐协会,辩论俱乐部,市民论坛和市民协会。此外还包括职业团体,政治党派,工会和其他组织等"。④公共领域的本质属性就是公共性实现的场域。公共领域不仅是公共利益生成的交集场域,而且是维护和实现公共利益的重要平台。在治理的特定活动中,公共性产生于公共领域,同时,公共领域为公共性的实现搭建交流合作的桥梁。

公共领域为治理中公共性的产生提供一定的场域空间。治理需要领域平台,这种领域既是一种场所的体现形式,又是一定范围的界域限度。公共领域作为治理中公共性的平台和空间,二者的逻辑基点都来自于公开和共同。公开地、共同地看到共有的东西,不仅需要共时性的时间维度,而且需要保证同在性的空间场所,无论是治理多元主体中的政府、市场,还是市民社会,正是在这一场域中,才能真实地得以展现,显示出其同一性。正如汉娜·阿伦特所言:"只有在事物被许多人从不同方面看到,聚集在它周围的人们知道他们从众多差异中看到了同

---

① 黑格尔:《法哲学原理》,商务印书馆1996年版,第251页。
②④ 哈贝马斯著,曹卫东译:《公共领域的结构转型》,学林出版社1999年版,第35页。
③ 汪晖、陈燕谷:《文化与公共性》,上海三联书店2005年版,第125页。

一个东西，世界的真实性才能真切而可靠地显现出来"。① 其中"同一个东西"作为公众观看的同一客体，表现为共同的唯一性，也就是说，"在公共世界的条件下，现实主要不是由组成这一世界的所有人的'共同本质'保证的，而是由这样一种事实保证的，即尽管角度不同，因而看法各异，但每个人关注的总是同一客体"。这种同一客体就是公众观察到的公共性的物化形式，"在公共领域中展现的任何东西都可为人所见、所闻，具有可能最广泛的公共性"。② 尽管政府、市场与市民社会观察问题的视角不一，尽管作为观察者的政府、市场与市民社会的动机存在差异，但是，所有目光投向的"同一客体"是在而且仅在公共领域方可存在。与此同时，由于公共性的产生具有公开和共同的特性，而且客体又是共时同在的"同一个东西"，这种有限的界域限度必然来自公共领域。

公共领域又为治理中公共性的实现提供交流对话的场域平台。在治理中，政府通过公共领域中公众的公共交往所形成的舆论，评判公共权力与政策，实现交流对话，达成共识。也就是说，"在公共领域中，公众通过话语形式进行公共交往，公众依据理性评判公共权威及其政策和其他公共问题，这种评判形成公共舆论。公共领域承担着双重功能：一是促进了社会整合和群体认同，人们在这里找到了社会生活的意义和价值；二是为国家取得合法性基础，即合法性功能。因为人们在交往和讨论中认可了政治秩序的价值。"③ 同时，政府通过市场这只"看不见的手"实现资源合理配置，通过竞争机制拓展利益的最大化，为治理提供物质基础和现实保障，这种互利性的交流实现仍是基于公共领域的平台。政府、市场与市民社会的多元治理主体在公共领域的交流平台场域中，既保留差别，又达成共识，实现协同式发展。正如哈贝马斯所言："真正的共识绝不否定差异，取消多元性，而是要在多元的价值领域里，对话语论证的形式规则达成主体间认识的合理的一致，并将这一前提引入语言交往。"④ 多元治理主体的交流合作、共同发展主要是在公共领域中实现的。

二、西方治理的语源

"治理"术语有着悠久的语源学渊源，如拉丁文中的"gubernare"、希腊文中的"kybernan"、"kubernetes"，它们指的是"古代的船长或舵手"。古希腊哲

---

① H. Arendt. *The Human Condition*. Chicago：University of Chicago Press，1958，P. 57.
② 汉娜·阿伦特著，竺乾威译：《人的条件》，上海人民出版社1999年版，第38页。
③ 黄庆杰：《概念、流派与理论——西方市民社会理论源流探析》，载《北京大学政府管理评论》2003年第1期，第1页。
④ 哈贝马斯著，章国锋译：《作为未来的过去》，浙江人民出版社2001年版，第126页。

学家柏拉图则把"kubernetes"一词解释为"掌舵或操纵的艺术"。

英语中的治理一词（governance）源于拉丁文和古希腊语，原意是控制、引导和操纵。治理（governance）一词在英语国家中作为日常用语已经有数百年的历史，其传统含义指的是在特定范围内行使权威。长期以来，它与统治（government）一词交叉使用，并且主要用于与国家的公共事务相关的管理活动和政治活动中。但是，自20世纪90年代以来，西方政治学家和经济学家赋予governance以新的含义，不仅其涵盖的范围远远超出了传统的经典意义，而且其含义也与government相去甚远。它不再只局限于政治学领域，而是被广泛运用于社会经济领域，不仅在英语世界中使用，并且开始在欧洲各主要语言中流行。正如研究治理问题的专家鲍勃·杰索普（Bob Jessop）所说的那样："过去15年来，它在许多语境中大行其道，以至成为一个可以指涉任何事物或毫无意义的'时髦词语'。"[1]

在法文中，治理表述为"gouvernance"。这个词经历了中世纪、古典主义和现代的时空变迁，具有鲜明的语源轨迹。在中世纪，gouverne（指导、指引）、gouvernement（统治、政府）、gouvernance（治理）三词具有同样词源，都表示主导和驾驭某事物。船舵（gouvernail）是其最原始的意思，后来引申出内涵丰富的比喻意：选择航向，以及根据不断变化的自然环境持续调整修正。在这个时段，三词意思等同，并且可以相互替换。此后，gouvernement的理念逐步明确："统治的思想与等级化的权力、垂直和自上而下的指挥关系，以及以整齐划一的方式推行的意志等概念联系在一起，与对国家整体性的思考紧密相关。"[2] 治理（gouvernance）只是作为统治（gouvernement）一词的替代品偶尔出现在文本与社会中。现代意义上，gouvernance作为英文governance的对应词汇，伴随着governance的兴起变化，而赋予同样的时代含义。在20世纪90年代中期，真正进入"第三次生命阶段"，并且进入公共政策的分析领域。[3]

在德语中，关于政治控制的有效性和失效问题的讨论可以用steuerung（操纵）这一术语来表达。在德国政治科学中，steuerung首先被用来指代政治权威塑造其社会环境的能力，也即为统治（governing）的意义。后来，这个概念也被用作治理（governance）的同义词。市场作为Steuerung的另一种模式首先成为关注的中心，不久接着就是社群（community）或团结（hegner）。steuerung的内涵被考夫曼拓宽为包含"对行为进行成功协调"之意。[4] 这与系统论有关，是把一

---

[1] 俞可平：《治理与善治》，社会科学文献出版社2000年版，第2页。
[2] 让-皮埃尔戈丹著，钟震宇译：《何谓治理》，社会科学文献出版社2010年版，第14页。
[3] 同[2]，第15页。
[4] 同[1]，第202~203页。

个自主系统当做 government 对象，使之从一种状态转变为另一状态：不管是稳定它，改变其方向，或者转变它。① 因此，steuerung（控制）有时候被认为是一种行为方式，有时又被看做一个过程，有时也被看做是系统的一个功能特征。②

20世纪90年代以来，治理成为一个最流行的概念、思潮和理念。1989年，世界银行在其报告《次撒哈拉非洲：从危机到可持续增长》中，首次使用了"治理的危机"一词来概括当时的非洲情形。1992年，世界银行的年度报告标题是《治理与发展》。联合国全球治理委员会1995年的报告提出，治理是或公或私的个人和机构经营管理相同事务的诸多方式的总和，它是使相互冲突或不同的利益得以调和并且采取联合行动的持续的过程。经济合作与发展组织（OECD）在1996年发布了一份名为"促进参与式发展和善治"的项目评估；联合国开发署（UNDP）1996年的年度报告题目是"人类可持续发展的治理、管理的发展和治理的分工"；联合国教科文组织（UNESCO）在1997年也提出了一份名为"治理与联合国教科文组织"的文件；《国际社会科学》杂志1998年第3期刊登了一个名为"治理"（govemance）的专号；联合国有关机构还于1992年成立了一个"全球治理委员会"，并出版了一份名为《全球治理》的杂志。③ 正如有关学者分析的那样，"通过讨论'治理'——而不是'国家改革'或'社会政治变革'——开发界的多边性银行和机构便可以就一个相对而言没有攻击性的论题用技术性措辞来集中讨论敏感问题，而不至于让人认为这些机构越权干涉主权国家的内政。"④

三、西方治理的多元含义

"治理"在《现代汉语词典》中指的是：（1）统治；管理；（2）处理；整修。出版于1995年的《全球治理》（Global Governance）第1卷第1期刊登了芬克斯坦（Lawrence Finkelstein）的文章《什么是全球治理》（What Is Global Governance?），文章指出，我们说"治理"，是因为我们确实不知道如何称呼正在变化的一切。⑤

---

① 鲍勃·杰索普：《治理的兴起及其失败的风险：以经济发展为例的论述》，载《国际社会科学》（中文版）1999年第1期。
② 雷纳特·梅因茨：《统治失效与治理能力问题：对一个理论范式的评价》，载俞可平：《治理与善治》，社会科学文献出版社2000年版，第203页。
③ 俞可平：《治理和善治引论》，载《马克思主义与现实》1999年第5期，第37页。
④ 辛西娅·休伊特·德·阿尔坎塔拉：《"治理"概念的运用与滥用》，载《国际社会科学》（中文版）1999年第1期，第106页。
⑤ L. S. Finkelstein. *What Is Global Governance? Global Governance*, 1995, 1 (3), P. 358.

联合国全球治理委员会 1995 年的报告《我们的全球伙伴关系》提出，治理是或公或私的个人和机构经营管理相同事务的诸多方式的总和，它是使相互冲突或不同的利益得以调和并且采取联合行动的持续的过程。它既包括有权迫使人们服从的正式制度和规则，也包括人民和机构同意的或以为符合其利益的各种非正式的制度安排。治理有四个特点，第一，治理不是一整套规则，也不是一种活动，而是一个过程；第二，治理过程不是控制，而是协调；第三，治理既涉及公共部门，也涉及私人部门；第四，治理不是一种正式的制度，而是持续的互动。①

作为治理理论主要创始人之一的罗西瑙（J. N. Rosenau）指出，"治理就是这样一种规则体系：它依赖主体间重要性的程度不亚于对正式颁布的宪法和宪章的依赖。更明确地说，治理是只有被多数人接受才会生效的规则体系。"② 罗茨（R. Rhodes）对治理的概念进行了比较全面的总结，认为"治理"在当代主要有六种用法：（1）作为最小限度政府的治理；（2）作为公司治理的治理；（3）作为新公共管理的治理；（4）作为"良好治理"（善治）的治理；（5）作为社会—控制系统的治理；（6）作为自组织网络的治理。③

1998 年，《国际社会科学》（英文版）（International Social Science Journal）杂志第 1 期出版了治理（governance）专刊（中译本见《国际社会科学》杂志（中文版）1999 年第 1 期）刊登了一组西方治理理论研究中几位代表人物关于"治理"的文章，其中的部分文章被收入俞可平主编的《治理与善治》一书。斯莫茨认为，治理能设计出管理共同事务的新技术，它使我们有可能对付那些抑制国际无政府状态、但又不似政权那样固定而被人们寄予期望的机构，它引入了灵活的而非标准化的机制，它赋予多种理性与不同的合法性以一席之地，它不是一种模式，不会成为固定不变的东西。④ 梅里安认为，治理可以看做这样的一种最少限度的国家，它把公营企业和公共事业私有化，优先发展市场和准市场作为分配服务的手段（"只掌舵、不划船"）。⑤ 杰索普认为，治理指的是自组织，其表现形式包括自组织的人际网络、经谈判达成的组织协调以及分散的由语境中介的系统间调控或驾驭。治理专指设计多种利害关系的特定机构或组织的行为方式、

---

① 俞可平：《治理与善治》，社会科学文献出版社 2000 年版，第 4～5 页。
② 罗西瑙：《没有政府的治理》，江西人民出版社 2001 年版，第 5 页。
③ R. Rhodes. The new governance: governing without government, Political Studies, 1996, 44 (4): pp. 652 - 667.
④ 玛丽 - 克劳德·斯莫茨：《治理在国际关系中的正确运用》，载俞可平：《治理与善治》，社会科学文献出版社 2000 年版，第 263～279 页。
⑤ 弗朗索瓦 - 格扎维尔·梅里安：《治理问题域现代福利国家》，载俞可平：《治理与善治》，社会科学文献出版社 2000 年版，第 107～126 页。

公司合营企业的合伙运作，以及其他有自主权但是相互依存的组织形式的战略联盟。① 斯托克认为，治理是统治方式的一种新发展，其中的公私部门之间以及公私部门各自的内部的界线均趋于模糊。治理的本质在于，它所偏重的统治机制并不依靠政府的权威或制裁。② 阿尔坎塔拉提出，今后治理必须朝以下方向发展：不再寻求放之四海而皆准的"善治"的标准，放弃把机构改革"技术化"的做法，放弃在"国家"和"市民社会"之间划一条不现实的界线的做法，放弃将机构改革和宏观经济政策分开的做法，放弃就国家和国际层次认为划分"治理"问题的做法。③

克雷金和柯本建认为，治理应考虑的是公共部门、私营部门以及半私营部门之间的相互依赖，治理是一种自组织的网络。④ 藤本瑟尔则把层级组织与市场组织都视为治理的模式，认为在层级组织与市场组织之外还有两种类型的模式，即供给者为基础的治理与社区治理。当分析的重点由治理与协调的成就转向为公共管理掌舵的尝试时，后两种治理模式是最有价值的。⑤ 特雷伯等根据治理概念所属的领域区分为三类：（1）政治学领域的治理，关注的是政治行动者之间的行动者群体与权力关系；（2）政体领域的治理，指的是对社会行动者行为加以形塑的规则体系；（3）政策领域的治理，指的是按照政治掌舵的工具取得特定的政策目标。⑥

荷兰学者克斯伯根（Kees Van Kersbergen）和瓦尔登（Frans Van Waarden）在2004年3月出版的《欧洲政治研究》杂志上发表了题为《作为学科间桥梁的'治理'》的文章，总结了治理概念的九种用法。⑦

第一种，善治。"善治"或"良治"是"治理"最突出的用法，被世界银行以及其他国际组织用于经济发展领域。良好的经济治理属于所谓的"第二代改革"，包括减少不必要的公共开支，投资于初级保健、教育和社会保障，通过

---

① 鲍勃·杰索普：《治理的兴起及其失败的风险：以经济发展为例的论述》，载俞可平：《治理与善治》，社会科学文献出版社2000年版，第52~85页。

② 格里·斯托克：《作为理论的治理：五个论点》，载俞可平：《治理与善治》，社会科学文献出版社2000年版，第31~51页。

③ 辛西娅·休伊特·德·阿尔坎塔拉：《"治理"概念的运用与滥用》，载俞可平：《治理与善治》，社会科学文献出版社2000年版，第16~30页。

④ E. H. Klijn, J. F. M. Koppenjan. *Public management and policy networks*, Public Management, 2000, 2 (2): pp. 135 – 158.

⑤ T. Tenbensel. *Multiple modes of governance*, Public Management Review, 2005, 7 (2): pp. 267 – 288.

⑥ O. Treib, H. Baehr, G. Falkner. *Modes of governance: towards a conceptual clarification*, Journal of European Public Policy, 2007, 14: 1: pp. 1 – 20

⑦ K. van Kersbergen, F. van Waarden. *"Governance" as a bridge between disciplines: cross disciplinary inspiration regarding shifts in governance and problems of governability, accountability and legitimacy*, European Journal of Political Research, 2004, 43 (2), pp. 143 – 172.

减少管制推动私人部门发展,加强私人银行业,改革税制,提高政府和公司的透明度和责任感。这个用法强调合法性与效率具有政治、行政和经济价值,它实现了新公共管理与自由主义民主的联姻。当然,善治也能推动经济发展,因此经合组织倡导在公共管理、政商关系以及社会政策中采取最佳做法,实现善治。

第二种,"没有政府的治理":国际关系领域。"治理"的第二个含义来自国际关系理论,指的是没有政府治理的可能性,国际或全球治理、全球民主是其形式。相关文献指出,一方面民族国家有在政策上合作的可能,另一方面国际组织、机制以及条约成为解决跨国问题的新的国际治理形式,一些由民族国家政府承担的核心事务正在转到国际集体的手中。

第三种,"没有政府的治理":自组织。第三种用法指的是社会与社区的自组织,既超越了市场也不需要国家。例如,艾丽诺·奥斯特罗姆研究了不同地区、不同时期的社区管理公共资源,防止资源枯竭的能力。地方的小社区不需要政府的帮助也能通过自下而上的自我管理做到这点,采取的方式包括结成社团、相互理解、协商、管制、信任关系以及非正式的社会控制,而不是国家强制。奥斯特罗姆认为,在特定的条件下,这种治理安排是有效而稳定的。

第四种,经济治理:市场及其制度。第四种用法是经济治理,应用于经济史、制度经济学、经济社会学、比较政治经济学、劳动关系和劳动经济学等学科。它们这样做或多或少与新古典主流经济学有关。

古典经济学认为市场是自发形成的社会秩序,在没有干预的情况下能充分发展,而政治理论家和法律学者则意见相左。他们秉承霍布斯的思想,认为社会的自然状态是混乱、无序和充满冲突的。新制度主义经济学等学科采纳了这些观点,强调市场并不是自发形成的社会秩序,必须由制度创造和维持。这些制度提供了、调整着并执行着博弈所需要的规则,而这些规则规定了产权、支持着合同、保护着竞争,并减少了信息的不对称、风险以及不确定性。

各个社会产生了一系列制度来管理经济交易,减少交易成本,提高交易完成的可能性。而政府仅仅是这些制度的一个来源。其他来源包括合同、商业组织、私人部门、自愿社团、法庭、家族以及共同体。换句话说,"治理"是比"统治"更广义的范畴。尽管国家会间接地影响这些治理,但是不需要国家的直接参与这些治理也能运行。

比较政治经济学对经济治理的研究有四种取向:国家政策风格、新法团主义、新制度主义以及生产组织。最近,这些研究取向又发展出一些新的研究领域。新法团主义关注的是部门治理,分权受到了"弹性的专业化生产"研究者的重视,"资本主义的多样性"受到新法团主义和新制度主义的共同关注,它们强调即使面对国际化,具有不同制度的国家也能运行良好。

第五种，私人部门的"善治"：公司治理。这个用法的使用者期望的是在不从根本上改变公司的基本结构的前提下，提高管理行为的责任和透明度。作为一个一般性概念，治理指的是指导和控制公司的制度。因此，经合组织制定了一组公司治理原则，认为它们是经合组织成员国在如何实现公司良好治理上达成的共识。有一种观点认为，政府能够通过改善公司治理提高宏观经济效率，因为这样提高了投资的可能性。

第六种，公共部门的"善治"：新公共管理。新公共管理理论一直努力把它认为的"善治"引入公共组织，因此私人部门的管理概念在很大程度上被引入到公共领域，比如绩效管理、客户取向、激励机制再造等。同时，也采取一些措施实现这些目标，如解除管制、招标、外包以及民营化。奥斯本和盖布勒提出的"政府再造"是新公共管理的经典说法，他们把政府的两种职能，"掌舵"（决策）和"划桨"（提供服务）区别开来，认为对现代国家来说，要加强前者，弱化后者。他们提出了建立具有企业家精神政府的原则。无论在分析上还是在实证上，新公共管理关注的不同国家的公共部门改革的相似性。在所有这些改革中，市场是执行公共政策的模范。因此，该理论深受公共选择理论、委托代理理论以及交易成本经济学的影响毫不奇怪。

第七种，网络治理：一般用法。这种用法来自大量涌现的、主张通过网络进行治理的文献。这个用法有多种分支，其中主要的三种分别把网络看作公共组织的或者私人组织的或者公私组织混合的。而它们的共同点在于，都把网络视为复合中心的治理形式，以对应于多中心治理形式——市场和单一中心或等级化治理形式——国家和公司。网络是自我组织的，抵制政府的干预，制定自己的政策并构建自己的环境。进一步说，它们的特点在于网络参与者按照相互达成的博弈规则和信任进行的资源交换、妥协以及博弈式互动。

公共政策网络一直被认为是公共管理研究中治理分析的核心。在这类文献中有多种分析版本，包括早期对利益集团网络进行的法团主义的分析，到研究国家调控社会的（有限）能力研究、对政策网络进行的行为者中心式（ACI）制度主义分析，再到卡斯特斯的网络社会，以及其他学者对公私混合解决社会问题进行的社会网络分析。其中，行为者中心分析结合了理性选择理论和新制度主义，是新的、更重要的研究贡献。它试图从相互依存的行为者的目的性行为角度来解释政策和政策结果，认为它们是由行为者的制度背景塑造的。自组织网络就是这类制度背景。与其他制度不同，网络中的一般性互动方式是协商。网络作为非正式制度网络，有利于克服集体行动问题。

私人组织的网络是社会自组织的次级形式，在经济中尤其如此。产业经济学、组织研究以及政治经济学对它们进行过深入研究。公司在运行中借助网络，以整合资源（知识、技术、市场准入、资金），组织具体活动（例如创新），实现规模经济。但网络也可以在经济治理中发挥作用：减少交易和市场中的风险与不确定性，克服集体行动问题以及调节和组织经济部门。

第三种网络形式是公共组织与私人组织的结合。资源依赖理论一直研究这类网络。它强调许多公共服务不是由政府单独提供的，而是由政府、私人和自愿组织结成的行为者网络完成的。这些网络协调和分配资源，是对市场或国家的替代。

第八种，网络治理：多层次治理。该用法有两个来源。在国际关系理论中，它是对"体制"（regime）这个早期概念的现代化。克莱斯纳认为，"体制"指的是一组明确或隐含的规则、规范以及决策程序，在特定的国际关系领域，行为者的期望围绕它们聚合在一起。而"治理"作为一个相关概念，指的是这些规则以及政策实质产生的权力关系。"多层次"的意思就是，不同的政府层次以及公共、私人部门在各个层次上的参与。

多层次治理的另一个来源是欧洲比较公共政策分析。它是对欧洲一体化理论中国家中心主义的回应，后者把欧盟政策制定视为两个层次上的博弈。

国家中心或"政府间关系"学派认为，欧洲一体化进程是各国领导人所做的一系列理性选择的结果。默拉维斯克认为，把主权"授予"国际组织的选择是各国政府相互约束和控制的结果，提高了相互承诺的可信度。因此，跨国组织解决了不完全契约问题。该理论的一个核心假设是，国家是统一而理性的行为者。主张多层次治理的学者对该理论进行了激烈的批评。他们不认为民族国家是欧盟中唯一把国内政治与政府间谈判联系在一起的纽带，强调说，不同政策领域和政府层次上形成的政策网络也非常重要。因此，多层次治理研究与网络治理研究有密切联系。实际上，最近的一项重要研究更愿意把欧盟治理称为"网络治理"而不是多层次治理。欧盟政策网络涉及公共和私人利益。这些网络中的行为者虽然是自利的，也对有利于共同体的行为感兴趣。

第九种，作为网络治理的私域治理：从等级到网络。网络治理也吸引了研究私人部门的学科的注意力，例如，产业经济学、组织研究以及商业管理。治理的第九种用法就来自这里。在许多经济部门，经过集中的、等级的阶段后，紧接着的是形式更松散的阶段，更小规模的公司通过合作结成网络。大公司为了保持"核心竞争力"被迫减少活动范围，缩小规模，把一些活动转给其他公司。它们与新兴的小公司都感到要实现资源互补，因此要与其他公司进行或多或少的合作，建立广泛而稳定的顾客、供应商网络，甚至在某些活动上与竞争者合作。

公司之间的合作可以有多种形式。有学者依据利润分享权和决策权这两个维度对它们进行了区分。这些形式分布在这样一个光谱上：一端是权力集中在市场上，另一端是权力集中于公司手中。在两端中间是通过协会、工业区、股份合作、联营、特许经销等方式联合在一起的组织形式。

这些关系必须被管理或"治理"。它们产生了具体的问题和风险，包括关系型投资的缺失、"搭便车"现象、机会主义、敲诈合作者以及溢出现象。公司以及包括政府在内的支持环境已经创造出解决这些问题的制度。这些"治理"制度包括合同、合同法、监督和履行合同的机构。

克斯伯根和瓦尔登认为，尽管这九种用法对"治理"的理解有所不同，但是它们之间也有某些共同之处。第一，研究方法是多中心而非单一中心的；第二，无论是何种形式的网络都具有重要作用；第三，它们都强调治理的过程，而不是单纯的治理结构；第四，它们都认为，行为者间的关系产生了具体的风险和不确定性，而不同的部门发展出各自不同的制度来减少风险，提高合作的可能性；最后，这些研究方法是规范意义上的。它们所描绘的既是理想意义的也是实证意义上的现实。这些相似之处使各种使用"治理"概念的研究文献有了相互学习的可能。

萨拉蒙（L. Salamon）把治理的兴起看做是一场革命，他认为，这场革命的中心不仅是政府活动范围和规模，也是政府行为基本形式的根本转变。公共活动的工具以及用于解决公共问题的手段都在大量激增。以前，政府的行为被主要限制在由官僚组织直接提供公共产品和服务上，而现在政府的行为包括许多令人眼花缭乱的借贷、抵押、合同、社会规制、经济规制、保险、税收支出、优惠购货券等。[①] 林恩（L. Lynn）则把治理的重点放在满足公共需求的责任和能力的分化上，认为治理变成了协调不同行为者趋向共同目标的纵向和横向手段的集合，治理包括社会制度、法律、规则、司法裁决、行政活动，这些都能够约束、规定并保证公共目标与服务的提供。[②]

综上所述，尽管西方学者们对治理有各自的解释，但也达成了最起码的一致，即认为"治理的实质在于，它所偏重的统治机制并不依靠政府的权威或制裁。"[③] 治理概念指出的是一种结构或一种秩序的产生，这种结构或秩序不是由外部强加的，而是多种进行统治的以及互相发生影响的参与者互动的结果。[④] 因

[①] L. Salamon. *The new governance and the tools of public action*：*an introduction. Fordham Urban Law Journal*，2001，28（5）：P. 1611.

[②] L. Lynn, C. Heinrich, and C. Hill. *Improving governance*：*a new logic for empirical research*，Washington DC：Georgetown University Press，2001，P. 7.

[③] 斯托克：《作为理论的治理：五个论点》，载《国际社会科学》（中文版）1999 年第 1 期，第 20~21 页。

[④] K. A. Eljassen, J. Kooiman. *Managing public organizations*：*lessons from contemporary European experience*，London：Sage，1993，P. 64.

此，现代意义的治理更强调公共问题的解决不仅仅依靠国家的力量、市场的力量，还要依赖于社会组织的力量。这样的理解势必影响到政府职能的转变、政府能力的提升以及满足社会需要方式的选择，不仅对政府的实践活动，而且对政府理论的研究都将产生积极的影响。[①]

法国学者卡蓝默认为，治理并非是新的事物，不是对公共行动的设计和管理的新方式，而只是对一个早已存在的现实的新认识。对于治理的理解需要借助于历史、文化、政治学和行政学，也需要借助于组织社会学，因为"治理的大问题是永恒的——让同一块领土上数以百万计的男人和女人共同生活在内外和平和持久繁荣中，确保人类社会与其环境的平衡；从长计议管理稀缺而脆弱的自然资源；保证人们的思想和行动自由，同时维护社会正义、调和共同利益；向每个人分别和共同提供最大的繁荣机会；允许科学和技术的发展，但不被其力量冲昏头脑；确保所有的人过有尊严的生活；承认文化和传统的多样性和丰富性，同时使其参与整个社会的和谐；适应世界的变化，同时又保持其自身的特性"。[②]

四、西方治理的理论困境

西方学者在积极分析治理应用的同时，也从不缺少对治理所面临的现实困境的阐述。斯托克在阐述治理的五个核心论点的同时，也指出了与每个论点相关联的理论困境：（1）与治理相关的制定政策过程这一复杂现实，与据以解说政府而为之辩护的规范信码相脱离；（2）职责的模糊性能够引起逃避责任或"替罪羊"的出现；（3）权力依赖加重了政府非预期产出的问题；（4）自组织网络的出现使得政府对社会应负的责任难以明确；（5）即使政府以灵活方式调控集体行动的领域，治理失灵仍可能出现。[③]

（一）核心概念的模糊与治理理论自身的冲突

治理理论的基石在于对治理本身的理解，正是在治理概念的现代转换中，重新被赋予以价值和形而上学的理解，治理理论才得以大行其道，并在诸多学科领域成为热点，而且成为应对复杂的社会公共问题最有力的分析工具。令人恐慌的是，当西方学者仔细梳理不同的治理概念时却发现，这是一个脆弱的概念。阿尔

---

① 徐家良：《政府评价论》，中国社会科学出版社 2006 年版，第 1 页。
② 皮埃尔·卡蓝默：《破碎的民主——试论治理的革命》，上海三联书店 2005 年版，第 8～9 页。
③ 格里·斯托克：《作为理论的治理：五个论点》，载俞可平：《治理与善治》，社会科学文献出版社 2000 年版，第 31～51 页。

坎塔拉和杰索普不约而同地得出类似的结论："治理"一词——像目前关于发展问题的辩论中的其他许多概念一样——被许多大不相同的意识形态群体用于各种不同的、常常是互相冲突的目的。① 在不同的外行圈子里成为"时髦词语"，即便现在，它在社会科学界的用法仍然是前理论式的，而且莫衷一是；外行的用法是多种多样，相互矛盾。它在许多语境中大行其道，以致成为一个可以指涉任何事物或毫无意义的"时髦词汇"。② 治理概念的现代转换源于多个领域的学术推动，形形色色，且之间关系不大，"包括公共机构经济学、国际关系、组织研究、发展研究、政治科学、公共行政管理以及受福柯的理论启发而来的若干理论，若按照它的先驱人物的看法，则其根源还应当包括组合主义、政策群体，以及一系列涉及经济体制演化的经济分析。"③ 正是这种领域的跨越和理论来源的多样性，使得治理概念本身就相当模糊，它既可以是某种超越国家的合作主义框架，又可以是对发展中国家内部的现代政治与公共行政的现代诉求；既可以是制度机制的创新，又可以是特定领域内的有效安排，以致最后全球治理委员会综合各方观点后，定义了一种可以容纳相互分歧但仍然空泛的治理描述，治理是各种公共的、私人的个人和机构管理其共同事务诸多方式的总和，它是使相互冲突或者各不相同的利益得以调节而采取行动的持续过程。严格地说，这种定义实际上是回避了治理本身的规范性和理论性，使之外延无限延展。从这个意义上说，治理理论本身并没有给我们提供一套独创的理论体系，其基本的预设价值和形而上学动机在于：一是体现在对以往价值的反思回应、批判与创新，打破了原有的学科界限和面对复杂问题的固定程式；二是治理的开放性与灵活性有利于辨识理论与现实的重大问题，使得合作、自主、网络的公共治道共识趋于一致。

在治理理论内部并没有周延一致的理论共识，其中关于两种治理理论内部的冲突被认为是治理理论的重大缺陷。一是市场为导向的治理结构与社会为导向的治理结构的冲突；二是政府在治理理论的尴尬地位，出自政府又不限于政府的公共治理结构的对立。

罗茨在总结治理理论时，吸收并接纳了以市场为导向的新公共管理作为治理理论的重要内容，但更多的治理理论的学者则是把新公共管理理论排除在治理理论之外，并对之进行批判，试图以社会为导向的治理结构替代市场失灵的治理困境。新公共管理之所以被纳入治理理论之中，源于政府主导的科层治理的失败，

---

① 阿尔坎塔拉：《"治理"概念的运用与滥用》，载俞可平：《治理与善治》，社会科学文献出版社2000年版，第18页。
② 杰索普：《治理的兴起及其失败的风险：以经济发展为例的论述》，载俞可平：《治理与善治》，社会科学文献出版社2000年版，第55页。
③ 斯托克：《作为理论的治理：五个论点》，载俞可平：《治理与善治》，社会科学文献出版社2000年版，第33页。

特别是在提供公共产品的效率方面的低下，新公共管理通过把私人领域的市场规则引入政府，通过竞争机制和绩效管理、加强政府与市场的公私合作伙伴关系，以改变政府为中心的管理模式。从这一点看，这种分立与合作在某种程度上是与治理理论相契合的，但新公共管理以私人的市场模式来改变公共利益的供给有效性备受质疑，特别是一些学者认为，过度的政府市场化，忽略了政府的社会基础与公民参与的治理力量，应该重视公民社会的价值要求和第三部门对于解决公共问题的重要性。为了避免市场的失效和政府的失效，更多的治理理论家强调社会为核心的治理框架，通过社会自身的网络机制创新，以实现新治理对旧治理的代替。

治理理论在总体上具有否定政府为中心，有着社会为中心的倾向，于是政府究竟在治理中扮演何种角色就成为理论的争论内容。斯托克认为，治理是指出自政府、但又不限于政府的一套社会公共机构和行为者，这一方面意味着治理主体既有公共机构也有非公共机构，既有权力和权威，还有参与、协商和谈判，另一方面意味着政府地位的难题，那就是如果过度强调自治网络，那么政府在这样的公共行为中应该负有什么样的责任，特别是当自治网络的责任与合作过程出现问题、导致治理失败时。这样，治理理论就分化为两个极端，一种是为避免政府的主导地位，而坚持治理理论最具创新的理论倾向——多元合作的网络自治，另一种则是重新请回政府，只不过此时政府在治理结构中所担负的责任与原有的定位大大不同。杰索普因此而支持政府在治理中的元价值，强调政府如何嵌入自治组织和网络的过程，以确保不同治理机制与规则的兼容性与连贯性。这种政府的回归与政府中心化的去除就构成了治理理论的内在紧张。这种冲突实质上是治理理论自身的一种修正和深化：一是没有改变治理的多元合作基础，政府的回归并不是对治理理论的倒退与逆向过程；二是政府本身的角色在元治理中已经发生了根本性的变化，这种职责的演变正是治理理论本身推动的结果。

（二）宏大的理论追求与工具化、实践化的指向

无论是核心概念的分歧还是内在理论的冲突都不能掩盖治理理论的规范化的理论倾向，从治理理论诞生之时，它就背负着巨大的理论开拓与创新，具有宏大的理论追求和多重的理论关怀是治理理论的重要特征。面对20世纪后期复杂的社会变迁，全球化势不可挡，社会多元化而依赖性却增强，传统的实践模式难以适应新的社会、经济及公共事务的变化，特别是在社会资源配置和公共事务的处理中既看到了国家的失败，又看到了市场的失效，这一实践的困境促使治理作为实践特质的工具化需求，而此时社会科学基本观念的变化，特别是国家角色、政府职能以及公共事务的理论合法性受到实践的深刻挑战，需要打破学科界限追求

社会科学理论的新范式，这又使治理成为一种规范理论的诉求。但这双重诉求使治理和治理理论陷入新的困境，那就是过于宏大的理论追求和过于微观功用的实践工具主义的相互分离，反而弱化了治理理论本身的规范性。斯托克以及其他治理理论家一开始就赋予了治理远大的理论抱负，认为治理理论讨论的是国家和市民社会之间长期存在的制衡关系所发生的变化，它涉及对社会资本和社会的根本价值系统，欲求社会在经济和政治两个方面情况良好。在此人类社会如何发展的根本问题上，学者们紧紧抓住相互的依赖关系，提出了对治理的不同理解，也即是对上述问题的回应，而治理的一致内涵则是由于理论家们对于回应挑战的思路有类似的看法，并体现为共同的理论企图，即不再单一强调国家或市场，而试图通过"新的组合"来完善或发展政治制度，在更大程度上实现公共利益；消除科层制的缺陷，为政府寻找适当的定位。这种理论意图使得治理理论成为突破经典理论、开拓新的实践领域的旗帜。然而，治理理论对它自己提出的问题的回答还未必能令人满意。治理的理论意图导致了多维度的关怀，但治理理论的若干重要命题又缺乏足够的置信度，或者存在逻辑上的"跳跃"。从治理理论的种种主张中，我们既看到了冲破既有理论和实践藩篱的激情，也看到了向现实世界的无奈回归。这种动摇不定说明治理理论尚不具有一个完备理论的严密性。当治理理论无法独自承载过大理论命题时，为回避这种理论上的尴尬，法国治理学者戈丹直接指出，从统治到治理的转变实质上是从唯意志论的政治哲学思想到实证方法和实践知识的转向，即为一套更为朴实地基于实验的实证，通过试错原理不断完善，从而形成渐进甚至是临时的解决方案，用管理上的实用主义来回避形而上学的疑虑。① 由此治理理论的发展滑入实践命题的具体事务，从追求宏大理论构建到搁置纯粹的理论争议，转而将注意力更专注于实践领域，通过观察得到的经验检验来反思有关治理的前后理论构建。无疑，治理理论与实践的过大张力，凸显了治理理论本身的理论困境，特别是其形而上学基础并不牢靠，实践的回应性和实践的取向明显大于理论本身的取向。

（三）治理失灵与责任挑战

作为市场失灵和国家失灵问题的解决途径，治理机制并不是万能的。就如同杰索普认为的那样，"市场、国家和治理都会失败，这没有什么可惊奇的。因为失败是所有社会关系的一个重要特征。"② 马尔帕斯和维克哈姆也指出，"治理必

---

① 戈丹：《何谓治理》，社会科学文献出版社2010年版，第16页。
② B. Jessop. *The dynamics of partnership and governance failure.* in G. Stoker（ed.）*New politics of British local governance*, Basingstoke：Palgrave Macmillan，2000，P. 30.

然不是完美无缺的，它的必然结果只能是失败。"① 低层面的失灵主要是网络伙伴之间持续的回应与协商出现断裂，高层面的失灵则在于评估治理是否能够提供比市场和必要的国家协调更长期有效的产出。由此，不仅有必要考虑治理的过程，治理的影响及效果同样需要关注。索伦森与托尔芬对治理失灵的原因作出了评论，认为"网络治理依赖于不稳定的社会和政治过程，并在一种难以驾驭的政治和经济环境下发生着"。② 而杰索普认为，网络治理失败的原因在于"个人间、组织间、系统间三个层面的协调问题，只要存在多种合作关系以及其他的治理安排，参与主体间的协调问题就不可避免"。③ 网络伙伴间的冲突也往往会影响治理成效。冲突使得合作者之间相互妥协并讨价还价，然而冲突无法立即或全部解决，从而合作者又进入新一轮的协商。何世曼也指出，"因宗教信仰、种族、语言或意识形态产生的冲突给治理带来了极大的难题。"④ 在此基础上，元治理（meta-governance）作为治理失灵的解决办法进入了学者的视野。索伦森认为，"元治理是一个包含了多种规制网络工具的大概念，它指的是影响各种自组织过程的任何一种间接治理形式。"⑤ 在杰索普对元治理的解释中，政府虽然不再具有最高绝对权威，但却充当元治理的关键角色。"政府提供治理的基本规则和监管秩序；保证不同治理机制和制度的兼容性；扮演政治团体对话的主要组织者；配置相对垄断的组织智慧和信息以塑造人们的认知期望；充当治理冲突中的'上诉法庭'；通过支持较弱一方或系统建立权力关系的新平衡；改变个人和集体参与者对身份、战略能力、利益等的自我认识；承担治理失败时的政治责任。"⑥ 因此，元治理是当治理失败时对治理的治理，我们可以把元治理看做是治理失灵时重视政府重要作用的另一种表述。

柏文思指出，"'多只手的问题'要求治理关注责任问题，在复杂的网络组织背景下，这一问题更具挑战性。"⑦ 在他看来，多只手涉及治理目标的情况下，很难恰当分配成功与失败的责任。皮埃尔与彼得斯则清楚地认识到，"参与治理的那些行为者有必要对他们的行为负责，并提醒"我们始终没有创造出一种治

---

① J. Malpas, G. Wickham. *Governance and failure: on the limits of sociology. Australian and New Zealand journal of sociology*, 1995, 31 (3), P. 40.

② E. Sorensen, J. Torfing. *Theories of democratic network governance*. Basingstoke: Palgrave Macmillan, 2007, P. 96.

③⑥ B. Jessop. *The dynamics of partnership and governance failure*. in G. Stoker (ed.) *New politics of British local governance*, Basingstoke: Palgrave Macmillan, 2000, P. 30.

④ A. Hirschman. *Propensity to self-subversion*. Cambridge Mass, Harvard UP, 1995.

⑤ E. Sorensen. *Metagovernance: The Changing Role of Politicians in Processes of Democratic Choice. The American Review of Public Administration*, 2006, 36 (1), pp. 100 – 101.

⑦ M. Bovens. *The quest for responsibility: Accountability and citizenship in complex organizations*. CambridgeUniversity Press, 1998.

理视角下的政治责任模型"。① 在斯托克看来，治理的复杂性"已使得问题出现时政策制定者和公众不知道谁应该担负责任，这就可能导致政府主体将责任推给私人供货商，而更糟糕的是寻找'替罪羊'的可能性增加。那些处于解释并引领公共舆论的人往往能够把失败或困难推给别人。这类问题并不鲜见，问题是治理结构给它们增加了机会"。除此之外，"自组织网络面临的困境在于：对谁负责？治理要求不同的机构把各自的资源和目标凑到一起，在这种情况下对谁负责的问题可以在两个层次上发生：一是该网络的单个成员，另一个是被排除于任何特定网络之外的机构或人。某些群体的成员有可能对由各群体的领导者同意、由网络作出的安排不满而又难以表示不满，或是难以遵行。为难之处在于，网络强大而他们的群体是这个网络的一部分，而即使所有群体的各个成员都满意，对谁负责的问题仍可能发生，因为所有网络在一定程度上都有排他性。它们是由其成员的自我利益驱动的，根本的动力并不在于对广大公众利益的关怀，尤其不关心排除于网络之外的人。"② 由此，公共治理模式下的民主责任问题不能被忽略，谁负责？对谁负责？即民主责任的主体和客体成为理论发展中的难题。

---

① J. Pierre, B. G. Peters. Governing complex societies. Basingstoke: Palgrave Macmillan, 2000, P. 5, P. 127.
② 格里·斯托克：《作为理论的治理：五个论点》，载俞可平：《治理与善治》，社会科学文献出版社 2000 年版，第 31~51 页。

第二章

社会转型时期的我国行政改革

自1978年党的十一届三中全会以来,经过30多年的改革开放,我国政治、经济、文化、社会环境发生了重大变化,我国正处于社会转型和结构性变迁的过程中。我国政府一方面在社会转型和结构性变迁的过程中发挥主导作用,另一方面,我国政府也通过积极、有效的行政改革来适应这个过程。

基于特定的历史背景和原因,我国政府在社会转型时期的行政改革过程中存在各种问题。要研究和解决社会转型时期我国行政改革存在的问题,就需要对社会转型时期我国行政改革的基本历程和取得的经验进行研究和总结,进而从我国行政改革的历程中找出存在的问题并进行成因分析。

第一节 社会转型时期我国行政改革的重要成就

一、社会转型时期的政府机构改革

改革开放以来,我国政府进行了多次行政改革,从最初的精简机构、优化编制到后来的职能转变、制度体制改革,改革深度不断增强;从最初的组织机构改革到后来的政府与市场、政府与社会等关系的调整,改革范围不断扩大。

改革开放以来,我国先后于1982年、1988年、1993年、1998年、2003年、

2008年、2013年进行了七次较大规模的政府机构改革。

(一) 1982年进行的政府机构改革

1982年进行的行政改革是中国改革开放以来的第一次规模较大的行政改革。当时面临的突出问题是：一方面，随着党和国家将工作重心转移到经济建设上来，我国传统行政权力过于集中的问题日益显现，影响地方和企业的积极性；另一方面，干部队伍老化、机构臃肿、领导职务终身制等，日益影响改革开放和经济社会的发展，亟须进行新一轮改革。在邓小平同志的支持下，1982年我国进行了改革开放之后的第一次行政改革。

党的十二大决定进行改革开放之后国务院的第一次机构改革，其目的是改变部门林立、机构臃肿、相互扯皮的弊端，为经济体制改革的全面展开服务。这次改革，在领导班子方面，明确规定了各级各部门的职数、年龄和文化结构，减少了副职，提高了素质；在精简机构方面，国务院各部委、直属机构、办事机构从100个减为61个；省、自治区政府工作部门从50~60个减为30~40个；直辖市政府机构稍多于省政府工作部门；城市政府机构从50~60个减为45个左右；行署办事机构从40个左右减为30个左右，县政府部门从40多个减为25个左右；在人员编制方面，国务院各部门从原来的5.1万人减为3万人；省、自治区、直辖市党政机关人员从18万人减为12万余人；市县机关工作人员约减20%；地区机关精简幅度更大一些。改革之后，国务院各部委正副职是一正二副或者一正四副，领导班子平均年龄也有所下降，部委平均年龄由64岁降到60岁，局级平均年龄由58岁降到54岁。这次改革取得了三个成果：（1）精简机构。（2）加快干部队伍年轻化建设步伐。（3）开始废除领导干部职务终身制。[①]

经过1982年的政府机构改革，国务院的工作部门由100个精简到61个；领导职数得到精简，副总理职数下降，副部级职数得到减少；领导干部终身制的问题得到解决，如省部级干部正职65岁退休，副职60岁退休。这些改革不仅大大提高了政府工作的组织效率，而且还使后来的改革实际上具有很多政治发展的意味。[②]

由于当时的经济政治体制改革尚未全面展开，在1982年的行政改革中有一些配套改革并未开展，有些问题没有得到解决，例如，政未减，权未放，政企职责未分，政府的管理职能未真变等，随着经济体制改革的逐步深入，扩大企业自

[①] 石国亮：《服务型政府——中国政府治理新思维》，研究出版社2009年版，第110~112页。
[②] 毛寿龙：《中国政府体制改革的过去与未来》，载《江苏行政学院学报》2004年第2期，第87~92页。

主权的呼声越来越高，这就为 1988 年改革奠定了基础。

（二）1988 年进行的国务院机构改革

1984 年后，中国改革的重心由农村转移到城市。农村通过实行家庭联产承包责任制，农民的生产积极性得到有效调动，最大限度地解放了生产力，农村改革取得了巨大成功。然而，在城市改革中不仅遇到了传统计划经济体制的阻力，而且党政机关和人员再次膨胀，1982 年机构改革后，国务院又增设了多种机构。至 1987 年底，机构总数达 72 个，而且，各地增设机构比中央更为严重。行政体制不适应经济体制改革的问题充分暴露出来。

1988 年七届全国人大一次会议通过了国务院机构改革方案，启动了新一轮的机构改革。这次改革的重点是推进政府职能改革，特别是政府的经济管理部门从直接管理为主转变为间接管理为主，强化宏观管理职能，淡化了微观管理职能。[①] 这次改革中，政府首次对各部门进行了定职能、定机构、定编制的"三定"改革，为国家公务员制度的形成做了有益的探索，为建立一个适应经济体制和政治体制改革要求的新的行政管理体系打下了基础。经过改革，国务院部委由原来的 45 个精简为 41 个（包括外交部、国防部、国家计划委员会、国家经济体制改革委员会、国家教育委员会、国家科学技术委员会、国防科学技术工业委员会、国家民族事务委员会、公安部、国家安全部、监察部、民政部、司法部、财政部、人事部、劳动部、地质矿产部、建设部、能源部、铁道部、交通部、机械电子工业部、航空航天工业部、冶金工业部、化学工业部、轻工业部、纺织工业部、邮电部、水利部、农业部、林业部、商业部、对外经济贸易部、物资部、文化部、广播电影电视部、卫生部、国家体育运动委员会、国家计划生育委员会、中国人民银行、审计署）；直属机构从 22 个减为 19 个，非常设机构从 75 个减到 44 个，部委内司局机构减少 20%。在国务院 66 个部、委、局中，有 32 个部门共减少 1.5 万多人，有 30 个部门共增加 5 300 人，增减相抵，机构改革后的国务院人员编制比原来减少了 9 700 多人。但是，由于经济过热，这次精简的机构很快又膨胀起来了。

1988 年的行政改革力度和范围不够大，由于种种原因，政治体制改革流产，改革没能有效解决政府职能转变等主要问题，无法与社会主义市场经济体制改革相适应。但是，1988 年改革的特色是认识到了计划经济条件下政府机构改革的困难，开始适应市场经济建设需要来设计和实施政府机构改革。这次改革中，政府机构改革的种种设想在随后的改革中却得到了实施，这些改革为将来的政治改

[①] 石国亮：《服务型政府——中国政府治理新思维》，研究出版社 2009 年版，第 110～112 页。

革提供了条件。①

(三) 1993年进行的政府机构改革

1992年党的十四大明确提出了建立社会主义市场经济体制的改革目标，决定用三年时间进行行政体制和机构改革。为了适应市场经济建设的要求，政府机构改革的核心目标转变为如何转变政府职能。从1993年起，中国进行了改革开放以来第三次大的行政体制改革与政府机构改革。

1993年改革的核心任务是：在推进经济体制改革、建立市场经济的同时，按照政企职责分开和精简、统一、效能的原则，转变政府职能，理顺关系，精兵简政，提高效率，建立起有中国特色的、适应社会主义市场经济体制的行政管理体制。改革的重点是转变政府职能。中心内容是政企分开。与前两次改革相比，这次改革的最大不同点在于把适应社会主义市场经济发展的要求作为改革的目标。②

通过这次改革，机构得到精简，国务院组成部门由原来的42个减少1个，国务院直属机构由19个调整为13个（包括国家统计局、国家税务总局、国家工商行政管理局、国家环境保护局、国家土地管理局、新闻出版署（国家版权局）、海关总署、国家旅游局、民用航空总局、国务院法制局、国务院宗教事务局、国务院参事室、国务院机关事务管理局），办事机构由9个调整为5个，国务院不再设置部委归口管理的国家局、国务院直属事业单位调整为8个（包括中国轻工总会、中国纺织总会、新华通讯社、中国科学院、中国社会科学院、国务院发展研究中心、中国气象局、中国专利局和国家行政学院）。此外，国务院还设置了国务院台湾事务办公室与国务院新闻办公室。通过改革，纪律检查与行政监察关系也得到理顺。

由于市场经济建设刚刚开始，政府职能转变尚未到位。通过改革，国务院工作部门于1993年从86个减少到59个，国务院所属部委减少了1个，国务院直属机构和办事机构减少了11个，但大部分只是隶属关系的变更，在职能转变上收效不大，没能真正地处理好精简与职能转变的关系。

(四) 1998年进行的政府机构改革

在改革开放20年之际，随着我国在市场经济基础上推行可持续发展战略，

---

① 毛寿龙：《中国政府体制改革的过去与未来》，载《江苏行政学院学报》2004年第2期，第87~92页。
② 唐铁汉：《中国行政体制改革与发展趋势》，载《国家行政学院学报》2001年第5期，第26~30页。

我国旧的政府管理模式与新的市场经济、新的社会生活之间的深层次矛盾已经浮现并日益尖锐化。鉴于当时政府机构设置与社会主义市场经济的矛盾现实，为了推动经济体制改革，促进经济和社会发展，必须进一步转变政府职能，精简政府机构。因此，改革开放后第四次政府机构改革势在必行。

1998年3月，第九届全国人民代表大会通过了国务院机构改革方案，以此为标志，新一轮的改革拉开帷幕，国务院于1998年实行了在历次改革中涉及面最广、改革力度最大的一次政府机构改革，全国上下开始进行为期3年的机构改革。

这次改革的原则和主要内容是：第一，按照发展社会主义市场经济的要求，转变政府职能，实现政企分开，把政府职能切实转变到宏观调控、社会管理和公共服务方面来，把生产经营的权力真正交给企业。第二，按照精简、统一、效能的原则，调整政府组织结构，实行精兵简政，加强宏观调控部门，调整和减少专业经济管理部门，适当调整社会服务部门，加强执法监督部门，发展社会中介组织。第三，按照权责一致的原则，调整政府部门的职责权限，明确划分部门之间的职能分工，相同或相近的职能交由一个部门承担，克服多头管理、政出多门的弊端。第四，按照依法治国、依法行政的要求，加强行政体系的法制建设。通过改革，建立办事高效、运转协调、行为规范的行政管理体系，完善国家公务员制度，建立高素质的专业化的国家行政管理干部队伍，逐步建立适应社会主义市场经济体制的、有中国特色的行政管理体制。这次改革中，国务院部门数量在得到精简的同时，完善了国家公务员制度，逐步建立起办事高效、运转协调、行为规范的政府行政管理体系，服务型政府开始出现"雏形"。①

在这次改革中，国务院组成部门精简幅度较以前历次改革最大。组成部门由40个减为29个，各部门的内设机构减少了1/4；人员编制从32 000人减到16 000多人，减幅达50%，裁减下来的人员，按照"带职分流，定向培训，加强企业，优化结构"的政策，进行分流，并取得了实质性进展；为转变职能，加强政府的宏观调控，这次改革中，工业经济专业管理部门裁并幅度较大，这为市场经济的深入发展开辟了道路；有100多项职能下放给地方政府、企业和社会，还有100多项职能在国务院各部门内进行转移、合并。这次改革还有很多新的特点，首先，在理论上提出了"行政体制改革"的概念。其次，在实践中，创立了国家局制度，设立和加强了公共服务机构，建立了稽查特派员制度，强调依法行政的重要性等，这些都是以前历次改革没有的。最后，这次改革第一次提出了政府的公共服务职能，直接体现了政府行政价值理念的变化。

---

① 石国亮：《服务型政府——中国政府治理新思维》，研究出版社2009年版，第110~112页。

这次改革的成功，为国有企业改革攻坚创造了极为重要的条件，也为我国健全与完善宏观调控机制奠定了坚实的基础；同时，这次改革有效地解决了机构臃肿、人浮于事、效率低下的问题，强化了干部能上能下、激励竞争的机制，加大了干部交流的力度，改善了机关人员的结构。[①] 这次改革的成功为1999年开始的各级地方政府的机构改革提供了样板，积累了经验。

（五）2003年进行的政府机构改革

2003年进行的政府改革，是在十六大提出"发展社会主义民主政治，建设社会主义政治文明"的目标，从更高层次上对政府的行政管理体制和机构改革提出了新的要求和中国加入世贸组织给政府管理提出了新的挑战的双重背景下进行的，这些背景决定了此次改革的新特点。

2003年国务院机构改革是依据中共十六大提出的深化行政管理体制改革的要求和十六届二中全会审议通过的《关于深化行政管理体制和机构改革的意见》进行的，改革的目的是进一步转变政府职能，改进管理方式，推进电子政府服务，提高行政效率，降低行政成本。改革的重点是深化国有资产管理体制改革，完善宏观调控体系，健全金融监管体制，继续推进流通体制改革，加强食品安全和安全生产监管体制建设。这次改革的历史进步在于抓住当时社会经济发展阶段的突出问题，进一步转变政府职能。[②] 例如，建立国资委；建立银监会；组建商务部。经过调整，国务院组成机构除办公厅外，共28个。

2003年进行的政府改革通过机构调整，为建设适应市场经济需要的政府体制奠定了组织基础，但是这次改革并没有在机构数量和人员规模上下功夫，同时由于改革不够深入，没有取得明显的效果，尤其表现为地方改革没有深入展开。随着改革的深入发展，行政体制和经济发展的矛盾仍然比较突出。

（六）2008年进行的国务院机构改革

改革开放30多年来，我国进行了5次行政改革，基本上完成了摆脱计划经济体制下的政府管理模式的任务。随着市场经济的进一步深化，我们面临的两个大的矛盾和问题日益突出：一是经济持续快速增长同资源环境和城乡区域发展不平衡的矛盾越来越突出；二是全社会公共需求全面快速增长同基本公共服务不到

---

① 唐铁汉：《中国行政体制改革与发展趋势》，载《国家行政学院学报》2001年第5期，第26～330页。
② 郝良玉、胡俊生：《改革开放三十年我国行政改革的历程评述》，载《濮阳职业技术学院学报》2009年第3期，第14～17页。

位、基本公共产品短缺的矛盾越来越突出。这两大矛盾是基本矛盾的阶段性表现，并且成为经济社会中越来越突出的问题。

为了有效解决这两大矛盾，深入贯彻落实科学发展观，构建社会主义和谐社会，党的十七大报告指出，促进行政管理体制改革，创新政府管理机制是建设服务型政府，推进社会主义民主政治发展的必由之路，党的十七届二中全会通过的《关于深化行政管理体制的意见》，规划了2020年建立完善中国特色社会主义行政管理体制的战略愿景和政府近期改革的目标与举措，提出到2020年建立起比较完善的中国特色社会主义行政管理体制。

在这种背景下，以大部制改革为标志的2008年机构改革成为社会转型时期我国行政改革的一个新的阶段。这次改革主要针对政府职能交叉重叠、沟通协调困难、权责脱节等问题而进行，2008年机构改革有五大诉求：第一，完善政府经济调节、市场监管、社会管理和公共服务四大职能，确立与科学发展与和谐社会相适应的政府主体责任体系。第二，调整和理顺各种职能关系，促进分权化进程。第三，与职能转变相配套，深化行政机构改革，建立"大部制"体制。第四，围绕行政管理体制改革设定的职能转变总体方向，国务院内设机构职责进一步予以调整。第五，政府内部职权配置保证决策权、执行权、监督权既要相互制约又要相互协调，完善政府的运行机制。①

（七）2013年进行的国务院机构改革

第十二届全国人民代表大会第一次会议通过的《国务院机构改革和职能转变方案》，根据党的十八大和十八届二中全会精神，按照建立中国特色社会主义行政体制目标的要求，以职能转变为核心，继续简政放权、推进机构改革、完善制度机制、提高行政效能，加快完善社会主义市场经济体制，为全面建成小康社会提供制度保障。

这次国务院机构改革，重点围绕转变职能和理顺职责关系，稳步推进大部门制度改革，实行铁路政企分开，整合加强卫生和计划生育、食品药品、新闻出版和广播电影电视、海洋、能源管理机构。这次改革，国务院正部级机构减少4个，其中组成部门减少2个，副部级机构增减相抵数量不变。改革后，除国务院办公厅外，国务院设置组成部门25个（外交部、国防部、国家发展和改革委员会、教育部、科学技术部、工业和信息化部、国家民族事务委员会、公安部、国家安全部、监察部、民政部、司法部、财政部、人力资源和社会保障部、国土资

---

① 张成福、孙柏瑛：《社会变迁与政府创新——中国政府改革30年》，中国人民大学出版社2009年版，第52~96页。

源部、环境保护部、住房和城乡建设部、交通运输部、水利部、农业部、商务部、文化部、国家卫生和计划生育委员会、中国人民银行、审计署）。

二、社会转型时期行政审批制度改革

行政审批制度是计划经济体制下的一项制度安排，是政府为了达到自身所预期的目的，自设相应的标准，并依据这些标准来决定公民或法人是否具备相应的资格，能否从事相应的活动的制度。行政审批制度的核心是解决"谁可以干什么"的问题。行政审批从本质上限制了公民和法人创业的权利与自由，维护了政府主管中的公共利益。由于审批制度的存在，公民和法人的营利或非营利活动，必须局限于政府的价值偏好序列中，从而限制了民间经济的发展。

我国现行的行政审批制度虽然成形于改革开放之前，但其臻于繁密完备，并成为管制行政的典型制度却是在改革开放之后。一方面，党和国家的工作重心成功地转移到以经济建设为中心的轨道上来，政府的社会公共职能急剧膨胀，对经济和社会事务的管理成了政府职能体系的逻辑重点；另一方面，高度集权的计划经济体系依然被视为社会主义的当然经济形态。为了加强对日趋活跃的经济及社会生活的管理（其实是管制），确保其稳定和有序，政府不断扩大审批范围，增设审批项目，并设置烦琐至极的审批程序。

据统计，改革开放30年，全国人大及常委会共制定了300多部法律，国务院制定了800多部行政法规，地方权力机关制定了8 000多部地方性法规，国务院各部委、省自治区、直辖市以及较大市人民政府制定的部门规章或政府规章更是数以万计。诚然，这可谓是我国立法工作的斐然成绩，但不容否认，由于制度环境的制约，这些法律、法规、规章当中也设置了大量的行政审批项目，使我国的行政审批制度迅速地畸形发展起来。长期以来，几乎没有人知道政府到底有多少个审批项目，有些部门负责人自己也不清楚本部门到底有多少审批项目。全国到底有多少审批项目尚无统一数据，至于各地方政府及其部门的审批项目，数量也不在此下。即使一向被认为是改革开放之先行地区且市场化程度较高的广东、海南，审批项目也有1 300余项，深圳有1 091项。这些行政审批事项，名目繁多、程序复杂、收费标准不一，对于微观经济主体有着强烈的束缚力量，使本来就比较孱弱的经济与社会生活失去活力和动力。

由于缺乏行政审批方面的立法基础与司法控制，便产生了一系列问题，首先是设置权限没有明确划分。行政审批大多关涉行政相对人的权利义务，并影响经济及社会的发展，不同的审批项目具有不同的行政影响力，要求对行政审批的设置权限在不同层级的行政机关之间进行明确划分。然而，目前我国行政审批领域项目设置权限划分不明确，结果导致审批项目多头设置，层层设置，形成了烦琐周密的管制体系。其次是审批范围没有明确控制。政府对社会的管理大致可划分为授权性、指导性和监督性三种功能类型。行政审批属于授权型管理范畴，这意味着行政审批的范围应有明确的边界控制，并与其他两种类型的功能相衔接。由于我国是一个由计划经济转型而来的不成熟市场经济国家，对政府如何处理与企业、市场、社会的关系，政府职能如何定位，在理论上也未完全领悟，实践中自然缺乏原则，没有明确界定的范围，以至于因时所需，因地所需，因事所需，乃至因人所需，导致审批越位，审批泛化，结果尽管审批很多，社会依然无序。再其次是行政审批缺乏严格的程序规定。行政程序是确保行政行为合理合法及公正正义的重要机制。欧美国家都非常强调程序建设，力求以程序的正义实现结果的正义。而我们向来存在重实体轻程序的倾向，行政程序散乱、残缺、不规范。近几年虽然有所改观，出台了行政事业收费性和行政处罚方面较为成型的程序性规定，但在行政审批领域却至今尚无统一明确的程序性规定，审批的条件、标准要求不具体不明确；审批环节过多，步骤过繁，且不统一不规范，使行政相对人如入审批迷宫，来回颠簸，不得其门而入；审批时限不确定，搁置、拖延、扣压申请事项时有所闻，给当事人造成巨大损失。最后是行政审批收费过滥。审批机关向特定相对人收取一部分费用以资补偿是完全合理的，也是限制公共服务无度消费的有效措施。问题是目前我国的行政审批收费过滥。在有些情况下，交费成了审批机关实施批准的主要条件，甚至是唯一条件。交了费，不该批的却批了，不交费，该批的也不批。收费标准甚至也在上涨。

  2003年8月27日第十届全国人民代表大会常务委员会第四次会议通过，自2004年7月1日起施行的《行政许可法》，使得政府的行政审批项目逐步减少，行政审批程序更加简化，行政审批效率越来越高，市场配置资源的手段日益强化，政府职能逐步转换和社会中介事业的发展，大量行政审批手续的取消和转移，使政府从繁杂的社会事务中解脱出来，从而逐步向"大社会、小政府"和"服务型政府"转变，也为行政区划的改革创新、减少行政层次、扩大管理幅度提供了制度基础。

  其实，党中央、国务院历来高度重视行政审批制度改革工作。2001年9月24日，国务院办公厅下发《关于成立国务院行政审批制度改革工作领导小组的通知》（国办发〔2001〕71号），成立国务院行政审批制度改革工作领导小组，开始积极、稳妥地推进行政审批制度改革，这意味着我国行政审批制度改革工作全面启动。2013年6月，国务院明确行政审批制度改革工作牵头单位由监察部调整为中央编办，国务院审改办设在中央编办。

  2001年10月，国务院召开行政审批制度改革工作电视电话会议，全面启动行政审批制度改革工作。经过10多年的努力，行政审批制度改革取得了重要进展。2002年，国务院决定取消的第一批行政审批项目涉及789项；2003年，国务院决定第二批取消406项行政审批项目，另将82项行政审批项目做改变管理方式处理，移交行业组织或社会中介机构管理；2004年，国务院决定第三批取消和调整495项行政审批项目，其中，取消的行政审批项目409项；改变管理方式，不再作为行政审批，由行业组织或中介机构自律管理的39项；下放管理层级的47项。2007年，国务院决定第四批取消和调整186项行政审批项目。其中，取消的行政审批项目128项，调整的行政审批项目58项；2010年，国务院决定第五批取消和下放管理层级行政审批项目184项，其中，取消的行政审批项目113项，下放管理层级的行政审批项目71项。2012年，国务院第六批取消和调整314项行政审批项目，其中，取消的行政审批项目171项，决定调整的行政审批项目143项。2013年，国务院取消和下放行政审批项目235项，其中，取消和下放管理层级的行政审批项目192项，取消的评比、达标、表彰项目13项，取消的行政事业性收费项目3项，取消或下放管理层级的机关内部事项和涉密事项14项，部分取消和下放管理层级的行政审批项目13项。2014年（截至2014年7月），国务院取消和下放109项行政审批项目，同时取消11项职业资格许可和认定事项，将31项工商登记前置审批事项改为后置审批。

总结我国近10年行政审批制度改革，可以发现其具有如下的特点：

（一）改革方式从单一到多种方式相结合，积极培育行业组织和社会中介机构

从取消和调整的行政审批项目的方式来看，这一改革表现为从"单一式"到"综合式"的转变过程，即由最初的取消多项行政审批项目，发展到取消和改变管理方式、下放管理层级、合并同类事项、取消评比达标表彰项目等多种方式并存。改革方式的多样体现了政府放权思想的决心和智慧，这也是10年来国务院坚持行政审批改革展现的特点和进步。中央政府简政放权的方式发生了变化，前五批侧重于中央放权给地方，如下放管理层级，给予地方政府更多自主权力来激发地方发展活力，从而实现中央与地方的有效均衡，从第六批开始，中央更加强调不仅放权给地方，还要进一步放权于市场、社会，尤其在第六批中指出："凡公民、法人或者其他组织能够自主决定，市场竞争机制能够有效调节，行业组织或者中介结构能够自律管理的事项，政府都要退出。凡可以采用事后监管和间接管理方式的事项，一律不设置前置审批。"这一点在改革行政审批选择的方式上可见一斑。

改革开放30多年来，我国社会、政治、经济发生了很大变化。随着社会生

产力的发展和社会主义市场经济体制的建立，社会分层日益明显，利益主体呈现多元化的扩张趋势。政府主导的"审批经济"已然不适应现代社会生产力发展的需要，因而纠正政府"越位"、"缺位"、"错位"等行为，合理界定并转变政府职能尤为重要。而改革行政审批制度的方式日趋多样化，一定程度上体现了政府的努力。邓小平曾经指出："我们的各级领导机关，都管了很多不该管、管不好、管不了的事，这些事只要有一定的规章，放在下面，放在企业、事业、社会单位，让他们真正按民主集中制自行处理，本来可以很好办，但是统统拿到党政领导机关、拿到中央部门来，就很难办。谁也没有这样的神通，能够办这么繁重而生疏的事情。"①

在发达国家，除了政府，社会组织也是管理社会事务的重要力量。通过发挥社会组织的管理作用，一方面可以减轻政府的压力，提高政府效率，减少矛盾冲突，另一方面也可以更好地发挥人民主人翁精神，推动社会和谐发展。②而在我国，社会组织由于培育发展不足，规范管理不够，还不能充分发挥应有的作用。因此，政府在行政审批改革中要准确定位，切实改变管理方式，加紧培育社会中介机构，提高行业协会、社会组织承接从政府剥离出来的社会事项的能力，避免"管理真空"，从而更好促进政府职能的转变，最终形成"政府服务，市场主导，社会自治"的三级社会管理系统。③

（二）改革层级上下联动，地方政府主动出击

2002~2013年，中央政府主导的行政审批改革已进行到第七批，中央政府依靠垄断性强制权威驱动下级政府贯彻其改革理念与方针政策，从而将自己的改革意志转化为具体的改革行动，④这种中央政府主导的强制性制度变迁要求地方政府配套进行行政审批改革。1997年以来，深圳市已进行四轮大规模的改革，审批事项由1 091项压缩到391项。2012年，江苏省对省级行政审批事项进行了全面审核确认，审批事项由1 116项减少到694项，削减422项。河北省大幅精减和规范行政审批事项，过去5年共取消和调整626项，削减率59.3%。2001~2013年，四川省已先后开展了12次行政审批清理工作，原有的2 150项行政审批事项仅剩242项，减少近九成。河南省省级行政审批项目从1999年的2 706项减少至2013年的400项，精简率85.2%。湖北省2013年底省级保留的行政审批事

---

① 《邓小平文选》（第2卷），人民出版社1994年版，第328页。
② 王海燕：《深化行政审批改革促中国经济升级》，载《中国经济时报》2013年8月15日。
③ 汪波、金太军：《从规制到治理：我国行政审批制度改革的理念变迁》，载《上海行政学院学报》2003年第3期。
④ 秦浩：《中国行政审批模式变革研究》，吉林大学2011年博士研究生学位论文。

项已缩减至287项，98%的市县建立了行政服务中心，90.8%的乡镇建立了便民服务中心，90%的村建立了便民服务室，形成了互联互通、协调运转的工作机制。中央政府和地方政府上下联动，通过自上而下的改革路径，地方政府在上一级政府的强制性权威主导下推动行政审批改革。

然而，随着部分地区经济实力逐渐增强，深化行政审批改革、实现地区转型升级以适应市场经济发展的需求日渐迫切，在这种情况下，谈判与博弈能力不断增强的地方政府开始主动出击，谋求突破制度壁垒，实现自下而上的改革，从而为自身发展获取更多制度红利扫清制度障碍。广东省获准行政审批制度改革先行先试便是一个典型。为解决经济社会发展深层次矛盾，实现转型升级，广东省迫切需要进行行政体制改革，减少不必要的行政审批项目，然而在改革过程中阻力重重，其中很多涉及中央层面的行政审批事项和法律问题，于是广东省开始主动上访中央政府，希望获得中央的支持。2012年8月22日，国务院总理温家宝主持召开国务院常务会议，批准广东省在行政审批制度改革方面先行先试，对行政法规、国务院及部门文件设定的部分行政审批项目在本行政区域内停止实施或进行调整，2012年12月28日第十一届全国人民代表大会常务委员会第三十次会议作出决定，授权国务院在广东省暂时调整部分法律规定的行政审批。这意味着广东的行政审批改革，首次冲破来自上面的阻力。这种自下而上的需求型制度变迁为地方发展创造了更灵活的体制机制。

李克强总理在地方政府职能转变和机构改革工作电视电话会议上的讲话上指出，我们要"上下联动，做好政府改革这篇大文章"，"如果上动下不动、头转身不转，政府职能转变和机构改革就可能变成'假改'、'虚晃一枪'"。这更加充分表明中央政府在推动国务院层面的行政审批制度改革的同时，也强调要借力地方，共同助推行政审批制度改革的深化。地方改革涉及利益面广，博弈群体复杂，政府依然要敢啃"硬骨头"，下定决心，一抓到底。只有上下政府共同配合才能真正实现"自我革命"，促进经济社会的稳妥发展。可见，无论是中央政府主导的强制变迁还是地方政府主动突破的需求诱致型制度变迁，都有其内在的风险与优势，只有上下联动，双向改革，才能真正促使行政审批制度改革配套进行，破解行政审批改革难题。

（三）改革动力由外在到内在渐进发展，行政管理思维发生转变

透视10年的行政审批改革历程，我们不难发现，其发展动力逐渐由外部因素演变为经济社会发展内生性要求。这一点也是10年行政审批改革的显著特点，它不仅与经济社会发展的内在要求契合，更是体现了政府行政理念的转变。

2001年12月11日，中国正式加入WTO。WTO说到底是基于市场经济的一

种运行机制，其宗旨是通过实施市场开放、非歧视和公平贸易等原则，来实现世界贸易自由化的目标。其基本原则包括市场准入原则、互惠原则、透明度原则、促进公平竞争原则等。因而WTO作为政府间的组织，它要求政府应该放开不合理的经济规制，给企业创造良好的市场经营环境，从而实现平等竞争，自由贸易。而我国长期实行计划经济，行政命令、行政计划等成为发展经济的主要方式，行政审批也是在这种体制环境中孕育，并逐渐形成了"审批经济"的怪胎。政府在经济发展过程中管得过多，严重抑制了经济发展活力。我国政府管制现状与WTO基本原则要求存在很多冲突，为了适应WTO基本要求，履行承诺，我国政府必须切实转变职能，给市场经济的发展创造更加自由、平等的环境。在此背景下，《国务院关于取消第一批行政审批项目的决定》应运而生，它的出台显示了我国政府适应WTO要求转变职能的决心，同时也表明此次行政审批改革更多是受外在因素推动，迫使中国政府必须采取行动，减少审批事项，促进经济发展。随后，国务院在2003年2月27日公布第二批取消和调整的行政审批目录，与WTO基本原则相衔接，进一步释放经济发展活力。但随着行政审批改革继续推进，新问题也层出不穷，行政许可的设定权模糊不清，审批期限、标准、费用、程序混乱，许多被取消的审批项目"死而复生"，变相存在。在此背景下，中华人民共和国第十届全国人民代表大会常务委员会第四次会议于2003年8月27日通过《中华人民共和国行政许可法》，2004年7月1日起实施，由此标志了中国行政审批改革进入到规范化、法制化的发展轨道。行政许可法的颁布进一步促成了国务院第三批和第四批取消和调整的行政审批项目的出台。

2008年以来，美国次贷危机演化为金融危机，并迅速向欧洲、日本甚至全球蔓延，从而引发全球金融危机，此次危机严重冲击了我国的经济增长，沿海地区失业人数大增，产品出口比例锐减，"经济寒冬"给我国平稳、健康发展带来严峻挑战。在经济形势"倒逼"的情况下，我国政府必须继续深入推进行政审批改革，转变政府职能，明确市场主体的权利与义务关系，创造健康自由的经营环境，弥补"市场失灵"。由此国务院公布第五批关于取消和调整的行政审批目录，旨在进一步完善市场经济，促进社会发展。

国务院行政审批改革进行到第五批，更多的是外在形势与因素的推动，使得政府必须采取措施适应社会需求，保持经济稳定增长。然而2011年是国家"十二五"规划的开局之年，规划指出：要加快转变政府职能，深化行政审批制度改革，减少政府对微观经济活动的干预，坚定推进大部门体制，着力解决机构重叠、职责不清、政出多门的问题。由此我们可以发现，一方面，政府已然更加深刻认识到其内在的转型与合法性权威的强化要求自身必须持续进行"自我革命"，只有明确与市场、社会的界限，才能更好地构建服务型政府，解决政府内部存在的低效问题，履行"经济监管、市场调节、社会管理、公共服务"的职责。另一方面，成熟性社会的养成最终都依赖于内生性力量的发展，市场主体、社会组织、行业协会等在政府有效监管和完善制度体系下有能力实现自我主导和自我管理，实现资源配置最佳化。在此内在发展要求的双向驱使下，国务院出台了第六批和第七批关于取消和调整的行政审批项目。尤其在第六批中指出了"两个凡是"，更彰显了政府"自我削权"和放开不必要管制的决心和勇气。

李克强出任总理以来，改革的内在动力与日俱增，它不仅体现为取消的行政审批事项含金量提高，同时从中央政府主动清查行政许可总清单，正在整理"行政审批事项目录"并准备向社会公开这一举措也可见一斑。以往只有公布取消和下放的行政审批事项，对于仍存的行政审批事项目录却没有公布。这一行动表明新一届政府更加清醒地认识到行政审批制度改革的深化迫在眉睫，必须从削弱政府自身利益着手坚决推动市场经济的完善与发展，进一步推动改革开放。

（四）审批部门削权不平衡，利益博弈激烈

在2002年的国务院第一次廉政工作会议上，时任国务院总理的朱镕基第一次提出加快行政审批制度改革，这被视为国家高层领导释放转变政府职能、严惩腐败的一个积极信号和有效契机。此后，国务院便先后开展了七批行政审批改革，尽管取消和调整行政审批项目多达2 000余项，但中央政府层面的审批项目还有1 000多项，而地方政府层面的审批项目则高达1.7万项。改革取得了一些成效，但遗留的行政审批项目同时也显示出行政审批改革部门阻力大、彼此之间利益博弈激烈的特点。据统计，国务院组成部门分七批取消项目数占总取消项目数的比例，如表2-1所示。

表2-1　国务院组成部门取消项目数占总取消项目数的比例　　单位：%

部门	比例	部门	比例	部门	比例	部门	比例
国家发改委	3.20	民政部	1.16	环保部	0.97	商务部	2.67
教育部	2.13	司法部	0.58	交通运输部	1.93	文化部	1.35
科技部	0.73	财政部	2.04	铁道部	2.03	卫生部	1.30
工信部	2.04	人社部	1.26	水利部	0.92	计生委	0.24
公安部	3.69	国土资源部	1.01	农业部	1.40		
国家民委	1.60	住房城建部	8.15	人民银行	2.62		

由表2-1可见，部门之间取消项目数所占比例明显不平衡，当然这与部门原本具有的行政审批项目总数有关，但确实也凸显了部门之间削权不平衡，并非

所有部门积极配合行政审批改革,部门主义导致"利己倾向"。任何改革都是对权力和利益的重新分配,而审批权改革与资源配置、部门创租紧密相关,以至于出现"政府权力部门化、部门权力利益化、获利途径审批化、审批方式复杂化"。① 很多部门认为自己的审批事项减少,相应的部门地位也会下降,部门利益会减少,因而不愿意放权甚至阻碍改革,部门对峙和博弈愈加激烈,在这种情况下,社会公众需要跨越一道道行政审批的门槛来获得行政许可,损耗了申请人大量精力。2010 年,《财经》杂志从过去 23 年间(1987~2010 年)贪污的 120 名省部级高官中,遴选出 50 人作为样本进行分析,根据权力类型的不同,统计表明寻租空间最大的当属"行政审批权"腐败,达到七成,这严重损害了政府形象,玷污了纳税人的钱。

针对行政审批改革中出现的部门利益博弈问题,大部制的配套改革则是一个可能性解决方案。它试图重新划定部门边界,将相近的职能或部门整合成为大部门,从而将部际协调转化为部内协调,能在一定程度上减少信息沟通障碍,协调部门利益,打破条块分割。与此同时,政务服务中心的出现也在一定程度上有效破解了行政审批部门利益的难题。通过一个部门间横向协调的组织平台将不同部门的审批事项集中起来统一办理、联合办理,从而为公众提供"一站式"的审批服务。② 国家出台的《关于深化政务公开加强政务服务的意见》明确了政务服务中心作为行政机构,政府部门要充分授权,使得政务服务中心真正具备处置权,避免成为"资料收发室"。这些配套制度的出现有助于冲破部门利益的藩篱,深入推进行政审批改革。

三、社会转型时期"省直管县"体制改革

(一)"省直管县"体制改革的基本历程与典型做法

"省直管县"体制是指省、市、县行政管理关系由"省、市、县"三级行政管理模式转变为"省和市或省和县"二级行政管理模式,对县的管理由现在的省管市同时市又领导县的模式转变为由省直接管理县和市,市和县成为平级发展的行政层级的管理模式。③ 从改革的时间上来分析,"省直管县"体制改革最初开始于 1949 年北京、上海、天津三个直辖市的设立。截至 1953 年,浙江省(宁波市除外)全部县(市)实行党政正职由省直管,并在财政体制上实行"省直

---

① 杜钢建:《寻找政治体制改革的切入点》,载《决策咨询》2003 年第 1 期。
②③ 骆梅英:《行政审批制度改革:从碎片政府到整体政府》,载《中国行政管理》2013 年第 5 期。

管县财政"。1988年成立的海南省，成为中国最小的省份，并直接管理县；1992年，浙江省实施"强县扩权"系列改革；1997年重庆设立直辖市，也开始省直管县改革。2003~2012年底，已经先后有20多个省份在借鉴"浙江模式"的经验前提下，开始了不同类型的省直管县改革。

虽然各地"省直管县"体制改革的称谓不同，但在改革内容或措施上没有本质的差别。通过对各地政府网站所公布的信息资料进行归纳整理发现，涉及"省直管县"体制改革的文件主要有以下几种：山东等省出台了《关于加快县域经济发展的若干意见》，浙江等省出台了《关于扩大部分县（市）经济社会管理权限试点工作的通知》，河南省出台了《关于"河南省省直管县体制改革试点工作实施意见"的通知》等。全国共有1 014个县施行了各种形式的"省直管县"体制改革，占全国县级政府总量的50.2%。从施行模式来看，施行"省直管县行政模式"（模式一）的县级政府单位数有47个；施行"省直管县正职+省直管县财政+强县扩权模式"（模式二）的县级政府单位数有53个；施行"省直管县财政体制+强县扩权模式"（模式三）的县级政府单位数有235个；施行"省直管县财政体制+扩权强县模式"（模式四）的县级政府单位数有41个；施行"省直管县财政体制"（模式五）的县级政府单位数有169个；施行"强县扩权改革"（模式六）的县级政府单位数有272个；施行"扩权强县改革"（模式七）的县级政府单位数有197个。进一步地分析可以发现，全国有47个县级政府单位数施行"省直管县行政"的模式；有486个县级政府单位数施行"省直管县财政"的模式；有422个县级政府单位数施行"强县扩权"的模式；有238个县级政府单位数施行"扩权强县"模式；而有329个县级政府单位数采取了复合改革模式，即在一省内部采用了多种改革的策略，既有"扩权强县"，又有"省直管县财政体制"，还有"省直管县行政体制"。[①]

（二）"省直管县"体制改革的典型做法

浙江省是"省直管县"体制改革的先行受益者，其发达的县域经济和"省直管县"体制改革有着密不可分的关系。浙江"省直管县"体制改革的成功经验，对周边省份和全国都产生了强烈的示范效应，多个省份先后跟上，纷纷规划出台了以"省直管县"财政体制为主要内容的强县扩权改革。

20世纪80年代初，中央决定全面推行市管县（市）行政管理体制，在其他省纷纷实行市管县（市）财政体制的情况下，浙江省坚持实施省直管县（市）

[①] 周湘智：《我国省直管县（市）研究中的几个问题》，载《科学社会主义》2009年第6期，第77~79页。

财政体制，并在随后进行了多次优化。虽然这个做法一直存在异议，但实践证明，这一体制有力地支撑了县域经济的蓬勃发展。20世纪90年代起，浙江省在不断完善"省直管县"财政的同时，先后4次扩大部分经济发达县（市）经济管理权。

1992年，为了在经济上和上海市接轨，浙江省出台政策，对余杭、慈溪、萧山等13个经济发展较快的县（市）下放部分经济管理权限，扩大外商投资项目审批权、基础设施建设审批权、技术项目改造审批权。1997年，浙江省又决定在萧山、余杭两个县（市）试行与地级市部分经济管理权限相一致的改革，主要有基本建设和技术改造项目审批管理权限、土地管理权限、金融审批管理权限、计划管理权限、出国（境）审批管理权限、对外经贸审批管理权限等10余项。

2002年，浙江省按照"能放就放"的原则，将原本属于地级市的313项经济管理权限下放给温岭、慈溪、绍兴等17个经济强县和余杭、鄞州、萧山3个区共20个县级行政区。放权涉及范围涵盖了交通、国土资源、建设、计划、经贸等12大类。在扩大县级政府事权的同时，也在人事管理权上给予政策倾斜，对施行"省直管县"改革的县级党政领导班子"一把手"，进行"省直管干部体制"，可以就地提拔为"副厅级"县委书记，其"一把手"的提拔和调配由省直管、地级市备案。

2006年11月，浙江省再一次"重拳出击"，开展扩大义乌市经济社会管理权限改革试点，义乌作为县级市基本上具备了地级市政府所具有的经济和社会管理权限，成为当前中国县级政府中权力最大的政府。更引人注目的是，这次强县（市）扩权还调整和完善了有关管理体制和机构设置，不仅在政策上赋予县级市自我发展的权限，还试图理顺相关的管理体制，并进行了机构的整合与调整，从而适应新的制度环境。除了海关、出入境检验检疫、外汇管理等职能"提升"之外，义乌市还获得了调整优化政府机构设置和人员编制、党政"一把手"也可以适当方式"高配"，并赋予对现有机构及其职能进行整合的"特权"。这次改革也进一步扩大了义乌经济社会管理权限，赋予义乌市与设区市同等的经济社会管理权限；原先规定中必须由省级政府及其主管部门批准和管理的事项，现在部分的下放到县级政府，使得义乌市获取了原本属于省级政府或地级市政府的经济社会管理权限，共计472项。除此之外，改革政策中还规定，原先由设区市政府及其主管部门批准和管理的事项，如果没有禁止性委托条款，则可以由地级市政府及其主管部门委托义乌市来行使此种权限，进一步扩大县级政府的权限范围，获取了经济社会发展中的更大权力。

2008年底，浙江省正式启动"扩权强县"改革。本轮扩权改革的基本原则是：凡是法律、法规、规章明确以外的省和设区市的管理权限，原则上都下放给县级政府，以进一步加强县（市）政府的社会管理和公共服务职能。扩权采取两种形式进行：一是继续深化义乌试点改革，在保留原有524项扩权事项的基础上，新增下放与经济社会管理密切相关的94项事项；二是其他县（市）同步扩权、分步到位，下放经义乌试点证明行之有效的、各县（市）有条件承接的扩权事项349项，加上新增下放的94项，共计下放443项经济社会管理事项。2009年8月1日，《浙江省加强县级人民政府行政管理职能若干规定》（浙江省政府令第261号）正式实施，这也是我国首部"扩权强县"的省级政府规章。它不仅是从"强县扩权"向"扩权强县"、从部分县（市）扩权向全部县（市）扩权转变的标志，也是县（市）扩权开始走向规范化、制度化的标志。[①]

海南省是全国唯一一个全面实行"省直管县"体制的省份，并以"小政府、大社会"的风貌在全国独树一帜，政府创新的力度和亮点更为世人瞩目。

建省前，海南为广东下辖的一个地级行政单位，在广东省处于贫困落后的地区，在全国也属于典型的老少边穷地区，经济基础十分薄弱。1987年9月26日，中共中央下发《中共中央、国务院关于建立海南省及其筹备工作的通知》，决定建立海南省，并对建省后的政治经济体制做了具体要求：一是撤销海南黎族、苗族自治州，建立省直接领导市（县）的地方行政体制；二是明确各级机构的设置和人员编制，要符合政治体制和经济体制的要求；三是机构设置要突出自身特色，敢于突破其他省、自治区已有的机构设置模式；四是在机构设置上要比其他经济特区的组织机构更加精简高效，从而使海南省成为国家省级机构全面改革的唯一试点单位。

1989年4月，国务院在批准《关于海南省进一步对外开放加快经济开发建设的座谈会纪要》中，明确了中央的具体要求，希望海南从建省开始就按照政治体制改革的要求，坚持党政分开、政企分开，注重精干、高效，实现"小政府、大社会"。1988~1989年，海南省以建省办经济特区为契机，以"瘦身"为目的，对原行政机构进行了较大的改革，着重突出"综合大部门"的特点，如大交通、大商贸、大文化、大工业、大农业，客观上调整和缩小了省级政府的职能，扩大了县（市）的行政权力，初步实现了政府机构精简、行政人员减少、社会功能扩大的目标。1987年底，海南正式撤销黎族、苗族自治州，将原自治州所辖的7个县改为民族自治县，不设地级行政区，从而结束了行政区、自治州两套机构并存的局面。接着又撤销行政区，建立省委省政府，新组建省直机构

[①] 焦元玉：《从"强县扩权"到"扩权强县"的路径探索》，载《领导科学》2009年第9期，第22页。

48个，人员精减200多人，其下辖的19个县（市）和洋浦开发区均由省直接领导，在全国率先建立"省直管县"行政管理体制，从而适应市场经济体制的要求，一步到位地完成了这项改革。进入21世纪，根据社会主义市场经济发展要求和城市化进程需要，对县（市）行政区划进行了调整，如将琼山市划入海口市辖区，将全省308个乡镇归并为202个。同时，结合推进行政审批制度改革，先后下放65项行政审批权限和43项行政许可事项到县级政府单位。2001~2007年，海南省又先后6次清理行政审批事项，共清理省级行政审批事项945项，取消293项，优化、调整审批事项15项，各县（市）取消和调整行政审批事项803项，进一步强化了省级政府对经济的宏观调控能力和县（市）政府社会公共服务职能。

重庆设立直辖市以来，在经济体制和社会管理体制上进行了多次尝试性探索，力图打造长江上游的经济中心。在"省直管县"体制改革方面也显得非常坚决，区县的强力扩权引起了全国各方面的关注。

1997年，全国人大八届五次会议审议批准重庆成为中央直辖市，也是中西部地区唯一中央直辖市。在此之前，重庆、万县、黔江和涪陵均属四川管辖的地级行政区。转为直辖市之后，重庆有80%的农村人口，城乡二元结构突出，是中国面积最大、人口最多、所辖区县最广的超级城市。2011年10月，经国务院批准和重庆市三届人大常委会第二十七次会议表决通过，决定撤销万盛区和双桥区，将万盛区与綦江县合并后设置为"綦江区"，将双桥区与大足县合并后设置为"大足区"。目前，重庆市所辖区县总数由之前的40个变成现在的38个，城区面积82 403平方公里，是北京、上海、天津3个直辖市总面积的2倍多，户籍人口达到3 200多万人。

重庆设立直辖市以后，并没有直接沿用京、津、沪三地通行的行政管理模式，而是在充分调研的基础上，认真归纳和总结重庆市的区域特色，采取稳步推进，分步实现的原则，对40个区县进行直管，彻底解决了"一市多制"的问题。改革的主要阶段如下：第一阶段，直代并存。1998年初，依据中央提出的"思想领先，平衡过渡"的方案，直管天城、五桥、龙宝3个开发区，撤销万县市，设立万州移民开发区，撤销涪陵，原涪陵市下辖的4个县由重庆直管。在确保重庆市总体社会的稳定和行政体制改革的基础上，实现了整体工作的平稳过渡。第二阶段，彻底实行"省直管县"的行政管理体制。1999年底，重庆再次对行政区划进行了调整，撤销万州、黔江代管体制，实现了全市多个区县的直辖、直管。第三阶段，撤销所有所站。2000年，通过进行大范围的县乡机构改革，重庆将县派出的区所站全部撤销；2005年，将天城、五桥、龙宝3个开发区撤销，行政层级设为市、区县、乡镇三级或市、区县两级。第四阶段，全面进行撤市建区的改革。2006年,将江津、合川、永川、南川四个县级市撤市建区。在上述改革的基础上,重庆建立了全国统筹城乡综合配套改革试验区,从而为加快城乡统筹,促进区域经济协调发展探索管理组织体系架构和管理机制改革,起到了示范带动作用。

在实施"省直管县"体制改革的过程中,重庆市不仅在各项制度上作了调整,还相应采取了有助于加快改革推进的配套措施。一是建设效能型政府。取消微观经济管理部门,全面施行政企分开;为了解决职能交叉重叠的问题,进一步下放权力给区县、乡镇;采取了领导干部竞争上岗、公开招聘等办法,着力构建公开、公正的择优录用机制;二是精简政府机构。2000~2001年,对市、县、乡行政机构进行了精简,行政编制平均缩减20%;区、县党政机构由原来的40~50个,精简至23~38个;精简市政府机构16.87%,裁减各类部门33个。三是构建公共服务型政府。2003年,重庆市政府先后出台一系列文件,要求彻底改革行政组织架构及行政管理体制,全面转变政府各项职能,梳理工作方式。四是构建交通信息网络。重庆市大多数区县距离主城区的路程都在100公里以上,信息传递的效率低。为此,重庆市实施了"8小时重庆"、"半小时主城"和"重庆信息港建设"三大工程,构建全面的交通信息网络,加快信息传递的效率。[①]

为了解决县域经济政府管理体制中存在的权责不对等、债务沉重、资金调度难的问题,安徽省在2006年开始推行"省直管县"体制改革,制订实施了一系列"强县扩权"改革的方案。2006年,安徽省政府决定以歙县、来安县、宁国市、怀远县、涡阳县、无为县、霍山县、桐城市、界首市、砀山县、广德县、岳西县共12个县作为"强县扩权"改革的试点县,扩大上述县级政府的经济和社会管理权限。

2007年5月,安徽省出台"省直管县"体制改革的正式文件。在改革中,安徽省遵照"责权统一、重心下移、能放都放、依法合规"的原则,将省、辖市的经济管理权限和部分社会管理权限下放到试点县(市)。这些权限主要包括:用地报批权、证照发放权、价格管理权、经费安排权、统计报送权、税务办理权等,共有600余项权限被直接或者被整合后下放到县级政府部门。在实施放权的同时,为了更好地对实施效果进行监管,安徽省政府对试点县分步尝试动态管理,设立县域经济发展考核督导小组,按照"有进有出,滚动管理"的原则,两年考核一次。淘汰一批达不到要求的县(市)。两年后,安徽省政府重新划定了第二轮试点名单。根据《安徽省人民政府关于将蒙城等18个县(市)列为第

---

① 王英琦:《推进我国省直管县体制改革的研究》,曲阜师范大学2010年硕士学位论文。

二批扩大经济社会管理权限试点县的通知》（皖政〔2008〕39号），蒙城等18个县（市）成为第二批改革试点单位。这18个县（市）分别为蒙城县、天长市、霍邱县、金寨县、凤阳县、宿松县、含山县、萧县、五河县、郎溪县、颍上县、全椒县、望江县、和县、青阳县、怀宁县、枞阳县、休宁县。经过两轮扩权，安徽省试点县达到30个。①

2009年，安徽省政府又出台文件，将"扩权强县"改革在全省全面推开，要求"该放权的一放到底，该管好的切实管好"。在不违反国家法律、法规的前提下，原本由地级市行使的行政审批权限全部下放到县进行审批和管理，在项目申报上可以越过地级市直接上报到省。在扩权事项方面，内容主要可以分为六类，九个方面143条。在下放审批管理权限方面，试点县（市）可自主审批或核准的事项43条；在减少行政审批环节方面，可直接越过地级市报省审批的申报事项有66条。在资金安排方面和经费直接划拨方面有9条；在计划管理和指标单列方面有7条；在信息直接获得方面有12条；在业务指导和进一步完善措施的事项方面有6条。

（三）"省直管县"体制改革取得的成就

"省直管县"体制改革的最大成效，是直接提升了县域经济发展的速度和质量。"省直管县"体制改革为县域经济发展注入了新的动力，扩权改革的实施，逐步调动了县（市）加快发展的积极性、能动性和科学性。试点县全面利用扩权政策的契机，加快县域经济发展。2007年安徽省县域经济综合考核评价结果显示，第一批试点县第一年实现经济生产总值793.82亿元，较上年大幅度增加144.2亿元。作为试点县之一，无为县第一次成为"2007年县域经济综合十强县"和"2007年动态十佳县"的"双十佳"。无为县也当之无愧地成为"省直管县"试点模范。浙江省推行"省直管县"体制的四次扩权改革，极大地带动了县域经济的快速发展，县域经济已经成为浙江经济发展的基础，占浙江经济总量的2/3，也让浙江连续多年在百强县评选上成为最大的赢家。1992年，百强县排行榜初次排定，那时浙江省的入围县（市）只有12个。1993年，这个数字一下子蹿到21个，2000年，该数字增加到22个，名次也一跃名列全国首位。2005年，最发达100个县（市）名单中，浙江省的30个县（市、区）榜上有名，总数仍列全国第一。2012年，中国民营企业500强中，浙江省有142家民营企业进入该榜单，是所有省份中最多的。从县域经济总量来看，目前已占全省经济总量的2/3，并成为浙江省经济发展中的重要支撑力量。在整个经济发展中

---

① 徐小玲：《强县扩权促进县域经济发展问题研究》，安徽大学2010年硕士学位论文。

起重要而关键性的作用。浙江省强大的县域经济与"省直管县"体制改革之间有着密切的联系,一些学者在研究浙江经济的时候,将其称为浙江省发展的"秘密武器"。① 海南省建省之初的1987年,全省经济总量仅有57.7亿元,人均国民生产总值939元。2007年,海南全省经济总量达到1 229.6亿元,人均国民生产总值14 631元,20年间增长了21倍和14倍。同年,省级地方财政收入达到152亿元,城市化水平提高到47.2%,城镇居民人均可支配收入达到10 997元,农民人均纯收入达到3 791元。2007年数据显示,重庆市的县域经济GDP增速达到15.4%,总量达2 339.8亿元,占全市的56%,人均GDP同比增长18.5%,达1 500美元。区县财政预算内收入达到159.5亿元,同比增长59%。工业集聚发展态势明显,县域园区共实现工业总产值750亿元。县域经济的GDP、财政收入、人均GDP分别是全国县域经济平均值的1.27倍、1.28倍、0.68倍,列全国的11位、8位、24位,县域经济基本竞争力在列全国的第10位。

"省直管县"体制改革减少了管理层次,简化了办事程序,有效地形成了权责一致、分工合理、决策科学、执行顺畅、监督有力的行政体制。这种改革使得县级政府的经济自主权、项目审批权等都得到了有效保障,从而大幅提高了县级政府创新工作的积极性和主动性,行政效能得到了显著提升。过去县(市)项目大多数情况要向地级政区报批,改革以后,很多行政权下放,可以由县(市)自行决定,减少了审批环节,节省了工作时间,提高了工作效率。对于大型项目的审批,县里申请时间可以提高一半,既节约了行政成本,又提高了工作效率,并且给整个社会营造了一个良好的经济发展制度环境。在财政资金管理方面,"省直管县"体制改革使县级财政收入留成比例增加,县级财政实力增强。县级政府能够集中更多财力发展地方经济,从而增加县域财政收入,缓解财政压力。② 同时,省直接拨付财政资金到县,减少了资金在途的成本,规避了市级的截留,基本解决了县、乡的财政困难,同时也使得县级政府能够承担起在抗旱排涝、卫生防疫、科技推广、水利建设等多个社会公共服务方面的任务。

"省直管县"体制改革的实施,对政府职能的"越位"、"缺失"等问题得到进一步的解决。对于省级职能部门来说,管理职责由过去大量的会议、审批等工作逐步过渡到研究规划、制定政策、加强服务等;对于地级市部门来说,原有的干预县级政府管理事务、越权控制县级政府权力的使用,致使县级政府责权不对等的弊端可以得到有效地控制,同时,减少了涉及县级层面的会议和文件,可以集中精力办大事、抓大事;对于县级部门来说,则是清除了制约县域经济发展

---

① 韩建伟:《中国省直管县(市)行政管理体制改革研究》,复旦大学2009年硕士学位论文。
② 王俊:《论中国"省管县"体制改革的路径探索》,中国政法大学2010年硕士学位生论文。

的经济社会管理体制、运行机制的障碍,县级政府拥有了资源配置和经济社会发展的自主权,能够有效协调县域经济、区域经济和新农村建设的发展。

第二节 社会转型时期行政改革存在的主要问题及成因分析

改革开放以来,我国政府在行政改革方面取得了不小的成就,但是在改革过程中也存在着问题与不足。综合当前学界对我国社会转型期行政改革存在问题和问题成因的分析研究,大致包括如下几个方面:

一、行政改革缺乏科学的理论做指导

要积极稳妥地推进行政改革,减少改革失误,离不开深入系统的理论研究。这些研究包括总结以往改革的经验和教训,研究和借鉴国外、特别是发达国家行政改革的经验,研究我国行政体制改革与经济体制改革和政治体制改革的关系,研究中国国情,研究文化变革对行政体制改革的影响,等等。[1]

改革开放以来,我国进行了多次行政改革,但都缺乏一定的理论基础,我国历次政府改革都反映出理论的准备不足和反思不足。[2] 理论的滞后影响着对政府改革的思考,并限制战略和政策的选择。中国改革30年,更多受到了西方行政改革思潮的影响,我国在对行政改革理论的创新和建设性贡献上,在创造具有中国特色的、符合中国国情的现代化行政改革理论上,仍存在不足。

造成该问题的原因主要有以下几方面:

第一,缺乏经验依据和理论来源。有学者认为,鉴于我国特殊的国情,我国社会转型时期行政改革,既没有相关改革经验可以汲取,也没有普适性的改革理论可以借鉴,从而影响了中国特色行政改革理论深入系统的研究。

第二,对理论研究重视不够。有专家指出,我国在行政体制改革中,对行政改革中重要的理论问题研究不够,重视不够。领导层和决策者重视邓小平理论和"三个代表"重要思想的指导作用,而对我国行政改革的重大理论问题和实践问题进行深入系统的研究重视不足,导致致力于科学规划、整体指导行政改革理论

---

[1] 薄贵利:《中国行政体制改革的最新进展与趋势》,载《新视野》2003年第4期,第24~28页。
[2] 石国亮:《服务型政府——中国政府治理新思维》,研究出版社2009年版,第110~112页。

的缺乏。① 然而,宏观战略理论和社会哲学理论毕竟不是行政改革的操作理论,也不能代替具体的行政改革理论。

第三,传统思维方式的影响。由于受我国传统的行为主义和功利主义思维方式和行为方式的影响,我们在缺乏对政府职能的基本理论问题进行广泛和深入研究的情况下,就迅速进入了对政府职能进行调整取舍的实践。这就使这种实践缺乏理论上的指导。

二、行政改革不够全面且协同不够

我国行政改革目标模式尚未用社会回应型的改革取代传统的经济调适型的改革,以单一权力为中心的改革尚未转型为以权利和权力并重的改革,以适应多元利益主体的需要。

我国行政体制改革在改革实践中,对于党政关系、政市关系、政民关系、政社关系等如何调整,没有给予应有的关注,缺乏科学的制度设计和有效的改革措施,行政改革与其他各项改革协同性不强,导致行政体制改革在某些方面没有突破性进展,不能完全适应全面建设小康社会。

造成该问题的原因主要有以下几方面:

第一,现代行政改革理念缺失的影响。由于受长期计划管理体制的影响,我国在行政改革过程中,现代市场经济和民主政治所要求的服务性理念尚未真正建立起来,从而导致行政改革内容不够全面,无法适应多元利益主体需要。

第二,行政改革忽视了对社会多元性的积极回应。我国正处在社会的转型期,经济转型带来社会变革的多元性,许多现实的需要要求我们改革的目标要多元化,而改革开放后的历次改革主要是经济调适型改革,行政体制改革忽视了对社会多元性的积极回应,从而导致行政改革内容无法适应社会多元利益主体的要求,行政改革协同不够。

三、行政改革缺乏长远的战略规划与价值局限

纵观我国历次行政改革,大都是迫于财政、机构、人员、官僚主义等问题的压力进行的,行政改革成了迫不得已的行动,主动性、前瞻性不足。而且,这种行政体制改革本质上只是组织机构和管理层面上的变革,而非真正意义上的理念发展与价值重构,导致旧有的体制问题屡改屡现、反复发作。迄今我国仍然没有

---

① 薄贵利:《中国行政体制改革的最新进展与趋势》,载《新视野》2003年第4期,第24~28页。

制定出行政体制改革的整体战略，不能不说是一个不小的失误。由于行政体制改革缺乏长远的战略规划和科学的价值取向，就难免出现"翻烧饼"现象，既增加了改革成本，又降低了改革效率。

造成该问题的原因有以下几方面：

第一，改革总体方案不清晰。行政管理体制改革综合性很强，我国行政体制改革之所以缺乏长远战略规划，是因为改革的总体方案尚不清晰。① 国家在组织力量专门研究推进行政管理体制改革问题，推进形成政府行政管理体制改革的总体设计方案方面存在缺失。由于总体方案不清晰，改革的近期目标、中期目标无法清晰界定，改革的评价与保障机制无法有效确立，改革的总体规划就无从谈起，行政管理体制改革在一定程度上存在着零散化、碎片化现象。

第二，对效率与效益的片面追求。有的学者认为，社会转型期行政改革之所以存在价值局限性，是因为以往行政改革过于追求"效率至上"，把行政组织内部的改革与重组放在行政改革的重心位置，而忽视了行政改革更为重要的，对公平、正义、与责任等价值的追求。② 而权力的结构和配置才是发展民主政治、提升民主价值的最关键要素，在我国社会转型期单纯以机构和职能为中心的行政改革中，对权力结构与配置的关注度不高，仅仅是在组织结构和管理层面上进行改革。③

四、政府职能转变尚未到位

适应市场经济发展，转变政府职能，是我国行政体制改革的重点之一，但政府职能转变却没有与市场经济发展同步，政府职能转变与发展社会主义市场经济和民主政治要求还有很大差距，政企不分、政事不分、政府市场中介组织不分的问题还没有从根本上得到解决，政府管理越位、错位和缺位现象仍然普遍存在，各级政府管了许多管不了、管不好和不该管的事。行政审批事项依然过多，而社会管理、公共服务职能比较薄弱，审批制度改革跟不上我国经济社会发展的速度，行政审批后续监管与动态监管机制尚不完善。

造成该问题的原因主要有以下几方面：

---

① 韩永文：《行政管理体制改革：现状、问题与出路》，载《理论视野》2008 年第 1 期，第 18~20 页。

② 刘江：《我国行政改革的复合模式探索》，载《重庆邮电大学学报》2009 年第 4 期，第 109~144 页。

③ 赵蕾：《效率与民主：行政发展的价值博弈——兼论我国行政改革的观念选择与进路前瞻》，载《四川大学学报》2008 年第 1 期，第 62~65 页。

第一,"官本位"观念。"官本位"至少包括四点内涵:公共权力的运行以"官"的利益和意志为最根本的出发点和落脚点;严格的上下层级制度,下级对上级唯首是瞻,上级对下级拥有绝对的权力;以是否为官、官职大小、官阶高低为标尺,或参照官阶级别来衡量人们社会地位和人生价值的社会心理;在此基础上形成的敬官、畏官的社会心理。"官本位"是中国长期封建官僚政治制度的影响所致,这也是中国封建社会长期停滞不前的原因之一。它对于中国社会的发展进步具有很大的危害。因此,从"五四运动"时代,就受到进步思想家们的尖锐批判。新中国建立以后,中国共产党致力于建立人民民主的新型政治制度,彻底破除封建制度的影响。毛泽东、邓小平等老一辈革命家多次指出,共产党人不是为了做官,而是为了革命;全心全意为人民服务是共产党人的唯一宗旨。但是,由于"官本位"的意识流传了几千年,至今在我国社会生活中仍然有着很深的影响。一些共产党员和党的领导干部,也自觉不自觉地做了这种"官本位"意识的俘虏。于是跑官、买官、卖官,弄虚作假、虚报浮夸、骗取荣誉和职位,明哲保身、不思进取、但求无过、一切为了保官,以权谋私、权钱交易等现象都出来了。当前,"官本位"意识的要害,就是对党和国家的事业不负责任,对民族和人民的利益不负责任,只对自己或亲属或小团体负责。这种精神状态是与我们党的性质和任务、与我们在新世纪的伟大历史使命极不适应的。"官本位"意识直接导致官僚主义。

第二,"权本位"观念。目前,"人本位"的观念是制约行政改革的一个障碍。长期以来,由于公共行政机关与公民个人在权力体制中极不对称,一些政府机关及其工作人员片面地认为政府就是行使权力、管理社会、约束相对人行为,而忘记了政府的权力是来源于法律的规定。于是,实践中不断出现争夺审批权、处罚权、收费权等现象,也产生了漠视相对人权利的各种官僚主义。另外,我国长期以来就是一个情重于纪律、重于原则甚至重于法律的国家。在人与人的关系中,离开原则甚至法律讲亲情和交情、讲义气的现象普遍存在。正是在这种说不清、道不明的温情脉脉的人情面纱掩饰下,政府的管理职能往往被忘得一干二净,"章子不如面子"、"熟人好办事"的情况比比皆是。这种传统观念形成一张铺天盖地的"关系网",使许多人成为人情关系网的俘虏。传统观念上的这两个大敌,其能量之大,无法估量,对政府社会管理的障碍之大也是很难计算的。

第三,部门利益与政府角色错位。有的研究提出,政府各部门之间的职能调整,必然造成原有职权范围和利益格局的改变,从某种程度上也强化了政府内部的利益争夺,在利益驱动下,行政部门使政府职能复杂化、扩张化,使审批制的链条无限拉长,影响政府职能的转变。① 长期以来,一些政府官员习惯于把政府看做市场经济的主体,把自己当成企业发展和招商引资的当家人和主角,用行政手段管理经济,缺乏市场经济的相关经验知识与方法,忽视了政府应该成为市场主体的服务者、制度保障者和政策制定者、良好市场环境营造者的角色。

五、政府机构总量偏多且结构不合理

改革开放以来我国进行的行政改革,大多包含精简机构、裁减人员以及职能转变等举措,但是,我国政府机构还是出现了1956年、1965年、1981年等若干愈演愈烈的规模高峰。政府机构庞大,机构总量较多且结构不合理,人员规模庞大,职责交叉重复,权力运行规范性不足,权力配置缺乏有效制衡机制;政府行政管理体制运行过程中,缺乏有效的协调机制,科学化、民主化的决策机制,缺乏有效的行政监督机制;机构改革走入"精简—膨胀—再精简—再膨胀",权力配置走入"下放—集中—再下放—再集中"的循环。这些问题制约政府职能转变,也难以杜绝官僚主义和腐败现象。

造成该问题的原因主要有以下几方面:

第一,部门利益倾向是造成该问题的首要原因。有学者认为,机构改革的本质是利益调整,而利益调整又是通过权力划分实现的。机构调整,权力的重新配置必然造成原有职权范围和利益格局的改变,这种调整从某种程度上强化了政府内部的利益争夺,各部门争先恐后为本部门、小集体争得权力,从而导致行政权力划分和行政机构改革相应地就表现为,权力的"下放—集中—再下放—再集中"和机构的"精简—膨胀—再精简—再膨胀"。机构越膨胀,部门设置得越多,相互之间交叉越复杂,责任边界越不清晰。此外,"精简"必然会导致人员分流与裁减,而力度较大的分流与裁减措施也无形中引发了分流人员的安置问题,而这一问题又是影响行政机构设置和运行的重要因素。

第二,对政府上下同构的追求导致该问题的产生。有学者认为,长期以来,我国强调政府的统一性,强调政府职能配置"上下一般粗",将政府的上下对口作为一个先决性条件,强调政府上下职责同构,使得行政改革工作难以彻底进行和落到实处,而且还易引发舞弊行为和缺乏监督机制。

第三,行政改革协同性不够导致该问题的产生。行政改革是一个复杂的社会系统工程,单一的行政管理体制改革或简单的机构改革都不可能从根本上解决机

---

① 柯红波:《转型期政府职能转变的难点与对策》,载《行政论坛》2002年第1期,第21~22页。

构膨胀的问题。① 必须抓住有利环境和条件，不失时机地推进全面的行政改革，并取得政治、经济、文化、社会等系统的稳定支持。

第四，行政改革主客体重叠导致该问题的产生。部分学者认为，我国行政改革中存在主客体重叠现象，政府一方面作为行政改革的强制主体来全面领导、设计、安排相关的行政体制改革工作；另一方面政府其实又是行政改革尤其是机构改革的对象（也即是我们所说的强制客体）。这种重叠现象导致政府集决策、执行、监督于一身，忽视了体现于公共权力运行与配置中的民主价值，导致权力很难得到有效制约。这是导致该问题出现的一个重要原因。

第五，缺少科学的理论指导与实践支持导致该问题的产生。部分学者认为，长期以来，我国在机构设置方面往往缺乏科学的理论依据和实践依据，常常作出一些错误的举措，结果不仅未优化组织的结构，反而使组织难以跳出"精简—膨胀—再精简—再膨胀"的怪圈。

第六，组织结构优化与职能转变的割裂导致该问题的产生。部分学者认为，以往行政改革割裂了政府组织结构优化和政府职能转变的关系。行政体制改革的实践证明，政府职能转变离不开政府组织结构优化，同时，组织结构优化又必须以政府职能转变为依据。只有采取有效措施，切实推动了政府职能转变，行政体制改革才会扎扎实实地向前迈进，否则，即使在精简机构、裁减人员方面做再大的"手术"，改革以后，也会出现反弹，最终陷入"精简—膨胀—再精简—再膨胀"的怪圈。

六、中央与地方职权划分不规范

中央与地方有一些长期存在的问题，至今仍未得到根本解决②：第一，中央在某些方面权力过于集中，地方缺乏应有的管理自主权；第二，中央与地方权限划分不规范，法制化程度不高；第三，中央与地方关系的运行缺乏应有的制度化和程序化，非制度化、非程序化和体制外的运行比较严重；第四，中央与地方的某些权限划分是在20世纪80年代确定的，现在已经时过境迁，但没有及时进行调整；第五，地方权力下放不均等，已经形成了梯度分权格局，这种格局，导致地方与地方之间的不平等、不公正，对市场经济发展和民主政治建设都产生了不利影响；第六，某些部门实行垂直管理以后，与地方政府的关系缺乏明确的法律

---

① 陈文莉：《浅谈当前我国行政改革的重点》，载《技术经济与管理研究》2002年第4期，第107页。

② 薄贵利：《中国行政体制改革的最新进展与趋势》，载《新视野》2003年第4期，第24~28页。

规定，使许多垂直机构与地方政府的矛盾不断。颜佳华、易承志认为，转型期中央地方关系存在权力利益分配缺乏稳定性、民主性，不同地方之间权力利益分配缺乏均衡性。[①]

造成该问题的原因主要有以下几方面：

第一，中央与地方权力利益分配缺乏民主性导致该问题产生。有的研究者认为，[②] 由于我国行政改革突出表现为供给主导型的、强制性的制度变迁方式（也即是由上而下强力推动和依靠行政命令的手段推进行政改革）；这一过程中，由于中央政府垄断了行政改革制度供给的权力，地方政府作为制度的接受者只能处于被动与服从的地位，中央与地方权力利益的分配缺乏民主性。因此，地方政府的行政改革往往显得刚性、规范性、统一性有余，而弹性、灵活性与多样性却不足。再加上由于中央与地方政府间本身利益上的差异性，中央与地方政府间存在着严重的信息不对称局面，因此，在实际工作中，两者免不了要相互博弈，从而导致行政改革方案易于扭曲变形，并最终影响到政府行政改革工作成效的取得。

第二，法律法规缺失导致该问题产生。一些学者认为，造成上述问题的原因在于中央与地方关系的宪法和法律规范不够。尽管宪法原则上对中央和地方政府职责范围作出了规定，却并未通过立法对各级政府的事权加以明确划分，宪法条文并未明确规定中央与地方的权力与利益分配关系，导致在实践中各级政府间在事权上并没有明显的区别，为中央政府的主动性与随意性留下了较大的空间。

第三，中央与地方平衡点和平衡模式尚未建立导致该问题产生。有的研究提出，造成上述问题的一个重要原因是中央集权与地方分权之间难以形成最佳平衡点。中央应集中何种权力，至何种程度；地方应专有何种权力，至何种程度；中央与地方应共享何种权力，至何种程度，尚缺乏一种明确的制度化的标准。[③] 随着转型时期的到来，中央政府与地方政府之间的权力利益分配却尚未找到一种制度化、稳定化的平衡分配模式。中央与地方权力与利益关系的频繁变动，损害了地方的积极性、主动性，不利于中央与地方良性互动关系的形成，使中央与地方关系陷入了"一放就乱，一乱就收，一收就统，一统就死，一死就放"的恶性循环。

[①③] 颜佳华、易承志：《转型期中央与地方关系的困境及其对策》，载《湖南社会科学》2004 年第 6 期，第 50~53 页。

[②] 蒋满元：《现阶段中国行政改革困境的制度分析与对策探讨》，载《江淮论坛》2007 年第 2 期，第 53~59 页。

七、政府与其他主体的关系尚未理顺

我国行政改革过程中，政府与市场主体、政治主体和社会主体的关系尚未理顺。我国在行政体制改革中，比较注意调整政企关系，采取各种措施，促进政企分开，但是这项改革并不到位，许多地方的政企关系仍然没有实现政企分开；我国曾在政治体制改革中，对如何正确处理现代化建设时期的党政关系，进行了一系列理论与实践上的探索，但在行政体制改革中，却很少触及这一问题，致使行政体制改革在这方面进展不大；在政事关系、政社关系方面，从整个社会来看，迄今仍没有实现政事、政社分开，这方面的改革任务仍很繁重；在政民关系上，改革和试验还都是初步的，有些关系群众切身利益的问题没有得到根本解决，与行政民主化的要求，还有较大差距。

造成这些问题的原因主要有以下几方面：

第一，行政部门利益驱动影响经济市场化进程。中国行政改革中政府与市场之间存在诺斯悖论，一方面，在我国从计划经济向市场经济转轨时期，各级政府成为经济增长的重要推动力量，在保证经济高速增长和社会稳定的同时，提高了人民群众的生活水平。另一方面，不少地方政府把"以经济建设为中心"曲解为"政府主导经济建设"，在辖区和部门利益的驱动下采取了大量取代或妨碍市场的行为，这些行为严重阻碍了经济市场化的进程。[①]

第二，命令行政传统影响政社关系、政民关系的合理发展。受传统封建专制中央集权思想以及计划经济管理体制等历史因素的影响，长期以来，我国推行的就是一种命令行政，命令行政主导下的中国行政改革是改革者对自身进行的一场以政府主导、自上而下、封闭式、以自身为改革诉求对象为特点的改革，这种政府主导的行政改革，掩盖了政府机关的本来面目和存在的理由，而且也掩盖了政府机关为社会服务、为公众服务的宗旨和目标，影响政社关系、政民关系的合理发展。

第三，行政改革经验知识的匮乏导致该问题产生。我国行政改革习惯于传统的行政行为与思维习惯，缺乏行政改革领域的相关知识，改革视角的偏狭窄，陷入了单一的行政思维，政府改革孤立于政治和社会系统，以为政府管理的问题靠行政改革便能解决，忽视了与政治和社会的联系。行政改革只能解决表层次问题，解决不了深层次问题。

---

① 麻宝斌：《中国公共行政改革面临的十重困境》，载《吉林大学社会科学学报》2005 年第 1 期，第 152~160 页。

第四，市场、政治、社会等领域作为各种利益矛盾的集中地，不仅堆积的问题积重难返，而且改革的敏感度与难度也极大。尤其是在政府行政改革的同时就启动这些领域改革，极易引发社会动荡。因此，相对滞后的其他领域的改革难以同期启动，势必会产生脱节问题。

八、行政改革过程中法制建设滞后

社会转型时期我国对行政法制建设日益重视，但我国行政改革的法制化程度并不高，法律手段不完备，法律运用意识有待进一步加强。既往的行政改革大多缺乏公开、明确、详尽的法律规范，主要是靠政策来决定以及上传下达的传统行政方式来推进，政府工作人员依法行政观念不强，存在执法违法现象，几次改革从法律意义上讲都是有瑕疵的。行政法制建设滞后，既不利于行政管理的法治化，也不利于巩固30多年来行政改革的有益成果。

造成这一问题的原因有以下几方面：

第一，对个人因素和人情伦理的过分强调导致行政法律制度建设的滞后与淡化。我国行政改革过程中过于注重行政组织中个人的身份、威望、经验、情感等因素，过于注重行政组织中的人情伦理，使政府的法令政策往往受制于个别领导人的权威领导，导致行政改革过程中法律制度建设的滞后与淡化。

第二，行政人员素质不高导致行政法制建设滞后。我国公务员队伍整体素质的滞后，行政执法队伍建设水平不高，行政人员素质参差不齐，只向领导或上级负责，而不向法律负责，依法行政意识淡薄，也是导致我国行政改革过程中法制建设滞后的原因。

第三，依法治国、依法行政的文明传统缺失导致行政法制建设滞后。有学者认为，我国缺乏依法治国、依法行政的文明传统，导致人们的民主法制观念非常淡薄，官僚主义、人治思想、任人唯亲的用人意识形态在我国根深蒂固，"阶级本位"、"政策本位"等观念严重阻碍着依法行政的实现，而传统、观念更新并非一朝一夕之事，成为行政现代化进程中的严重阻碍。

第四，行政法制的改革在一定程度上是一个制度试错过程。由于中国行政法制改革的规模大、难度大，而且其他国家也少有先例可循，现代行政法律制度权威与实效的全面确立，人们对这些制度的理解与认同，都需要一个较长的过程。[1]

---

[1] 罗豪才：《社会转型中的我国行政法制》，载《国家行政学院学报》2003年第1期，第4~10页。

第三节　社会转型时期我国行政改革的经验总结与未来走向

一、社会转型时期我国行政改革的基本经验

经过社会转型期的行政改革，政府机构臃肿、行政人员膨胀的势头得到了遏制，政府职能转变取得了进步，政府与市场、社会、企业的关系得到一定程度的理顺，政府机构调整朝着合理化迈进，政府管理创新能力不断增强。在取得一系列成就的同时，我们也得到了宝贵的经验。

当前学术界对社会转型期我国行政改革经验的研究主要是从行政改革的整体大局出发，对我国行政改革的经验进行总结。综合当前学界的观点，从行政改革的整体大局出发，我国社会转型期的行政改革经验可以总结为以下几个方面：

（一）中国的行政改革必须在党的领导下，发挥政府在改革中的主导作用

我国的行政改革牵涉面广，问题复杂，难度大，每一项措施都涉及千千万万人的利益，因此必须坚持中国共产党的领导，坚持党的基本路线不动摇，发挥政府的主导作用。行政管理体制改革是各项改革工作的连接点和交汇点，具有举足轻重的作用，必然会触及深层次的矛盾和问题，触及错综复杂的利益矛盾和利益格局的调整。[①] 以往历次改革之所以能够顺利推进并取得成果，关键在于坚持党的领导，各项措施都是根据中央对经济社会发展重大决策和战略部署而采取的，而且注重提高行政效率，充分发挥政府在改革中的主导作用。

（二）中国的行政改革必须坚持以人为本、执政为民，把维护人民群众的根本利益作为改革的出发点和落脚点

政府的一切权力都是人民赋予的，执政为民是各级政府的崇高使命，全心全

[①] 马怀德、薛刚凌：《中国行政管理体制改革启示与任务》，载《中国法律》2006年第5期，第4~6页。

意为人民服务是党和政府的根本宗旨,一切为了人民、一切依靠人民,是推进各项改革的根本出发点和动力所在,而人民群众判断行政管理体制改革好坏与成败的标准就是看改革是不是为他们谋利益,为他们办实事。因此,在行政管理体制改革中,要牢记全心全意为人民服务的宗旨,把解决民生问题摆在重要位置,处理好人民群众眼前利益与长远利益的关系,既要引导人民群众积极参与改革,又要使人民群众共享改革成果,不断满足人民群众的物质文化需求。① 30多年来的行政管理体制改革,始终着眼于推进经济和社会发展,不断提高人民群众物质文化生活水平,促进人民群众全面发展;坚持尊重人民群众的主体地位,维护人民群众的各项权益;充分体现广大人民群众的利益和诉求,使全体人民共享改革发展成果;高度重视发挥人民群众的积极性、主动性和参与性,增强社会经济活力和创造力。② 实践证明,行政管理体制改革只有符合人民利益,反映人民呼声,紧紧依靠人民,建设人民满意的政府,才能得到广大人民群众的真心拥护和有力支持。

(三) 中国的行政改革必须解放思想,实事求是

我国的行政改革是一场深刻的观念变革和思想革命,所以必须以解放思想为先导,把创新精神贯穿于改革的全过程和每个环节。中国改革开放30多年的历史经验就在于,我们所取得的每一项重大突破和重大成就都是以思想解放为先导,在于打破教条主义、本位主义、个人崇拜的约束和禁锢。思想的自由促进了社会行动的自由,并通过自由促进了发展。③ 中国政府30多年的改革,展现了政府历史的和现实的自觉,这种自觉恰恰是以思想的解放和认识的不断深化为基础的。正是通过不断地思考和行动的实践,我们逐步明确了政府改革的价值取向、目标定位;逐步认识到了政府与市场的关系以及政府的职能定位;逐步认识到了政府自身体系和制度建设的重要内容。服务政府、法治政府、责任政府的改革努力都是思想解放和理论创新的结果。

我国的行政改革必须坚持从中国的国情出发,一方面要吸纳国外行政改革中好的经验与做法,又不能完全照搬西方模式,正确处理继承与创新、立足国情与借鉴国外经验的关系,并根据经济体制、政治体制改革具体情况,进行与之相适

---

① 唐铁汉:《中国行政管理体制改革的历史经验和基本特点》,载《国家行政学院学报》2008年第6期,第15~19页。
② 魏礼群:《建立和完善中国特色社会主义行政管理体制——行政管理体制改革30年回顾与前瞻》,载《国家行政学院学报》2009年第1期,第11~14页。
③ 张成福、孙柏瑛:《社会变迁与政府创新——中国政府改革30年》,中国人民大学出版社2009年版,第1~18页。

应的行政管理体制改革,形成有中国特色的行政管理体制和管理方式。我国的行政改革应坚持从中国的国情出发,全面贯彻科学发展观,根据我国的实践情况来决定改革的内容和步骤,既要吸纳国外行政改革中可以借鉴的东西,又不能照搬照套西方政治制度的模式,而要形成有中国特色的社会主义行政管理体制和管理方式。①

(四) 中国行政改革要适应经济、社会发展要求,正确处理改革、发展、稳定三者的关系

我国的行政改革涉及国家经济、政治、文化和社会生活各个方面,是经济体制、政治体制、社会体制以及其他体制的结合点,并且它们之间有着密切的联系,行政改革涉及中央与地方、政府与社会、政府与企业、整体利益与局部利益等一系列重要关系。中国政府改革始终围绕着建立和完善适应市场经济发展的体制和机制这一中心进行的,极大促进了经济社会发展,同时社会经济的发展也为下一步政府改革提供了强有力的支撑。② 行政管理体制的改革往往是经济社会发展到一定程度提出的,适应经济社会发展要求是行政管理体制改革的出发点和动力。③ 行政体制改革要与经济体制改革和其他各项改革配套进行。经济体制改革是政治体制改革和行政改革的基础,政治体制改革和行政改革是经济体制改革的保证和重要标志,两者应该相互依赖、相互配合、相互促进。④ 因此,我国行政改革必须适应经济、社会发展要求,要服从于和服务于国家经济建设大局。

同时,我国的行政改革是一个渐进式的改革过程,是一个逐步深化的过程,很难一步到位,不能奢求毕其功于一役,必须正确处理改革、发展、稳定三者之间的关系。社会主义市场经济体制的建立和完善、社会主义政治文明的建设和发展是一个长期的过程,行政管理体制改革也必然是一个阶段性和连续性相统一的过程,因此既要有长期的目标,又要措施得力,循序渐进,做到长远目标与阶段性目标相结合、全面推进与重点突破相结合。同时,由于行政管理体制改革触及深层次的矛盾,特别是涉及权力与利益的调整,具有复杂性,所以,既要态度坚决,目标明确,又要步子稳妥,依靠群众,分步实施;既要总揽全局,又要瞻前顾后,把改革的力度、发展的速度与社会可承受的程度有机结合起来,积极稳妥

---

① 唐铁汉:《中国行政管理体制改革的历史经验和基本特点》,载《国家行政学院学报》2008 年第 6 期,第 15~19 页。

② 张成福、孙柏瑛:《社会变迁与政府创新——中国政府改革 30 年》,中国人民大学出版社 2009 年版,第 1~18 页。

③ 马怀德、薛刚凌:《中国行政管理体制改革启示与任务》,载《中国法律》2006 年第 5 期,第 4~6 页。

④ 唐铁汉:《中国行政体制改革与发展趋势》,载《国家行政学院学报》2001 年第 5 期,第 26~30 页。

地向前推。[①]

(五) 中国的行政改革是一个复杂的系统工程

我国行政改革是一项系统工程,不能单兵推进。[②] 政府改革与发展是一个复杂的系统过程,首先,在于改革内容本身很广泛,涉及许多政治社会关系的调整,其次,即便是一个单项的改革,也会涉及改革的性质与范围,改革的推动者和各种利害关系人,改革环境之间的相互影响。再其次,任何一项改革,都会涉及许多利害关系人,虽有强力的政治领导和支持,但是也离不开其他关系人的支持,最后,任何一项改革都是一个新旧观念的转换过程,在时间上需要获得在其先后实施的各种改革的支持,在空间上需要获得其他同时进行的改革的支持。

行政管理体制是国家体制的基本组成部分,行政体制改革应兼顾其他各项改革,协调进行,整体推进。不仅要调整好行政机关内部职能,还需要统筹公共部门和事业单位改革,处理好政企、政事关系。[③] 行政管理体制改革必须放到党和国家发展的大局中统筹谋划,服从并服务于促进经济、社会发展的需要,做到与完善社会主义市场经济体制进程相适应,与建设社会主义民主政治和法治国家相协调。同时,还要正确处理政府机构与党委、人大、政协机构设置的关系。[④] 只有这样,行政管理体制改革才能有效推进,保障中国特色社会主义各项事业协调发展。

(六) 我国行政改革需要科学化,法制化

由于改革大多都是政府自身由上而下进行的,政府既是改革的推动者和执行者,又是改革的直接对象,角色冲突在一定程度上阻碍着改革的进程。[⑤] 特别是改革涉及权力和利益格局的重新调整,更增加了行政改革的难度。加之改革的政策性较强,因而需要科学的论证,提高行政改革的法制化程度。推进行政管理体制改革,要有长远目标和总体规划,明确改革的路径与方向,又要确定每个时期的重点任务;既要充分利用各方面的有利条件,正确把握有利时机,坚决果断地

---

① 唐铁汉:《中国行政管理体制改革的历史经验和基本特点》,载《国家行政学院学报》2008 年第 6 期,第 15~19 页。
② 张成福、孙柏瑛:《社会变迁与政府创新——中国政府改革 30 年》,中国人民大学出版社 2009 年版,第 1~18 页。
③⑤ 马怀德、薛刚凌:《中国行政管理体制改革启示与任务》,载《中国法律》2006 年第 5 期,第 4~6 页。
④ 魏礼群:《建立和完善中国特色社会主义行政管理体制——行政管理体制改革 30 年回顾与前瞻》,载《国家行政学院学报》2009 年第 1 期,第 11~14 页。

推进改革措施,在一些重要领域迈出较大步伐,又要全面分析面临的矛盾和风险,充分考虑各方面的承受能力,积极稳妥实施。凡属于涉及全局性的重大改革举措,都应先行试点,取得经验后再加以推行。① 既要毫不动摇地坚持改革方向,又要提高改革决策的科学性,增强改革措施的协调性。

二、社会转型时期我国行政改革的未来走向

党的十八大报告明确指出:"行政体制改革是推动上层建筑适应经济基础的必然要求。要按照建立中国特色社会主义行政体制目标,深入推进政企分开、政资分开、政事分开、政社分开,建设职能科学、结构优化、廉洁高效、人民满意的服务型政府。"

未来几年是我国深入推动科学发展、全面建设小康社会的关键时期,也是实现到2020年建立比较完善的中国特色社会主义行政管理体制目标的关键时期。应着力破除制约科学发展的体制障碍,深入推进行政体制改革。

(一) 正确认识我们所处社会转型的特殊时期,进一步推进政府职能转变

政府职能转变是深化行政体制改革的核心。应将政府职能转移到市场监管、宏观调控、社会管理和公共服务上来,积极探索建立市场主体自律与社会组织协调机制,努力实现经济、社会、资源、环境的全面协调可持续发展。转变政府职能,必须处理好政府与市场、政府与社会、中央与地方、国内与国际的关系,深化行政审批制度改革,减少微观事务管理,该取消的取消、该调整的调整、该下放的下放、该整合的整合,充分发挥市场在资源配置中的基础性作用、社会力量在管理社会事务中的作用、中央和地方两个积极性;同时,改善和加强宏观管理,注重完善制度机制,加快形成权界清晰、分工合理、权责一致、运转高效、法治保障的机构职能体系,真正做到该管的管住管好,比如基本公共服务方面,应通过合理的财力配置保障国民获得大体相同的基本公共服务;不该管的不管、也不干预,一定要把它们转移出去,切实提高政府管理科学化水平,逐步形成政府、市场、社会既分工明确、又相互协调的新型结构。

---

① 唐铁汉:《中国行政管理体制改革的历史经验和基本特点》,载《国家行政学院学报》2008年第6期,第15~19页。

（二）树立我国行政改革的整体性思考方式

整体性思考要求我们应将行政改革放在一个相当长的历史时空里，站在更高的视角看待社会转型期的行政改革问题，顶层设计和分步实施都应充分兼顾，既要充分考虑改革的长期性、艰巨性和配套性，又要考虑改革的突破口和关键点。行政管理体制改革的主要载体是政府组织的改组与改革，无论是新建、整合还是撤销，都不应受政府换届的影响，不应因人设岗位、因人设部门，要真正体现改革的一贯思路和改革的连续性，避免出现"头疼医头、脚疼医脚"的老问题。同时，由于没有可供借鉴的经验，为了实现改革的有效性和科学性，政府的改革必须是开放的、透明的，时刻接受公众的监督，改革的成败必须时刻接受公众的评判。只有将民众的智慧纳入行政改革的整个系统里，才能最大限度地克服改革阻力，巩固改革的成果，延续改革的动力，形成改革的系统性理念和行动共识。

（三）构建法治、高效、廉洁、透明的服务型政府

法治政府是政府建设的底线，是高效、廉洁、透明的服务型政府的前提。但由于多种原因，我国行政法制还不完备，与人民群众的新期待、新要求还有一定差距。建立法治型政府应体现为"有法可依，有法必依，执法必严，违法必究"，既要完善依法行政的制度，又要提高制度本身的质量，契合社会转型期的实际情况。同时，应健全科学民主依法决策机制，建立决策后评估和纠错制度。严格依照法定权限和程序履行职责，确保法律、行政法规有效执行。深化政务公开，推进行政权力行使依据、过程、结果公开。建立健全各项监督制度，让人民监督权力。强化行政问责，严格责任追究。宪法和法律是政府工作的根本准则，各级政府及其部门都要带头维护宪法法律权威，发挥法律的引导和推动作用，用法治思维和法治方式深化改革、推动发展、化解矛盾、维护稳定。形成以政府带头守法、严格执法，引导、教育、督促公民、法人和其他组织依法经营依法办事的良好法治社会氛围，用法律法规调整政府、市场、企业的关系，推进政府工作的制度化、规范化和程序化，确保行政权力在法律范围内行使。

（四）进一步优化政府结构

合理的组织结构、协调的层级体系，是行政权力顺畅运行的重要基础。一是继续推进大部门制改革。大部门制改革有效解决了一些制约经济社会发展的体制和机制难题，但总体而言仍处于起步阶段，需要坚定、持续地深入推进，并与推动政府职能转变、理顺政府与市场、政府与社会的关系结合起来，同时，需要防

止和化解权力过于集中、领导职数过多、职能整合不到位、机构设置上下不衔接等问题。二是继续完善中央与地方关系。继续调整、优化不同层级政府履行职能的重点，逐步将基本公共服务事权适当向中央集中，由中央统筹平衡各地基本公共服务的标准，并建立全国统一的基本公共服务经费保障机制；适时调整中央与地方之间的财税体制，理顺地方政府与企业的关系，促进地方政府职能转变。三是优化行政层级和行政区划设置，有条件的地方继续探索省直接管理县（市）体制改革。

（五）在完善《行政许可法》的基础上推动行政审批从单纯的数量性到实质性减少转变

《行政许可法》的出台与实施在一定程度上有助于行政审批改革的顺畅进行，它明确了行政许可设定权、实施机关、条件、程序、期限、监督与责任等。然而，《行政许可法》存在行政许可分类不尽合理、行政许可事项限定过于空泛、监管方式不明确等诸多问题。因而，在未来推进行政审批的改革中需要进一步推进《行政许可法》的修改与完善，切实解决行政审批改革操作过程中遇到的实际问题，更好地规范政府审批行为，把政府"缺位点"补上，更好地推进行政改革。

虽然行政审批项目减幅很大，但大家普遍关注、觉得需要改革的项目，比如垄断行业的市场准入、放开竞争、政府对要素市场的干预等，并不在改革之列。而遗留下来有待改革的审批项目都是"硬骨头"，含金量很高。政府需要真正涉入行政审批制度改革"深水区"，调整现有审批权分配格局，为进一步的改革开放扫清障碍。同时，应大力推动行政审批从单纯的数量性减少到实质性减少转变，真正实现政府管理重心下移、管理资源下沉、管理机制再造。

第三章

社会转型时期政府治理变革的理论基础

第一节 邓小平改革开放思想

改革开放是当今时代的特征之一,已经成为世界性的潮流。在全球化浪潮日益冲击的形势下,任何一个国家要在激烈的国际竞争中立于不败之地并不断繁荣富强,必须探索适合于本国发展的改革和强国之路。党的十一届三中全会以来,中国进入了改革开放的历史时期,中国共产党人和中国人民以一往无前的进取精神和波澜壮阔的创新实践,谱写了中华民族自强不息、顽强奋进的壮丽诗篇,实现着中华民族伟大复兴的"中国梦"。邓小平以罕见的胆识和深邃的理论修养,对新中国成立以来的历史进行全面深刻的总结,实事求是地作出科学的论断和分析,带领全党和全国人民对政治、经济、科技、外贸等领域进行了全方位的改革。

一、改革开放的根本途径是解放和发展生产力

中国共产党取得革命胜利后,变成了社会主义国家的执政党,于是,什么是社会主义、怎样建设社会主义,成为当时摆在我党面前的高难度的历史性问题。党的十一届三中全会后,邓小平多次反复地强调社会主义的根本任务是解放和发

展生产力。解放生产力和发展生产力是邓小平改革开放思想的出发点和归宿,是邓小平改革发展思想的核心。邓小平明确指出:"贫穷不是社会主义,社会主义要消灭贫穷。不发展生产力,不提高人民的生活水平,不能说是符合社会主义要求的。"① 他还指出:"社会主义的任务很多,但根本一条就是发展生产力,在发展生产力的基础上体现出优于资本主义,为实现共产主义创造物质基础。"② 社会主义的本质不仅要讲发展生产力,更要讲解放生产力,解放与发展社会生产力是社会主义的本质要求。如何解放和发展生产力?最根本的途径就是改革,正如邓小平所说:"为了发展生产力,必须对我国的经济体制进行改革,实行对外开放的政策。"③ 他从正反两方面论述了经济体制改革的必要性。从正面看,改革是社会主义发展的直接动力,是当代中国不可抗拒的时代潮流,是中国现代化的必由之路。④ "只有深化改革,而且是综合性的改革,才能够保证 21 世纪内达到小康水平,而且在下个世纪更好地前进。"⑤ 从反面来看,"不改革就没有出路,旧的那一套经过几十年的实践证明是不成功的。过去我们搬用别国的模式,结果阻碍了生产力的发展,在思想上导致僵化,妨碍人民和基层积极性的发挥";⑥ "不开放不改革没有出路,国家现代化建设没有希望";⑦ "没有改革就没有今后的持续发展";⑧ "如果放弃改革开放,就等于放弃我们的根本发展战略。"⑨

经济体制改革是生产力发展的必由之路。这个时期的改革,让我们实现了从高度集中的计划经济体制向社会主义市场经济体制的根本转变。经济体制改革,包括工业、商业和其他行业,涉及全国各地、各部门、各领域和各行业,而改革的核心问题就是如何处理社会主义与市场的关系,1979 年,邓小平在会见外宾时就指出:"市场经济只存在于资本主义社会,只有资本主义的市场经济,这肯定是不正确的。社会主义为什么不可以搞市场经济,这个不能说是资本主义。"⑩ 这是中国突破完全排斥市场调节的大一统的计划经济概念,形成"计划经济为主、市场经济为辅"的思想开端。多年来,邓小平不断强调资本主义与社会主义和市场经济的关系,还不断摸索社会主义与市场经济的共通之处。1992 年,他在南方谈话中进一步强调:"计划多一点还是市场多一点,不是社会主义与资

---

① 《邓小平文选》(第 3 卷),人民出版社 1993 年版,第 116 页。
② 同①,第 137 页。
③ 同①,第 138 页。
④ 刘华清:《邓小平经济改革思想述评》,载《改革》2013 年第 9 期,第 6 页。
⑤ 同①,第 268 页。
⑥ 同①,第 237 页。
⑦ 同①,第 219 页。
⑧ 同①,第 131 页。
⑨ 同①,第 347 页。
⑩ 同①,第 236 页。

本主义的本质区别。计划经济不等于社会主义,资本主义也有计划;市场经济不等于资本主义,社会主义也有市场。计划和市场都是经济手段。"[1] 计划经济和市场经济只不过是资源配置的两种不同方式和经济运行的两种不同调节方法,它们都有不可替代的优势,也存在各自无法克服的缺陷。这是重新解释计划经济的内涵,确认社会主义经济是确立在公有制基础上的有计划的商品经济。

改革开放以来,中国经济的持续快速发展,首先得益于资源配置的市场化,市场机制调节功能不断增大使中国经济摆脱了传统体制束缚,给经济发展带来了生机和活力。邓小平提出的社会主义市场经济理论,是对我国长期社会主义建设历史经验和教训的总结,是改革开放实践发展的结果。在这一理论下,国有企业转换经营机制建立适应市场经济要求的现代企业制度步伐加快;市场体系和市场法规逐步建立和完善;政府的职能正按市场经济要求进行转变;宏观经济调控体系逐步建立完善等。邓小平就新的经济体制和经济手段能否解放和发展生产力提出了衡量的标准,他指出:"改革开放迈不开步子,不敢闯,说来说去就是怕资本主义的东西多了,走了资本主义道路。要害是姓'资'还是姓'社'问题。判断的标准,应该主要看是否有利于发展社会主义社会的生产力,是否有利于增强社会主义国家的综合国力,是否有利于提高人民的生活水平。"[2] 改革开放的头10年,中国经济经历了一个飞速发展的时期,国民生产总值实现翻番,综合国力上升,开始迈向实现小康社会的目标。中国共产党的理论与实践证明,中国过去的快速发展,靠的是改革开放;中国未来的发展,也必须靠改革开放。

二、改革开放必须实事求是

"实事求是"一语,出自东汉史学家班固所撰的《汉书卷五十三·景十三王传》。据载,献王刘德"修学好古,实事求是。从民得善书,必为好写与之,留其真,加金帛赐以招之"。唐人颜师古曾为"实事求是"注解道:"务得事实,每求真是也。"汉学的"实事求是"学风,在明末清初的实学发展中,又成为"经世致用"的代名词。20世纪初,湖南工专校长宾步程曾撰写"实事求是"牌匾,1917年该校迁于长沙岳麓书院后悬挂在讲堂檐前,旨在教育学生从社会的实际出发,以求得正确的结论。1937年,毛泽东在延安抗日军政大学讲课时,曾书"实事求是"作为该校的校训。1941年,毛泽东在《改造我们的学习》一文中,对"实事求是"一语给予创造性的阐述。他说:"'实事'就是客观存在

---

[1] 《邓小平文选》(第3卷),人民出版社1993年版,第373页。
[2] 同[1],第372页。

着的一切事物,'是'就是客观事物的内部联系,即规律性,'求'就是我们去研究。"① 毛泽东对"实事求是"的上述阐述,比较集中地概括了实事求是思想路线的主要内容,因而成为关于实事求是思想路线的经典性解释。

在改革开放和社会主义现代化建设新时期,邓小平十分强调坚持实事求是思想路线的必要性和重要性,他指出:"实事求是,是无产阶级世界观的基础,是马克思主义的思想基础。过去我们搞革命所取得的一切胜利,是靠实事求是;现在我们要实现四个现代化,同样要靠实事求是。""一个党,一个国家,一个民族,如果一切从本本出发,思想僵化,迷信盛行,那它就不能前进,它的生机就停止了,就要亡党亡国。"②"马克思、恩格斯创立了辩证唯物主义和历史唯物主义的思想路线,毛泽东用中国语言概括为'实事求是'四个大字。"③ "实事求是,是毛泽东思想的出发点、根本点。"④ "毛泽东思想的精髓就是这四个字。"⑤ 这就是说,实事求是不仅是辩证唯物主义认识论的根本观点和方法,而且是整个马克思主义哲学世界观的根本观点和方法,当然也是毛泽东思想根本观点和方法。

邓小平指出:"我们在建设方面的指导思想应该是:一、面对国家的现实……二、面对群众的需要。"⑥ "改革开放必须从各国自己的条件出发。每个国家的基础不同,历史不同,所处的环境不同,左邻右舍不同,还有其他许多不同。别人的经验可以参考,但是不能照搬。"⑦ 这就告诉我们,实际并非只是直观的东西,除了物的因素外,还包括人的因素,如人们的需求、愿望等是绝对不可忽视的实际。他曾经指出,要面向现代化,"因为它代表着人民的最大的利益、最根本的利益。""不抓住四个现代化,不从这个实际出发,就是脱离马克思主义,就是空谈马克思主义。"⑧ 只有服务于实现社会主义现代化这个大目标,才可能作出正确的、为人民群众所拥护的决策。

在邓小平看来,只有解放思想,才能实事求是。邓小平在改革开放之初曾反复地讲,"什么叫解放思想?我们讲解放思想,是指在马克思主义指导下打破习惯势力和主观偏见的束缚,研究新情况,解决新问题。"⑨ 解放思想实际上包含

---

① 《毛泽东选集》(第3卷),人民出版社1991年版,第801页。
② 《邓小平文选》(第2卷),人民出版社1994年版,第143页。
③ 同②,第278页。
④ 同②,第114页。
⑤ 同②,第126页。
⑥ 《邓小平文选》(第1卷),人民出版社1994年版,第267~268页。
⑦ 《邓小平文选》(第3卷),人民出版社1993年版,第265页。
⑧ 同②,第163页。
⑨ 同②,第279页。

着两个方面的解放：一是思想观念上的解放，比如克服"两个凡是"的错误思想，冲破"宁要社会主义的草，不要资本主义的苗"的形而上学思维模式等；二是精神状态上的解放，即克服僵化的精神状态以及克服懒惰的精神状态。与此同时，解放思想还包含着如下的"立"的内涵，即面对新情况和新问题，坚决克服上述各种错误思维模式和不良精神状态，积极开动脑筋，勇于独立思考，大胆探索创新，在实践的基础上提出新的观念或思路，研究新情况和解决新问题的新办法、新结论。

邓小平指出："我们不仅要打破僵化的旧习惯，更要客观地看待对资本主义制度的偏见，要迈开改革的步子，深化改革。""解放思想，就是使思想和实际相符合，使主观和客观相符合，就是实事求是。今后，在一切工作中要真正坚持实事求是，就必须继续解放思想。认为解放思想已经到头了，甚至过头了，显然是不对的。"[1] 可以说，改革开放的每一次突破，都是在坚持解放思想的理念中展开的。只有解放思想，才能做到实事求是；只有坚持实事求是，才能真正解放思想。思想一僵化，就会教条式地理解和执行党的路线方针和政策，跟风现象就会严重。党和国家在探索社会主义事业建设过程中，不能照本宣科，缺乏主动性和创造性。要做到"胆子大、步子稳"，循序渐进地选择恰当的方式和时机处理改革和发展过程中出现的矛盾。

1986年9月3日，邓小平在会见日本公明党委员长时说："我们提出改革时，就包括政治体制改革。现在经济体制改革每前进一步，都深深感到政治体制改革的必要性。不改革政治体制，就不能保障经济体制改革的成果，不能使经济体制改革继续前进，就会阻碍生产力的发展，阻碍四个现代化的实现。"[2] 他提出，政治体制改革的总目标是巩固社会主义制度，发展社会主义社会的生产力，发扬社会主义民主、调动广大人民的积极性。政治体制改革的主要内容是实行权力下放、精简机构、改革人事制度、完善社会主义民主等。

邓小平明确指出："只搞经济体制改革，不搞政治体制改革，经济体制改革也搞不通，因为首先遇到人的障碍。事情要人来做，你提倡放权，他那里收权，你有什么办法？"[3] 就权力过分集中的弊端，他提出，"这些事只要有一定的规章，放在下面，放在企业、事业、社会单位，让他们真正按民主集中制自行处理，本来可以很好办，但是统统拿到党政领导机关，拿到中央部门来，就很难办。谁也没有这样的神通，能够办这么繁重而生疏的事情。""我们要精兵简政，

---

[1] 《邓小平文选》(第2卷)，人民出版社1994年版，第364页。
[2] 《邓小平文选》(第3卷)，人民出版社1993年版，第176页。
[3] 同[2]，第164页。

真正下放权力,扩大社会主义民主,把人民群众和基层组织的积极性调动起来。"[1] 当然,下放权力并不意味着中央撒手不管,"我们要有一个方针,就是要在中央统一领导下深化改革。"[2] "没有这一条,就是乱哄哄,各行其是,怎么行呢?不能搞'你有政策我有对策',不能搞违背中央政策的'对策'",[3] 党中央有权威,才能控制局势,进行宏观调控。权力下放正是理顺政府职能的必要条件,而精简机构能够克服因层次过多、职责不清而导致的官僚主义作风。邓小平认为:"精简机构是一场革命","是对体制的革命"。[4] 如果不搞这场革命,让党和国家的组织继续目前这样机构臃肿重叠、职责不清,许多人员不称职、不负责,工作缺乏精力、知识和效率的状况,这是不可能得到人民赞同的,包括我们自己和我们下面的干部。[5] 机构改革,不能是单纯的"精"和"简",需要政府职能的彻底转变,"精简—膨胀—再精简—再膨胀"的怪圈需要克服和突破。

当然,政治体制改革过程中存在很多复杂性,邓小平多次说,"这个问题太困难,每项改革涉及的人和事都很广泛,很深刻,触及许多人的利益。"[6] "每一个措施都涉及千千万万的人,主要是涉及广大干部,不仅是我们一批老人。"[7] 他估计,"会遇到很多的障碍,需要审慎从事……要先从一两件事上着手,不能一下子大干,那样就乱了。"[8] 政治体制的改革会受到经济、文化等因素的影响,因而改革不能一步到位,我们需要逐步改善、稳步推进。正如邓小平所说的,保持社会稳定是事关改革开放、四个现代化成败的重大问题,甚至是"压倒一切"的大问题。[9] 在这个过程中,需要一切从实际出发,在不同的阶段确定改革的重点,有计划、有步骤地推进改革,正确处理改革、发展、稳定的关系,逐步实行各个领域、各个方面的改革相互协调、配套的整体推进。

三、改革开放必须坚持群众路线

中国共产党在长期斗争中创造性地形成了"一切为了群众,一切依靠群众,

---

[1] 《邓小平文选》(第 3 卷),人民出版社 1993 年版,第 160 页。
[2] 同[1],第 278 页。
[3] 同[1],第 277 页。
[4] 《邓小平文选》(第 2 卷),人民出版社 1994 年版,第 396~397 页。
[5] 浦兴祖:《依据—蓝图—原则—重温邓小平政治体制改革思想》,载《北京联合大学学报》(人文社会科学版) 2010 年第 4 卷,第 49 页。
[6] 同[1],第 176 页。
[7] 同[1],第 240 页。
[8] 同[1],第 176 页。
[9] 同[1],第 284 页。

从群众中来到群众中去"的群众路线,它是实现党的思想路线、政治路线、组织路线的根本工作路线。邓小平曾指出,"毛泽东倡导的作风,群众路线和实事求是这两条是最根本的东西……对我们党的现状来说,我个人觉得,群众路线和实事求是特别重要。""毛泽东善于从群众这样的议论当中,发现问题,提出解决问题的方针和政策。毛泽东一向非常注意群众的议论,群众的思想,群众的问题。"①

群众利益是中国共产党制定政策的出发点和归宿。"社会主义现代化建设的极其艰巨复杂的任务摆在我们的面前。很多旧问题需要继续解决,新问题更是层出不穷。党只有紧紧地依靠群众,密切地联系群众,随时听取群众的呼声,了解群众的情绪,代表群众的利益,才能形成强大的力量,顺利地完成自己的各项任务。"②邓小平多次强调,改革是亿万人民群众自己的事业,是全国各族人民的整体、长远、根本利益所在。改革是为了人民群众,改革要依靠人民群众。我们必须把人民群众作为改革的主体,相信和依靠人民群众,调动人民群众的积极性,引导好、保护好、发挥好这种积极性,尊重群众的首创精神,引导广大群众正确认识和处理个人利益与集体利益、局部利益与整体利益、当前利益与长远利益的关系,正确理解和积极支持改革,保证改革顺利进行③。"只要我们信任群众,走群众路线,把情况和问题向群众讲明白,任何问题都可以解决,任何障碍都可以排除。"④群众的智慧是集体的智慧,改革开放过程中要尊重人民群众的主体地位,保护和调动群众的积极性和创造性,从人民群众中汲取智慧,邓小平强调:"在全国人民中,共产党员始终只占少数。我们党提出的各项重大任务,没有一项不是依靠广大人民的艰苦努力来完成的。"⑤他指出:"我们现在提倡解放思想'目的就是创造条件调动全民的积极性,使中国人的聪明智慧充分地发挥出来。我们现在加强民主、发展民主也是为了这个目的'。"⑥肯定人民群众在经济改革中的作用,并不是否定领导者的作用。领导者的责任,就是尊重群众的首创精神,将群众的创造集中起来,进行加工,形成政策,加以推广。邓小平指出:"农村搞家庭联产承包,这个发明权是农民的。农村改革中的好多东西,都是基层创造出来,我们把它拿来加工提高作为全国的指导。"⑦

---

① 《邓小平文选》(第2卷),人民出版社1994年版,第45~46页。
② 同①,第342页。
③ 张景荣:《邓小平改革思想与新世纪改革实践》,载《马克思主义研究》2007年第2期,第63页。
④ 《邓小平文选》(第3卷),人民出版社1993年版,第152页。
⑤ 同④,第4页。
⑥ 同①,第232~233页。
⑦ 同④,第382页。

邓小平认为，经济改革要以人民高兴不高兴、赞成不赞成、答应不答应、拥护不拥护，作为制定方针政策的出发点①。邓小平坚信："凡是符合最大多数人的根本利益，受到广大人民拥护的事情，不论前进的道路上还有多少困难，一定会得到成功。"② 邓小平坚持从群众中来、到群众中去的工作方法。他认为：深化改革的关键是两条，"第一条就是要同人民一起商量着办事。"③ 只有坚持群众路线，才能进一步完善深入了解民情、充分反映民意、广泛集中民智、切实珍惜民力的决策机制。

人民群众始终是社会历史发展的主体力量。邓小平改革开放思想中一个重要方面就是要废除压抑人的主体积极性的旧体制，建立有利于调动人的主体积极性的新体制，增强劳动者的主体性，从而促进生产力的发展。社会作为人的社会，其诸方面的发展从根本上体现了人自身内在本质力量的对象化的过程及其程度。但在生产力诸多因素中，起主导作用的并不是物而是人，人才是生产力诸多因素中起主导作用的能动性因素。只有人的能力得到了全方位的发展，实现人的现代化，才能真正使人发挥出强有力的主体性力量，来推动社会的发展。④

四、改革开放必须不断总结经验

所谓总结经验，就是对以往的实践进行回顾和反思，通过"去粗取精、去伪存真、由此及彼、由表及里"的思索，抽象出事物的本质，发现事物发展的内在规律性，并用以科学地分析评价以往的实践和指导今后的工作。对此，毛泽东曾经指出，"所谓经验，就是实行政策的过程和归宿。政策必须在人民实践中，也就是经验中，才能证明其正确与否，才能确定其正确和错误的程度。"⑤ 而我们看问题一定"要划清正确和错误、成绩和缺点的界限，还要弄清它们中间什么是主要的，什么是次要的。""否则就会把事情的性质弄混淆了。自然，要把界限划好，必须经过细致的研究和分析。"⑥

总结经验就是运用马克思主义的立场、观点和方法，客观地、全面地分析其所走过的道路，分析其在以往实践中所取得的成绩和存在的问题，从中找出本质的联系和规律性的东西，从而使认识达到主观与客观的统一。运用改革开放和社

---

① 刘华清：《邓小平经济改革思想述评》，载《改革》2013年第9期，第12页。
② 《邓小平文选》（第3卷），人民出版社1993年版，第142页。
③ 同②，第268页。
④ 陈超：《邓小平改革开放思想的再认识》，载《唐山职业技术学院学报》2009年第2期，第54页。
⑤ 《毛泽东选集》（第4卷），人民出版社1991年版，第1286页。
⑥ 同⑥，第1444页。

会主义现代化建设实践是不断发展的,人们在这一实践过程中会不断地遇到新情况,要不断地研究新问题,也就是要不断地实现主观与客观的统一,这就要求人们不断地总结经验。只有通过不断地总结经验,人们对于上述新情况和新问题的认识,才能真正实现从个别上升到一般,从感性上升到理性,即掌握事物的规律性,才能不断地使必然转化为自由,从必然王国走向自由王国。

邓小平指出,"改革是中国的第二次革命。这是一件很重要的必须做的事,尽管是有风险的事……我们的政策是坚定不移的,不会动摇的,一直要干下去,重要的是走一段就要总结经验……哪一步走得不妥当,就赶快改。"① 中国改革开放和现代化建设取得的成功,"不靠上帝,而靠自己努力,靠不断总结经验,坚定地前进。"②

总结经验是实现创新的重要手段,"一个新的科学理论的提出,都是总结、概括实践经验的结果。没有前人或今人、中国人或外国人的实践经验,怎么能概括、提出新的理论?"③ 邓小平正是在总结农村实行联产承包的经验后,才创造性地提出关于农村经济体制改革的理论,并在实践中取得巨大成功。

邓小平曾说:"搞改革完全是一件新的事情,难免会犯错误,但我们不能怕,不能因噎废食,不能停步不前。胆子还是要大,没有胆量搞不成四个现代化。但处理具体事情要谨慎小心,及时总结经验。"④ 总结经验结果需要一定时间的实践,以掌握大量材料,否则总结经验只能是凭空捏造。当然也不能时间过长,特别是不能等问题成堆后才去总结。所谓及时总结经验,就是每进行一项工作,每采取一项政策等,都要总结经验,以便及时发现问题,使工作失误减少到最低限度。

在总结经验时只有具有批评和自我批评的精神,才能无私无畏地肯定应该肯定的正确的东西,否定应该否定的错误的东西,才能开心地分析和评价以往的工作,并用以正确地指导今后的工作。正如邓小平所指出的,"没有批评与自我批评精神,就不会及时地总结经验,修正错误;也不会用正确的和错误的经验,正面的和反面的经验,来教育干部、党员和群众。""及时总结经验,用批评与自我批评的精神检查工作。这样,就可以不使小错误发展为大错误,发展为路线性的错误;就可以使党员和干部从正确经验中受到教育,也可以把错误变成肥料,将坏事变成好事。"⑤

---

① 《邓小平文选》(第3卷),人民出版社1993年版,第113页。
② 同①,第118页。
③ 《邓小平文选》(第2卷),人民出版社1994年版,第57~58页。
④ 同③,第229页。
⑤ 同③,第346~347页。

由于客观世界极其复杂，人们在改造客观世界的实践中所走过的道路也多是曲折的，其中有成功的经验，也有失败的教训。因此，只有注意从两个方面进行总结，既分析成功的经验，又分析失败的教训，对事物发展的规律性的认识才能比较深刻。邓小平指出，"过去的成功是我们的财富，过去的错误也是我们的财富。""没有'文化大革命'的教训，就不可能制定十届三中全会以来的思想、政治、组织路线和一系列政策。"①

第二节 社会主义核心价值体系

一、社会主义核心价值体系的内容

党的十六届六中全会通过的《中共中央关于构建社会主义和谐社会若干重大问题的决定》，第一次明确提出"建设社会主义核心价值体系"这个重要命题，认为"建设和谐文化是构建社会主义和谐社会的重要任务，社会主义核心价值体系是建设和谐文化的根本"，要"坚持以社会主义核心价值体系引领社会思潮，尊重差异，包容多样，最大限度地形成社会思想共识"。党的十七大报告进一步提出，"建设社会主义核心价值体系，增强社会主义意识形态的吸引力和凝聚力。"

价值体系作为一种观念的东西，是客观现实的主观反映。社会主义核心价值体系作为社会主义意识形态的体现，它的提出以中国社会现实为基础，是由现时的基本经济制度和基本经济体制决定的。改革开放以来，中国经济取得了累累硕果。在经济制度上，打破单一的公有制经济，建立以公有制为主体、多种所有制共同发展的基本经济制度。在经济体制上，实现由传统计划经济向现代市场经济的转变，市场经济体制得以确立和完善。经济领域的成功转变促使利益格局发生巨变，人们的主体性得到充分发挥，自主选择的空间扩大。而经济基础的转变决定了竖立其上的观念上层建筑必须适时作出调整，否则势必会阻碍经济的进一步发展。正是意识到这点，经过对现实经济关系的深刻分析以及变化的经济关系对个体思维方式、价值观念影响的深刻思考，党中央提出了反映现实经济关系的社会主义核心价值体系。总体上看，社会主义核心价值体系是对现时基本经济制度

---

① 《邓小平文选》（第2卷），人民出版社1994年版，第272页。

和基本经济体制的正确反映。

按照党的十六届六中全会作出的《中共中央关于构建社会主义和谐社会若干重大问题的决定》,"马克思主义指导思想,中国特色社会主义共同理想,以爱国主义为核心的民族精神和以改革创新为核心的时代精神,社会主义荣辱观",构成社会主义核心价值体系的基本内容。这说明,社会主义核心价值体系的基本内容由以上四个方面构成,这些内容既是党和人民实践经验的总结,又是时代发展的需要。四个方面既彼此独立,又相互联系,科学地回答了和谐社会共同的思想基础的要求,统一于社会主义核心价值体系之中,统一于中国特色社会主义现代化建设的实践中。

马克思主义指导思想是社会主义核心价值体系中的根本理论指导,决定着社会主义核心价值体系的根本理论方向。马克思主义是关于自然、人类社会和人类思维发展的科学理论。它不仅为我们认识世界、改造世界提供世界观和方法论,而且一直都是我们党的根本指导思想。马克思恩格斯致力于全世界无产阶级和劳动人民的解放事业的实践中,创立并运用辩证唯物主义的自然观和历史观科学地揭示了人类社会发展的普遍规律和人类社会从低级向高级发展的必然趋势,并从资本主义的生产方式的分析中最终得出了资本主义必然要灭亡,社会主义共产主义必然要胜利的科学结论。这些规律和结论的揭示,不仅成为全世界无产阶级争取解放的锐利思想武器,更为人类社会的发展和具体社会问题提供根本指导和作出正确回答。中国共产党始终坚持马克思主义理论的指导,无论在中国革命与建设还是在改革开放的实践中都取得了预期效果。在社会转型的时代,只有坚持马克思主义理论的指导,运用辩证唯物主义的立场、观点、方法来分析当今社会的复杂现象,认清社会发展趋势,才能看清社会本质。马克思主义是社会主义核心价值体系的根本指导方针,为社会主义核心价值体系提供正确的立场和方向。只有坚持马克思主义理论指导,才能把握社会主义核心价值体系产生的规律、条件以及建设的方向,也才能解决好社会主义现代化建设中出现的一系列价值问题。然而,马克思主义不是一成不变的,它是发展和不断完善的。关于坚持马克思主义的立场,毛泽东在《中国共产党第七次全国代表大会上的口头政治报告》中提出,"我们历史上的马克思主义有很多种,有香的马克思主义,有臭的马克思主义,有活的马克思主义,有死的马克思主义,把这些马克思主义堆在一起就多得很。我们要的是香的马克思主义,不是臭的马克思主义;是活的马克思主义,不是死的马克思主义。"① 所以,我们坚持马克思主义,就要做到在发展中坚持。既要坚持马克思主义基本原理的正确性,同时又要坚持用马克思主义中国化的最

---

① 《毛泽东文集》(第3卷),人民出版社1996年版,第331~332页。

新理论成果来武装全党和各族人民，指导中国特色社会主义现代化建设。把握这一点，也就把握了社会主义核心价值体系乃至和谐文化建设的方向。

中国特色社会主义共同理想是社会主义核心价值体系中的核心奋斗目标，它是中国共产党领导全国各族人民在长期的革命、建设实践中逐渐形成的，它的内容会因具体的历史条件的不同而不同。现阶段，中国特色社会主义共同理想就是建设有中国特色的社会主义，最终把我国建设成为富强、民主、文明、和谐的社会主义现代化国家。这一共同理想既明确指出了现阶段中国社会的发展模式、发展道路以及发展目标，又为党的最终奋斗目标奠定着良好的基础，成为全国人民共同的价值取向。改革开放以来，中国社会发生的翻天覆地的变化，取得的骄人成绩，正是由于中国共产党领导全国各族人民坚持把中国特色社会主义共同理想付诸实践的结果。随着当前改革发展向纵深阶段推进，一些新问题、新情况不断出现，加强理想教育，坚定理想信念显得尤为重要。只有坚定中国特色社会主义共同理想，人们才有明确的努力方向，充分实现个人在社会中的价值。只有坚持中国特色社会主义共同理想，坚定走中国特色社会主义道路，才能推动全面建设小康社会，构建和谐社会的进程，为中国的社会发展，中华民族的伟大复兴走出一条成功之路。

以爱国主义为核心的民族精神和以改革创新为核心的时代精神是社会主义核心价值体系的基本发展要求和发展动力，是实现中国特色社会主义共同理想的动力源泉。民族精神和时代精神反映了一个民族的民族特点和精神风貌，是一个民族奋勇前进、开拓进取的精神支柱。"一个民族没有振奋的精神和高尚的品格，不可能自立于世界民族之林"。民族精神是历史的产物，是实践的产物。五千年的发展史中逐渐沉淀下来的以爱国主义为核心的团结统一、爱好和平、勤劳勇敢、自强不息的高尚民族品格和伟大的民族精神，在推动中国历史的前进中不断得到丰富和发展。改革开放使中国焕发出新的生机，中国开始与世界接轨。可以说世界在选择中国的同时，中国也选择了世界。时代孕育新的精神，面对日益激烈竞争的世界环境，立足于本国实际同时结合世界优秀的文化、价值，激发出了勇于开拓、勇于进取、勇于创新的时代精神。民族精神与时代精神已成为中国社会强大的助推器，是中国特色社会主义事业不可缺少的原动力。民族精神、时代精神与社会进步同向，已经成为全体社会成员普遍认可并努力为之奋进的价值观念，成为社会主义核心价值体系的精神纽带。在全面建设小康社会的进程中，民族精神与时代精神紧密结合，突显强大的价值引领作用，突显力量强大的民族意志和民族品格。当今时代，民族精神与时代精神已经深深地融合在一起，一并注入社会的各个领域中，引领社会潮流，激发并推动社会主义现代化建设的进程。这一精神焕发的强大效应使其不能不成为社会主义核心价值体系中大力提倡的重要因素。

　　社会主义荣辱观是社会主义核心价值体系的具体道德规范，是社会主义核心价值体系对人们行为的具体约束，是规范全体社会成员思想行为的基本道德准则。所谓荣辱观也就是对荣誉和耻辱的根本看法和评价。一个良好的社会环境有赖于正确的荣辱观的提倡，荣辱观正确与否直接关系到社会能否具有正确的价值导向，关系到人们能否明辨是非，区分善恶。道德属社会意识的范畴，从根本上是对经济基础的反映，党和国家历来都重视道德的发展，曾提出过"平等、团结、友爱"等道德要求，在道德建设上取得过重大进展。当前，我们处于中国特色社会主义现代化建设的新阶段，改革深化社会全面进步的同时，也存在一些不良的社会现象和道德风气。一些人道德缺失，奉行极端个人主义的价值观，追求享乐，追求物质享受，严重影响了社会良好道德风气的形成。在这种情况下，急需确立社会道德规范以端正思想行为，提高道德修养，使人们能够明辨是非，认清主流思想，形成一个良性和谐的社会风尚。以"八荣八耻"为主要内容的社会主义荣辱观，明确了全社会奉行的基本价值准则和道德规范，明确了时代应有的道德理念，确立了整个社会的是非、善恶、美丑的价值评价标准。可以说，"八荣八耻"是中国传统与现代民族与世界精神相融合的产物，它在应当坚持什么、倡导什么和抵制什么的问题上旗帜鲜明，绝不含糊，为全体社会成员的道德选择、道德判断作出了明确的回答，为建设有中国特色的社会主义提出了正确的道德准则，社会主义荣辱观是社会主义道德最本质的揭示，是社会主义核心价值体系的具体导向，是培育良好社会风气的一面旗帜。

二、社会主义核心价值体系的结构

　　社会主义核心价值体系的结构呈现为内层核心价值与外层基本价值两个层面。内层核心价值以外层基本价值为依托，是对外层基本价值的提炼，失去外层结构，将难以顺利进行；外层价值受内层价值的支配，是对内层价值的延伸，失去内层结构，将难以形成正确的确立依据。内层与外层二者缺一不可，失去任何一方，都难以形成整体结构。

（一）社会主义核心价值体系的内层核心价值

　　结构以内容为依托，"内层核心价值"这一结构的确立受其所归属的内容所决定。所谓内层核心价值指的是"以人为本"，也就是把全体人民的根本利益作为一切事情的出发点，以人民群众为一切价值追求的中心。"以人为本"这一核心理念的地位和作用决定了由其丰富的内涵所形成的结构层次也同样处于核心指导地位。可以说,"以人为本"这一核心理念决定了内层核心价值结构的形成。确立这一层次结构既是本身的理论要求,更是现实存在对理论体系的要求。

任何价值体系都源自实践,任何价值体系的形成目的都是为了更好地指导人们的价值活动,更好地去实现价值追求。为使其目的性更加明确,对于价值体系来讲,必须有其核心的部分,因为只有这一部分,才能精准地体现出某一价值体系的性质、功能,也才能在进一步的现实建构中,突出重点、收效甚快。总之,核心部分的确立对于一种价值体系来说,有助于其在整个社会价值观念领域中立稳。对社会主义核心价值体系这一要在全社会范围内得到普遍的价值认同的体系来讲,确立核心部分,突出核心指向更是必要的了。而作为内层核心价值,在整体结构中,一直都是最本源、最深刻的反映,是对其性质的最好诠释,是建设社会主义核心价值体系过程中要一以贯之并长期坚持下去的东西。

社会主义核心价值体系的形成从根本上受制于社会现实基础。中国正处于社会主义市场经济迅速发展的大潮中,在激烈的市场竞争中,追逐名利、追逐财富成为一些人不断前进的活力和目的,各种腐化现象开始泛滥。市场经济为社会提供了一个广阔的发展空间,然而在盲目的追求一己私利的过程中,似乎容易遗忘活动的根本目的所在。这一切也都要求正在建设的社会主义核心价值体系能够确立核心结构,确定核心内容,从而使人们可以迅速了解社会主义核心价值体系的实质,把握本质。便于在具体的实际行动中的自觉应用。

内层核心价值相对于外层基本价值而言,它的结构定位及内容指向是人们基于长期的社会实践的认识中升华出来的。作为一种观念性的认识,它必然带有抽象性,而作为一种核心层面的认识,它更具有高度的抽象性和概括性。它是社会价值的一般性认识和普遍性认识。它言简意赅地描绘出了人们普遍追求和尊崇的最高理想。作为整个价值体系的核心,它由内向外支配、引导外层基本价值的各个领域。外层中各个方面的基本价值以内层为核心和根本标准。在整个价值体系中,内外层相互影响、相互渗透。内层价值决定外层基本价值,外层基本价值折射内层核心价值。但值得注意的是内层核心价值作为核心价值体系相对稳定的结构,并非一劳永逸。因为整个社会主义核心价值体系都是建立在对现实情况的经验性总结,当现实具体条件发生改变,内层结构就不能原封不动,而会随之深化,走向更加合理、完善的结构。

(二)社会主义核心价值体系的外层基本价值

要使内层核心价值这一结构功能发挥出来,在内层之外还需要能够使之具体化的外层基本价值。其中马克思主义指导思想、中国特色社会主义共同理想,以爱国主义为核心的民族精神和以改革创新为核心的时代精神,社会主义荣辱观共同构成了一个相对独立的结构即外层基本价值。抛开社会主义核心价值体系,这四个方面都是长期实践经验的理论总结,都是中国社会主义现实的客观需要。任何一方都具独立性,可以成为除价值领域之外的任何一个领域的理论指向。之所以具有相对独立性的四个方面一并被纳入价值领域中并构成社会主义核心价值体系的外层基本价值,根本原因在于内涵各不相同的四个方面本质上都体现了整个社会共同遵从的价值核心,因而它们也就共同成为价值体系的构成标准,与内层核心价值保持了根本的一致,成为内层核心价值的具体反馈,引导规范社会生活的各种价值行为。

作为外层基本价值,它的具体性不仅是相对内层的抽象性而言,更是由于外层基本价值这一结构观念细化到了社会的各个领域。马克思主义指导思想是以内层核心价值为出发点,结合社会政治实践形成的政治价值观念。马克思主义一直以来都是党的指导思想,作为一种价值意识,它的功能更加显著,用于影响指导各项政治制度方针的具体制定。中国特色社会主义共同理想,在坚持内层核心价值的基础上结合现实形成各个方面的价值意识。其中最主要的是确立经济领域的价值观指导经济建设发展规划。以爱国主义为核心的民族精神和以改革创新为核心的时代精神,把内层核心价值与国民长期精神活动结合形成了社会精神领域的价值观,并以其指导人们的精神追求。社会主义荣辱观将内层核心价值与社会道德领域相结合形成道德价值观,用以指导人们日常生活的行为规范形成人们的道德行为准则。总之,外层基本价值因其结构特点,较内层核心价值更具复杂性。政治价值观、经济价值观、精神层面的价值观、道德领域价值观相互联系,相互影响,共同构成了外层基本价值这一结构层次。

外层结构是一个多层次的有机统一体,不但结构各部分之间具有层次性,而且每一个单一的部分也是层次分明。首先表现在各部分之间的结构层次:马克思主义处于根本指导地位,属于最高层次;中国特色社会主义共同理想是社会发展的目标,处于核心层;以爱国主义为核心的民族精神和以改革创新为核心的时代精神与社会主义荣辱观共同体现了对社会生活领域的直接作用强度,属于基础层。这样整个外层结构被清晰地划分为三个层次,它们各自发挥其所属层次的特有功能,同时还相互影响,相互配合,共同呈现一个严密的极具逻辑性的外层结构。其次表现在每一个部分自身的内部结构层次:对于马克思主义指导思想来讲,既有马克思、恩格斯创始人的思想,又有在此基础上发展起来的列宁主义、毛泽东思想和邓小平理论等。前者为基础,其他思想均是对其丰富和发展,体现了一种继承与创新,坚持与发展的关系;中国特色社会主义共同理想规划了总体的奋斗目标,从整体上来看既有符合当下的共同理想,同时又兼顾对人类未来社会的最高价值理想的追求。二者体现出一种递进的层次关系。以爱国主义为核心的民族精神和以改革创新为核心的时代精神，从其理论总结本身就能看出内部的层次性，其中爱国主义、改革创新为核心，其他的精神都是以此为准则发展起来的，是对其的丰富和延伸，核心为外延确立准则，外延是核心的补充。社会主义荣辱观是从广泛性上来规范社会道德行为，它的内涵涉及社会的经济、政治、生活的方方面面的道德准则，这些道德准则既有指导方针、道德原则，同时又包含具体的道德行为规范。

综上所述，外层基本价值的结构层次决定其发挥的功效，它将整个社会主义核心价值体系的内核具体化为中国特色社会主义实践中应遵循的方针与原则，使其在实践领域增强说服力，从而在巩固内层核心价值的核心地位的同时也促使整个社会主义核心价值体系不断得到广泛认同。

三、社会主义核心价值体系的特征

(一) 个体性与社会性的统一

在人与社会的关系问题上，马克思在《关于费尔巴哈的提纲》中曾指出，"人的本质并不是单个人所固有的抽象物，在其现实性上，它是一切社会关系的总和。"[1] 个人并不是独立存在的，而是相互联系地存在于社会之中。社会由个体构成，个体是社会中的人，个人的发展受社会物质条件的制约。因此，在价值主体的确立问题上应兼顾个体与社会：一方面，社会要充分尊重个体需要的满足，正视个体价值的追求，因为个体价值会直接作用于社会；另一方面，个体要充分维护社会价值创造与实现，因为个体是社会关系的人，它的各种价值创造和价值实现绝不会离开社会关系而独立完成。人既是作为个体而存在，同时又是作为社会而存在，个体与社会有着共同的利益和共同的实现目标。个人与社会的这种统一性，理应作为当前构建社会主义核心价值体系的出发点。

社会主义核心价值体系在主体定位上充分考虑个体与社会的内在统一性，将个体与社会共同作为社会主义核心价值体系的价值主体。这主要体现在：一方面，社会主义核心价值体系是基于对社会现实，由代表社会总体力量的中国共产党及其国家政权所提出的。它的着力点就是针对社会整体环境、现实需要来考虑的，并据此提出许多符合社会现状，推动社会整体发展的价值观念、价值准则。科学发展观、构建社会主义和谐社会的提出，都充分说明社会主义核心价值体系将社会作为其价值选择的主体，注重社会发展。因为在中国这样的社会主义国家

---

[1]《马克思恩格斯选集》(第1卷)，人民出版社1972年版，第18页。

里，社会是每个成员试图发展前进的载体，社会影响制约个体的发展。要想获得自身需要的满足，前提是社会的充分发展。可以说，社会主义核心价值体系就是一个以社会为基准，对社会成员进行引导的价值体系。另一方面，社会主义核心价值体系充分注重个体的全面发展，又将个体作为其价值选择的主体，提出"以人为本"，把广大人民的根本利益作为党和国家一切工作的出发点和落脚点，把个人的利益所得，个人的发展程度看做是根本。因为社会是由相互联系的个体构成，社会的发展归根到底是为了每个个体的充分发展，社会选择是为了个人能够更好地自由的选择。可见，在价值主体的选择上，社会主义核心价值体系为我们提供了一个崭新的视角，坚持个体选择与社会选择相结合。社会尊重个体，以个体为本；个体遵照社会，以社会为引导。

（二）民族性与世界性的统一

社会主义核心价值体系在内容的建构上具有民族性与世界性统一的典型特征。

所谓民族性，就是指社会主义核心价值体系的建构内容上充分吸收和保留了中华民族优秀的传统文化思想，以及中国历史不同阶段所形成的核心价值体系的积极成果。一方面，我们要建设的社会主义核心价值体系是能够反映中国特色属于整个中华民族的价值体系，因此这种核心价值体系的建设绝不能完全用任何其他民族文化价值观念来塑造。它是立于中华民族传统文化之上，是对中华民族传统文化的传承。另一方面，中华民族历史悠久，在"长期的共同民族生活中，人们逐渐地形成了共同的价值评价和价值选择标准，具有共同的价值取向和价值理想，并为实现共同的价值取向和价值理想而努力奋斗"。[①] 可以说，五千年的民族文化的历史长河逐渐沉淀出具有本民族特色的价值取向和价值选择，形成了本民族的价值观念，为我们留下了丰硕的文明成果。在中国古代，"仁、义、礼、智、信"的价值体系就曾经成为人们长期奉行的信念。到了近代，形成了以爱国主义为核心的勤劳勇敢、团结统一、爱好和平、自强不息的积极价值理念。所有这些标志着中华民族积极向上的民族品格和民族精神，确实值得在建设社会主义核心价值体系中加以继承和吸收。因此，在建设社会主义核心价值体系的过程中，需要充分吸收中华民族传统优秀文化中的积极合理成分，并将其加以改造补充和发展。创造性的融入价值体系之中，形成与民族传统相衔接的马克思主义指导思想，中国特色社会主义共同理想，以爱国主义为核心的民族精神和以改革创新为核心的时代精神，社会主义荣辱观。这四个方面的基本内容符合中国

---

① 阮青：《价值哲学》，中共中央党校出版社 2004 年版，第 310～314 页。

实际,是对传统文化价值观念精华传承的最好体现。

所谓世界性,是指社会主义核心价值体系内容上坚持的开放性。江泽民在《让我们共同缔造一个更美好的世界》中曾提出,"每个国家和民族都有自己的特点和长处,大家只有彼此尊重、求同存异、和睦相处、互相促进,才能创造百花争妍、万紫千红的世界。"① 社会主义核心价值体系在内容建构上不应局限于本民族的文化传承,而是以开放的胸怀吸收和借鉴其他民族和国家价值观念中的积极因素,使社会主义核心价值体系在具民族特色的同时又具时代性。作为一个社会的核心价值体系,如果过分封闭,终将会在封闭中窒息而死,失去应有功效。尤其是对于建设社会主义核心价值体系来说,时代已经发生了巨大改变,各个国家往来频繁,各种价值观念相互渗透,世界俨然已经成为一个大熔炉。面对这样的时代变迁,价值观念的建构当然绝不能再教条性的一致排外,而应适时改变,批判性的吸收借鉴一切有利于中国自身发展建设的价值观念的合理因素,从而使社会主义核心价值体系能够充分反映社会现实。与此同时,尽管世界其他民族国家基于不同的文化背景,创造出不同的符合本民族特色的价值体系,但深入挖掘会发现都有一些反映全人类共同利益、共同愿望的内容。这使得社会主义核心价值体系在建设的过程中可以并且能够吸收人类文明史上产生的积极合理因素。当然,西方国家价值观念中的一些消极因素,会给我们提供警醒作用,成为我们建设过程中绝对要杜绝、抛弃的东西。总之,社会主义核心价值体系建设过程中,面对来自世界性的因素采取科学的分析态度,取其精华、去其糟粕是正确的态度。例如,中国特色社会主义共同理想中包含的和谐思想,不仅反映中国社会当前的重大任务而且也是对整个人类社会共同愿望的准确表达。同时这种共同理想、共同信念的树立,使社会形成了强大的凝聚力和向心力,成为全国人民共同的奋斗目标。这与西方国家普遍盛行的利己主义,个人主义形成了鲜明对比。以改革创新为核心的时代精神也充分融入了西方的"竞争、创新"等价值理念。

(三) 合目的性与合规律性的统一

社会主义核心价值体系在体系的创建上充分展现了合目的性与合规律性统一的特点,切实反映出中国社会的现实需要和价值追求,而这一切都是源于对客观规律的遵循。

社会主义核心价值体系具有合目的性。它并非人脑主观的任意产物,恩格斯曾说过:"每一时代的经济产生以及必然由此产生的社会结构是该时代政治的和

---

① 《江泽民文选》(第 1 卷),人民出版社 2006 年版,第 480 页。

精神的历史基础。"① 社会主义核心价值体系归根到底是由社会现实的物质生产方式决定的，是对整个社会基础层面总体特征的全面反映，是对社会主义形态的最本质体现。社会主义核心价值体系是中国共产党根据中国现实需求、基于自身执政经验而提出的，目的就是为中国社会发展服务，为满足人们的客观需要而服务。所以，这样的社会主义核心价值体系具有强烈的目的性。它提出的中国特色社会主义共同理想以及"富裕、和谐"等价值理念，对于当前全面建设小康社会，构建和谐社会，实现富强、民主、文明、和谐的社会主义现代化国家无疑具有积极的推动作用和巨大的指引作用，符合中国现实的目的性追求。

社会主义核心价值体系又具有合规律性，这主要体现在：一方面，社会主义核心价值体系是对中国自身社会建设规律的自觉遵守与正确揭示。任何价值体系的产生、存在和发展都是一定社会历史条件的产物，所以价值体系绝不能违背现实。任何不尊重客观规律而建立起来的核心价值体系都将是昙花一现，无法维持长期稳定。我们建设的社会主义核心价值体系之所以能够成为社会现实的普遍价值准则，就是因为它深刻认识中国社会的客观存在条件，了解中国社会主义现代化建设的自身运行规律，因此它的结论必然是经得起实践检验和反复推敲的。另一方面，社会主义核心价值体系是对认识发展规律的正确把握，人类的认识能力总是以人类社会的发展水平为前提的。社会生产力水平越高，人们的认知能力就越深，认知范围就越广。这使得人类的认识能力呈现出由简单到复杂、由低级到高级的发展趋势。而价值观念作为人们对价值关系认识的产物，也同样遵照认识发展的一般规律。正是对于观念形态自身发展趋势科学分析，社会主义核心价值体系在建设中对于中国传统优秀价值思想并非采取全盘吸收，而是有针对性地加以采纳，同时适时汲取创新元素，力求对价值观念的发展、完善、创新，以至与社会发展阶段在思想上保持一致。

（四）理想性与现实性的统一

社会主义核心价值体系在目标确立上既有反映人类长远利益的崇高理想，又包含针对国民现实要求的现期理想目标。这两方面的内容相辅相成，共同促进理想信念的实现。

所谓理想性，是指社会主义核心价值体系作为社会主义意识形态的内核，具有意识形态自身的特点，即相对独立性。它可以基于现实发展可能性趋势，对未来社会进行科学预见，提出超越现实、符合人类社会未来发展方向的崇高理想和追求，并指导人们为实现这种价值理想和价值追求而努力奋斗。社会主义核心价

---

① 《马克思恩格斯选集》（第1卷），人民出版社1995年版，第252页。

值体系把坚持以马克思主义为指导作为其重要内容之一，将马克思主义理论作为价值判断的根本出发点。马克思、恩格斯的全部理论的前提和归属都是为了使人类摆脱奴役、摆脱压迫，实现共产主义，实现人类的真正解放，获得真正自由，得到全面发展。这样科学的理想信念贯穿于社会主义核心价值体系整个建设过程中，它寄予了国家和民族对未来发展道路的美好展望，并成为社会主义具有终极意义的价值目标和价值追求。由于现实中的人们容易被一些崇高的赋有使命感的精神信条所吸引，并且愿意为其奉献，进而这种崇高的理想品格会不断地成为人们为之努力奋斗的精神动力，成为民族积极进取的精神追求。

所谓现实性，就是针对社会主义核心价值体系的目标指向性而言的。社会主义核心价值体系区别于以往价值体系就在于它不仅具有理想目标的一般性即崇高性，而且还具有特殊性即现实性。这是因为社会主义核心价值体系作为整个社会的价值行为导向，它不能总是束之高阁，寄托于美好目标的向往，而也应关心人们的切身利益、思想问题，并寻求解决的途径。只有切身问题得到解决，人们才能相信并坚定远大理想实现的信心。正因为如此，社会主义核心价值体系确立了短期将要为之实现的理想目标。在中国特色的社会主义共同理想中把全面建设小康社会、坚持科学发展观、构建和谐社会作为现期努力实现的价值目标，从而使人们追求目标具体化，更有助于人们拥护、认同社会主义核心价值体系。

从社会主义核心价值体系这一特点可以看出，理想性与现实性二者密不可分，理想性是对现实性的理论升华，明确了现实性的终极指向，使社会主义核心价值体系具有先进性与崇高性的理论地位。而现实性是理想性能够实现的现实土壤，为理想性的实现提供动力和支撑，脱离现实价值目标，空谈理想性，理想只能离我们越来越远。

第三节　和谐政府理论

一、和谐政府的提出

（一）构建和谐社会的必然要求

2002 年，党的十六大提出构建"和谐社会"的伟大历史目标。构建社会主义和谐社会，必须善于正确处理社会中的各种矛盾，维护社会稳定，保护人民利益、提高人民生活质量。政府作为社会的主要管理者，作为协调社会各方利益关系的组织者、指挥者，对推进和谐社会的建设起着决定性作用。和谐社会建设中的公平、责任、法制、诚信、效率的建设，是对政府的重大考验，而把构建社会主义和谐社会的战略任务落到实处，则又对政府各方面工作提出了新的要求。

　　随着我国社会转型的进行，我国市场经济体制日渐成熟，社会利益结构、经济结构、产业结构以及社会管理、组织形式也随之不断地调整、更新和变化。面对这种新形势，政府需要建立与之相适应的公共管理体制和社会控制机制，协调社会各阶层的利益，整合各种社会关系，维护社会稳定，最大限度地激发各行各业人们的创造活力，使不同组织和群体的人们能够在一个良好的制度环境和人际氛围下各尽所能、各得其所而又和谐相处，形成合力共创社会主义和谐社会，为此政府要首先做到自身组织及管理的和谐。同时，和谐社会实现的程度、进程的快慢直接体现着政府管理的和谐与否，政府的公共政策、制度安排是否得当，直接影响一个国家一定时期人与自然、人与社会的和谐。因此，政府不仅是和谐社会构建的重要组成部分，而且也是决定其他要素是否和谐的关键。

　　从某种程度上说，构建和谐社会就是不断化解冲突和解决矛盾的过程。目前，我国社会还存在许多不和谐因素，成为和谐社会构建的绊脚石。这些不和谐因素的存在，或多或少与政府自身及其管理有着密切的关系，有些甚至是政府管理不和谐直接导致的，这主要体现在：（1）人与自然的不和谐。污染物排放总量长期居高不下，地区生态破坏严重，土地沙漠化、耕地盐碱化、草原退化。(2) 城乡发展不和谐。农村人口和城市人口在生活质量和受教育水平上仍有较大差距，加剧了当前城乡矛盾和阶层矛盾。(3) 社会财富分配方面不和谐。城乡收入差距过大，行业之间收入差距巨大，区域之间收入差距也在扩大。(4) 改革的社会期待与改革进程不和谐。随着经济的发展，社会矛盾的突出，人民大众对社会全面改革的期待已从耐心变为急切。然而，现实社会全面改革的进程却没有与社会觉悟和认识的进步程度并驾齐驱，特别是在民主政治建设方面，改革的步伐明显滞后，从而与社会的期待形成了矛盾。[①]

　　当前社会中存在的诸多不和谐因素长期得不到解决，都与政府管理活动和自身改革不完善密切相关，必须通过和谐政府的构建来解决。

（二）解决现阶段行政和谐缺失的需要

　　改革开放以来，政府为适应市场经济发展的需要先后进行了七次政府机构改

[①] 马庆钰：《创新政府管理构建和谐社会》，载《天津行政学院学报》2005 年第 2 期，第 20 ~ 24 页。

革，转变政府职能，完善相关制度，取得了一定的成绩，但也存在诸如政府管理观念滞后、组织结构不合理和相关制度不完善等问题。

观念是行为的先导。中国传统文化中的不少陈旧观念依然严重影响着政府内部和谐氛围的构建，主要体现在：第一，法治观念的缺失。由于受到几千年封建文化的影响，"人治"观念依然在某些行政人员的头脑中根深蒂固，认为法只是治民的手段，而不是约束自己的工具，因此办事常以领导的意志为准。加之在政府组织内部上下有别的特权思想，往往使行政行为凌驾于法律之上，致使行政决策和执行缺乏法律监督和约束。第二，民主观念的淡漠。长期以来，由于受到重权威、轻民主的高度集权行政决策思想的影响，政府在制定决策时，往往忽视基层行政人员的参与以及公众的呼声，使决策仅服从于领导的个人权威或经验。久而久之，造成政府内部某些领导独断专行、刚愎自用、决策错误等不和谐现象。第三，责任观念的忽视。权力和责任历来相伴相随，责任是权力的当然结果和必要补充，凡是有权力行使的地方就应当有责任，可以说权力只是实现责任的一种手段，而作为行使公共权力的主体——政府，负责任应是其常态。然而，我国政府内部责任权限模糊，行政人员普遍缺乏责任意识，权责不对等现象屡有发生。

政府组织结构设置合理与否直接关系到政府的任务及其目标能否实现。一个合理的政府组织结构可以科学地设置人员规模，准确划分权限，不但可以完善政府自我管理的功能，而且可以极大地提高政府运作效率。现阶段我国政府组织结构设置并不合理，无法适应内外环境的变化，不能满足组织的需要，这主要表现在：第一，政府横向结构不合理。在横向结构中，政府分工过细，部门林立，甚至有些部门之间职责交叉重复。各部门为争夺有限的政府资源，维护本部门利益，常常各自为政，缺乏沟通与合作，矛盾丛生，最终影响到政府组织整体目标的实现。第二，政府纵向结构层级过多。各级政府内部以及行政部门内部分若干层级，层级和名称五花八门，造成政府物流、信息流的不畅，不但影响了组织资源的合理配置，而且也影响了组织内部信息传递的有效性和组织成员间的相互沟通，导致信息误传、失真和滞后，使基层行政人员难以准确理解上层的意图，无法保证各项决策的正确执行。第三，政府的规模结构庞大。大量临时性机构的设立，使政府行政人员增多，扩大了政府的规模。

政府作为社会的管理者和服务者，除了制定并遵守一些其他组织必须遵守的制度规则之外，其自身更需要供给一套完备的内部管理制度，对组织部门和行政人员及其行使管理和服务职能的行为过程进行组织和管理，以保证正常的组织系统运行。目前，我国政府内部管理制度并不完善，其供给还达不到和谐平衡的状态。一是政府管理的法律制度不完善。政府内部法律体系尚不健全，一些法律、法规还缺乏相应的配套细则。政府作为独立的政治系统，管理事务庞杂，仅靠目前的法律、法规远远不够，如机构协调、利益分割等领域的规则制定尚处空白状态。二是政府行政问责制度不完善。问责主体单一，异体问责相对薄弱。权责不清，导致问责对象和问责内容界定不明确。问责的范围过于狭窄，问责事项避轻就重。行政问责只针对那些人命关天的大事或重大经济损失等进行问责，而对行政人员无所作为，损害政府形象等却很少问责。行政问责相关法律和程序不完善。我国目前尚没有一部统一的《行政问责法》，因此在实践中行政问责随意性比较大。此外，行政问责程序也不规范。对一些官员的问责大多是从行政层面进行的，而不是依据相应法律和专门程序作出的。三是政府权力监督制度不完善。权力监督方向单一，造成不少监督环节空白。专门的监督机构缺乏独立性和权威性，造成一些环节虚监督。监督法律供给不足，使监督行为缺少法律依据。我国尚没有一部完整的监督法，统一和规范国家权力的监督行为。而现有的有关监督的法律、法规随着时代的发展越来越不适应我国政府建设与社会发展的需要，如有的内容已经失效，有的则需要修改和补充。

在政府组织内，由于个人能力和素质的有限，价值观、行为方式的差异以及对利益的争夺，常常导致政府内部关系紧张，引发冲突和矛盾。主要体现在：第一，上下级之间关系不和谐。有些上级领导以权压下，以权代法，专横跋扈，独断专行，挫伤了下级人员的主动性和创造性。还有些领导偏听偏信，任人唯亲。而作为下级行政人员，有些则蔑视上级，不听调遣，自以为是。第二，平级之间关系不和谐。平级行政人员之间相互攻击、指责拆台，封闭信息、互不沟通、争权夺利、损人利己等。第三，个人与政府组织之间关系不和谐。一些行政人员把个人利益放在首位，以权谋私、贪污腐败现象严重；一些行政人员工作不积极，上班经常开小差、玩游戏，严重影响了政府的工作效率。还有一些行政人员自身素质不高，理论知识不扎实，工作中失误偏多，无法有效完成上级领导交代的工作，经常影响政府组织里其他工作的开展。

（三）应对全球政府改革的客观需要

20世纪80年代以来，英国、美国、新西兰和澳大利亚等国为了解决政府财政危机、机构日趋膨胀、官僚主义盛行、公共行政效率低下、公共服务质量下降、政府干预经济不力等问题以及缓解国民对政府的不满情绪，纷纷提出进行政府改革，掀起了一股"政府再造"、"重塑政府"、"小政府、大社会"、"善政、善治"的政府改革浪潮。其中，以新公共管理运动为代表。"新公共管理"的核心内容是将私营部门管理的理念、技术、方法引入公共部门的管理中来，以市场机制重塑政府。具体内容包括：第一，政府应当起到掌舵而非划桨的作用，政府实现公共服务职能的作用方式是掌舵者而非划桨者。第二，政府应该做的事情是穿针引线，把稀缺的公私资源结合起来以达到目的。政府可以通过民主程序设定社会需要的优先目标，同时利用私人部门之所长，组织商品和劳务的生产，并大量依靠非政府组织的力量来进行公共服务。第三，政府提供公共服务的方法有三类：传统类，建立法律规章、制裁、许可证、税收、拨款补助等；创新类，特许经营，公司之间、公共部门之间、半公半私的公私之间的各种伙伴关系等；先锋派类，种子基金、志愿者协会、重新构造市场等。① 面对西方国家大刀阔斧的政府改革，我国政府也应有所作为，反思自己的不足之处并应积极适应这一改革趋势，迎头赶上。这就要求政府首先要从自身的改革做起，如组织结构应如何设置，职能如何界定，人员如何分配，制度如何完善等问题的改革与创新，同时也应借鉴西方国家政府改革的先进经验，结合本国国情和具体情况加以吸收和运用，使政府自身和谐运转，达到整体功能最优，进而达到政府对整个社会的和谐管理，领导中国人民为建设富强、民主、文明、和谐的社会主义现代化国家而努力。

二、和谐政府的含义及特征

（一）和谐政府的含义

"和谐"概念具有丰富的内涵，长期以来在东、西方思想史上均占有重要地位，受到学者们的高度关注。西方"和谐"的概念源于哲学，古希腊哲学家毕达哥拉斯是把"和谐"作为哲学范畴加以研究的第一人，他认为"和谐"是一种极致的美，万事万物都是和谐的。② 近代德国哲学家莱布尼茨提出了"单子"因素和谐观，认为每个"单子"的发展变化与其他一切"单子"的发展变化保持自然协调，形成宇宙间和谐的秩序，这种和谐又叫"预定和谐"。③ 黑格尔则认为，"和谐"是由不同的事物按照一定的方式构成的，各因素的协调一致就是"和谐"。④ 中国学者关于"和谐"的研究，早在两千多年前的通行典籍中就有明确记载，但当时的"和"与"谐"是同义词，指的是乐音之"和"，之后"和"与"谐"之义不断得到扩展。老子认为，"和谐"是阴阳二气的统一；董

---

① 李军鹏：《公共服务型政府建设指南》，中共党史出版社2005年版，第31页。
② 北京大学哲学系外国哲学史教研室：《古希腊罗马哲学》，商务印书馆1982年版，第37页。
③ 张敏：《中外和谐思想探源》，载《湖南大众传媒职业技术学院学报》2006年第6期，第88~90页。
④ 王立：《中外和谐思想发展研究综述》，载《重庆交通大学学报》（社科版）2007年第7期，第10~13页。

仲舒认为,"和谐"是善与美的最高境界;王船山认为,"和谐"是宇宙存在的本来状态,是事物运动的最终归宿。在借鉴古代"和谐"思想的基础上,现代学者进一步丰富了"和谐"的内涵。

总体上看,中西方文化中都蕴含着丰富的"和谐"思想,虽然由于时代的局限性,各位学者并没有给出完整统一的"和谐"概念,但其对"和谐"的追求和理念对今天和谐社会与和谐政府的研究仍具有积极的借鉴作用。"和谐"乃是"和"与"谐"的统一体。"和"指亲和、和顺、和睦,强调人自身、人与人之间各种关系的和顺和融洽,关注的是人的要素。"谐"指协调、配合,强调各种事物以及构成事物的各种要素之间配合得当,协调运转,注重的是物的要素。和谐指的是人与物应当结合在一起,形成统一体,其中,系统之间、系统各要素之间搭配合理、比例协调,配合得当,系统成员关系稳定,和睦相处,共处其事,成员之间、成员和系统之间整体协调,多方畅通,形成整体和谐。

和谐政府的概念及其相关理论是在我国构建和谐社会的过程中提出的,西方学者的著作和政府文本中没有有关和谐政府的概念界定。我国学者对和谐政府概念的界定主要集中在三个方面:一是从政府内外关系角度对和谐政府进行界定,如乔耀章指出,和谐政府可分为外部政府和谐和内部政府和谐两个方面。外部政府和谐,主要指政府自系统与作为政府政治生态环境各要素之间的和谐;内部政府和谐,主要指政府自系统各要素之间的和谐,亦即微观政府结构之间的和谐。[①] 二是从政府形态角度对和谐政府进行界定,如王宏彬指出,和谐政府应该是以政府体制改革为基础,以政府管理方式创新为核心构建的民主法制、公平正义、办事流程简单规范、以民为本、诚信友爱、办事效率高效快捷,政务信息公开透明,并且实现政务信息资源的共享,能为人与社会发展、人与自然的发展做科学合理决策的责任制政府和低成本服务型政府。[②] 三是从政府职能角度对和谐政府进行界定,认为和谐政府具有两层含义:从内涵上说,和谐政府意味着政府职能的全面转型和政府职能的明确定位;从外延上说,和谐政府意味着合理界定政府的职能边界。[③]

和谐政府是指社会主义和谐社会中的政府,它作为和谐社会构建的主体,拥有公共权威,掌握最多的公共资源,行使公共权力并通过政策制定来指导和谐社会的构建,它在和谐社会中的作用是其他组织所无法代替的,从某种程度上可以说政府和谐与否直接决定了人与自然、人与社会的和谐与否。从狭义上讲,和谐

---

① 乔耀章:《略论政府和谐》,载《江苏行政学院学报》2006年第2期,第89~90页。
② 王宏彬:《公共治理理论视角下和谐政府的构建》,载《学术交流》2008年第12期,第44页。
③ 王东京、田清旺、赵锦辉:《中国经济改革》(政府转型卷),重庆大学出版社2008年版,第185页。

政府可以界定为：政府的各要素各得其所、各司其职、协调运转，达到整个政府系统功能最优，效率最高，具体包括政府管理理念的和谐、政府组织结构的和谐、政府行政职能的和谐、政府内部管理制度的和谐、政府内部人员关系的和谐以及政府内部管理方式的和谐。

（二）和谐政府的特征

1. 和谐政府是工作目标一致的政府

从宏观上来看，政府作为管理社会公共事务的主体，其目标是多样的。从微观上来看，政府内部的不同职能部门、不同分工岗位，因其职能划分所决定的目标内容也是不同的。对于行政个体来讲，上级领导有上级的工作目标，下级成员也有下级担负的工作任务，同级也有自己的分工。从时间角度来讲，各个部门和各个岗位都有自己的长期目标和短期目标。因此，在政府组织内部，众多的目标形成了目标体系，这种目标体系是通过把政府组织的整体目标，合理、准确地分解到各个部门和各个岗位上而构建起来的，各类子目标分别对应着上一级目标，都是为上级目标服务的，进而为整体目标服务的。

在正确制定政府工作目标的基础上，和谐政府应做到：第一，部门目标和整体目标相一致。各部门的目标要与整体目标相协调，围绕整体目标展开，同时各部门在实施各自目标过程中要随时注意与整体目标相平衡。第二，个体目标和组织目标相一致。一方面，它要求个人的目标要始终与政府组织的目标相一致，个人目标的实现不能危害到组织目标的实现。另一方面，它要求政府组织在制定目标时也要考虑到行政人员自身目标的实现，要让行政人员感受到组织目标的实现有利于其个人目标的实现，组织目标与个人目标不是相互冲突而是相互促进的。第三，全局目标与阶段性目标相一致。阶段性目标的实现是全局目标实现的保障，它更具针对性，不至于让行政人员感到目标遥不可及，丧失动力，反而会让行政人员觉得胜利在望而加倍努力。总之，和谐政府应科学制定整体目标，合理分解子目标，实现政府组织内部各部门之间、上下级之间、同级之间的目标不相冲突，取向一致，并从内容上相互弥补，相互促进。在目标的实施阶段，政府内部各部门之间、上下级之间、同级之间要明确分工，相互合作，将组织目标与个人目标结合起来、上级目标与下级目标结合起来，同级目标结合起来，充分调动行政人员的积极性，最终实现政府内部工作目标的一致。

2. 和谐政府是内部关系协调的政府

政府内部关系主要指的是行政人员与政府组织相互作用而产生的关系，它具体包括三种关系：一是官僚制政府组织结构所形成的主体之间的权力关系，它是由组织结构所决定的领导与被领导、命令与服从的结构性联系。二是组织职能和岗位职能决定了主体之间必然存在着法律关系，它是由国家法律、法规所确立的。三是主体在各类活动中相互作用就必然存在着主体间的伦理关系。权力关系、法律关系首先存在于政府组织内部，而不直接涉及个人，只有当个人进入政府组织后才会成为这种关系的承担者。而伦理关系则与其不同，它既存在于个人之间，又存在于政府组织内部，个人之间与政府组织内部的伦理关系又是不同的，但当个人进入政府组织后，在其原有的伦理关系基础上会形成新的伦理关系，伦理关系更多地决定了个人思想，行为意向。在和谐政府的运行中，这三种关系不是孤立存在的，而是相互联系的。从实体意义上说，政府中的法律关系也可以看做是通过法律形式确立起来的伦理关系，或者说是伦理关系的法律制度化。从抽象意义上看，权力关系根源于行政主体管理的行为意向，伦理关系要适应这种行为意向，而法律关系则是作为权力关系和伦理关系的调节性因素和保障性因素而存在。因此，在和谐政府中，必须处理好这三种基本关系，使其良好结合、适应环境、比例适当、互相适应、减少冲突、运转协调。只有这样才能建立和谐政府稳定的系统结构，才能使政府内部关系实现行政运行的机制性和谐。

3. 和谐政府是主体个性活跃的政府

政府中的主体包括个体性主体和群体性主体。个性包括主体的意识性、能动性和创造性。① 和谐政府的上下和顺、左右和睦、个群融合是在尊重主体个性，充分发挥主体个性的基础上所实现的。主体个性的发挥是政府内部和谐的重要因素之一，它主要表现在以下三个方面：一是个体归属感强。所谓归属感是指在群体内各个成员发生相互作用时，行为上表现得很协调，同一群体成员能一致对外，不会发生矛盾与摩擦，彼此都体会到大家同属某一群体。② 归属感在某些情况下会表现得更强烈，如当群体取得成绩时，群体成员就会表现出很大的自豪感，从而增强归属感。而当群体遇到困难时也会增强归属感，表现为群体成员团结得更加紧密。二是政府的凝聚力强。政府的凝聚力也叫对成员的吸引力，它既包括对成员的吸引程度，又包括全体成员之间的吸引力，这种吸引力表现为成员在政府组织内团结活动和拒绝离开组织。③ 政府凝聚力的大小受多种因素的影响，主要因素有：政府组织成员是否有共同的目标，共同的利益，成员之间信息是否便于沟通等。当组织成员之间信息沟通顺畅，又具有共同的目标和利益，政府的凝聚力就会变大。三是政府团队活力强。团队会对个体产生巨大影响，个体在团队中会产生不同于个体单独环境中的行为效果，因为这当中会有一个团体化过程。团队活力的强弱主要表现在团队向内吸附力和向外扩张力的强弱。政府团

---

① 王伟：《行政伦理概述》，人民出版社 2001 年版，第 28 页。
② 王海明：《伦理学方法》，商务印书馆 2003 年版，第 186 页。
③ 同②，第 188 页。

队向内吸附力强主要体现在：政府组织成员全心全意为实现政府目标，促进政府和谐而努力；政府组织内部拥有良好的秩序。秩序是团队活力的保障，活力又不断地调整和创新秩序。团队的活力取决于个体的活跃性和整体的协调性，绝对的秩序只会遏制团队的活力。政府团队向外扩张力强主要体现在：政府组织成员思想先进，充满活力，生机勃勃；政府组织成员具有坚强的意志，能够承受外界带来的风险和压力。因此，和谐政府应积极树立个人归属感，增强和保持政府的凝聚力，培养和发挥团队活力，使政府组织中个体个性得到尊重和张扬，达到政府组织内部个体个性活跃的和谐之状。

三、和谐政府的目标指向

（一）政府管理体制的和谐

政府管理体制，是指政府系统内部行政权力的划分，政府机构的设置以及运行等各种关系和制度的总和。政府管理体制的和谐主要指政府组织结构的和谐，政府行政职能的和谐以及政府内部管理制度的和谐。

1. 政府组织结构的和谐

组织结构是指组织的框架，即组织中纵向与横向的各部分之间相对稳定的关系的一种框架。[1] 政府组织结构是指政府机构各部分排列秩序、空间与位置、聚集状态、联系方式以及各要素之间相互关系的一种模式，是政府行政体制的重要组成部分。它是由职位、部门、层级组成的一个政府系统。[2] 在政府组织结构中，最重要的是政府的纵向结构和横向结构。纵向结构是指政府组织纵向分为若干层次，上下层次之间构成领导与服从关系的组合方式。在纵向结构中主要涉及管理层次和管理幅度的问题。管理层次指政府组织的纵向等级数，有多少个等级就有多少个层次。管理幅度指一个上级机关能有效地管理所属单位或部门的个数或者一个领导者能有效地管理下级的人数。横向结构是指政府组织每一层次上又划分不同的部门，形成分工合作的关系。[3] 政府组织结构和谐是指在政府组织纵、横向结构设置合理的基础上，找到纵向结构与横向结构的平衡点，使政府组织内各管理要素在纵向控制和横向协调中处于一种和谐的相互联系、相互作用的

---

[1] 娄成武、魏淑艳：《现代管理学原理》，中国人民大学出版社2004年版，第164页。
[2] 张惠：《电子政务环境下我国政府组织结构改革研究》，华中科技大学2006年研究生学位论文，第8页。
[3] 彭国甫等：《中国行政管理新探》，湖南人民出版社2008年版，第22~23页。

状态。它具体包括：纵向结构中，管理层次和管理幅度比例适当，拥有良好的信息沟通渠道，上下级关系和睦融洽。横向结构中，各部门比例适当，资源分配合理，既要分工明确，各司其职，又要克服部门利益，提高效率，共同发展。

和谐的政府组织结构是实现政府管理目标、提高效率的物质基础，一个和谐的政府组织结构应该是纵、横向结构合理，拥有良好的沟通渠道和沟通关系，能够稳定人员情绪、调动人员工作积极性，使人员很好融入组织。政府组织结构是否和谐，直接关系到政府管理的效率与形象，影响到社会的稳定和建设。一旦出现组织结构无效的状态，就会导致决策迟缓或质量不高，使政府组织不能迅速对环境变化作出反应，并有可能造成对立性冲突。因此，政府和谐必须要有完善且和谐运转的组织结构，按照组织目标规定各部门的职责范围，协调运作。

2. 政府行政职能的和谐

行政职能是行政机关在管理活动中的基本职责和功能作用，主要涉及政府管什么、怎么管、发挥什么作用的问题。[①] 针对目前政府职能转变的现状，本书将和谐政府的职能概括为管理职能和运行职能。管理职能分为经济调节职能、市场监管职能、社会管理职能、公共服务职能。经济调节职能是指政府运用计划手段、经济手段、法律手段、行政手段对经济进行调节和控制，从而保证国民经济持续、健康、稳定发展。市场监管职能是指政府依法对市场主体及其行为进行监督和管理的职能，从而保证市场主体能够在公开、公平、公正的环境下进行公平竞争。社会管理职能是指政府对社会公共事务进行管理的职能。政府主要是通过制定社会政策和法规，依法管理和规范社会组织，协调社会矛盾，维护社会秩序和社会稳定。公共服务职能是指政府提供公共产品和公共服务的职能。这主要包括提供城乡公共设施建设，发展社会就业，提供社会保障和教育、科技、文化、卫生等公共事业，从而为社会公众生活和参与社会活动创造条件和提供保障。[②] 运行职能分为计划职能、组织职能、协调职能和控制职能。计划职能是指政府为更好工作，针对一定时间区段或某一问题而进行工作设计的行为过程。它是运行职能中的首要职能。组织职能是指政府针对计划中的各项目标，落实机构与人员，划分权力与责任，配备财力与物力，将组织内部各个要素联结成一个有机整体。协调职能是指引导行政机构之间、人员之间建立互相协同、互相配合的良好关系，有效地实施行政计划的职能。控制职能是指对行政机关或人员在执行行政计划时出现的偏差采取措施予以纠正的职能。[③] 政府行政职能和谐有三层含义，

[①] 夏书章、王乐夫、陈瑞莲：《行政管理学》，高等教育出版社2003年版，第40页。
[②] 王东京、田清旺、赵锦辉：《中国经济改革30年》（政府转型卷），重庆大学出版社2008年版，第185～186页。
[③] 彭国甫等：《中国行政管理新探》，湖南人民出版社2008年版，第17页。

一是明确定位政府管理职能，严格界定政府的职能边界，达到各管理职能之间的协调，即经济调节职能、市场监管职能、社会管理职能、公共服务职能之间要相互协调，不能彼此抵触，政府也不能格外突出某项职能，而要均衡发展。二是完善政府运行职能，使计划职能、组织职能、协调职能、控制职能相互协调和辅助。三是实现政府管理职能与运行职能之间的和谐。

构建和谐的政府行政职能对构建和谐政府具有重大的意义：第一，有利于建立和谐的行政组织系统。行政职能是行政机构设置的重要依据。要建立和谐行政组织体系，必须明确政府应该管什么、不应该管什么以及管到什么程度的问题。第二，有利于对政府组织系统进行改革。政府组织变革必须紧紧围绕行政职能这个中心。在行政职能没有严格界定的情况下，采取精减人员、撤并机构的措施，只能治标不能治本，最终陷入"精简—膨胀—再精简—再膨胀"的怪圈。只有以政府职能为基点来设置和改革行政机构，才能准确地判断出哪些机构是应该加强的，应该建立健全的；哪些机构是应该合并、撤销或调整的。只有这样才能科学合理地改革政府机构，建立结构合理、功能健全、运转和谐的政府。第三，有利于实现管理过程的和谐。行政管理的过程就像机器那样运转，是计划、组织、协调、控制诸职能有序运行的过程，每项职能都是不可或缺的环节。对其中任何环节的疏忽，都将会直接影响到整个管理系统，导致行政功能的紊乱，只有科学界定和把握行政职能及其相互关系，充分发挥其作用，才能保证整个管理系统和谐、高效运转，才能加快和谐政府构建的步伐。

3. 政府行政制度的和谐

行政制度是以一定的行政思想和观念作为指导的、由国家宪法和法律规定的有关国家行政机关的产生、职能、权限、组织结构、领导体制、活动规程等方面的准则体系以及政府体制内各权力主体的关系形态。[①] 因此构建和谐政府，不仅要树立和谐的管理理念，更要从制度层面给予保障。通过完善内部管理制度，以使政府行政职能和行政人员的行为制度化、规范化、程序化，确保内部权力、责任关系明确，利益分配公平、公正，使政府组织协调、有序、高效运转，进而从行政制度上保障政府内部和谐。政府内部行政制度具有多样性的特点，所以要以基础制度为重点展开，渐次推进，逐步建立起层次分明、功能健全、机制完善、协调发展的制度体系。本书着重分析了政府内部管理的法律制度、行政责任制度、行政权力监督制度。之所以选取这三个制度进行分析，一是因为法律制度是政府管理中最基本的制度，它明确规定了政府组织内部各要素的设置及其相互之间的关系，有效地保证了政府组织结构的稳定，为和谐政府的构建奠定了基础。

---

① 张立荣：《中外行政制度比较》，商务印书馆2002年版，第14页。

二是因为政府内部的核心关系就是权力关系，权力又与利益相挂钩，所以权力运用是否得当，不仅关系到行政人员之间的和谐，而且关系到政府自身的和谐运转，如行政人员以权谋私、贪污腐败，时而久之，必然会造成政府内部瘫痪，更别谈和谐运转了。行政权力能否正确运用取决于行政人员自身的道德品质和素质，但更重要的是取决于权力的约束机制。单靠行政人员的自我约束是无法有效防止权力滥用的，因为行政人员也具有经济人的弱点，有时也会禁不住利益的诱惑而滥用权力。而权力这种东西也具有一种特性，它会使拥有它的人产生一种欲望，不断扩大自己的权力，进而谋取更多利益。因此构建和谐政府必须要加强对行政权力的规范和约束，那么如何加强对行政权力的规范和约束呢，这就是本书提出的完善行政责任制度和行政权力监督制度。这两种制度构建的基本思路是从制度上防止滥用权力、以权谋私的各种可能，通过强化权力的制约和监督，理顺各种权力关系，达到权力关系的和谐。

总之，和谐政府的构建离不开行政制度和谐构建，它是政府和谐运转的核心要素。行政制度和谐的构建首先要完善政府内部管理的法律制度、行政责任制度、行政权力监督制度，其次在这三个基本制度完善的基础上，达到它们之间相互协调，相互平衡，最终实现和谐政府内部制度的和谐。

（二）政府内部人员关系的和谐

政府内部人员关系和谐主要包括行政人员之间关系的和谐以及行政人员与政府组织之间关系的和谐。其中，行政人员之间关系和谐包括上下级之间领导关系的和谐与平级之间同事关系的和谐。行政人员作为政府组织的主体，对政府的内外管理活动都具有决定性影响，一切的管理职能都需要他们去发挥作用，可以说，没有行政人员也就没有政府的管理活动，没有一支和谐的行政人员队伍就根本谈不上对和谐政府的追求与实现。政府内部行政人员之间关系和谐是政府组织和谐运转的润滑剂，它有利于形成亲密和谐的工作氛围，便于行政人员在工作上进行合作与协调，使政府各项管理工作顺利开展，不但减轻了行政人员的心理压力，而且也为其身心健康发展创造了良好条件，有助于发挥行政人员的积极性和创造性，提高工作效率。

除了行政人员之间关系和谐之外，同样也要求行政人员能够融入政府组织中，建立行政人员与政府组织间的和谐关系。只有当个人与政府组织关系和谐时，个体才会有较强的归属感和自豪感，才会把政府组织的利益放在第一位，为了组织的利益可以牺牲个人的利益，而不会出现假公济私，化公为私的现象。同时政府组织也会对个人产生强大的吸引力，使其更加热爱本职工作，充满活力，积极寻求组织的发展。

（三）政府内部管理方式的和谐

政府内部管理方式是指政府用什么方式和手段对其内部的行政人员进行管理，主要包括激励手段和约束手段。激励就是激发人的动机，调动人的积极性，鼓励其行为，形成动力，使其振作的意思。激励是通过某种合适的、健康的刺激，促使行政人员达成目标，保持高度积极状态的某些心理需求的外在因素。从心理学的角度讲，它是人类活动的一种内心状态，是在外部某种刺激的前提下，使人产生一股内在动力，朝其所期望的目标奋斗的心理活动过程。[①] 激励的关键是激和励的结合。激是激发人的动机、热情、活力；励是鼓励、强化被激励者与政府组织目标相一致的积极行为。激励的目的在于激发人的正确动机，充分发挥人的才能和潜力，从而实现政府组织目标并保证组织系统的有效存在与和谐发展。约束是指为了实现政府组织目标，防止权力滥用，对行政人员进行管束和控制，同时对其有悖于政府组织目标的行为进行批评或惩罚等，令其改正并对其他人员产生教育作用的一种管理手段。政府内部管理方式和谐是指政府在对其内部行政人员进行管理时必须软硬手段兼用，即激励手段和约束手段要双举并用，同时在运用过程中要达到激励与约束相互平衡，避免出现管理过死或激励失控等"一手硬一手软"的现象，只有这样才能真正达到政府组织内部和谐管理的要求。

政府管理方式的和谐在和谐政府构建中具有非常重要的作用。和谐政府不仅要实现政府组织硬性要素——组织结构、职能、制度等方面的和谐，软性要素——人员关系的和谐，还要实现硬性要素和软性要素的和谐。在实现硬性因素同软性因素二者间的和谐方面，政府的管理方式起着桥梁作用，通过政府对人员的有效管理来促使行政人员融入组织，达到人员、组织结构、职能、制度之间相互协调，相互促进，和谐有序。

四、和谐政府的构建

（一）完善政府管理体制

1. 调整政府组织结构

政府组织结构的和谐是和谐政府构建的基础。科学、合理的政府组织结构不但可以有效避免政府冗员、降低内耗，而且可以使政府内部资源得到合理配置，

[①] 周鹤：《论我国公务员制度中激励机制的完善》，吉林大学 2004 年研究生学位论文，第 2 页。

减少冲突和矛盾,使政府内部各要素和谐运转。目前,调整政府组织结构应把重点放在政府纵、横向结构的调整与优化上。

在纵向结构的调整方面,要压缩管理层次,减少副职的设置及中间管理层,增大管理幅度,广泛引入工作团队,使指挥链条最短。管理幅度的扩大要注意以领导机关和领导者所能有效管理的最多下属部门和人员数量为限度。违反了这个规律,不仅难以真正达到减少管理层次、提高组织效率的目的,而且可能适得其反,导致管理效率低下甚至局部管理失控。总的来说,减少管理层次,扩大管理幅度,一方面,可以促进更好的分权,而不会使权力集中在少数领导手中,造成权力垄断;另一方面,可以减少对行政人员的控制,有利于信息沟通,从而调动下级行政人员的主动性和创造性,并且有助于优秀管理人才的培养。

在横向结构的调整方面,要严格按照精简、统一、效能的原则,将职能相同或相近的机构加以合并,实行大部制,克服某些领域部门较多和管理分散现象。实行大部制,可以把职能相关或相近的部门都集中在一起,既可以使政府资源合理分配,信息准确传递,减少部门利益冲突,又可以提高决策的科学性和效能。另外,实行大部制有利于化解政府机构重叠、职责交叉、政出多门和有责无权或有权无责的矛盾,做到权责匹配明确,提高管理效率。①

2. 规范政府行政职能

构建和谐政府必须规范行政职能,达到政府行政职能的和谐。为了促进政府的经济调节、市场监管、社会管理和公共服务四项职能的和谐,必须做到以下两个方面:一是合理界定政府管理职能边界。政府是公共产品和服务的主要提供者。政府应通过宏观调控、市场监督、维护平等竞争、调节社会分配和组织社会保障、管理国有资产和监督国有资产经营等方式,为市场主体提供良好的发展环境。通过合理界定政府与市场、企业、中介组织、事业组织的关系,明确政府、市场、企业、中介组织、事业组织各自的职能,把该由政府管的事交给政府管,该由社会管的事交给社会管,各司其职,分工协作,为构建和谐的政府管理职能奠定基础。二是协调政府管理职能。和谐政府不再突出政府的某项职能,而是强调政府要协调这些职能,综合考虑这些职能。经济调节职能需要有市场监管职能的辅助,有了市场监管才能及时发现问题,进行经济调节。若经济调节职能发挥得好,也会让监管的工作更加顺利进行。同样,公共服务职能是社会管理职能的辅助,当公共服务职能有效发挥时,可以加大政府对公共产品和服务的提供,减少社会矛盾,有利于社会管理职能的履行。社会管理职能的有效履行也可以促进公共服务职能更好地发挥其作用。因此,在构建和谐政府时一定要同时兼顾这四

---

① 陈天祥:《大部门制:政府机构改革的新思路》,载《学术研究》2008年第2期,第42~47页。

项职能，不能突出或侧重某一项职能。

3. 完善政府内部管理制度

政府要实现和谐运转，必须要有制度保证。目前，完善政府内部管理制度要从法律制度、行政责任制度、权力监督制度入手。

法律制度的完善是构建和谐政府的基础，是解决政府内部矛盾和冲突的依据。构建和谐政府，政府组织应根据实际情况，制定新的组织法规或规章，对行政组织内部出现的新问题加以规定，比如机构协调法、利益分割法等。对已有的法律法规，要及时进行修改和补充，对已经失效的内容要作出说明并公告于众。要注重立法的质量，实现立法由重数量向重质量转变，最大限度减少甚至消除法律的空缺和漏洞。政府要严格按照法律规定的权限和程序行使职权，不能越过法律边界行使职权。执法过程中则要公正、透明，程序公开，行政权力不是特权，当行政人员违法时要严格依法追究其责任，造成损失的要按照法律规定进行赔偿。

行政问责制是对政府及其官员的一切行为和后果都必须而且能够追究责任的制度，它是约束权力，明确责任关系，建立和谐政府的本质要求。在和谐政府的构建中，建立健全行政问责制可以从以下方面着手：（1）明确问责主体。同体问责和异体问责各具优点，应当一并进行而不能偏废。（2）严格界定责任，统一问责标准，扩大问责范围。（3）规范问责程序。要做到行政问责及时，问责程序严格，问责方式规范。在实践过程中，围绕问责制的实施，还应推进相关改革和配套制度建设。

除了完善行政责任制度外，还应完善权力监督制度，从制度层面加大对权力的规范和约束。一是健全内部监督体系，变一元监督为多元监督。二是健全监督法律法规，实现监督有力。进一步加强反腐败法律法规建设，实现监督有力。在和谐政府内部管理中，通过全面加强监督制度的建设，可以有效开展权力的监督和约束，使一切权力行为法制化、规范化，实现政府组织内部和谐有序。

构建和谐政府，除要完善以上三个基本制度外，还要实现这三个制度之间的和谐，促使政府有序、顺畅运转。这三个制度之间彼此相互联系，法律制度是行政责任制度和权力监督制度的基础。行政问责、权力监督必须有法可依，在法律规定的范围、程序内进行。可以说，没有法律制度就没有行政问责、权力监督制度。而权力监督服务于行政问责制度，良好的权力监督制度可以及时发现问题，发现问题就要解决问题，解决问题就需要弄清是谁的责任，问清相关情况再进行下一步工作，这就涉及行政问责制度。没有好的权力监督制度就没有好的行政问责制度。同时，权力监督制度与行政问责制度有共同的目标指向，就是约束权力，防止权力的滥用和腐败，达到权力关系的和谐。

和谐政府是一个有秩序的政府，而制度正是能够提供这种秩序的有效工具。和谐政府必然是一个权力关系和谐的政府，而制度正是保证这种权力关系和谐的有效武器。因此，和谐政府的构建离不开制度的完善与和谐。

（二）加强政府内部人员关系的协调

1. 培养行政人员良好的道德品质

行政人员要不断增强自身的道德品质修养，为和谐政府的构建提供动力。行政人员要加强对马克思主义理论的学习，树立科学的世界观、人生观、价值观；以社会主义荣辱观统领思想，把科学发展观贯彻到工作中去；用高尚的思想情操处理人际关系、公私关系，始终把国家和人民的利益放在第一位，经得起名誉、金钱、地位的诱惑。在工作中，要始终秉持着饱满的工作状态，怀揣着强烈的责任感和事业心，勇于创新，不畏困难，勤勤恳恳、踏踏实实做好本职工作。正确处理个人利益与组织利益的关系，当二者发生冲突时，要把组织利益放在第一位，而不能损公肥私。

2. 提高行政人员的自身素质

和谐政府的构建既取决于自身系统建设的硬性要素，也受制于行政人员自身素质等方面的软性要素。教育与培训是开发人的智力、提高人的技能的基本途径，也是提高行政主体素质的重要手段。为此，可采取如下措施：第一，加大对教育与培训的资金投入。有了资金才能找到好的培训机构和老师对行政人员进行培训，便于行政人员对相关知识的掌握。第二，采取不同的教育与培训方式。要针对不同行政主体的特点，把组织调训与自主选学，脱产培训与在职培训，长期培训与短期培训有机结合起来，做到工作、学习两不误，不断将学习的理论知识运用到实际工作中，同时提高理论水平和实际工作能力。第三，使用不同的教学方法。要善于使用多媒体教学方法，并将讲授式、研究式、案例式、模拟式等传统教学方法融于其中，激发行政人员的学习兴趣，活跃课堂气氛，扩大课堂容量，增强教学效果。第四，对行政人员的学习成果进行考评。通过考评可以全面了解培训的进展情况，提高培训质量，也可以对培训过程中所遇到的问题进行及时解决。可以采取考试的方式对行政人员所学的知识进行考察，将考试结果记录在案，作为日后行政人员考核、任职、晋升的依据之一，促使行政人员积极参加教育培训，提高自身素质和能力。第五，加强行政人员的国际交流与合作。政府每年可以尝试着举办一到两次的公务员国际学术交流活动，使我国行政人员可以与其他国家的行政人员进行面对面的交流，学习他人先进的经验，弥补自己的不足。同时，也可借鉴西方国家先进的管理方式和方法，加快我国政府自身建设的步伐。

第四节 有效政府理论

一、有效政府的内涵和特征

美国政治学家亨廷顿认为,"各国之间最重要的政治分野,不在于它们政府的形式,而在于它们政府的有效程度。"① "有效政府"是世界银行在 1997 年世界发展报告中最先提出的概念,该报告指出:"如果没有有效的政府,经济的、社会的和可持续的发展是不可能的。"目前,西方国家已经展开了建设有效政府的实践,探索了多种实现模式,形成了一些构建经验,建设有效政府已经成为政府建设的共识。

(一) 有效政府的内涵

有效政府的内涵包括价值、过程和结果三个层面。

1. 作为价值取向的有效政府

有效政府的主旨在于,依据一定的价值观构建政府的基本结构和运行机制,要求在政府运行的一切主要方面和主要环节都必须遵循有效性的要求,形成以效益为主导的政府模式。

有效政府作为一种价值取向是政府理论演进的必然结果。从政府理念的嬗变来看,政府理念经历了由"公共行政"、"公共管理"到"治理"的转变。传统的"公共行政"追求公平、公正和忠诚,"公共管理"以效率和效益作为价值取向,"治理"则更进一步主张政府只"掌舵"而不"划桨",政府行为应以市场为导向,并把以市场为导向的思想应用到管理中,使管理工作规范、有序和高效。归根结底,就是要使政府不断地适应生态环境发展变化的要求,不断满足社会不同的需要,提高政府管理的效率和效益,这也是有效政府的根本价值所在。

有效政府作为一种价值取向是政府改革进程的必然选择。自国家产生以来,政府总在被动或主动地完善自身以适应社会日益发展的要求。至 20 世纪 70 年代,政府改革开始风起云涌,特别是在西方发达资本主义国家,对科层制的批评一浪高过一浪,主张建立一个更加灵活、更为精简、更富效率的政府。政府的有

---

① 亨廷顿:《变化社会中的政治秩序》,上海人民出版社 2008 年版,第 7 页。

效性与效能是其校正市场失灵的前提，同时也是干预市场的理性要求与客观结果。因此，在公共部门引入竞争机制提高政府效率，建立有效政府，给予其服务对象的要求以更多的关注，正是行政改革的目标和价值选择的必然要求。

2. 作为运行过程的有效政府

作为运行过程的有效政府包括三个方面：明晰政府角色，增强政府能力，完善公共权力监督机制。这三个方面涵盖了有效政府运作过程的起点、过程和终点。

政府能否有效地推行公共事务和公共管理，首先取决于是否清楚自己的角色内涵。只有知道自己该干什么、不该干什么，才能保证政府权力运作的有效性。在市场经济条件下，政府应当充当宏观调控器、裁判员、服务员和救生员的角色。当然，不同的国家、不同的生态环境和不同的民族文化条件，对这些角色的要求程度是不同的，这些角色的合理搭配和组合是政府有效性实现的基石。

政府能力是政府依据自己的权力和权威，通过制定政策和组织动员，实施自己承担的法定职能，贯彻自己的内在意志，实现自己管理目标的能力。它对于一个社会和国家的经济、政治发展具有重要的意义。从某种意义上讲，政府能力决定着一个国家和民族经济发展的动力和水平，在经济增长中，政府能力已成为一个重要的内生变量，只有不断提高政府宏观调控能力，增强政府经济功能的有效性，才能不断促进经济发展。

政府权力必须置于社会监督之下，建立在民主意志之上，才能使之保持公正有效。公共监督机制包括自律机制和他律机制。自律机制指政府内部的自我监督机制，他律机制指权力机关、司法机关、社会舆论机构和公众对政府行为实施监督的外部监控机制，并且使监督法制化，以促使政府行为更规范、更有效。

3. 作为运作结果的有效政府

作为运作结果的有效政府包括两个方面：即政府行政文化的科学化和政府组织的法定化和适度化。

在行政管理的过程中，行政文化是一个行政机构的灵魂，坚持什么样的行政文化、行政文化科学与否、价值取向是否正确，将直接影响到行政管理的效率和行政管理的成败。坚持科学的行政文化，奉行有效的价值取向，是行政组织强大的内在动力，它能使效益观念内化为行政人员的价值追求，从而为行政职能的有效实现提供根本的和首要的保证。要实现行政的有效性，就必须具有与之相适应的行政心理模式和行政文化。只有把传统的行政文化进行扬弃，及时纳入新的行政文化体系，才能实现有效的行政和构建一个有效政府。

行政组织的法定化就是要求行政组织合理合法化，这不仅是行政组织诞生和发展的前提，而且是行政组织有效性发挥的坚实基础，离开法定化的行政组织，政府功能的有效性实现是不可能的。行政组织的适度化是组织机构的设置须符合社会生态环境的要求,数量上要符合要求,质量上要能适应组织目标的达成。①

(二) 有效政府的特征

有效政府是行政组织建立及构成有效、行政管理过程有效、行政管理行为有效,也就是法理意义上有效、运行意义上有效、结果意义上有效,概言之,有效政府具有合法性、高效性和有效性的特征。

1. 合法性

合法性是指政府权力来源与运行需要得到法律的确认,这是有效政府的法理基础。这可以从三个方面来理解:一是政府主体是有效的,必须依法设立。政权必须要有一个"宪法"的依据。宪法作为国家的根本法,明确规定了政府的性质、地位、职能和职权。没有宪法授权,政府的任何行为都无法在权力方面得到保证。如果没有权力,则任何政府都不可能是有效的。二是有效政府对内表现为政府建立在人民同意的基础之上,对外表现为得到国际上大多数国家的法律承认。三是政府行为是有效的,必须依法行政。

2. 高效性

高效性是指政府运作成本低、效率高。追求高效是政府行政的内在要求。世界银行报告指出,追求效率最大化是公共行政的根本目标,世界各国都在为提高公共部门的效率而努力强化机构能力建设。效率是一条主要的国际惯例,也是对政府行为的主要价值评判标准,是建立有效政府的关键。行政效率体现在公共行政的各个环节、各个层次上,是一项综合指标。它是制度效率、资源配置效率、技术和成本效率、动态效率等的综合体。

3. 有效性

有效性指的是政府执行结果达到政府决策预期目标、公共服务符合政策目标的程度,更多的是强调结果的有效性。有效性表明一项公共行动是否达到了目的,是判断政府公共行动是否成功的最为重要的标准,这也就是我们经常所说的社会效益。它通常以产出与结果之间的关系加以衡量,如果一项公共行动没有达到预定的目的,即使所付成本很少,这项公共行动没有任何意义。

以上三个特征不是彼此孤立的,而是相互影响、紧密联系的。结果的有效性并不是有效政府的唯一追求目标,理想结果的取得必须以最小的代价获得,即有效性必须建立在政府运作的高效性上。在行政管理中,即使政府做了一些该做的事,如效率太低,也不会得到好的评价。高效性必须以有效性为目标,偏离预期

---

① 张中祥、李和中:《论有效政府》,载《社会科学战线》2001 年第 1 期,第 188~189 页。

目的的政府行动，即使付出成本极少，也没有任何积极意义；单纯强调投入产出的高效率还可能使"政府在执行错误的政策方面也变得效率越来越高"，效率越高，效果越差，反而有违公共管理的本质。同时，政府合法性的理念基础规定了有效性的内容和方向，失去合法性的政府，即使有效性再高，也很难维持。[1]

二、有效政府的价值取向

有效政府是整合了价值理性和工具理性的统一体。有效政府价值体系包含两类价值：一类是目的性价值，即人性完善和可持续发展；另一类是工具性价值，包括公平、市场、民主和法治，并且在各价值的互动中形成了一个多元共生的、有机分层的价值金字塔体系。其中，目的性价值居于金字塔的顶层，处于主导地位，它反映有效政府所追求的希望和理想，是人们关于公共行政的绝对指向；工具性价值，构筑价值金字塔的基座，是有效政府为实现其目的性价值所应具备的基本属性。

（一）有效政府的工具性价值取向

1. 公平价值取向

公平一词本是社会心理学的一个概念，亚当斯的公平理论就论证了公平的相对性。后来，人们将其纳入伦理学和政治哲学的范畴内加以讨论，认为"公平"概念的完整含义应当包括"收入与付出相符合、贡献与报酬相一致、权利与义务相对称，也就是责权利相结合"[2]，进而使"公平"概念进一步获得了社会意义，即"社会公平"。"社会公平包含着对包括组织设计和管理形态在内的一系列价值取向的选择。社会公平强调政府提供服务的平等性；社会公平强调公共管理者在决策和组织推行过程中的责任与义务；社会公平强调公共行政管理的变革；社会公平强调对公众要求作出积极的回应而不是以追求行政组织自身需要满足为目的；社会公平还强调在公共行政的教学与研究中更注重与其他学科的交叉以实现对解决相关问题的期待。"[3]

公平在有效政府的多元共生价值体系之中，只属于工具性价值而非终极意义上的目的性价值，其目的就在于把公平作为一种手段，更大程度上调动整个

---

[1] 邹祥波：《有效政府：中国现阶段政府模式的构建》，山西大学 2005 年研究生学位论文。
[2] 丁煌：《政策的公平性》，载《中国软科学》1993 年第 6 期，第 20 页。
[3] 丁煌：《寻找公平与效率的协调与统一——评现代西方新公共行政学的价值追求》，载《中国行政管理》1998 年第 12 期，第 83 页。

社会的积极性、主动性和创造性，从而达到人性完善和社会可持续发展的终极目的。

2. 市场价值取向

在有效政府多元共生的价值体系中，市场价值是一个非常宽泛的概念。它既包涵了科学管理与理性官僚制对于"效率"的追求，又兼容了新公共管理学的"企业化、市场化、私有化"的价值取向。

有效政府的市场价值追求被深深地打上了新公共管理学的"企业化、市场化、私有化"的烙印，主张以企业家精神改造政府，将竞争机制注入公共服务的供给过程。对外，政府通过竞争性招标方式，促使私营部门之间为提供公共服务而展开竞争；对内，政府通过工作竞争机制，促使各公共部门之间展开以"赢得顾客"为目标的竞争。而追求市场价值取向的有效政府的更高一层含义是充分发挥市场机制在资源配置中的基础性作用，实现政府职能与市场机制的最佳配合，真正做到"掌舵而不是划桨"。归根结底，就是使政府不断适应生态环境发展变化的要求，不断满足社会不同的需要，提高政府管理的效率和效益，这也是有效政府的价值所在。

3. 民主价值取向

从静态上讲，民主行政是一种政府管理体制，在该体制中社会公民能够直接或间接地参与影响全体成员决策的制定，并保障政府及其公职人员负责。从动态上讲，民主行政是一种旨在保障公民权利和自由、维护公共利益、重视代表性和公民参与的行政管理行为。[①] 民主行政，是一种具体化、日常化的民主。民主行政就其性质来看，应符合以下三点要求，即在目的上要体现公众利益，在主体上要体现民众治理的原则，在过程上要体现公开、透明、平等等精神。

在实践方面，西方国家对基于传统公共行政之上的行政体制进行了变革，以增强和维护政府的有效性。如加强政治层面对官僚的控制，打破以往尤其是高级文官的单一任命方式；强调文官的代表性，重新阐释文官的责任，将文官对公民的直接责任和对公民诉求的响应力放在首位；强调公共政策的透明性，鼓励和保障公民的参与；重新配置政府和市场、政府和社会、中央与地方以及上级和下级的权力，实行权力下放和分权等。

4. 法治价值取向

法治之下，法律是有效政府的行为准则，政府的权威来源于法律，任何政府官员都必须依法行政，法律面前人人平等。有效政府的法治性价值是对公共权力的有效约束与规范，是避免行政粗暴现象发生的有力措施，是市场经济有序运行

---

① 胡宁生：《中国政府形象战略》，中共中央党校出版社1998年版，第69页。

的坚实保障。因此，有效政府不仅能够有效制定政策和实施政策，而且还应该使政府行为符合法治的逻辑。

（二）有效政府的目的性价值取向

1. 人性完善

从有效政府的诞生和发展来看，作为其主要渊源之一的管理学一直都是把其理论的架构基于不同的人性观上。早期的以泰勒为代表的科学管理理论基于"经济人"的假设，后来梅奥等人通过霍桑试验提出了"社会人"的假设。第二次世界大战后，人类的认识水平进一步深化，出现了许多关于人性的新观点，其中以埃德加·沙因提出的"复杂人"观点影响最大。20世纪80年代后，由于科学技术的飞速发展，人的个性化趋势日益凸显，人本管理的思想大行其道。可以说，管理科学的每一次重大理论突破，都是基于对人性认识的一次深化。[1] 管理科学的不同人性观深深地影响和决定着有效政府的理论走向。有效政府的终极性价值就在于通过道德教化张扬人的善性，通过法律制裁抑制人的恶性，在政府、市场与社会的多元治理之中，升华人性，完善人性。

2. 可持续发展

可持续发展是既满足当代人的需求，又不对后代人满足其自身需求的能力构成危害的发展。众多的学者从不同的角度对"可持续发展"作过不同的表述，可持续发展问题受到了人们的高度重视，已成为一个世界性的、任何国家都难以抗拒的发展趋势，甚至这种趋势已经成为当今国际合作、国际支持的重要内容。在关乎人类生存环境的可持续发展问题上，政府由于拥有公共权力的优势，应该是大有作为的。事实上，可持续发展战略的提出已经给政府公共政策的制定与实施带来了全面而深刻的影响。政府担负着领导人民建设美好家园和创造幸福生活的神圣使命。可持续发展作为一种倡导人与自然和谐共处的发展模式也因此成为有效政府的终极价值追求之一。[2]

作为有效政府之诉求的工具性价值与目的性价值，虽然在各价值之间存在一定的张力和摩擦，但是由于它们处于不同的位阶，具有不同的优先性，因而完全可以将彼此的排斥性消磨于动态的互动之中，彼此之间更多地表现出互为支持、互补协调，共同构筑有效政府和谐统一的多元共生价值体系。这个多元共生的有机价值体系是开放的和动态的，它将随着人类理性认识的深入和社会实践的展开

---

[1] 余宏俊：《试论"人性"认识与管理科学发展的历史及其未来趋势》，载《学术论坛》2002年第5期，第32~33页。

[2] 李奇：《有效政府学理分析》，中南大学2005年研究生学位论文。

而自我完善。

三、有效政府的构建路径

（一）强化效能意识与人本行政理念

1. 强化效能意识

意识是行为的先导，强化政府效能意识，树立行政成本控制观念是建设有效政府的思想支持。在行政管理过程中，政府应树立成本效益分析意识，在明确行政目的的基础上，对行政目标的实现方案进行成本效益核算，成本效益分析不仅仅衡量经济效益，更要评估社会效益，只有建立有效的效能核算机制，才能使政府的行政决策及行政管理行为更符合社会的发展需要，更有助于达成公共利益最大化。

第一，建立严肃的成本预算理念。预算编制是预算过程的首要环节，是保证预算质量的基础性工作。预算编制环节形成的预算草案要真实、全面和明确地反映财政收支情况，实行部门预算是最好的选择。

第二，树立效益分析意识。有效政府是以低成本获得高效益的政府管理模式，在衡量行政行为成本的基础上，明晰行政行为的效益是关系行政行为是否能够推行的重要依据。

第三，要建立动态监控思维。成本效益核算是行政行为能否推行的重要依据，而动态监控行政行为执行过程是衡量该行政行为能否创造优异效益的重要步骤。仅仅重视成本效益核算不能满足有效政府的建设需要，行政执行过程的效果监控也是有效政府建设的重要模块，树立行政执行过程的动态监控思维是保障政府行政管理效率与效果的必要选择。

2. 树立人本行政理念

从有限政府的目的性价值取向出发，我国建设有效政府需要深入贯彻以人为本的政府管理理念。政府必须改变权力本位的思想，将公民视作自己的服务对象而不是传统的被管制对象，将人民同不同意、人民满不满意作为衡量政府一切工作的唯一标准。公共政策的制定者必须摒弃传统的官僚主义思想，树立主权在民的理念，在制定和实施公共政策时始终代表广大人民群众的根本利益，使公民有广泛的渠道参与到政策制定的过程中，表达自己的利益需求，从而推进政治民主化的进程。政府行政权力不能侵犯公民的权利与自由，公共行政行为需受到法律的约束、人民的监督。

（二）强化民主行政与法治政府建设

1. 推进民主进程

民主是在自由平等的基础上，按照多数人的意志依照一定的规则进行决定的制度。人民民主是社会主义的本质要求和内在属性。一方面，建立民主决策机制。建立民主基础上的决策机制，就是要实行决策的民主化、科学化和程序化。完善的民主决策机制能更好地发挥公民和社会组织在社会公共事务管理中的作用，能切实保障人民群众的知情权、参与权、表达权、监督权。民主的重要特征就是按程序办事，因此首先应尽快制定行政程序法，明确政务公开的具体操作方式、步骤、时限和顺序等程序，从而保证行政行为的科学性、民主性和公开化。另一方面，建设良好的舆论环境。一个良好的舆论环境，是民主政治的需要。改善舆论环境加强舆论监督，对于促进我国的民主政治建设大有裨益。

2. 充分发挥公民参与的作用

随着社会主义市场经济和政治民主乃至行政民主的迅速发展，公共政策已经成为政府调控现代市场经济和进行社会管理不可或缺的重要手段之一，其作用和影响越来越大。然而，由于政府自身的缺陷和公共事物的愈加复杂等因素，致使单靠政府的力量已很难制定出科学、合理、公正的公共政策。于是，公民参与公共政策的制定已是势在必行。

公民参与是对民主信念的贯彻与落实，公民参与可以发挥集体智慧去解决社会问题，可以发动社区资源或公民来推动发展计划，可以确保决策具有一定的公平性及可行性，还可以使更多公民通过参与的过程认识政府政策的制定和执行。随着公民素质的提高和自主性的增强以及信息技术的快速发展，公民参与的效率会越来越高。因此，公民参与对于提高公共政策的质量进而实现其良好的施行效果，具有举足轻重的作用，事实也表明，政府在制定和实施公共政策时，多倾听人民的呼声，与人民保持良好的合作关系，政府的有效性就会更高。为此，政府应积极建立、健全公民参与机制，不断扩展公民参与的深度及广度，不断促进公民参与能力的提升，通过合作、协商、伙伴关系等方式形成一个政民互动的合作网络，以提高政府行为的有效性。①

3. 建设法治政府

现代市场经济是以法制作为基础的市场经济，没有法治政府，市场经济

---

① 姚璐：《有效政府建设渐进路径及其对策分析》，电子科技大学 2007 年研究生学位论文，第 37 页。

的法制基础就不存在。行政法治是有效政府的本质内涵，是现代市场经济发展的必然要求。因此，推进行政法治，建设法治政府成为建构有效政府的核心内容。

法治是现代市场经济和民主法制的本质特征。法治是"法律的统治"，它不仅意味着依法而治，更是以基本人权为基础、维护人的自由与人的尊严为框架。法治不仅要求人民守法，更要求政府守法。作为政府行政的推行者，必须树立行政法治的观念，只有这样才能保证自己的行政行为在法律的框架内展开。推进行政法治，需要重新整合政府权力结构，切实转变政府职能，规范和限制政府权力。因此，必须加紧制定行政法制的系列规范，立法的中心应放在规范政府行为和发展市场经济上，法制的重点在于政府必须遵守法律，依法行使行政权力。同时，公正合理的程序是行政法治的重要保障。价值中立、操作性强、体现公正合理原则的执法程序，对于当前我国行政执法中政府权力运用的随意和专横无疑是一个根治的良方，也是实现行政法治的现实选择。

（三）恰当行使政府职能

转变政府职能，是中国行政体制改革的突破点，也是中国实现有效政府的关键与难点。在市场经济条件下，政府实现有效管理关键落脚点在于切实转变政府职能，就是要求将"掌舵"与"划桨"分离。吸收西方国家有效政府建设的有益经验，结合我国实际，转变政府职能主要可以从以下几方面展开。第一，转变政府的职能重心，即以政治统治为中心转变到以经济建设为中心，同时重视社会管理及公共服务职能。第二，转变政府的职能行使方式，即要求政府以传统的行政手段为主转变到以依靠经济手段为主，由微观经济活动直接管理转变为宏观调控，间接管理为主。第三，处理好权力下放问题，处理好中央政府集权与地方政府分权的关系，实现分权、授权、分散权力和限制权力。在法律上规范权力，保证中央有权威和监督，同时扩大地方权力，能发挥重要作用。

加快转变政府职能，应处理好政府与市场、政府与社会的关系。其一，处理好政府与市场的关系，就是要解决政府对市场的有效干预问题。政府在市场要起到宏观调控和协调作用、监管作用、服务补救作用、牵线搭桥和催化助推作用。[①] 为了处理好两者的关系，政府与市场应良性互动，一方面，政府应培育竞争有序充满活力的各种市场体系，使我国的市场体系能适应国际体系接轨，另一方面，市场也不断改善政府职能起重要作用；其二，处理好政府与社会的关

---

① 李小芳：《构建中国有效政府的研究》，西南大学 2007 年研究生学位论文，第 48 页。

系，就是要实现政府对社会的回应性问题。本着有效政府的理念，政府应还权于社会，培育一个"强社会"，实现强强联合，共同合作，共同治理，共同应对各种挑战，两者充分互动，形成合力，达到"善治"。

（四）提高政府有效行政的能力

1. 提高政府的公共政策制定和执行能力

公共政策是政府实现职能目标的必须借助的主要手段和工具。没有公共政策的制定和推行，政府行政管理活动是难以展开的。有效政府的治理要强化政府制定和实施公共政策的能力，必须从以下两个方面考虑：第一，决策制定的科学化和民主化。有效政府的决策意识，一般是构建在民主决策和科学基础之上的现代决策意识，要树立科学决策的观念，把公共决策的有效性实现诉诸科学的行政文化建设，建立一个灵活、高效的科学决策体制，同时还要建立对决策进行辩论的约束、协调和监督机制。第二，政策执行的有效性。政策的作用能否有效发挥，从根本上取决于政策执行的有效性。有效政府不仅要能制定科学、合理的发展战略，而且还要具备足够的执行能力和贯彻能力。

2. 提高政府的社会资源汲取能力

社会资源汲取能力是政府宏观调控力的重要基础之一，是有效政府治理的物质保证和力量支撑。它不仅涉及经济的持续健康发展和各种公共资源的有效配置，也会影响到政府提供公共物品和服务、重新分配收入、进行公共投资、维护社会稳定等基本职能的实现。在政府的社会资源汲取能力中，财政汲取能力是最为重要的。

当前，强化中国政府的社会资源汲取能力，就是要加大财政、税收等方面的改革力度，提升中央政府的社会资源汲取能力。财政、税收是一个既涉及经济的稳定发展，又关系社会的公平与和谐的公共行政和政策的基本问题。从中国近年来的情况来看，在国民生产总值不断增长的情况下，社会组织与公民个人的收入增长较快，而政府、特别是中央政府的收入增长较慢。对于处于社会转型时期的我国政府来说，处理这一问题的首要任务在于避免和防止税收的流失。要采取有力措施，加强财税征收，防止税收流失，使我国政府的财政收入增长速度与国民收入增长速度同步提高，以保证其履行合理高效配置社会资源的职能。

3. 提高社会整合能力

社会整合能力是指政府将社会系统中不同的因素或部分结合成一个协调统一的社会整体、凝聚成一种合力的本领和力量。社会整合的目的是使各种社会组织、社会群体及社会力量以全社会共同的价值目标为基础，分工合作，和谐共处,形成社会发展和进步的合力。社会整合的实质是资源的优化配置、制度的合理安排、关系的理顺和力量的凝聚。① 通过加强社会整合能力,充分发扬社会主义民主,不断地倾听群众的呼声,政府就能够及时疏导群众中的不满情绪,排放社会中积累起来的各种冲突因素,实现政治稳定,增强政府的合法性。

4. 增强危机处理能力

我国仍处在转型时期,不可避免地会遇到各类矛盾和问题,从而需要面对各种各样的危机事件。政府是社会公共事务的管理者和公共产品与服务的提供者,如何提高政府的危机管理能力,有效地预防和应对危机,对有效政府的治理来说是一个紧迫的现实问题。在国际社会秩序动荡不安,国内正处于经济转轨和社会转型的时期,能否有效、及时地处理各种类型的公共危机已经成为今后一段时期内我国有效政府面临的重大挑战。一个完善有效的政府危机管理体系应该建构在整体治理能力的基础上,通过法治化的手段,将完备的危机应对计划、高效的核心协调机构、全面的危机应对网络和成熟的社会应对能力包容在体系中。同时,政府要建立有效的危机管理运行机制,主要包括危机预警机制、快速反应机制、紧急救治机制、信息公开机制和有效合作机制五个方面。通过各方面的措施,将危机带来的各种影响减少到最低程度。

5. 提高公共服务能力

提供公共服务是政府的基本职能之一,高效、高质量的做好公共服务供给是有效政府建设的重要体现。公共服务能力是指以政府为主的社会公共组织为社会提供公共产品和服务,不断满足人民群众日益增长的社会公共需求的本领和力量。提高以政府为主体的公共服务能力,发挥政府的主导作用,进行公共服务体制改革,对于满足人民群众日益增长的社会公共需求,协调利益关系,缓解社会矛盾,维护社会稳定,促进社会和谐具有十分重要的意义。

6. 增强创新能力

有效政府必须适应变化着的"生态环境",与环境相适应并持续进行各方面的创新,以开创公共行政的新局面。胡锦涛在 2006 年全国科技大会上提出,要把我国建设成为一个"创新型国家"。要建成一个"创新型国家",就必须更加努力地进行制度创新、理论创新、科技创新和文化创新,构建有效政府要求增加政府创新能力。创新型政府就是在行政理念、行政制度、行政决策上不断科学创新并积极引导社会经济文化事业创新的政府。我国有效政府治理过程中必须注重

---

① 许知远:《商业、政府和公民社会》,http: // tech. sina. com. cn/it/m/2002 - 09 - 05/0900136771. shtml。

政府的创新能力建设。面临复杂多变的环境,政府在政策上作出有效反应是最重要的。同时,对于政策采取适当行动的过程也应随着环境变化而有所调适,必须培育能够应付各种管理问题和任务的有效政府。政府必须适应迅速变化、高度竞争的时代特点,对社会和公民的需求作出有效回应。[①]

(五) 提升公务员素质

行政人员的良好素质是效能政府建设的坚实基础和有力保障,政府公务人员是公共权力的行使者,他们在实际工作中应该有较强的为民服务意识与效能服务意识。为此,需要通过一定的方式方法,提升公务员的整体素质。

1. 加强外在培养

外在培养是通过有组织、系统地、经常性地、长期性地开展教育和培训,帮助公务员提升自身素质,转变行政理念,从而提升整个机关行政文化,使行政文化、行政理念、行政方式与时代和国情相符合。对公务员的教育培训,除了围绕增强执政意识、提高执政能力建设等思想政治和理论方面的教育和培训外,还应强化科学知识和业务知识技能,以求适应复杂环境和形势变化。集中性教育是暂时的、阶段性的,而公务员接受教育、保持先进性是一个动态的、长期的过程,要求把集中性教育活动和经常性学习教育有机地结合,及时总结已取得的成功经验和做法,并加以整合和提炼,运用到公务员的日常教育和管理中,真正达到提高公务员素质,服务人民群众,促进各项工作的目的。

2. 注重内化塑造

内化塑造是通过自我人格塑造,自我修养,自我开发,自觉地将外在培养结果内化转变的一种培养方式。公务员通过长期不断自我学习、自我修养、自我改造、自我开发,自觉地将行政为民的价值标准内化为自己的价值标准,并承担起相应的职责和落实在自己的具体行政工作中。

3. 引入竞争机制

继续强化公务员"凡进必考"的招考录用和晋升制度,推行竞争上岗工作机制。对那些不符合公务员标准和要求的人员,政府要做好教育转化工作;对经教育不改者,该淘汰者予以淘汰,不留情面。可以采用"末位淘汰制",来选贤任能。一方面精简了机构,另一方面增强了公务员的竞争忧患意识,激励公务员努力提高自身素质,从而提高整个政府的行政绩效的一种有效机制。

[①] 潘丹榕、罗峰:《全球化趋势背景下公共行政面临新挑战》,载《行政与人事》1999年第7期,第39页。

4. 发挥模范带动作用

模范带动就是通过树立一批典型人物，发挥模范帮带作用的一种方式。政府机关形象通过公务员体现，公务员在行政中其言行举止在某种意义上代表政府的形象，充分发挥典型人物的模范带动作用，对公务员整体素质的提升具有潜移默化的作用。[1]

---

[1] 李小芳：《构建中国有效政府的研究》，西南大学 2007 年研究生学位论文，第 24 页。

第四章

社会转型时期我国治理理论创新与政府治理模式探索

第一节 西方治理理论的本土化探讨

在我国，自刘军宁（智贤）1995年对治理作了最早的介绍以来，以治理为主题的相关论著日益增多，已经形成一个方兴未艾的新兴研究领域。但是，正如徐勇所言，"迄今为止，学界对这一语汇还缺乏深入的理论分析，特别是缺乏以中国为主位的探讨，以至我们在运用这一语汇对村民自治、社区自治、民间组织及其国家与社会关系的分析时，没有强有力的理论支持和解释力，"[①] 也就是说，中国的治理研究缺乏以中国为理论对象的深入反思和理论转化，治理的理论价值还需要充分发掘。

一、西方治理理论在我国的发展现状

根据本土化程度的不同，可以将国内的治理研究区分为四个阶段：对治理理论的引介，对治理理论的具体应用，对治理理论的反思，将治理理论本土转化的

[①] 徐勇：《治理转型与竞争——合作主义》，载《开放时代》2001年第7期，第26～33页。

努力。

（一）治理理论的引介

绝大多数与治理相关的研究文献是围绕治理理论的介绍和评价展开的。

国内可见的文献中，最早对治理进行介绍和评价的是刘军宁（智贤）。早在1995年，他根据世界银行的研究报告形成《Governance——现代"治道"新概念》一文，该文把"governance"翻译为"治道"，指的是治理公共事务的道理、方法、逻辑等，认为治道是政府对其权威、控制力、管理能力和权力的运用方式，主要涉及管理与制度等技术方面的问题，旨在提高管理公共事务的效能。文中明确提出，治理"是90年代以来国际政治学界和经济学界新拓展的一个研究领域……这一范畴在国际学术界已获得承认，并成为一个颇具潜力的新兴研究领域"。[①] 1997年，徐勇在《Governance：治理的阐释》一文中介绍了治理的概念。他认为，"governance"的中文意思主要是统治、管理或统治方式、管理方法，即统治者或管理者通过公共权力的配置和运作，管理公共事务，以支配、影响和调控社会。同时，治理是公共权力和社会的互动过程，在这一过程中，公共权力居于主导地位。[②]

毛寿龙、李梅、陈幽泓的《西方政府的治道变革》一书，系统地介绍、分析了20世纪70年代末以来西方国家陆续开展的以政府职能市场化、公共管理引入市场机制、在信息时代重理政府、调整政治与行政关系为主要内容的治道变革。该书认为，governance 应译为"治道"，它是有关治理的模式，也就是"治道"，尤其是指在市场经济条件下，政府对公共事务的治理之道，而有关治道的学问，也就是治道学了。该书提出，治道是在市场经济条件下政府如何界定自己的角色，如何运用市场方法管理公共事务的道理。[③]

针对国内研究者对于英文 governance 一词的不同译法，有的研究者认为，译作"治理"更符合中文的表述习惯。[④]

在治理理论的引进和评价方面，影响和贡献最大的是俞可平。他在1999年、2001年相继发表《治理与善治引论》和《治理和善治：一种新的政治分析框架》，并于2000年9月主编《治理与善治》一书，该书较为全面地收录了国际

[①] 智贤：《Govrernance——现代"治道"新概念》，载刘军宁：《市场逻辑与国家观念》，上海三联书店1995年版，第55~57页。
[②] 徐勇：《Governance：治理的阐释》，载《政治学研究》1997年第1期。
[③] 毛寿龙、李梅、陈幽泓：《西方政府的治道变革》，中国人民大学出版社1998年版，第2~7页。
[④] 申剑、白庆华：《城市治理理论在我国的适用》，载《现代城市研究》2006年第9期，第65~71页。

学术界治理研究的一些重要文献，推动了国内学术界对治理的深入了解。他的"两文一书"也成为国内引介的代表性文献。[①] 在《治理与善治引论》一文中，俞可平在列举关于治理的主要观点的基础上，提出了对治理内涵的理解，认为治理一词的基本含义，"是指在一个既定的范围内运用权威维持秩序，满足公众的需要"；他认为，"善治就是使公共利益最大化的社会管理过程。善治的本质特征，就在于它是政府与公民对公共生活的合作管理，是政治国家与市民社会的一种新颖关系，是两者的最佳状态。"他还提出了善治的五项要素，即合法性、透明性、责任性、法治、回应。他提出，"虽然治理理论还很不成熟，它的基本概念还十分模糊，但它打破了社会科学中长期存在的两分法传统思维方式，即市场与计划、公共部门与私人部门、政治国家与公民社会、民族国家与国际社会，它把有效的管理看做是两者的合作过程；它力图发展起一套管理公共事务的全新技术；它强调管理就是合作；它认为政府不是合法权利的唯一源泉，公民社会也同样是合法权利的来源；它把治理看做是当代民主的一种新的现实形式等，所有这些都是对政治学研究的贡献，具有积极的意义。"[②]

对治理理论的引介，比较重要的文章还有：孔繁斌的《走向公共管理的治理理论》，陈周旺的《治理：公共行政改革的新话题》，程杞国的《从管理到治理：观念、逻辑和方法》，张成福的《论政府治理工具及其选择》，孙柏瑛的《当代政府治理变革中的制度设计与选择》，林冠汝的《治理理论的形成与发展》，朱德米的《网络状公共治理：合作与共治》，汪向阳、胡春阳的《治理：当代公共管理理论的新热点》，胡仙芝的《治理理论与行政改革》、《治理视野中的行政改革》，聂平平、王章华的《公共治理的基本逻辑与有限性分析》，任维德的《公共治理：内涵 基础 途径》，关学增的《当代西方国家的社会治理思潮》，吴晓峰的《公共治理指标的测量——关于治理指标的一项文献回顾》等。这些文章分别从不同的角度对治理理论的引介作出了一定贡献。

（二）治理理论的应用

有关治理的研究文献中，第二类是运用治理理论具体分析中国社会治理变革的论著。

毛寿龙的《现代治道与治道变革》，是以治理理论分析中国治理变革的代表性论文之一。他认为，治道，就是人类社会治理公共事务、解决公共问题、提供

---

① 俞可平：《治理与善治引论》，载《马克思主义与现实》1999 年第 5 期，第 37~41 页；俞可平：《治理和善治：一种新的政治分析框架》，载《南京社会科学》2001 年第 9 期；俞可平：《治理与善治》，社会科学文献出版社 2000 年版。

② 俞可平：《治理与善治引论》，载《马克思主义与现实》1999 年第 5 期，第 37~41 页。

公共服务的基本模式;传统治道的制度平台包括无限政府、人治政府、专制政府、集权政府和封闭政府等构件,现代治道的制度平台包括有限政府、法治政府、民主政府、分权政府和开放政府等,从前者向后者的变化就是治道变革。该文在探讨传统治道和现代治道的基本内涵的基础上,还探讨了中国政府治道变革的基本历程,认为"中国有效政府的制度平台的建设是一个复杂的结构化过程。因为有效政府平台要素不是孤立的,任何一个方面的变革如果缺乏其他方面的相应变革实际上是难以成功的",因此,治道变革是一个无休止的变革过程。[①]

何增科在《治理、善治与中国政治发展》一文中提出,"治理和善治理论作为一种分析框架,对于研究、总结和展示我国改革开放以来政治发展的成就极为有用。这些政治发展的成就是中央政府和各级地方政府在政治治理和行政管理体制方面所进行的持续的体制改革和制度创新的结果,同时从制度变迁的路径依赖角度来看,今后的政治发展走向将是在已有基础上进一步推进上述体制改革和制度创新,逐步实现建立社会主义民主政治和法治国家的目标。"[②]

燕继荣在《治民·治政·治党——中国政治发展战略解析》一文中提出,仅仅用"民主"指标来衡量中国政治发展有失公允,"治理"理论可能为解释中国政治发展提供一种新的视角;他在"治理"概念下,用"治民"、"治政"和"治党"三条线路来描述中国政治的发展,如表4-1所示。

表4-1　　　　　　　　中国政治发展的三条线路

改革线路	主要任务和解决的核心问题	主要举措和今后发展方向
"治民"路线（社会治理）	放松管制、保障公民权利、规范社会行为	明确界定公民权利并通过宪法和法律加以切实保障;自由权利的保障机制;促进社会自治的健康发展
"治政"路线（政府治理）	改造政府、限制公共权力、规范政府行为	政府构建模式;政府管理模式;官员治理模式
"治党"路线（政党治理）	规范政党行为、把革命党改造为执政党,实现文明执政	政治理念的变革;组织基础的扩大;执政方式的变革

资料来源:燕继荣:《治民·治政·治党——中国政治发展战略解析》,载《北京行政学院学报》,2006年第1期,第15~20页。

滕世华的系列论文主要从构建良好公共治理的角度,从静态上分别阐述了政府、市场和公民社会在公共治理体系中的地位和作用,以及如何科学界定政府职

---

① 毛寿龙:《现代治道与治道变革》,载《南京社会科学》2001年第9期,第44~47页。
② 何增科:《治理、善治与中国政治发展》,载《中共福建省委党校学报》2002年第3期。

能、发展公民社会和第三部门、推行公共服务市场化，从而实现各自在公共治理体系中的功能作用；从动态角度针对政府自身的问题，系统地阐述了政府职能转变和角色创新、政府行为方式与运行机制的改革与创新以及政府组织结构和人事制度改革等方面的问题。① 其中《公共治理视野中的公共物品供给》一文，从公共治理视角对公共物品领域存在的问题及改革进行了深入探讨，认为打破公共物品政府提供的垄断局面，实行公共物品多元主体、多种方式提供，对提高和改善公共物品供给的数量和质量具有积极意义。曹任何从政府合法性角度探讨了治理理论的兴起和中国政府合法性的重建。② 曹任何认为：治理的基本理论主张对转型期我国政治文明建设背景下的政治发展与政府合法性巩固有着重要的启示意义。在对治理的应用方面，还有一些比较重要的文章。王飏从治理理论的视角出发以苏州为个案研究了地方政府主导性问题。③ 柳春慈从治理理论的视角出发研究了乡镇政府职能问题。④ 杨咏梅则以治理理论为指导研究了高校学生管理模式创新问题。⑤ 杨占营的论文《治理理论、新公共管理与中国治道变革》，阐述了中国治道变革的路径选择和治理及新公共管理理论对中国的借鉴意义。⑥ 张璋从"政府治理工具"层次切入，阐述了治理理论的兴起及其对中国政府体制改革的启发。⑦ 沈荣华、周义程的《善治理论与我国政府改革的有限性导向》认为，"善治理论提出的'良好的治理'模式，从某种角度讲可以成为中国政府改革的参照，我国政府改革应侧重向有限性转变。"⑧ 林修果、林婷在《公共治理：建构和谐社会的一种行政学范式解读》一文中提出，公共治理所具有的"公共性"与"治理"的双重品质在社会各种复杂关系中起了很好的协调作用，成为构建和谐社会治理模式的新范式选择。⑨

---

① 滕世华：《公共治理视角下的中国政府改革》，中共中央党校 2003 年研究生论文；滕世华：《公共治理理论及其引发的变革》，载《国家行政学院学报》2003 年第 1 期，第 44~45 页；滕世华：《全球治理进程中的政府改革》，载《当代世界社会主义问题》2002 年第 2 期，第 76~89 页；滕世华：《公共治理视野中的公共物品供给》，载《中国行政管理》2004 年第 7 期。

② 曹任何：《治理的兴起与政府合法性重建》，吉林大学 2004 年研究生学位论文。

③ 王飏：《治理视角下的地方政府主导性研究——以苏州为个案》，苏州大学 2006 年研究生学位论文。

④ 柳春慈：《治理理论视角下的乡镇政府职能研究》，中央民族大学 2007 年研究生学位论文。

⑤ 杨咏梅：《从管治到善治——基于治理理论的高校学生管理模式创新研究》，华东师范大学 2006 研究生学位论文。

⑥ 杨占营：《治理理论、新公共管理与中国治道变革》，载《探索》2003 年第 3 期，第 37~41 页。

⑦ 张璋：《政府治理工具的选择与创新——新公共管理理论的主张及启示》，载《新视野》2001 年第 5 期，第 39~41 页。

⑧ 沈荣华、周义程：《善治理论与我国政府改革的有限性导向》，载《理论探讨》2003 年第 5 期，第 5~9 页。

⑨ 林修果、林婷：《公共治理：建构和谐社会的一种行政学范式读解》，载《马克思主义与现实》2005 年第 5 期。

薛立强、李晨在《当代中国社会矛盾的变化与公共治理革新》一文中提出，公共治理理论对于进一步解决当前社会矛盾具有重要启示：构建多主体的社会矛盾解决模式，营造有利于妥善解决社会矛盾的环境，使非政府组织、私人机构和公民社会承担起更多解决社会矛盾的责任，积极探索多主体解决社会矛盾的方式方法。[①] 周义程从公共服务提供的角度提出，构建我国公共服务的一主多元型的供给新模式，这一模式要求政府实现由直接生产者的单一角色向动态的兼任生产者、安排者和培育者的"多面人"角色转换。所谓"一主多元"就是以政府为主导，私营部门和第三部门广泛参与的多种方式并存的公共服务格局。[②] 这些文章基本都是以治理的思想为指导，去分析中国社会治理变迁过程中的某一个方面，虽然这些研究者大多意识到了"治理"作为舶来品所具有的局限性，但他们也都认为治理对理解和指导我国社会治理变迁具有积极意义。

（三）对治理理论的探讨和反思

部分论文作者对治理理论进行了较为深入地解析和探讨，为深入理解治理理论作出了一定贡献。

郁建兴的《治理理论的现代性与后现代性》与《治理：国家与市民社会关系理论的再出发》两篇论文，分别从现代性与后现代性的角度、国家和市民社会关系的角度深入探讨了治理理论。前文通过对直接民主和间接民主、官僚制和后官僚制、全球治理和地方治理的审慎分析认为，治理是人类探求良好公共生活和政治秩序持久努力的延续，本质上反映了现代性绝对主权的消解；治理理论体现了现代性与后现代性的某种交融，具有明显后现代倾向的治理理论既给人们带来了未来处理公共事务新的模式和新的希望，又可能带来一些新的问题。[③] 后文认为，治理理论的兴起拓展了国家与市民社会关系的分析架构，它超越了自由主义与国家主义的传统对立，凸显了国家与市民社会之间实现正和博弈关系的可欲性和可行性，它是一种新型的国家与市民社会关系范式，但治理也存在失范和失效现象，治理研究亟待深入。[④]

孔繁斌也从理论层面深入反思了治理理论的兴起。在《政治学知识的转向：治理理论与公共管理》一文中，他提出，从知识论的角度来看，治理理论是人

[①] 薛立强、李晨：《当代中国社会矛盾的变化与公共治理革新》，载《云南行政学院学报》2007年第1期，第106～109页。

[②] 周义程：《公共服务供给主体选择的悖论及其消解策略》，载《行政与法》2005年第11期，第22～24页。

[③] 郁建兴：《治理理论的现代性与后现代性》，载《浙江大学学报》（人文社会科学版），2003年第2期，第5～13页。

[④] 郁建兴、吕明再：《治理：国家与市民社会关系理论的再出发》，载《求是学刊》2003年第4期。

类在寻求解决社会一致和有效性问题上作出的一次深刻的认识转折与制度突破，在一定意义上，包括近代以来在内的一切政治学知识都在这一框架下实现了新的整合，无论是在事实上还是在判断上，政治学知识体系都在悄悄地脱离统治这一核心转向个人对公共事物的关心这一主题，由此导致现代政治类型在三个维度上发生重大转向：从高级政治向低级政治变迁；从暴力政治向规劝政治变迁；从等级政治向复合政治变迁。[①] 在《治理对话统治——一个政治发展范式的阐释》一文中，孔繁斌认为：治理话语抵抗政治学知识中统治的独霸地位，以网络治理为核心拓展了民主自治思想并以宪政改革作为价值实现的保护带，成为民主统治之后政治学知识再生产的新选择和政治发展新范式。[②]

唐娟的《政府治理理论：公共物品供给模式及其变迁考察》，从国家与社会关系的视野，把公共物品的供给模式分为四种：权威型供给模式、商业型供给模式、志愿型供给模式、自主型供给模式，并对每一种模式的理论基础、经验性发展、运行机制进行了理论探讨和评价。她认为，"自代表公共权威的政府产生以来，在公共事务发展的历史和现实中，虽然存在政府、社会和市场三种治理机制，但他们都是政府治理框架的构成部分，统属于政府治理的范畴，是政府在处理公共事务时的制度设计和选择，尤其在现代民族国家形态下，政府对社会事务的渗透和控制空前强化，运用社会和市场机制治理公共事务从实质上看只是政府治理公共事务的方式和工具。"[③]

曹任何的博士论文《治理的兴起与政府合法性重建》，用较大的篇幅专门从合法性角度解读了治理理论的兴起，他认为，治理不过是西方政府与政治学学者为应对信息化时代政府的合法性危机而采用的一套新的理论说辞与政治实践措施，因为治理对公共物品与服务供给的效能和民主方式的追求，与政府合法性建构的效能原则和民主原则完全契合。[④]

针对治理理论的比较重要的反思性文章还包括：杨雪冬的《治理的制度基础》；刘建军的《治理缓行：跳出国家权力回归社会的陷阱》；李春成的《治理：社会自主治理还是政府治理？》；李锋的《治理：工具理性还是价值理性？》；臧志军的《"治理"：乌托邦还是现实？》；笪素林的《社会治理与公共精神》；李瑞昌的《论公共治理的技术与价值的矛盾》。这些反思性论文都意识到同一个问题：来自西方的治理理论是基于西方社会发展脉络和社会发展阶段的产物，而中

---

① 孔繁斌：《政治学知识的转向：治理理论与公共管理》，载《南京社会科学》2001 年第 9 期，第 54～56 页。
② 孔繁斌：《治理对话统治——一个政治发展范式的阐释》，载《南京社会科学》2005 年第 11 期，第 62～63 页。
③ 唐娟：《政府治理理论：公共物品供给模式及其变迁考察》，中国社会科学出版社 2006 年版，第 3 页。
④ 曹任何：《治理的兴起与政府合法性重建》，吉林大学 2004 年研究生学位论文。

国也有自身社会发展脉络和社会发展阶段的独特性，不能盲目照搬。

（四）治理理论本土转化的努力

少数几个作者探讨了将治理理论本土化转化的问题。

刘银喜在《政府治理理论的兴起及其中国化》一文中提出了中国化的问题，他认为，"汲取西方国家政府治理的成功经验，提出新的治理思路并提炼出一些适合中国的治理理念，这既是对中国当前面临问题的回应也是对政府治理理论的充实和完善"，但他并没有进一步探索如何转化。①

孔繁斌在《治理与善治制度移植：中国选择的逻辑》一文中提出，"西方治理与善治制度的实践是对公共领域的危机或民主政治衰败作出的拯救性回应。但仍然是以发达的'政府—市场'制度为社会基础，在西方社会中作为治理与善治拯救对象的政府失败和市场失败在中国还是一个虚拟问题，因为从规范意义上来看，作为现代社会有效地解决群体生活一致性问题的'政府—市场'制度在中国还有待建立，或者中国目前还处于模拟市场制度及其所需的其他制度的阶段"；治理和善治制度在意识形态上比较中立，只要选择得当，完全可以推进中国公共治理的制度进步。②

在概念转化的努力中，最有代表性的是徐勇。在《治理转型与竞争——合作主义》一文中，他提出，治理是当今学术界新拓展的论域，但学界对这一语汇缺乏深入的、特别是以中国为主位的理论分析。该文分别从西方社会和中国不同的历史进程和语境考察了治理的含义和治理的转型，分析了由于治理转型带来的权力分化和整合，主张以竞争—合作主义的理念分析和处理权力分化和整合问题，重新塑造政府与社会的关系，并以此对中国正在兴起的村民自治、社区居民自治、民间组织及国家与社会的互动提供理论解释模型和分析框架。③

在实际应用的本土转化努力中，最具有代表性的是燕继荣和俞可平。燕继荣抛弃"政府—市场—社会"的经典分析范式，而是从中国实际出发，从"治民（社会治理）—治政（政府治理）—治党（政党治理）"三条线路出发分析中国的治理变革，代表了一种分析范式的本土探索和转化。④ 俞可平则在西方制定的诸多治理评估指标体系基础上，结合中国实际发展出一套具有明显的中国特色的治

---

① 刘银喜：《政府治理理论的兴起及其中国化》，载《内蒙古大学学报》（人文社会科学版）2004年第4期，第66～69页。
② 孔繁斌：《治理与善治制度移植：中国选择的逻辑》，载《马克思主义与现实》2003年第3期，第60～64页。
③ 徐勇：《治理转型与竞争—合作主义》，载《开放时代》2001年第7期，第26～33页。
④ 燕继荣：《治民·治政·治党——中国政治发展战略解析》，载《北京行政学院学报》2006年第1期，第15～20页。

理评估框架，为更好的评估和把握中国的治理变革提供了一个参照系。[①]

综上所述，国内学者对西方治理理论本土化探讨过程中呈现出如下五个方面的特点：

（1）国内对治理理论的研究，一般性的引介、缺乏深入反思的应用较多，深入的理论反思和探讨较少，但是发展趋势是更多的反思、更多的转化。

（2）一般性的提出规范性建议的较多，具体深入的探讨"本土事实"与"本土过程"的较少。在具体应用治理理论分析我国实际问题时，大多数作者都根据所分析的问题提出了相应的规范性建议，但这些规范性建议更多出于对治理理念的呼应，而缺乏对"本土事实"以及"本土过程"的深入分析和把握，对于"应然状态"与"实然状态"之间转变过程的分析明显不足，即使有也不够深入，从而使得所提规范性建议的深度、可行性大打折扣。

（3）一般性的注意治理理论有限性的较多，真正深入探讨分析中西异同、发达国家和发展中国家异同并作建设性理论转化的较少。几乎所有的文献在介绍、应用、反思治理理论时都明确意识到了它本身的局限性，特别是将其应用到中国时的局限性，但是相对这种明确的意识而言，真正深入探讨分析中西社会之间、发达国家和发展中国家之间基本语境转换，并将治理理论作建设性转化使之成为更适于分析中国的理论工具的很少。所见文献中，可归入此类的寥寥可数。

（4）呈现两个不同的研究取向：公共物品供给取向与"治理变革"（公共秩序变革）取向。在公共物品供给研究取向中，着重研究的是政府在"公共物品供给结构"中的恰当定位，即政府的有效性，很少涉及"政府有限性"问题，即政府的权力制约和监督问题。公共秩序变革取向的治理研究，注重用治理的分析框架把握中国的社会治理转型，注重以公共治理为目标的平台建设和制度建设，注重政府的有效性，更注重对公共权力的规范，隐含着对过早提倡多中心合作治理的警惕和隐忧。

（5）对本土化分析框架的建构缺乏理论自觉。绝大多数研究者仍然停留在政府—市场—社会的分析框架内，虽然注意到中国的特殊性，但没有有意识的探讨并建构更有利于解释、把握、指导中国社会治理变迁的分析框架，从而妨碍了其理论影响力的发挥。对公共物品研究趋向而言，这似乎不是一个很大的问题，但对于公共秩序建设趋向而言，分析框架的制约似乎更大一些。燕继荣形成了一个较为适用的本土化分析框架，但是并未以此深入分析中国治理变革进程中的深层次问题。俞可平形成了具有中国特色的治理评估框架，但是也未深入探讨中国治理变革进程中的关键性问题。理论可以引进，但是社会发展的脉络、阶段和问

[①] 俞可平：《中国治理评估框架》，载《经济社会体制比较》2008 年第 6 期，第 1~9 页。

题都是不可引进的，主要基于西方经验的治理理论想要对中国发展发挥更大理论影响，就必须加强以本土为思考对象的理论反思和转化，并形成能够更有力的解释、把握和指导中国社会治理变迁的理论分析框架。

二、促进治理理论的本土发展

政治发展与行政发展是国内学术界认识公共秩序安排和公共秩序变迁最主要的两种研究途径。但两种研究途径均存在一定的不足。

政治发展是指政治关系和政治机构的变革和调整。[①] 从政治发展角度出发来理解整体的公共秩序变迁，是应用最多最广泛的一条途径。该路径的理论局限性在于：容易简单地以西方现有价值理念和制度范式为参照标准，陷入自由、民主、法治迷信，忘记现代政治的出发点是维护公共秩序、提供公共服务；容易陷入制度决定论，有意无意地夸大制度的作用；虽然把政治文化纳入思考视野，但是对制度的社会性基础的考虑仍然不够宽广，容易忽略非政治公共领域的研究；在改革和发展路径上，或者过于强调政治精英作用，或者过于强调民众作用。

行政发展，主要指行政机关在体制、价值目标、权力运作方式等方面的发展。行政发展途径的理论局限性在于：在中国社会治理模式整体性转型的过程中，行政发展视角有利于研究对象的具体化，但往往把视野聚焦在狭义的政府身上，假如研究者缺乏更开阔的宏观视野，往往也随之限制自己研究的深入和整体性，往往把改革和发展的视角也聚焦在政府身上，"政府改革作为一个系统工程，除了政府内部各职能部门、中央与地方等各层级间的配合之外，除了在决策、执行、监督等各个环节和方面的协调之外，还与市场经济体系的发育程度，与社会治理结构的形成及其完善程度，相互间有着密切的关联，彼此间形成互为牵制、互相作用、互相影响的错综复杂的关系"，"行政改革应该与公共治理结构变革的整体趋势相适应。"[②]

治理理论能够建设性地补充政治发展、行政发展研究途径存在的不足，帮助我们更好地认识中国公共秩序变迁的过程与模式。

在哲学基础方面，政治发展、行政发展研究途径都是立足个人主义，以整体主义为补充；治理理论立足合作主义，即不同治理主体间的共生、共建、共治，共生是生存基础的息息相关、命运与共，共建是过程上多主体合作推动治理变革健康发展，共治是理想状态的多主体合作维护公共秩序、提供公共服务。

[①] 朱光磊：《政治学概要》，天津人民出版社2001年版，第363页。
[②] 贾西津：《行政改革与公共治理结构变革的战略思考》，载《社会》2004年第4期，第11~12页。

在研究范围方面，政治发展、行政发展途径都锁定在政治（国家）、行政的范围内，而治理的范围包含一切与人类如何更好地竞争—合作有关的事项，只要存在人与人的竞争—合作的地方就存在治理；一个社会的公共秩序变迁是广泛的，不仅超出行政领域，也超出了政治领域，例如，俱乐部内部治理、具有普适性的罗伯特开会议事规则[①]、社区互助合作维护公共秩序提供公共产品和服务是否属于政治领域就存在很大争议，但毫无疑问地属于公共领域，是治理的分内之事，可以没有政治、没有行政、没有政府，但不能没有治理；在特定的发展阶段，政治发展、行政发展可能是公共秩序变迁的核心或重点，但绝不是公共秩序变迁的全部。治理理论在范围上有利于宏观结构把握和微观具体操作的有机结合，可以从治理结构变革的视角俯瞰政治发展、行政发展，也可以具体地探讨一个社区的居民如何更好地通过竞争—合作来做好社区治理。

在解决方法方面，与政治发展、行政发展研究途径比较，治理理论以公共事务—公共问题—公共利益为出发点，问题导向的色彩浓厚，包含了权力配置问题而又在一定程度上避免了政治敏锐性；在理想的目的状态以及改革和发展路径上，更加强调政府与公众间、公众与公众间围绕公共事务—公共利益的合作互动；一定程度上，治理变革具有更强的业绩导向和技术性。

总之，现阶段中国的治理变革实践和治理理论探索，必须基于中西之间存在的根本性差异，必须在明确治理理论本土发展和转化的基本语境中，推进西方治理理论的本土化研究。应该说，目前对西方治理的理论反思还不够，本土治理理论的建设尤其不够。针对迥异于西方社会的中国的事实，治理理论如果不能发展出更有解释力和指导力的理论分析框架，更有效的解释中国，并在此基础上形成有实践意义的指导性建议，治理就不可能在中国扎根并形成真正的理论影响力，治理就只能沦为中国改革和发展舞台上另一个昙花一现的理论过客。

第二节 社会转型期的我国治理变革

一、中国治理变革的进程

改革开放以来我国的治理变革大体上可以划分为三个阶段：1978～1991年，

---

① 亨利·M.罗伯特：《议事规则》，商务印书馆1995年版。

治理变革初步探索阶段；1992～2002 年，治理变革转到以维护稳定为中心的阶段；2003 年以来，治理变革的新探索阶段。

（一）治理变革的初步探索阶段

作为党的第二代领导核心，邓小平同志 1980 年 8 月作了《党和国家领导制度的改革》的讲话，强调要对党和国家的领导体制进行改革；① 但在此以前，邓小平 1979 年 3 月 30 日在党的理论工作务虚会上已经作了《坚持四项基本原则》的讲话，该讲话强调指出：要在中国实现四个现代化，必须在思想政治上坚持四项基本原则，即必须坚持社会主义道路，必须坚持无产阶级专政，必须坚持共产党的领导，必须坚持马列主义、毛泽东思想，这实际上为治理变革确立了一个根本前提。但是一部分知识分子和激进民主派人士却从对"文化大革命"的反思入手，不仅彻底否定了"文化大革命"，而且进一步"彻底反思新中国成立以来的历史"，彻底否定了新中国成立以来的历史，提出"第五个现代化"，鼓吹"要民主不要新的独裁"，实质是要彻底否定党的领导，在政治上全盘西化。这种思想的分歧具体体现为坚持四项基本原则与资产阶级自由化的斗争，一直伴随 80 年代的治理变革和探索。

随着经济体制改革的全面展开和深入进行，政治体制的制约以及政治体制改革的必要性日益凸显，从党的十二届三中全会到党的十三届四中全会，党和政府在政治体制改革方面进行了一些有益的理论和实践探索。1986 年，邓小平同志的 20 次谈话，9 次以政治体制改革为主要内容，一方面强调政治体制改革要和经济体制改革相适应，另一方面强调政治体制改革必须具体化，要有总体设计和蓝图。1986 年 9 月，成立中央政治体制改革研讨小组，开始酝酿和设计总体方案。1987 年 10 月，党的十二届七中全会原则同意《政治体制改革总体设想》，决定写入党的十三大报告。党的十三大报告提出了政治体制改革的长远目标和短期目标，指出"不进行政治体制改革，经济体制改革不可能最终取得成功。党中央认为，把政治体制改革提上全党日程的时机已经成熟"。报告从七个方面论述了政治体制改革的蓝图：实行党政分开；进一步下放权力；改革政府机构；改革干部人事制度；建立社会协商对话制度；完善社会主义民主政治的若干制度；加强社会主义法制建设。以党的十三大为标志，政治体制改革全面展开，在 1989 年 6 月党的十三届四中全会以前，涉及许多方面和领域。但是 1989 年的"六四事件"以后，使得这种积极探索基本中止，工作重心转到强调稳定上来，"中国政治体制改革由'攻坚战'转入了'外围战'，整体上，使得政治体制改

---

① 《邓小平文选》（第 2 卷），人民出版社 1994 年版，第 320～343 页。

革明显滞后于经济体制改革。"① 1989~1991 年，基本上是一个徘徊和反思期，在此期间，以"反和平演变"和"反资产阶级自由化"为旗帜，"左"的思想言论大幅回潮，否定改革开放的话语一时甚嚣尘上，很多领域的改革开放实质上处于停滞甚至倒退状态，治理变革领域很多积极的探索或者被搁置，或者干脆恢复到原来的做法。

应该说，以对"文化大革命"的理性反思和实践批判为契机，不同的治理主体（政党—政府—社会）在治理变革方面是有一定的合作可能的，但是由于缺乏战略性共识，也由于缺乏经验以及较为浓厚的理想主义色彩，多主体合作推动治理结构持续变革的局面最终没有形成，非良性互动成为这一阶段的基本特征。

（二）以维护稳定为中心的治理变革阶段

以 1992 年初邓小平同志的南方谈话为起点，中国的改革和发展进入一个新的阶段。这一阶段的突出特征是一方面经济改革大踏步推进，经济社会发展迅速，另一方面，由于治理变革的相对滞后，经济社会矛盾的积累也在加速、深化。

鉴于东欧剧变和 1989 年的教训，1992 年以后，激进和保守势力先后被边缘化（但是边缘化的原因和影响是不一样的，保守势力被边缘化是因为反市场、不利于经济发展，其边缘化客观上促进了经济改革的深入；激进势力被边缘化是因为被认为不利于政治稳定，其边缘化客观上放缓了政治改革的步伐），② 妥善处理好"稳定、改革和发展"关系成为党和政府的基本共识。以此为基本指导思想，一方面，加快了经济体制改革的步伐，推动了经济的迅速发展，经济的迅速发展又带动了社会结构分化和社会转型；另一方面，高度重视政治和社会稳定问题，强化了政治和社会控制机制，同时，对治理变革的探索也变得更加谨慎，甚至迟缓了。应当说，在一段时间内，这种做法有利于保持"稳定、改革和发展"的有机统一，但是由于保持稳定的方式不是建立在疏导而是建立在控制之上的，并没有较好地推动治理结构变革以适应经济社会发展的需要，因而快速的经济社会发展实际上进一步深化了治理结构与经济社会结构的矛盾。这体现在如下几个方面：行政控制保证了基本的政治社会稳定，为经济的迅速发展创造了必要条件，但是由于权力监督和制约机制的滞后，以及产权制度建设的滞后，市场经济的快速发展推动了权力市场化的步伐，以权力市场化为中介，腐败大面积蔓

---

① 王贵秀：《中国政治体制改革之路》，河南人民出版社 2004 年版，第 23~24 页。
② 萧功秦：《中国大转型》，新星出版社 2008 年版，第 93~112 页。

延,"软政权化"与"分利集团化"相伴出现,① 不仅严重损害着党和政府的形象,也加剧了社会矛盾并反过来威胁政治和社会稳定;权力和资本的非制度化联姻在推动了地方经济迅速发展的同时,也成为腐败的温床,并扭曲了正常的市场竞争机制,助长了劳资矛盾、资源环境等问题的恶化;在农村,"财权上收,事权下放"的分税制改革以及大规模的地方基础设施建设,大大加重了农民负担,恶化了农村干群关系,加剧了农村社会矛盾的积累;在城市,与迅速涌现的新富阶层以及其炫耀性消费形成鲜明对比的是,大量的下岗失业工人和流动农民工生活工作处境恶劣,迅速拉大的贫富差距以及对差距来源正当性的质疑一起加剧了城市社会矛盾的深化;全民皆商的市场大潮洗礼下,发财致富的欲望迅速膨胀,无处不在的腐败影响,文化和道德制约的缺失,权力制约的匮乏,正当渠道财富积累的艰难和缓慢,有限资源的严峻制约,大大加深了财富拼抢的激烈程度,竞争成为没有伦理和规则底线的竞争,治理变革的制度建设氛围和社会精神氛围大大恶化。

20 世纪 90 年代,"稳定、改革和发展"不仅成为体制内政治精英的共识,也成为体制外政治精英、经济精英和知识精英的基本共识,但是精英群体与普通民众之间的鸿沟却日益拉大;拥有总体性资本的总体性精英涌现并开始有力地影响政策制定,影响政党—政府自主性,使改革朝着对己有利的方向倾斜,"一种扭曲改革的机制开始形成";② 中产阶级略显雏形,大约 6 000 万人的新社会阶层的出现,但是并没有成为维护社会稳定、推动治理变革的中坚力量;③ 社会出现断裂,不同时代的社会成分及完全不同的社会诉求同时存在,而且相互之间缺乏有机联系和整合;④社会力量分化基本完成但社会力量格局高度不均衡,社会结构先于治理结构定型,必将会强有力地影响着治理变革的方向和进程。⑤

20 世纪 90 年代的改革发展战略创造了两种完全不同的产出:经济社会的迅速发展、经济社会矛盾的加速积累,但两者都将深刻地影响治理变革进程;经济社会的发展为治理结构变革奠定基础,而矛盾的积累却对治理变革提出更为严峻的挑战。

(三) 治理变革新探索阶段

2003 年前后科学发展观及建设社会主义和谐社会战略的提出和实施,是改

---

① 萧功秦:《"软政权"与分利集团化:现代化的两重陷阱》,载《战略与管理》1994 年第 2 期,第 2~4 页。
②④⑤ 孙立平:《转型与断裂:改革以来的中国社会结构变迁》,清华大学出版社 2004 年版。
③ Kellee S. Tsai. *Capitalism Without Democracy: The Private Sector in Contemporary China*, Cornell University Press, 2007; James Mann. *The China Fantasy: Why Capitalism Will Not Bring Democracy to China*, Penguin, 2008.

革发展的一次重大战略转折。这个战略转折主要由两部分内容构成：第一，在坚持经济发展的同时，强调基本民生问题，有力地恢复社会公平，一定程度上较为有效地化解和缓和了90年代以来积累的一部分社会矛盾（特别是在农村），民生和社会公平是其战略重心；第二，稳妥地推进以行政体制改革、基层党内民主为主的治理变革，鼓励地方政府的治理变革和创新活动。

这个战略转折有效地化解一部分社会矛盾，解决一部分社会问题，舒缓社会情绪，促进社会理性，防止社会矛盾向政治矛盾的转化，为下一步的以政治体制改革为主要内容的治理变革奠定良好基础，郑永年将其概括为经济—社会—政治的发展思路和逻辑。① 然而，这个战略转折在理论上，没有明确社会矛盾的根源在于经济社会发展和治理变革的结构性不平衡，权力缺乏有效监督和制约，在战略上缺乏清晰的规划和明确的目标，行为上基本局限在探索阶段、边缘地带，这决定了一段时期内治理结构的根本性变革将不会发生，现阶段的治理变革基本未走出"善政"阶段。因此，治理变革活动仍然处于探索阶段、边缘地带，技术性远远大于战略性，实用性远远大于理论性、价值性，在更加重要的战略以及与之相匹配的理论、价值方面并未出现大的突破。

30多年治理变革的历程表明，虽然治理变革的成绩不容否认，但是相对于经济社会发展的潮流和需求而言，治理变革已经滞后。

二、我国治理变革的主要探索

改革开放以来，出于对"文化大革命"的沉痛反思以及为了适应经济社会发展的需要，在政党治理领域、政府治理领域、社会治理领域作了很多探索。这些治理变革的实践探索，既取得了一些成就为以后深入的治理变革积累了经验教训，也带有很大的局限性。

（一）政党治理探索：实现党政分开、发展党内民主、加强新时期党建

1. 实现党政分开

由于中国共产党在中国政治、经济、社会各领域事实上的核心领导地位，党政关系成为中国社会最基本、最重要的政治关系。② 党组织不仅具有与政府机构相对应的严密的科层体制，而且具有从决策到执行的系统功能，尽管从理论上

---

① 郑永年：《为什么中国要走人本社会主义道路？》，载《开放导报》2005年第2期，第18～22页。
② 朱光磊：《当代中国政府过程》，天津人民出版社1997年版，第71页。

讲，只有政府才有行政权力，但事实上，党的领导地位决定了党的系统的权力要大于政府的行政权力，政府机构不过是党的"辅政系统"。①

鉴于党政关系不规范带来的不利影响，1986年，邓小平在提出政治体制改革的步骤时，就主张要分三步走：即首先解决党政关系问题，实现党政分开，其次是权力下放，最后才是机构改革。②他明确指出党的组织不是政府，不是国家的权力机关，要认真考虑党在整个国家社会生活中的地位，党的机关、国家机关怎么改革这些问题。③鉴于党政分开在整体治理结构变革中的基础性、枢纽性地位，中共十三大报告关于政治体制改革的七部分内容中，"实行党政分开"是列第一位的。

但是，良好的政治愿望并没有取得良好的成果。进入90年代后，基于政治稳定的需要，中共十三大以后（主要是1987年、1988年）部分党政分开的举措在被废除或搁置。迄今为止，"进行了一些改革，如减少了党政交叉兼职，改变了一些书记、常委都兼任政府职务的现象；在一定程度上精简了党委工作机构和领导成员人数；初步改变了党委各部门直接对应、领导政府各部门的办法，较明确地划分了党政领导机构的职责。1982年修改和制定的新党章明确规定了党必须在宪法和法律范围内活动。不过，时至今日，以党代政的体制性问题依然没有解决好。"④

2. 发展党内民主

党的十六大报告强调，"党内民主是党的生命"，十六届四中全会的《决定》和十七大报告进一步强调了党内民主的重要性，并就推动党内民主建设提出了若干建议。自党的十六大以来，中国共产党在完善党的代表大会制度和党的委员会制度方面，在市、县一级扩大党的代表大会常任制试点方面，在完善党委内部的议事和决策机制，进一步发挥党的委员会全体会议作用方面，在改革和完善党内选举制度方面，在建立和完善党内情况通报制度、情况反映制度和重大决策征求意见制度等方面，广泛地进行了一系列探索和试点，党内民主呈现出积极的发展势头，也出现了四川平昌"公推直选"为代表的一批成功典型。⑤但是，萧功秦明确指出了"党内民主"政治实践的政策导向和局限：大体上可以认为，执政党领导层对于"党内民主"的部分观点（例如"党内生活民主化"）并不拒绝，

---

① 胡伟：《政府过程》，浙江人民出版社1998年版，第100、292页。
② 《邓小平文选》（第3卷），人民出版社1993年版，第177页。
③ 中央文献研究室：《邓小平思想年谱》，中央文献出版社1998年版，第354、173页。
④ 谢庆奎：《当代中国政府与政治》，高等教育出版社2003年版，第24页。
⑤ 陈家喜、邹永松：《十六大以来党内民主建设的实践与思考》，载《理论探讨》2005年第5期，第138~141页；王勇兵：《四川省平昌县乡镇党委公推直选调查》，载《中国改革》2007年第10期，第11~17页。

并把其纳入"有序的政治参与"的范围中来规范与定位,但对于"党政分开"的提法,则在事实上将不会予以支持,对于激进的"党内分派论"则会予以坚决否定。①

在新的环境条件下,发展党内民主是一个非常明智的决策,也是符合社会发展潮流的。但无论在具体操作层面,还是在研究层面,对党内民主的强调都回避了两个关键性的问题:党内整合与党内民主的关系,人民民主与党内民主的关系;在党内民主发展的浅层次,这两个问题并不突出,但一旦进入深水区,这就是难以回避的问题了。鉴于党内民主的性质和党所处的复杂环境,党内民主的发展有两种可能性:一是不断的克服困难,改善环境,在探索之中逐渐走上良性循环(党内民主和党内整合之间、党内民主和人民民主之间)的轨道;一是主观和客观条件的复合造成党内民主的发展逐渐偏离初始的主观愿望,甚至造成党本身的四分五裂,并有可能进一步导致社会和政治动荡。假如没有充分地认识到这种可能性,那就意味着我们理论研究和战略准备的不足。就现在的政策导向而言,很显然,并没有走出浅水区。

3. 加强新时期党的建设

世纪之初,中国共产党提出了"三个代表"的思想,认为中国共产党应该始终代表中国先进生产力的发展要求、中国先进文化的前进方向、中国最广大人民的根本利益,并认为这是"立党之本、执政之基、力量之源"。十六届四中全会《中共中央关于加强党的执政能力建设的决定》提出了应该在五个方面大力加强党的执政能力建设:不断提高驾驭社会主义市场经济的能力、发展社会主义民主政治的能力、建设社会主义先进文化的能力、构建社会主义和谐社会的能力、应对国际局势和处理国际事务的能力。

"三个代表"建党思想的提出,加强党的执政能力的决定,充分体现了中国共产党在严峻挑战面前的危机意识,与党内民主一起构成了21世纪初中国共产党的建设的三大战略。从深化治理变革的角度来看,这三大战略没有解决的一个问题就是:在治理变革过程中乃至未来的公共治理结构中,党的价值和职能定位到底是什么?某种程度上,邓小平所提出的问题,"党的组织不是政府,不是国家的权力机关,要认真考虑党在整个国家社会生活中的地位,党的机关、国家机关怎么改革这些问题",② 并没有得到彻底解决。实际上,仍然沿袭了加强"全能型政党"建设的思路,这不符合治理变革的历史发展潮流。

---

① 萧功秦:《中国大转型:从发展政治学看中国变革》,新星出版社2008年版,第204~219页。
② 中央文献研究室:《邓小平思想年谱》,中央文献出版社1998年版,第173、354页。

（二）政府治理探索：推进行政体制改革

改革开放 30 年以来，我国主要经历了 1982 年、1988 年、1993 年、1998 年、2003 年、2007 年、2013 年七次比较系统的行政体制改革。有的学者把行政体制改革的发展逻辑总结为，"呈现为行政组织调整——行政职能转变——行政能力建设——服务行政诉求的发展路径，体现为行政结构——行政范围——行政能力——行政价值的发展逻辑。"①

毛寿龙认为，中国政府体制改革在每一个阶段都取得了实质性的成果，主要表现在以下几个方面：政府组织得以越来越精简、高效；政府职能得到了迅速的转变，开始逐渐适应市场经济的需要；政府行为日益法制化，开始依靠法律规则来施政；政府权力日益分散到经济、社会和基层政治领域，自主治理的市民社会结构正在逐步发育；政府人事选拔任命和决策逐渐公开化、民主化，人事任命的个人长官意志逐渐淡化；政府运作逐渐透明化，秘密行政逐渐转变为透明行政，公民的知情权逐渐得到了认可、重视和尊重；政府与公民的权利意识逐渐凸显，新闻媒体逐渐发挥独立报道的作用，而不再仅仅是宣传工具。②

但是，随着改革的深入，行政体制改革的不足和局限也日益凸显。行政体制作为整体治理结构的一个重要组成部分，孤军深入的行政体制改革日益受到整体治理结构改革滞后的制约，如由党政不分带来的制约。③ 在某种意义上，对行政改革和行政发展最重要的问题已经超出纯粹行政学的研究范围，不彻底解决党政分开等更深层次的体制性问题，单方面的行政体制改革难以为继，也难以取得预期效果。

（三）社会治理探索：实施村民自治、发展社会中介组织

1. 实施以村民自治为代表的基层社会自治

继 20 世纪 80 年代的探索之后，20 世纪 90 年代中期，中国开始在乡村普遍推行村民委员会直接选举，这是中国治理变革的又一重大实践探索。不少人对其寄予厚望，认为这是中国政治体制改革的起点，直选将逐步由村到乡，再扩大到县、市、省，直至中央一级；有的学者则认为不能高估村民直选的意义，因为它基本上属于社会治理（相对于政府治理）的范畴，而且，迄今为止，党组织仍

---

① 谢志平：《我国改革开放以来的行政发展论析》，载《四川行政学院学报》2006 年第 6 期，第 27 页。
② 毛寿龙：《中国政府体制改革的过去与未来》，http://www.wiapp.org/wpapers/wpaper200312.html。
③ 孙浩然：《全球化背景下的行政改革》，山东人民出版社 2006 年版，第 8～37 页；曾峻：《近年来国内学术界对行政体制改革总体思路的研究》，载《上海行政学院学报》2007 年第 3 期，第 108～111 页；贾西津：《行政改革与公共治理结构变革的战略思考》，载《社会》2004 年第 4 期，第 11～12 页。

然牢牢控制着基层政治社会秩序。

无论观点如何，都不能否认村民直选的积极意义：意味着国家和社会在基层社会的初步分离，社会的自组织发育；虽然在具体操作过程中，有很成功的案例，也有很不如意的案例，但无论如何都为更大范围的选举和治理变革积累了经验和教训。也不能否认其局限性：在微观上，两委关系以及村委会和乡镇党委、政府的关系成为一个新的难题，迄今为止，探索很多，但是仍没有彻底解决；在宏观上，村民委员会直选毕竟只是地域性、局部性的选举，它的意义更主要的是针对乡村发展问题而不是中国改革的全部，对于宏观治理变革中的重大问题，例如，党政关系、党的转型、腐败问题、央地关系问题、民族问题等，村民委员会直选无法提供直接而及时的制度支持，相反，宏观的一些体制问题在时刻制约着村民自治的深入发展。

2. 发展社会中介组织

基于市场经济的需要，20世纪90年代以来，中国在政策上积极鼓励社会中介组织的发展。1993年11月14日，中共十四届三中全会通过的《中共中央关于建立社会主义市场经济体制若干问题的决定》提出：发展市场中介组织，发挥其服务、沟通、公正、监督作用……中介组织要依法通过资格认定，依据市场规则，建立自律性运行机制、承担相应的法律和经济责任，并接受政府有关部门的管理和监督。2003年10月14日，中共十六届三中全会通过的《中共中央关于完善社会市场经济体制若干问题的决定》指出：积极发展独立公正、规范运作的专业化市场中介服务机构，按市场化原则规范和发展各类行业协会、商会等自律组织。2004年，中共十六届四中全会指出：发挥社会行业组织和社会中介组织提供服务、反映诉求、规范行为的作用。2006年3月14日，《中华人民共和国国民经济和社会发展第十一个五年规划纲要》第四篇指出：规范发展会计、审计、税务、资产评估、校准、检测、验货等经济鉴证类服务。2005年，国务院总理温家宝在十届人大三次会议上所作的《政府工作报告》指出：坚决把政府不该管的事交给企业、市场和社会组织，充分发挥社会团体、行业协会、商会和中介机构的作用。在此政策导向下，20世纪90年代以来，我国社会中介组织取得了较快的发展，为促进市场经济的发展发挥了巨大作用。

但是我国社会中介组织的发展有两个特点很明显。第一，政策的经济导向和技术性导向非常明确，发展社会中介组织是因为社会中介组织是市场经济规范运作的基础，在维护经济秩序、促进经济发展等方面具有重要的作用。相应的，在社会中介组织的发展实践中，主要是通过社会中介组织的发展为经济服务、为充分发挥现有治理模式的潜力服务，它在促进权利自治和制约公权方面所起的作用很小。所以，很难将社会中介组织的发展等同于作为现代治理基础的公民社会的发展，因为在现代治理结构中，公民社会最重要的功能是权利自治和制约公权。第二，社会中介组织对政府以及政府官员的依赖性非常强。一方面，有些就是政府直接操办的，实际上是政府意志的延伸；另一方面，在现行治理结构中，社会中介组织与公权的地位很不平衡，社会中介组织很难制约公权反而经常被公权操纵和左右，社会中介组织正常作用的发挥也高度依赖公权的支持。社会中介组织对政府以及政府官员的高度依赖性不仅大大影响了其正常功能的发挥，在很多情况下反而成为不利于正常市场竞争的因素，例如，律师行贿的普遍性、会计师做假账的普遍性。明确的政策导向，社会中介组织对权力的依赖性，以及部分社会中介组织在发展过程中价值和职能的变异，决定了其对中国治理变革的积极意义是有限的。

回顾30多年治理变革的主要探索可以发现：政党治理的探索、政府治理的探索、社会治理的探索紧密地交织在一起，政党治理的探索在根本上制约了政府治理和社会治理的探索，没有政党治理探索的突破性进展，政府治理与社会治理的探索很难取得突破性进展。坚持党的领导、人民当家做主与依法治国的有机统一，是现阶段指导政党治理、政府治理、社会治理各项治理变革探索的最高原则，实现"党的领导、人民当家做主与依法治国"的高度有机统一也是我党理想的政治目标。但是，迄今为止，在理论上，对三者的关系，出于良好政治愿望的政治论证取代了严格的学术探索，而不深入认识其可能的内在冲突就难以更好地协调三者关系；在制度上，缺乏有效的制度来协调三者关系；在组织上，具体表现为，人民代表大会很大程度上仍然处在"橡皮图章"的地位，政府不过是党委的执行机构，司法机构也很难摆脱地方党组织乃至政府的干预和影响。维持现有的认识和实践思路，理论上、实践上的自相矛盾会随时间的推移而日渐突出。以党政分开、行政体制改革、村民自治、党内民主、加强党的执政能力建设为代表的治理变革探索之所以效果不够理想，与理论上、制度上、组织上对三者关系的处理不到位密切相关。

三、我国治理变革的基本特征

从30多年中国治理变革的实践过程可以总结出，中国治理变革体现出如下几个方面的特征：

一是渐进性。回顾中国治理变革可以发现，渐进性是其最首要的特征，30年中国治理变革过程整体上体现为一个渐进的过程：从一元治理到多元治理，从集权到分权，从人治到法治，从管制型政府到服务型政府，从党内民主到社会民主等治理变革成绩的取得呈现为一个渐进的过程；另一方面，治理变革所面临的深层次问题的积累和凸显也呈现为一个渐进的过程。

二是实用性。30 年的治理变革是逐步摆脱各种僵化的教条限制的过程,也是一个实用主义主导的过程,如托马斯·海贝勒所言,"政治实用主义是中国发展模式和政治文化的显著特色。"① 海贝勒认为,这种实用性可以体现为多个方面,"政治上,共产党已经从一个阶级的政党发展成为一个人民的政党。意识形态上,政府的目标不再是一个遥不可及的'共产主义',而是一个不太遥远的'和谐社会'。政权的合法性不再基于意识形态之上,而是基于对现代化、增强国力、维护稳定、建立社会主义以民主等承诺。"②

三是政治改革滞后性。在 20 世纪 80 年代治理变革的初步探索阶段,就已经认识到政治体制改革的必要性和紧迫性,但是 1986~1988 年政治体制改革探索并未取得大的突破。在 90 年代以维护稳定为中心的治理变革阶段,经济体制改革迅速推进,政治体制改革相对滞后甚至停滞。在治理变革的新探索阶段,虽然日益认识到政治体制改革的必要性和紧迫性,也在党内民主、大部制等多方面作出了很多有益的探索,但并未根本改变政治改革滞后的局面。大部分学者认为政治体制改革相对滞后是不利于长期发展的,但以邹东涛为代表的一部分学者则把"经济改革'理性超前(激进)'和政治改革'理性滞后(保守)的非对称组合'"视为中国模式成功的基本经验之一,因为其"确保了中国的长期稳定,从而促成了中国改革开放取得了巨大的成功"。③

四是技术性。技术性体现为三个方面:不是从权力与权力、权力与权利、权利与权利的基本制度上根本调整现有治理结构,而是立足现有治理结构,致力于运用各种手段让其发挥最大治理潜力、实现最大治理效益;变革是必要的,但不是从价值、职能、组织、制度上重构"政党治理—政府治理—社会治理"的基本关系,而是通过各种技术性问题的变革,充实和巩固现有的基本治理结构;在变革策略上,采取从外围到核心的路线。

这种技术性渐进变革有其独特的优势。首先,有利于在我们这样一个国情复杂、秩序需求极高的国度保持政治社会稳定,而政治社会的稳定是经济的发展重要先决条件之一;其次,有利于现代治理基础要素(民间传统、价值、理念、习惯、思维行为方式、组织技巧等)的渐进发育,现代治理的正式制度可以在短期内速成,但制度赖以健康运作的各种基础性支撑要素是不可能速成的,特别是在我们这样一个具有深厚悠久的专制传统的国家;最后,有利于在探索中积累经验教训,提高驾驭复杂的治理变革进程的能力。

---

①② 俞可平等:《中国模式与"北京共识":超越"华盛顿共识"》,社会科学文献出版社 2006 年版,第 116 页。

③ 同①,第 418~419 页。

虽然技术性渐进变革在一段时期内有其独特优势，但随着整体社会转型的发展、治理变革的深化，其优势渐失，而局限性则日益突出。随着经济社会的迅速发展，以行政控制为主的稳定模式越来越难以满足社会需要，在局部地区，因为维护稳定手段和形式的落伍反而在实践中变成制造不稳定的因素；思想、舆论和组织的控制在维护政治社会稳定的同时，越来越不利于现代治理基础要素的健康发育；政治改革滞后的副作用日益突出，治理结构的落后已经日益严重地制约经济社会的健康发展，成为滋生腐败、垄断、权钱交易、社会不满的温床。

第三节 我国学界对政府治理的理解

一、国内学界对政府治理的研究

根据对国内学术期刊网相关文献的查询，国内最早以"政府治理"为题的学术文章出现于 2000 年，共 3 篇。杨冠琼的文章着重分析了自 20 世纪 90 年代以来西方发达国家掀起的旨在构建适应经济全球化的政府治理范式运动的基本内涵、兴起的动因及其理念取向，目的是把握经济全球化时代政府治理范式创新的大趋势，以便为我国行政改革理论的完善和行政改革实践的推行提供有益的启示和借鉴。[①] 王世雄的文章认为，为了应对加入世界贸易组织的挑战，需要转变政府与市场和企业的关系，规范政府管理方式，提高政府治理水平；为此，必须建构新型的政府行为理念和政府行为方式。"入世"并不等于政府放弃社会经济管理权力，而是在合理界清政府权力和责任边界的基础上，进一步提高政府的治理水平。[②] 张成福提出，政府治理意味着对人们行使属于社会的权力，也意味着治理者（政府及其公职人员）切实履行社会契约规定的条件。[③] 同时，有的研究者探讨了从管理到治理的转变原因和过程，认为政府治理的关键是法治。[④] 有的研究者基于直选乡长的案例，分析了我国基层政府治理模式变迁的原因、机制以及

---

① 杨冠琼：《经济全球化与发达国家的政府治理范式创新运动》，载《北京行政学院学报》2000年第2期。
② 王世雄：《规范政府管理方式提高政府治理水平》，载《探索与争鸣》2000年第7期。
③ 张成福：《责任政府论》，载《中国人民大学学报》2000年第2期，第75～82页。
④ 黄灵荣、申佳陶：《法治：政府治理的理性》，载《理论与改革》2001年第2期。

所带来的正面和负面的影响。[①]

从2002年开始，我国学术界在引进、介绍西方关于政府治理理论的基础上做了一些消化、吸收方面的工作。这一阶段的文章在借鉴西方相关政府治理的新公共管理理论的基础上，初步探讨了我国政府治理方面的一些理论问题。有的研究者探讨了当代政府治理变革中的制度设计与选择，[②] 有的文章认为，在全球化大背景下，中国政府治理变革的目标有四个：有限政府、法治政府、分权政府、民主政府。[③]

在学术专著方面，顾丽梅运用新制度主义的分析方法对政府治理理念与政府范式进行了深入的研究，系统地把行政发展纳入制度分析的框架中。[④] 唐娟认为，治理的原有含义就是"核心政府治理"的问题，在现代民族国家形态下，政府对社会事务的渗透和控制空前强化，运用社会和市场机制治理公共事务从实质上看只是政府治理公共事务的方式和工具。[⑤] 黄德发运用制度经济学、政治学和公共管理学的理论与方法，从多维的角度研究和探讨了政府治理范式的变迁与走向，对政府在治理秩序中制度供给与作用进行了深入分析。[⑥] 马运瑞提出，中国政府治理的前提是能否把以宪治国、以宪执政、以宪行政真正落到实处，第四（互联网）、第五媒体（手机网路）的出现为我国政府治理提供了最佳的工具。[⑦] 王平以中国城市政府的电子政务建设与"网上上海"为切入点，探究了全球化、信息化背景下中国城市政府治理的基本理念、城市治理模式的创新以及"电子政府"建设对政府管理体制改革和城市发展的作用与影响。[⑧]

2005年，经济合作与发展组织发表《中国治理》的研究报告，该报告由清华大学出版社2007年出版中文版。该报告充分肯定了中国政府提出的科学发展观和和谐社会的理念，针对中国面临的治理挑战，报告提出，为提高中国政府的治理能力，中国需要改革的领域集中在：重新界定国家的作用，完善治理手段，调整各级政府之间的关系，巩固市场力量的制度框架。中国政府优先改革的领域包括：公共支出方面缩小范围、改变重点，建立规范政府参与经济行为的新制度，中国行政事业单位的改革，不彻底的组织变革给各部门协调带来的

---

① 唐娟：《基层政府治理变迁的制度分析——以四川省遂宁市市中区步云乡乡长直选为个案》，载《理论与改革》2001年第4期。
② 孙柏瑛：《当代政府治理变革中的制度设计与选择》，载《中国行政管理》2002年第2期。
③ 杨宏山：《经济全球化与中国政府治理变革》，载《广东行政学院学报》2003年第5期。
④ 顾丽梅：《信息社会的政府治理：政府治理理念与治理范式研究》，天津人民出版社2003年版。
⑤ 唐娟：《政府治理论：公共物品供给模式及其变迁考察》，中国社会科学出版社2006年版。
⑥ 黄德发：《政府治理范式的制度选择》，广东人民出版社2005年版。
⑦ 马运瑞：《中国政府治理模式研究》，郑州大学出版社2007年版。
⑧ 王平：《城市信息化与政府治理模式的创新》，学林出版社2006年版。

巨大挑战。①

2013年11月,党的十八届三中全会通过的《中共中央关于全面深化改革若干重大问题的决定》指出,全面深化改革的总目标是"完善和发展中国特色社会主义制度,推进国家治理体系和治理能力的现代化"。"治理"成为《决定》中的关键性概念,从国家治理、政府治理、社会治理,到事业单位法人治理、公司法人治理、学校内部治理、社区治理,"治理"概念在《决定》中被明确直接提及24次之多。有的研究者指出,国家治理的基本含义就是在中国特色社会主义道路的既定方向上,在中国特色社会主义理论的话语语境和话语系统中,在中国特色社会主义制度的完善和发展的改革意义上,中国共产党领导人民科学、民主、依法和有效地治国理政。在中国共产党人治国理政的话语和理论意义上,"政府治理"是指在中国共产党领导下,国家行政体制和政权体系遵循人民民主专政的国体规定性,基于党和人民根本利益一致性,维护社会秩序和安全,供给多种制度规则和基本公共服务,实现和发展公共利益。政府治理包括:政府自身的治理优化,政府对经济活动和市场活动的治理,政府对社会公共事务进行的管理活动。②

有的研究者对政府治理能力现代化进行了探讨,认为政府治理现代化的本质特征是分权化、民主化、科学化和法治化,推进政府治理现代化,必须适应现代化建设的基本趋势和基本要求,切实提高政府科学行政、民主行政、依法行政水平,并实现科学行政、民主行政、依法行政的制度化、规范化和程序化。③

二、国内学者对西方理论本土发展与转化的基本语境

治理虽然是一个很有启发性和借鉴意义的分析概念,但是由于中西之间存在根本性差异,因而要促进治理理论的本土发展和转化,使之成为一个有效的分析和研究视角,首先必须明确治理理论本土发展和转化的基本语境。

(一)治理所处社会发展脉络不同

在西方社会发展脉络中,"治理"是西方社会先后经历市场失灵、政府失灵之后探索走出双重失灵困境的一种努力。1929年的经济危机凸显了自发性市场

---

① 经济合作与发展组织:《中国治理》,清华大学出版社2007年版。
② 王浦劬:《国家治理、政府治理和社会治理的基本含义及其相互关系辨析》,载《社会学评论》2014年第3期,第12~20页。
③ 薄贵利:《推进政府治理现代化》,载《中国行政管理》2014年第5期,第52~57页。

秩序内在的不足,是为"市场失灵";为应对市场失灵,凯恩斯式的政府干预遂大行其道,以政府干预弥补市场的内在不足。进入20世纪70年代以来,经济发展的"滞胀"局面、官僚机构的扩张和低效等政府干预的负面效应逐渐显现,又使人认识到政府干预的内在不足,是为"政府失灵"。在这种社会发展脉络中,很大程度上,"治理"话语的兴起是走出市场和政府双重失灵的一种探索努力,尽管这种探索不一定很成功。对此,杰索普概括为,"越来越多的人热衷于以治理机制对付市场和(或)国家协调的失败";[①] 俞可平则明确指出,"就其直接原因而言,西方的政治学家和管理学家之所以提出治理概念,主张用治理替代统治,是他们在社会资源的配置中既看到了市场的失效,又看到了国家的失效。"[②]

在中国的社会发展脉络中,"治理"话语为我国治理变革提供了一种有益借鉴。中国社会正处于深刻全面的转型过程中,胡鞍钢将其概括为多重交织的转型:市场转型,由计划经济体制向市场经济体制的转型;政治转型,由全能政治向现代民主政治的转型;社会转型,由农业社会向工业社会、信息社会的转型,由乡村社会向城市社会的转型;开放转型,由封闭社会向开放社会的转型。[③] 在这种全面而深刻的转型过程中,主要不是西方意义的"市场失灵"问题,而是市场机制不到位不健全被扭曲的问题;主要不是西方意义的"政府失灵"问题,而是权力规范不够、公共服务型政府建设还不到位的问题。因而在这种发展脉络中,"治理"话语的生命力不在于弥补"政府失灵"、"市场失灵",而首先在于建设性的促进政府—市场的健康发育和发育过程中的良性循环互动。正如秦晖所言,"西方的第三部门是要克服现代社会中的'政府失灵'与'市场失灵',具体地讲,就是'民主制福利国家失灵'与'规范竞争的市场失灵'……而在中国问题也许在于'福利国家'还不够,'自由市场'还不够,因此,中国的第三部门一方面当然要认识到市场逻辑与政府逻辑本身的局限性,并有针对性地克服我们特定的'政府失灵'及'市场失灵',但另一方面,也要认识到'政府有效'与'市场有效',并积极地配合第一、第二部门中争取有效政府与有效市场的努力——而这,是西方的第三部门完全不必操心的。"[④]

---

① 杰索普:《治理的兴起及其失败的风险:以经济发展为例的论述》,载《国际社会科学》(中文版) 1999 年第 2 期。
② 俞可平:《治理与善治引论》,载《马克思主义与现实》1999 年第 5 期,第 38~39 页。
③ 经济合作与发展组织:《中国治理》,清华大学出版社 2007 年版,第 8 页。
④ 秦晖:《从传统民间公益组织到现代"第三部门"——中西公益事业史比较的若干问题》,载秦晖:《传统十论》,复旦大学出版社 2003 年版,第 160~161 页。

（二）治理立基的社会结构不同

经过几百年的发展，西方发达国家已经形成比较合理的社会结构，即"两头小、中间大"的中产阶级成为主体的"菱形"（或"橄榄形"）社会结构，以美国社会结构为例，美国的中产阶级劳动力大约占社会总劳动力的 40%，虽然出现一些新的变化，但这种社会结构并没有根本改变，"发达国家的社会结构目前仍然是橄榄形的，其社会仍是以中产阶级为主要基石。"① 这种社会结构有利于社会稳定，也有利于"治理"的形成和健康运行。

而中国社会目前是一个"金字塔形"社会结构，孙立平认为，自 20 世纪 90 年代以来，一个拥有社会中大部分资产的强势群体已经形成。构成这个强势群体的，有三个基本组成部分，即经济精英、政治精英和知识精英。而在整个 90 年代，则是这三部分精英形成共识和建构联盟的时期。弱势群体主要由三部分人构成：除了部分富裕农民之外的贫困农民、进入城市的农民工和城市中的失业下岗工人。这三部分人几乎构成了中国人口的绝大多数。② 陆学艺主持的大规模社会调查也基本证实了孙立平的观点。③ 中国现阶段的社会结构不利于社会稳定，也不利于"治理"的形成和健康运行。

（三）治理的发育过程不同

治理依赖政府与市场和第三部门的良好合作，这三者在西方社会是一个历时性的次序发育的漫长过程，"对于西方国家来说，经过三四百年的积累，国家、市场和社会（'第三部门'）均先后发育起来，三者之间彼此的分工和相互支持、合作的良性态势基本上形成。而对于广大发展中国家来说，要达到这个境界，还有漫长的路要走。"④

在中国，这三者的发育是一个共时性的过程，我们面对的，没有成熟的市场，没有成熟的第三部门，也没有一个成熟的政府。这不仅带来了发展中国家特有的"转型两难"问题："政治变革导致传统权威的合法性危机，进而引发社会结构的解体和普遍的失范，作为对这种失序状态的回应，政治结构往往向传统回归，而这又使政治结构的转型胎死腹中。这种历史上出现的两极徘徊在当代则演

---

① 陆学艺：《菱形社会阶层分化》，http：//news.xinhuanet.com/globe/2007~03/16/content_5855389.htm。
② 孙立平：《权利失衡、两极社会与合作主义宪政体制》，载《战略与管理》2004 年第 1 期，第 2 页。
③ 陆学艺：《当代中国社会阶层研究报告》，社会科学文献出版社 2002 年版。
④ 曾峻：《公共秩序的制度安排：国家与社会关系的框架及其运用》，学林出版社 2005 年版，第 208 页。

变为'一放就乱，一乱就统，一统就死'的恶性循环。"① 而且也带来我们所特有的担忧，"我们希望精简政府的职能，但我们担心谁能真正代替政府去承担这些社会职能；我们希望有更多的社会力量承担日益加剧的社会管理成本，但是我们也担心对这些组织化的社会力量的控制能力；我们希望培育一些适当的、可控的社会组织去代行社会化的公共管理职能，但是官僚式的管理方式、退居二线的老人队伍、传统机关思维构成的工作作风实际上并不能够给我们提供我们所期待的助益；我们希望解脱对于庞大的国有企事业的直接操控模式，但是现在所得到的任何一种解脱之道都很难得到所有方面的认可或在操作中避免走形；各种渠道给予我们的新的管理知识要求我们寻求更为开明的工作之道，但我们的体制安全感仍要求我们固守某些刻板的意识形态教条；我们需要更多的、真正能在公共部门中负起责任来的专家型管理者，但是能干的管理者往往在他的地盘上建立起控制力较强的专有资产体系，从而危及监督者及公众对他的控制。"②

（四）治理面对的问题集不同

在西方社会，"治理"的兴起是为了更好地解决"政府失灵"和"市场失灵"带来的公共产品供给的效率和官僚主义问题，因而追求公共产品供给的效能和公共产品供给过程中的民主参与是其主要内容。③ 而对于中国而言，不仅面临公共产品供给的效能问题和公共产品供给过程中的民主参与问题，而且面临更为严峻的政治和社会整合问题、改革的攻坚问题、发展的可持续性问题、国家安全和统一问题、人口和就业问题、社会道德败坏问题、系统性的腐败问题等。就这些问题的解决而言，首先需要的是一个能够维持政治和社会整合的政府，公共物品供给的效能和民主化是追求的目标，但是在价值排序上却不可能是第一位的目标。换言之，即使治理理论能较好地满足西方社会的实践需要、解决西方社会所面临的问题，由于"问题集"的转换，治理理论未必能够满足我国的实践需要、较好的解决我们的问题；假如治理理论不能很好地解决我们所面临的问题的话，那么它就需要本土化改造以适应中国社会发展需要，或者作为一种理论在中国失去生命力。

（五）治理主体的政治理性化程度不同

在治理理念中，全部国民都是可能的治理主体；作为治理的参与主体，要求

---

① 邓正来：《市民社会理论的研究：（序〈国家与市民社会〉）》，载《中国书评》1995 年第 7 期。
② 袁岳：《新公道：公共管理新视野》，北京大学出版社 2005 年版，第 1 页。
③ 曹任何：《治理的兴起与政府合法性重建》吉林大学 2004 研究生学位论文。

理性、建设性、合作性参与到社会治理事业中去。在西方社会，由于文化传统以及路径依赖等因素，国民的政治理性化程度较高，能够理性、建设性、合作性的参与到治理事业中去。而在中国，政治理性化的历史传统和现实土壤都比较匮乏。非理性政治传统根基深厚，贫富收入差距的拉大、弥散性的腐败等因素导致纵向对比产生的心理失衡和横向对比产生的心理失衡广泛存在，以至于有的学者说，由于比较严重广泛的腐败、社会分配差距过大、失地农民数量增加、城镇下岗失业工人难以消化、大学生失业率增加等原因的复合交织，中国社会底层酝酿着"毛泽东情结"。[1] 情绪是不讲理的，只要情绪的累积达到了一定程度，它就会自发的寻求发泄渠道，如果不予以有力有效的引导消解转化，那么这种社会情绪的酝酿和积累能够冲垮最坚固的堤防；而非制度化生存现状[2]、非制度化参与传统[3]、社会运动体制化的缺失[4]，都会使本意促进"善治"的诸多措施带来秩序和整合隐忧。

第四节 政府治理模式的内涵、要素与特点

一、政府治理模式的内涵

随着治理理论在西方国家的兴起，国内学术界对此关注的影响日益广泛和深化。目前与治理相关的理论研究领域包括公司治理、公共治理、社会治理和政府治理等，虽然研究的内容与方法迥异，但结合我国的现实来看，无疑政府治理的研究应该成为重点和核心。从学术概念本土化角度来看，政府治理可能是比较适合中国语境的概念，中国的治理实践远非西方发达国家的治理实践，政府治理可能是恰当地概括了中国治理实践的概念，根据对已有资料的分析，大致可以归纳为以下几种原因：政府治理最能体现中国转型期的特征；政府治理是走向现代国家过程中对秩序的需要；政府治理是中国经济社会发展的阶段性的结果；政府治

---

[1] 王力雄：《中国社会底层的"毛泽东情结"与潜动》，载《当代中国研究》2004 年第 3 期。
[2] 孙立平：《权利失衡、两极社会与合作主义宪政体制》，载《战略与管理》2004 年第 1 期，第 7 页。
[3] 陶东明、陈明明：《当代中国政治参与》，浙江人民出版社 1998 年版。
[4] 赵鼎新：《西方社会运动与革命理论发展之述评——站在中国的角度思考》，载《社会学研究》2005 年第 1 期。

理也是政府转型的需要①。主流的学者大部分都致力于在反思和批判西方治理理论的基础上,探讨符合我国实践需要的政府治理研究。

政府治理包含两层含义:首先,它意味着政府对人们行使属于社会的权力,政府代表社会施政,从社会获取权力以促使全体社会成员履行自己的社会义务并使他们服从法律;同时,它意味着政府及其公职人员切实履行社会契约规定的条件,即保证社会利益、促进社会公共意志的实现②。后一层含义表明了政府治理的实质,即如何实现社会利益。

政府治理模式作为政府治理的具体范式,其内涵的厘清应从变迁过程中去探寻。大多数学者对政府治理模式的研究起点为19世纪末以后,事实上19世纪末以前政府在运行过程中也形成了约定俗成的制度框架。李莉将19世纪末以前的政府治理称之为早期的政府治理模式。休斯认为早期的行政系统是个人性质的,即以效忠国王或大臣等某个特定个人为基础,而不是个性化的,即以合法性为基础并忠于组织和国家,这种模式实践的结果常常导致谋求个人私利的贪污腐败和权力的滥用,导致政党分赃制的产生。③ 早期的政府治理模式是以非法制性约束为基本特征,主要以韦伯所谓的传统型合法性和个人魅力型合法性为基础的。而19世纪末以后,政府治理模式的形成以法理型合法性为主。

从19世纪末到20世纪70年代,这期间的政府治理模式被彼得斯称为传统的政府治理模式,学术界基本沿用了此称谓。此模式以早期行政科学的政治—行政二分与韦伯的理想官僚制为基础。其主要特点为:功能分化、结构严密、权力责任过于明确;职位分等、上令下行;专业化、技术化、工具主义倾向;规则取向、纪律严明、等级森严;追求严密性、合理性、适用性和稳定性;效率为本、非人性化管理等特质。④ 20世纪70年代以来,伴随着新公共管理运动的兴起,新的政府治理模式开始出现。首先,为竞争性政府治理模式,即以奥斯本和盖布勒在《改革政府》中提出的"企业化政府"治理模式,该模式包括十大原则:企业化政府是起催化作用的政府,它的职能是掌舵而不是划桨;企业化政府是社区拥有的政府,它旨在授权而不是服务;企业化政府是竞争性政府,即把市场机制注入提供公共服务的活动中去;企业化政府是有使命的政府;企业化政府是讲究效果的政府,它按效果而不是投入拨款;企业化政府是受顾客驱使的政府,它满足顾客的需要而不是官僚需要;企业化政府是有事业心的政府,它强调收益而

---

① 包国宪、霍春龙:《中国政府治理研究的回顾与展望》,载《南京社会科学》2011年第9期,第63~64页。
② 张成福:《责任政府论》,载《中国人民大学学报》2000年第2期,第75~82页。
③ 李莉:《政府治理模式的路径变迁与现实选择》,载《岭南学刊》2009年第2期,第87页。
④ 曾凡军:《西方政府治理模式的系谱与趋向诠析》,载《学术论坛》2010年第8期,第44页。

不是浪费；企业化政府是有预见的政府，它治理公共事务的原则是预防而不是治疗；企业化政府是分权的政府，强调各个层级和部门的参与和协作；企业化政府是以市场为导向的政府，它通过市场力量进行内部变革。① 其次，有英国学者费利耶在《行动中的新公共管理》中提出的四种政府治理模式：效率驱动模式；小型化与分权模式；追求卓越模式；公共服务取向模式。除此之外，还有国内学者反复提起的美国学者彼得斯在《政府未来的治理模式》中提出四种治理模式：市场化政府治理模式、参与型政府治理模式、弹性化政府治理模式、解制型政府治理模式。

针对新公共管理在理论和实践中的纰漏，西方出现了新的政府治理模式。较具代表性的有：登哈特夫妇提出的新公共服务治理模式、希克斯等提出的整体性治理模式、戈德史密斯和爱格斯的网络化治理模式、阿格拉诺夫和麦圭尔的协同政府治理模式、奥斯特罗姆夫妇的多中心治理模式、英国布莱尔政府的协同政府治理模式和美国政府的全球—区域—邻里治理模式。

我国学术界也对有中国特色的政府治理模式进行了探讨。该阶段的文章与专著探讨的政府治理模式大致有：企业型政府、知识型政府、回应型政府、公共服务型政府、政府主导—社会合作型政府、统合主义政府治理模式等。

关于企业型政府，孙学玉在《企业型政府论》中提出，企业型政府是公共行政改革过程中运用企业家精神和企业理论改造传统运作方式，使其具有顾客至上、成本意识和创新精神的政府，是公共行政从传统官僚制向后官僚制转换的一种理想模式。企业型政府治理模式强调：顾客至上的理念，政府功能应侧重于掌舵而不是划桨，政府运作方式的市场机制的引进，放松政府规制，有限政府的基本准则。②

关于知识型政府，研究者提出，知识型政府是顺应经济全球化与知识经济时代应运而生的新型的政府治理模式，它以信息技术为技术支撑，以知识管理为基本手段，以知识资源为核心资源，以开放、互动为外在特征，以提高效率、改善质量为根本宗旨。③ 知识型政府是对企业型政府的修正，是对法治型政府的超越，是对服务型政府的支撑，是对学习型政府的拓展。④

关于回应型政府，研究人员认为，所谓回应型政府是指在民主政治的框架

---

① 奥斯本、盖布勒：《改革政府：企业精神如何改革公共部门》，上海译文出版社 1996 年版。
② 孙学玉：《企业型政府论》，社会科学文献出版社 2005 年版。
③ 郄永勤、张其春：《知识型政府：一种新型的政府治理模式的构建》，载《中国行政管理》2006 年第 10 期。
④ 苗振国、张德祥：《知识型政府：知识管理视角下的政府治理新模式》，载《科技管理研究》2008 年第 5 期。

下，通过法定程序组建的政府，① 它以公共治理为理念，以解决公共问题、社会问题为责任，体现以民为本、服务导向、合作共治、及时反应、依法治理的特征，具有稳定、可靠、可持续发展的回应性和回应机制，是一种有效回应社会所需的政府及其治理模式。② 回应型政府构筑于政府积极行政、公民及社会中介组织参与行政的基础之上，同时将一种自我矫正的精神注入政府管理过程。③

关于公共服务型政府，研究者提出，我国政府需要转变观念，实现从经济建设型政府向公共服务型政府的转变，政府要为经济发展提供良好的市场环境和有效的公共服务，要提供经济性公共服务、社会性公共服务和制度性公共服务。④ 李军鹏的《公共服务型政府》一书，则系统地研究了加入世界贸易组织后中国社会公共需求的增长状况，提出了中国政府公共服务的指标体系，进行了中国政府公共产品供给的国际比较研究，系统研究了中国特色公共服务的模式与战略，提出了推进中国政府职能战略转变、建设公共服务型政府的对策与措施。⑤

关于政府主导—社会合作型政府，张立荣、冷向明认为，我国未来的政府治理范式应该强调政府与社会的合作，强调自上而下的管理和自下而上的参与的结合，强调管理主体的多样性，强调政府对公民的服务，强调引入市场机制，从而建立起政府、市场、社会三维框架下的多中心治理体制，以实现"善治"。⑥ 张立荣、方堃还从复杂适应系统理论的视角，剖析了我国传统政府治理模式的弊端，提出建构适应外部复杂动态环境、政府主导、非政府组织、企业组织和公众合作互动的协同治理模式。⑦

关于统合主义政府治理模式，有的研究人员提出，统合主义政府治理模式提供了特有的社会化管理模式，这种管理模式可以是国家或政府与其他社会或政治机构、协会之间的关系。国家在其中扮演的角色是建筑师或政治秩序的立法者，国家或政府通过中介机构发挥渗透、汲取、协调能力，从而实现国家或政府的间接管理职能。统合主义有效地处理了国家与社会、政府与市场之间的关系，有利

---

① 王成兰、刘富春等：《回应性政府：构建和谐社会对政府治理模式的必然要求》，载《探索》2005 年第 5 期。
② 卢坤建：《建设回应型政府：责任观、绩效观与服务观》，载《学术研究》2008 年第 5 期。
③ 刘泽伦、刘小云：《迈向回应型政府——全球化下政府治理范式转换的路径》，载《江淮论坛》2006 年第 5 期。
④ 迟福林：《门槛——支付中心与改革攻坚》，中国经济出版社 2005 年版。
⑤ 李军鹏：《公共服务型政府》，北京大学出版社 2004 年版。
⑥ 张立荣、冷向明：《当代中国政府治理范式的变迁机理与革新进路》，载《华中师范大学学报》（人文社会科学版）2007 年第 2 期。
⑦ 张立荣、方堃：《公共危机与政府治理模式变革——以复杂适应系统理论（CAS）为研究视角》，载《北京行政学院学报》2008 年第 2 期。

于保障国家的社会经济发展。以日本和韩国为代表的东亚发展型政府模式，也属于该种政府治理模式。①

俞可平在《中国治理变迁30年（1978~2008）》一文中，对改革开放30年来中国治理变革的主要方向、重点内容、影响因素等进行了系统的回顾与分析，认为中国正在形成一种特殊的治理模式，这种模式既不同于传统的社会主义模式，又不同于西方国家的资本主义模式。中国特色的治理模式还没有定型，还正在形成之中，它具有四个方面的明显特征，即以党组织为主导的多元治理结构，条块结合的治理格局，稳定压倒一切的核心价值，法治与人治同时起着重要作用的治理方式。②

这些新的政府治理模式的共性主要表现为：均主张政府服务应以社会和公众的需求为导向；更加重视政府的产出、结果、效率和质量；主张放松行政规制，实行绩效目标管理，强调对绩效目标完成情况的测量和评估；主张政府应广泛采用企业中成本——效益分析、全面质量管理、目标管理等管理方式；主张取消公共服务供给的政府垄断，对某些公营部门实行民营化，让更多的私营部门参与公共服务的供给；重视公共人力资源管理，提高认识管理的灵活性。③从政府治理模式的变迁路径中可以透析出：政府治理模式的目标为有效地回应公民需求，更为高效地实现公共利益；政府治理模式本身是个内在体系，既包括政府治理价值，也包括政府治理结构和政府治理工具，所以说政府治理模式的构建是个系统的工程，是政府整体性的变革，而不是局部修修补补；政府治理模式并不是一个固定不变的范式，而是随着社会、经济和科学技术的进步，不断地发展演变，同时不同国家的国情也决定了政府治理模式有其内在的发展逻辑，遵循不同的内在规律，由此而形成多样化的政府治理模式。

由此，政府治理模式可以定义为：依据本国的社会经济条件，为高效实现公共利益，由政府治理理念、政府治理结构和政府治理工具构成的内在关联的体系范式。

二、政府治理模式的要素

政府治理模式作为体系范式，其要素主要包括政府治理理念、政府治理结构和政府治理工具，三者在相互作用和相互联系中形成一个内在的体系系统。

---

① 曹海军、文长春：《"统合主义"政府：一种新型的政府治理模式》，载《理论探讨》2006第4期。
② 俞可平：《中国治理变迁30年（1978~2008）》，载《吉林大学社会科学学报》2008年第3期。
③ 唐娟：《政府治理模式变迁：理论范式和实践绩效》，载《行政与法》2004年第10期，第9页。

（一）政府治理理念

政府治理理念作为整个模式体系的价值导向，规范着政府治理结构的重构与变革，也是政府治理工具选择的标准和终极目标。总体而言，政府治理理念就可以概括为如何高效地实现公共利益，即如何满足公民日益增多的公共需求的价值导向。当今公共需求不但在范围上更加广泛，而且对质的要求也不断提高。政府治理理念的树立，是一个对公共利益的全面审视过程。只有深刻地认识到公共利益在政府治理模式中的核心和关键性作用，才能使政府治理模式的构建符合公民的内在需求。

公共利益本身并不能简单地等同于政府利益。政府治理过程中的主体也是理性经济人，目标也是追求个体利益的最大化。实际上政府作为一种制度安排，如同市场制度一样，同样是内生变量，其自身的运行及其向公众提供服务和公共产品同样存在交易成本问题。[1] 政府利益可以划分为正当利益和失常利益。正当利益是法律赋予政府的人、财、物等资源及相关权益，失常利益是指政府部门为满足过度膨胀的利益需求，利用其在社会分工中的特殊地位和权力牟取的额外的、不应得到的利益。[2] 政府的正常利益是实现公共利益的保障，而失常利益也是借助公共权力的强制性以公共利益牟己之私。所以在政府治理理念的树立中，一方面应摒弃政府利益都是私有利益的偏见，另一方面也应警惕政府失常利益对公共利益的侵蚀。

政府治理理念，意味着公众主人地位的观念主导整个社会价值体系。公众的主人地位，意指政务官和文官们的工作并不是为了满足公众所需要意义上的公共利益，而是为了满足公众表达的公众所想要意义上的公共利益。[3] 公众所表达的意见权利不但并得到制度化的保证，更为重要的是公众意见的综合并贯穿到整个政府治理模式中。政府治理模式的构建与实现公民个人的权利是一个相辅相成的过程，具体相关性如表4-2所示。

表4-2　　政府治理的基本准则与相关的公民基本权利

政府治理的基本准则	相关的公民基本权利
民主的政府与程序	民主的政府与程序能保证公民权利和政治权利。公民可以自由地发表其意见，而不必担心被歧视、拒捕和迫害

---

[1] 黄恒学：《公共经济学》，北京大学出版社2002年版，第21页。
[2] 陈庆云：《论公共管理中的政府利益》，载《中国行政管理》2005年第8期，第37页。
[3] 颜昌武、马骏：《公共行政学百年争论》，中国人民大学出版社2010年版，第16页。

续表

政府治理的基本准则	相关的公民基本权利
运行高效的政府部门	运行高效的政府部门需要良好的公共政策,而政策的有效实施以保证公职人员的经济权益为基础。适当的经济权益并减少腐败,从而有利于善治
法制之上与公正的司法体系	法制之上与公正的司法体系能保证公民的财产权、自由权与个人安全等基本权利。整个法律与司法体系应保持独立,只有如此,当公民基本权利受到侵犯时,才能得到有效地保护
成熟的公民社会	公民社会是公民通过参与相关的社区活动,实现对公共事务的治理。那些由于贫困、失业、饥饿、无家可归和未受教育等原因,不能实现自己的经济、社会和政治权利时,良好的治理状态应能保证这些人能参与到公共事务治理中来
社会民生领域的高度重视	社会民生领域的高度重视,意味着将公民的基本社会和经济权利落到实处,具体包括受教育权、基本健康权、温饱权和居住权。从而奠定公民成为熟练技能人员的基础
国民经济的稳定发展	如果政府体系不能保证国民经济的稳定增长,就没有物质条件实现公民的基本权利。如果这些权利得不到实现,有阻碍负责任和透明的组织建立,也就无法实现可持续发展和善治

资料来源:Global Education. Australia Aid Program [EB/OL]. http://globaled.ausaid.gov.au/secondary/casestud/governance/1/governance.html.

只有将公众的主人地位,深深地扎根于政府治理理念中,才能使政府摒弃官僚主义观念。首先应在政府体系中树立合作的理念,使得政府各部门在理顺各自职能和优化自身体系的基础上,加强相互间合作的广度和深度。美国学者格雷夫斯指出:"过去每个地方政府当局像每个公民一样,是能够独立存在的,并多少能自足自给,开始在今天,哪怕是一个比较小的地方当局,也几乎无法拥有足够的时间、人力、物力和基础设施来满足公众对现代政府的需要。"[①] 而政府治理理念要求摒弃此种诸侯割据的思考,加强中央政府和地方政府、地方政府间的合作理念。同时,政府部门还应树立与企业、非营利组织的合作理念。政府在具体公共服务运作过程中,在安排者和生产者联众角色的选择上面临着:当安排者和生产者合一时,官僚制的成本就产生了,即维持和管理层级系统的成本;当安排

---

① 张紧跟:《当代美国地方政府间关系协调的实践与启示》,载《公共管理学报》2005年第1期,第25页。

者和生产者不同时，又产生了交易成本，即聘用和管理独立生产者的成本。① 部门将安排者和生产者做适当的分离，也就为政府与社会组织的合作留下了制度空间。政府治理理念的根本是高效地回应公众需求，但当公民可以实现自我治理时，政府部门应在制度和物质上给予扶持。政府治理主体间合作理念的建立，必然会营造公共利益之上的社会价值观念。

（二）政府治理结构

马克思·韦伯曾指出，"从纯技术的观点来说，行政组织的纯官僚制形态能够产生最高程度的效率。相比于任何其他形式的组织，它具有精确性、稳定性、可靠性和纪律严明的优势。"因此，他宣称，官僚制是政府治理的最佳组织形式。② 欧美学界，对韦伯官僚制进行批判主要是在 20 世纪 40 年代韦伯的德文著作被翻译成英文之后。在其后的半个多世纪里，韦伯式经典官僚行政模式在学理和实践方面引起了欧美社会科学家们的广泛评论。这种评论既包括对韦伯官僚制概念本身有效性的质疑，也包括对官僚制在实践中引发的弊端加以责难。③ 虽然官僚制受到了批判，但是作为一种制度化的治理结构依然存在于现行的行政体系中，正如布劳和梅耶所言："一旦完全建立了，官僚制就是社会结构中最难被摧毁的部分，消灭这些组织的想法就会越来越成为一种乌托邦。"所以，政府治理结构的构建，应是在官僚制的基础上不断改进和制度创新。

政府治理结构意味着官僚制实现 X 效率，即从某一组织自身而言，是实现组织的内部效率，如果某一组织达到最低成本或最大产出，或者说某一组织的投入、组织的变动不可能在增加某一产出的同时又不减少另一产出，那么这一组织就具有 X 效率。只有具体的行政组织实现高效率，才能使得整个政府体系提高效率。而官僚制要实现 X 效率，关键是寻求激励结构与控制结构的内在平衡。

激励结构既要激发官僚制体系内部人员的活力，也要提高社会组织参与到政府组织中的积极性和主动性。官僚机构会比生产相同服务的私人企业更多地运用资本密集型的生产技术，之所以如此，主要是因为官僚的报酬是付给他在那一职位上的任期的；这也导致他偏好于目前的开销而不是将来的开销，偏好于具有较高资本成本和较低操作成本的生产程序，政府公共活动所动用的每个雇员的人均资本，几乎比私营企业多 2 倍，并超出私营服务部门人均资本达 5 倍以上。④ 官

---

① 萨瓦斯：《民营化与公私部门的伙伴关系》，中国人民大学出版社 2002 年版，第 69 页。
② 陈国富：《官僚制的困境与政府治理模式的创新》，载《经济社会体制比较》2007 年第 1 期，第 70 页。
③ 何新华：《改革官僚制：政府治理模式的新趋势》，载《东南亚研究》2005 年第 4 期，第 59 页。
④ 尼斯坎南：《官僚制与公共经济学》，中国青年出版社 2004 年版，第 257~258 页。

僚制内部的激励结构，首先应提高官僚制内部人员改进专业化技能的积极性。改进官僚制的专业化技能的前提是明确具体职务的职责，不同部门和不同层级的职位的具体职责应有不同的内容，避免出现职责同构的窘境。与此同时将由于行政技能的改进而节省的成本与其职位升迁、物质报酬相联系，打破由于考虑到"沉没成本"而形成的制度惰性，从而理顺官僚制内部具体职位和职能部门间的关系，同时也有利于理顺层级间的关系。其次，应激励社会组合参与到政府具体事务管理中来。随着公共需求的增加，政府管理事务的范围不断扩大、质量要求不断提高，政府应将社会组织引入其中。企业具有生产的效率优势、非营利组织具有贴近民众生活的优势、社区具有将关心和服务内在地契合的优势，要使这些优势充分发挥出来，除政府提供充裕的制度空间外，还应在政策和资金的扶持上下工夫。只有社会组织在公共事务管理中付出的成本和收益相对应，才能激发出为公共利益服务的热情。社会组织的激励结构与官僚制内部的激励结构是相辅相成的关系，官僚制内部的激励结构是社会组织的激励结构的前提和保障，而且社会组织的激励结构又反过来促进官僚制内部的激烈结构，所以两者应实现协同发展，不可偏废其一。

　　随着行政自由裁量权即"自动驾驶"功能的范围不断扩大，政府作为理性经济人，其失常利益不断凸显，就急需完善控制结构。最近数十年人们不断强调行政程序中的"自动驾驶"功能正反映了政策执行过程中的授权范围的不断扩张和持续加剧的冲突与不稳定性。这种发展变化的结果是，在行政机关着手处理难以预料的或者是在立法过程中技术因素或政治因素不可把握的问题时，那些可能受到行政行为影响的群体更加努力地去寻求维护自身利益的制度安排。[1] 在此现状下，对于社会能实现自我治理时，政府应减少干预并进行支持，辅助其制度不断完善并逐步走向规范化的发展道路。这意味着控制范围的界定，政府治理模式不是无孔不入的全能型政府，而是适应社会发展的有效政府。控制结构除了控制范围之外，更为重要的是强调政府行为的绩效控制。政府行为的绩效控制具体分为确定绩效目标、制订并实施具体的绩效方案、审查绩效结果，修正目标和具体方案四个步骤并形成循环周期。官僚制本身就存在多种控制方式，正如古德塞尔所说的："人们通常认为官僚组织拥有不受控制的政治权力，因而会破坏民主。因为公共机构必须履行责任，它们就必然要拥有多种控制，而且官僚本身也具有激励下属服从其命令的手段。官僚制组织之间相互监督，在美国，存在着大量的外部限制因素并发挥着巨大的影响。美国的官僚制也许是世界上限制最多

---

[1] F. 韦斯特：《控制官僚》，重庆出版社2001年版，第62页。

的。"① 而政府治理结构中的控制方式，既要维护民主制度，更要在高效地回应公共需求中减少寻租的概率及由此而带来的不良后果。

政府治理结构就是在官僚制的基础上，由激励结构和控制结构在互动中形成的稳定组织框架。政府治理结构是政府治理理念实现的保证，也是政府治理工具选择的前提。政府治理结构并非意味着单一的政府机构改革，而是系统的变革工程，既涉及具体的职位、职责，也涉及政府间的横向、纵向及斜向关系，在此基础上以具体的公共需求为出发点，建立政府、企业、非营利组织及社区间的网络化合作关系，在优势互补和协作配合中高效地实现公共利益。

（三）政府治理工具

政府治理工具，是政府治理模式实现的具体方式和手段。随着经济和科技的发展，政府治理工具的选择，既要考虑运用现代科技手段和管理方法，更要考虑有利于公民更好地参与其中。政府治理工具具体包括：借助信息技术，完善电子政府；优化参与程序，促进官民互信；借鉴企业管理方法，提升回应能力；培育社会组织发展，实现自我服务。

首先，借助信息技术，完善电子政府。随着信息技术的发展，政府部门不断探索其在行政体系内部的运用。首先是运用信息技术建设政府网站，其主要作为行政体系传递信息和提供服务的工具，最早出现在20世纪90年代中期的美国。作为当时美国副总统戈尔负责的国家绩效评估计划的重要组成部分，电子政府首先在美国联邦政府进行探索性建设。但是电子政府并不能简单地等同于政府网站。政府网站是电子政府的前提和条件，但电子政府建立的核心是实现信息的无障碍性交流互动，打破由于职能分工而形成的部门和层级信息垄断，减少信息不对称出现的概率，从而避免逆向选择和道德风险的不良后果。

电子政府的首要要求是信息在政府体系内部形成良好的循环路径。传统官僚体系的信息流动方式是由下向上进行传播，而且不存在横向的信息流动，但电子政府要求信息不但能实现自下向上和自上向下的双向信息互动，还能实现信息的横向互动，从而保证了信息及时和准备传递到各个部门和人员。在确保准备和及时的信息基础上，电子政府更为深层次的要求是实现政府决策的科学化和民主化。信息化本身就要求"信息处理的分散化与决策的分权化"，② 这就会强化行政人员信息处理的能力，也能促进不同的政府职能部门间合作和不同层级的政府部门间协调。分散化的决策方式有利于发挥官僚的专业化优势，从而促进政府决

---

① 欧文·E. 休斯：《公共管理导论》（第二版），中国人民大学出版社2001年版，第279页。
② 青木昌彦、奥野正宽：《市场的作用 国家的作用》，中国发展出版社2002年版，第67页。

策的科学性，同时将不同的政府部门整合到政府决策决策过程中来，也就能实现民主性。

电子政府的更为深层次要义是实现"阳光政府"，政府内部信息准备和及时被公民获知，从而理顺信息的反馈渠道，纠正失真的信息内容。多元化的信息渠道和激增的信息内容，必然对现行的官僚体制形成挑战，同时蕴含着更大的机遇，所以电子政府的完善并不是信息技术本身能实现的，其要求官僚制进行深层次的变革和制度创新，有学者将电子政府称为一场大规模的政府变革运动，即政府再造。

其次，优化参与程序，促进官民互信。公民参与政府具体事务管理的意识不断提高，以便更好地表达意见和维护自身利益。为促进公民的参与，政府应该优化参与程序，同时也有利于制定的公共政策符合现实要求和具体施行。

托马斯认为，公民参与的程序应该回答七个重要问题：在任何决策中，管理者都要明确决策的质量要求是什么；我有充分的信息作出高质量的决策吗；政策问题是否被结构化了，以致不再需要人们重新界定其他替代方案；公众对决策的接受程度是否对决策的有效执行至关重要，如果是这样的话，管理者单独制定决策，他有相当的把握来认定公民会接受该政策吗；谁是相关的公众，公众是一个有组织的团体，多个有组织的团体，无组织的团体，还是这三种形式的混合体；在解决决策问题时，相关的公众能分享公共管理机构欲达成的决策目标吗；在选择优先解决问题的方案时，公众内不可能会产生争议吗。[①] 针对这七个主要问题，公民的参与程序应体现出多样化的特点。尤其是面临的决策问题非常复杂，涉及的利益相关者众多，政府应该制定多种有效的参与程序，不但促进公民充分地表达自身意见，更能促进公民和政府一起面临如何解决这些问题，在共同商讨出有效的解决方案过程中，官民互动中建立相互信任的关系。

再其次，借鉴企业管理方法，提升回应能力。公共行政创始者威尔逊和古德诺强调借鉴科学的企业方法，提倡政治与行政二分，从而提高行政效率。20世纪90年代以来，在西方国家兴起的新公共管理运动，更是倡导采纳企业管理的方法，促进政府效率、效能和效益的提高。虽然新公共管理运动受到理论界和实践界的批判与反思，但政府在公共事务管理过程中应该借鉴企业管理的方法和手段，而不是以此为借口推卸责任。

政府管理借鉴企业管理的相关研究众多，比较具有代表性的是5C战略的管理方法，具体包括：核心战略（core strategy），涵盖目标明确、角色明确、方向

[①] 约翰·克莱顿·托马斯：《公共决策中的公民参与：公共管理者的新技能与新策略》，中国人民大学出版社2005年版，第36~37页。

明确等管理方法；后果战略（consequences strategy），涵盖有序竞争、企业化竞争、绩效管理等管理方法；顾客战略（customer strategy），涵盖顾客选择、竞争性选择、顾客质量保证等管理方法；控制战略（control strategy），涵盖组织控权、雇员控权、社区授权等管理方法；文化战略（culture strategy），涵盖破除习惯、撼动心灵、赢得心智等管理方法。① 由于市场环境与政治环境的内在差异，企业管理与政府管理的具体手段存在明显区别，所以简单地套用和复制并不能解决问题。有时甚至会加重问题的严重程度，使得政府体制的惰性增强，从而影响整个社会的技术创新能力。政府部门在借鉴企业管理中，既要借鉴企业管理中的先进手段和方式，更要注重政治环境的内在要求，从而提高政府回应公民需求的能力，高效地维护和实现公共利益。

最后，培育社会组织发展，实现自我服务。法国著名的政治思想家托克维尔较早地论述了美国公民热衷于结社的现象，对于结社的作用，他这样论述到："全体公民都是独立的，但又是软弱无力的。他们几乎不能单凭自己的力量去做一番事业，其中的任何人都不能强迫他们来帮助自己。因此，他们如不学会自动地互助，就将全部陷入无能为力的状态。"② 进入20世纪80年代，社会组织得到前所未有的发展，而且在公共服务和社会管理中的重要性日益凸显。根据美国约翰—霍普金斯非营利组织比较研究中心对全球22个国家的研究表明，第三部门已经成长为一个1.1万亿美元的产业，相当于世界第八大经济大国，领先于巴西、俄罗斯、加拿大和西班牙等国；雇用了相当于1 900万个的全职工作人员，相当于各国最大私营企业就业总和的6倍多，高于这些国家的公用事业、纺织制造业、造纸和印刷业或化学制造业的就业人数，与运输业和通信业的就业人数持平；22个国家中平均占总人口28%的人向第三部门（志愿性）贡献了他们的时间，相当于1 060万个全日制职员，这个数字使得第三部门的全职制职员达到了2 960万个；包括志愿者，这些国家第三部门的就业人口平均占全部非农就业人口总数的7%，占服务业就业人口总数的14%，占公共部门就业人口总数的41%。③

为使社会组织走向成熟，政府利用其强制力不但要减少不必要的干预，为其发展留下足够的发展空间。另外，萨拉蒙所谓的"结社革命"不是一蹴而自发形成的，政府要给予足够多的政策和财政支持，同时提高规制能力，避免社会组织成为利益集团牟取私人利益和损害公共利益的组织形态。社会组织的壮大，不

---

① 普拉斯特里克：《摒弃官僚制：政府再造的五项战略》，中国人民大学出版社2002年版，第41页。
② 托克维尔：《论美国的民主》（下卷），商务印书馆2008年版，第636~637页。
③ 萨拉蒙：《全球公民社会——非营利部门视界》，社会科学文献出版社2002年版，第9页。

但有利于社会的和谐稳定，更有利于公民自我服务，在提供公共服务中更多地提供差异化的关注。针对不同的社会组织，采取不同的培育手段，从僵化的状态下解脱出来，在互助协作中汲取自己的力量，从而填平社会差距而出现的鸿沟，形成纵横交错的社会合作关系，在自我服务中形成社会发展和政府变革的强大动力。

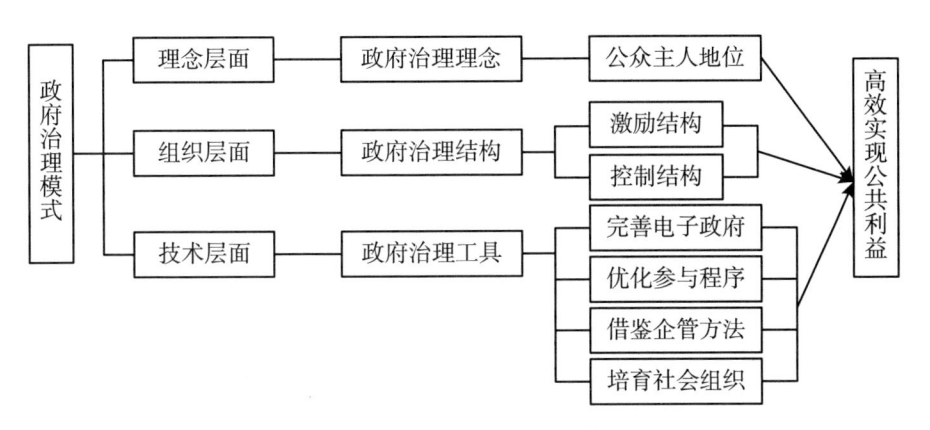

```
                    ┌─ 理念层面 ─── 政府治理理念 ─── 公众主人地位 ─┐
                    │                                              │
                    │                              ┌─ 激励结构 ────┤
政府治理模式 ───────┼─ 组织层面 ─── 政府治理结构 ─┤               │  高效
                    │                              └─ 控制结构 ────┤  实现
                    │                              ┌─ 完善电子政府 ┤  公共
                    │                              │               │  利益
                    └─ 技术层面 ─── 政府治理工具 ─┤─ 优化参与程序 ┤
                                                   │               │
                                                   ├─ 借鉴企管方法 ┤
                                                   │               │
                                                   └─ 培育社会组织 ┘
```

图 4-1　政府治理模式

如图 4-1 所示，政府治理模式是个内在的体系系统，由理念层面、组织层面和技术层面组成。三个组成部分的基本诉求不同：理念层面要求体现公众地位的民主追求；组织层面要求体现制度化的结构框架；技术层面要求体现科学化的实施手段。三者在有机的统一中，高效地实现公共利益。

三、政府治理模式的特点

政府治理模式主要以如何实现公共利益为出发点，具体特点体现在以下几个方面：

（一）政府治理模式以维护和实现公共利益为着眼点而呈现出公共性的特点

政府权力的公共性就决定了其在政府管理过程中，应以公共利益为出发点，体现其公共性的特点。不管如何界定公共利益，当将其落实在实践中都意味着将具体分解为不同的量化指标体系。量化的指标体系与公共利益都会存在或多或少的差距，政府治理模式并不以弥合这种差距为目标，而是最大限度地减少误差。政府治理模式的公共性，还体现为量化的具体指标间的协调。量化的指标在实施过程中有可能以此为目标，忽略了与其他指标的协调关系，结果造成具体指标内部间的失调，自然不利于公共利益的实现。基于此，政府治理模式公共性的基本要义为具体指标之间相互协调，从而形成内在的体系。

政府治理模式公共性的另一个表现形式为具体指标的发展性。随着经济社会的进步，公共利益要求也会随之改变。所以不管是指标体系还是具体的指标都应随之变动，从而与公共利益的内在要求相吻合。

（二）政府治理模式以回应公共需求为出发点而呈现出系统化的特点

政府作为公民的代理人，其根本目标和价值追求为满足公共需求。随着科技和社会的发展，公共需求的范围和层次都发生了新的变化，不但要求政府满足这种多样化的需求，更要求政府高效地回应此种需求。政府治理模式的系统化特点，一方面体现为适应公共的需求，政府体系要打破内部的条块分割的限制，不同的政府职能部门加强合作，在履行不同的职责基础上，强化政府部门间的无缝隙对接。同时政府内部的协作中，对于无法实现有效地回应公共需求时，市场和社会组织的作用发挥就具有了足够的空间，所以系统化的特点也体现为政府与市场、社会组织间的协作。

另一方面，系统化的特点还体现为高效地回应公共需求，政府在满足公共需求时如果以公共满意度为出发点，履行效率、效能、效益的基本原则。政府治理模式的构建应避免"行政化国家"时期出现的窘境，合理地安置政府的职责，为市场、社会的作用发挥提供足够的制度空间。政府在合理的职责范围内，才能有足够的精力进行制度创新，而不是面对公共需求时无所适从。市场和社会在满足公共需求时，其优势日益凸显，但并不意味着政府完全放弃公共责任，而是发挥监督和引导的作用，避免偏离公共利益。这意味着政府治理的目标和手段是相互促进的关系，目标决定具体的实现手段，同时手段的创新促进目标更为贴近公民的实际需求。

（三）政府治理模式以政府治理主体间的协作而呈现出网络化的特点

政府治理主体是以政府为主导的多元化主体。为实现公共利益时，政府治理主体在相互联系中形成纵横交错的关系网。信息技术的发展为政府治理主体间的协作提供了重要的工具，使得这种关系网更加复杂。网络化的特点就是在此种关系网中形成，但又不同于此关系网。网络化与关系网的差异在政府治理模式中主要体现为：网络化在关系网的基础上，注重制度化规范。复杂的关系网为政府寻租提供了更为便利的条件，政府寻租的活动不但使得政府利益更加膨胀，不利于公共利益，更为重要的是政府寻租活动事实上只是在具体公共服务的过程中从政府的垄断地位转移到企业或者社会组织的垄断性，根本无效率可言，而是加重成本，所以有可能效率更低。网络化注重制度化规范，目的在某些政府事务的管理过程中建立竞争关系，这种竞争关系的内在关系体现为公平竞争，而不是垄断的转移。

网络化特点还体现为网络节点的选取。网络化节点的选取为具体的公共需求，多样化的公共需求决定了网络化节点的选取不同，所以网络化节点的选取应充分发挥公民的主体性作用，公民在互动中形成利益表达和利益综合的具体过程。针对不同的网络化节点，政府治理主体的结合必然存在差异。政府治理主体的不同，协作的具体过程也不同。网络节点的不断增多，加之网络节点的连接方式也不同，使得网络化的呈现并非杂乱无章，而是在纵横交错中有内在的规律可循。

（四）政府治理模式以运用切实从根本上解决问题的手段而呈现出科学性的特点

政府治理模式的科学性，首先表现为对公共问题的科学分类。公共问题的出现不断增多，同时造成的危害不断扩大。政府治理模式以公共问题的特点为依据划分为不同类型，探寻内在的规律和根源，为合理解决问题奠定基础。其次表现为手段的合理运用。针对不同的公共问题，采纳的具体手段有别，特别是谨慎采纳从上到下的整体性动员方法，集合必要的政府治理主体，加强多方协商和对话的平台建设。手段的合理运用，并不意味着手段的随意化，而是强化专业化网络的作用，专业化网络的功能发挥以多种手段的相互配合为基础。专业化网络的内在要义为信息在各个组织之间实现共享，避免由于信息不对称而引起的逆向选择和道德风险。在信息共享基础上，实现政府治理的日常事务与突发公共事件间的协调，在实现组织联动中，抓住解决公共问题的有利时机。

政府治理模式的科学性，还体现为与本地区的实际情况相吻合。政府治理模式的科学性，虽然在不同地区都有着相同的内在规律，但是各地经济社会发展的水平和道路不同，政府治理的主体发育水平迥异，所以在运用这些手段时应结合本地的实际情况，在解决棘手的眼前困难基础上，从根源上化解问题的出现或减少发生频率所造成的危害，从而实现社会的和谐发展。但不管在任何地区，政府治理模式的科学性，都是以制度化为保障的，减少人为地干预，所以政府治理模式的科学是确定性与不确定性的统一。

第五节　社会转型对我国政府治理模式的影响

一、社会双向运动及其与政府治理模式的关系

波兰尼在研究社会转型的名著《大转型：我们时代的政治与经济起源》一书中，提出了"双向运动"（double movement）的概念。虽然该书已经出版了六七十年，但正像当今学者所说的，其让人感觉是针对当下问题发言。波兰尼首先提出了"伦理经济"（moral economy）和"经济社会"两个概念。19世纪以前，人类经济被称为"伦理经济"，因为经济一直都是"嵌入"（emdedded）在社会之中的，即经济活动从属于政治、宗教、社会关系。但19世纪的古典经济学家试图创造一个"脱嵌"（disembedding）的、完全自发调节的市场经济，并让社会的运转从属于市场。经济活动的实践证明，经济活动完全"脱嵌"的社会只是一个乌托邦；古典经济学家的目标不曾也不可能实现。而19世纪以来的人类社会目睹的是一个双向运动：市场力量的扩张或早或晚地都会引发旨在保护人、自然和生产组织的双向运动，保护性立法与其他干预手段是这种双向运动的特征。[1] 双向运动是经济社会最为本质的特征。波兰尼对"脱嵌"社会的批判一针见血："这种自我调节的市场理念，是彻头彻尾的乌托邦。除非消灭社会中的人和自然物质，否则这样一种制度就不能存在于任何时期；它会摧毁人类并将其环境变为一片荒野。"[2]

波兰尼关于社会转型的理论分析框架对研究我国社会转型中的政府治理模式具有重要的启发意义。我国建立社会主义市场经济体制的目标非常明确，但是市场和社会的关系认识一直在不断探索。"脱嵌"社会实质是"市场万能论"的翻版，相信市场在配置一切资源中的优势，漠视经济发展与社会发展的关系，深信经济发展可以自我调节，而且经济发展促进社会发展是顺其自然的过程。实际上经济发展自身存在发展周期的问题，同时经济有时以近乎野蛮的方式消耗社会和环境资源，所以经济活动不能仅仅依靠市场的力量，"市场失灵"和历次的经济

---

[1] 卡尔·波兰尼：《大转型：我们时代的政治经济起源》，浙江人民出版社2007年版，第112~115页。
[2] 同①，第3页。

危机都加以印证。而且经济的发展如果以巨大的环境和社会付出为代价，此种经济发展方式并不能促进社会发展。所以，社会发展要求建立经济社会，其本质为正确处理政府与市场在资源配置中的关系，政府治理模式的提出一方面有利于政府的制度创新，另一方面以政府的创新促进市场经济体制不断完善，在相互促进中实现双向运动，从而促进社会发展。

在社会转型中，强调个体的主体意识，鼓励个人利益的实现，但是个人利益的简单加和并不等同于社会利益。在制度不健全的背景下，社会利益矛盾日益突出，矛盾冲突加深，复杂性加大，对抗性增强，具体来说，目前影响社会和谐的不协调利益关系主要表现在以下几个方面：阶级阶层利益关系不协调；城乡利益关系不协调；地区利益关系不协调；行业利益关系不协调；劳资利益关系不协调；干群利益关系不协调。在原有的社会—经济关系被打破和新型的社会—经济关系并未建立起来的背景下，社会矛盾并不能自我解决，只能不断集聚，而且对社会所带来的隐患越来越突出。社会转型危机是所有转型国家都要经历的阶段，并不能由此得出西方学者所谓的"崩溃论"。

"崩溃论"并非针对社会转型危机而言，而是针对政府治理危机提出的。"崩溃论"的特征具体体现为：其危机不是指由某些重大事件引起的政治紧急状况和不稳定现象，而是指国家治理所出现的体制性困境，即多方面的和大范围的国家治理职能的衰退和弱化；国家治理的体制存在着不可克服的严重缺陷，而且体制僵化自身也无法进行有效的调整。政府主导的社会现状，使得政府治理与国家治理所面临的危机基本一致。政府在面临社会转型危机时肯定会存在不适的方面，但关键是政府不适的范围和程度，以及在政府自我调整中化解社会转型危机，同时强化政府能力的提升，提升政府决策的权威和具体的执行力，从而增强政府的合法性。我国30多年的渐进化改革发展道路，证实社会转型危机对政府治理提出了严峻的挑战和压力，并且政府自身的调试基本能应对社会转型危机。所以简单地将社会转型危机等同于"崩溃论"是显然的谬论，政府治理模式的构建一方面能有效地应对社会转型危机，另一方面更为重要的是促进社会经济的发展，不断完善有中国特色的社会主义市场经济体制，解决社会问题和矛盾，以更好地维护个体利益的实现和社会的长远发展为着眼点。所以政府治理模式的探讨，是在既有的政治体制下，探讨政府管理的制度创新。

在社会转型背景下，政府治理模式的构建要适应社会双向运动的本质要义。政府应把一些与人类生存相关的服务（如医疗、教育、养老等）看做基本人权而不是市场交易的标的物，其目的是让人们可以不完全地依赖市场而存在，在计划经济、单位体制已经解体的局面下，要达到去商品化的目的，必须建立一个再分配机制：一方面，人们依其收入水平向国家缴税；另一方面，人们依其需要从国家的再分配（社会救助、社会保险、公共服务）中受益；而缴税水平与受益水平没有必然联系，再分配用国家的强制力打断了市场的链条，把全体人民重新连接起来。① 这意味着政府治理模式应在正确处理政府与市场的关系上，将社会公平放在更突出的地位，将实现和谐为己任。

二、社会转型背景下我国政府治理模式研究的着力点

中国的政治改革在很大程度上就是一种治理变革。中国的政治改革不是西方学者理解的政治体制改革，这种改革不涉及基本政治框架的变动，这是一种以政府治理或政府管理体制为重点内容的改革，一方面，中国政府不断重申不照搬以多党制和三权分立为主要特征的西方政治模式；另一方面，中国政府又十分强调政治改革，特别是以行政管理体制为核心内容的政府治理改革。② 在这个前提条件下，中国政府治理模式应在现代化的道路中探讨如何完善权力与权利的结构与运行机制。在以贫穷与落后为历史背景，以发展为导向的目标中，中国的政府治理模式既不同于以美国与印度为代表的政府—市场模式，也不同于东亚与拉美为代表的政府—生产模式。③ 新制度主义对制度的界定包括两个方面："制度有作用"，它们影响规则、信念和行为，因此它们塑造了结果；"制度是内生的"，它们的形式与功能依赖于它们产生和发展的环境。④ 随着经济全球化的逐渐推进，政府治理模式呈现一些共性，主要体现为：政府服务应以社会和公众的需求为导向；更加重视政府的产出、结果、效率和质量；主张放松行政规制，实行绩效目标管理，强调对绩效目标完成情况的测量和评估；政府应广泛采用企业中成本—收益分析、全面质量管理、目标管理等管理方式；取消公共服务供给的垄断，对某些供应部门实现民营化，让更多的私营部门参与公共服务的供给；重视人力资源管理，提高认识管理的灵活性。⑤ 因自身独特的内在逻辑与发展脉络，加之我国独特的传统文化和同时向工业社会、后工业社会转轨的社会背景，由此形成有中国特色的治理模式。在研究这种治理模式时，需要着力做好以下四个方面的工作：

---

① 王绍光：《大转型：1980 年代以来中国的双向运动》，载《中国社会科学》2008 年第 1 期，第 132~133 页。
② 俞可平：《中国治理变迁 30 年（1978~2008）》，载《吉林大学学报》（社会科学版）2008 年第 3 期，第 6 页。
③ 王浦劬、李风华：《中国治理模式导言》，载《湖南师范大学学报》（社会科学版）2005 年第 5 期，第 45~46 页。
④ 亚当·普热沃斯基：《制度起作用？》，载《经济社会体制比较》2005 年第 3 期，第 97 页。
⑤ 谢庆奎：《政府学概论》，中国社会科学出版社 2005 年版，第 94 页。

(一) 科学界定政府治理与国家治理的边界

中国的治理主体已经多元化,但是在所有治理主体中,最重要的是中国共产党的各级组织,在西方国家,政府通常是公共治理的最重要主体,与此不同,中国的公共治理结构,是一种"以党领政"的治理结构,党组织比起政府来在公共治理中作用更大:一方面,在同级的党委和政府中,党委是权力核心,是最高决策权威所在,比起党组织,政府在公共治理中更多地起着执行党的决策的角色;另一方面,中国共产党目前已经有 300 多万个各级组织,其数量远多于政府组织。[1] 国家治理对我国而言,主要由中国共产党组织为核心,政府治理构建的前提是合理界定国家治理与政府治理的边界。不合理的边界范围,就会降低执政党的执政地位,由执政者变为国家事务的实际操作者,由掌握最高、最强的政治权力变为这种权力的执行者,其可怕的政治后果是:一方面,党既是"裁判员"又是"运动员",导致不公平;另一方面,党的领导容易陷入行政司法的泥潭,因为政府出错就意味着执政党出错,而政府出错,就可能成为"被告",特别是执政党的地方组织容易陷入各种社会矛盾的漩涡,无法从高处、从战略的高度审视问题,寻找地方立法途径的解决方略,只能从上级党的决策机构和领导者那里寻求资源支持,导致各种博弈格局出现。[2] 从加强党的领导层面来看,党的领导地位的最深刻社会政治基础,存在于人民群众之中,而不是机构之中;党的最基本的社会政治功能,是全面、自如地运用法制的力量来管理社会和国家,是集中无产阶级和广大社会主义建设者的共同意志,而不是纠缠各种操作环节——这些事情由"政"来做,党来保证和监督。[3] 在明确以党为核心的国家治理的边界范围基础上,政府治理的边界范围日益明朗,主要体现为具体的操作性公共事务,既包括政府体系内部的公共事务,也包括政府体系外部的公共事务即社会性事务。

(二) 调适政府与市场在资源配置中的关系

政府与市场在资源配置中的互补关系,实质是促进政治发展与经济发展的协调,在经济快速发展的基础上,以政治发展促进社会稳定和社会公平。经济发展和政治稳定是两个相互独立的目标,在二者的进展之间没有必然的联系,有些例子表明,经济发展计划能够促进政治稳定,但另一些例子则表明,它反而会破坏

---

[1] 俞可平:《中国治理变迁 30 年(1978~2008)》,载《吉林大学学报》(社会科学版)2008 年第 3 期,第 16 页。

[2] 商红日:《完善和发展社会主义民主制度是巩固、扩大党的执政基础的基本途径》,载《理论探讨》2007 年第 5 期,第 4 页。

[3] 朱光磊:《当代中国政府过程》(修订版),天津人民出版社 2002 年版,第 68 页。

这种稳定,同样,有些形式的政治稳定会促进经济增长,而另一些形式却会阻止经济增长。① 必须指出的是,当下的治理理论对社会和市场的作用有过度夸大之嫌,对政府的作用则极力淡化缩小,这种倾向在"华盛顿共识"的推动下已成为治理研究中的主流,而且它把不同社会的治理目标都整齐划一为"西方"的标准,似乎只要按照西方的治理路径,就能形成同样的结果,这对发展中的社会主义国家来说无疑是有害的,② 所以政府治理的重塑和构建能避免全能主义型政府的覆辙,同时更为重要的是不能在理论的盲目崇拜下简单地照搬照抄西方的治理模式。由此决定了政府与市场的关系在我国的实践中与西方国家不同。东亚"儒文化"圈国家和地区在推动社会经济发展的过程中,普遍实行了政府主导(指导)型的经济发展战略,政府通过制定经济计划和产业政策、实行金融和价格管理、确定外资外贸体系等方法,形成"官、产、学"高度协同的一体化的经济发展和运行体制,进而促进了社会经济的超常规的发展速度,创造了举世瞩目的"东亚经济奇迹"。③ 不管从社会文化背景还是发展水平来审视,政府与市场的关系在我国应具备中国特色。在强调政府主导下,更加注重市场在经济资源配置中的优势地位,以发挥企业的自主性作用和强化产权制度促进现代企业制度不断完善。政府利用作为公共服务和公共产品的安排者角色,在具体生产过程中可以引入市场的参与,不断提高效率。政府和市场的和谐关系,在相互合作和配合中,也有利于互相学习和借鉴先进的管理经验和方法。对于政府治理而言,政府应不断反思管理困境,合理借鉴市场先进的管理方法和手段。当政府把决策与服务公开时,通过发现政府并不具备决策的能力,当政府要接受更明确的催化剂的角色时,它们常常被迫研究建立能发挥掌舵作用的组织机构。④ 政府主导下的背景,政府与市场在资源配置中协调关系的实现途径为科学的政府决策体系。我国政府决策在长期的实践中形成了"上下来去"的模式,即政策制定过程在认识论上一个从"形而下"到"形而上"的过程,政策执行过程在认识论上一个从"形而上"到"形而下"的过程,与此同时整个政策过程在政策主体与政策客体的关系上则是"从群众中来,到群众中去"的过程。⑤ 当前我国政府决策是继承和发展"上下来去"的模式,既充分借鉴先进的决策技术和方法,又要充分考量本地区的实际状况。

---

① 亨廷顿:《变化社会中的政治秩序》,上海世纪出版集团2008年版,第5页。
② 张立荣、冷向明:《论中国未来政府治理范式的特质与进路》,载《江海学刊》2007年第3期,第206页。
③ 张国庆:《行政管理概述》(第二版),北京大学出版社2000年版,第79页。
④ 奥斯本、盖布勒:《改革政府——企业家精神如何改革着公共部门》,上海译文出版社2006年版,第13页。
⑤ 宁骚:《公共政策学》,高等教育出版社2003年版,第288~289页。

(三) 优化责权利相统一的政府运行体系

政府主导的社会现实，决定了政府内部结构与运行程序的优化是政府治理模式构建的前提和基础。我国学者朱光磊将我国独特的政府组织结构称为"职责同构"。职责同构是指在政府关系中，不同层次的政府在纵向间职能、职责和机构设置上的高度统一，通俗地讲，就是在这种政府管理模式下，中国每一级政府都管理大体相同的事情，相应地在机构设置上表现为"上下对口，左右对齐"。①职责同构的政府组织结构，决定了政府机构改革难以避免"精简—膨胀—再精简—再膨胀"的怪圈。目前在我国进行的以大部制为核心的机构改革，目的在于建立职责异构的政府组织体系。在新一轮的政府机构改革中，务必避免地方政府进行机构重合和合并之后，由于没有与上级政府对口的政府职能部门，就不能得到相应的资源和政策的扶持。政府结构变革，为明确各级政府事权奠定了基础。同时应和分税制的深入改革同时进行，在明确中央政府和省级政府的税收来源基础上，进一步推进省级政府以下的地方政府税收改进，使得各级政府有法律法规保证的税收权力和相应的制度保障。在事权和财权明确的基础上，明确各级政府、政府职能部门和具体行政人员的责任，通过奖惩分明的制度规则，保证责任的切实履行。只有事权、财权和责任形成内在的协同关系，才能实现责权利相统一。

就责权利相统一而言，不管是我国还是其他国家都应建立具备操作性和可行性的政府绩效评估制度，目前政府绩效评估在理论界和实务界的受重视程度说明了它在这场"政府再造"运动中的重要性。其中具有代表性的是俞可平提出的政府绩效评估体系，他认为政府治理实现善治应具备10个要素：合法性；法治；透明性；责任性；回应；有效；参与；稳定；廉洁；公正。② 政府绩效评估体系是个多要素、多层次的系统，在具体推行过程中应考虑元战略的重要性。准确地说，因为能迅速发挥几种战略的作用，这些元工具为再造者的工具箱增加了最强大的威力，并成为再造的"主要武器"③。抓住了元战略的重要性，就能充分发挥政府管理技术的内在优势。如在电子政务领域，我们处在以组织为中心的电子政府阶段，并向以公众为中心的电子政府过渡，所以当前的主要任务是进一步做好政府组织的重新设计，提高组织的管理效率，做好对社会的管理工作，然后，

---

① 朱光磊、张志红：《"职责同构"批判》，载《北京大学学报》（社会科学版）2005年第1期，第102页。

② 俞可平：《民主与陀螺》，北京大学出版社2006年版，第84~86页。

③ 奥斯本、普拉斯特里克：《摒弃官僚制：政府再造的五项战略》，中国人民大学出版社2002年版，第303页。

需要考虑的就是公众个性化的需求，为公众提供良好的服务。① 所以，我国政府治理模式的元战略主要体现为政府内部结构的完善和运行程序的顺畅。

（四）培育社会治理能力并使之不断壮大

系统理论通常把体系与其环境之间的相互作用分成三个阶段：输入、转换和输出。② 如果把政府治理作为体系的话，那么社会治理就成为其环境，社会治理为政府治理输入需求和支持，政府治理为社会治理输出提取、管制、分配和象征。培育成熟的社会是政府应有的价值导向，也是政府对自身角色的重新认识，将政府作为社会的服务者。

不论是公共部门还是私人部门，没有一个个体行动者能够拥有解决综合、动态、多样性问题所需要的全部知识与信息，也没有一个个体行动者有足够的组织和能力去应用所有有效的工具。③ 日益增多的社会问题，要求在政府治理与社会治理方面形成纵横交错的合作网络，"在其中，传统的等级官僚制管理与社会自治组织相互补充，所有的公共与私人行动者都要承担干预的责任并为干预负责。"④

政府在培育社会治理能力过程中，应遵循社会治理的内在规律。对于20世纪后期再度兴起的新市民社会以及"新社会自治运动"，人们往往提出了加以法律规范的愿望，要求将其纳入法制的框架，使其融入已有的治理体系之中，而且，由于受到近代以来所形成的思维定式的影响，社会自治主体在行为和交往过程中也习惯于根据契约的原则来确立人们之间的关系，但是，在这场新社会自治运动中，我们也隐约感觉到大量非契约化关系的存在，在具体的社会治理过程中，自治运动及其成员的行为往往表现出一种道义责任，是道德力量促成了这些行为的发生，如果根据契约论原则，有许多事情是可做可不做的，而在做了比不做要好的可能性中，自治组织及其成员往往做了，这就是对契约及其契约原则的超越。⑤ 政府在规范社会治理中，应给其留下足有的"政治空间"，同时应鼓励社会治理形成适应社会需求的运行规则，这种规则适应是正式规则与非正式规则的内在统一，与政府规制社会组织的规则应有明显的差异，从而是社会治理走上渐进调试、不断成熟的发展之路。

---

① 汪玉凯、杜治洲：《电子政务对中美两国政府治理模式影响的比较》，载《中国行政管理》2004期第3期，第92页。
② 阿尔蒙德、鲍威尔：《比较政治学：体系、过程和政策》，上海译文出版社1987年版，第10页。
③ J. Kooiman. Modern Governance, London: Sage, 1993, p4.
④ 同③，第252页。
⑤ 张康之：《论"后国家主义"时代的社会治理》，载《江海学刊》2007年第1期，第95页。

第五章

社会转型时期政府与社会协同治理模式

第一节 政府与社会协同治理模式的内涵与特征

20世纪90年代以前,不论是计划经济条件下全能政府的治理模式,还是政府主导下的市场导向的管理模式,都是传统的以国家权力为中心的行政管理范式。随着社会主义市场经济体制的确立和发展,以政府单一主体为中心的传统行政管理范式已经陷入了风险。特别是进入21世纪以来,我国公共领域适应国内外经济、政治发展潮流出现了一些重要变化,对我国政府治理模式提出挑战。首先,公共事务和公共问题日益复杂,人们对公共产品和公共服务的要求与日俱增,要求政府具有较强的治理能力和回应能力,但原有官僚制政府显现出弊端,公众对政府的能力和回应性越发不满,政府无法独自满足社会需求,只能借助多方力量应对棘手的问题。其次,公共事务的复杂性,主体间关系的网络化,构成了组织环境的复杂性和高度不确定性。无论从组织内部还是从组织外部来看,政府的生存环境都经历着由简单到复杂、由稳定到动荡的变化过程。对于越来越多的公共事务,很难分清哪些应由政府来做,哪些应由社会承担。在此形势下,将公共事务分解成完美的、技术性的解决方案,按部就班执行的设想已无法实现。再其次,伴随民主化的进程,人民的民主意识越来越强,非政府力量参与公共事务的意愿和能力有所提高,合作治理的理念深入人心,参与政府治理的途径也越来越丰富。包括非政府组织、企业、家庭、个人等在内的所有社会组织和行为者都是治理的参与者，不能被排斥在治理过程之外，更不能被剥夺享受治理结果的权利。当然，这些主体之间是一种合作互补关系。通过合作，治理主体才能有效地发挥作用，并弥补相互的缺陷。最后，交通运输和信息技术迅猛发展，为政府与社会合作提供了物质和技术支撑。政府内外各种关系相互交织，形成复杂、多元的网络化格局。在这一格局中，权威被日益分解，正式权力的影响力降低；复杂的组织关系增加了监督、协商等交易成本，急需政府以全新的观念，建立起新的整合资源和协调利益的机制。

面对上述挑战，如何促成政府与社会其他主体之间的集体行动，以应对公共事务治理过程中的新问题，迫切需要转向新的治理模式。基于中国国情和社会现实，为维护社会稳定和经济的长久发展，必须坚持中国共产党的领导地位，只有在党的领导下，才能保持长期的稳定局面，才能为社会的发展提供保障。因此，我们不可能完全实行西方的多中心治理模式，政府与社会协同治理模式必然成为我国的现实性选择。

一、政府与社会协同治理模式的内涵

政府治理模式不是纯主观的东西，它立足于社会实践，而又要超越于社会实践，是人的理性设计与社会实践相结合的产物。政府治理模式的成熟和先进与否直接关系到国家的兴衰、人民生活水平的高低、市场的国际竞争力的强弱，影响着社会生产力发展的状况。可以说，政府的治理对社会的发展和进步至关重要。社会转型期我国政府治理的目标模式选择应该是政府与社会的协同治理模式。所谓协同，是指系统中诸要素或子系统间的相互合作。现代协同论认为，协同有助于整个系统的稳定和有序，能从质和量两方面放大系统的功效，创造演绎出局部所没有的新功能，实现力量增值。这是一种产生了质的飞跃的、扩大了的生产力，它反映了系统中各子系统之间结合力的大小和融合度的高低。协同治理作为现代社会新的运行机制和管理模式，在各种社会要素的协调整合中为社会发展提供新的动力。

关于什么是政府与社会协同治理模式，国内外相关文献未见明确定义。基于协同与协同治理理念，结合我国实际情况，可以认为，政府与社会协同治理模式，是指在公共事务治理过程中，以中国共产党为领导、政府（及其部门）为主导、社会其他主体（包括公民个人、企业、非政府组织等）共同参与的开放性系统，为促进社会系统协调运转，系统中诸要素间相互协调、共同作用，强化系统整体的社会治理力量，通过对社会系统的组成部分、社会生活的不同领域以及社会发展的各个环节进行组织、协调、监督和控制,共同治理社会公共事务,最终达到最大限度地维护和增进公共利益之目的的多元合作型模式。

政府与社会协同治理是对政府治理的业务模式、管理模式和服务方式的优化和扩展,既要实现本部门的业务系统协同工作,解决跨部门的协同工作,又要处理其他合法主体的协同工作。

(一) 政府与社会协同治理模式是以中国共产党为中心的多元主体治理模式

在日益复杂多变的社会背景下,原有的"政府单中心治理"模式日益难以应对社会发展的快速性和复杂性,难以及时有效地回应民众需求,因而必须确立政府治理的多元主体理念。除了政府这个原有的社会治理中心之外,政党、非政府组织、企业、公民个人等其他社会主体都可以合法地参与公共事务治理,成为社会治理的主体,而不仅仅是被管理对象。通过主体之间的合作,不同主体能够合理顺畅地表达和实现自身的利益诉求,真正成为社会管理者,从而能够更好整合多元利益,达成社会共识,促进社会公平,推动社会长期稳定的发展。这种目标模式有别于西方的多中心治理模式,其中心只有一个,是单中心加多主体的结构。单中心是中国共产党,多主体是中国共产党、政府、企业、民间组织与民众。以政党为核心的现代民主政治,其本质是执政党如何领导并掌握国家政权,实现执政党对国家和社会的领导和治理。中国共产党的先进性是党的领导和执政的合法性基础,党的领导是社会主义国家建设和发展的前提,是国家政权的核心,这决定了在中国政府治理问题上绝不能抛开执政党来谈。"坚持和加强中国共产党的领导、明确中国共产党在中国政府治理中的领导核心地位,是中国政府治理能否真正进行的关键因素"。[①] 中国政府治理模式的科学定位应该是在中国共产党的领导之下,正确认识和科学处理政府与其他社会主体之间的关系。在多主体中,党是间接主体,不是直接主体。政府、企业、民间组织与民众都是直接主体,在多元协同治理主体中,政府仍然是首要责任主体,仍将发挥主导性的治理作用。这种模式要求党处于超然的政治地位,只对国家行使政治、思想、组织的领导权,而不参与具体的治理活动,具体的治理活动由政府主导进行。这种模式同西方政府治理模式相比,其特殊性在于坚持中国共产党在国家政治生活中的领导地位,有利于保持中国政治和中国社会的稳定性,减少国家和社会的动荡。这种目标模式的终极价值在于实现中国的"善治"。

---

① 马云瑞:《中国政府治理模式研究》,郑州大学出版社2007年版,第23~26页。

（二）政府与社会协同治理模式是强调治理主体之间平等协作关系的治理模式

政府与社会协同治理模式同西方多中心治理模式间存在着共性，这就是治理主体间是平等的关系，而非上下级关系。政府与社会协同治理模式不仅强调治理主体的多元性，还强调多元主体之间关系上的平等性和协作性。平等性在于作为传统强势的治理主体——政府，在新的模式下尽管仍是首要责任主体，仍将发挥主导性的治理作用，但与传统治理模式相比，政府与其他各社会主体之间，更多的是一种平等关系，摆脱了过去的管理与被管理、控制与被控制的关系，各部分之间地位平等，政府不能随意依靠强制性命令迫使其他主体服从自己的意志，其他主体参与社会管理的资格不能被政府任意剥夺，各主体具有平等的管理资格。协作性在于各社会主体在进行社会治理时，不是单打独斗的行为，而是强调治理结构与集体行动的有序性。在平等基础上，政党、政府、非政府组织、企业、公民个人等子系统相互协作、相互协调、互相配合，各系统彼此相互依赖且关系复杂，通过各种形式的信息反馈和谈判达成共识，并为实现这一共识进行正面的协调，对环境的变化保持灵活的适应性。政府内外、上下各部分之间不再是各自为政、杂乱无章，而是井然有序、相互啮合。这是协同治理的最理想状态，也是达成良好治理效果的根本保障。

（三）政府与社会协同治理模式是治理权威多样性的模式

社会治理需要权威，在传统治理模式下，权威主体往往是由掌握公共权力和大量信息的政府来承担。随着公共事务复杂化和信息膨胀化、分散化趋势的出现，这个权威并非一定只能由政府来承担，其他主体也可以在公共事务处理过程中发挥和体现其权威性。协同治理的各主体在平等协作基础之上，可以根据各自的优势，在处理社会问题时发挥特有的作用，例如，企业在提供产品和服务方面效率优于政府，公民之间的信任度较高，非政府组织的公益性活动组织能力较强等方面，从而在不同领域形成自身权威。由于各主体权威的发挥，各主体在社会治理过程之中能够通过彼此之间的交流与合作，在各自发挥作用基础上推动整体性权威的实现。

（四）政府与社会协调治理模式是多元主体力量综合性提升的治理模式

政府与社会协同治理模式强调治理过程中集体行动的自发性及治理过程的自组织性，通过集体行动自发性和自组织性，达到治理结果的有效性。用哈肯的话来说，各个部分像由一只看不见的手在驱动排列，自发朝着共同的目标集体行动。① 在治理过程中，只有实现单个子系统无法实现的功能，产生单个子系统不具备的宏观结构，方能认定合作治理有效。面对复杂多样、变动不安的快速转型社会，多元主体之间通过功能联系和相互依存关系，进行多元互动、共同协作的运作方式，促进建立共同的愿景，使系统在不断生成和转化的过程中达到更高级的平衡。协同治理各主体之间能够按部就班、默契协作，发挥各方优势，最终形成综合力量，并且这种力量是大于单独各自力量之和的，发挥整体性效力，促进社会发展。"社会采取协同治理模式，使得各种要素通过某种途径和手段有机地组合在一起，其所发挥的整体功能总和大于各子系统单独的、彼此分开时所发挥功能的代数和。"②

（五）政府与社会协同治理模式是治理主体具有共同目的性的治理模式

政府与社会协同治理模式的主体呈现多元化趋势，各个主体在治理过程中依据个体所处的环境、位置的不同，肯定会有各自独特的利益目标。然而，协同治理所追求的终归是通过各方面的平等协作，平衡多种主体利益要求，集中力量，追求共同目标的实现，所以从宏观上看，这种模式下的多元主体，是具有总体上共同目的的，即通过各主体内部和主体之间的调节和整合作用，提升主体系统自身运行的组织化和有序化程度，进而推进社会运行的健康有序，以确保国家政治、经济、文化等各个领域的良性发展。

综上所述，这种以中国共产党领导的、政府主导的、社会其他主体共同参与的政府与社会协同的多元治理模式是符合中国实际情况的。中国共产党第十六届中央委员会通过的《中共中央关于加强党的执政能力建设的决定》中明确提出，"建立健全党委领导、政府负责、社会协同、公众参与的社会管理格局。"党的十七大将"社会协同"写入党的报告中，意味着我国从最高决策层到各级地方政府已经清楚认识到，仅有公共权力对社会的管理不足以最大限度地改进以民生为导向的政治治理结构和提高社会管理绩效。因此，必须在党的领导下，明确政府和社会的责任分工，实现社会管理由政府单一管理主体向多元治理主体的发展。充分发挥各类社会组织的优势，加强政府与非政府组织、企业以及不同组织之间的彼此合作，使社会所有成员的生活条件、福利水平都能成倍增进。

---

① H. 哈肯：《协同学：自然成功的奥秘》，上海科学出版社 1988 年版。
② 陆世宏：《协同治理与和谐社会的构建》，载《广西民族大学学报》（哲社版）2006 年第 6 期，第 109~113 页。

二、政府与社会协同治理模式的特征

政府与社会协同治理模式在运作过程中，会表现出以下一些基本特征。

（一）目标性

根据协同理论，协同是以实现系统总体目标为目的的，没有系统总体目标，就无须各个子系统或各部门之间的相互合作、相互支持和相互促进，系统也就失去方向性。因此，政府与社会协同治理模式也是要在各个子系统之间相互合作、相互支持和相互促进的基础上，促进整体目标的实现，即推动社会的良性有序的发展，促进公共利益的实现。

（二）开放性

在政府与社会协同治理模式之下，各个治理主体都应该是开放性的系统。只有开放才能不断地进行各子系统之间以及系统与外部进行人力、物力、财力以及信息方面的交换，才能促使整个系统从无序走向有序，从分散走向聚合，形成更有利的结构与功能，最终促使以中国共产党为领导、政府为主导、多元主体共同参与的协同治理结构走向最佳的协同发展和自组织过程。

（三）动态性

政府与社会协同治理模式是动态的，而不是静止不变的。治理系统内各子系统之间相互关系在实现系统总体目标的进程中，需要根据系统内外环境的实际发展情况，及时给予调控与修正，调整相互之间的关系，修订各子系统的目标，以保证系统总体目标的实现。政府与社会协同治理系统的动态性主要表现在参与主体的动态变化，参与主体关系的动态变化、治理所需资源的动态变化，以及治理过程的动态变化等方面。同时，这种模式不是凭空产生的，而是在原有社会治理模式基础上发展起来的。我国原有的治理模式虽然存在诸多不足，但在不断的发展过程中，也存在许多已经被证明是行之有效的内容，新的治理模式必须是在保留原有模式优点的前提下，根据环境等的变化不断的动态适应发展。

（四）主体多样性

政府与社会协同治理模式改变了过去政府单一治理主体的格局。随着公共事务的丰富化，社会组织和公民的民主意识越来越强，参与政府治理的途径也越来越丰富，因此造成了政府与社会协同治理的主体的多维性，包括中国共产党、政府、非政府组织、企业、家庭、个人等在内的所有社会组织和行为者都是治理的参与者，不能被排斥在治理过程之外，更不能被剥夺享受治理结果的权利。当然，主体之间是一种平等的合作互补关系。只有平等合作，各治理主体才能有效地发挥各自的作用，弥补相互的缺陷，形成整体合力。

（五）整合性

政府与社会协调治理系统的各组成部分间能彼此有机地、协调地运作，以发挥整体效益，达到整体化的目的。政府与社会协同模式下，治理系统由许多子系统组成，这些子系统不是孤立毫无关系的个体，他们被非常紧密地结合在一起，通过有机运作形成总体合力。当然结合并非指把各子系统进行简单的相加和组合，而是按照各自的功能和性质，依据现实治理的最佳需要整合在一起的，当出现事件时，各个子系统能作出协调同步的反应。突出地表现在打破了性质、地域、领域的限制，使政党、政府和社会其他主体之间达成有效整合。

（六）社会性

政府与社会协同治理模式是适应处理日益复杂的社会公共事务难题的产物，是政府和社会其他主体平等合作的结果。在这种协同治理过程中，政府阶级统治属性弱化，社会性突出。政府与其他社会主体平等合作，处理大量负责的社会公共事务，促进公共利益的实现，成为这一模式的最终目标。政府将"由高居于社会之上的公共权力机构，转变为社会众多权力主体之中处于主导地位的协调者、引导者"。①

综上所述，政府与社会协同治理模式为社会未来的发展指明了方向。沿着这一方向，社会治理能力将会得到提升，社会各主体的价值和总体利益要求会获得更多实现。

第二节 政府与社会协同治理模式的理论依据

政府与社会协同治理模式，不是无源之水、无本之木，而是基于中国国情的考量，同时也是立足于现有的较为成熟理论基础之上的。政府与社会协同治理模

---

① 顾平安：《政府发展论》，中国社会科学出版社2005年版，第22页。

式的理论基础主要包括协同治理理论和合作理论。

一、协同治理理论

从理论渊源来讲，公共管理领域的协同治理理论源自协同学或协同论（Synergetics）。协同一词在《辞源》中的解释为：和合，一致。协同的思想可谓是源远流长，《虞书·尧典》中说："协和万国"，《孟子》说："天时不如地利，地利不如人和"，《后汉书·桓帝纪》："激愤建策，内外协同"，都强调协力同心的重要。协同的英文单词"synergy"来自于希腊语"synergos"，表示开放系统中大量子系统相互作用的、整体的、集体的或合作的效应。20世纪70年代，德国理论物理学家赫尔曼·哈肯（H. Haken）通过对物理学中的开放系统的研究，首次以科学的名义提出"协同"的概念，并创立了一门新兴的系统学科——协同学（synergetics），即"协同合作之学"。[1] 他认为，"协同学是研究由完全不同性质的大量子系统（诸如电子、原子、分子、细胞、神经元、力学元、光子、器官、动物乃至人类）所构成的各种系统。研究这些子系统是通过怎样的合作才在宏观尺度上产生空间、时间或功能结构的。尤其要集中研究以自组织形式出现的那类结构从而寻找与子系统性质无关的支配着自组织过程的一般原理。"[2] 协同现象在一切领域中都普遍存在，没有协同人类就不能生存发展，社会就不能前进。在一个系统内，各种子系统如果不能很好协同，甚至互相对立，系统必将呈现无序状态，而终至瓦解。若各子系统能很好协同、合作，各种力量则能够聚合成超越原有力量简单加和的新的总力量。

协同学产生之后不断发展，并与治理理念相结合，在20世纪90年代，协同治理理论开始兴起，至今，协同治理已成为21世纪世界各国共同关注的议题，这也是完善公共事务治理的时代性和战略性要求。

协同治理的概念一经提出，立即出现了一种为我所用的倾向。但对于什么是协同治理，国内外学者有着不同的观点。总体来看，国内外学术界对其研究力度不够，对于协同治理概念的深化、协同治理的运行机制、实施过程、效率分析及技术的成熟等诸方面都有待进一步完善。不过，无论是从知识发展的逻辑还是从实践验证的逻辑来看，协同治理已成为社会治理的新趋势和新热点，并将最终促成社会治理目标的实现。

1995年，全球治理委员会给协同治理下了清楚明晰的定义："协同治理覆盖

---

[1] 赫尔曼·哈肯：《协同学——大自然构成的奥秘》，上海译文出版社2005年版，第1页。
[2] 赫尔曼·哈肯：《高等协同学》，科学出版社1989年版，第1页。

个人和公共及私人机构管理他们共同事务的全部行动。这是一个有连续性的过程，在这个过程中，各种矛盾的利益和由此产生的冲突得到调和，并产生合作。这一过程既建立在现有的机构和具法律约束力的体制之上，也离不开非正式的协商与和解。"基于此观点，法国学者菲利浦·莫罗·德法尔日认为，协同治理本身不是目的，它只是确定处于某个时代的社群最佳的治理方式和不同治理方式之间的关系，并找到处理这些关系的合理程序的手段。

汤姆·林认为，"协同政府"可以概括为"内、外、上、下"四个方面的合作："内"，指组织内部的合作，合作途径是新的组织文化、价值观念、信息管理、人员培训等，它意味着新的组织形式；"外"，指组织之间的合作，合作途径是领导权的分享、捆绑式预算、组织的整合、项目组等，它意味着组织之间新的工作方式；"上"，指目标设定的由上而下以及对上的责任承担，合作途径是结果导向的目标分享、绩效评估等，它意味着新的责任和激励机制；"下"，指以顾客需要为服务宗旨以及让服务对象介入服务过程，合作途径是"一站式服务"、顾客参与、非执行董事等，它意味着新的服务方式。新的组织形式、新的工作方式、新的责任和激励机制、新的服务方式四者结合起来，代表了既不同于传统的官僚制又不同于市场化的一种新型管理趋势。[①]

国内"协同治理"词汇最早见于采访和会议纪要中专家学者的零散观点。复旦大学桑玉成教授把政府与人民的"合作共事"关系视为现代政治文明进程中的"官民协同治理"取向。他认为，"官民协同治理"的本质在于提倡将人民视为管理的主体，视为国家的主人，并以此来承担对于公共事务的责任。孙鸿烈院士强调，"管理并非仅是政府所为，它还包括非政府组织和机构的参与，以及民众的参与。"中国科学院地理科学与资源研究所副所长李秀斌研究员评论称，"孙鸿烈院士提出了一个值得人们高度重视的理念，即'协同治理'（governance）的理念。"这些观点中的协同治理主要指涉政府、非政府组织、公民等共同参与公共事务的多主体合作，可以理解为"合作共事"或者"合作治理"。[②]陆世宏认为，协同治理理论的内涵包括：治理主体多元性、治理权威多样性，以及机构之间的自愿平等与协作。[③] 何水认为，"所谓协同治理，是指在公共管理活动中，政府、非政府组织、企业、公民个人等社会多元要素在网络技术与信息技术的支持下，相互协调，合作治理公共事务，以追求最大化的管理效能，最终

---

① Tom Ling. Delivering Joint ~ up Government in the UK：Dimensions，Issues and Problems，Public Administration，2002，80（4）.
② 李辉、任晓春：《善治视野下的协同治理研究》，载《科学与管理》2010 年第 6 期，第 55 页。
③ 陆世宏：《协同治理与和谐社会的构建》，载《广西民族大学学报》（哲学社会科学版）2006 年第 6 期，第 109~113 页。

达到最大限度地维护和增进公共利益之目的。"[①] 刘光容将政府协同治理定义为："为了实现与增进公共利益，政府部门和非政府部门（私营部门、第三部门或公民个人）等多元合法治理主体在一个既定的范围内，运用公威、协同规则、治理机制和治理方式，共同合作，共同管理公共事务的诸多方式的总和。"[②] 郑巧、肖文涛指出，协同治理的内涵：治理主体的多元性、治理权威的多样性、子系统的协作性、系统的动态性、自组织的协调性、社会秩序的稳定性。[③] 孙磊也提出，协同治理强调系统的协同性、系统演化的动态性、秩序形成的自组织性。[④]

基于已有研究成果可以发现，协同治理指的是在公共生活过程中，由政府、社会团体、企业、公民个人等社会多元子系统构成开放的整体系统，在其他系统工具的辅助下，共同合作管理公共事业，以追求最大化的管理效能为目的的一种管理活动。具体来说，这个概念包括如下四个方面的内涵：（1）治理主体的多元化。除了政府以外，非政府组织、社会团体、企业以及公民等所有社会组织都可以参加社会公共事务治理。（2）子系统的协同性。对公共事务进行治理不仅仅局限于政府的"作为"与"不作为"，而是要通过与其他社会组织、公民个人建立合作伙伴关系才能最大限度地发挥政府、社会组织以及公民个人的各自优势，达到扬长避短的效果。（3）治理权威的多样性。协同治理需要权威，但这个权威不仅仅来源于政府权威，同时还来自于社会专业组织的权威等。（4）系统的动态性。子系统在不同的地方、不同的时间都发挥不一样的治理职能，这就要求子系统必须采取灵活的行为方式，随时对事务变化采取相应措施，并对自身的行为负责。

协同治理的实践始于20世纪90年代初。作为当代西方行政改革的先驱，英国在这一新的改革趋势中仍占据着十分重要的位置。1997年，英国新一届工党政府上台，它一方面延续了保守党的一些改革措施，另一方面也推出了新的改革举措，其中最重要的一项内容就是提出了"协同政府"。其基本观点是：公共政策目标的实现既不能靠相互隔离的政府部门，也不能靠设立新的"超级部门"，唯一可行的办法是围绕特定的政策目标，在不取消部门边界的前提下实行跨部门合作。这种合作是全面的，包括公私部门之间、政府与非政府之

[①] 何水：《协同治理及其在中国的实现——基于社会资本理论的分析》，载《西南大学学报》（社会科学版）2008 年第 3 期，第 102~106 页。

[②] 刘光容：《政府协同治理：机制、实施与效率分析》，华中师范大学 2008 年研究生论文，第 175 页。

[③] 郑巧、肖文涛：《协同治理：服务型政府的治道逻辑》，载《中国行政管理》2008 年第 7 期，第 48~53 页。

[④] 孙磊：《协同治理：农村公共产品供给机制创新的可行路径》，载《江西师范大学学报》（哲学社会科学版）2008 年第 5 期，第 51~55 页。

间、政府部门之间、中央与地方之间的合作等,而要把具有不同性质、目标、管理模式和动力机制的组织整合起来的关键既不是行政命令,也不是市场竞争,而是信任。

此外,1992年里约热内卢世界环境与发展高峰会、1995年北京世界妇女大会、1996年伊斯坦布尔世界城市化大会,汇聚了各国政府代表、国际组织、非政府组织、社会运动人士、专家和媒体,出现了一个适合上演全球协同治理大戏的世界公共舞台。2001年年初在巴西的阿莱阁港举行了第一届世界社会论坛(WSF),117个国家非政府组织的两万名代表参加;接着在美国的伍德斯多克召开了地球祖国的集会,全球6万人参加;年底在法国里尔举行了世界公民大会,各国代表700人与会,发表《人类责任宪章(草案)》。①

当今世界,至少有两个变化来源于协同治理:"国营和私营部门互相渗透"(例如,国营事业寻求私人赞助,私营领域出现的"公民企业"潮),以及"公益的重新定义"越来越民主化(何为公益需经有关方面共同协商)。这些变化被视为协同治理的不同结晶。在国际上,如何建立一个多极权力体系,又不使多样性导致混乱无序是协同治理要处理的难题。甚至有人认为,欧洲联盟是协同治理的实验室。"欧洲联邦究竟是一个超前但并非不能实现的理想,还是一个不切实际的乌托邦?这个问题有待协同治理在未来的实践作出回答"。② 在中国,协同治理的实践也表现出多样性的特征。例如,公共风险治理以及农村公共产品的多渠道的供给,可以说是协同治理的成功之举。另外,就立法和决策所举行的听证会、恳谈会、议事会等协商机制已经在许多区域成功运作,并取得相当的成效,甚至已经发展成为制度化安排。鼓励并扩大公民参与、听取各种不同意见、保护弱势群体、尊重理性,实现多元分歧基础上的一致,越来越多地成为各地基层政治实践的选择。

从根本上看,协同治理之所以成为一个时髦的术语,是因为它能消除隔阂,实现共同的长远利益。只要社会各团体之间存在长期合作的必要,那么,人们对协议的遵守也就有了坚实的保障。而协同治理正是起到了一种公共利益协同增效的作用。它力求通过不断的协商与沟通,消除理性人之间的隔阂与对立,使得人们对彼此之间的长期合作有一个良好的预期,从而促成人们努力达成并遵守共识协议,以期在合作中实现自己的长远利益。③

---

①② 陈力川:《协同治理思想的生成和实践》,载《科技中国》2006年第12期,第26~31页。
③ 杨清华:《协同治理的价值及其局限分析》,载《中北大学学报》(社会科学版)2011年第1期,第7~8页。

二、合作主义理论

"合作现象四处可见，它是文明的基础。"[①] 人类为了自身的生存和发展，必须通过合作来共同对付日益复杂、恶化的生存环境，没有合作，人类很难生存，这是人类社会发展的共同趋势。

在西方，合作思想有着较长的历史渊源，最早可以在古希腊哲学、基督教神学当中寻找。但作为把合作当做研究对象的一门理论，合作主义思想渊源于欧洲天主教教义、民族主义和社会有机论，是在19世纪随着工业社会的到来出现的一种寻求阶级和谐与社会合作的理论。合作主义又称为社团主义、法团主义，主张由国家通过工会、生产协作组织控制工人群众的一种社会结构或制度。两战之间则由理论走向实践，主要以欧洲的经验和实践为基础，最初倡导者是德国人卡尔·施密特。在"二战"期间因与法西斯主义相联系而声誉不佳，受到冷落。

新合作主义是合作主义在当代的新形式。20世纪70年代后，合作主义作为反对自由主义和多元主义的替代而重新引起人们的重视。为区别"二战"之前盛行于法西斯国家的合作主义制度，命名为新合作主义。一些学者从战后一些欧洲国家的社会运行、制度与政策安排、国家与社会关系的互动中，提出新合作主义的不少理论模型，并被广泛应用于不同国家和领域，将合作主义概念重新引入当代政治科学的词汇当中被认为是从70年代以来的"西方政治思想的一个最为显著的特征"。[②] 合作主义被称为与马克思主义、自由多元主义并列的"三种主要方法之一"。[③] 新合作主义进行系统阐述的是P. 斯密特和G. 雷姆布拉什，他们在1979年出版了《走向合作主义的中介》一书，系统地阐述了新合作主义的基本立场和分析框架。A. 考森在1986年出版的《合作主义与政治理论》、P. 维廉姆森在1992年出版的《合作主义的类型》，斯密特与J. 哥诺特在1997年发表的《合作主义的西西弗斯命运：过去、未来》等论著是新合作主义的代表作。到20世纪80年代末90年代初，随着冷战的结束和西方世界社会经济、政治的新发展，合作主义在欧洲呈现出再度复兴的态势。

对于什么是合作主义，有很多不同定义。《剑桥百科全书》认为，合作主义

[①] 罗伯特·阿克塞尔罗德：《合作的进化》，上海世纪出版社2007年版，第3页。

[②] Andrew Cox, Noel O'Sullivan, ed. *The Corporate State: Corporatism and the State Tradition in Western Europe*, Aldershot: Edward Elgar Publishing Ltd., 1988, P. 3.

[③] Howard J. Wiarda. *Corporatism and Comparative Politics: The Other Great "Ism"*, N.Y: M. E. Sharpe, 1997, P. 7.

是"决定和实施经济和社会政策的权力由制造商集团共同享有或派代表参加的安排方式。社团的成员必须遵守国家规定的各项原则，他们如果做不到这一点，社团的决策和代表权便归于无效"。①《布莱克维尔政治学百科全书》认为，合作主义"是一种特殊的社会政治过程，在这个过程中，数量有限的、代表种种职能利益的垄断组织与国家机构就公共政策的产出进行讨价还价。为换取有利的政策，利益组织的领导人应允通过提供其成员的合作来实施政策"。② 著名的合作主义理论家卡尔·施密特则认为，合作主义是"一种利益代表制度，它由少数具有卓越才能的，能够进行义务服务和与世无争的人所组成，有着等级差别和职能差异，并且得到国家承认或许可，同时国家允许它们在各自的领域中享有一定的垄断权利，而这些组织通过选举以及提出要求和给予支持作为回报"。③ 现在较为人们普遍接受的是新合作主义的代表人物菲利浦·斯密特的观点："合作主义，作为一个利益系统，是一个特指观念、模式或制度安排类型，它的作用，是将公民社会中的组织化利益联合到国家的决策结构中。"④

合作主义关注的焦点是社会秩序的统一与和谐，合作主义的这种特点在社会经济生活、政治生活等方面都有清晰地表现。合作主义理论具体包括如下内容：

（1）主张国家与社会合作，建立纵向的合作结构。合作主义提倡建立一种和谐、一致的社会秩序，认为社会是一个整体，合作主义的目的是在分化乃至分裂的社会中，将不同集团的精英和国家权威紧密地联系起来，促使他们互相支持合作，探索他们可能达成合约的途径。针对国家与社会之间可能出现的紧张关系，合作主义不认为是"组织化的不足"所导致的。因此，只有各种利益集团之间所组成的是一个更加完善的、合作的社会政治结构的代表形式，才能在政治过程避免混乱与冲突。"国家与社会之间，政府与自治组织之间在一方面按照功能分化的原则把社会中分散的利益组织起来，有序地参与到政策形成的过程中去；另一方面，从这种制度化参与机制中，国家权力可以获得稳定的支持来源（合法性）和控制权。因而国家与社会都获得了秩序。"⑤ 所以，合作主义代表了一种国家和社会因素的重合，二者相互包容，是不可或缺的。从这个意义上讲，合作主义是企业和组织起来的劳动者的代表对国家政策谈判和协商的参与，并且受到国家的支持。威廉姆森和兰博尔认为，从决策横的层面上讲，合作主义强调

---

① 大卫·克里斯特尔：《剑桥百科全书》，中国友谊出版社1998年版，第302页。
② 米勒、波格丹诺：《布莱克维尔政治学百科全书》，中国政法大学出版社1992年版，第175页。
③ R. 米什拉：《资本主义的福利国家》，法律出版社2003年版，第155页。
④ P. 斯密特、G. 雷姆布拉什：《走向合作主义的中介》，哲人书店1979年版，第13页。
⑤ 张静：《法团主义及其与多元主义的主要分歧》，中国社会科学出版社1998年版。

两个核心：一是合作与独立，反对冲突；二是以国家为基础的对劳动和商业组织成员的合法垄断。

政府与社会合作要建一个完整的结构，这个结构应包含以下要点："一是国家具有重要地位，它合法参与经济决策，主导工业发展方向；而社会参与则以行业划分的功能团体的形式，国家和社会互相承认对方的合法性资格和权利，并相互协商制定有关的政策；二是法团主义政制的任务，是将社会利益组织集中和传达到国家决策体制中去；三是功能团体对相关的公共事务有建议和咨询的责任，同时在公共决策确定后有执行的义务；此外，它还应把本集团成员完好地组织起来，限制他们的过激行动；四是获批准的功能团体数量是限定的；五是不同团体间是非竞争的关系；六是每个行业内的不同代表组织以层级秩序排列（hierarchically ordered）；七是功能团体在自己的领域内享有垄断性的代表地位；八是作为交换，对功能团体的若干事项，国家应有相当程度的控制。"[①]

（2）反对放任自由主义和多元主义将国家和政府视为消极无为的组织的思想，强调国家在合作过程中的重要性。放任自由主义和多元主义都将国家和政府视为消极无为的组织，强调社会的自由发展，反对国家干预。而合作主义把国家看做是积极的、有所作为的组织，他们认为国家与社会团体代表社会的个别利益不同，国家代表着社会的公共利益，是具有自主性的组织，因此国家可以协调社会的利益竞争，也只有国家才能在劳资双方的冲突中以第三者的身份给予协调和平衡。主张在必要的时候，国家必须以某种恰当的方式干预经济和生产领域的事务。合作主义认为，国家具有重要地位，它合法参与经济决策，主导工业发展方向；而社会参与则以行业划分的功能团体形式存在。功能团体在自己的领域内享有垄断性的代表地位，而国家对功能团体的某些事项应有相当程度的控制。[②] 因而，在合作主义模式中，国家居于权威的位置。

（3）强调加强社会中介组织的功能。合作主义认为，在社会生活中，要承认社会中介组织的自主性和合法性，对于维护政治统治体系所必需的政治环境，以及使政治系统作出有效的公共决策，是不可或缺的。施密特把国家与社会功能组织间常规性互动体系概括为：这个利益代表系统由一些组织化的功能单位构成，它们被组合进一个有明确责任（义务）的、数量限定的、非竞争性的、有层级秩序的、功能分化的结构安排之中。它得到国家的认可（如果不是由国家建立的话），并被授权给予本领域的绝对代表地位。作为交换，它们在需求表达、领袖选择、组织支持等方面，受到国家的相对控制。

[①] 张静：《政治社会学及其主要研究方向》，载《社会学研究》1998年第2期。

[②] 胡良琼：《政府与社会关系的几种理论评述》，载《探索与争鸣》2004年第1期。

可见，合作主义旨在建构整合政府和社会关系的"二元合作模式"，这对于我们探索一种具有中国特色的政府与社会之间的良性互动关系具有很强的借鉴意义。

第三节　政府与社会协同治理模式的运行载体、前提与社会基础

一、政府与社会协同治理模式的运行载体

政府与社会协同治理模式中存在多元主体，但政府仍然是起主导作用的，所有其他社会主体功能和作用的发挥，都离不开政府这一主体。政府组织效率高低、人员素质好坏，最终制约着整个模式的运行。因此，政府与社会协同治理模式的良好运作，必须以政府自身能力的提升为依托，以建立高效的行政机构和精干的公务员队伍为载体。

（一）建立高效的行政机构

我国首先进行的是经济体制改革，行政体制改革是为了推动经济体制改革深化而作出的必然选择，因此行政体制改革往往落后于经济发展。随着经济体制改革的不断深入，我国的行政体制改革也在深化，但总体而言，行政体制改革步伐仍落后于经济体制改革，主要体现为政府职能和管理方式的转变不能完全到位，跟不上经济发展的需要。由于政府的职能范围界定不清，导致政府与市场、政府与社会、政府与公民的关系模糊，政府缺位、错位、越位和不到位现象时有发生。在一些政府部门，官僚主义现象还比较严重，管理的随意性较大，行政程序不规范，办事手续烦琐，不能及时随着社会经济的发展调整自己。政府组织结构不合理，跟不上环境的变化，失去了对公众迅速变化的需求作出快速反应的能力，不能有效地回应公众需求。现有的行政组织结构层级过多，政府高度集权化、自上而下的垄断专权，各层级间信息沟通不畅，导致低效运行；政府职能部门的设置交叉，职权重叠现象严重，各职能部门各自为政，缺乏有机统一体系。

作为社会治理多元主体的主导者，如果政府自身效率低下，就不能很好地推动社会进步，同时也难以与其他治理主体协同工作，也就会降低整个治理体系的效率。为此，需要合理界定政府职能，确定政府该管和不该管的范围，区分政府

与社会、政府与市场、政府与公民之间的功能边界,把不属于政府管理或可由其他主体管理的领域交由其他主体管理,发挥其他社会治理主体的作用。就政府机构的设置而言,在纵向上,应进一步精简层次。我国原有政府层级较多,适合传统管理的需要,但信息沟通不畅、信息不对称等问题也随之产生。随着信息化、电子化、网络化的不断发展,行政组织的管理幅度可以借助先进的信息工具得到扩展,便于纵向信息沟通。适应这种形势的变化,行政组织应由高耸的金字塔形结构向扁平式结构发展,通过减少政府层级,提升效率。近年来,关于我国行政区划调整的命题一直是研究热点,目前进行的省管县体制的转变,就是推动政府层次精简的有益尝试;在横向上,应进一步推进机构合并。对于职能相同或相近的部门,通过合并机构,减少机构设置和人员数量。合并后的行政组织可以通过办公自动化和电子政务建设,推动组织内外信息交流电子化、网络化,通过建立专家库、使用决策支持系统等推进决策的信息化和科学化,推进政府效率提升。

(二) 建立精干的公务员队伍

毛泽东说过:"正确路线确定之后,干部就是决定的因素。"① 邓小平在南方谈话中也指出:"中国的事情能不能办好、社会主义和改革开放能不能坚持,经济能不能快一点发展起来,国家能不能长治久安,从一定意义上说,关键在人。"② 公务员作为政府运行的主体,是行政效率的力量源泉,其整体素质高低,最终决定政府能力的大小。为提高政府的社会治理能力,必须建立起精干的公务员队伍。如果公务员队伍工作效率低下,缺乏与其他主体的合作精神,没有为社会服务的意识和能力,就很难实现社会治理目标。为此,需要做好如下几个方面的工作:

完善公务员队伍考试录用机制建设。在公务员考试录用工作中,要认真贯彻公开、平等、竞争、择优的原则,按照严格选拔、择优录用方针改革考试内容,创新考试方法,尽快完善聘任制和政府雇员制,招聘多元复合型人才,吸引高科技人才加盟,把真正符合需要的高素质的人才纳入公务员队伍,提高录用工作质量。科学设置职位,实行以岗定人、竞争上岗。制定职位设置管理办法,实行职位增减审批制度,以维护职位分类工作的严肃性,减少职位设置的随意性,避免因人设事,做到精简机构、精兵简政。要严格按照公开、平等、竞争、择优的原则和规定的范围、条件、程序组织竞争上岗。坚持客观、公正、公开原则,将职位与任职条件公开、任用程序和办法公开、候选人情况公开、成绩公开、结果公

---

① 《毛泽东选集》(第2卷),人民出版社1991年版,第526页。
② 《邓小平文选》(第3卷),人民出版社1993年版,第380页。

开。多层次、多渠道地听取各方面意见，得不到多数认同的不能上岗。

完善培训机制，提升公务员队伍能力。一方面，加强公务员队伍的思想文化教育，提高公务员队伍的政治思想素质。《公务员法》明确规定：公务员必须"全心全意为人民服务，接受人民监督"，"遵守纪律，恪守职业道德，模范遵守社会公德"。目前，一些公务员在从政的思想道德方面有较大差距，应该结合学习贯彻《公务员法》，务求在思想道德水准方面有较大的提高，真正树立"执政为民，服务于民"的工作精神，切实履行好公务员的职责。另一方面，加强公务员培训的机制建设，保证培训效果落到实处。树立培训是提高公务员队伍能力助推器的观念，推动培训工作的开展。加强公务员培训工作要坚持学用一致、分级分类的原则，不断调整培训内容，切实提高培训的针对性。在公务员培训的实施过程中，强化公务员初任培训、任职培训、专门业务知识和更新知识四类培训。在培训内容上，在培训渠道上，要适应公务员需求多样化的趋势，积极利用党校、行政学院、部学院、高等院校、社会培训机构等培训资源。在培训方式上，借鉴国内外先进培训方式，采取头脑风暴法、情景模拟法、案例教学法等方法，采用数字信息技术、网络技术和多媒体等现代化教育手段，不断提高公务员培训的整体效果。建立健全公务员培训激励约束机制，根据培训结果进行奖惩、任职等工作调整，提升公务员培训自主性，增强培训的权威性和严肃性。

改进考核奖惩机制，激发公务员能力建设。根据不同类别、不同层次公务员的特点，建立以工作实绩为核心的考核指标体系，充实考核内容，细化考核评价标准，推进分类分级考核，增强考核的力度，改进考核的方法，创新考核制度，逐步推广定性与定量相结合的考核方法，如对品德指标、廉洁指标在描述性评价基础上尝试进行量化考核，提高考核的科学化水平。同时要完善考核结果与奖惩、任用、培训等紧密挂钩的做法，进一步强化公务员的激励机制。要充分发挥考核结果的激励作用，充分发挥能力评价的导向作用，真正做到优者奖、能者酬、劣者罚，对能力强、群众评价好的公务员，要给予物质和精神奖励，激励其继续进步。对能力弱、群众评价差的公务员，要坚决予以惩罚和调整。鼓励先进，鞭策落后。

完善流动机制，保持公务员队伍活力。加强岗位轮换力度，特别是对一些重要岗位的领导干部，要实行跨地区、跨部门、跨管理层次轮岗交流。以促进人才资源的合理配置，促进公务员的锻炼成长，同时，避免一些因为长期在一个部门、一个职位任职而带来的惰性和腐败现象。建立"能者上、平者让、庸者下"的流动机制。逐步建立和完善职务任期制和自愿辞职、引咎辞职、责令辞职等制度，严格执行辞退规定。加大对不能胜任本职位工作或在工作中造成严重过失人员的处理力度，对素质偏低的公务员要畅通出口，强制分流，确保公务员队伍整体素质能力始终保持在一个较高的水平上，始终保持旺盛的生机与活力。

总之，建立高效率行政组织机构和精干公务员队伍，才能够提升政府这一主导性主体的治理能力。而政府效率不断提升，才能更好地回应社会的需求，更好地与企业等高效率组织协同工作。政府效率的不断提升，也会带动其他主体提升效率，最终促成整体效率的改进。

二、政府治理目标模式运行的制度前提

在传统的社会治理过程中，存在着一些不合理的制度，这些制度具有较强的稳定性和阻碍性，严重制约着政府社会治理能力的发挥，阻碍着政府与社会协同治理模式的实现。只有对这些制度进行改革，才可能转变社会治理模式。

（一）正确处理党政关系

要建立起适应新形势新任务的党政关系模式，进一步合理、科学地配置权力资源，使党从与自身功能和职责不相干的具体行政事务中解脱出来，充分地发挥党的组织功能、监督功能，将主要的精力用来总揽全局、更好地实现其领导职能，协调各方和加强自身建设，更好地体现其领导核心作用。

党的十七大强调，要坚持党总揽全局、协调各方的领导核心作用，提高党科学执政、民主执政、依法执政的水平，保证党领导人民有效治理国家。总揽全局是指党的主要精力用于抓方向、抓大事、管全局，抓好全局性、战略性问题，把握政治方向，制定路线、方针、政策，提出立法建议，推荐重要干部，做好政治思想工作，维护社会稳定。总揽全局不等同于包揽全部，总揽是发挥党的领导核心作用，而不是事无巨细都由党一手包办。党应该尊重政府的权威，发挥政府的作用，把该由政府处理的问题交还给政府。协调各方是指党通过协调人大、政府、政协以及纪检、组织、宣传、政法、统战、群团等各方面的工作关系，使各个组织部门各司其职，充分发挥积极性、主动性和创造性。协调各方不是替代各方，各方事情仍要由各方去做，各方矛盾由党委来协调。只有遵循这一原则，党政二元治理结构的权力关系才能明确划分，才能发挥各个主体各自作用。

在我国，政党与政府的关系虽然密不可分，但二者在职能定位上是有差别的，不能相互混淆，更不能相互取代。按照党的十六届四中全会要求，党主要是把握方向，谋划全局，提出战略，制定政策，推动立法，营造良好环境，具体包括实施政治领导、组织政治参与，培养和输送政治人才，合理表达人民群众的利益，拓展统一战线，维护祖国统一等方面。政府要集中精力抓好经济调节、市场监管、社会管理、维护社会秩序和公共服务，建立公正、文明、和谐的社会环

境，促进市场经济健康发展。需要强调指出的是，这里所说的"党政职能分开"，是以坚持党的领导地位为基础的，在这个基础上实现党政职能分开，将会推动整个社会更加稳定、健康、和谐的发展。对于中国这样一个后发现代化的大国而言，其现代化过程中必须要有一个强大的政党进行组织领导和社会动员，既保持社会稳定，又保持经济发展和国家现代化。① 只有通过合理的界定党和政府的各自职能范围，才能在此基础上确定各自的权力边界，为各自的社会治理活动提供依据和限制。

（二）改革等级授职制

政府与社会协同治理模式，是以政府为主导的。为达到高效的治理结果，需要作为主导的政府本身能够高效运行，这样才能保证整个治理模式的高效运作。为此，必然要对原有的政府管理制度加以改革。社会治理能否取得良好效果，不仅取决于中央政府的科学决策与正确理念，还取决于地方政府是否能够认真的贯彻执行，取决于地方官员特别是地方主要政务官是否具有较强的工作能力、认真负责的态度、为人民服务意识和平等合作的理念。目前我国地方官员任职制还主要是等级授权制，这种制度缺乏公开性竞争，不利于促进官员素质提升和树立竞争、服务和平等理念。根据我国实际情况，通过改革传统的等级授权制，建立地方政府（主要是市县级）主要政务官的竞争制度，能够有效推动政府运行效率，这是政府与社会协同治理模式得以建立的另一个重要的制度前提。

西方国家的公务员队伍普遍实行"两官分途"，即分政务类公务员和业务类公务员。政务官一般是通过政治选举和政治任命的渠道产生，并且实行任期制。而业务类公务员则通常实行常任制，通过"功绩制"来评价和任命。我国与西方国家有很大的差异性，科级以下事务类公务员通过公开考试，择优录用，竞争上岗。科级以上各级领导干部主要是通过"体制内"的自上而下地考核和选拔机制任命，既不同于西方国家政务官的社会性公开竞争，也不完全等同于业务类公务员的"功绩制"晋升。这种制度有利于保证政治管理队伍的稳定性和连续性，有利于实现政治的稳定性。传统的选拔任用机制也会有竞争，但这种方式仍属较落后的选人方式，还没有超越等级授职制的范畴，存在较多的弊端。由于主要是内部考核选拔，任职升迁决定权主要掌握在上级手中，缺乏下级和社会民众参与，容易导致官员们只对上级负责，不对下级、社会和人民负责现象，并容易导致跑官卖官等腐败现象；考核范围还较狭窄，属于少数人选少数人；考核标准还较随意，主观大于客观，导致人为因素较多；操作比较隐蔽，缺乏公开和透

---

① 杨宏山：《试论中国党政关系的演进与发展》，载《云南行政学院学报》2000年第1期。

明，缺乏外部监督压力，不利于社会公平和工作效率提高等。

地方各级主要政务官，作为地方政策的主要制定者和地方发展方向的主要决定者，应该通过建立完善的竞争制，取代等级授职制，以提升政府社会治理能力。"如果长期以事务官的竞争性选拔为主攻方向，势必会最终误事。抓住政务官，特别是党政主要领导干部的竞争性选拔，就能够抓住重点，纲举目张。"目前，我国可以在县市级逐步推行主要政务官竞争制，这样就有利于提高地方官员素质，提升政府能力，同时也不影响体制内稳定要求，符合我国政治体制改革需要，有助于社会与政府协同治理模式的实现。为建立这种竞争制，应从以下几个方面着手。

1. 转变观念，树立竞争意识

一直以来，地方各级政府领导干部，特别是主要领导干部主要由上级提名任命产生，对推行竞争上岗制，在广大政务官员中尚未形成普遍的共识，要作为竞争主体参与到竞争过程中，很多人缺乏应有的思想准备和心理承受能力，而程度不同地存在种种模糊认识和心理障碍。如不敢竞争、不愿竞争、不相信竞争、不适用竞争等。有些人习惯于过去的选拔方式，不愿承受竞争压力或不适应竞争；有些人更希望靠关系实现目标，不愿意或不敢竞争；有些人认为竞争是走形式，不相信竞争；有些人瞻前顾后，患得患失，害怕被看成"有野心"，"不安心本职工作"，不敢竞争；有些人担心竞争失去现有职位，抵触或反对竞争等。针对上述种种情况，要在全社会大造舆论，广泛宣传，积极引导，在各级行政机关中形成浓厚的竞争氛围，从思想上进入竞争角色，为竞争制的全面推行做好思想准备。

2. 逐步加强竞争上岗的广度、深度

进一步扩大竞争制度使用范围，竞争上岗的组织层次不断延伸，由基层乡镇向上延伸到地市级，目前已延伸到中央国家机关。适用的职位层次不断扩展，逐步实现由低层次领导职务竞争向高层次领导职务竞争，由不重要领导职务竞争向重要领导职务竞争，由本部门或本地区竞争向跨部门或跨地区竞争的模式。

3. 完善法律制度建设

要实现地方主要政务官竞争上岗制的法制化，必须有健全的法律法规体系作保障。我国目前虽然出台了一些规范性文件，如1998年7月，中组部、人事部下发的《关于党政机关推行竞争上岗的意见》，2002年7月中央颁布《党政领导干部选拔任用工作条例》，2004年4月，中央出台《党政机关竞争上岗工作暂行规定》、《公开选拔党政领导干部工作暂行规定》等，但在全国范围内具有普遍约束力和指导意义的法律法规尚未出台。因此，要全国推行地方政务官竞争上岗工作，就应建立健全配套的法律法规体系。比如，修改《公务员法》，提升公务员竞争上岗的层次和范围，把各地方政府主要政务官纳入其中，使这项制度的全面推行具有法律依据；制定《政务官员竞争上岗实施细则》等相关的单项法规，对政务官竞争制作出统一规划，确保这项制度程序上的一致性和规范性，并与现有的考试录用、考核、晋升等方面规定形成综合法律体系。各地方政府根据上述法律法规，结合各自的实际情况，在不违反法律法规原则或精神的前提下，制定更为具体明确、操作性强的实施细则等。

4. 完善管理监督机制

一方面，应完善竞争上岗的管理和操作程序，制定严格的报名、审查、考试考核、评议等规范，协调好竞争上岗过程中的各种关系，及时解决各种矛盾冲突；另一方面，要强化监督，保证竞争选拔过程的公正性，排除各种外来干扰。各级组织、人事部门要对本级政府及其他部门竞争上岗的操作程序予以严格监督，各级人大、纪检、监察等部门要加强对竞争上岗的全程监督，确保各项法律规章的贯彻落实，要广泛利用新闻媒介，公布竞争上岗的有关政策规定、操作程序等，增加透明度，加强群众监督，竞争结果也应向群众公布。

三、政府治理目标模式运行的社会基础

政府与社会协同治理模式，要求政府、政党与社会公民、企业以及社会团体等主体，在平等的基础上协同合作，共同发挥治理功能。这些社会主体能够与政府平等合作，是以相互之间的独立为前提的，没有独立也就谈不上协同合作。这就形成政府与社会之间既相互联系，又各自独立的关系。相互联系是指政府与其他社会主体之间是相互协同、平等合作的关系，必须互相协调、互相配合、相互弥补，增强整个系统合力。各自独立是指政府与各社会主体之间不是传统的控制与被控制、支配与被支配的关系，而是各自具有独立性、自主性的平等主体，每个主体都具有各自的利益要求和作用空间。这种既联系又独立的关系，要通过对政府和社会之间关系良好界定来实现，要以政府与社会间的良好分化为前提，只有这种政府与社会的良好分化状态得以实现，各治理主体之间在各自独立基础上相互协作的关系才能形成，政府与社会协同治理目标模式的才能实现。

新中国成立后，受"苏联模式"影响，中国建起了一个"全能主义"的国家政权。"以高度集中的计划经济体制为基础，以国家政治权力为中枢，以单位制为组织形式，全社会被构建为一个有序的结构系统，从而国家政治权力同整个社会紧密地联系起来，形成了国家与社会同构，国家的身影遮蔽了整个社会。"①

---

① 孙晓莉：《中国现代化进程中的国家与社会》，中国社会科学出版社 2001 年版，第 54 页。

随着政府权力的空前扩张，社会权力逐渐萎缩，政府与社会的关系明显以"强政府、弱社会"为特征。在政府全面干预社会事务、政府与社会关系高度一体化的模式下，政府的行政等级制关系弥漫到社会的每一个角落。社会的力量却很小，社会组织大多处于依赖政府的地位，甚至被纳入政府体系之中，成为政府控制个人和社会的工具。政府包揽了个人与单位的职能行为，个人与单位没有主动性、创造性、积极性。这在当时的社会形势下具有一定的合理性和必然性，但长期发展会形成低效率性。随着从计划经济体制向社会主义市场经济体制转型，传统的社会管理模式由于缺乏自我管理和自我发展能力，越来越难以适应市场经济发展的要求。20 世纪 80 年代以来，不少学者主张，中国应建构一个"小政府，大社会"的关系模式。这种情况随着社会主义市场经济的发展，虽然有了一定的改善，但目前中国依然是"强国家、弱社会"，表现出高度的"行政导向"模式。[1] 国家权力的范围既广又深，社会却缺乏应有的自主性和灵活性、缺乏应有的自主管理的权力，公众缺乏参与政治的机会，既不能够有效地对行使公共权力处分权的个人实行监督和制约，又不能有效地对公共权力的施行范围、施行程序、施行细则等进行监督和制约。这种社会为了自身的利益而对政府进行监督和制约的缺乏，导致了政府的低效。而且，从我国现实来看，构建"小政府，大社会"是不适宜的。我国目前正处于社会转型期，尽管随着市场经济的建立，社会个体的自主意识和自由活动能力正在形成和不断提高，但是，我国处于社会转型期，社会矛盾增加，贫富差距增大，地域发展不平衡以及多元价值冲突等问题凸显，这些社会问题单凭社会自身的力量难以解决。因此，根据我国实际情况，我国的政府与社会应该是"强政府，强社会"的关系模式。这里的"强政府，强社会"，是指在合理划分政府职能范围和社会自治范围的前提下，政府的权力渐渐从社会领域退了出来，而社会的力量开始积聚与壮大起来，使二者在各自的领域范围内充分发展，在此基础上政府与社会的良好合作。"并非依靠等级或市场，其目标是创建一种活动模式，在其中，传统的等级官僚制管理与社会之组织相互补充，所有的公共与私人行动者都要承担干预的责任并为干预负责。"[2] 因此，必须通过国家权力向社会转移，让公共权力回归社会，最终实现公共权力在政府与社会之间的合理配置。为达到这一目标，应从如下几个方面入手。

（一）转变价值取向，政府与社会在分化基础上合作

政府与社会协同合作，是以较高的社会自组织能力为社会基础，政府和社会

---

[1] 辛鸣：《日新：领导干部看中国（2003）》，中共中央党校出版社 2003 年版，第 119 页。
[2] J. Kooiman. *Modern Governance*, London：Sage, 1993, P. 252.

共同决定一切重大决策的一种公共治理方式。其关键价值取向是通过引导社会积极参与行政，培育我国社会民众的自治能力，壮大和发展社会力量，实现社会各群体自身的分化与整合，达到整个社会有序、良性循环的状态。政府和社会都应改变传统的治理理念，以相互独立、协同合作价值取向为指导，重新定位二者之间关系。政府要跳出原有的思维定式，清楚认识到现代社会政府治理良好效果的达成，社会组织绝不是可有可无，也不是扮演政府组织附属的角色而仅仅起"拾遗补阙"的作用，要从合作共赢的角度，尊重社会组织的主体地位，承认社会发展的必要性和重要性，努力推动社会组织的独立与发展。要认识到政府和社会是一种双向平行互动而非单向垂直管理关系，社会在享有充足的资源和权利基础上与政府进行合作博弈，而非被动接受政府的命令和管制。政府要由先前的统治、控制理念向治理、服务理念转变，要实现从人治理念到法治理念转变。要从被动性、消极性的合作理念向主动性、积极性合作理念转变。同时，社会公民和社会组织转换观念，要勇于诉诸利益要求，敢于维护自身权利，积极提升自身能力，拓宽自身活动领域。在此基础上，与政府通力协作，进行社会治理。

（二）大力支持社会组织发展，培育新型社会组织结构

党的十六届六中全会提出"健全社会组织，增强服务社会功能。坚持培育发展和管理监督并重，完善培育扶持和依法管理社会组织的政策，发挥各类社会组织提供服务、反映诉求、规范行为的作用"。发达国家的经验和我国改革开放以来的实践表明，一个现代、高效的政府，必然产生在社会自我管理程度高，能力强的社会环境中。政府与社会组织之间的关系，不是彼此替代、互相冲突的关系，而是相互配合、相得益彰的关系。各级政府要主动顺应时代潮流，积极适应形势变化，把握发展规律，大力培育和支持社会组织的发展。通过高度组织化的社会团体，社会力量才是强大的，它避免了个体力量的单薄和分散，比松散的团体和个人更容易发挥集体凝聚力量，在政府互动策略和效果上会更有优势。

（三）合理划分，推进政府与社会分化

要实现政府与社会良好分化，必须将政府和社会在各个领域进行明确区分，进一步增强其独立性、代表性和权威性。政府机关要尊重社会组织独立自主的法人地位，改变社会组织依附、依赖政府的现状，通过主体分开、机构分开、人员分开、职能分开、资产分开、住所分开等，加快推进社会组织与政府脱钩，独立自主的履行法人职责，使社会组织真正成为群众自治组织。只有独立社会组织的存在，治理主体的多元化才能实现，多元化主体之间的权利依赖与合作伙伴关系在运行机制上才能最终形成一种自主自治的网络，从而能够实现有效共治。

（四）推进政府职能转变，提升社会的自治能力

政府不是全能政府，而应该是有限政府，政府应该相信和尊重社会自我治理能力，把应该交由社会自我自理的领域交还给社会，政府主要负责提供服务和监管，而不是过多的直接干预。为此要转变政府职能，改变政府服务社会的方式，鼓励社会组织依法参与社会建设和管理，发挥服务社会的功能和作用。各级政府主要工作集中于宏观调控、社会管理和市场监管方面，要逐步从事务性管理、部分行业管理、城乡社区的公共服务、社会公益服务等微观直接领域退出，将这些方面职能交由社会行使，从而提升社会自我治理能力。

（五）完善相关政策法规，保证政府与社会关系实现法制化、规范化与程序化

为了保证社会与政府的良好分化，避免在现实运行过程中再次出现政社不分、以政代社情况，必须加快政府与社会关系的法制化进程，通过法律明确规定社会主体的独立地位和合法权益，明确规范政府与社会的职能范围，明确确立双方的独立合作关系，以法律手段和市场手段的结合，有效推动政府与社会关系的规范化、程序化和透明化，以此保证社会管理的合法性、公正性和有序性。也就是说，经济和社会的可持续发展所需要的，既不是"小政府"，也不是"大政府"，而是有效政府。[1]

第四节 政府与社会协同治理模式对政府治理能力的要求

政府与社会协同治理模式的实现，主导性政府能力的提升是关键，只有在政府现有的治理能力进行提升基础上，才能促进整个治理体系能力的提升，促使政社协同治理模式的完善。

一、提高协作能力

政府协作能力是指政府作为社会治理主体之一，能够和公民、企业、社会团

---

[1] 王红玲：《当代西方政府经济理论的演变与借鉴》，中央编译出版社2003年版，第190页。

体、政党等其他社会主体在平等基础上,相互协调、相互配合、相互补充,以达到最大工作效率,共同实现社会治理目标的能力。在原有的社会治理模式之下,政府作为单中心治理主体,是治理的核心和主宰,虽然在若干领域和某些问题的处理上,也需要与其他社会主体合作,但这种合作关系不是平等关系,而是在政府的权威支配之下产生的管理和被管理、控制与被控制关系,其他社会主体充其量只能是配合、辅佐的作用,而不能发挥治理多元平等主体的功能,其权威性更难以体现。这种情形与过去的实践是相符合的,但却无法解决现有的大量的复杂的公共问题,无法满足公民、非政府组织民主参与的需求。因此,在新的治理模式下,为了推进社会发展,符合社会趋势,政府必须改变过去做法,通过提升自身的协作能力,从而提升整个治理体系的能力。

(一) 树立协作意识

政府要想提升协作能力,首先应转变思想,树立起协作意识,这是基础性条件。思想是行动的先导,思想认识不转变,协作能力建设便无从谈起。在原有的治理模式下,政府总是高高在上的,处于绝对的支配地位,政府官员更多的是统包统揽思想,也很少存在与其他社会主体协作的意识,即使意识到了需要借助其他社会主体的力量去完成一些工作,但也只是认为其他主体处于辅助性、配合性和从属性的地位,而没有把他们作为平等的政府、作为社会治理的主导性力量。随着社会的发展,政府所面对的是一个高度变化和不确定的社会环境,新的问题层出不穷,要想解决这些问题,仅仅靠政府单一的力量是难以满足的,政府需要与其他外在的力量进行合作,才能应对这些问题。同时,随着市民社会的兴起和民众民主意识的不断提升,这些原有的处于从属地位的社会主体,必然会产生强烈的期望,他们想获得更多的管理信息,想加入管理队伍,而且应该是在平等的基础上成为管理主体之一,而不仅仅是被管理和被控制的对象。因此,政府不能仍然用过去的观念去思考问题、处理问题,而是应适应时代发展要求,充分认识到与其他社会主体平等协作的重要性,树立平等合作思想、信息共享意识、沟通协调意识等,打破原有的统揽意识。

(二) 建立协作机制

我国的政府与社会协作方面没有建立完整的功能性的组织机构,许多地方的合作都是靠地方领导人来推动的,一旦地方领导调动便容易使合作机制架空,而且当前我国的政社协作,还停留在各种会议制度与单项合作机制和组织上,缺乏一系列成熟的、制度化的机制与组织。为此,应该在树立协作意识基础之上,通过建立明确的政府与社会协作机制,保证政府协作能力的提升和完善。通过建立明确、统一的政府与社会协作规划,确定政府与社会之间的平等协作关系以及各主体所应享有的权利和各自功能范围,积极探索政府与社会协作的制度化组织形式,在各层级形成较为完备的、制度化的多元主体间的信息交流机制,促进信息的平等共享,充分发挥信息资源功效;建立沟通与协调机制,强化多元主体之间的沟通与协作,提升协同处理公共事务能力的反应和应对能力;建立完善的多元主体的议事机制、决策机制和监督机制,保证协同治理的科学性和有效性,达到治理效果的最大化。通过一系列机制的完善,推动政府协作能力的提升。

二、提高依法行政能力

党的第十六届四中全会通过的《中共中央关于加强党的执政能力建设的决定》,提出"必须坚持科学执政、民主执政、依法执政,不断完善党的领导方式和执政方式"。政府从事的管理是国家行政管理,这种管理要求依法执行行政职能,依法行使行政权力。坚持依法行政,对提高政府公共服务能力和社会治理目标的实现具有重要意义。依法行政能力是指行政机关工作人员依据依法行政的原则和观念,按照法定职责和权限实施行政行为并承担相应行政责任的能力。2003年12月,人事部颁布的《国家公务员通用能力标准框架(试行)》,其中对公务员依法行政能力的基本内容作了明确规定:有较强的法律意识、规则意识、法制意识、法制观念;忠实遵守宪法、法律和法规,按照法定的职责权限和程序履行职责、执行公务,准确运用与工作相关的法律、法规和有关政策;依法办事,准确执法,公正执法,文明执法,不以权代法;敢于同违法行为做斗争,维护宪法、法律尊严。

政府在与其他社会主体协作治理过程中,能否依法行政,会影响到其自身行为的效果,如果政府依法行政能力不足,不能依法办事,那么它进行的管理活动就很难被社会所接受,降低政府公信力,影响政府形象,抑制了政府治理能力的发挥。反之,则会有助于政府治理能力的提升。政府依法行政能力的高低也会影响到政府与其他主体之间的关系,如果政府依法行政能力能力强,在社会治理过程中,能够依法界定和安排自身与其他主体关系,不侵犯其他主体的合法地位、合理利益,依法平等协作,则有利于发挥其他主体的积极性,提升社会治理的整体效果。

(一)增强法律意识,树立依法行政观念

法律意识在很大程度上制约和影响着法律的实践活动,高依法行政能力的关键性因素,是公务员依法行政的内在动力。没有正确的法律观念,即使掌握了一

定的行政法律知识，也不能正确依法行政。目前我国各级政府的依法行政意识还存在不少误区，严重制约依法行政能力的提升。例如，在权与法关系上，存在权大于法、以权代法、以权压法、以权乱法、以权废法、以法谋权现象，认为依法行政就是依法管老百姓、以法谋私，而不是依法用权。所以要加强法律知识学习，要树立法律权威的观念，各级行政机关要准确理解和掌握法律法规，遵循宪法和法律至上原则，严格在宪法和法律的范围内活动，任何机关和个人都不能有超越于宪法和法律或者凌驾于宪法和法律之上的特权，在行政过程中严格按照法定权限、程序和规则办事，全面掌握和善于运用法律的手段管理国家和社会公共事务，克服以人代法，以言代法的现象，树立法大于权，依法行政的观念；树立职权法定、权力有限的观念。即政府的行政权，必须由法律授权，并在法定权限范围内行使；遵守程序法定的观念。行政权怎么行使，按照什么方式行使，什么时间行使，法律一般都有具体的规定，必须遵守法定程序；形成接受监督的观念。行政权力行使，只有接受监督，才能防止和避免行政违法和行政不当，有益于行政权的正确行使和政绩创建。最终形成行政法治意识、行政公正意识和行政公开意识，按照有法可依、有法必依、执法必严、违法必究的原则，在社会治理过程中，不违法侵犯其他主体利益，保护企业、公民、社会组织的合法权益。并通过自身对法律的尊重，产生示范效应，带动社会整体形成遵法、守法、重法的行政环境。

（二）建立健全完善的法律体系

政府依法行政能力的提升，不仅要依法行政观念的加强，还要求有一个健全完善的法律体系，这是依法行政的前提，只有政府在行政过程中有法可依，特别是有良法可依，才能真正做到依法行政。目前我国的立法工作取得了巨大的成就，但随着社会的进一步发展，新问题和新矛盾的不断出现，这必然要求有相关法律法规来进行规范和协调。对于那些已经过时的，不合时宜的法律法规，该废除的废除，该修改的修改，对那些解决社会发展过程中出现的新问题、新矛盾所需的法律法规，则应加快立法步伐。在新的治理模式下，应该通过法律制度完善，明确规定各社会主体之间的平等协作关系，通过法律保障其他社会主体的权利和利益，限制政府权力的范围。为此，要提升政府依法行政能力，从中国的国情出发，适当借鉴、吸收国外的有益经验，坚持走群众路线，吸收其他社会主体的意见和建议，集思广益，建立起健全完善的法律体系。

（三）规范法律学习制度

任何一种法律制度再好也需要贯彻、执行甚至发展，政府如果不真正懂得法律、尊重法律和自觉受法律制约，谈不上依法行政。因此，加强依法行政能力建设，就要在开展法制教育，特别是依法行政教育，可以在公务员录用、晋升考试和培训中保留并增加法律知识，学习通用的法律知识以及专业法律知识；通过依法行政案例分析和情景模拟训练，提高依法行政的操作能力；要建立和完善法律知识和依法行政情况的考核制度，制定出具体的措施和实施办法，作为相关调整依据。

（四）改进行政程序，规范政府行政行为

政府依法行政能力是在具有法律意识和法律基础上，真正在执法用法过程中具体体现的。为此应该制定完善的行政法律程序，严格规范政府的行政行为，提升依法行政能力。具体来说包括，规范决策程序，建立多元决策机制，增加决策透明性、民主性和科学性，完善决策评估和失误追究制度；完善行政执法程序制度，通过简化行政流程，理顺部门之间的关系，杜绝相互推诿扯皮，着力提高行政行为效率；健全信息公开制度，规范行政公开，提高行政行为的透明度，以便更广泛地接受监督；实行行政执法责任制和监督制，惩治不法行为。正如法国思想家孟德斯鸠所说："一切有权力的人都容易滥用权力，这是万古不易的一条经验。有权力的人使用权力一直遇到有界限的地方休止。"因此，要使公务员真正做到依法行政，必须构建完备的行政责任制和监督制。根据权责一致的原则，在授予行政机关权力的同时确定相应的法律责任，明确规定法律责任的内容、主体和追责方式。在行政执法机关内部建立健全责任考评和责任追究等制度。任何组织和个人，只要实施了违反行政法规范的行为，都应承担法律责任。完备的监督机制应体现在三个层次上，一是完备的内部监督机制，二是完备的外部监督机制，三是完备的社会监督机制。三方相互密切配合，发挥整体效应，提升依法行政能力。

三、提高自我约束能力

政府自我约束能力是指政府能够自觉地依照法律和制度要求，合理地规范和控制自己权力应用范围，合法地发挥自己职能，而不去故意侵犯其他社会主体权益的能力。政府作为社会治理的主体之一，其权力不是无限的，而是有限的，这种有限性体现在协作过程之中，政府不是高高在上的支配者，不能肆意妄为，政府与其他主体是平等合作关系，政府所有的行为要受到其他主体的制约。更为重要的是为了实现良好的协作治理目标，政府要具有自我约束能力，善于自我控制，能够界定自己的权力范围和边界，而不侵犯其他主体和社会的权力。

(一) 转变观念，提升自我约束意识

在政府与社会协同治理模式之下，要认清政府与社会、政府与公民、政府与其他组织之间的关系，由传统的控制与被控制、管理与被管理的关系形态向平等合作关系理念转变；明确政府的定位，正确处理好政府与党委、人大、政协的关系，建立起内部分工明确，部门间协调配合的机制，维护党中央、国务院决策的权威并保持高度一致；要明确有限政府的含义，当前应该做什么，哪些应该是由社会承担的，哪些应该是公民承担的，哪些应由市场去解决，哪些是政府应当管理的，最大限度地发挥好公民、市场、其他社会组织的作用；加强教育，加强对政府权力的约束。通过加强对政府工作人员的科学文化教育，强化公务员的科学行政意识，意识到社会治理要符合客观规律，不能任意妄为，不能主观蛮干，要受到各种客观条件的约束。通过加强对政府工作人员的法律知识教育，树立依法行政意识，明确认识到政府的行为也要受到法律的制约与规范，法无授权不得行，法有授权必须行，违法行政必受追究。通过加强对政府工作人员的政治思想教育，树立民主行政意识，深刻意识到行政权力是人民赋予的，要为人民服务，受人民群众监督，行政行为要公开、透明，提高办事效率，寓管理于服务之中，解决好"相信谁，依靠谁，为了谁"的问题，行政权要"顺民意、谋民利、得民心"。

(二) 完善制度设置，健全政府自我约束机制

完善政府自我约束机制的途径有四条：一是加强政府机关的自我调整，即政府机关内部建立独立的监管部门，保持监督信息灵敏、监督渠道通畅，对社会环境和被监督者条件的变化有较强的感应能力，对自身存在的缺陷，如权力分配和运行方式不合理等，能自觉地加以矫正，对各种监督方式之间出现的不协调，能及时地予以调整等，并做到监管主体在依法行使监督职权时，能切实排除一切外来干扰和阻力。二是加强政府公职人员的自律，即通过各种方式提高政府公职人员的政治修养、业务修养、作风修养、品质修养和法制观念，以增强其自我约束能力，减少或杜绝其腐败行为。政府要通过自身调节、自我约束，打造廉洁政府、廉洁官员的形象，最终获取公众的信任与支持。三是建立健全政府信息公开制度，用信息的公开来保证信息的可靠，通过接受其他社会主体的监督，从而避免因信息的不对称而造成的风险，强化政府自身约束能力。四是严格执行奖惩制度。对于在社会治理过程中，不能够依法行政、民主行政和科学行政的政府部门和人员，应进行责任追究，给予及时、恰当的惩戒。对于能够真心为人民服务，积极合理有效开展工作的政府部门和人员，应给予奖励。从而从正负双向形成激

励,增强政府自我约束意识和约束能力。

四、提高决策能力

政府决策能力是指政府能够根据依法、科学、民主原则,在一定信息分析基础上,为解决一定社会问题而具有的拿主意、作决断、定方向的综合性能力。胡锦涛强调:"要高度重视决策工作,树立现代决策的理念,掌握和运用现代决策方法,努力提高科学决策、民主决策、依法决策的水平,保证决策的正确性。"增强政府决策能力,对于提升政府治理水平,推动社会进步至关重要。

(一) 转变观念,树立现代决策意识

政府决策质量高低,影响到后面所有工作开展的效果,为保证决策的高质量,要求政府必须具有较高的决策能力。目前很多政府的决策质量低下,主要是部分领导干部的决策素质不高,没有树立正确的决策意识。有的决策者没有认识到决策的重要性,认为决策就是简单的拍板做决定,有的决策者缺乏求真务实的态度,决策不搞实际调查研究,有的决策者缺乏虚心学习的精神,认为决策仅仅是政府的事情,不经过充分的民主讨论就决策,有的决策者缺乏应有的知识,凭经验、感觉、阅历做决策,有的决策者缺乏开拓创新的勇气,总喜欢用老办法处理新问题,而这样做的后果只能是决策失误。具体表现为经验决策、拍脑袋决策、依样画葫芦决策等,严重阻碍了决策科学化和民主化的进程。为此,要提升政府的决策能力必须转变思路,树立现代决策意识。一是树立决策重要性意识。决策不是简单地做决定,而是一个具有目标性、选择性、动态性的系统过程,决策在政府工作中处于核心地位,决策好坏会决定政府随后工作能否顺利开展,影响政府治理能力和服务质量。二是树立科学决策意识,决策不应该是随意性行为,不能仅仅依靠主观判断和经验任意决策。良好的决策应该以科学先进的理论为指导,科学的技术方法为手段,科学的决策程序为依托,科学的决策评估为保障,规范化的法律制度为纽带的科学性过程。三是树立程序决策理念,科学的决策不是拍拍脑袋就能作出的决定,而是一个发现问题、确定目标、拟订方案、评估选择方案、监督反馈方案的一系列过程,要进行正确的决策必须遵循这一决策程序,不能简单化和随意化。四是树立民主决策意识。在政府决策过程中,政府是主导,但不是唯一主体。要想保证决策的质量,必须使各种决策要素能够畅通规范高效有序地发挥作用,关键是要坚持民主集中制,决策中认真听取群众、企业、社会组织的意见和建议,作为决策参与者的政府要摆正位置,时时想到人民满意不满意、高兴不高兴、答应不答应,把尊重民意贯穿决策全过程。五是树立

依法决策意识。政府的决策应该符合国家的法律规范，要按照法律规定和法律精神制定政策。依法决策主要包括决策主体合法、决策内容合法、决策程序合法等，违法作出的决策，必然要被取缔。六是树立创新决策意识。在决策过程中，面对新的形势和问题，不能畏首畏尾，盲目相信过去的经验，应该解放思想，以党的创新理论武装头脑，全面清除束缚创新的主观偏见、阻碍进取的思维定式，在精神状态上始终保持创新锐气，在思想观念上始终涌动创新源泉，在工作方法上始终充满创新活力，做到永不僵化、永不停滞，以创新的实践、创新的举措，破除唯经验论的经验决策、打破依葫芦画瓢的保守决策局面，当然这些创新也是在符合科学性、民主性和法制性前提下进行的。

（二）建立健全政府决策机制，提升政府决策能力

2004年9月，党的十六届四中全会《关于加强党的执政能力建设的决定》要求："对涉及经济社会发展全局的重大事项，要广泛征询意见，充分进行协商和协调；对专业性、技术性较强的重大事项，要认真进行专家论证、技术咨询、决策评估；对同群众利益密切相关的重大事项，要实行公示、听证等制度，扩大人民群众的参与度。建立决策失误责任追究制度，健全纠错改正机制。有组织地广泛联系专家学者，建立多种形式的决策咨询机制和信息支持系统。"

首先，建立科学的决策机制，加强政府决策能力建设。科学决策应该是在坚持客观实际的基础上，建立和健全的一套严密而科学的决策程序和方法。第一，决策要想达到科学有效目的，必须以正确的思想为指导，应该坚持把党和政府的正确指导思想和我国实际国情相结合，在调查研究基础上作出的决策，才可能正确科学，如果不坚持中央的正确思想或不顾实际，全凭主观和个人经验作出的决策，必然会产生错误。第二，科学的决策应该是多元主体协同决策，决策仅有一个主体作出，由于信息、能力等方面限制，很容易出现错误，所以为保证决策的科学性，应该由多元主体共同参与决策。一方面，政府内部各部门、各机构在制定政策时协同合作，协调一致，避免各项政策在制定和执行中出现时间上的不一致和空间上的不协调，保证政府政策的科学性和连续性。另一方面，政府与其他社会主体在制定政策时协同合作，特别是与政策相关者协同合作，有利于出台科学可行的政策。第三，君子善假于物。决策科学化的主要标志是在决策过程中广泛应用先进的科学思想理论方法和技术。决策者及其他参与者充分运用现代科学技术知识方法特别是公共政策的理论和方法，如德尔菲法、头脑风暴法等，充分调动各种积极性、创造性并采用科学合理的决策程序来进行决策的过程。应该善于运用信息收集工具、统计软件、决策支持系统等先进工具，借助于智囊团、专家库力量进行决策。第四，建立科学的决策程序。科学的决策程序包括提出问题、确定目标、收集资料、拟订方案、评估方案、总体权衡、审慎抉择、优选方案、执行决策和追踪反馈等几个步骤,其中每一个步骤都有特定的要求和具体内容,都是决策不可缺少的环节,努力做到相互配合,形成一个完整的决策程序。

其次,建立民主决策机制,实现决策民主化。科学决策与民主决策密不可分,提高决策能力,离不开决策的民主化。决策民主化是指决策时要加强政府决策能力,广泛听取专家和群众意见,集中民智反复论证,在作出决策的过程中要具备论证、协商审议及集体讨论决定等环节。必须改革权力过分集中的决策体制,建立权力下放、分层决策的新决策体制。要坚定不移发展社会主义民主政治,保证人民当家做主民主权利。实现决策民主化,一是在决策过程中要体现人民群众是决策的主体,尽可能地扩大群众参与决策的范围、程度,反映群众的意愿和主张;议题环节要深入调查,从实际出发,符合客观规律,符合群众利益,不能搞背离科学发展观的影响群众利益、影响协调发展的项目。二是要疏通人民群众民主参与的渠道,使社会各阶层的代表或个人,有畅通的渠道和方式向国家公共权力主体表达自身的利益要求。要有充分的预案准备,深入的酝酿讨论,广泛的咨询论证,以确保提出的预案符合民众要求。三是方案确定环节,要严格程序,集体决策。按照民主集中制的规定,通过多种形式广泛征求人大代表、政协委员、民主党派、人民团体、专家学者和群众意见,实行少数服从多数作出决定。在有多个预案情况下,更要经过充分讨论,按照多数人意见确定最优方案。四是要认真贯彻落实正确的决策,要注意跟踪反馈,及时纠错。

再其次,实现决策制度化程序化决策机制,这是决策科学化和民主化的基本要求。一是健全调查研究制度、社情民意反映制度和主动采集制度。决策前和决策过程中建立社情民意调查网络,建立收集信息的组织体系和平台,建立调查研究责任制等,通过深入基层,深入群众,广泛听取意见,掌握第一手资料,才能够做到情况明、决策准。二是重大事项社会公示和听证制度。要实行决策建议公开、决策过程公开、决策结果公开,规定社会公示和听证的有关决策内容和方式,接受群众监督。三是专家咨询制度。决策机构要建立并完善思想库、智囊团,充分发挥合理整合现有调研机构、专家学者、政府专业部门咨询机构的职能作用,确保决策既科学民主,又高效实用及合乎制度法律法规要求。四是建立决策失误责任追究制度,健全纠错改正机制。按照"谁决策、谁负责"的原则制定责任认定规则,并建立相应的论证责任制。强化责任追究主体的地位,进一步落实党和政府有关规定,加强党、政府、人大和社会等对决策监督力度,对错误决策和决策实施过程中发生的偏差进行及时纠正。健全纠错改正机制,就是要通过对决策方案实施过程的跟踪、反馈等途径,根据群众对涉及自身决策的反映和各方面的信息反馈,及时发现和纠正决策中的失误,及时修改、完善决策方案,确保民主决策更加客观实际，决策方案实施收到更多实效。健全决策跟踪和反馈机制，及时将执行中的各种问题反馈给决策者。五是健全决策的程序性制度。要强化程序的理念，程序也是制度，程序也是法规。认真履行决策程序是决策科学化、民主化的基本保障。忽视程序，就是忽视制度，违背程序、颠倒程序，是严重违规现象。决策要经过正规的程序才能确认，按照民主程序作出的决策，决不能人为地改变决策，如果作出的决策出现错误，也只能通过一定的程序加以改正。

最后，要实现法制化决策机制。决策要通过正规的活动方式和运行机制，用法律来确认和保证。决策主体、程序、方法、实行和监督反馈等一系列内容，都要有明确制度和法律的规定，不能违背制度和法律井绳，一方面要有制度和法律来确认决策过程，同时又必须有制度和法律保障程序性制度的落实执行，如有违犯必须受到严厉的惩治。

五、提高学习能力

政府学习能力是指政府为适应社会发展需要，运用科学的学习方法从外界环境和其他主体获取信息，加工和利用信息，分析和解决实际问题的一种能力。1990年彼得·圣吉博士《第五项修炼——学习型组织的艺术与实务》问世，学习型组织理论成为风靡世界的信息时代管理新方法，1994年引入我国。江泽民同志在2001年的"亚太经合组织人力资源能力建设高峰会议"上提出"构筑终身教育体系，创建学习型社会"以后，学习型组织的理念在国内不断普及，学习型企业、学习型社会、学习型社区、学习型城市、学习型政府的创建也不断兴起。2002年党的十六大又明确提出了全面建设小康社会宏伟目标的一个重要任务就是要构建全民学习、终身学习的学习型社会，促进人的全面发展。2007年北京市、上海市、重庆市市委、市政府相继作出创建学习型城市的决定。党的十七届四中全会提出，把建设马克思主义学习型政党做为重大而紧迫的战略任务抓紧抓好。2010年2月中共中央办公厅印发了《关于推进学习型党组织建设的意见》通知，要求各地区各部门结合实际认真贯彻执行。

学习型政府本质上是一个动态的、不断更新的、共享的知识系统，即通过政府系统内外间知识的交流、共享，使得政府的知识得到应用与发展。由于政府组织外在竞争环境与内在发展机制的需要，学习进而进行创新是政府获得竞争力的关键。而政府学习过程也是一个渐进和积累的过程，这一过程增加了政府知识的基础，并使政府行为发生变化，使政府具有更强的竞争力成为可能。政府作为社会治理主导主体，其自身能力的高低，决定了社会治理水平的高低。因此政府应该不断地提升自身能力，才能够满足社会发展的需要，才能更好地与其他主体协作，共同实现治理目标。同时在协作过程中政府应该善于向其他主体学习，完善自我。提升政府学习能力，主要应包括：

（一）政府要有强烈的学习理念和意识

政府公共行政要代表和体现先进社会生产力、先进文化和最广大人民群众根本利益，就必须能够与时俱进不断提升自身的管理和服务能力，这只有通过不断的学习才能实现。政府要进行不断进步，一是树立主动学习理念。要改变故步自封的思想，破除政府中存在不必学习、不想学习、不愿学习的思想，改变应付环境被动学习的理念，积极主动进行自主学习。二是要树立学习是提升竞争力手段的理念。政府作为多元治理主体之一，在资源、利益方面跟其他主体存在合作的同时也存在竞争，政府如何在公平竞争中取得优势、维持自己的权威，关键取决于政府的学习能力。政府要拥有自创未来的能力，才能在竞争中赢得主动，增强政府学习能力是增强政府竞争力的有效途径。三是要树立创新性学习的理念。政府应该通过学习提升自我、创新自我，将学习转化为创造性的行为，不断提高学习能力和创新力，带动制度创新、体制创新、管理创新、技术创新、产品创新和市场创新，以促进社会发展。四要树立终身学习理念。终身学习不仅是个人发展的必然选择，同样也是政府机关发展的必然选择，政府要适应环境的变化，不断地吸收、处理外界信息，向一切可以学习的对象学习，提升自身能力。五是要树立团队学习理念。政府组织由多个团队构成，其所有目标都是直接或间接地通过团队共同努力来达到，学习能力也是由这些团队整合而成。团队学习通过集体思考，集合组织成员的智慧，能使学习的效果大大超过个体学习。在政府组织当中，只有大家彼此分享自己的独占知识，一个组织才可能比它的竞争者成长得更快，组织成员也会因此受益。

（二）建立和完善学习机制

政府学习能力的提升需要结合实际，建立一整套完整的、规范的、科学的机制来保障。第一，营造良好的学习氛围。政府各级领导要高度重视创建活动，推动舆论宣传和导向，形成良好氛围。要把提升型政府学习能力作为一项战略任务，给予重视。第二，完善政府学习的培训机制。政府应针对不同层次、不同类别的成员，选择不同的培训主体，设计不同的培训课程。第三，建立政府学习的激励竞争机制。确立学习绩效考核制度并完善其考核标准，将学习成果作为政府成员业绩考核的依据之一，根据考核结果，对政府成员要给予相应奖惩。运用物质、精神等手段，建立竞争机制，增强人们的危机感和竞争意识，引导和迫使人们去学习，通过提高自身素质来积极参与竞争，激发政府成员的学习热情，调动他们的积极性和主动性，发挥他们的创造精神和潜能。第四，建立政府学习的监督约束机制。为保证政府学习的真实有效，通过政府自身、社会公众、新闻媒体、社会舆论等对政府的学习活动进行监督，对于抵制学习、应付学习、阻碍学习等行为，应该给以及时曝光、批评和整治，保证学习能够落到实处。

六、提高风险管理能力

近些年，随着美国的"9·11"事件、SARS 蔓延、禽流感传播等全球性自然灾害、人为灾害不断产生，人们开始意识到全球性风险社会已经来临。由此，风险、风险社会及社会风险管理成为全球性的热点。

党的十七届五中全会强调，要"加强和创新社会管理，正确处理人民内部矛盾，切实维护社会和谐稳定"。而要维护社会和谐稳定，必须着力提升政府社会风险管理能力。从全球形势看，多元化、多极化、多样化以及矛盾的多边化日趋明显，全球公共风险不断扩大，人类面临的风险不断增加，我们已经进入"风险社会"时代，政府风险管理能力成为新时期考验政府公共管理能力的重要方面，如何在事态不确定、时间紧迫的情境下准确决策并快速应对，成为我们有效化解风险，尽可能降低损害的关键。在这种形势下，提升政府社会风险管理能力已成为一种迫切需要，着力提升政府社会风险管理能力意义重大。

1986 年，德国学者乌尔里希·贝克在其《风险社会》一书认为风险是"一种应对现代化本身诱发并带来的风险与不安全的系统方法。与以前的危险不同的是，风险是具有威胁性的现代化力量以及现代化造成的怀疑全球化所引发的结果。风险及其结果在政治上具有反思性"。[①] 风险有两个基本特征，一是不确定性，即风险只是一种可能性而非现实性，风险能否发生、何时发生、何地发生、何种方式发生都是很难实现预知的。二是损失性，即如果风险主体对风险事件缺乏认知，对风险事件发生、发展变化缺乏预测和防范，风险一旦发生将会带来损失。因此，应强调风险预警、防范，注重风险管理，进行风险规避和化解。贝克进一步作出了人类已经步入风险社会的判断，他认为，风险社会的概念指现代性一个阶段。在这个阶段，工业化社会道路上所产生的威胁开始占主导地位。

处于转型期的中国，各种潜在和显现的利益矛盾都有可能引发各种风险的产生。1998 年的亚洲金融风险和洪水灾害，1999 年的"法轮功"事件，2003 年的"非典"，2004 年的禽流感，2008 年初抗击南方冰雪灾害、"5·12"汶川大地震和三鹿奶粉事件、2011 年的双汇瘦肉精事件、抢购碘盐风波等，表明我们也正

---

① Ulrich Beck. *Risk Society*: *Towards a new Modernity*. London: Sage, 1992, P. 21.

从传统的"常态社会"向"风险社会"过渡。如德国社会学家芦曼所说,我们生活在一个"除了冒险别无选择的社会"。

在这种社会背景之下,要想实现国家稳定持久的发展,必然需要政府能够对风险进行预警和规避,政府作为社会管理的主导力量,具有运用国家公共权力,应对自然灾害和人为灾害以及突发事件,化解风险的职能,是社会风险管理主要力量或主体力量,因此,转变政府社会管理观念,提高政府社会管理水平,提升政府社会风险管理能力具有重要价值。所谓社会风险管理能力,主要指政府对造成社会失序、破坏社会稳定和谐、引发社会动荡和社会风险的可能性因素进行的识别、预警、防范、规避和化解的水平与能力。政府风险管理能力,既包含其风险识别、风险预警及制度设计、政策引导的宏观调控能力,也包含其协同作战、处置突发事件的应急能力。

提升政府风险管理能力,主要应从以下几个方面着手:

(一) 转变管理观念,提升风险管理能力

进行风险管理,首先要树立风险意识,正视风险社会的客观存在,认识到风险带来的危害,不刻意去回避或淡化这一事实,这样才能积极的预防和治理。在了解风险社会现实情况的基础上,要解放思想、创新理念,改变传统的社会管理模式,由传统的事后消极被动的治理风险模式向事先积极主动的预警治理模式转变,由传统的政府单独治理风险向政府与社会协作治理转变,这样才能指导我们高效地整合社会管理资源,提高社会管理水平,提升风险的管理能力。解放思想,实现社会管理体制和模式的创新。要大胆借鉴西方国家社会治理的经验,进行社会管理体制的创新。在十七大提出的"建立健全党委领导、政府负责、社会协同、公众参与的社会管理格局"的指导下,建立政府组织、民间组织、社区组织、中介组织有机衔接和联动机制。形成政府管理和群众自治、中介自律有机衔接、两性互动的格局。

(二) 多元协作,资源整合,提升风险管理能力

由于风险具有不确定性和损失性的特征,要进行有效的风险管理,需要组织动员大量的人力、物力、财力,在这种形势下,应对社会风险,政府单方力量是有限的。面对日益频繁、数量庞大、危害日益加深的各种风险,如果政府仍然按照过去的治理模式,仅仅依靠自身单方面的力量去治理风险,往往会导致政府疲于应付或事倍功半,风险难以及时的发现、规避和化解。这就迫切需要政府能够顺应时代发展要求,有效地整合各方的社会资源。政府通过多元整合,建立起政府组织、非政府组织及民间力量相互配合、衔接联动的社会风险管理体系,通过

多元整合形成控制风险或化解风险的联动机构,并通过多元整合建立风险治理的应急组织、应急队伍,强化应对风险的训练等。以此来提升政府社会风险的控制能力及风险化解能力。同时,由于现代风险社会和公共风险的全球化特征,加强与国际社会的合作就成为必然选择。我们要加强与有关国际组织、有关国家以及国际性非政府组织的合作,最大可能争取国际社会的协助和支持。从自身实际出发,广泛吸取其他国家有益的经验和教训。总的来说,"全球治理"无疑是风险社会下公共风险事件处理的一条有效途径,即应该构建国际性风险管理模式。

(三)设置系统的风险管理机构,建立健全风险应对机制,提升风险管理能力

在风险管理机构设置方面,我国和发达国家存在一定的差距,我们当前的风险管理,从上到下还是分散的、割裂的。各个组织机构基本上各自为战,没有形成集成化、系统化的风险管理体系。我国风险管理机制是从 2005 年开始初步建立。2005 年 12 月,国务院办公厅设置国务院应急管理办公室,发挥运转枢纽作用,我国地方各级政府陆续成立了相应的管理机构,截至 2006 年底,我国所有省份都成立了应急管理机构,基本上形成应急委员会——应急委员会办公室——专项突发事件管理机构为基本模式的突发公共事件管理机构。[①] 但是,这一应急管理机制并没有根本改变过去的各自为战局面,为此,必须在党和政府统一领导下,弄清各级政府和其他社会主体风险管理的职能与责任,形成统一领导、分工协调的风险管理体制,具体负责风险事件的预警、监控与应对,以形成中央风险管理常设机构和地方风险管理有机联合,组成完善统一的、立体化、集成化的风险管理体系,从而打破条块分割,实现各部门的有机协同,真正实现风险管理组织体系建设的制度化、专业化和法治化。风险预警是政府风险管理的第一道防线,要提升政府的风险管理能力,应该构建风险管理预警机制。应该成为政府风险管理的一项重要职能,对可能发生的各种风险事先有一个充分的估计,提前做好应急准备,通过加快信息系统的现代化建设,提高社会信息化能力,提高风险信息搜集能力、风险信息分析能力,完善信息机构的管理体制,建立风险监测系统,最大限度地减少政府和公众的损失。在此基础上,完善风险管理的法律制度,提高决策人员素质,强化风险决策咨询系统、预案设计系统,建立风险决策指挥机构,全方位地构建风险管理机制。

[①] 郎佩娟、王传宏:《论我国政府突发公共事件管理机构》,载《中国行政管理》2007 年第 11 期,第 104 页。

第六章

社会转型中政府与社会协同治理模式的实现路径

第一节 推进政府自身改革

政社协同治理模式作为一种全新的行政理念和政府模式,蕴涵着公民本位、公平正义、公共责任等价值诉求。在这些价值和目标当中,协同治理模式的价值理念以一种内化的方式渗透到政府治理模式的选择中,引领着政府治理模式的变革和创新。因此,作为治理主体之一的政府,需要不断调整和改进当前政府体制中的不足与弊端,从而为政社协同治理提供制度支撑。就政府自身改革而言,主要从以下几个方面展开:

一、推动官员选择制度改革

官员选择是个全局性、战略性的问题。从战略高度认识官员选择问题,对构建政社协同治理模式具有很重要的意义。世界各国的经验表明,一个有效的政府必定是政府职能有限,依法行政,权力多中心配置,决策高度民主,政务信息高度透明,拥有精明强干、士气高昂的官员队伍的政府。这一切都有赖于高度发达的现代化的官员选择制度,因为有了高度发达的官员选择制度,才可能从社会中吸收人才，并通过激励和培训，使人才在政府部门迅速成长。无论是制定政策、提供服务还是管理合同，有效政府的生命力都在于政府官员的精明强干和积极主动。①

自新中国成立以来，我国政府官员的管理一直是党管干部，选择与任用始终坚持公开、竞争、择优、任人唯贤等原则，在实践中取得了很大的成就。不过，我国对官员的选择与任用也存在着一些问题，诸如选拔制度过于单一、选拔标准过于模糊、任人方式不够科学、选拔工作缺乏监督等。为此，需要科学地推动官员选拔制度的改革。

（一）合理确定委任制的适用范围

健全委任制，重点在于重新界定其适用范围的基础上，确立有任命权的领导者（包括个体领导者和群体领导者）应该掌握和实际掌握多大的人事权。领导者没有适当的人事权，就难以在岗位上发挥其主导作用。人事权太大，又容易产生任人唯亲、压制民主等种种弊端。为此，要建立相应的保障制度，兴利除弊。西方国家把委任制作为选举制的补充，共同作为政务类公务员的选拔方式，使这两种方式相得益彰，相辅相成，这值得我国进行借鉴。

委任制的实质是权力的分配，或者说是行政管理职能的分解与组合，是一种权力或行政职能的转换，它体现了首长对其下属的政治支配关系。目的在于贯彻首长的意志，保证集中统一领导，形成高效率的决策和执行系统，提高行政效率。因此，委任制适合于首长负责制的行政职能部门，如政府的厅局长，党委组织部长、宣传部长（其任期与选举产生的领导人相同）；也适用于对首长副职和属僚等辅助人员的任用，以保证行政决策执行的高效率。其他类别的公务员可以运用选举制、聘任制、考试制等方式产生。

（二）采取积极措施，进一步改进委任制

当前，应采取积极措施，重点建立健全以下六个方面的机制：

第一，进一步健全首次提名制。严格按照《干部任用条例》要求，科学规范首次提名程序。党委（党组）向上级党委首次提名推荐干部人选，须经党委集体研究或以民主推荐的方式确定，以组织名义向组织部门书面呈报提名；领导干部以个人名义首次提名推荐干部，要填写《选拔任用干部推荐提名表》，并写出被推荐提名干部的情况和提名理由。组织部门对干部任用首次提名材料要据实

---

① 景亭：《服务型政府视角下公务员制度的缺陷与重构》，载《江苏社会科学》2007年第3期，第92~96页。

记录，妥善保存，以备核查，以程序上的规范和畅通来有效遏制首次提名权的随机性和无序性。

第二，规范民主推荐程序。无论任何组织和个人推荐的干部，都必须经过民主推荐才能成为考察对象。民主推荐表设计的项目要能够比较全面地反映群众推荐的意见，让与会人员能独立思考和填写，充分发表自己的见解。民主推荐中大多数群众不认识的干部不能提拔。

第三，健全考察评价机制。完善干部考察评价工作，客观、辩证地识别和评价干部，将干部考核工作纳入科学化、规范化的轨道。一是制定一套科学的考核指标体系。考核指标必须要有集中反映干部素质和水平的关键内容，并尽可能量化、细化，全面反映干部德、能、勤、绩、廉的情况。必须对不同职务、不同类型的干部分类定标，适当增加一些变量指标并予以合理地组合，以突出考核的针对性、层次性和差异性。二是把握好显绩和潜绩的关系。考核评价要坚持以科学发展观为指导，树立科学的政绩观，不能简单地以数字论高低，而是全面地辩证地对干部的工作实绩进行综合评价，既要考核干部看得到的业绩，又要看他为广大人民群众和本地区长远发展所做的实实在在的工作，尽管这些工作暂时还未取得明显成效。三是正确运用考核结果。通过考核评定出等次，并以此作为干部选拔任用、职务升降、奖励惩罚和调整工资的重要依据。只有发挥考核评价机制的积极导向作用，才能使"能者上、庸者下"成为一种惯例，为官员队伍源源不断地注入新鲜血液。

第四，健全竞争淘汰机制。公开、平等的竞争原则要体现在干部选拔任用等各个环节上，重点是建立整体性的干部公开竞聘、全员竞争上岗等制度，经过公开的竞争性考核，根据其能力、知识、技能和工作实绩，以及政治素质、职业道德、社会公德和家庭美德来决定录取和提升，实现干部优胜劣汰的制度化、规范化和长效化。具体来说，就是在领导干部任职期满时，其领导职务自然免除，然后通过整体性公开竞聘或全员竞争上岗等方式，实现优胜者重新任职，落伍者自然出局。操作时应把握三个环节：一是制定任用指标，按照职位要求，不断优化班子成员的年龄、文化、专业等结构，并注重气质和性格的合理搭配。二是拓宽任用渠道，彻底打破身份、年龄、学历、专业、地域等界限，不拘一格地选拔人才。三是增强公开选拔干部的透明度和群众的参与度，推动建立竞争淘汰的长效机制，彻底解决官员能上不能下和竞争动力不足的问题。

第五，健全常态退出机制。这是构建干部"下"和"出"的机制的重要制度选择。除了法定的退休制度外，应重点研究建立相关的三项制度：一是职务任期制。任期制至少包括任职时间、连任期限、最后任职年限等基本要素。任职时间的确定既不能太长也不能太短。连任期限以两届10年为最长时间限制。最高任职年龄应考虑生理素质和退休年龄因素，女性一般为50周岁，男性一般为55周岁应退出领导岗位。二是动态调整制。这是指通过组织考察认定，对不称职、不胜任现职的领导干部作出组织调整的一种制度，以辞职制、免职制和辞退制为基本框架进行定期的调整，一般每2年进行1次。后备干部队伍也应参照执行，实行定期的考察调整。三是领导干部聘任制。主要对专业性较强，不经专门职业训练无法从事的领导岗位，应通过合同管理或契约管理为基础的聘期限制，期满自然解聘，空缺岗需要再重新聘任。

第六，健全政策鼓励机制。研究制定适当的优惠待遇，是解决领导干部对"下"或"出"后顾之忧的一项重要措施。主要是探索建立提前退休、任期退位、调整职务、离职休养以及自谋职业人员的鼓励政策，充分发挥政策的牵引和导向作用，扩大和畅通干部"下"和"出"的渠道。

首先是为"下"的干部适当安排工作。如由实职变为虚职，由过去比较繁忙的职务变为相对清闲的职务，或者安排到区属企业挂职，担任力所能及的工作。对年龄较轻而被调整的干部，要设置一定的考察年限，安排适当的工作，发挥其专长。其次是让"下"的干部享受适当的待遇。可采取老人老办法，任期内退下的可保持原职级待遇不变，并设一定的过渡期。再其次是给"下"的干部以适当的经济补贴。干部退下来后可能会在经济上受到一些影响，应给予适当的补贴，减少或避免其在收入和心理上与现职干部存在过大的落差，创造有利于干部自愿"下"、自愿"出"的政策条件。

（三）对选人用人进行有效监督

人事行政权是一项重要行政权力，没有监督也势必导致吏治腐败，这已为古今中外的历史所验证。为了防范和克服吏治腐败，在公务员制度比较完善的国家，对人事行政权力均有监督，其中最重要的是设立独立的监督、仲裁机构。如美国于1883年根据《彭德尔法》建立的美国文官委员会是联邦政府最高人事管理机关，它除了具有人事行政的主管权之外，还握有监督行政机关，保障文官利益等权力，是一个"高度集权"的综合性人事管理机构。该委员会集人事行政权与人事监督权于一体，显然是与分权原则和监督规则相矛盾的，结果是吏治腐败日益严重。1978年美国国会通过了《文官制度改革法》，对文官委员会进行了改革，文官委员会分别由人事管理局和功绩保护委员会取代，人事管理局承担原来文官委员会的主管性功能；功绩保护委员会承担原文官委员会下的联邦公务员申诉及申诉事件复审委员会的功能，从而使人事行政权与人事监督权分离。为了强化人事监督，功绩委员会成为一个向国会和总统报告人事工作的独立机构，其主要职权是受理政府各部门和公务员个人在人事方面的诉讼案件，纠正对公职人员不正当的处理,审查人事管理总署制定的规章、制度是否符合法律和功绩原则,并有权监督政府部门的人事工作,有权对诉讼对象进行制裁。英国在人事主管机构之外有文官仲裁委员会;法国有行政法院,作为仲裁机构,管理人事诉讼,监督人事行政。

以加强监督为保障,建立法制完备、纪律严明的干部约束管理机制。首先,强化监督主体。建立一支相对稳定和专业的干部监督队伍。明确监督重点,解决监督什么的问题;明确监督标准,把握监督的尺度。其次,强化制度监督。在实施干部选拔任用工作全程纪实制度的同时,建立健全干部选拔任用工作责任追究制,包括推荐责任制、考察责任制、决策责任制、用人失察责任追究制等,促使决策人员谨慎用权、合理用权。同时,制定监督管理的实施细则,增强监督制度的可操作性,减少执行过程中的随意性,确保监督制度覆盖到干部培养、选拔、考核、使用等各环节,避免出现监督"空挡",使监督制度真正落实到位。再其次,强化群众监督和舆论监督。凡有条件实行政务公开的,都应公开办事内容、办事程序和办事结果。坚持民主推荐、民意测验、民主评议领导干部制度。切实保障人民群众在干部选拔任用中充分行使民主选举、民主决策、民主管理、民主监督的权利。人事部门、用人单位要自觉接受新闻媒体的舆论监督,切实把好选人、用人关,从而使干部选拔任用机制不断完善,更好地适应政社协同治理模式。

二、推进行政机构改革

政府与社会的协同治理是未来政府治理的发展趋势,政府与社会协同治理是引领政府治理行政机构变革的创新工程。作为政社协同治理的运行载体,行政机构的高效是必不可少的要素。建设高效的行政机构深化政府机构改革是政府协同治理的必然要求,要在巩固现有改革成效的基础上,突破政府本位的传统思维模式,切实把以人为本、提高政府服务能力、满足人民群众实际需要作为深化政府机构、提高行政机构效率的出发点和落脚点。那么未来30年,行政机构需要不断进行变革调整以适应未来的治理模式,需要从以下几个方面着手:

(一)准确定位政府职能

政府职能定位应围绕协同治理模式来展开,具体应从三个方面进行。一是创造和谐的经济社会发展环境。以经济、社会、环境和谐发展为准则,创造公平的市场竞争环境,国有企业逐渐退出竞争性行业,鼓励和引导新兴产业发展;创造健康的公民创业环境,缩小居民收入差距已成为摆在政府面前的一个严峻现实问题，而鼓励公民创业是一个提高低收入群体收入水平，刺激目前国内需求的重要途径，因此，政府应在政策、金融、市场、人才等方面为公民创新提供大力支持；在经济社会发展的同时，积极保护和修复自然生态环境，为公民提供健康的生活环境。二是提供优质的公共服务。政府是提供公共服务的主体，应以解决民生问题为切入点，着力解决与公民息息相关的医疗、教育、住房、社保等问题，为社会提供系统性、公平性、制度性、可持续性的公共服务。三是维护社会公平。从法律、制度、政策上努力营造公平的社会环境，保证全体社会成员能够平等地享受法定权利，当前特别应改革和完善收入分配制度，把公民的收入差距控制在合适的范围内，避免因收入差距的过分扩大而导致出现社会的不稳定。

（二）调整各级政府及部门的利益格局

历次政府机构改革主要集中于部门数量、行政人员的调整和增减，并没有触及问题的本质，机构改革的本质应该是利益格局的调整。[①] 为此，需要从三个方面着手，一是确立正确的权力观。政府的权力来自于人民，公务员必须认识到政府是人民的政府，政府没有自己的特殊利益，公共利益应当是政府和公务员首先要考虑的。二是协调中央与地方的利益关系。合理确定中央与地方政府之间的权责边界和比例，在充分考虑加强中央的宏观调控能力的同时，适当给予地方更大的自主性，防止因职责分工不合理造成中央与地方关系的紧张和冲突。三是调整横向职能部门的利益格局。行政权力部门化、部门权力利益化是政府机构存在的一个普遍现象，基于协同性政府建设的机构改革应打破原来的部门分割管理、部门分割利益的局面，分清部门的权责，建立起决策权、执行权、监督权既相互制约又相互协调的权力结构和运行机制，加强对权力的制衡和约束。

（三）依法改革

政府改革不仅要按照法定程序进行，而且还要用法律巩固改革的成果。一方面，完善法律体系。政府改革需要一部对各级政府职能界定清晰、机构设置程序明确的法律作为保障，对机构编制管理的基本原则、内容、程序、权限、纪律等作出明确规定，逐步实现政府机构、职能、编制的法定化，各个部门机构要按照法律要求制定相应的部门规章，如工作制度、财政制度、干部制度、管理体制等。另一方面，依法巩固改革成果。机构改革一旦经过合法的程序并通过法律法规的形式确定下来，任何人、任何机构均不得随意改变，否则应受到法律的制

---

① 熊水龙：《论服务型政府创建中的公务员核心能力建设》，载《桂海论丛》2005 年第 4 期，第 70~73 页。

裁。第三，依法改革。政府改革不仅要按照法定程序进行，而且还要用法律巩固改革的成果。一方面，完善法律体系。政府改革需要一部对各级政府职能界定清晰、机构设置程序明确的法律作为保障，对机构编制管理的基本原则、内容、程序、权限、纪律等作出明确规定，逐步实现政府机构、职能、编制的法定化，各个部门机构要按照法律要求制定相应的部门规章，如工作制度、财政制度、干部制度、管理体制等。另一方面，依法巩固改革成果。机构改革一旦经过合法的程序并通过法律法规的形式确定下来，任何人、任何机构均不得随意改变，否则应受到法律的制裁。

三、遏制政府非正当利益膨胀

政府与社会协同治理作为一种新的治理模式，具有治理主体多元这个显著特征。除了政府之外，民间组织、企业、家庭、公民个人在内的所有社会组织和行为者均可以参与社会公共事务治理，兼容多方的利益需求，让所有成员都拥有一定的利益，而不会感觉被社会的主流所排斥。

传统政治学家将公共利益作为政府行为的唯一价值取向，认为政府只具有"公共性"，没有政府自身的利益。然而现代西方新制度经济学理论和公共选择理论却极力主张，政府也是"经济人"，具有"自利性"。本书认为，摒弃政府产生和设立的原因和背景，完全将政府视为"经济人"，明显不具有科学性和可行性。但是，政府这一整体是由若干成员个体构成的，而这些政府组成人员在社会生活中是具有明显自利特性的。我们的政府并不必然地反映和维护社会公共利益，反而可能通过行使公共权力而获取非公共利益以外的收益，即政府利益。所谓的政府利益，主要是指政府机构中存在的一些非全社会的或非全国整体的利益。

政府利益具有三种表现形式：政府工作人员的个人利益，地方和部门的利益，整个政府的机构利益。

其一，政府内部工作人员的个人利益。政府工作人员是以国家名义行使行政权力。他们是权力运行的最终载体。由于他们所处的特殊地位，他们的行为具有相当的自由度和影响力。权力越大，自由度和影响力就越大。当他们受个人利益最大化冲动左右时，就会借着公共权力扩张个人利益，损害公共利益，就会出现腐败等权力寻租现象。政府工作人员作为一个社会的人，是与社会经济生活紧密联系在一起的，也具有自身的利益取向和利益价值。如个人价值的实现、职位的升迁、个人利益的提高、对舒适生活的追求等各个方面。一方面，这些个人利益可以成为对之进行有效激励的因素，从而使个人利益与社会全局利益协调一致。

但另一方面，也可能导致对个人利益的过分追求而损害社会利益的实现。

其二，以地方利益、部门利益为代表的小集团利益。我国以经济性分权及行政性分权为主要特征的改革，其实质是承认地方利益并希望通过地方利益的实现来促进经济发展。计划经济时代，人为地割裂经济横向间固有的联系，在向市场经济体制转轨的过程中，原有的利益格局一时难以打破。同时，地方和部门政府之间与本地方、本部门的利益状况存在着较紧密的共同利益，从而造成了经济政策的制定与执行必须以实现本地区、本部门利益为根本出发点。这样从长期的利益看，往往不是"双赢"，而是双方的利益同时受损，例如，在经济政策投资格局中出现地区产业结构趋同现象，对本地区资源、市场的行政性保护现象以及为了维护本行业、本部门利益，设置人为市场障碍，防止外地区同行业竞争者的进入。此外，在本部门或本地方利益与其他部门或地方利益发生直接冲突时，则利用各种政策保护本部门、本地区利益，导致政策因不协调而失效。

其三，政府整体利益。缺失了有效的制约机制或约束机制，政府自身具有一种不断扩张和膨胀的本性，追求政府预算的最大化。正是政府的这种权力扩张意识，造成了我国政府机构臃肿，行政费用开支比例居高不下的现象。这种现象不仅使一些经济政策，如财政政策的作用回旋余地减少，而且导致了人浮于事，在政策的制定、执行、宣传、处理等各个环节信息失真的可能性增大，从而使政策的制定执行效率下降。同时，政府机构体制的惰性的存在使政府在政策创新方面受到自身内部因素的掣肘，从而使政府在行政运行中缺乏活力，加上自身行为缺乏规范化和完善的制度法规，造成行动迟缓。在当前转型期，这种现象尤为突出。制度的改革意味着打破过去的利益格局，在各部门和政府内部重新进行利益的分配和调整。原有各利益团体的利益刚性的存在不仅使政府懒于自觉进行制度创新，而且使政策在实施过程中面对较强的阻力，使政策的效率受到影响，甚至中途而退。政府作为社会系统中的一个子系统存在，必然会对社会的利益格局产生作用并同时受到现行利益格局的影响，这些作用和影响都通过利益关系调整来体现。政府利益的存在必然会影响政府的行为。

政府利益的恶性扩张，会限制政府能力的有效发挥，对公共利益的最终实现形成严重障碍。为此必须采取措施，严格控制政府的自利扩张。当然也应该看到，政府正当利益可能形成对政府行为的有效激励，从而促进公共利益的实现。因而，治理政府利益问题，不能搞"一刀切"，全盘否定，而应该正确对待政府利益问题，在有效控制政府非法利益的同时，也要合理保障政府正当利益的实现。

（一）界定政府利益边界，保障政府正当利益的实现

依法满足和保障政府机构及其组成人员的正当利益，能够为消除政府非正当

利益创造有利条件。对政府及其工作人员提供充分的物质条件保障，可以避免政府作为利益主体自寻出路，寻求与社会经济主体的利益联系，也可以增强政府机关及其工作人员的拒腐抗变能力，遏制或消除政府过分追求自身利益的行为。要保障正当的政府利益，首先必须弄清楚政府利益的边界。换言之，界定政府利益边界，是保障政府利益实现的必要条件。而政府利益边界的模糊或错位势必导致政府理性的缺失和政府利益的扭曲，使公共权力在社会经济政治生活的各个领域发生不规则的运行，通过对政府与市场、政府与企业、政府与社会之间关系的厘清，确定政府利益的边界，能够保障正当的政府利益的实现，同时也有助于防范非正当的政府利益，促进公共利益的实现。

1. 从政府与市场的关系上来界定政府利益边界

政府与市场的利益划分问题实际上就是政府与市场这两种制度安排的均衡问题。中国市场经济体制的建立是在较短时期内实现的一个非自发的过程，在两种体制转换时期，政府只有充分发挥它的经济职能，才能保证市场经济体制的建立和完善。即只有选择"政府主导型"的市场经济体制，建立健全以政府为导向的市场经济调控模式，才能确保市场化改革目标的圆满实现。

2. 从政府与企业的关系上来界定政府利益边界

在以公有制为主体的社会主义市场经济条件下，由于产权关系较为明晰，政府与非公有制企业之间的责任、权利、义务相对明确。而政府与公有制企业，即政府与国有企业，则由于利益边界模糊不清，往往容易导致相互之间利益侵犯的情况。实现政企有效分开，建立起满足市场经济发展需要的政府与国有企业之间的新型关系，必须要对国有企业的管理制度实现创新。对于国有企业根据不同类型实行分类管理，可以避免"一刀切"的形式，真正适应我国国企改革的需求。

3. 从政府与社会的关系上来界定政府利益边界

中国的改革已经使政府与社会的关系基础发生了质的变化。市场经济体制要求确立起政府与社会的彼此合作和良性互动的伙伴关系。既不是社会排斥政府，也不是政府包办社会。政府要鼓励社会组织自身的发展，对社会实行宏观管理和领导，完善对社会的"双重管理体制"。社会也要实现对政府权力的制约，形成社会对政府权力的有效制约机制，以防止政府权力的滥用。当前，在政府与社会的关系上。我国的政府一直处于主导者的地位，但随着社会自主力量的发展壮大和社会自治机制的逐步完善，政府主导型的色彩必将逐渐淡化。

（二）进行全方位建设，控制政府非正当利益的扩张

尽管政府利益有其合理性和客观性，但政府非正当利益的恶性扩张会导致政府活动超越其合理合法的边界，在很大程度上限制了政府能力的有效性。我们必须采取全方位的措施，通过完善行政道德建设、完善政府内部治理制度和行政管理法制建设，严格控制政府非正当利益的扩张。

1. 完善行政道德建设机制，实现行政人员的道德化约束

政府是公共利益的代表，公共性是政府的第一属性，公共行政应该是主要维护公共利益和公共意志的行政，而不是一味地追求政府机构、政府部门和政府工作人员自身利益，特别是不正当利益的过程。公共行政的法律制度和政府工作人员的行政行为，都应该建立在社会公意的基础上，而不是政府内部少数社会成员的众意的基础上。"公意只着眼于公共的利益，而众意则着眼于私人的利益，众意只是个别意志的总和。"当然只有符合公意的才是道德的，公共行政领域应当强调对道德问题的审视，这样才能确保公共领域的性质不发生异变。道德是规范主体行为的一种价值取向，依靠主体内在的自觉性与意志力发挥作用，是对行为主体的一种软性约束。只有完善行政道德建设机制，实现行政制度和行政人员的道德化，才能有效避免转型社会政府利益对公共利益的偏离。

2. 完善政府内部系统的治理制度，实现政府主体的规范行为

通过设计和完善政府组织系统内的、符合实际而又科学有效的治理制度，将政府机构、政府部门及政府工作人员实现自身利益最大化的动机，尽可能纳入这些制度规定的秩序之中，使其应当并且只有通过这一制度安排的途径才能得到实现。"凡是企图突破制度约束而违规行事者，都会受到制度的自动惩治。"[①] 政府组织系统内部的治理制度建设主要应该包括以下几个方面内容：第一，建立完善的行政问责制。目前，我国各地政府推行行政问责制还处于尝试阶段，无论制度本身，还是制度的实践过程都还有待完善。第二，进一步推行行政审批制度改革。对于不符合政企分开、政社分开原则，妨碍市场开放和公平竞争，以及实际上难以有效发挥作用的行政审批，要坚决予以取消。第三，全面推进政府采购制度的改革。公开、统一的政府采购制度，可以实现政府调控管理的合理化、科学化。统一的政府采购，特别是公开招标方式，可以依托于法制明显提高政府采购过程的透明度和严密性，防止腐败现象的滋生。

3. 完善行政管理法制建设，实现法律制度环境的硬性约束

建立完备的法制，是社会主义市场经济的内在要求。完善行政管理法制建设，是规制政府非正当利益的有效路径选择。要完善行政管理法制化建设，应当从以下几个方面着手：第一，要实现行政机构和组织系统及其权能法制化。这是行政法治、行政管理制度化和法律化的前提和基础，即建立和完善制约行政主体及其行为的法律规范，保证行政主体沿着既定的轨道行事。第二，要实现行政立

---

① 范志海：《论中国制度创新中的"内卷化"》，载《社会》2004 年第 4 期。

法规范化。在实行立法责任制，严格追究违法立法者责任的同时，健全立法监督制度，彻底解决监督制度不健全、监督乏力的问题。第三，要促进行政程序法制化建设。行政程序法是行政实体法对于当事人的权利与义务、权力与责任的法律正确实施的保障。要实现行政管理法制化就必须实现行政程序的法制化。第四，要尽快将执法监督活动纳入法制的轨道。行政法制监督是控制、制裁行政违法和行政不当的特殊手段。法制监督机制健全严密，能够对行政机关合法合理行使行政权，发挥积极有效的保证作用。

四、控制政府官员腐败

政府在社会经济生活中扮演着公共物品的提供者、收入和财富的再分配者、市场秩序的维护者和宏观经济的调控者等角色。作为政府主体之一的政府官员，更是行政权力的掌握者、行政行为的实施者，政府官员的廉政程度与政府的良好运行密切相关。随着我国改革开放而带来的经济和社会转型，政府官员腐败呈愈演愈烈之势，已广泛渗透到我国政治、经济、社会生活及思想道德等各个领域，成为影响我国社会稳定和制约社会发展的一大消极因素。面对未来的政府治理模式的转换，协同型政社治理模式对政府及官员提出更高的要求，治理官员腐败更是其中的重要内容之一。

（一）我国政府官员腐败原因分析

官员腐败是政府权力的掌握者在个人利益的驱动下以获取非法利益为目的的谋私行为。任何人都是生活在社会当中，按照历史唯物主义的观点，社会领域可以被划分为政治、经济、文化思想等领域。因此，对于官员腐败问题的原因，从以下几个领域进行分析。

1. 思想堕落和价值取向扭曲

信仰动摇、价值取向扭曲、为人们服务意识淡化是我国官员腐败的思想原因。一是在市场经济条件下，存在着产生拜金主义、享乐主义和极端个人主义的思想诱因。市场经济之所以能调动人们的主动性、积极性和创造性，最基础的机制是尊重人的物质利益追求，并通过价值规律的作用使人们的劳动成果、劳动效率和劳动质量与个人的切身利益紧密联系起来，而且通过货币即金钱在市场经济占主导地位的社会中具有特殊的魅力，它不仅成了衡量物的价值的标准，而且在新旧体制转换过程中，人们正确的价值取向的确立也将是一个充满困难和痛苦的思想过程。二是在社会主义市场经济体制下，我们强调以按劳分配为主体，多种分配方式并存，兼顾效率与公平。在宏观调控上把人民的当前利益与长远利益、局部利益与全局利益、个人利益与集体利益实现其最合理的有机结合。然而，分配不公日益严重，从一个侧面强化了某些人金钱至上的价值观。由于体制转换过程中经济关系要逐步理顺，那么多种经济成分之间的多种分配形式并存。为社会创造的财富与个人从社会所得到的报酬常常不成正比，有的甚至成反比。在不能满足个人私欲时，心理失衡就会越来越严重，那么金钱的诱惑力就会越来越大，最终走进金钱的陷阱。三是市场经济的利益驱动机制，促使人们贪图自身价值极大化，即根据自己的能力从社会得到尽可能多的报酬。在不完善的市场结构中，就容易滋生拜金主义和极端个人主义泛滥的酵母，成为腐败现象滋生蔓延的思想根源。因此，以权钱交易为手段的以权谋私就成为我国官员腐败现象的突出特点。

2. 权力运行监督弱化和制度建设滞后

中国已建立的党政监督体制，远远落后于中国经济与社会转型引起的变化，它并不具备超前性。同时，由于法制建设的相对滞后，在腐败现象大量出现时，中国的监督体系常常束手无策。更值得注意的是各级党政监督部门处于同级党政领导机关的领导下，其工作受到极大制约，没有同级党政官员的首肯，它们无法去查办已出现的官员腐败。对同级党政官员，它们也无权监督。上级纪检监察机关对下级党政官员的监督因信息原因等，也缺乏预见性与及时性。在中国，在很长一段时间里，权力制约理论被认为是资产阶级政治学说，不但在理论上缺乏对权力制约问题的全面系统的研究，在反腐败的实践中，一直未从权力制约与监督方面去采取措施，因而未能从根源上找到防止腐败的有效途径。思想理论上未在权力制约问题上取得突破，可以有效防止腐败的监督制约体制就不可能建立；没有有效的严格的监督制约机制，腐败就会不断产生，继续蔓延。反腐败举措的实际效果就会大打折扣。缺乏对权力的监督制约，缺乏有预见性的反腐败举措，是中国政府反腐败举措不能达到预期目的的主要原因，也是在中国政府不断加大反腐败力度，腐败并不因此而减少，反而继续蔓延的主要原因。

3. 经济利益驱动为最终根源

经济活动是人们进行社会活动的主要活动，经济利益自然成为人们进行社会活动的主要目的。因此，腐败问题的最终根源也是来源于人们对经济利益的追逐。自从转型时期以来，我国的改革领域中，经济领域的改革是程度最深、范围最广和影响最大的领域。那么腐败问题的经济因素主要从以下几个方面展开：

第一，所有制形式的变革给腐败以便利条件

自转型时期以来，我国的经济领域当中进行了所有制形式的改革，改变了过去单一的公有制的经济形式，实行公有制为主体、多种所有制形式并存的经济制度，这种经济格局是符合我国现有生产力发展状况的。多种经济成分的并存，可以有效地为资源的配置提供多种方式，但是同时也为掌控公共权力的政府官员提供了腐败的便利条件。因为资源的稀缺性和经济活动的逐利性，导致经营者为获得高额利润而借助公共权力来谋取自身利益。贿赂具有配置权的人是一种成本最低、经济回报率最高、效益来得最快的一种方式。当拥有配置权的一方与寻求配置的一方达成某种默契时，经济领域的腐败也就滋生了。同时，多种经济成分中的私有经济还在现实中滋生着腐败的思想基因，诱发着腐败。

第二，转型时期的制度漏洞和真空地带为腐败提供土壤

自改革开放以来，我国的经济领域当中进行了计划经济向社会主义市场经济的转变，到目前为止，这个过程依然在持续进行。由于是渐进式的革新，必然会有各种不足和制度漏洞。主要体现在三个方面。一是长期沿用的计划经济旧体制刚刚被打破，其惯性影响和作用依然存在，如国家行政机关对企业微观活动的干预不时出现，政企不分的问题并未彻底解决，行政对市场管制过多过频等。而市场经济才开始建立，市场体系不可能在短期内完善，整个转换过程都会呈现出新旧交织的状态，这种交织状态难以达到绝对的吻合，留下的缝隙会有一个磨合期，这就为腐败现象的产生在一定的时间内留下了空间。二是计划经济向市场经济的转换本身是一个配套改革的过程，政治领域和经济领域的改革不可能同步到位。诸如法律制度的滞后、政策措施的不配套、管理规范的疏漏等，这就会出现某些链条上的短暂脱节或某一发展阶段中的无序状态，这些短暂的脱节和无序状态就给了腐败现象以可乘之机。三是转换过程中出台的某些经济政策本身还不是很合理、很完善，带有转换时期的明显的过渡性，表现为顾此失彼的政策倾向。如企业销售中的业务费政策，对融通各种关系、拓宽产品销路、提高本部门的经济效益，具有明显的润滑剂作用。但同时也为行贿受贿提供了便利和条件，使贿赂双方在某些环节中套上了政策的光环。

第三，经济运行过程的个别失序加剧腐败的蔓延

当前，我国实行的是社会主义市场经济体制，这种经济体制的特征是法制化和契约化，强调公平竞争和合法经营。要实现这种经济体制，一要确保经营主体的平等地位，二是为市场主体提供公平的竞争环境。然而，在现在的经济运作形式中，这两个方面的条件都未具备或并未完全具备，客观条件并没有为各利益主体创造平等的竞争环境和发展机遇，相反在某些方面还在扩大这种不平等的条件，创造不公平的竞争。如对经济特区和经济开发区的政策扶持和倾斜，对"三资"企业的优惠条件，这在其他地区和其他企业是不能享受到的。虽然这是一种战略决策，是为了吸引外资，发展特区经济，加快我国现代化的进程，但从市场经济角度来说，则是与公平竞争原则相悖的。

此外，权力经济这另一只无形的手仍在干扰市场，使市场经济无法在价值规

律的轨道上健康运行。权力经济可以依据掌权者的意志造成一定的利益倾斜,它可以给一部分人带来利益,也可以给另一部分人的利益造成损失;既可以创造利益的公平和平等竞争,也可能促进利益的分化或矛盾冲突。权力经济一旦介入市场,必然引发不等价交换和不公平竞争,成为市场经济发展的破坏性因素。

(二) 抑制我国政府官员腐败的对策

我国腐败防治机制建设包括很多内容,其中既包括对原有一些机制的改革和完善,也包括一些为适应社会主义市场经济建设需要而创建的新机制。那么,根据我国腐败的特点和成因,对腐败防治的对策主要应从以下几个方面着手:

1. 强化预防监督,维护监督系统权威

建立健全预防监督机构,强化监督机构的权力权威无疑是反腐败最重要的环节。"当今我国腐败之风禁而不绝,腐败现象到处为害。与其说是腐败为患,不如说在于监督无力,监督无用,监督招祸。"[①] 预防监督机构,能否改变目前监督无力、监督无用的状况,已成为中国政府能否防范和制止腐败的关键。

要使监察机构能充分发挥监督作用,必须使监察机构具有与其职责相一致的权力和权威。要解决监督无力,监督无用的状况,就必须使监督机构所行使的权力不是来自于被监督者。只有这样,才能监督机构才有可能摆脱被监督者的制约。任何权力只有平行时才能充分发挥各自的职能。监察机构只有具有同被监督者平行的权力,才可能起到监督制约被监督者的作用。根据这一原理,可以认为,解决监督不力的问题,根本的办法就是提高监督机关的地位,扩大其权限,使其能够独立地行使监督权。目前,我国的监督机构中,党的纪律检查委员会由党代表选举产生,但它却无法接受党代表的领导,向党代表负责。要解决这一问题,一是实行党代表常任制,或是由党的中央纪律检查委员会对省,省对市,市对县实行垂直领导,至少在人员任免上由上一级纪委决定。行政系统的监察、审计部门应由人大管辖,并接受人大领导,或者接受上级监察、审计部门领导。所在地区、部门和单位的党政领导无权任免监察机构的负责人。工资、奖金、福利等涉及监察人员切身利益的事项,可由党代表、人大代表或上级监察机构作出明确规定,由所在单位负责执行。我国已将党的纪委和政府的监察部门合署办公,但其授权仍不够。中国共产党第十五次全国代表大会已明确提出了要加强纪委监督,如果这是我国加强监督的方向,就要确立纪委与党委是平等的行使不同权力的机构这样的地位,并由中纪委统一领导全国的纪检监察机构。在实际工作中,各级纪委则应按党的中央委员会的决定和规定,接受上级纪委的领导,凡涉及同级

---

① 孙侍宝:《当代中国廉政与腐败的较量》,中国工人出版社1996年版,第167页。

组织有关负责人的问题，在行使监督权力时，将情况通报同级党政领导机关，但监察机构无须征得同级党政领导机关同意，即有权决定应该作出何种处理，是否需要立案审查。只有这样，才能避免地方、部门、单位党政官员的不适当干预。

监察机构要起到预防腐败的作用，还需依靠公众的支持，坚持走群众路线。与新闻媒体密切联系可充分发挥舆论监督的作用。反腐败斗争不搞群众运动是邓小平的一贯思想，但是不搞群众运动并不是不相信群众、依靠群众和发动群众。监察机构具有广泛的权限，必然要求加强自身建设，同时也必须接受党的代表大会和人大的监督，以避免监察机构由于拥有广泛的权限而发生滥用权力的行为。

2. 加强法治机制建设

法治是相对于以往专制极权制度下的人治而言的。所谓人治，简单地说就是指专制政体下个人集权治理模式。法治则正好和人治相反，它不是实行个人极权治理，把国家权力集中于一个人或少数人手中，而是实行宪法和法律至上，一切国家机关和个人从权力的授予行使和收回都遵循一定的法理，并按照法定的程序进行。我国目前尚不是真正意义上的法治国家，建立社会主义法治国家正是我国政治体制改革正在努力实现的目标。创建法治机制是我国的腐败防治机制建设极为重要的方面。

法治机制由立法机制和司法机制两个基本方面组成。立法机制的核心就是立法机关按照法定程序制定出正确反映党和人民意志的宪法和法律。司法机制的核心就是司法机关通过法定程序对宪法和法律的具体执行进行监督。

我国立法机制包括两个重要方面：一是人大通过法定程序把人民意志变为法律的机制；二是党通过人大按照法定程序把党的意志和政策变为法律的机制。其中第二个方面是我国正在着手建立的机制，主要是针对以往存在的党的政策和国家法律彼此分立的现象。通过这种机制把党的政策和国家法律统一起来，把既反映党的意志又反映人民意志的国家法律作为党和人民共同遵守的行为准则，真正实现依法治国。

我国司法机制包括司法侦查机制、司法审判机制和司法监督机制三个重要方面。长期以来，我国司法机构相对软弱，这也正是造成我国权力监督不力和腐败盛行的重要原因。目前，需要从这样几个方面来规范和强化我国的司法机制。一是必须加强司法侦查队伍建设提高侦查人员综合素质，规范侦查机关执法程序，整顿侦查机关内部纪律，以实现司法侦查机制的有效运行。二是必须提高司法的独立性，尤其是提高司法审判机关——法院的独立性。要采取相应的措施提高法院的地位，扩充法院的权限，尤其重要的是必须建立强有力的司法审判结果执行机制，这一直是我国司法机制建设中的"软肋"。三是建立切实有效的人身安全机制。由于我国一向缺乏民主法治传统，唯权力独尊的现象很严重，在权力受到制约甚至被剥夺的时候，有很多人会变得歇斯底里。再加上近年来我国黑恶势力的死灰复燃，就增加了执法人员遭到报复的危险。因此，健全相应的人身安全机制，在我国具有特殊的重要意义。

（三）加强腐败立法

以法惩贪是反贪倡廉、使吏治清明的重要步骤，从政府形象这个角度来认识以法惩贪的意义，就在于把政府官员的腐败行为规定为犯罪，表明了政府对官员腐败行为的否定性评价。

在法律上对腐败行为进行界定和分类，并将各类行为应受到的惩处规定明确的惩罚措施，就可以产生一种威慑力量，从而达到抑制政府官员腐败的目的。同时，公众也可以根据法律条文对政府官员的行为和反腐败机构的工作进行监督。由于法律具有预测、预防的功能，它本身可以使政府官员根据法律预知自己行为的后果，在一定程度上预防官员腐败。

虽然中国一直注意了反腐败的立法，但与中国改革开放以来经济社会发生的变化相比，与官员腐败所出现的新的复杂情况相比，反腐败的立法明显滞后。

制定反贪污贿赂法是反腐败立法的当务之急。最高人民检察院1989年即提出了制定反贪污贿赂法的建议，并成立了反贪污贿赂法研究起草小组。有的学者更具体地建议制定《反贪污法》，"用以规定什么是贪污，贪污犯罪的构成，贪污数额多少与犯罪的关系，对一般公职人员的贪污行为如何处理，对政府重要官员的贪污行为如何处理，等等。"此外，制定《反贿赂法》，"用以规定受贿赂犯罪的构成，什么是非法利益，取得非法利益多少与处罚的关系，受贿犯罪的刑事制裁和经济处罚"。制定专门的反贪污贿赂法应确立的指导思想是，惩治国家公职人员贪污受贿、侵吞国家财物的罪行，对所有国家公职人员都应采取同一标准，同时，对通过行贿手段达到个人目的的非国家公职人员也应列为惩治对象。为了使反贪污贿赂法能起到预防预测的作用，应将贪污未遂或索贿未成的行为列入惩治范围。

中国已建立了许多制度，制定了许多法律，如果已有的制度和法律能充分发挥作用，官员腐败即便不能消除，至少也可大大减少。作为反腐败立法的不可缺少的一部分，应制定监督法，以法律来监督国家公职人员遵守法律与执行法律的情况。目前，在有些国家公职人员，包括司法机关的工作人员有法不依、执法不严、违法不究的情况得不到有效监督的情况下，制定监督法有助于克服这些现象。

此外，反腐败的立法还应对公众参与制定法律，以便为公众参与提供法律依据。公众参与范围极广，可首先制定公民举报法。制定公民举报法的出发点应是：动员广大公众对党政机关的官员和国有企业事业单位的公职人员的行为进行监督。公民举报法应明确规定：凡对举报者进行打击报复的，均属犯罪行为，并规定对打击报复者的具体的惩处规定，以保障公众的举报活动。

（四）官员问责机制建设

所谓官员问责，就是把官员的权力和责任紧密结合起来，有权必有责，失责必受罚，建立责任追究机制，增加官员的责任意识，改变长期以来存在的权力和责任不对等现象。以往我国的官员问责以权力问责为主，带着很深的人治烙印，缺乏制度上的保障，没能形成有效的操作机制。以制度问责为主代替以权力问责为主，建立有效的官员问责机制，是当前我国腐败防治机制中的一个重要方面。

首先是建立健全官员问责制度体系。官员问责制不仅仅等同于引咎辞职制，而是一套完整的责任体系。如前所述，官员责任一般包括法律责任，行政责任，政治责任，道义责任四个基本方面。同时也就形成四个责任层次，第一个层次为法律责任，这是最严厉的一种承担责任的方式。此时官员的行为已经触犯了刑律。第二个层次为行政责任官员的行为，虽然还没有触犯刑律，但已经违反了有关行政法规，因此要承担相应的行政责任。第三个层次为政治责任，官员虽然没有违法，但违反了党章的规定或纪律的规定，要受到党纪政纪处分，甚至被罢免职务。第四个层次是道义责任，官员虽然够不上前面三种情况。但由于其属下工作不力或者工作错误，老百姓不满意，基于道义，主动辞去职务，即所谓的引咎辞职。引咎辞职与前面三种责任承担方式的区别不仅在于前三者是被动型的，而后者是主动型的，还在于前三者实行直接责任原则，而后者则实行间接责任原则，即只要老百姓对你管辖的范围内的工作有意见，你就应当明智地选择辞职。前三者可以说是法定的，后者则主要是一种政治文化一种政治惯例。

其次是明确问责范围和问责对象。在我国现行官员问责制中，只有在事故或事件引起了中央高层的关注后，才能促成相关责任人被动辞职，至于那些隐瞒事故者根本就不会引咎辞职，而且引咎辞职基本上锁定在人命关天的大事上，尚未引入决策失误、用人失察等领域。这与国际社会广泛的引咎辞职事项相比，问责范围就显得过于偏窄，所以，明确问责范围是建立有效问责机制的一个重要方面。所谓明确问责对象，就是要明确问责具体到何人，明确责任在党政领导正副职不同层级的官员之间如何分配。问责对象不明确就很难落实公正的问责机制，也很难令当事人心服口服。例如，在一些问责事件中往往是行政"一把手"受到处理，党的"一把手"却没有受到处理。但在我国现行体制下行政"一把手"常常只是党的副手，受党的"一把手"领导，出了事由行政"一把手"负责，党的"一把手"却不用负责这就有失公平。

最后是明确问责主体，规范问责程序。如前文所述问责主体不明确很容易造成欺上瞒下的情况。同时，如果问责程序不够规范，就很难保证问责制沿着法治的轨道前进，而容易陷入人治的误区。为了改变长期以来所形成的官员们只"对上负责"不"对下负责"的习惯，我国应该以完善人民代表大会制度为核心，逐步扩大官员民主选举和民主监督的范围，并强化各级人民代表大会及其常务委员会的问责权，同时通过人大的立法机制来规范官员问责的程序，确保按法定程序来实施官员问责。

第二节 加强社会建设

作为政社协同治理的主体之一，社会在治理模式中承担着重要的治理任务。政府应积极支持社会组织的发展，使其充分发挥其作用，实现协同治理的目标。

一、支持社会组织发展并参与社会治理

马克思和恩格斯认为，社会公共事务的管理既是政府的责任，也具有社会性。国家与社会的良性互动有助于提高社会管理的效能。然而，在我国社会管理实践中，政治领域、经济领域和社会领域发展的不平衡，既限制了政府职能的转变，又制约了社会自我管理能力的增强，由此引发了大量的社会问题，进而阻碍了我国经济社会的持续健康发展。

改革开放前，在与计划经济体制相适应的全能型政府管理模式下，政府成为社会管理的唯一主体，马克思主义的"国家管理社会化"错位为"社会管理国家化"，社会组织的发展受到压制，政府对社会管理的大包大揽，使经济社会的发展陷入严重的困境。改革开放以来，社会主义市场经济体制的确立以及政治环境、社会生活、文化观念的变化，给社会组织的发展提供了基础和空间。社会组织迅猛发展，开始成为社会公共事务管理中一支不可或缺的力量。

为了推动我国未来政府治理模式的转换，实现政社协同治理，在保持政府主导地位的前提下，确立起社会的主体地位，发挥社会组织在社会管理中的作用。然而，我们应该看到，我国社会组织在成长过程中还面临着许多困境和问题。就外部环境来看，由于政府现行法规政策的限制，大量社会组织"非法化"、缺乏活力、筹资困难，社会组织的发展缺乏一个公平、公开、法治的可持续发展环境。从自身发展来看，社会组织还缺乏社会公信力、缺乏自律和公众监督，难以

有效承接政府转移的职能。我国社会组织的发展还远不能适应改革开放以来社会变迁所带来的现实需要。如何推进社会组织建设,对其进行科学的管理,以建立起符合中国特色社会主义市场经济体制客观要求的政府与社会组织关系,成为一个亟须解决的重大问题。

(一) 我国当前社会组织的发展状况

新中国成立以来到改革开放之前,我国实行计划经济体制,政府在社会管理与资源分配中居于绝对的主导地位,社会组织的发展也极为缓慢,而且多数社会组织具有强烈的官办色彩。改革开放以后,中国社会随着经济的迅速发展也蓬勃向前,各个领域的社会组织也空前繁荣。

目前我国的社会组织的发展尚处在起步、发育阶段,不论在数量上还是在服务质量上,还远远不能满足社会治理的需求。在服务社会、稳定社会方面与政府组织和市场组织的主导性作用相比,社会组织发挥的作用还很有限。但社会组织的性质决定了它在两个文明的建设中,在中国社会结构发育中,具有不可替代的功能和优势。作为公益性团体,社会组织弥补了由于公共资源的有限而造成的公共福利的不足,增加了社会福利的总量,帮助了社会中一部分弱势群体改善其生活境遇;作为互助自助团体,社会组织将分散在社会成员中的闲置资源作为有益的结合利用,满足了成员谋求发展、维护利益、交流感情、寻觅同道、希望社会承认等多方面的需要;作为自主参与社会事务的非营利组织,社会组织培养了公民的社会责任心、自治能力和主动精神,而基层民主的实践也为公民参与更大范围的公共事务准备了积极的条件。

我国的社会组织除了具有一些基本的社会组织的属性之外,其独有的特征,具体表现在以下两个方面,第一,我国的社会组织在参与社会治理当中只充当了政府的工具,决策和处理社会事务完全遵从政府的意志,具有鲜明和浓厚的行政色彩,并且我国大量的社会组织是由政府创立的;例如,1994年成立的中华慈善总会,其会长就是由国家的前民政部部长崔乃夫担任;2001年,国家经贸委的9个国家局就直接设立为10个行业协会;截至2005年,中国有各类环保民间组织2 768家,其中政府发起成立的占49.9%。第二,我国的社会组织受社会组织的登记部门与政府部门中业务对应部门的双重领导,其自治性大大降低,并且容易导致领导无序问题,从而削弱社会组织的独立性和自治性。

(二) 国家对社会组织建设与管理的重视

鉴于我国社会组织发展与管理的现状和经济社会发展的挑战,我国政府也加强了对社会组织建设与管理问题的重视,不断出台相关法律、法规和政策,不断调整管理手段和管理策略，为社会组织的发展提供制度性保障。2003年10月，党的十六届三中全会提出完善社会主义市场经济体制，规范和发展各类行业协会、商会等自律性组织。2004年2月，国务院第39次常务会议通过《基金会管理条例》，提出了关于基金会运作管理的一整套制度体系。2004年2月，财政部发布《民间非营利组织会计制度》，首次把民间非营利组织纳入会计法规范的制度框架。2004年9月，党的十六届四中全会提出要"建立健全党委领导、政府负责、社会协同、公众参与的社会管理格局"，发挥各类社会组织在社会建设、社会管理和公共服务中的作用。2005年，《中共中央关于制定国民经济和社会发展第十一个五年规划的建议》提出要鼓励和引导各类专业合作组织，提高农民的组织化程度，推进政府与市场中介组织分开。2006年10月18日，党的十六届六中全会《关于构建社会主义和谐社会若干问题的决定》提出要"健全社会组织，增强服务社会功能。坚持培育发展和管理监督并重，完善培育扶持和依法管理社会组织的政策，发挥各类社会组织提供服务、反映诉求、规范行为的作用"，"引导各类社会组织加强自身建设，提高自律性和诚信度。"2007年3月，十届全国人大第五次会议通过的《企业所得税法》第26条规定，对符合条件的非营利组织的收入，可以获得税收优惠或免税。2007年10月，党的十七大报告进一步提出"发挥社会组织在扩大群众参与、反映群众诉求方面的积极作用，增强社会自治功能"。2008年3月，十一届全国人大一次会议《政府工作报告》提出："发挥社会组织在扩大群众参与、反映群众诉求方面的积极作用，增强社会自治功能"，"重视发挥行业协会、商会和其他社会组织的作用。"2009年2月，党的十七届二中全会《关于深化行政管理体制改革的意见》从政社分开的角度，提出要发挥社会组织在社会公共事务管理中的作用。这一系列文件政策的出台，不仅表明党和政府对社会组织的重视，还预示着社会组织在现代社会中的作用开始得到政府的认可，预示着党和政府对社会组织的态度由管制、防范开始走向规制、培育和支持。

（三）政府支持社会组织发展并参与社会治理的设计构想

社会组织作为社会治理的多元治理主体之一，凭借其特有的优势在社会治理当中发挥着越来越重要的作用。因此，政府在对社会组织的发展并积极参与社会治理时应该给以各种支持。主要从如下几个方面进行构想：

1. 政府推进对社会组织的管理创新，完善制度供给，营造良好的外部环境

一方面，政府要信任并扶持非政府组织的发展。笔者认为，政府要给非政府组织足够的信任，逐步放宽准入条件，理顺体制，降低非政府组织成立的门槛，为非政府组织发展创造宽松的外部条件；加强舆论引导，提高社会对非政府组织发展的认知度，加强对社会公众在主体意识、结社意识、参与意识、自治观念、公益精神等方面的引导，使非政府组织获得更好的支持氛围；加大对非政府组织在税收、财务、劳动用工等方面的政策扶持力度；加强对非政府组织的培育规划，根据社会公共服务发展的新趋势、新要求，当前可以重点扶持和培育四类组织，即以促进行业发展、推动经济建设为重点的行业协会，以增加农民收入、促进解决"三农"问题为重点的农村专业经济协会，以服务社区居民、推进创建平安和谐社区为重点的社区民间组织，以发展公益事业、调整利益关系、促进社会公平为重点的慈善会、非公募基金会等公益性组织。

另一方面，政府要加强对非政府组织的规范、引导，建立有效的监管机制。虽然非政府组织社会作用巨大，但其局限性也是客观存在。首先，它代表的利益是组织成员的集体利益，有成员利益或者说角色利益自私的一面，在有些情况下，并非与公共利益相一致；其次，非政府组织与市场和政府一样具有自身的失灵现象，而且许多组织尚没有建立健全的治理机制，一旦管理失范，不能解决各类矛盾，相反还会使各类社会矛盾公开化、甚至激化。因此，需要政府对其进行监督和引导，对其行为进行规范，以避免其成为少数精英分子利益的代表或者少数人的"寻租"中介。

当然，在管理上要从以行政监管为主向法律监管为主转变，要加快立法的步伐，制定一部非政府组织管理的基本法，明确非政府组织的准入和退出机制；明确非政府组织的性质和发展宗旨，明确其在实体上的权利、义务、地位和作用，解决非政府组织的合法性和公信力问题；确定非政府组织与政府、（社会）企业、个人的关系，明确非政府组织的职能，防止政府过度干预非政府组织，又防止非政府组织脱离政府的指导；规范非政府组织的行为，防止其经济行为越轨，诚信缺失；要建立对非政府组织的评估机制，包括诚信的评估和绩效的评估；要规定非政府组织自律的义务，同时赋予某些组织代表政府管理行业和进行专项经济管理的权力等。更重要的是，要明确各类组织的参政议政地位，要逐步形成有各类组织共同参与的民主协商机制，完善决策的咨询程序，确保非政府组织及其所代表民众的民主权利。

2. 增强个人和社会组织的自主性

在政社协同治理模式中，社会组织参与公共事务的管理，必须要增强个人和社会组织的自主性。作为社会组织的最重要的主体，公民个体的独立性与自主性尤为重要。个人自主性增强，社会力量、角色群体日渐活跃。个人自主性增强主要表现在两个方面。其一，个人受组织、身份制约同趋弱化，其二，个人寻求自身生存和发展的机会和领域同益增大。而个人独立和自主的重要基础是来源于私有产权制度确立，从而确保个人在经济利益上的独立与自主。

在计划经济体制时代，国家高度控制社会资源，因此造成各种服务组织残缺、流通组织单一，迫使企业办社会、机关办社会、学校办社会，严重影响了社会资源的有机组合和有效配置。在市场经济体制下，各类社会组织应运而生，政府应通过明晰产权和建立市场法则为其成长奠定基础，并逐步实现其社会化、规范化和专业化。在社会生活多元化的时代，个人和国家间存在一股强大的社会中间力量，这就是独立自主的社会组织和机构。它包括经济性组织，如经济实体（企业、公司）、行业组织；政治性组织，如政党、压力集团等；民间自愿组织，如俱乐部、教会、学校等。自主的社会组织是执行政治社会化功能的组织和机构，是沟通政府和公民的桥梁，是联结政府和公民的纽带，是培育个体自主性品格的舞台，是社会生活多元化的中坚力量。当前，对于社会组织的成长政府应发挥好两个方面的职能，一是着力建立一个规范的社会组织监管体系，二是采取各种措施增强社会组织自主发展的能力。

3. 构建激励机制，促进双方合作的积极性

为确保社会组织与政府在社会公共领域治理的顺利合作，需要从外部构建激励机制，从而形成促使双方合作的制度性刺激。就社会组织而言，需要不断地加强自身能力建设，这就需要社会组织拥有专门的人才和资金支持，因此在社会组织的内部要首先建立科学的激励机制。通过有效的激励制度吸引各种优秀人才的加入以及建立相对稳定的资金筹集渠道。只有在社会组织的内部构建出一系列合理的激励制度，才能从根本上保证社会组织在公共领域同政府合作的顺利进行。就政府而言，在双方的合作关系中，政府不论自己的能力还是地位，都处于一个比较主动的地位，所以政府需要构建一系列激励措施来保证双方合作的顺利进行。第一，政府需要改变传统的对社会组织单一的资金资助模式，要建立一种以提供项目为主，直接资金资助为辅的带有激励性质的资金资助机制。传统的资金资助模式，在很大程度上不利于社会组织积极性的调动，严重阻碍了社会组织自主能动性的发挥，而且使社会组织丧失了自主意识，在一定程度上成了政府传达和贯彻其意志的工具。以提供项目为主的资助方式在很大程度上改善现存的社会组织对政府的依赖，激励社会组织努力提高自身能力，更好的同政府在社会公共领域进行合作。因为政府在这种模式中只为社会组织提供项目，而直接的资助将变少，社会组织最后能得到多少资金用于其自身的发展完全凭借社会组织自身法人能力和同政府之间合作的程度，所以这种以提供项目为主、资金资助为辅的资金供给模式将大大促进社会组织能力的建设和激励双方合作的积极性。第二，我国社会组织资金供给不足的问题，一个原因是社会组织的资金大部分依赖于政府资助和自身筹集资金能力不足造成的，另一个原因是我国社会的志愿精神不足，造成我国社会组织的"志愿援助"不够导致社会组织资金不足，所以我国要尽快针对社会组织建立一套完整的税收激励机制,改善我国社会组织资金"志愿不足"的现象,从而促进双方合作的积极性。税收激励机制主要包括两个方面,第一,对于政府于社会向社会组织提供资金过程中,提供税收优惠政策,从而保护社会组织资金的充盈和促进捐款的积极性。另一方面,也要建立和完善社会组织在参与公共事务,为公众提供公共服务和满足公共需求时应享受一定的税收优惠待遇,提高其与政府在参与社会治理方面合作的积极性。

二、支持媒体参与政府治理

治理理论主张经济组织、社会组织参与到政府的管理活动中,通过利益制衡,实现公共利益。在这一过程中,对公共事物的管理从传统的单一政府控制转变为多元化的网络式调控。治理作为一种以公私合作、利益制衡为特点的管理机制,被运用于经济组织、政府组织和第三部门组织及组织间的管理机制研究中。大众传媒凭借其强大的信息传播与交流功能成为现代社会运作中的重要组成部分,日渐植根于人们普遍的物质生活与精神生活之中,对社会政治、经济与文化领域产生着深远的影响,成为现代社会整合与均衡发展不可或缺的环节。

(一)媒体参与政府治理的途径

作为被称为"第四种"权力的媒体在政府与社会的协同治理模式中,同样发挥必不可少的作用。为此,政府在推动媒体参与公共事务的治理过程中,需要建立良好的参与公共事务治理的制度与机制,就目前我国的媒体现状而言,参与政府治理有如下几个途径:

1. 以公共管理主体的身份参与政府治理

有学者依据与公共权力中心的距离,对我国公共事务中的管理主体作进一步区分,共分为六类:直接掌握公共权力处理公共事务的国家机关、执政党、政治团体、依靠法律和政府授权来处理公共事务的公共部门、在政府指导下由基层群众组成的自治组织、不依靠公共权力来处理公共事务的民间组织。[①] 我国媒体是企业化管理的事业单位,参与市场经营活动,但不以营利为目的,主要是为社会提供公共产品和公共服务,属于"依靠法律和政府授权来处理公共事务的公共部门"。我国媒体在参与社会活动中,目的是建立一个稳定的社会秩序和合理的政治秩序,是受党、政府和人民委托,以维护社会公平和正义为己任,对公众开展宣传解释和教育工作,以公共利益与宪法为基本的行为准则,这也完全符合对

---

① 王惠岩:《公共管理基本问题初探》,载《国家行政学院学报》2002年第6期。

公共管理者的定位，即公共管理者必须是宪法的忠实执行与捍卫者、人民的委托者、明智的少数、解释者与教育者的角色、利益的平衡者。① 媒体在社会事务管理中，主要是作为管理者而不是被管理对象存在的，与政府、公民和其他非政府公共组织都是相对独立的社会主体，共同构成多元的社会治理结构。媒体虽然与政府不是平等的管理者地位，但也是重要的社会协调组织机构，在社会管理中发挥重要作用。

2. 作为公众参与政治事务的平台参与政府治理

随着我国政治民主化进程的推进，公众参政议政的愿望和意识与日俱增。但是受到自身条件和能力的限制，公众不可能直接去参与监督公共管理中的政策和措施，同时也无法将自己的思想和意见直接传递给其他社会公众，而媒体提供了沟通交流的现代化工具。在公共管理活动中，媒体作为一个提供信息和公共讨论的平台，使得政府、非政府组织、公众三者之间能形成及时的、良性的互动关系，从而推进公共政策的制定、执行、修正等环节趋向透明和公开。因此，人们开始习惯于诉诸媒体，为实现自己的利益诉求公开发出呼声，以此影响舆论，影响决策者的决策过程。媒体对社会各种权力执行情况的报道，也使各种公共事务的管理处于透明状态，防止权力的异化，公益原则得到最大程度的体现。近几年我国电视的民生新闻、公共新闻受到广大受众的欢迎，也是媒体作为公众参政议政平台的重要表现。媒体通过日复一日的新闻报道，培养公众对国家、对社会发展的关心和参与，协调公共生活，协调个人与政府、个人与社会之间的关系，提高公众应对社会问题的行为能力，同时也成为民众发表意见、建言献策的公共平台，成为公民参政、议政的重要渠道。

3. 以媒体的基本职能即信息传播参与政府治理

传播学者施拉姆认为，信息传播对国家发展的重要性不容忽视，"信息传播是社会发展的推动者"，"有效的信息传播可以对经济社会发展作出贡献，可以加速社会变革的进程，也可以减缓变革中的困难和痛苦。"② 大众传播的首要功能，就是向受众连续不断地传播大量的信息。我国媒体在经历了长期忽视受众信息需求的误区后，逐渐回到以受众需求为中心的轨道上来。媒体通过持续公开地向大众提供世界发展变化的信息，满足社会的信息需求，成为人们互相沟通的重要渠道，成为上情下达、下情上传的重要载体。各种重要的信息，上至十七大报告，下至生活用品涨价，人们都是通过媒体在第一时间知道。政府也是通过媒体来搜集社情民意，知晓人们有什么愿望和要求，对政府工作有什么意见和建议。

---

① 曹现强、王佃利：《公共管理学概论》，中国人民大学出版社 2005 年版，第 32~33 页。
② 庚继光：《叩问传媒与社会协同发展之路》，载《新闻记者》2007 年第 10 期。

政府管理社会的方式，已经从传统的文山会海下达指令，转变到更多地依靠媒体来传递信息、动员组织社会。最近我国公布了首部政府信息公开法规《中华人民共和国政府信息公开条例》，条例明确规定行政机关应主动公开政府信息，这不仅是政务公开的需要，也是为了满足公众的知情权、顺应信息社会人们不断高涨的信息需求。可以预见，在信息社会，媒体作为传播信息的第一渠道，将会发挥越来越重要的作用。

4. 以政府权力的监督者参与政府治理

目前我国的政治体制中，有人大、纪检、监察、司法等部门等对政府行为加以控制和监督，但是这种控制和监督属于体制内部的自我控制，如果没有外界和公众的监督、约束，仍然可能存在很多漏洞和弊端。公共权力的行使，必须置于人民群众的监督之下。而人民群众的监督权在很大程度上是通过媒体来实现的，因此当前媒体监督功能不断强化。近些年国内发生的一系列重大突发事件，例如，山西繁峙煤矿瓦斯爆炸事故、安徽劣质奶粉事件、北京圆明园湖底防渗工程等，正是因为媒体监督的存在，才使得这些事件进入人们的视野，才使得官员的渎职行为被曝光。党和政府越来越认识到媒体监督对于推动工作的重要作用，将舆论监督提升到非常重要的位置。从1987年的中共十三大到2007年的十七大，"舆论监督"连续五次出现在党代会的报告中。在这种大的背景下，媒体开展舆论监督的条件比以往有了很大改善，对政府监督力度加大，在促进政府提高工作效率、揭露社会弊端、纯洁党的干部队伍方面发挥了重要作用。例如，中央电视台的《焦点访谈》，自1994年开办以来一直报道、分析各种社会热点问题，成为媒体监督政府的一面旗帜。由媒体作为中介的舆论监督，正在成为我国民主政治中对权力进行制约的重要方式之一。政府接受舆论监督，如同接受人大的法律监督和工作监督、政协的民主监督一样，逐渐成为一种刚性的要求。

5. 作为社会利益的平衡者参与政府治理

大众传播媒介是社会有机体中不可或缺的一部分，它通过传播信息沟通上下左右的联系，通过传播社会文化和价值观来凝聚社会的方方面面。简单地说，媒体对于社会结构平衡起着重要的沟通、协调和维护功能。现代社会已经形成对大众媒体的高度依赖，掌握了媒体也就意味着掌握了众多的社会资源。从社会学、政治学的角度看，媒体是政治、经济、文化等各种权力的博弈场，是软实力的角力场。各种社会团体、企业、非政府组织为了在公共事务管理中更多地表达自己的意见，争取更大的主导权，往往通过媒体进行公关、角逐，争夺话语权，赢得更多的支持力量。因此在公共事务中，媒体往往作为一种权力资源放大器，折射出各种社会力量在公共事务管理中的不同影响力。这种作用突出表现在危机事件中。危机发生后，政府及主管部门、危机责任方、社会大众等利益团体会出于各自不同的目的展开角逐,形成复杂的关系网络。出于消除负面影响,减轻社会要求承担责任的压力等考虑,事故各方都想方设法通过媒体表达自己的意愿,充当自己的喉舌,争取得到公众的信任,将危机给自己带来的危害降到最低。而媒体因其强大的公众影响力,在一定程度上能影响事件的进程,不可避免地与各方力量发生种种联系,而成为危机事件各方利益的角力场。

(二) 政府推动媒体参与政府治理的构想

1. 政府搭建完善的信息平台,增强与媒体的互动

公共治理的重要特征是治理主体的互动特点,媒体参与公共治理机制在一定程度上尊重了公民参与公共事务的表达权等。政府在其中的主要作用是要建立有效的公共回应平台。政府公共决策回应是指政府能够积极地对社会民众的需求作出回应,并采取积极的公共措施,有效地衡量公众的需求,对公共事务作出合理的公共管理过程。政府要在媒体参与机制中建立媒体信息传播平台,让公民在对公共事务提出质疑和建议的时候,能够通过媒体平台来进行信息传播和反馈。此外,政府要加强与公民的互动回应,根据问卷调查的内容显示,公民74.51%的信息互动行为未得到回应。所以,政府在通过媒体平台收集民意的同时,要分析媒体舆论,对公民媒体舆论进行回应,使公共治理中的媒体成为名副其实的感知民意冷暖的社会皮肤。

2. 政府强化社会责任是媒体的核心精神

大众传媒以其覆盖面广、影响力大而具有一定的公共权力,现代社会,媒体始终处于意识形态领域前沿,对人们的思想意识有着重大影响。从媒体特性和功能来看,某一事件是否被报道及如何报道将直接影响和引导公众舆论。而从另一个角度看,公众言论、民生信息通过媒体得到讨论和交汇,形成公共舆论环境,在一定程度上为政府决策提供依据。政府与公众之间的舆论互动通常要借助媒体来完成。媒体已经成为影响社会舆论和公众情绪的重要因素,社会影响越来越大。正因为如此,社会责任是媒体与生俱来的核心精神,也是媒体的生命力所在。因此,需要政府不断通过制定建设和相应机制来强化媒体的社会责任。媒体只有始终把公众利益、社会利益放在首位,以为社会和大众服务为宗旨,才能得到公众的认可,自身才能不断发展壮大。

媒体的优秀传播能力与其社会责任须臾不可分,媒体应强化这种社会担当。面对公众,首先须担负起及时、准确、全面、公正地传播信息的责任,最大限度地满足公众的知情权,客观顺畅地通达民意;更重要的是媒体同时要担负起舆论监督和引导之责,以围绕大局、服务公众为原则,自觉地切实承担起社会责任,对人民负责,把人民的安危冷暖挂在心上,为人民排忧解难,体现其公共性和公

益性的核心精神。在面对突发事件时,媒体要为社会有效地应对和处置突发事件发挥积极作用。应正确选择报道角度,向积极方向进行引导,表达社会理性,体现政府能力,帮助解决问题。同时,媒体要有新闻意识、公民意识、大局意识和政治意识,创造有利于社会发展进步、有利于社会和谐稳定的良好舆论环境。同一新闻事件,因为报道的出发点不同、角度不同、引导的方向不同,社会效果就会很不一样。媒体应以有利于整个社会增强理性的精神,有利于经济和社会的健康发展,有利于社会和谐为出发点,确定报道方向及内容,化解矛盾,解决问题。

3. 政府与媒体合作建立突发事件应急传播机制

在突发事件处理过程中,政府与媒体是相辅相成的共同协作关系。政府与媒体建立应急传播机制,有助于化解危机,为提高突发事件处理能力、维护社会安定提供制度上的保证。在具体操作上形成一套行之有效的传播计划,包括政府选择在什么时机通过主流媒体发布权威声音,主流媒体使用多大的报道空间和如何报道,将事实真相公之于众的最快方式,等等。建立应急传播机制,应以政府与媒体的充分信任与合作为前提,以保障公众知情权并有效应对危机、化解危机为基础。政府作为社会管理的主体,应以积极主动的态度与媒体进行沟通,争取主动权。政府应相信媒体具有相应的社会责任感和道德辨别力,应对突发事件时,即时建立开放、互动的信息传播链条。

4. 充分发挥媒体的社会监督功能

政府严格依法行政,创造宽松的舆论环境,充分保障舆论自由,接受舆论和民众的监督。媒体既要主动接受政府的引导,又要努力保持自身的独立性、自主性,在社会治理中保持客观公正,一方面敏锐捕捉相关信息并及时准确地传达给民众,使社会公众充分了解政府法律、政策和政府行为的真实有效信息,保持信息的对称性;另一方面为政府决策提供信息来源,同时监督政府行为,防止政府在社会治理中不作为和乱作为。

三、建立公民参与政府治理的渠道与机制

在政社协同治理模式中,公民参与是一个核心问题。当代西方公共行政学界所关注的话题已经由政治与行政之间的关系问题逐渐转为政府与公民之间的关系问题,集中体现为公民直接参与公共行政管理、参与公共事务的理论诉求,以及构建公民与政府合作的新型治理关系模式的主张。在协同型的政府治理结构中,公民参与和政府治理密不可分,政府治理是公民参与的基点,而公民参与在一定程度上提高了政府的治理效率。

就我国目前的政府治理模式而言,我们对公民参与需要从参与渠道与机制构

建中推动公民参与公共事务的管理，实现治理的目标。改革开放以来，随着我国政治文明不断升华，公民参与有了长足的发展，但同时仍然存在着许多问题，影响着我国现代化的民主进程和和谐社会建设。它表现在参与方式上，就出现了当民众的利益诉求得不到很好的表达时，常常选择用静坐、集体上访、围堵和冲击政府机关等不合法的途径；表现在公民独立决策的能力较低上，就出现了对政府的依赖心理还很严重，很多重大的决策依然期待政府的决定。与此同时，公共参与行为在各种腐败面前的受挫，也会影响公民参与的积极性，从而使公民淡漠程度进一步提升，致使公民即使拥有参与权，也会出现消极对待、缺乏热情的状况。

党的十一届三中全会以来，我国公民参与社会管理的基本框架已初步形成，包括政治协商制度、民主监督制度等，有的经过修改完善及时纳入宪法和法律的范围内。但是我们同时存在着政治文明制度的建设相对跟不上经济增长步伐的状况，在公民参与问题上存在着相关具体制度的缺失及不完善问题，使民主管理往往由于缺乏制度规范而常常流于形式，无法收到实效。此外，公民参与渠道少、公民组织团体得不到重视，使得政府与公民之间的沟通缺少桥梁，也制约和影响了公民参与的机制建设。上述特点和问题表明，我国现阶段公民政治参与的整体态势是"参与不足"，因此，必须进一步深化改革，以扩大公民有序、合理、合法的政治参与为着眼点，努力促进政治意识文明、政治制度文明和政治行为文明的全面发展。构建我国公民参与的构想主要从以下几个方面着手：

（一）构建完善的法律保障制度

公民参与制度的构建是一项系统工程，需要完善多方面制度，但在我国的社会实践中，多方面制度的构建都离不开法律保障制度的完善。因此，构建完善的法律制度是构建公民参与制度体系的基础工程。至今，我国还缺乏系统地规范公民参与公共决策与公共事务管理的法律或法规，如《信息公开法》、《公民参与法》、《行政程序法》等。为推进政府信息化，我们须制定必要的法律、法规、政策、标准。此外，构建完善的法律保障制度还应完善"行政程序法"、"公民参与法"等相关法规，以保障公民依法参与公共决策和公共管理权力的实现。

从我国目前的政治、经济、文化的发展水平看，制定"行政程序法"有其客观必要性。李图强指出："行政程序法具有两方面的功能：一方面限制了行政人员的恣意和专横，维持了法律的稳定性和自我完整性；另一方面给了公民自由选择的适当的空间。因此，如果我们要实现有度的自由、有组织的民主、有保障的人权、有制约的权威、有公民参与的制度化保障这样一种社会状态的话，那么行政程序法可以作为其制度化最重要的基石。"[1] 他还进一步指出了行政程序法对民主政治的发展意义重大,并归纳出行政程序法的几种机制构成,即民主参与机制、民主保障机制、民主监督机制等。具体而言,民主参与机制一般通过以下制度加以实现:(1)情报公开制度。它是行政机关主动或依据公民请求公开有关行政活动情况的制度;(2)听证制度。它是有关行政机关在制定规范性文件或制作行政计划时听取公众意见的制度;(3)咨询制度。它是公民就有关自己权益的问题请求行政机关给予说明或答复的制度;(4)诉愿制度。它是有关公民向行政机关提出建议、表达意愿的制度。而行政程序法的民主保障机制主要表现为对公民权利的保障和对行政权力的限制,从而取得两者的平衡。行政程序法的民主监督机制主要通过其民主参与机制与行政救济制度体现出来。由此可见,行政程序法的制定和实施将对行政权力的运行实施有效的监督,从而使公民权利得到有效保障,为我国公民参与制度的构建提供法律保障制度。

"公民参与法"是以公民为中心的参与公共事务程序,并且强调参与活动的互动过程重于结果。因此,该法的内容包含两大部分:"参与主体"与"参与活动"。参与主体包括公民个人,以及由公民所组成的自主性公民组织(包括各种非政府组织、非营利组织)。公民参与活动主要是指居民以社区为中心的公共事务的治理事项,包括社区照顾、人际交往、公益卫生、环境保护等公益事项。在对公民参与主体和参与活动作出明确规定的基础上,进一步对公民参与活动的方式、策略途径、方法、任务、程序等问题作出具体的规定;参与方式包括:个人参与、社区组织参与、非营利组织参与、公民组织参与等;策略途径包括:辅助性行动、支持性行动、保护性行动;公民参与方法包括:调解、商议、合作等;参与任务包括:调动资源、创造组织系统新资源、建立社区联络网、促进社区居民的合法权益等。总之,通过"公民参与法"的制定,对推进我国城市社区的发展,促进公民参与社区公共事务的管理将发挥重要作用。

(二)加强基层自治的能力,促进公民参与团体和组织的发展

地方基层自治是公民参与公共事务、表达公民利益的起点。当社会危机突发时,公众可以通过社会组织立即将资源、诉求、信息充分调动起来,进行自我防范,并要求政府采取行动。这样的社会组织就可以将危机减少到最小的伤害程度,或尽快解决相关事件。要加强基层自治的能力,就离不开公民参与团体和组织的发展。公民团体和组织的产生虽然是一个自发的形成过程,但是也需要政治

---

[1] 李图强:《公共行政的发展与变迁:新公共管理的研究途径》,载《北京行政学院学报》2004年第2期,第47页。

国家的积极培育，对于后发的市场社会来说更是如此。政府要扩大公民的参政渠道，为民间组织的发展创造条件。一方面从政府的角度来说，要和公民保持联系，倾听他们的呼声以此制定相应的政策和采取相应的行动来缩小民众对政府的需求与政府满足民众需求的能力之间的距离。另一方面又要控制全面的参与以防止参与的爆炸危及整个政治体制，非政府组织是一个理想的选择，它作为各自利益相同的人的结社而成的组织，不仅可以反映民众的呼声而且可以使民众的参与热情得到整合。

（三）完善政务公开制度

政府信息公开，是公民有效参与的前提。公共政策信息的公开有助于公众了解公共政策的内容、本质，从而调整自己的预期；信息公开的程度和获取信息的途径直接影响公民参与的广度和深度。另外，互联网等先进办公手段日益广泛的应用也把政府工作推向数字化的大潮中，这些方便、快捷的手段与渠道实现了政府与民众的及时、在线沟通。公民可以通过互联网了解政策信息，政府可以通过互联网了解公民的意愿、听取公民的意见和建议。这不仅大大提高了政府决策的效率，也极大方便了公民的广泛参与。事实上，推行电子政务的主要目的之一就是为了满足公民的知情权，为其提供足够的政策信息，从而拓宽公民参与公共政策的渠道。

当前我国政务公开面临的主要问题是：存在表面化、形式化的倾向；政府与公民缺乏互动，回应性差；缺乏法律保障。为此，我们应进一步健全政务公开的保障机制。首先，要实现政务公开法制化，通过法律手段对政务公开的内容、公开的形式、公开的时限、公开的程序进行明确规定，促使和确保政务公开真正成为公民参与的重要途径。其次，要强化对政务公开的监督制约，加强人大、新闻舆论的监督力量，并建立起合理的考核目标责任制，从而形成相互配套的监督机制。

第三节　构建政府与社会信任关系

在政府与社会的合作治理模式中，政府与社会的彼此信任是一个极为关键的因素。在协同治理模式中，治理的目标就是要实现善治。"善治实际上是国家的权力向社会的回归，善治的过程就是还政于民的过程。善治表示国家与社会或者说政府与公民之间的良好合作，从全社会范围看，善治离不开政府，但更离不开公民。"① 就此而言，合作治理中，需要政府和社会间建立彼此互信关系，才能有效推动协同治理的展开。

改革开放之前，国家占据了几乎整个社会的空间，或者说整个社会被包纳在国家范围之内，社会整体生活在一个全知全能的强大国家和政府之下。这种社会管理通常表现为政府凌驾于全社会之上，习惯于包揽一切社会事务，习惯于对社会成员的控制而非服务，习惯于替公民做主而非共同治理，社会通常成为被政府管理的对象，处于被管理的地位。在这样的社会里，政府在包揽一切社会事务的同时，往往怀疑社会和公民参与公共事务管理和服务的能力，怀疑社会自我管理、自我服务和自我发展的运行机制。

改革开放以来，这种社会管理模式开始破局。与社会主义市场经济体制的建立一道，民间社会初步形成，社会和市场从国家和政府中逐步分离出来，政府、市场和民间社会各领域的职能也相应分离。国家和政府逐步认识到，对于一个稳定、有活力和持续发展的健康社会，民间社会的成长和社会组织的发展是必不可少的，民间社会的发达是社会稳定与和谐的基础；同时，民间社会的发展也是不可违背的趋势。因此，政府对社会的信任度在不断的提升。

在这样的前提下，国家和政府也逐步认识到民间社会以及活跃于民间社会中的社会组织在提供公共产品、改善政府与社会之间关系、参与政策制定和反映公民诉求、保护弱势群体、促进社会主义民主进程等方面的积极作用，并将民间社会及社会组织作为政府有力的合作伙伴而纳为体制内的建设性力量，促进社会的多元治理与合作治理。

在协同治理模式中，需要充分的社会资本的支撑。作为社会资本的重要组成部分，信任关系是核心。以信任关系为支撑的协同治理，在协同者之间可以带来确定感与安全感，促成协作意愿，这也是政社协同治理的重要保证。"在一个共同体中，信任水平越高，合作的可能性就越大。"② 信任资源匮乏的结果会造成合作方互动成本骤增，合作效率低下。就当前而言，我国政府存在行政效率低下、公共服务差强人意、权力滥用等弊端，影响了政府的公信度，有的严重到导致社会对政府的信任危机，排斥与政府合作等问题。尽管我国推行了众多行政改革，消除诸多行政弊端，而积弊非一两日可以化解，但积极的改革行为对政府与社会、与市场信任关系的建立是至关重要的，它将促成更有成效的协同治理。目前，我国经济成长已逐步由政府主导型过渡为市场主导型，在承担公共利益的内在责任要求和市场机制的外在推动中，行政理念由"管理"转为"服务"这对

---

① 俞可平：《治理与善治》，社会科学文献出版社 2000 年版，第 326 页。
② 罗伯特·D. 帕特南：《使民主运转起来》，江西人民出版社 2001 年版，第 200 页。

增进信任、建立协同治理关系具有长期性和稳定性作用。"服务"意味着尊重和信任，意味着协商和合作，意味着接受社会的监督和质询。建立相互协同的信任关系，关键在于利益趋同和信息沟通，这两者是信任的载体，它们在制度和道德的影响下，能形成信任双方共同的期望和情景，产生协同意愿。

信任的目的是获得利益。在现代社会，民主政治改革日益深化，政府的行政性分权和经济性分权，使非政府组织和企业有机会参与政府决策。政府从公共性的价值理性出发，以维护和增进公共利益、满足社会需求来维系自身的合法性。非政府组织、私人组织对自身利益的追求一旦符合公共利益的方向，维持协同治理的心理基础——信任关系的建立就有了利益交叉点。协同治理过程本身也是利益的整合过程，社会组织在协同治理中合法反映了利益诉求，获得了凭借个体无法得到的社会资源。正因为协同带来了利益，各个治理主体才能够继续合作并有了更深的信任。可见，协同治理的信任关系建立最终取决于协同主体间利益的同构性，只有利益需求一致，才能形成协同的发展目标并产生协同行为。社会对政府的信任来自社会组织自身本能的自利性，政府若不能满足协同者的基本利益需求甚至损害他们的利益，不信任和冲突是必然的，协同治理也是无法实现的。

制度可以稳定协同者的未来预期，发现和限制信任风险。制度作为一系列规则，暗含着道德的合理性和强制性，以及对协同主体治理权利的保护性，成为相互信任的保障。建立信任关系所必要的制度：一是监督制度。协同主体具有理性经济人的一面，他们为了自身的利益可能会滥用信任而损害公共利益。为了减少协同的风险和损失必须对双方进行监督。政府监督非政府组织是否履行了职责，维护公共利益；非政府组织也监督政府是否将公共权力用来服务社会。通过监督，让协同主体始终以维护公众利益为基点，在共建共享中实现新的协同；二是沟通制度。没有信息沟通，无所谓信任，信任是对信息掌握的结果。为了建立协同主体之间的信任关系，作为掌握公共权力的政府应塑造"阳光政府"的形象，建立信息沟通和政务公开的机制，使协同主体建立安全和可预测的信任感。沟通本身也是协商和谈判，通过不断谈判和对话，信任才能日渐增进，协同治理才能得以持续。

信任的可持续需要以道德作屏障。在建立信任关系的过程中，不信任是随时可能的。制度作用并不能完全消除信任具有的脆弱性，持久稳定的信任关系的维持还需要增进被信任者的伦理坚定性和道德诉求。被信任者意识到信任与合作对实现共同利益的意义，总愿意追求更多的信任。因为"像信任、惯例以及网络这样的社会资本存量有自我强化和积累的倾向。依此成功的合作就会建立起联合和信任，这些社会资本有利于未来在完成其他不相关的任务时的合作。就像拥有常规资本的人一样，那些拥有社会资本的人也喜欢尽量积累更多的社会资本。"①信任作为一种"道德资本"，它的使用只会使这种资源的供给增加而非减少。信任意识的自我强化，是道德理性和自觉性的外显，是道德自律的结果，因此培养政府的道德自律意识无疑对信任关系的巩固是必要的。

---

① 李惠斌、杨雪冬：《社会资本与社会发展》，社会科学出版社2000年版，第159页。

第七章

社会转型期城市土地资源治理模式

第一节 转型期城市土地资源管理模式及问题分析

一、1949~1978年城市土地资源管理模式概述

1949年新中国成立以后,各城市政府接管了一批国民党政府所有的城市土地,没收了帝国主义和官僚资产阶级的大批城市地产;对民族工商业、个体劳动者、城市居民所拥有的私有土地仍给予承认。因此,新中国成立初期的城市土地形成了国有与私有并存的格局。1956年中共中央书记处《关于目前城市私有房产基本情况及社会主义改造的意见》规定:"一切私人占有的城市空地、街基地等地产,经过适当办法,一律收归国家",实现了城市土地资源的全面国有化。至于城市国有土地的使用,则"由当地政府无偿拨给使用,均不必再缴租金",从而形成计划经济体制下的城市土地资源管理模式,实行无偿、无限期、无流动的城市土地使用制度。

我国传统的城市土地使用制度是顺应传统的经济体制而产生的,其典型特征表现在以下三个方面:一是通过行政划拨方式配置,排斥了市场对土地资源配置的积极作用;二是城市土地实行无偿无限期使用制度,土地使用者在使用期间也

无须缴纳地租,城市土地使用权也没有具体明确的使用期限;三是城市土地使用权不允许转让,从而阻碍了城市土地这一重要生产要素的合理流动。[1]

把城市土地资源纳入计划经济轨道管理模式,对于防止土地的投机、保证社会经济的发展和居民居住条件的改善对土地的需求发挥了积极作用,但是忽视了经济规律的作用,产生了巨大的消极影响:首先,由于无偿划拨使用土地,使用者总是想办法尽可能地多占地、占好地,许多城市土地甚至闲置未用,致使城市土地使用效率低,浪费现象严重。其次,城市建设得不到良性、有序的发展,对城市建设的投入不能通过地价或地租收回,只能给城市财政不断增添包袱。最后,国家对城市土地的所有权的拥有在经济上得不到体现,非法、隐性土地市场的存在使原本国家所有的收益大量地流失到集体或个人手中。[2]

二、转型期城市土地资源管理模式的实质分析

1978 年改革开放以来,国家(政府)逐渐认识到计划经济体制下城市土地资源管理模式(无偿使用)的弊端,已成为城市及其区域经济发展和合理利用土地资源的严重障碍。以市场化为导向的经济体制改革和对外开放,为城市土地资源计划管理模式和使用制度的改革奠定了良好基础。其变革历程包括如下三个阶段[3]:

一是城市土地有偿使用酝酿试点阶段。城市土地有偿使用的最早探索来自对中外合营企业场地使用的规定。1980 年 7 月,国务院《关于中外合营企业建设用地的暂行规定》提出:"中外合营企业用地,不论新征土地,还是利用原有企业场地,都应计收场地使用费。"随着体制改革的起步,土地有偿使用收费制度在一些改革前沿地区开始探索。1982 年,深圳特区正式开征城市土地使用费。1984 年,辽宁抚顺市把土地分为四个等级进行全面开征土地使用费的试点工作,同年广州市对部分土地开征土地使用费。随后,土地有偿出让和转让试点工作也逐步展开。1987 年 9 月,深圳市以协议方式将一块住宅用地以总价 108.24 万元出让给中航进出口公司深圳工贸中心,这次出让协议揭开了我国城市土地使用制度实质性改革的序幕,开启了我国城市土地使用制度改革的先河。1988 年,福

---

[1] 李建建、戴双兴:《中国城市土地使用制度改革 60 年回顾与展望》,载《经济研究参考》2009 年第 63 期,第 2~10 页。

[2] 彭震伟:《迈向 21 世纪中国城市土地使用制度的思考》,载《城市规划汇刊》1998 年第 1 期,第 27~30 页。

[3] 李恩平:《中国城市土地制度改革回顾与展望》,载《改革与战略》2010 年第 5 期,第 73~76 页。

州、海口、广州、厦门、上海、天津等城市也相继进行了这方面的试点。

二是城市土地市场化流转制度的建立阶段。1988 年,《宪法》中删除不得出租土地的规定,改为"土地的使用权可以依照法律的规定转让",为土地使用制度改革的全面展开和深入发展扫清了障碍。土地使用税费方面,1988 年,国务院颁布《城市土地使用税暂行条例》,正式在全国范围内征收土地使用税;1993 年,国务院颁布《土地增值税暂行条例》,对转让土地收益征收增值税。土地使用权获得程序方面,1990 年,国务院颁布《城市国有土地使用权出让和转让暂行条例》,对土地使用权出让、转让、出租、抵押、划拨等作出明确规定。1994 年,《城市房地产管理法》对土地使用权出让和转让做了法律规定。

三是城市土地有偿使用制度的完善阶段。2001 年,国务院下发《关于加强国有土地资产管理的通知》,标志着经营性国有土地招标拍卖供地作为一种市场配置方式被正式确立。2006 年,国务院下发《关于加强土地调控有关问题的通知》,要求工业用地必须采用招标拍卖挂牌方式出让,其出让价格不得低于公布的最低价标准。2006 年,国务院修改《城市土地使用税暂行条例》,提高了城市土地使用税,并且对土地使用税征收层级作了重新划分。2007 年,《招标拍卖挂牌出让国有建设用地使用权规定》也被重新修订。2007 年,国务院修订《耕地占用税暂行条例》,耕地占用税税额标准上浮 4 倍左右。2008 年,《国务院关于促进节约集约用地的通知》提出,今后对国家机关办公和交通、能源、水利、城市等基础设施以及各类社会事业用地探索有偿使用,提高土地出让的市场化程度。

改革开放以来,我国政府根据经济体制改革的总体要求,借鉴中国香港和新加坡的土地市场模式,遵循市场经济的原则,政府在保持城市土地国有的前提下,实行土地使用权与所有权分离,确立城市土地市场制度,初步形成具有多种流通渠道和交易方式的土地市场体系,建立了土地政策参与宏观调控的基本框架,提高了土地资源配置效率,显化了土地资产价值,为城市建设积累了巨额资金,促进了中国城市化和城市现代化。

政府对进入土地市场的主体、客体都有严格的规定,具体是城市政府代表国家垄断土地一级市场,对增量土地供应按市场方式进行出让,出让后的土地使用权可以在市场上自由转让,形成城市土地权的二级市场;而以前划拨的土地在补交出让金以后也可转让。

我国城市土地方面的改革同其他经济领域一样,实行的也是渐进式的、双轨制改革。这使我国的城市土地市场具有以下特征:一是城市土地所有权是公有的,土地所有权和使用权分离,土地使用权可以在市场上直接交换;二是在土地资源配置中,行政计划手段和市场机制手段同时并存;三是政府在城市土地市场中兼有多重身份,即城市土地所有者代表、土地管理者和土地经营者。

综上所述,中国现行城市土地资源管理模式的实质是政府行政计划与市场机制并行的"双轨制"。城市土地市场机制的运行模式,不用说与英美等发达市场国家的模式有很大的差别,就是与中国香港和新加坡模式也有很大的不同。作为"经济人"均会以追求效用(土地财税收益或者说是土地财政)最大化作为最佳选择。在缺乏有效监督的情况下,与政府有着各种关系的"政府性质的企业"就会产生寻租行为,可能导致政府管理职能受到侵蚀。因此,在目前我国的城市土地管理体制和现有土地产权安排下,城市土地资源管理模式运行呈现出不同于市场经济国家和地区的特点。

三、转型期城市土地资源管理模式存在的问题

(一)国有土地双轨供应增加社会成本

我国各级政府向土地使用者提供国有土地使用权的方式有四种,即划拨、协议、招标和拍卖。政府采用不同的土地供应方式向一级土地市场投放土地时,土地的需求者在获得土地使用权时的竞争程度存在很大的差别。其竞争强度的变化可以用图7-1来直观地表示。

— 划拨 ⇒ 协议 ⇒ 招标 ⇒ 拍卖 ＋

竞 争 程 度

图7-1 不同供地方式地产需求者的竞争程度

地产商作为理性的"经济人"在其从政府手中获得国有土地使用权时会通过各种手段尽量降低成本。《土地管理法》中对划拨土地供地方式的使用范围作出了规定,但是,对于出让的另外三种方式的适用范围则没有给予相关的明确规定,因此,政府供应国有土地方式的多样性也就客观上为其提供了可能。

经济学知识告诉我们,当市场上只有一个供应者的时候,供给方便可以凭借自己的垄断地位减少供应量和提高价格获得超额利润。寻租理论表明供应方供应垄断不只是消费者剩余向生产者剩余的转移,由于均衡点的改变会造成部分社会福利的损失,可用图7-2表示。假如在完全竞争市场中,市场均衡点为C点,则其对应的价格和数量分别为P和Q,由于供给者垄断产量减少到Q_0,价格上升到P_0,垄断厂商的垄断利润为P_0BAP,但除此之外还有消费者福利的损失,

也就是垄断的社会成本，如图 7-2 中的三角形 ABC。

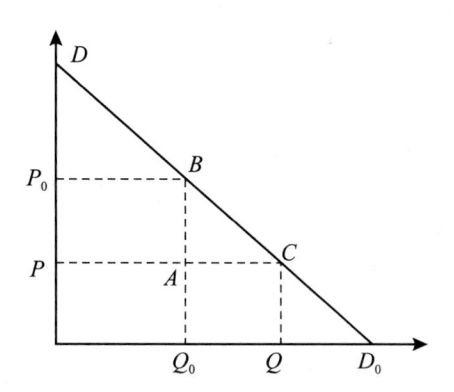

图 7-2　生产者垄断的社会成本

在我国社会转型时期，政府土地供应中低价出让土地、突破用地指标的现象多年来屡见不鲜。在一级土地市场上，可以观察到政府的土地供应行为刚好与图 7-2 中的变化及其结果相反，可以用图 7-3 来分析。我国有学者将"土地供给商可得而应得的寻租收益拱手出让给土地开发商（需求方）"这种现象称为"土地逆向寻租"①。

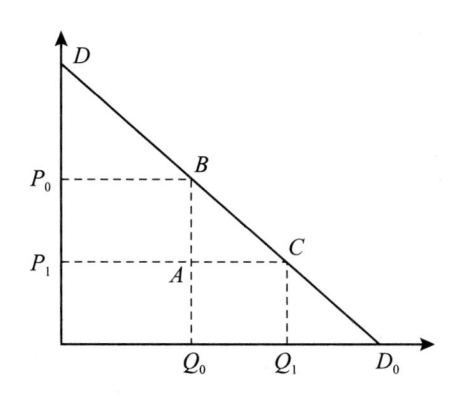

图 7-3　土地逆向寻租的后果

若政府采用拍卖方式向土地一级市场投放土地，设在完全竞争条件下市场的均衡点为 B 点；政府的土地供应方式转变，数量从 Q_0 增加到 Q_1，价格从 P_0 下降到 P_1，从图 7-3 分析，四边形 P_0P_1AB 是剩余（国有资产）从土地供应者向土地地产商转移的部分，而三角形 ABC 对于地产商是福利增加部分。政府垄断

---

① 杜亚平、潘家华：《土地寻租中的"法人—代理"问题》，载《中国土地问题研究》，中国科技大学出版社 1999 年版，第 336~347 页。

土地供应的条件下,地产商为获得这一转移需要投入大量的成本,包括地产商为获得这一转移向政府进行活动的各种花费;同时,为获得这种转移地产商之间存在竞争,会寻求从政府手中获得特权,排除他人分享这种转移,这一切都要消耗本来可以用于生产商品和服务的稀缺资源。最终,地产商之间的竞争以及对政府活动等必然达到一个均衡,这时,为获得上述的转移 P_0P_1AB 以及剩余的增加三角形 ABC 所投入的成本最终会等于四边形 P_0P_1AB 加上三角形 ABC 的面积。最后,地产商付出的成本必然转嫁给土地的最终需求者:要么全部,要么部分。但不管转移量的多少,都无法改变这些成本是社会资源的一种无谓的浪费的事实。①

土地供应的"双轨制"的长期存在,不仅不利于土地利用效率的提高,而且给土地"寻租"提供温床,不利于土地收益分配的调节。因而不断缩小划拨用地范围,尽快实现供应方式的并轨,是深化土地使用制度改革的重要任务;国有土地有偿使用制度的覆盖面有待拓展,尽早解决土地供应的"双轨制"问题。

(二) 地方土地财政导致土地资源浪费

在城市发展的过程中,地方政府往往充当地方经济"保护神"的角色,他们以地方经济的业绩作为自己的政绩,追求地方利益在任期内的最大化,导致有些城市发展近年来"土地财政"问题之所以日益突出,各级政府经常因为短期经济目标忽视从长远的角度来规划和利用现有城市土地资源,例如,政府把大量基础设施建设资金来源放在"卖地收入"上,从而造成城市内部土地利用效率低下,用地结构与布局严重不合理,致使城市土地资源浪费;有些城市发展新的开发区、高新产业区、大学园区、物流中心,甚至度假区,虽然"短视经济"在短期内促进了当地经济在某一时期的快速发展,但其付出的代价相当昂贵。

面对土地出让带来的巨大收益,虽然土地管理法中对出让土地的权限作了明确规定,但是在实际操作中,地方政府往往采取"化整为零"、不报审批或审批出让不实等措施,谋取地方利益。据悉在一些地方,土地直接税收及城市扩张带来的间接税收占地方预算内收入的40%,而土地出让金净收入占政府预算外收入的60%以上。由于中央和地方土地所有权关系不明晰,因而在土地出让中出现了土地收益分配不合理的现象;同时,由于对于土地财政的热衷,大量征用农地,致使被征地的农民中有很多处于既"失地"又"失业"的状态。

---

① 罗运阔、钟太洋、曾建玲:《国有土地使用权双轨供应的社会成本》,载《江西农业大学学报》(社会科学版) 2003 年第 2 期,第 66~69 页。

同时，城市土地使用过程中的浪费现象十分突出，由于长期以来在计划经济体制下土地资源无偿划拨或无偿使用，造成了很多城市土地出现了多征少用、早征迟用，甚至征而不用的奇怪现象，一些城市不顾中央和上级政府的要求和国家有关政策法规的规定，擅自乱征乱批土地，很多城市盲目发展开发区，出现"开而不发，围而不用"的现象，导致了大量土地资源浪费。①

（三）隐形市场导致土地资源难以公平配置

20 世纪 80 年代末到 90 年代初，我国城市土地转让普遍实行招拍挂方式，但不可否认城市土地交易过程中隐形市场依然存在。表现在两个方面：一是城市存量土地非法交易。城市存量土地非法交易主要涉及原划拨土地私自进入土地市场。按照我国法律规定，以划拨方式取得的经营性用地，不允许直接进入市场流转，不得进行转租、转让、抵押、入股等。然而在现实中，划拨用地私自进入市场进行转租、入股等违法行为不在少数。二是农用地非法转为建设用地。农用地非法转为建设用地主要发生在城乡结合部。一方面由于征地价格较低，因而农用地所有者愿意以较高的价格将土地私自出租；另一方面这种私自出租的土地价格又低于城市土地市场价格，因而对土地需求者也构成诱惑，这就导致了"以租代征"等违法用地的大量存在。②

城乡建设用地市场分割，土地权益不平等。在我国城乡二元经济结构下，土地使用制度不统一，交易规则和方式各异，国有建设用地和集体建设用地普遍存在着同权不同价的现象。其中缘由在于制度安排不合理，城乡土地市场不统一。这一现状不利于生产要素在城乡之间的合理流动，也难以实现城乡土地的节约集约利用。同时，在征用农村集体土地的过程中，地方政府为了降低土地收购成本，尽量压低土地征收补偿费，农民土地权益受到严重侵害。

城市土地市场管理体系尚不完善，各地方政府作为土地市场主体所牵涉的利益致使土地市场畸形发展。行政区划分割，限制了市场机制作用的发挥，难以实现土地的最优配置。因政府管理、服务土地市场的职能（功能）不到位及相关法制建设、运行的不健全、不规范，土地市场还存在混乱现象，建设用地供应总量缺乏有力控制；随意减免地价、挤占国有土地收益现象时有发生，国有土地收益流失尚未从根本上遏制。

---

① 易丽琦：《我国城市土地资源管理的现状和对策》，载《管理观察》2009 年第 3 期，第 35～37 页。
② 原玉廷、周娟：《城市土地管理体制：变迁、缺陷及完善》，载《理论探索》2010 年第 5 期，第 96～99 页。

四、转型期城市土地资源管理模式的问题成因

（一）城市土地资源管理主体单一

《土地管理法》规定，中华人民共和国实行土地的社会主义公有制，即全民所有制和劳动群众集体所有制，城市市区的土地属于全民所有及国家所有。国家的土地所有权由国务院及其相应职能部门以及县以上地方人民政府及其相应职能部门代表国家行使。

由于土地资源的特殊性，国家参与土地利用的管理是必要的，中央政府通过建设用地指标控制和城市规划审批对各地建设用地总规模和使用方向进行控制。但由于土地的区域差异性和异质性，地方政府拥有信息优势、辖区内城市土地事实上的占有权和对城市规划的制定和局部修订权，因此，在土地的占有、使用、收益和处分过程中，地方政府始终处于主导地位。在国有土地价值的实现即土地收益方面，城市土地收益分配制度改革过程中，地方政府的利益得到越来越多的重视，地方政府享有了绝大多数的土地收益。土地财产价值实现的程度，更多地取决于地方政府的操作。当前国有土地制度的真实制度属性是中央与地方的分权制，从土地财产制度的角度看，就是在土地的占有、使用、收益和处分过程中，地方政府始终处于主导地位。①

城市土地资源管理的主体是城市政府及相应的职能部门（包括公务员），公众参与和市民力量（包括社区）未被充分发挥。这种自上而下、缺少足够"回应性"的单向管理行为一方面缺乏程序上的公正，无法做到实体上的公正；另一方面，也不利于政府自身的发展和公务员素质的提高，从而影响城市土地资源的整体科学管理。②

（二）城市土地资源所有权不清晰

全民和国家只是一个法律上虚拟的概念，国有土地的所有权由中央政府代表国家行使。国家拥有土地所有权，但真正行使或者直接行使土地所有权的是县级以上各级政府及其相关职能部门。通过法律规定和行政授权，国家和地方政府就土地所有权形成纵向的、行政性的委托代理关系。

---

① 肖艳：《中国城市土地利用管治研究》，天津大学2006年博士学位论文，第6~7页。
② 王玉琼、卢海林、曹红：《从资源管理到资产经营——论我国城市土地资源管理模式的转变》，载《中国土地科学》2003年第1期，第52~56页。

具体来说，国务院对省级政府进行授权，省级政府在其权限内，对其所属的市级政府进行转授权，市级政府在所转授的权限范围内，再对其所属的县级政府进行再转授权。国家为最初或最高委托人，地方政府扮演双重角色，既是国家（委托人）的代理人，又是土地使用者（代理人）的委托人，土地使用者为最终代理人。而在各级地方政府中，主要由国土资源管理局或房地产管理局等职能部门实际代理行使土地使用权，特别是一些国土资源管理机构，既有政府授予的土地行政管理权，又类似于带有一定垄断性的经济实体，行使土地经营职能。

城市土地资源全民所有，这里既没有明确规定地方政府对国有土地拥有所有权，也没有指出地方政府对国有土地不拥有所有权。市场经济要求资产要有明确的产权主体或代理人，我国这种城市土地资源归国家（政治抽象物）所有，其所有权由国务院（行政机构）通过各级政府层层代理（科层制）方式来实现，在此过程中会发生中央与地方政府之间以及地方政府之间的利益冲突及较高的代理成本。

（三）城市土地资源管理制度缺陷

在市场经济条件下，政府在资源配置中的作用集中地体现在弥补市场的缺陷方面，具体到城市土地管理上，建立和完善土地资源的规划、储备、征用等制度，健全土地交易与管理制度等。然而，这些制度在实践中存在着许多不足之处，表现在以下三个方面：

城市土地规划方面：转型期我国城市的结构和功能日趋多样化，城市的各种行政管理和经济管理关系日趋复杂，过去那种主要依靠行政手段进行管理的方法日益不能适应形势发展的需要。西方市场经济国家中，城市土地规划在制定和实施中，都有公众参与以及监督的渠道，这使规划的实施得到充分保证。而在我国，土地利用总体规划是自上而下制定的，是中央政府的要求，而城市规划是地方官员主持进行的，这两者在制定和实施中都没有给居民参与和监督留下很大空间。因此，居民对土地利用总体规划和城市规划的热情不高，更谈不上监督，对实施产生了障碍。

土地储备制度方面：就目前各土地收购储备机构的资金来源看，都是依靠财政拨款和银行借款，由于政府管理职能涉及面广，可以提供储备机构的资金有限。土地储备机构大部分都是政府部门直接领导的事业单位，是城市政府利益的重要代表，由于经营目标的多元化，不仅不利于机构进行科学合理的财务核算，而且还对储备机构提高经营效率、形成合理的经营者监督与激励机制都会产生负面影响。作为政府职能部门的代表，受到行政隶属关系的限制，土地收购储备行为受政府领导政策的影响很大,市场作用难以有效发挥。① 城市土地储备中,非营利组织或者是私营机构的作用远远没有被发挥出来。

土地征用制度方面:《宪法》和《土地管理法》规定,"国家为了公共利益的需要,可以依照法律规定对土地实行征收或者征用并给予补偿。"政府是城乡之间土地流转的唯一的中介和一级市场垄断者,征收是唯一合法形式。我国《物权法》和《土地管理法》规定的征收集体土地的补偿主要以原土地用途收益为计算标准,以保持被征者原有生活水平不降低为补偿上限。整个过程中农地所有者不能参与转让并与受让者进行谈判,无权决定自己的意愿和选择,被征地农民不能分享城市化带来的收益;没有市场机制,地方政府是土地价格的决定者。

(四) 政府行为对城市土地资源的影响

社会转型时期,我国实施了一系列分权化改革措施,但是,这种分权并没有被制度化,中央政府过分集权但并不拥有足够的支配权力,地方政府在事实上分得了部分权力但却缺乏有效的权力监督。从制度理论上讲,地方政府的权力仍属于中央所有,地方政府当下行使的权力没有制度保障,中央政府随时可以收回权力。这种非制度化的分权使得地方行为没有得到有效的保障与监督,在一定程度上也削弱了中央对地方的权力监控,削弱了中央政府的宏观调控能力。更为严重的是,在地方分权的同时没有发展地方民主和推动地方自治,没有形成地方权力对地方居民负责的责任机制,既削弱了中央监督又失去了民众监督,使得地方官员权力膨胀。

由于放权让利和财政体制改革,地方政府拥有了可支配资源和微观决策权,为实现地方的经济利益,利用其在土地资源方面的信息优势以及土地产权制度关系模糊不清的制度条件,通过"打擦边球"的方式执行中央政策。把城市土地产权市场化过程中所拥有的巨大的利益所得隐性化,表现为地方政府与中央政府在土地审批权和土地收益分成比例上所进行的"讨价还价"。

财政体制改革后,上级部门不再对下级政府下达全面的经济计划指标,而是选择关键性指标,如 GDP 等对地方政府进行业绩考核。导致地方政府在城市土地资源利用中,既追求地方政治利益的最大化,也追求所在地区经济利益的最大化。当其城市土地资源经营目标与管理目标相悖时,地方政府常常凭借公共权力追求部门和局部利益,使得土地利用总体规划与城市总体规划形同虚设。地方政府开始表现出原本属于企业的行为特征:追逐利益,展开类似于企业间的激烈

---

① 康雄华:《城市土地资产经营新思路探讨》,载《中国人口资源与环境》2003 年第 4 期,第 60 ~ 63 页。

竞争。

综上所述，在经济快速发展，城市化进程不断推进的今天，要实现城市土地资源的合理利用，使得在经济发展的同时，实现城市土地资源的可持续利用以及基于土地资源基础之上的资源、生态环境的良性发展，就必须调整地方政府的行为，使其合理化。这是实现国家可持续发展的重要途径之一。①

第二节 转型期城市土地资源"公共治理"适用性分析

在中国社会转型时期，市场经济体制的建立与完善、政府管理内在矛盾的运动与发展、经济全球化与加入WTO促进了公共管理范式的转变。"城市土地资源公共治理"正是市场化条件下政府和市民社会加强土地资产管理的新理念。

一、市场化经济奠定城市土地资源治理社会基础

自1978年经济体制改革后，国家把本应属于社会的权力重新归还给社会，调整国家与社会的关系。中央政府给予各级城市政府越来越多的事权和财权，城市作为一个利益主体和竞争主体的地位不断得到强化。② 城市政府为了提高城市竞争优势和综合竞争力，管理职能从经营企业逐步转变到经营城市，城市经营的理念也应运而生。

城市土地资源是城市经营中的核心要素与关键所在，经济体制改革以来，政府通过土地所有权和使用权进行市场化分离，将市场机制引入城市土地资源管理中，建立和培育土地市场，改变了以往土地供给单纯采用行政划拨的方式，城市土地管理从资源管理向资产经营转变，使城市土地资源利用效率和结构与计划经济时期相比有了很大的提高与合理化。

城市土地资源市场的建立与完善，能够充分体现政府供给土地的公开、公平、公正的特性，经营性城市用地资源的配置放到市场上，通过招标、拍卖、挂牌方式进行，土地的使用者由市场和价格抉择。因此，市场经济体制的确立和完善为城市土地资源公共治理奠定社会基础。

---

① 陈哲、欧名豪、李彦：《政府行为对城市土地利用的影响》，载《城市问题》2010年第12期，第73~76页。

② 成德宁、侯伟：《参与式发展与中国城市治理模式创新》，载《南都学坛》2008年第3期，第120~123页。

首先，城市政府公共管理职能逐步转变。随着市场经济体制的建立与完善，各级城市政府职能逐步转变，并逐渐成为我国城市土地资源配置与供给改革的中心环节。城市经营性用地资源由原来的政府行政与计划管理模式向市场机制与政府服务监督管理模式转变，促进了相关企业和非政府组织平等权利的实现，使其在城市土地资源管理中发挥所应具有的决策和参与作用，从而为城市土地资源多元化治理体系的建立奠定社会基础。

其次，培养和增强了城市市民社会意识。市场经济的运行使社会从对国家的依附中逐渐解脱出来时，社会利益主体和要求趋于多元化。这样，公共行政就会对不同利益层面的利益个体产生不同的影响，而这正是导致市民参与公共事务和资源管理的直接原因。市民强化和提高其自身的主体意识，通过参加各种城市土地管理活动，如城市规划、土地征用与土地税收等，从而形成自己的判断，表达自身的利益要求。[①] 因此，逐步建立起市民社会自我管理、自我服务的意识和现代纳税人意识，有利于实现城市土地资源的公共治理。

最后，形成了内容丰富社会中介组织体系。随着市场经济的确立和政府职能的转变，企业逐渐成为成熟市场经济中运作主体，市场的规范化、有序化成为时代的呼声。社会中介组织顺应时代需要脱颖而出，成为政府、社会、经济主体桥梁与纽带。与城市土地有关的社会中介组织，例如，城市土地市场中介机构、土地估价机构、城市土地顾问咨询公司、土地登记代理机构等大量涌现，为实现城市土地资源公共治理提供了重要社会支撑系统。

二、民主化进程奠定城市土地资源治理政治基础

近年来，在世界范围内市民关于公民权利、公共空间、基层民主意识的日趋加强唤醒了其城市主人角色。在我国，伴随经济改革的是政治改革。政治改革其实也是适应经济市场化改革需要，对原有的城市政府集权政治结构进行调整，大大推动了城市民主化进程。人民的民主权利逐步落实，公民的合法权益以法制的方式保护，市民文化素质不断提升，政治沟通渠道日益畅通，为城市土地资源治理奠定了政治基础。

首先，在民主化进程加快的背景下，城市逐渐成为行使公民权利的主要空间，城市政府行政观念与模式由"政府中心"、"政府本位"、"全能政府"向"市民中心"、"社会本位"、"有限政府"转变，表现为政府权力的稀释与下放，

---

① 王玉琼、卢海林、曹红：《从资源管理到资产经营——论我国城市土地管理模式的转变》，载《中国土地科学》2003 年第 1 期，第 52～56 页。

非政府组织、民间精英对城市土地资源利用决策和行政过程的直接参与。① 这种以政府为主体的多元化城市土地资源治理，有利于实现国土行政部门职能行使的最优化，也能够促进我国公共治理模式的变革。

其次，随着民主化进程的推进，建设"服务型政府"成为我国当前政府改革的基本价值取向和目标模式。作为公共管理理论的替代模式之一，治理理论在公共管理理论的基础上，揭示了现代公共服务型政府建立的社会化倾向。城市土地是公共资源与资产，城市土地资源公共治理是政治国家与市民社会、公共部门与私营机构对城市土地资源的合作管理，是建立在服务型政府而不是管制型政府基础之上的。服务型政府在城市土地资源利用中的公共服务方式需要从政府直接供给的单一方式向多种类、多中心的社会组织共同供给的多种方式转变。

最后，逐步实现公民参与公共事务和公共资源管理规范化。随着现代化进程的加快，利益格局的变化日益多样化和复杂化，各种社会公共事务和资源的管理决策建立在民主化的基础上，并接受社会公众的民主监督。现阶段一些大、中型城市土地资源管理中逐步建立了公众参与制度，在城市规划编制与实施、城市经营性用地资源状况、权籍属性管理等方面，创建了电子网络信息流动的渠道与信息反馈机制，集中民智以保证政府决策的科学性和民主性。

三、全球化背景提供城市土地资源治理动力源泉

在社会所有生产要素中，土地资源是唯一不可移动而又不可缺少的资源要素。生产资本（资金、技术、人才等）存在着较强的趋利性，目的是获得商业利润，这就决定了资本总是向生产成本低廉的国家和地区转移。2001年我国加入WTO，这意味着我国开始全面加入了经济全球化行列，在符合WTO的法律原则框架下，在更宽阔的领域和更高的开放程度融入世界经济的主流，参与国际竞争。② 在我国社会转型时期，作为世界最大的发展中国家以其低廉的劳动力和土地成本吸引大量资本，同时也大大增加了对城市经营性用地资源的需求。

WTO的最大功能是贸易功能，而贸易功能的充分发挥必然依赖于市场经济的三大规律和可靠的利益获得保证机制，对于不可移动的土地资源也同样如此；同时，不同国家、地区的投资者将会使我国土地资源利用的主体呈现出多元化和国际化的趋势。这就要求必须按市场经济的要求加以规范，让各经营性城市土地

---

① 龙菲：《西方的城市治理及其对我国的启示》，载《城市问题》2004年第2期，第71～74页。
② 李晓青、胡东风、谢炳庚等：《WTO的挑战与湖南土地管理对策初探》，载《经济地理》2002年第6期，第706～710页。

资源利用主体充分认识到市场规律的作用并依赖市场化的手段去获得自身的经济利益。[1] 从而加速我国城市土地资源的市场化进程，促进市民社会快速成长与发展，为城市土地资源公共治理提供良好的社会环境。

政府既是城市国有土地的业主，也是土地市场的管理者。经营好城市土地，关键要看城市政府是否为用地者营造了一个良好的土地市场环境。WTO的三大基本原则（透明度、平等和市场准入）主要就是针对政府的。在我国社会转型期尤其是加入WTO后，政府（包括城市政府）逐步完善法律、法规、规章的体系框架与其适用范围。就城市土地管理而言，逐步转变工作职能、工作作风和工作方式，减少、规范、公开行政审批环节，提高依法行政水平。

加入WTO以后，我国国土行政管理部门、土地相关的公共部门与私营机构、土地权益者（土地使用者、所有者、权利者）能够根据WTO规则和市场分工，通过沟通交流、合作与伙伴关系，确立认同和共同的目标等方式，在注重比较利益的原则下，根据城市区域内的经济条件和自然条件，通过不断整合土地利用的竞争基础，从开放的国际市场中选择土地开发的机遇，将土地利用结构调整积极融入国际经济竞争进程中去。[2] 通过与世界城市土地资源与资产管理方式的接轨，并参与全球土地资源的优化配置，增强了国家制度供给和政策创新能力，争取到更多的投资，吸引更多的人才，获得更多的发展机遇。因此，可以说，加入WTO为中国实现城市土地资源公共治理提供了外部条件，同时也是实现城市土地资源公共治理的动力源泉和压力所在。

第三节 社会转型期城市土地资源治理模式的构建

一、城市土地资源多元化治理模式选择

根据公共治理理论，城市土地资源治理多元化中的"多元化"指的是治理主体和治理手段的多元化，即城市土地资源治理不仅仅依靠国家（政府）力量、行政手段、市场机制，而且还依赖于社会非政府组织力量、协调谈判机制、城市

---

[1] 任大廷、李建强、何训坤：《加入WTO对我国土地利用的影响与对策》，载《农场经济管理》2001年第5期，第14~15页。

[2] 鲁成树：《经济快速发展时期的土地利用规划研究》，浙江大学2004年博士学位论文，第2~3页。

公众参与等手段。"模式"在《现代汉语词典》中的解释是：某种事物的标准形式或使人可以照着做的标准样式。从哲学层面理解，模式就是做事的方式。从行政管理学的层面来理解，模式则是处理公共事务的方式。

我国正处于社会转型时期，仍要国家权威力量来保持社会的稳定和有序，民主建设及现代化进程无一不需要政府发挥核心的领导指挥作用。政府治理的主要目标是建设公共服务型政府，换言之，建设公共服务型政府的目的要求加强和改善政府治理。因此，这里的政府治理不能简单地理解为是扩大政府的管理职能，正好相反，政府治理是为了增加政府的服务功能。城市土地资源治理应该充分发挥国家作为公共权力代表的核心作用，在有效地培育公共社会和市场的同时，[1]建立的治理模式应该是一元化框架（政治结构）内的治理多元化模式。采取更具有包容性的方式扩大政治统治的阶级基础和社会基础，将多元化的利益发展纳入一元化的框架之中。[2]

城市土地资源治理多元化模式其实质就是政治结构一元化框架内政府管理、市场机制和市民社会等多元主体和手段共同作用，是政府与市民、社会公共部门与私营机构的互动过程。在这个过程中，政府管理、市场机制、市民社会相互沟通、各司其职，通过协调分工与合作共同制定、执行公共政策，调节城市土地资源的配置与利用，尤其是保证被征地农民直接参与转让并与受让者进行谈判，决定自己的意愿和选择；或者说，政府的公共权力居于主导地位，与市民社会（非政府组织）、农民集体组织、私营部门共同制定政策并为社会和业主（土地使用者、所有者、权利者）的经济活动提供高效服务，实现政府、大众权益和意志最大化。达到城市土地资源的优化组合与城市土地资源资产的保值、增值，实现开发、利用的经济、社会、生态环境效益的统一，达到城市土地资源利用综合效益最佳。

二、市场对城市土地资源市场机制治理与实现途径

（一）城市土地资源市场机制治理内涵

市场经济条件下的社会生产是物质运动与价值运动的统一，物质交换通过价

---

[1] 崔雪莲：《治理概念及其理论适用性分析》，载《郑州航空工业管理学院学报》2007年第4期，第123~124页。
[2] 宋朝丽：《治理理论在中国的实用性分析》，河南大学2006年硕士学位论文，第25~26页。

值交换实现。在社会价值运动中，土地资源扮演十分重要的角色。[①] 城市土地资源是国有资产最重要部分，要发挥城市土地资源的资产效应必须引入并逐步推进市场机制建设，重组、盘活土地资产，实现城市土地资源保值与增值。城市土地资源市场机制的治理主要是寄希望于由市场的价格波动、供求变化与竞争机制等法则来管理城市土地资源，形成以市场为契机的土地要素分配和交易机制范畴内的有偿性数量及其比例，达到城市土地资源配置效率的最大化。以国际视角来看，土地流转包括农村土地转化为城市用地是一个较为纯粹的市场过程，土地经营与收益分配的核心体现了当今西方"公共治理"理念，表现为承载人类文明的载体（土地）放松规制的一个潮流。其本质是打破政府对土地经营与管理的垄断，以市场机制发挥土地配置和调控作用。土地所有者直接参与转让并与受让者进行谈判，决定自己的意愿和选择；土地价格是一种客观的市场信号，当政府征地时，依据这一参数对被征者进行补偿，从而保证了土地所有者分享城市化带来的收益。

（二）完善明晰城市土地资源产权制度

城市土地市场是城市土地交易关系的总和，在城市土地市场中，流转、配置的并非是土地本身，而是土地的产权，在构建、培育我国土地市场的过程中，培育、规范我国土地产权市场是其本质的环节。转型期我国城市土地市场产权结构模式，如图7-4所示。土地产权市场的层次体系中，以两大主体市场为源头，以土地所有权和使用权流转为核心，以市场机制为机理，以多元化的子市场为依

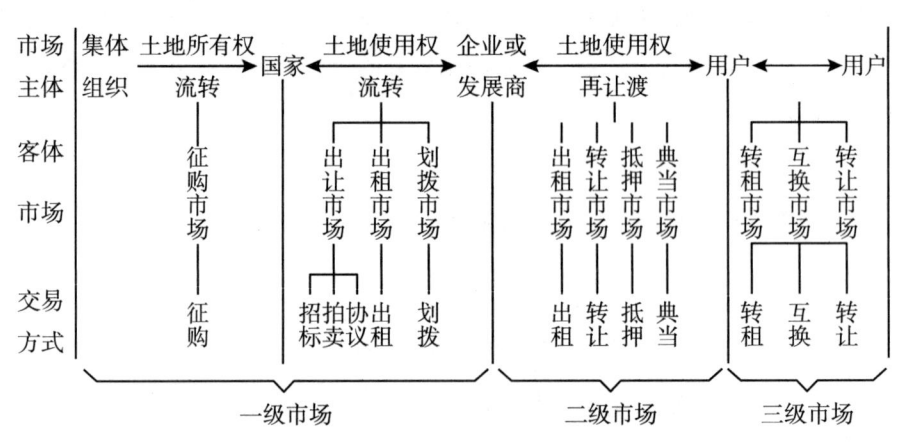

市场主体	集体组织	土地所有权→国家流转	土地使用权→企业或发展商流转	土地使用权→用户再让渡	→用户
客体市场		征购市场	出让市场／出租市场／划拨市场	出租市场／转让市场／抵押市场／典当市场	转租市场／互换市场／转让市场
交易方式		征购	招拍标卖协议／出租／划拨	出租／转让／抵押／典当	转租／互换／转让
		一级市场	二级市场	三级市场	

图7-4 转型期我国城市土地市场产权结构模式

[①] 郭先登：《关于合理配置城市土地资源的思考》，载《东岳论丛》2007年第3期，第90~95页。

托，形成相互联系，相互协调，相互作用的整体，体现了土地产权市场的结构性。该结构性体现了土地产权市场体系中诸要素之间、各专业性子市场之间的关系，包括一定的比例，一定的秩序。众多的市场要素及专业子市场的联系才能形成城市土地市场结构体系。①

产权是经济性质的权利，市场经济是平等交易的经济，而交易的内容又是产权，所以，产权平等是产权制度建设的重要内容。所以，要完善明晰城市土地资源产权制度，应从以下两方面着手：

第一，要在相关法律中对城市土地财产权加以明确而一致的界定。城市土地财产权是由占有权、开发经营权、收益权、转让权等具体的权利所构成，对此必须在法律上给予明确而详细的规定。国家可根据需要决定将一种或几种权利，在何种程度上，以何种方式和多长的年限让渡给土地使用者。而土地使用者则由此可明了所获得的究竟是哪种范围内的权利及限制条件和责任义务。

第二，确立产权主体与产权性质平等制度，统一建设用地土地市场。产权平等首先是产权主体的平等，土地产权主体要以平等的身份进入土地市场。产权主体服从市场规则的约束，而不是服从行政权力的支配，要保证政府、企业和个人进行土地产权交易时处于平等地位。同时，国有建设用地与农民集体建设用地的产权权利要平等，要赋予农民集体建设用地所有权和产权与国有建设用地同等的权利，将集体建设用地纳入正常的市场轨道，统一建设用地市场。②

（三）实现城市土地资源使用制度并轨

由于行政划拨与土地批租分别以两种不同的机制把城市土地使用权从国家转移到土地使用者手中，而这两种机制的矛盾与摩擦已经严重地制约着我国城市土地市场的进一步发展。因此，实现土地使用"双轨制"的并轨，是规范和发展城市土地市场的客观要求。为此，对于新投入的城市土地应该一律采取土地批租方式供地，有些国家机关、行政事业单位用地确实需要采取行政划拨方式的，法律应有明文规定，并不得干扰正常的土地市场，不得进入市场交易。

这里的难点在于如何对待传统体制遗留下来的行政划拨土地使用问题，目前理论界有两种不同的观点，即"先出让后转让"与"先转让后分成"，但实际操作的难度都很大。作为改革的过渡措施，可以区别不同情况采取以下方式：

（1）划拨土地使用权转让应当与受让人签订土地使用权出让合同，一次性

---

① 支大成、唐康：《城市土地产权市场结构及地价体系构成探求》，载《南京师大学报》（自然科学版）1999年第3期，第121~124页。

② 李明月：《我国城市土地资源配置的市场化研究》，华中农业大学2003年博士学位论文，第94~95页。

或以年租形式交付地价款,获得土地使用权。

(2)历史上以行政划拨方式取得土地的企业,仅取得租赁权。

(3)行政划拨取得土地的行政事业单位,都获得土地占用权。

(4)企业的租赁权在补交地价后,租赁权便转变为使用权,并可以在市场上进行转让。

(四)建立城市土地资源市场预警机制

城市土地市场不仅具有市场准入的高门槛,进入市场后由于其投入量大、信息不畅等特点,其退出机制仍需要承担风险并付出相应的成本,如投资过热,经济泡沫等问题,这就要求政府进行超前管理,引入城市土地市场的预警机制,在矛盾初露端倪时即解决矛盾,改变以往制度供给滞后的不足。预警系统的设置重点可从以下四个方面进行[①]:

一是建立地价动态监测网。关键在于动态监测点的数量和空间布局、监测内容和资料使用上,监测点可以与标定地价体系建设同步进行,在布点上要做到资源共享,监测点的范围可以适当放大,不同的点位监测的层次、深度和目标不同,并且互为补充,并为基准地价、标定地价的更新提供有力依据。

二是定期进行土地各级市场的供需关系分析。通过对各级土地市场需求总量与结构的调查,按市场级别、交易类型分类,区分消费性需求与资性需求,与当期市场供给情况进行对比,找出矛盾冲突点,并对市场发展态势进行科学预测。

三是对城市增量用地进行跟踪式管理。一方面定期统计分析城市增量用地的总量与农村用地总量的变化情况,另一方面重点掌握增量用地的土地利用方向、资金投入、开发程度与收益状况等。

四是加强地价指数的制定与应用。地价指数的制定可以根据抽取地价样点、统一地价内涵、测算平均地价、分类和分区地确定地价指数这样一个总体思路来进行,其主要原则是:区域性、同质可比性、真实性、实用性和动态性。

三、城市土地资源治理中政府角色定位与实现途径

(一)城市土地资源治理中的"治理型"政府角色

在中国社会转型时期,市场经济体制的建立与完善、政府管理内在矛盾的运

---

① 李涛:《城市土地市场运行与政策控管研究》,南京农业大学 2004 年博士学位论文,第 221~222 页。

动与发展、经济全球化与加入WTO促进了公共管理范式的转变。"城市土地资源公共治理"正是经济市场化、政治民主化和全球化背景下政府和市民社会加强土地资源与资产管理的新理念。因此，作为城市公共利益代表的政府，需要对其在城市土地资源治理中的角色进行重新定位，也即变"统治型"政府角色为"治理型"政府角色：

其一，就"治理型"政府与社会的关系而言，政府在城市土地资源治理过程中仍然扮演着重要的角色，如负责制定城市土地资源治理的政策法规，具有城市土地出让权、规划权和监督执法权。但是，政府不是唯一的权力中心，与城市土地资源有关的公共部门、私营机构、民间组织如果能得到公众的认可，也可以成为不同层面的权力中心，他们完全能够在不同程度上分担城市土地资源用途管制和交易中的公共事务管理、提供公共物品和公共服务的职责。

其二，就"治理型"政府与市场关系而言，强调无论是政府机制、市场机制，还是社会机制，它们都是社会得以发展不可或缺的力量。因为市场的原则是追求利益的最大化，能够充分实现城市国有土地资产价值。政府的原则是服务，即通过制定城市土地规划、监督检查措施和稳定秩序为土地市场服务，通过城市土地资源收入（出让金、税收等）的再分配服务于社会公众。同时，"治理型"政府非常重视社会机制——市民社会的作用。希望通过市民社会所具有的"反思的理性"来弥补城市土地资源市场机制"形式理性"和政府机制的"实质理性"的不足。[①]

其三，就"治理型"政府与市民关系而言，政府应与市民进行良好合作并动员市民积极参与城市土地资源治理过程与决策，实现城市土地资源管理的民主化。公共资源与公共事务的"治理"的本质在于实现市民的利益、权利和价值，市民不仅是公共物品和服务的"消费者"，更应是监督者。因此，政府必须对市民（土地使用者、所有者、权利者）的要求作出及时的、负责任的反应，在城市土地产权、使用、交易管理及方式方法上，主动向市民征求意见、解释政策法规、回答问题。

（二）确立城市土地资源"公共治理"的基本理念

我国现行的城市土地资源管理模式，讲究的是政府对城市土地资源的经营管理，政府运用市场经济手段，对构成城市空间和城市功能载体的土地资源与资产进行集聚、重组、经营、盘活存量、激活增量，实现城市土地资源在结构、布局

---

① 黄琴：《论政府在城市社区治理中的应然角色》，载《理论与改革》2007年第4期，第63～65页。

和容量上的最优化和最大化，从而实现城市土地资源与资产的保值、增值。从城市土地资源经营目的看与企业经营类似，即实现经济效益最大化。

城市土地资源作为一个地区的经济、政治、文化和科教中心的载体，政府对其管理与利用目标除经济效益外，还应更加注重社会效益和生态环境效益，这是政府的重要职责。根据经济学原理，只有自由竞争条件下才能够最优化配置资源，国家及各级政府的调控是对市场经济的补充。在城市土地资源经营理念下，政府既有土地资源管理行政权力，又以经营手段参与土地资源市场运作，城市政府在"土地资源经营"过程中究竟是"运动员"还是"裁判员"就很难说清楚。①

要真正实现城市土地资源公平、有效配置与可持续利用，政府应从城市土地资源"经营管理"理念向城市土地资源"公共治理"理念转变，将这种理念作为促进城市土地资源全面协调可持续发展的基本理念。政府应充分考虑城市经济发展、社会、生态环境等各种因素，打破其自身对城市土地资源管理的垄断，在科学的制度和规则安排下，允许并鼓励非政府的行为主体，如社会中介组织、行业协会、城市市民网络、营利公司等以多种方式和途径参与城市土地资源治理活动，与政府分享政治权威和公共权力，从而实现城市土地资源的良好治理和以人为本的可持续发展。

（三）职能上实现从"划桨人"到"掌舵人"转变

改革开放之前，政府城市土地资源管理主要采用行政手段和无偿划拨的使用办法，政府承担了本该由市场和社会中介组织承担的全部社会职能，其后果是统治型政府、全能政府的出现，致使城市用地处于混乱、浪费、低效的状态之中，严重影响了城市社会的发展；改革开放以后，政府将城市土地所有权和使用权进行市场化分离，在国有的基础上土地使用权以有偿方式进行出让，其实现方式是通过各级政府层层代理（科层制）来实现，在此过程中会发生中央与地方政府之间以及地方政府之间的利益冲突及较高的代理成本，城市土地资源的运用不能充分体现市场规范。

转型时期随着市场经济的发展和民主化进程的推进，城市土地资源治理中必须改变"划桨"政府为"掌舵"作用的政府。掌舵型政府就是引导、监督、服务作用的政府，不是"消极政府"，也不是全能政府、划桨政府。政府在城市土地资源政策制定中充当主角，将本应由市民社会承担的公共职能交给能够做好的社会中介组织去完成，而不是用行政权力过多干预城市土地资源社会治理和直接

---

① 葛海鹰：《经营城市与城市治理》，载《中国行政管理》2005年第1期，第54~56页。

参与其交易市场。也就是说，城市土地资源治理是以政府为主体的多元化、多中心的网络治理，政府职能只是对个别职能加以私有化，而不是把城市土地资源治理的全过程都私有化。

城市土地资源治理过程中政府职能从"划桨人"向"掌舵人"的转变，采取更具有包容性的方式扩大政治统治的阶级基础和社会基础，将多元化的利益发展纳入一元化的框架之中。① 土地资源产权管理职能方面，政府应进一步改革和创新城市土地资源产权制度，界定科层制政府治理主体对城市土地资源利益的分配比例、责任和义务；土地资源使用管理职能方面，政府应制定科学的城市土地规划和完备的政策法规，引导生产和消费合理的土地资源使用强度，监督和惩罚乱用土地资源的行为；交易管理职能方面：完善市场对城市土地资源市场机制治理，减少土地价格的行政性干预，发展土地和房产开发企业，培育城市土地资源市场社会中介组织。从而建设政府与市民社会城市土地资源治理共同决策的机制，增强社会公平感和利他主义精神。

（四）界定科层政府对城市土地资源利益分配关系

科层制是建立在组织内部的等级制权威关系之上的，政府制度是科层制的最重要体现。政府是城市土地资源治理的重要主体，在治理过程中发挥积极的主导作用。为使科层制政府对城市土地资源由"单一管理"向"多元治理"转变，应进一步改革和创新城市土地资源产权制度，科学界定科层制政府代理主体对城市土地资源利益的分配比例、责任和义务。因此，建议城市土地资源所有权、管理权、使用经营权分离，按照各自权利和责任取得相应的收入，具体如下②：

第一，城市土地资源所有权主体与收益分配。我国法律规定，城市土地资源属于国家所有，以有偿方式取得国家所有土地使用权的经营者，必须向国家缴纳绝对地租。而国家对城市土地的所有权，是以中央政府为代表的，因此，城市土地资源的绝对地租收入应直接归中央人民政府所有。绝对地租体现了国家（中央政府）对城市土地资源所有权的绝对垄断。

第二，城市土地资源管理权主体与收益分配。我国各地方城市土地资源由其地方政府执行管理职能，地方政府根据社会经济发展和人民生活需要，进行规划和市政基础设施投资建设，使城市不同地段出现土地用途和效益等级的差别。因此，以有偿方式取得这些能够给自己带来超额利润的土地，其经营者应将这部分

---

① 宋朝丽：《治理理论在中国的实用性分析》，河南大学2006年硕士学位论文，第25~26页。
② 原玉廷：《城市土地资源管理："三权分离"与收益分配》，载《经济问题》2005年第1期，第102~103页。

超额利润转化为级差地租和垄断地租上缴给地方政府。

第三，城市土地资源使用经营权主体与收益分配。企业、事业单位以有偿的方式经国家批准拥有城市土地资源的使用经营权。取得土地使用经营权的经济主体，可以依法进行土地使用权的出租、转让和抵押等经营活动，获取平均利润。在经营年限内根据自己所需在土地上进行投资建设和改良，土地资本的折旧费用以及利息都归土地使用者所有。

（五）完善城市土地市场机制治理中政府职能作用

在市场经济条件下，市场机制对土地资源配置起基础性作用。但市场机制存在的内在缺陷——市场失灵，例如，市场机制不能提供公共设施建设用地资源和解决私营机构或企业用地外部性问题，不能解决土地利益分配中的不公平问题等。因此，政府必须介入城市土地资源市场：

第一，政府在充分认识和遵循市场机制的同时运用法规、政策和信息引导对城市土地资源市场进行治理，定期更新和公布城市基准地价，严格执行城市土地定级和估价制度，科学地开展基准地价更新与土地定级的修订工作。

第二，政府介入城市土地资源市场应采取间接方式和宏观调控的措施，如金融调控、税收调节、土地收购储备等，合理分配土地收益；协调市场主体（包括国家）利益关系，突出市场的功利性，创造市场竞争机制，突出市场公平性。

第三，政府机构与城市土地资源市场中介组织（如土地市场中介机构、房地产中介、城市土地顾问咨询公司等）必须彻底脱钩，健全和完善城市土地资源市场中介组织的执业制度，以推动城市土地资源市场中介机构真正成为产权明晰、权责明确、政企分开、管理科学的现代企业。

第四，完善城市土地资源市场监察管理体制，加强城市土地资源监察执法队伍建设和市民公众的监督作用，确保城市土地资源监察执行人员有法必依，执法必严，整顿清理城市土地资源市场中的违法违纪行为，规范市场主体行为，突出市场有序性。

四、市民社会对城市土地资源网络治理与实现途径

（一）城市土地资源市民社会网络治理的含义

城市土地资源网络治理指政府、非营利组织、私营部门和社会公众等多元主

体通过彼此合作、相互依赖、共同管理城市土地资源的互动过程，其目的是增进土地相关者的公共利益。城市土地资源是一种公共资源，没有哪一个行动者或组织能够单独地承担起治理城市土地资源的所有职能，市民社会对城市土地资源网络治理是建立在一种城市载体（土地）的相互依赖关系中，通过多元主体相互的沟通与信息交流，能够弥补治理中信息的不完全和不对称现象，从而保证城市土地资源的公平和有效利用。城市土地资源治理过程中政府通过政策环境、市场经济及行政法规手段起到引导和监督作用；市民社会与非营利组织辅助政府制定土地政策、为政府提供新方向和新方法、反馈社会群体愿望和需求；社会公众可以通过政府上网工程、听证会等渠道表达自己的意愿和需求，直接参与城市土地资源治理；企业在土地市场中以有偿方式获得城市土地资源使用经营权，经过开发与建设获得利润。

（二）创造市民社会多元主体的网络治理条件

中国社会转型时期，市民社会与非营利组织正处于起步阶段，相应的法律、法规有待健全和完善。如何立足于我国城市土地资源管理现状，创造市民社会多元主体的网络治理实现条件就成为当务之急。具体包括三个方面：

第一，加快政府职能转变，培育多元治理主体。政府在职能上要实现从"划桨人"到"掌舵人"的转变，不再是通过管制和命令来指挥公众的行动。政府应在宏观领域制定科学的城市土地资源规划和完备的政策法规；微观领域要发展房地产开发企业，培育城市土地资源的非营利组织，例如，城市土地资源市场中介机构、城市土地资源顾问咨询公司等，鼓励更多的社会组织参与到城市土地资源治理过程中来。

第二，提高社会自主性，使公众参与有实效。城市土地资源治理过程中，政府要扩大宣传和教育力度，培养公众的参与意识，提高公众的参与能力。建立和完善城市土地资源治理公众参与制度，创建信息流动的渠道与信息反馈机制，拓宽公众参与渠道；同时，完善公众参与的法律制度基础，为公众参与城市土地资源治理提供法律保障。

第三，建立健全政策法规，加大执法监督力度。良好的法制环境是城市土地资源治理多元化模式的重要保障。各主体参与城市土地资源治理的地位需要以法律的形式加以确定，需要对政府、企业、非营利组织和公众的作用、职能等作出法律条文上的规定，实现执法的公平、公正和有效，真正约束和监督城市土地资源治理主体的行为。

(三) 推进城市土地资源社会中介机构的建设

第一，完善立法，强化中介机构的地位与作用。土地市场的逐步发育使中介专业服务的市场需求急剧增加，中介专业服务业在我国经济活动中的地位和作用日益突出，我们要加强相关立法，确定中介机构的法律地位及作用，并依法对中介机构进行管理。要进一步完善相关法律法规，如《评估师条例》、《测量师条例》等，形成比较完善的中介专业服务法律体系，以保障中介机构在经济活动中充分发挥作用。要明确中介机构及中介专业服务人员在市场经济活动中具有特殊重要的法律地位，使全社会都认识中介机构的重要性。要明确其权利义务，其在执业中的独立性、公正性、权威性要用法律的形式给予保护，从而为中介机构的运作和发展创造宽松的环境。同时，要加强对中介专业服务机构和人员的管理和监督，其从业标准要有严格法定要求，其行为及其出具的文件要有严格的法律规范，其违法行为要承担无限法律责任。

第二，我国中介机构要借鉴国际惯例，以中介机构本身为主，成立相应行业的协会并健全会员代表大会和各专业委员会，要在法律上明确行业协会对相关中介行业具有行业管理职能；政府可以通过授权其进行相关专业技术资格的评价和认定以强化其对行业管理的权威性。行业协会要通过制定职业技术行为标准、职业准则和纪律，提高行业服务水平，规范执业行为。行业协会要吸收专业化、高素质的人才提高行业管理能力。行业协会还要充分代表本行业机构和人员的利益，为会员服务，并及时与政府等进行交流，构建沟通和协商制度。

第三，理顺体制，加强行业管理。目前国资评估、土地评估、房地产评估都涉入土地评估，比较混乱，应该明确只有取得了土地估价师资格的人员，只有取得了土地评估资质的机构才能对土地进行评估。[①] 借鉴国外地方化经验，城市土地资源管理的各个环节都应该引入公众参与，公众参与应通过法律或条例的形式予以确定，避免流于形式，以共同参与、共同负责、共同受益为原则，尽快建立有效的地方化土地资源治理模式。

第四节 转型期地方（城市）土地财政治理变革

中国分税制财政体制形成后，地方政府的财政收入比重下降和事权范围不断

[①] 李明月：《我国城市土地资源配置的市场化研究》，华中农业大学2003年博士学位论文，第94~95页。

扩大,在此压力下并没有表现出要改变既有财力分配格局的迫切愿望,究其原因是所谓"土地财政"在地方政府实现经济增长与扩张的政策过程中扮演了重要角色。21世纪以来,地方政府越发依赖"土地财政",引发了农民权益受损、耕地大量流失和土地违法与腐败等诸多弊端。在此背景下,结合我国"土地财政"基本国情,分析地方政府的"土地财政"演变历程、形成动因及与国家财政体制间的关系,并基于"公共治理"理念提出改革与完善地方政府"土地财政"的对策建议,为土地资源的公平有效配置及可持续利用提供理论依据,为构建中国特色的"土地财政"(经营)模式奠定理论基础。

一、地方政府"土地财政"演变历程

随着我国改革不断深化和市场经济的发展,土地出让金制度逐步确立,土地房产税体系逐渐形成,土地及其相关产业的租(土地出让金)、税(土地房产税收)、费(土地房产收费)收入逐渐成为地方政府财政收入的重要来源——"土地财政",其演变与进化过程如下[①]:

(一)土地出让金

新中国成立后,我国土地管理是单一计划模式,实行土地使用的无偿划拨制度,到1988年12月通过的《土地管理法》修改议案,增加了"国家依法实行国有土地有偿使用制度"的内容,标志着土地使用权转让制度正式确立。《国务院关于加强国有土地使用权有偿出让收入管理的通知》(国发〔1989〕38号)规定土地使用权有偿出让收入中央与地方财政"四六"分成;1994年分税制改革后,土地出让金作为预算外财政收入全部划归地方;1998年修订的《土地管理法》规定新增建设用地(存量除外)的土地有偿使用费中央与地方财政"三七"分成。《国务院办公厅关于规范国有土地使用权出让收支管理的通知》(国办发〔2006〕100号)规定:"土地出让收入全部缴入地方国库,支出一律通过地方基金预算从土地出让收入中予以安排,实行彻底的'收支两条线'。"

(二)土地房产税收

1950年1月,政务院颁布《全国税政实施要则》中确定征收"房产税、地

[①] 陈志勇、陈莉莉:《"土地财政":缘由与出路》,载《财政研究》2010年第1期,第29~34页。

产税"。1987年7月,国务院决定开征耕地占用税,1988年9月,国务院颁布《中华人民共和国城镇土地使用税暂行条例》,规定在全国范围内开征城镇土地使用税。1994年税制改革,新开征土地房产交易环节的土地增值税。当前土地房产税种包括城镇土地使用税、土地增值税、耕地占用税、房产税、契税,相关税有营业税、城市维护建设税、教育费附加、企业所得税、个人所得税、印花税等。按照1994年分税制分税办法,以上税种都属于地方税。2002年所得税分享改革中把企业和个人的所得税变为共享税,中央地方"五五"分成,2003年调整为"六四"分成。

(三) 土地房产收费

土地房产收费是我国政府收费体系的组成部分,1978年改革开放后,为解决财政困难,中央政府在一些领域实施以"给政策代替给钱"为特征的特殊财政制度供给,从而使目前土地房产收费各省、市收费情况不尽一致。这些收费种类繁杂,或是纳入部门预算,或是游离于预算之外由政府自行管理。其中部分收费(房屋拆迁管理费、征地管理费、土地登记费等)的透明性较差,无法建立全国性的数据库,研究多集中于区域性的案例分析。[1]

二、地方政府土地财政形成的动因

(一) 分税制改革与激励约束机制是经济动因

1994年,国家实施分税制改革,根本动因在于提高中央财政收入在国民收入和财政总收入中的比例。在地方政府财政收入下降的同时,所要承担的事权并没有相应减少,这就直接导致分税制改革后地方政府的"财权上移"、"事权留置",形成了地方财政收入和支出间的缺口,迫使地方政府要寻找相应的增收途径。[2] 分税制改革后土地出让金及房地产业、建筑业的营业税是地方政府可以独享的。从而"土地财政"成为地方政府解决财政资金不足的"理性"选择。

与西方民主国家分权的区别在于,我国目标是促使地方政府在经济增长方面

---

[1] 李尚蒲、罗必良:《我国土地财政规模估算》,载《中央财经大学学报》2010年第5期,第12~17页。

[2] 吴东作:《"土地财政"的政治经济学分析——基于马克思地租"国债(国税)"理论视角》,载《经济问题》2010年第8期,第9~12页。

进行竞争，西方民主国家则鼓励地方政府在公共服务方面进行竞争。这种差异产生于不同的政治制度：中国地方政府是向中央政府负责的，竞争的评价者与其行为的约束者是上级政府；采用民主制度的西方国家的地方政府是向辖区内选民负责的，评价者和行为约束者是选民。这种向上、向下竞争差异与评价约束主体的不同，促成中国在经济指标上的高速增长与在地方公共服务方面的糟糕表现。①

我国财政分权改革以来，中央政府仍然掌握着地方官员的人事任免权，在现行的政绩考核体系下，促使地方官员需要通过做大 GDP 和上缴财政收入来显示政绩，获得晋升的机会。为了彰显政绩，地方政府往往通过土地开发来"经营城市"和发展经济。同时，各地区还竞相以优惠的出让地价来吸引投资。② 也就是说致力于经济发展过程中，地方政府对"土地财政"的倚重，并不仅仅在于财税激励和利润而竞争，实际上也是为在官场上的晋升而竞争和服务。行政管理体制中存在的激励约束机制最终就成为地方政府追逐"土地财政"的内在动因。③

（二）现行的土地制度与征用制度是政治动因

中国实行城市土地国家所有制和农村土地集体所有制。根据《宪法》，"国家为了公共利益的需要，可以依照法律规定对土地实行征收或者征用并给予补偿"。这就在法律上规定了农村土地的集体所有权与城市土地的国家所有权处于不平等的被动从属地位；同时，由于"国家建设用地"和"公共利益"缺乏明确的法律界定，给地方政府借"公共利益"之名征用土地，补偿费用不以市场价格为标准，以此来获取巨额的土地征用和出让的差价以及相关土地收益。④

从国际标准来看，我国农地征收（流转）制度具有非常独特的性质和结构，与国际通行的征收（流转）制度对照，如图 7-5 和图 7-6 所示。⑤

---

① 梁若冰：《财政分权下的晋升激励、部门利益与土地违法》，载《经济学》2009 年第 1 期，第 283~306 页。
② 杜雪君、黄忠华、吴次芳：《中国土地财政与经济增长——基于省际面板数据的分析》，载《财贸经济》2009 年第 1 期，第 60~64 页。
③ 程瑶：《制度经济学视角下的土地财政》，载《经济体制改革》2009 年第 1 期，第 31~34 页。
④ 易毅：《现行体制下我国"土地财政"问题的解决》，载《经济师》2009 年第 5 期，第 24~25 页。
⑤ 陈国富、卿志琼：《财政幻觉下的中国土地财政——一个法经济学视角》，载《南开学报》2010 年第 1 期，第 69~78 页。

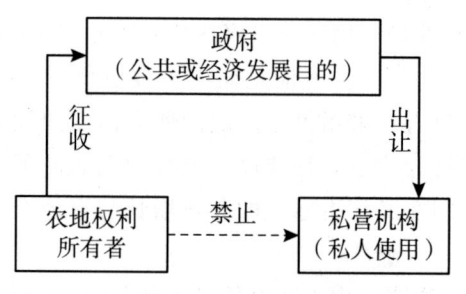

图 7-5　我国农地征收（流转）制度

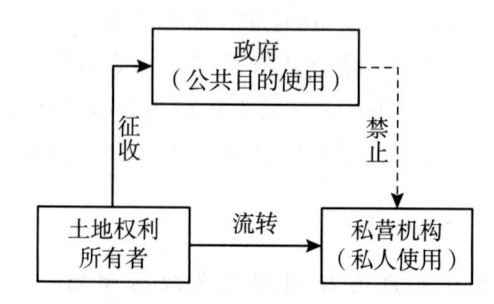

图 7-6　国际通行的土地征收（流转）制度

从图 7-5 可以看出，我国农地转化为城市非农用地必须经过城市当局政府征收，先将其国有化后再转让给城市土地使用者，无论土地被作为公共目的还是经济发展目的都是如此。我国《物权法》和《土地管理法》规定的征收集体土地的补偿主要以原土地用途收益为计算标准，以保持被征者原有生活水平不降低为补偿上限，从而决定了法定的征地补偿标准低于土地公平市场价值。地方政府供地则按照建设用地定价，产生的征地和售地之间的级差地租形成了"土地财政"。

在图 7-6 中，以国际视角来看，农村土地转化为城市用地是一个较为纯粹的市场过程，土地经营与收益的核心体现了当今西方"公共治理"理念，[1] 表现为承载人类文明的载体（土地）放松规制的一个潮流。其本质是打破政府对土地经营与管理的垄断，以市场机制发挥土地配置和调控作用。农地所有者直接参与转让并与受让者进行谈判，决定自己的意愿和选择；土地价格是一种客观的市场信号，当政府征地时，依据这一参数对被征者进行补偿。国家行政征收权只是为了阻止土地所有者攫取公共项目租金的行为，以避免因交易费用过高而导致公

---

[1] Pierre J. Models of urban governance: the institutional dimension of urban politics, Urban Affairs Review, 1999（3）, pp. 372-396.

共物品供给不足的局面。

(三) 城市扩张也是有关土地财政形成的动因

要启动城市化，就要扩张城市的外延和投资规模，而城市规模的扩张，意味着政府手中必须有支持基础设施建设的先期垫付资本。因此，"经营城市说"也就大行其道。而且，以"经营城市"之名，来行"经营土地"之实。国有土地出让，不仅解决了地方政府城市基础设施建设的财政资金紧缺的问题，也带动了地方政府房地产税、营业税等税费的增加与本地经济的繁荣。[①] 这就是城市化过程中城市外延和规模扩张给地方政府带来的财政效应，而这种财政效应正是源于出让土地带来的各种费用和税收等收入。[②]

城市扩张到一定规模时，又会反作用于城市社会经济发展并需要加大政府财政投入进行治理。土地财政与城市扩张的关系，如图7-7所示。L_1为以土地财政收入为主要元素的地方财政收入曲线；L_2为地方财政支出曲线。城市规模扩张带动地方财政收入增加，当城市扩张到P_1点时基本规模形成，城市扩张为地方政府带来"土地财政"收入达到顶点A。P_2为城市扩张范围边界，在B点处地方财政收入和地方财政支出两条曲线相交汇，这时"土地财政"已不能为地方政府带来更多收入。P_3点为城市极度扩张现象，到C点处，地方财政要应付城市过度扩张产生的负效应，此时，地方财政支出已高于地方财政收入。[③]

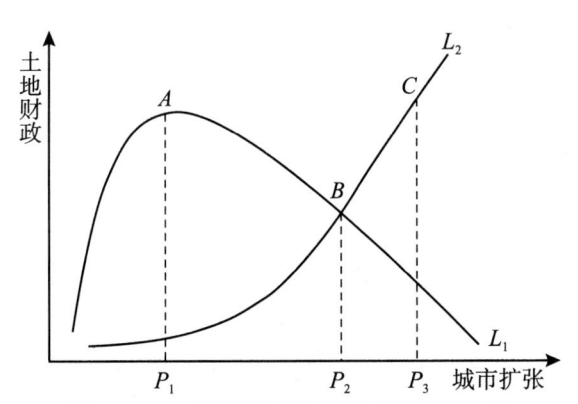

图7-7 土地财政与城市扩张的关系

[①] 辛波、于淑俐：《对土地财政与地方经济增长相关性的探讨》，载《当代财经》2010年第1期，第43~47页。

[②] 杜雪君、黄忠华、吴次芳：《中国土地财政与经济增长——基于省际面板数据的分析》，载《财贸经济》2009年第1期，第60~64页。

[③] 周晓唯、王辉：《土地财政与城市扩张的相关性分析——基于新制度经济学的视角》，载《经济与管理》2010年第7期，第46~50页。

三、地方"土地财政"收入与国家财政体制关系实证分析

(一) 财政收入数据与变量的选取

选用样本区间为 1990~2009 年中央与地方的财政收入数据,具体如表 7-1 所示。其中地方财政预算收入 (a) 和预算外收入 (b)、中央财政预算收入 (c) 和预算外收入 (d) 的数据来源于《中国统计年鉴 (2010)》财政篇。

1990~2009 年地方政府财政总收入占全国财政总收入比重:

$$BR = 100 \times (a+b)/(c+d)$$

表 7-1　1990~2009 年地方与中央预算内外财政比重 (BR)

单位:亿元、%

年份	地方财政收入 (a)	地方预算外收入 (b)	中央财政收入 (c)	中央预算外收入 (d)	BR	年份	地方财政收入 (a)	地方预算外收入 (b)	中央财政收入 (c)	中央预算外收入 (d)	BR
1990	1 944.7	1 635.4	992.4	1 073.3	63.41	2000	6 406.1	3 578.8	6 989.2	247.6	57.98
1991	2 211.2	1 862.2	938.3	1 381.1	63.72	2001	7 803.3	3 953	8 582.7	347	56.83
1992	2 503.9	2 147.2	979.5	1 707.7	63.38	2002	8 515	4 039	10 388.6	440	53.69
1993	3 391.4	1 186.6	957.5	245.9	79.19	2003	9 850	4 187.4	11 865.3	379.4	53.41
1994	2 311.6	1 579.2	2 906.5	283.3	54.95	2004	11 893.4	4 348.5	14 503.1	350.7	52.23
1995	2 985.6	2 088.9	3 256.6	317.6	58.67	2005	15 100.8	5 141.6	16 548.5	402.6	54.42
1996	3 746.9	2 945.7	3 661.1	947.7	59.22	2006	18 303.6	5 940.8	20 456.6	467.1	53.68
1997	4 424.2	2 680.9	4 226.9	145.1	61.91	2007	23 572.6	6 289.9	27 749.2	530.4	51.36
1998	4 984	2 918.1	4 892	164.2	60.98	2008	28 649.8	6 125.2	32 680.6	492.1	51.18
1999	5 594.9	3 154.7	5 849.2	230.5	59	2009	32 602.6	6 452.1	35 915.7	560.2	51.71

选用样本区间为 1990~2009 年的地方预算内外财政与土地出让金及税费收入数据,具体如表 7-2 所示。其中地方土地出让金收入 (e) 来源于历年《中

国国土资源年鉴》统计数据，土地税费收入（f）来源于已有研究成果①。

1990~2009 年地方土地性财政收入占地方财政总收入比重：

$$LR = 100 \times (e+f)/(a+b)$$

表7-2　　　1990~2009 年地方土地财政收入与地方预算
内外财政比重（LR）　　　　单位：亿元、%

年份	地方财政收入(a)	地方预算外收入(b)	土地出让金收入(e)	土地税费收入(f)	LR	年份	地方财政收入(a)	地方预算外收入(b)	土地出让金收入(e)	土地税费收入(f)	LR
1990	1 944.7	1 635.4	12.5	15.8	0.8	2000	6 406.1	3 578.8	595.6	449.3	10.5
1991	2 211.2	1 862.2	101.9	35.5	3.4	2001	7 803.3	3 953.0	1 295.9	500.5	15.3
1992	2 503.9	2 147.2	500.0	48.0	11.8	2002	8 515.0	4 039.0	2 416.8	676.1	24.6
1993	3 391.4	1 186.6	511.2	50.7	12.3	2003	9 850.0	4 187.4	5 421.3	900.8	45.0
1994	2 311.6	1 579.2	649.7	141.1	20.3	2004	11 893.4	4 348.5	6 412.2	1 171.8	46.7
1995	2 985.6	2 088.9	388.1	168.4	11.0	2005	15 100.8	5 141.7	5 883.8	1 590.3	36.9
1996	3 746.9	2 945.7	349.0	199.1	8.2	2006	18 303.6	5 940.8	8 077.6	924.0	37.1
1997	4 424.2	2 680.9	428.4	235.2	9.3	2007	23 572.6	6 289.9	12 216.7	1 232.4	45.0
1998	4 984.0	2 918.1	507.7	310.6	10.4	2008	28 649.8	6 125.2	10 259.8	1 354.6	33.4
1999	5 594.9	3 154.7	514.3	378.4	10.2	2009	32 602.6	6 452.1	14 239.7	1 489.6	40.3

（二）变量（BR）与（LR）协整检验

（1）单位根检验。对于宏观经济数据，一般都存在非平稳性，因此先对表 7-1 和表 7-2 的数据进行单位根检验。单位根检验是检验时间序列平稳性的一种通用的方法。单位根检验的方法有 DF 检验、ADF 检验和 PP 检验等，经常所用的单位根检验方法为 ADF 检验和 PP 检验法。运用 EViews 软件，分别对序列 LR、BR 和差分项 dLR、dBR 进行 ADF 检验，结果如表 7-3 所示。

---

① 陈志勇、陈莉莉：《财政体制与地方政府财政行为探讨——基于治理"土地财政"的视角》，载《中南财经政法大学学报》2009 年第 2 期，第 42~47 页。

表7-3　　LR、BR、dLR 和 dBR 进行 ADF 检验的结果

变量	检查类型 (C, T, K)	ADF 统计量	5% 临界值	结论
LR	(c, t, 2)	0.3633	-1.9642	不稳定
dLR	(c, 0, 1)	-3.0032	-1.9627	稳定
BR	(c, t, 2)	-3.0628	-3.0659	不稳定
dBR	(c, 0, 1)	-7.7373	-3.7347	稳定

注：检验类型（C, T, K）中的 C, T 和 K 分别表示单位根检验模型包括常数项、时间趋势和滞后阶数。

由表7-3数值可知，单位根检验中，序列 LR 和 BR 接受原假设，即序列是非平稳的，而 dLR 和 dBR 的 ADF 统计量则小于其对应的 5.0% 临界值，即拒绝原假设，序列是平稳的。AIC 和 SC 准则是值越小则效果越好。从表7-3中可知该检验效果较好，序列之间存在同阶单整，可以对其进行协整检验。

（2）协整检验。利用变量（LR）与（BR）作为样本数据的时间序列数据，根据前面的检验分析，对该序列进行协整检验，并建立误差修正模型（ECM）。利用 EG 两步法，首先运用 OLS 法对 LR 和 BR 进行回归分析，根据运行结果得到回归方程：

$$LR = 115.46 - 1.6166BR, \quad t = (4.887886)(-3.996349),$$
$$F = 0.000847 \quad DW = 1.028993$$

由表回归分析结果得出可决系数为 0.470133，说明所建模型整体上对样本数据拟合较好，各项结果显示该模型比较适合。其中 e_t 为残差序列，其估计值为：$e_t = LR - 115.46 + 1.6166BR$。对残差序列进行单位根检验，结果如表7-4所示。

表7-4　　　　　　　　　协整检验结果

变量	ADF 检验值	显著水平（%）	临界值	检验结果
et	-3.669088	1	-2.7158	平稳
		5	-1.9627	平稳
		10	-1.6262	平稳

表7-4中，ADF 检验统计量小于 5% 显著性水平下的临界值，且 AIC 值和 SC 值较小，所以残差序列是平稳序列，（1, 1.6166）为协整向量。变量（LR）与（BR）存在协整，表明两者之间有长期均衡关系。但从短期来看，可能会出

现失衡，为了增强模型的精度建立误差修正模型。

（3）误差修正模型。协整关系反映了变量之间的长期均衡关系，而误差修正模型的使用就是为了建立短期的动态模型以弥补长期静态模型的不足，它既能反映不同时间的长期均衡关系，又能反映短期偏离向长期均衡修正的机制。

$$y_t = c + \alpha y_{t-1} + \beta_0 x_t + \beta_1 x_{t-1} + e_t \quad (7-1)$$

假定序列变量之间具有平稳性，e_t 不存在自相关和异方差，经过简单变换可以得到误差修正模型：

$$c + \beta_0 \nabla x_t + (a-1)\left(y_{t-1} - \frac{\beta_0 + \beta_1}{1-a} x_{t-1}\right) - e_t \quad (7-2)$$

方程（7-2）式即为 EMC，其中，$(a-1)\left(y_{t-1} - \frac{\beta_0+\beta_1}{1-a}x_{t-1}\right)$ 为误差修正项，利用上述协整检验结果，建立误差修正模型，用 OLS 法进行估计得到方程：$dLR = 2.372784 - 0.162095 dBR - 0.295194 e_{t-1}$；$e_t = LR - 115.46 + 1.6166BR$。

（4）协整检验结果。从上面模型中可以看出，模型通过检验，（LR）分为两部分：一部分为短期波动，另一部分为长期均衡。根据上面模型，（BR）值变动1%将会引起（LR）值反方向变动 0.162%，反映出地方政府预算财政总收入减少时通过土地性财政收入弥补的实际情况；误差修正项，即 e_t 项的系数反映了对偏离长期均衡的调整力度，弹性为 0.295%，若这一误差项是正的，即在 $t-1$ 时刻 $lnLR$ 大于其长期均衡值 115.46 – 1.6166BR 时，LR 在时刻 t 作出相应负向修正；反之，正向修正。

由此可见，（LR）与（BR）之间存在协整关系，即它们之间存在着动态均衡机制，误差修正模型是一个比较合理的短期波动模型。虽然调整后 R^2 较低，但模型整体显著性满足，仍然能够表明其经济含义。即地方政府土地性财政收入占地方预算内外总收入的比重（LR）的短期变化将引起地方预算内收入占全国总预算收入的比重（BR）反方向的变化。

（三）"土地财政"与地方预算总收入 Granger 因果关系检验

Granger 因果关系检验在考察序列 X 是否是序列 Y 产生的原因时采用这样的方法：先估计当前的 Y 值被其自身滞后期取值所能解释的程度，然后验证通过引入序列 X 的滞后值是否可以提高 Y 的被解释程度。如果是，则称序列 X 是 Y 的格兰杰成因（granger cause）。此时 X 的滞后期系数具有统计显著性。一般地，还应该考虑问题的另一方面，即序列 Y 是否是 X 的 Granger 成因。

运用 EViews 软件，对序列 Y 和 X 进行 Granger 因果检验。根据 AIC 和 SC 最小准则，选取最大滞后期为 $k=4$，在显著水平 $\alpha = 0.05$ 水平下，检验结果如表

7-5所示。

表 7-5　　　　　　　　　格兰杰因果检验的结果

原假设	样本数	F - 检验	相伴概率
X 不是 Y 的格兰杰因	16	2.30905	0.15739
Y 不是 X 的格兰杰因		3.65892	0.06487

由表 7-5 的检验结果可以看出，原假设 Y 不是 X 原因被拒绝，说明地方预算总收入是"土地财政"收入的 Granger 原因；原假设 X 不是的 Y 原因被拒绝，说明土地财政收入也是地方预算总收入的 Granger 原因。这说明地方预算总收入与土地财政收入之间存在双向 Granger 因果关系。表明土地财政收入增长有力地促进和支持了地方预算总收入增长；而地方预算总收入增长也带动了土地财政收入的增长。从因果关系分析来看，在 93.5% 的概率水平下，地方预算总收入是土地财政收入成因，而在 84.3% 的概率水平下，土地财政收入增加是地方预算总收入增加的成因。

从定性角度说明，地方预算总收入能够解释土地财政收入，土地财政收入能促进地方预算总收入增长，同时也表明了地方预算财政总收入对于土地财政的较强依赖性。这也更加印证了变量（BR）与（LR）协整检验的结果，即地方政府预算财政总收入减少时会想方设法通过增加土地财政收入弥补的实际情况。从而使政府土地性财政收入占地方预算内外总收入的比重（LR）和地方预算内收入占全国总预算收入的比重（BR）基本处于均衡的关系。

四、地方（城市）"土地财政"存在的弊端

"土地财政"的产生，弥补了地方政府财政支出的不足，导致地方政府自身利益达到了最大化，间接维持了我国现行的分税制财政体制；同时，土地成为地方政府撬动银行资金、城市基础设施及房地产投资与融资的重要工具，客观上加速了我国工业化和城市化进程。但是随着地方政府"土地财政"与"城市土地经营"实践的深入展开，其弊端也日益凸显，主要包括以下四个方面。

（一）大量农民"失地"又"失业"

如前所述，"土地财政"的形成存在着较强的经济动因与政治动因，从而导致地方政府热衷于大量征用农村土地，其后果是大量失地农民的存在。据《人民日报》（2005 年 1 月 22 日第五版）报道："目前，全国失地农民总数估计在

4 000 多万人，每年还要新增 200 多万人。"这其中将有一半农民处于既"失地"又"失业"的状态，沦为种田无地、就业无岗、低保无份的"三无"农民。①由于农民所受教育程度不同，相对于城镇居民掌握生存技能较少，失去土地之后的生活变得窘迫，从而危及社会和谐与安定发展。

（二）公共部门利益对私人产业产生依赖，滋生腐败

在地方政府依靠卖地获得高额财政收入以及地产市场成为推动地方经济发展主要动力的同时，还要避免因国家对地产市场进行宏观调控而带来的地产行业的冷缩效应和整个地产上下游行业的萧条，地方政府不得不同中央调控地产市场、给地产市场降温的相关政策举措相背离，公然带头"托市"，同一些既得利益集团相呼应。② 例如，土地交易没有市场化之前，土地的交易往往是在台下进行，价格完全是非市场的因素。因此，"土地财政"的背后往往隐匿着土地违法与腐败。

（三）地方政府"届际"之间的不公平

每届地方政府为了自身利益最大化，大量征用农民土地之后再进行出让。现任政府出让土地而获得出让金收入都是一次性收取，年限最长的有 70 年，实际上是本届政府一次性预收了未来若干年内各届政府土地收益总和，其实质上是对未来各届政府最大的利益剥夺，对未来各届地方政府也形成事实上的"届际"之间的不公平，③ 不具有可持续性。

（四）土地储备融资隐含财政金融风险

各地土地储备是地方政府的融资平台，土地储备贷款的还款能力既取决于政府对经营性用地的运营收入，又取决于当地政府的财政收入状况。当遇到经济形势或国家有关政策有重大的调整，土地市场不活跃、土地价格下调时，④ 地方政府府财力的不稳定及对金融的过度依赖加大了地方政府的财政风险，其最终将逐级

---

① 徐德富、涂云龙：《我国地方政府的"土地财政"行为分析》，载《现代商业》2007 年第 1 期，第 70~71 页。

② 王晓阳：《重新审视土地出让金改革——一个国有产权和公共财政的框架》，载《当代财经》2007 年第 2 期，第 34~38 页。

③ 赵国玲、胡贤辉、杨钢桥：《"土地财政"的效应分析》，载《生态经济》2008 年第 7 期，第 60~64 页。

④ 戴双兴：《土地财政与地方政府土地利用研究》，载《福建师范大学学报》（哲学社会科学版）2009 年第 4 期，第 21~27 页。

转嫁到国家财政和金融系统。

五、促进地方（城市）土地财政治理变革的对策

（一）建立完善与事权相匹配的地方政府财政体制

从资源的角度看，资源的开发、分配与利用及整合流程，就是政府开展公共治理的过程。把政府汲取和转化社会资源为公共资源的数量控制在与社会经济发展水平相适应范围内，既保证地方政府财力充足，又不出现无节制征收私人财富状况，这是政府与社会、与公民的关系问题。因此，要解决"土地财政"还需从政府治理过程和社会制度根源着手，要合理划分中央与地方的收入、支出范围，使各层级政府事权配置与财政资金相匹配。根据公共物品地域属性，按照公共福利均等化的目标加大一般转移支付力度。限制的放宽地方政府债券的发行，并适度下放地方政府税收和公共收费的立法权限以提高地方政府财政自给能力，减少地方政府出让土地获得财政收入的动力。同时，强化预算监督，建立健全分级国有资产管理体系，将土地资产及收益管理纳入公共财政预算。

（二）将被征农地与征地补偿制度的改革结合起来

现行征地制度下，农民对集体土地的所有权（处分权）为地方政府所把持，农民无权决定自己土地的命运。为有效遏制地方政府的"土地财政"行为，必须保障所有权人权利的回归，还权于农民，使农村集体土地所有权成为与国家土地所有权平等的财产权利。在界定"公共利益"方面，可以借鉴英国的《强制征购土地法》，规定征地部门必须证明该征地项目是"一个令人信服的符合公众利益的案例"，如需证明该项目带来的好处超过某些被剥夺土地人受到的损失。这一规定在帕累托最优的标准上，从全社会经济利益的角度对英国政府行使征地权形成制度上的限制。

（三）建立以增强公民福利为指向的官员政绩考核体系

逐步建立一个组织结构顺畅、评价机制完善、考核主体多元的绩效考评体系。新的政绩考核体系应该减少经济指标，以人为本地在关注 GDP 和财政收入指标的同时，将主要的、目前或将来可预见时间内技术上可控的社会发展、人民生活以及环境资源指标界定为有约束力的指标，关注如社会保障

率、生态和环境指标达标率、人口自然增长率等民生指标体系，施以科学的政绩考核等政治激励与约束，从而避免地方政府片面追求财政收入指标而忽视公民福利。

（四）严格土地利用规划，确保城市建设用地后备资源

地方政府为了较好地推进"土地财政"，修改规划经常成为做大城市规模的手段，修改规划随意性大，汇报的、上报的往往与实际不一样，但最终的目的是相同的，即用于创收的土地面积（城市规模）增加，也可能出现土地征而不用、出而不用的现象，造成土地资源的极大浪费。要减少政府筹资违规行为就必须严格土地利用规划、城市规划，把规划的修改上升到法律的程序，要经立法机构才能进行调整；要增大规划的透明性和公众参与性；对有违规行为的地方政府，不但要追究行政责任，而且要按照司法规定追究法律责任。[①]

（五）推进市场化配置，完善市场机制对土地财政治理

借鉴西方国家市场机制对土地收入公共治理作用，打破政府垄断土地一级市场的格局，改变地方政府作为建设用地的"地主"和土地经营者的角色，通过土地市场的建设与完善，充分挖掘土地资产的价值，实现国有土地和农村土地的同地、同权、同价；通过城乡土地市场的一体化安排，[②] 使农民的土地权利得到保障，分享城市化进程的果实。在市场经济条件下，市场机制对土地资源配置起基础性作用，但市场机制存在市场失灵的内在缺陷。因此，需要地方政府采取间接方式介入土地市场，主要包括健全和完善土地市场中介组织的执业制度，完善地方土地市场监察管理体制，运用法规、政策和信息引导、市民公众的监督来对土地市场进行公共治理。

（六）界定政府治理主体对地方土地财政收益分配关系

政府是土地资源公共治理的重要主体，在治理过程中发挥积极的主导作用。为使科层制政府对土地资源由"单一管理"向"多元治理"转变，应进一步改革和创新土地财政收入制度，科学界定科层制政府代理主体对土地利益的分配关系。一是城市规模扩张中，以有偿方式取得国家所有土地使用权的经营者，必须向国家缴纳绝对地租。而国家对城市的土地所有权，是以中央政府为代表的，因

[①] 邵绘春：《"土地财政"的风险与对策研究》，载《安徽农业科学》2007年第13期，第4006~4008页。

[②] 张青、胡凯：《中国土地财政的起因与改革》，载《财贸经济》2009年第9期，第77~81页。

此,地方城市土地的绝对地租收入应直接归中央人民政府财政所有。二是地方政府根据社会经济发展和人民生活需要,进行规划和市政基础设施投资建设,使城市不同地段出现土地用途和效益等级的差别。因此,以有偿方式取得这些能够给自己带来超额利润的土地,其经营者应将这部分超额利润转化为级差地租和垄断地租上缴给地方财政。[①]

第五节 基于治理理念的城市土地经营

一、"城市土地经营"实践存在的弊端

(一) 因获取城市建设资金而导致城市土地收益大量流失

近年来,中国各地的城市建设发展迅猛,土地收益是十分重要的资金来源。以 2007 年为例,全国预算内财政总收入约 5.1 万亿元,土地收益相当于预算内财政收入的 24%。一些地方的比例更高,例如,北京、杭州等城市的土地出让收入,高于财政收入的 50%。中央财政从土地收益中提取一小部分,大部分留给地方财政,对缓解地方困难起了重要作用。[②] 但是,城市政府这种通过土地的市场化运作筹措城市建设资金,也给城市空间的可持续性带来了诸多隐患。如有些地区为了借土地拍卖筹集当前的建设资金,或者不考虑城市土地总体经营和投放计划而一次性投入多块土地,不留储蓄,使本来能获得更高拍卖价值流失;或者对所拍卖的土地的使用性质、开发强度限制放宽,由此造成城市交通、环境等方面问题;[③] 土地用途"农转非"中,政府因能获得改换用途而产生的级差收益和批租形式的几十年地租,如此双重效益给城市经营者带来的好处,使城市土地资产价值大量流失,同时增加了耕地资源枯竭的风险。

[①] 原玉廷:《城市土地资源管理:"三权分离"与收益分配》,载《经济问题》2005 年第 1 期,第 21~23 页。

[②] 黄小虎:《中国土地改革的经验、问题与趋势》,http://www.lrn.cn/stratage/resposition/201003/t20100311_470744.htm。

[③] 刘震民、张洁:《基于治理理念的中国城市经营之路》,载《财政研究》2006 年第 3 期,第 31~33 页。

（二）城市政府越位导致土地市场竞争机制没有完全形成

我国现行的城市土地管理模式，讲究的是政府对城市土地的经营管理，运用市场经济手段，对构成城市空间和城市功能载体的土地与资产进行集聚、重组，盘活存量、激活增量，实现城市土地资产的保值、增值。从城市土地经营的目的看与企业经营的目的类似，即实现经济效益最大化。根据经济学原理，只有自由竞争条件下才能够最优化配置资源，国家及各级政府的调控是对市场经济的补充。城市土地经营理念下，政府既有土地管理行政权力，又以经营手段参与土地市场运作，城市政府在"土地经营"过程中究竟是"运动员"还是"裁判员"就很难说清楚。[①]

政府对国有土地使用权出让市场的控制，即控制和垄断国有土地使用权一级市场。在出让过程中，政府根据自己的利益需求参与经营，往往希望获得较高的土地溢价，即所谓的"城市经营"收益。同时，土地收购和开发过程中，往往介入了很多政府意图和政府行为。也就是说，城市土地经营过程中政府没有完全遵循市场规律，真正的市场竞争机制还没有完全形成。

（三）城市土地经营中公众参与和市民力量未被充分发挥

经营城市土地涉及政府、房地产开发商、城市居民等各方面利益，然而，我国政府是城市土地经营的主导者，既是城市土地的管理者，又是城市土地经营的参与者、市场的参与者。同时，源于地方财政收入和GDP增长速度的热衷，地方政府与土地上的强势阶层房地产商结盟，城市土地经营中公众参与和市民力量（城市居民、购房者、被征地农民）未被充分发挥且应有的利益被剥夺和侵占。这种自上而下、缺少足够"回应性"（responsiveness）的单向性经营行为无法做到实体上的公正，[②] 使政府和土地相关权益人的利益分配不公，阻碍了社会公众对土地经营的积极性。同时，我国城市土地归国家（政治抽象物）所有，其所有权由国务院（行政机构）通过各级政府层层代理（科层制）方式来实现，在此过程中会发生中央与地方政府之间以及地方政府之间的利益冲突及较高代理成本。

二、国外的城市土地经营

西方的"城市土地经营"理论和实践其实反映了当今世界承载人类城市文

[①] 葛海鹰：《经营城市与城市治理》，载《中国行政管理》2005年第1期，第54~56页。
[②] 王玉琼、卢海林、曹红：《从资源管理到资产经营——论我国城市土地管理模式的转变》，载《中国土地科学》2003年第1期，第52~56页。

明的载体（土地）放松规制的一个潮流，其实质是打破政府对城市土地经营与管理的垄断，以市场来配置城市土地，主张城市土地经营管理是上下互动的地域空间管理过程，而政府通过制定比较完善、成熟的法律和法规来保障市场机制顺利运行的城市土地经营模式。通过政府、各种公共部门和私营机构以及社会公众共同的参与进行土地开发、建设与经营管理，补充市场机制失灵和政府自上而下管制两方面的不足，达到城市土地资源的最佳配置。从西方政府的公共行政改革的角度来讲，西方城市土地经营的核心体现了当今西方"治理"理念。[1] 其主要表现包括以下三个方面：

（一）注重规划导向型的土地经营制度

土地经营的目的已不局限于原来资金导向型的土地经营制度，而更多地关注保护公共利益，协调利益冲突，保护土地生态环境，更加注重规划导向型的土地经营模式。例如，旧城改造中，旧城风貌区本身已经突破了单纯意义"物"的概念，已成为具有丰富人文内涵及象征意义的"社会理论"与"公众意识"，成为城市居民精神生活的中心所在，使原有风貌保护与更新协调发展，城市、区域的自然、历史文化等得到规划导向统一，而不仅仅只考虑经济发展、环境改善、生活便利等。[2]

（二）政企分开，私营部门和社会公众广泛参与城市土地经营

西方发达国家政府依法垄断土地供应，完善各项法制建设、市场规则和编制科学的城市规划，土地一旦出让后，对于符合市场法规和城市规划的土地开发、经营与建设具有广泛的市民参与性，非政府组织、民间精英及私营机构对城市土地利用决策和经营管理过程的直接参与，凭借其经营和管理赚取正常利润；同时，城市用地信息公开透明并辅以公示协商制度，土地无论公私，在交易中地位、利益平等。

（三）制定详尽完善的法律体系

从城市土地经营、公有土地的征用与使用到城市公共基础设施的规划建设和经营管理都制定了一系列详尽而完善的法律体系，确保城市土地的公平交易、有

---

[1] Pierre J. Models of urban governance: the institutional dimension of urban politics, Urban Affairs Review, 1999, 34 (3), pp. 372 – 396.

[2] 赵小华：《规划导向城市土地经营模式系统设计研究》，东南大学2006年硕士学位论文，第18～19页。

效配置和可持续利用。[①] 如美国的《土地政策与管理法》对土地利用、交易、征用以及公有土地资源管理都作了详细的规定。《区划法规》是地方政府管理和控制土地使用的基本手段，严格控制土地使用的多项指标，[②] 其最基本出发点是"保护全体市民的长期利益"，使开发不仅仅对房地产开发商有利。

三、中国城市土地经营利益分配分析

（一）城市土地经营利益分配相关者

城市土地经营利益相关者指参与城市土地经营并对其产生影响的群体，是城市土地经营管理的重要构成要素。土地无论作为资源、资产还是要素，都能给经营者（持有者）带来利益。土地上各阶层实际利益的获得显然要取决于各自拥有的权力。因此，城市土地经营利益分配格局，不仅包括政府和农民两方，而且还涉及开发商和市民。所以，土地问题有关的利益分配博弈者实际包括四方：政府——中央政府和地方政府；开发商——房产、地产开发商（产业资本所有者）；城市市民——大部分是劳动者；农民——农地所有者兼劳动者。以土地为中心，构建政府、开发商、市民和农民利益关系模型，如图 7-8 所示，它几乎涵盖了土地上所有利益群体，对解析城市土地经营利益分配具有普遍意义。

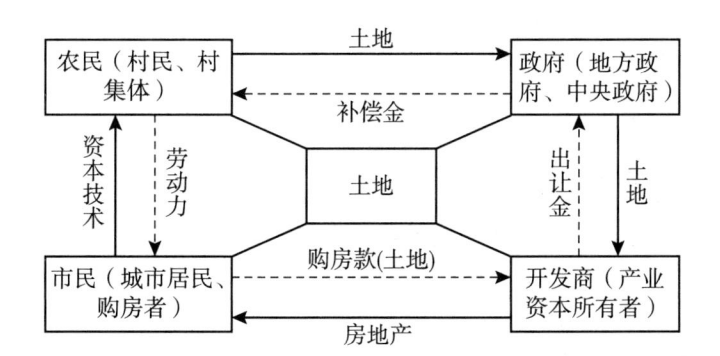

图 7-8 土地上政府、开发商、市民、农民利益关系模型

---

① Jensen M. N., *Common Sense and Common Pool Resources*, *Bioscience*, 2000, 50 (8), P.642.
② 戚本超、周达：《美国城市土地管理及对北京的借鉴》，载《城市发展研究》2009 年第 12 期，第 114~117 页。

(二) 城市土地经营中的农民利益

中国农村实行土地家庭承包制，其土地的终极所有权是农民集体非排他性共有，在出售和调整土地方面具有明显的公有产权性质，而农民拥有土地一段时期内的占有权、使用权、租赁权、一定程度上的有偿流转权，但无权自行调整和出售。农村集体土地所有从属于土地国家所有，地方政府通过控制村集体组织控制了所在地域的集体土地，集体土地所有被虚置。组织上农民成为几乎没有任何依托的个体，极度零散地直接面对整个市场和国家所有层级。[1] 随着城市化和工业化进程加快，大量农地转为城市用地，土地利益的流向同产权的转移方向相一致，即下层群体（农民）的土地产权转化为上层群体的土地产权，与土地资本化倾斜的利益分配格局相匹配。[2]

(三) 城市土地经营中的政府利益

我国现行城市土地经营管理模式的实质是政府行政计划与市场机制并行的双轨制。城市土地经营管理权由各地方政府代表国家来行使，表现为地方政府获得新增建设用地有偿使用费的分成与城市土地有关的税费收入。与房地产开发商间接附着性组织权力相比，地方政府组织权力具有直接主动性，利用土地供给、交易价格、交易方式双轨制抽取租金，取得巨额的财政收入（掠夺农民的利益——"以租代征、代转"侵占农民土地使用权、压低征地价格；掠夺市民的利益——抽取的租金通过高房价转嫁给了市民）。

国家对城市的土地所有权，是以中央政府为代表的，更加关注的是土地资源公平、有效配置，以实现"居者有其屋"的社会和谐及可持续发展。因此，城市土地的收益（绝对地租收入）应该直接归中央人民政府所有，体现国家（中央政府）对城市土地所有权的绝对垄断。然而地方政府通过化解、变通或不作为等方式，选择性执行中央土地政策，减免地价、挤占国有土地收益，致使国有土地收益流失尚未从根本上遏制。

(四) 城市土地经营中的房地产开发商利益

从理性的经济人角度分析，房地产开发商的目标是尽可能地降低成本（压低土地补偿支出）并抬高商品价格，以获得最大化的利润，这就形成了对土地

---

[1] 李培林：《中国社会分层》，社会科学文献出版社 2004 年版，第 61~62 页。

[2] 何晓星、王守军：《论中国土地资本化中的利益分配问题》，载《上海交通大学学报》2004 年第 4 期，第 11~16 页。

使用权者（农民、城市拆迁户）和城市购房者的利益掠夺。房地产开发商在城市土地经营中能够形成利益集团和强大的市场势力，在城市土地经营利益分配中获得最大份额，其原因有以下三个方面①：

第一，资本权力。房地产商的资本权力，就是其动员资金的能力，资金来源乃是一个有说服力的指标。银行是房地产市场发展中的最主要的资金供给者。我国房地产开发商高度依赖银行贷款，通过各种渠道获得的银行资金占其资产的比率在70%以上。买房所使用的资金大部分来自于银行按揭贷款；开发商从政府手中买地的现金来自于银行的贷款。整个房地产市场漫长的产业链上的资金几乎都来自于银行。

第二，市场权力。开发商获得的土地产权资本化（私人化、市场化）之后，其价格根据市场规律浮动。由于土地供给曲线缺乏弹性、卖方的市场垄断地位和市场地域限制，再加上地方产业需求不断加大，特别是当前正处于产业和居民消费升级的重要阶段，使得土地经营二级市场上房地产等价格不断上升，在一级市场供给价格低的条件下，导致农民、市民和政府所获利益远远少于开发商。

第三，组织能力。房地产商之间在税收、房地产交易价格、资金和市场准入方面有着共同的目标，可以形成合谋，哄抬房地产的价格以扰乱正常的市场经济秩序，引起房价非理性地上涨导致房地产泡沫的产生。另一方面，开发商在房地产市场上已经聚集了巨大的力量，甚至能够影响政府的调控。例如，房地产商可以向地方政府进行寻租活动，导致一些政府管制部门往往和相关利益集团存在合作关系，从而影响公共政策执行的公平性、公正性和有效性。

（五）城市土地经营中的市民利益

城市市民（购房者）通过土地上的附着物的房产间接形成对土地的需求，从而成为房地产的消费者——购买方，其中包括了以自身居住为目的购房者和以投机获利为目的的炒房者。以自身居住为目的购房者是住房的真正需求者，对于住房的消费占据了家庭收入的绝大部分，尤其是近年来不断提高的房价收入比，使其不得不接受房地产开发集团通过各种手段抬高的房价；投机性的炒房者是以获利为目的的房产消费者，与自身居住为目的购房者不同，尽管他们都属于买方市场，但他们在利益上却与房地产商保持着高度的一致。在房地产价格上涨时，投资性消费在城市土地经营中获得的利益来源与房地产开发商相似。②

---

① 邱蓉：《土地上的权力、阶层与利益共容》，载《江汉论坛》2010年第1期，第29~33页。
② 潘俊、尹龙：《基于房地产市场各利益主体的博弈分析》，载《商业经济》2010年第4期，第29~32页。

四、基于"治理"理念的城市土地经营改革建议

(一)"公共治理"视阈下的城市土地经营内涵

在中国社会转型时期,市场经济体制的建立与完善、政府管理内在矛盾的运动与发展、经济全球化与加入WTO促进了公共管理范式的转变,要求国家选择正确的城市土地资源经营道路,其目的是建立多方参与机制,引入竞争,公平合理分配土地收益,实现真正意义的市场化经营。"基于治理理念的城市土地经营"正是经济市场化、政治民主化和全球化背景下政府和市民社会加强土地资源与资产经营管理的新理念。其内涵是:政府在制定科学的城市规划和完善的法律法规的基础上,发挥市场在土地资源配置中的作用,缩小政府在城市土地配置中的范围,减少对土地的行政划拨,有效抑制地方政府和房地产开发商对城市土地经营利益的盲目追从,使得市场参与主体公平、平等地参与城市土地的经营过程,获得其应有的收益。也就是说,城市土地经营管理是公共权力和社会的互动过程,在这一过程中,政府的公共权力居于主导地位,与市民社会(非政府组织)、农民集体组织、私营部门共同制定政策并为社会和业主(土地使用者、所有者、权利者)的经济活动提供高效服务,实现政府、大众权益和意志最大化。从而不仅有效解决城市基础设施建设资金不足的问题,同时也能提高城市土地经营效率,增加土地权益者的福利。

(二) 确立城市土地利用规划的先行地位

规划(城市总体规划、土地分区规划、土地用途管制)是城市建设的标准和依据,也是城市土地经营的基础和保障,是对城市土地这种特殊商品的设计,是城市土地资产经营中最重要一项内容。因此要借鉴美英城市规划的经验,在土地供应中必须强化土地利用规划和城市规划的先导性,对城市土地利用实行严格的土地用途管制。首先在规划编制过程中,在充分调研的基础上,对各种类型土地需求的预测要与社会经济发展条件相一致,保证规划的科学性与实用性;其次,规划制定的各个阶段倡导各方人士参与,使规划保持较高透明度和参与度,兼顾各方土地权益者的利益,从而促使土地规划与城市规划及其他专项规划的良好衔接;最后,要制定规划具体的实施措施。市场经济条件下,宏观调控不是通过指令性计划干预经营活动的,而是运用经济杠杆,以市场经济为基础进行间接调控。因此,要从社会、法律、经济和技术等方面制定出严密、全面、具体的规

划实施措施。

(三) 将经营被征农地与征地补偿制度的改革结合起来

失地农民之所以利益受损,其根源是现行征地补偿制度与农村城市化发展进程中农民非农化产生的利益追加之间出现了偏差,表现为城市扩张导致的农地无法再开垦、农民转为非农民所需的转制资本之间存在较大的差距。征地补偿制度改革核心内容是重新制定城市化所需征地的补偿标准。补偿标准应与城市建设的收益挂起钩来,由政府、失地农民和开发商共同协商确定。此过程中尊重农民的意愿,采用各方代表参加听证会方式,让农民直接参与土地一级市场谈判,确保农民在土地征用过程中的主体地位和不同主体之间是平等、自愿和协商的利益关系。征地补偿方式可根据实际情况,采取诸如租地、土地入股、有价证券、一次买断分期付款等不同方式,将征地与开发通过资本运作联结起来,走政府、失地农民和企业共赢的新型土地开发之路。

(四) 正确定位房地产市场中利益主体职责

第一,政府在房地产市场中的职责。首先,中央政府应规范地方政府行为,建立以城市居民福利为指向的政府考核机制,避免地方政府片面追求 GDP 经济指标而忽视居民福利;其次,针对变化了的市场情况依据不同地区的不同特点,对超越国情、超越经济发展阶段的住房消费(价格)要合理引导和调控,同时要保持政策的稳定性和连贯性;再其次,对供求失衡、房价上涨过快的地区,着重增加中低价位、中小户型普通商品住房建设的用地供给,使低收入城市居民能够满足基本住房需求;最后,建立健全房地产市场信息系统和预警预报体系,完善市场信息披露制度,增强政策透明度,做到房地产产权获取、开发流程、买卖交易以及价格机制的规范化。

第二,房地产开发商在房地产市场中的职责。首先,房地产企业应走"品牌兴业"经营之路,建设"精品工程",维护好社会公众形象,汲取国外地产企业的先进管理水平,提高企业的核心竞争力,健康有序地发展行业建设;其次,树立正确的利润观念,注重诚信,关注客户利益,负起社会责任,赚取利润应该体现合理性,实现社会利益应该成为企业的目标;最后,拓宽融资渠道并增加自有资金的投入,防止出现资金链困境,减少对商业银行的信贷风险。

第三,城市居民应理性消费。房地产交易的过程中,消费者(城市居民)往往处于相对的弱势地位,理性的消费必不可少。首先,资金来源以自己可支配收入为主,因为个人房地产购买需要大额资金,为了更好地避免由于各种不确定性所引发的风险,房地产购买应主要以个人可支配收入为资金来源;其次,关注国家各项方针政策变化，特别是政府对房地产开发的态度，政策动态，利于根据政策变动及时调整购买策略并有效控制政策风险；最后，不要"跟风"或攀比购买，因为个体的理性带来的是集体的非理性，从而导致房产价格飙涨。

(五) 发展市民社会，发挥市民公众对城市土地经营作用

市民社会对城市土地经营是建立在一种城市载体的相互依赖关系中，通过多元主体相互的沟通与信息交流，能够弥补城市土地经营中信息的不完全和不对称现象，保证土地权益者的合理收益。中国社会转型时期，市民社会和非营利组织正处于起步阶段，如何立足于我国城市土地经营现状，创造和完善市民社会多元主体的经营条件就成为当务之急。首先，城市土地经营应该充分发挥国家作为公共权力代表的核心作用，有效地培育公共社会和城市土地市场的同时，建立的经营模式应该是政府主导的多元化经营模式。其次，加快政府职能转变，培育多元经营主体。要发展城市土地资产经营公司或房地产中介机构，培育城市土地的非营利组织，例如，城市土地顾问咨询公司等，鼓励更多的社会组织参与到城市土地经营过程中来。最后，提高社会自主性，使公众参与有实效。建立和完善城市土地经营公众参与制度，创建信息流动的渠道与信息反馈机制，拓宽公众参与渠道。

(六) 完善城市土地经营相关法制建设，加强对微观主体的规制

当前我国城市土地的市场化经营，实际上是计划经济向市场经济的过渡，涉及公私合作、政企分开等一些深层次的问题，必须严格地遵循法制，要使已有的行为尽量规范化、法制化。首先，要制定明确的法律，使地方政府在权力范围之内进行土地使用权的销售，实行公开、公平、公正的招标拍卖；其次，加强社会公众对出售土地使用权的全程监督，对于违法行为必须追查有关责任人的责任，并依法严肃处理；最后，对于销售过程所出现的权钱交易、官商勾结问题必须一查到底，行贿受贿双方都要依法处理，严惩不贷。[①] 同时在多方主体参与城市土地经营的过程中，在放松进入规制的同时，更要加强对这些微观主体的质量规制和价格规制。需要对政府、企业、非营利组织和公众对城市土地经营的作用、职能等作出法律条文上的规定，实现执法的公平、公正和有效，从而真正约束和监督城市土地经营主体的行为。

---

① 欧阳锦：《必须迅速叫停政府"经营城市"》，载《甘肃社会科学》2006 年第 2 期，第 228~231 页。

第八章

社会转型时期社会保障服务的政府治理模式

第一节 社会保障服务的提出与政府购买社会保障服务

一、社会保障服务的提出

社会保障是国家和社会依法建立的、有经济福利性的、社会化的国民生活保障系统。在我国，社会保障是各种社会保险、社会救助、社会福利、军人福利、医疗保障、福利服务以及各种政府和企业补助、社会互助等社会措施的总称。[①]社会保障制度体系是一个综合系统，它不仅包含基本社会保障制度及其他社会保障制度，而且包含社会保障服务；基本社会保障制度是社会保障制度的基础，社会保障服务是社会保障制度的延伸和扩展。

我国社会保障制度虽然已经初步建立，但是作为社会保障制度重要补充和延伸的社会保障服务发展缓慢，且在服务项目、对象、设施、水平等方面存在严重的城乡差别，社会保障服务同样需要通过整合发展，以实现中国社会保障制度体

---

① 柯亮：《社会保障服务主体探析》，载《华中农业大学学报》（社会科学版）2008年第1期，第80~82页。

系的进一步完善。将社会保障服务引入社会保障制度体系，建立起包括社会保障制度和社会保障服务在内的、城乡协调发展的社会保障制度体系，是国内外社会保障体系发展的必经阶段，也是国内外社会保障制度发展一般规律的要求。① 随着我国由计划经济向市场经济转型，由政府单独提供社会保障模式必然向政府、民众、企业和非营利性组织共同治理的社会保障模式转变。社会保障服务主体应该是一个由政府部门、私营部门、第三部门和公民等参与者组成的多中心的合作网络。长期以来，我国重视经济保障轻服务保障，使社会保障服务的发展水平远远滞后于工业化、老龄化、社会化的经济发展水平，迫切需要将社会保障服务纳入社会保障制度内容体系，构建起包括基本养老保障服务、基本医疗保障服务、基本就业服务及其他相关社会保障服务在内的基本社会保障服务体系。

根据《关于普遍开展城镇居民基本医疗保险门诊统筹有关问题的意见》（人社部发〔2011〕59号）以及《关于进一步推进医疗保险付费方式改革的意见》（人社部发〔2011〕63号）要求，在基本医疗保障制度覆盖绝大多数人群后，要尽快在全国全面推进门诊费用统筹，解决群众反映的多发病、常见病诊疗费用的负担问题；同时积极探索医疗保险经办机构与医疗机构通过协商谈判，合理确定医疗服务的付费方式及标准，发挥医疗保障对医疗服务和药品费用的制约作用。明确提出在制度设计的时候，要考虑居民、政府、医疗机构三者利益之间的相互妥协。居民对医改要有合理的期望值；医保基金应该通过购买服务，支持医院的补偿机制改革；医院要通过支付制度改革转换运行机制。但是，政府购买服务对我国来说还是一项新鲜事物，政府、社会各界对之了解甚少，对这一改革措施的研究还处于起步阶段，无论是在理论上还是实践上还不成熟、还不完善。

在现阶段政府转型的背景下，研究政府购买城乡基本医疗保障服务具有重要的现实意义和理论价值。从世界范围来看，实行全民医保的国家，包括实行全民公费医疗制度的国家，普遍开展了医疗付费者与服务者分开的改革，走向所谓"公共契约模式"。具体而言，公共或准公共的医疗付费管理机构（相当于我国的医保经办机构），同走向自主化、法人化的医疗提供者（包括家庭医生和医院）签订服务合同，为所有居民购买城乡基本医疗保障服务。政府购买城乡基本医疗保障服务是介于政府直接提供服务和完全市场提供两个极端之间的一种折中方式，即政府继续保留其福利投资主体和制定福利政策角色，但将营办服务的责任通过合同形式交给独立的城乡医疗卫生服务机构，政府的角色由传统的"提供者"转变为"购买者"和"监管者"，政府部门的工作中心也转移到制定

---

① 丁建定：《中国社会保障制度整合与体系完善纵论》，载《学习与实践》2012年第8期，第97~102页。

发展规划、确定服务标准、加强监督管理、了解群众需求等方面,这是向竞争性契约政府转变的一个表现。在全球性医疗体制改革的背景下,我国医保经办机构与医疗提供者必将走上公共契约模式。

"十二五"时期是我国人口老龄化加速发展期,老龄化、高龄化、空巢化日益严峻,我国人口老龄化速度之快,老年人口规模之大,人口结构变化时间之短,在世界上其他国家均未曾经历过。[1] 发达国家是在基本实现现代化的条件下进入老龄化社会的,我国是在尚未实现现代化、经济尚不发达的情况下提前进入老龄化社会,应对人口老龄化挑战的经济基础、养老保障制度和养老服务体系还比较薄弱,[2] 迫切需要探索适应中国特色的面向人口老龄化的新型养老保障和服务模式。

二、政府购买服务的内涵

政府购买服务（purchase of services）是源于西方的一项社会福利制度方面的改革,主要是指政府在社会福利的预算中拿出经费,向社会各类提供社会公共服务的社会服务机构,直接拨款购买服务或公开招标购买社会服务。政府购买服务是介于政府直接提供服务和市场提供两个极端之间的一种折中方式,即政府继续保留其福利投资主体和制定福利政策角色,但将营办服务的责任通过合同形式交给独立的营办机构,这些机构可以是私营的营利性的组织、非营利性组织、其他政府组织、个体工作者等。政府的角色由传统的"提供者"转变为"购买者"和"监管者",政府部门的工作中心也转移到制定发展规划、确定服务标准、加强监督管理、了解群众需求等方面,这是向竞争性契约政府转变的一个表现。起源于美国的政府购买服务改革措施,从20世纪60年代至今已有40多年的实践,对社会服务领域产生了深刻的影响,并波及其他国家和地区。政府购买服务作为政府提供公共服务的一种新理念、新机制和新方法,近年来已被中国各级地方政府日益广泛地实践于社会公共服务的多个领域,逐渐成为政府提高公共服务水平的重要途径。

政府购买服务的源头,始于20世纪60年代末和70年代初的美国。最早是美国联邦的"经济机会办公室"（office of economic opportunity）想利用国防部的采购程序来确保对低收入家庭学生的教育服务,而当时随着越南战争的结束,这

---

[1] 王侠:《国家人口发展"十二五"规划》,人民出版社2012年版。
[2] 马贵侠:《论"时间银行"模式在居家养老中的应用》,载《南京理工大学学报》（社会科学版）2010年第6期,第116~120页。

些在国防部门从事契约的行家也看到这是转向和平的经济时代的良好契机。由此，在经济机会办公室对这种新方式的推动下，很多地方都开始进行了新的尝试。在运作方式上政府购买服务与政府采购具有相似之处，不同之处在于政府采购主要购买的是政府自己使用的商品和服务，而政府购买服务主要购买的是本应由政府为公众提供的各种服务行为。前者的受益人是政府自己，后者的受益人主要是被服务者，即广大人民群众，同时也包括政府自身，因为通过政府购买服务有利于政府从烦琐的事务中摆脱出来，形成"小政府、大社会"格局，建成高效、廉洁的政府。70年代中期到晚期，美国《社会保障法》第20条的通过，对政府购买服务则是一个极大的推动。目前，美国已有100多万个非营利组织，它们在国民生产总值中至少占6%，而其雇用的员工大约占总劳动力的7%，是最大的安置劳动力的部分。每年非营利组织大约要花费3 400亿美元的资金，其来源包括政府、基金会、宗教慈善组织、社会个人捐助等。而政府资助的比例约超过60%，其中很大一部分是通过购买服务的方式来实现的。

从理论方面来看，政府购买服务是针对市场失灵、政府失灵、第三部门失灵的一种努力（见图8-1）。由于市场失灵，引起政府干预机制来改善这种局面，政府干预的同时出现政府失灵。政府失灵和市场失灵导致第三部门的出现，而第三部门运作之后也出现了失灵。由于政府失灵、市场失灵和第三部门失灵，客观上要求政府、市场和第三部门相互依赖、共同合作以构建三者互动的公共服务提供体系，政府购买服务作为一种能有效协调政府、市场和社会三者关系的新型政府提供方式在这种背景下产生了。公共服务理论提出政府不是公共服务的唯一提供者，政府不能包揽一切公共服务，政府同市场一样也存在着失灵。所以，政府应该把自己并不擅长的提供公共服务的责任交还市场和社会。同时，政府与公共服务的提供者之间的关系，不应该是一种居高临下的行政管理关系，而应该是一种平等的契约关系，双方所建立的是一种平等、自愿、互利的民事关系。在公共服务领域中，政府完全可以通过购买服务的方式，将提供公共服务的责任交给市

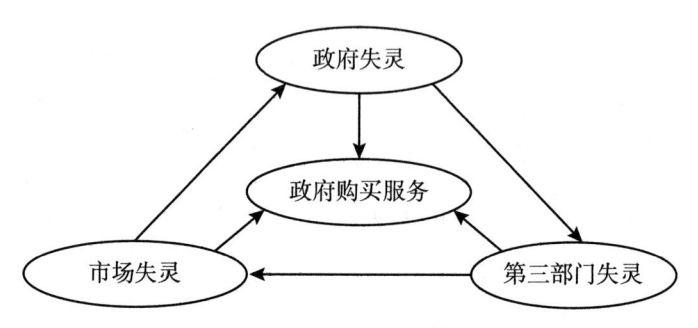

图8-1 政府购买服务的理论依据

场和其他非政府组织,政府的主要角色是"购买者"、"监管者"和"制度供给者",其职责是制定好的方针政策、规则和标准;执行法律法规,监管市场和其他非政府机构提供高质量的公共服务,履行社会责任。

政府购买服务是介于政府直接提供服务和市场提供两个极端之间的一种折中方式,即政府继续保留其福利投资主体和制定福利政策角色,但将营办服务的责任通过合同形式交给独立的营办机构,这些机构可以是私营的营利性组织、非营利性组织、其他政府组织、个体工作者等。政府的角色由传统的"提供者"转变为"购买者"和"监管者",政府部门的工作中心也转移到制定发展规划、确定服务标准、加强监督管理、了解群众需求等方面,这是向竞争性契约政府转变的一个表现。目前,政府购买服务已经成为一种国际趋势,欧盟于1992年颁布了《公共服务采购指南》,将电子政务及相关服务、健康与社会服务、文化及体育等27类公共服务全部纳入向市场购买的范围,凡是价值超过20万欧元的公共服务,一律公开招标购买。在英国,保守党政府在20世纪70年代末、80年代初开始鼓励卫生保健部门和社会照顾管理部门向私营公司和民间非营利组织购买服务,其目的是在政府经营的部门中引入竞争机制,促进社会福利经营的"多元化"。英国政府还在1989年颁布的《为病人服务》和《公共照顾》白皮书中确认了这种政府服务转包方式,鼓励社区志愿者服务组织承包政府服务。

政府购买服务作为政府提供公共服务的一种新理念、新机制和新方法,近年来已被中国各级地方政府日益广泛地实践于社会公共服务的多个领域,逐渐成为政府提高公共服务水平的重要途径。广东省深圳市福田区对医疗机构的投入提供了一种按照服务量进行政府购买服务的方式,根据不同的人群特点,包括发病率、患病率、死亡率等情况以及现阶段小康社会经济条件,制定各类人群需要的基本预防保健服务量,并根据这种应该完成的基本预防保健工作量,提出政府购买的依据,结合考核措施由政府购买或部分购买。在江西省九江市,根据江西省政府"政府购买城市社区公共卫生服务"工作的要求,九江市政府率先在2007年6月正式启动了该项工作。"政府购买城市社区公共卫生服务"工作是指从2007年开始,在江西全省实施购买城市社区公共卫生服务项目,通过发放城市社区公共卫生服务券等形式,为社区居民免费提供规定的社区公共卫生服务。江西省九江市在2007年共安排资金781万元购买城市社区公共卫生服务,其中469万元采取免费发放社区公共卫生服务券方式,为低保对象等6类人群、共计22万人购买社区卫生服务机构提供的公共卫生服务;另外312万元由社区卫生服务机构按照指定的服务区域,为社区居民免费提供公共卫生服务。目前,该项工作在九江市城区内受益人数达71万的社区居民。

三、政府购买医疗保障服务的试验——医疗券模式

弗里德曼提出的教育券模式，在中国香港政府演变为医疗券模式，引起社会各界广泛关注。香港特区政府最近推出一项医疗券试验计划，为 70 岁及以上长者每人每年提供 5 张面值 50 元的医疗券，以资助他们使用私营基层医疗服务。医疗券可用于西医、中医、专职医疗及牙医服务，也可用于预防性的（例如身体检查或疫苗注射）或治疗性的服务，政府希望借此鼓励长者善用基层医疗服务，更自由地在自己所属的基层医疗卫生机构内选择各类型的基层医疗服务，减少轮候，并与家庭医生建立持续照顾的关系，以加强健康保障。这项试验计划为期三年，符合资格的长者第一年或第二年未使用的医疗券可在下一年或计划的最后一年使用，但他们不可预先使用下一年度的医疗券。医疗券于 2009~2011 年以试验形式推行，资助长者使用私营基层医疗服务的部分费用。政府将以月结形式将医疗券金额付还给参与计划的服务提供者，服务提供者要在工作地点展示标志，方便长者识别。政府在推行医疗券期间，每年额外支出约 1.5 亿元。

香港特区的医疗系统经历了 160 多年的发展已成为一个以"政府为主"、"市场为辅"的"二元医疗体系"，为全港 700 多万人口，提供一个"全民医疗安全网"。香港特区的"二元医疗体系"是一个由"公"、"私"营医疗系统组成的两层医疗架构。公营医疗属于第一层，以"全民保障"为原则，由公共财政提供基本医疗。私营医疗属于第二层，提供由个人支付的私人医疗服务，个人可以自由选购更高素质或更多的服务。在这个医疗体制模式内，公营和私营医疗是两个相对独立的系统，这两个系统各有自己的组织架构，二者之间并不存在一种稳定和常在的合作伙伴关系。中国香港进行医疗券实验的目的在于落实公私营医疗合作理念，通过分流病人到私人医生，以减轻公营医疗系统的压力。医疗券计划能使居民凭借政府的资助成为具有主权地位的消费者，自由选择医疗服务机构，也可令医疗机构改善服务实现公平竞争，进而促进居民与私人医生的联系，加强对疾病的早期预防和干预。要检视医疗券的运作及功能，必须探讨医疗券措施的深层意义。医疗券不是一项独立的行政措施，而是属于政府利用市场提供福利的长远政策的一部分。

医疗券是指政府将用于医保补贴的公共经费，以券的形式直接发给特定居民，允许特定居民自主选择医疗机构并持券支付部分医疗费和相关费用，医疗机构凭券向政府兑取与券值相等的现金的一种福利形式。医疗券模式旨在改变"政府—医疗机构"这一传统的资源配置模式，取而代之以"政府—居民—医疗机构"这一以消费者为轴心的资源流动方式，从而优化医疗资源配置，提高医

疗服务的质量与效率。作为一项社会福利制度方面的改革，医疗券模式是介于政府直接提供服务和市场提供两个极端之间的一种折中方式，其实质是政府为应对政府失灵与市场失灵双重失灵的一种努力。香港地区施政报告指出，不应从二分法的角度看政府与市场的关系，政府有责任提供有利环境，协助私人机构的发展，而在为市民谋求福祉的任务上，市场也要扮演重要的角色。政府遂希望通过医疗券计划，进一步利用市场资源，满足社会的需要。

政府出资并直接营办服务（政府失灵） ｜ 私人出资并营办服务（市场失灵）

政府出资、私人营办服务（医疗券模式）

图 8-2　政府购买服务的医疗券模式

透过香港地区的医疗券计划可以发现，该计划与目前我国正推行的发展基本医疗保障服务计划有三个观念上的差别：一是将政府的医疗费补助直接发到消费者手中，而不是补贴给公立基层医疗卫生机构；二是在公共领域中引入了竞争机制，发挥市场的资源配置作用而不是回归计划经济的"收支两条线"管理；三是鼓励患者利用相对固定的私人医生（private doctor, dommunity doctor），而不是鼓励三级医院向基层医疗卫生机构派驻医生来开展普通门诊。我国发展基本医疗保障服务可以从香港地区的医疗券实验计划汲取经验，改变基本医疗保障服务由政府主管部门主办，以公有制占绝对优势的传统行政化思路，在卫生服务筹资方面尝试变政府投入为政府购买；在具体的服务提供主体上，鼓励私人机构开展基本医疗保障服务；引入竞争机制，激励基层医疗卫生机构提高服务质量和效率。与弗里德曼提出的教育券模式不同，医疗券是针对特定人群发放的一种福利券，不能作为通用券发给全体基层医疗卫生机构居民，目前还不适于全面推广，如何克服医疗券弊端，发挥医疗券促进竞争，优化资源配置，赋予居民选票的功能，是发展基本医疗保障服务亟待解决的问题。

四、养老服务的时间银行模式

时间银行的概念最早由美国教授埃德加·卡恩（Edgar Cahn）于 1980 年提出。所谓时间银行，是指志愿者将参与公益服务的时间存进时间银行，当自己需要时就可以从中支取"被服务时间"。[①] 在时间银行里，时间是唯一受认可的货

[①] Cahn E. S. *No more throw away people*: *The co-production imperative*, Washington DC: Essential Books, 2004.

币,参加者通过为他人提供服务来储蓄时间,当自己需要帮助时,再从银行提取时间货币以获取他人服务,其实质是通过时间银行这个中介,将服务用时间量化,实现服务交换的延期支付。①"时间货币"与"时间银行"是同等重要的一个名词。埃德加·卡恩对时间货币的概念阐述为:劳动无贵贱之分,人与人的劳动时间相互等值。我用我的服务能够换取你同等时间长度的服务,并且这种兑换无须即时实现,可以当自己有需要的时候支取,以换得别人的服务。这样的理念就为时间银行的实行奠定了基础。埃德加·卡恩认为,时间货币与金钱货币相比,其优势在于时间货币不会像金钱货币那样受到利率冲击,进行交易也无须缴纳税费。时间货币的储存与支取,乃至转让,可以通过时间银行须进行管理;因此,如何建立健康发展、操作有序的"时间银行"机构,是时间银行模式得以顺利实施的关键。

最早启动的时间银行计划是1987年美国基金会创立的"服务信用银行"实验(service credit banking),参考货币银行的运作方式,将服务时间作为储蓄的货币,建立一个管理机构,由志愿者为需要服务的老年人(包括丧失自理能力的非老年人)提供服务。目前,全世界有1 000家以上的时间银行在运行,遍布6个洲22个国家,德国的"义务网络管理系统"和日本"照顾关系券"都是典型的时间银行模式。② 为缓解老年护理人员短缺的问题,德国政府采取了"时间储蓄"的政策,规定公民年满18岁之后利用公休日或年假日义务为老年公寓或老年病康复中心服务,不拿报酬,但义务工作时间可以累积起来,并通过"义务网络管理系统"存入提供服务者的时间储蓄卡或劳务档案中,当公民年老或需要帮助护理时再把储存的"时间"提取出来,享受免费照顾。这项措施一经颁发,当即受到德国公民的积极拥护,尤其是对将来养老问题未雨绸缪的意识极为强烈的群体。在他们看来,"时间"的存储要比金钱的存储更为稳定,因为它不太会受到通货膨胀的影响。

在日本,通过发行照顾关系券,实施"时间储蓄"这一做法的社会团体数量众多,具备一定的发展规模,它们由日本社会严峻的养老形势所逼迫,应运而生。传统体制下对于需要护理的老年人,一般都是以家庭或亲属的护理为前提,公共福利服务和市场化的服务等只是一种补充。在与社会保障相关的法律当中,许多内容都把家庭和家庭的赡养关系作为前提条件。然而,代际关系和代际矛盾在任何社会中都是一个不可回避的问题,只是在不同的社会经济条件下和与此相

---

① 赵志强:《时间银行:河北农村互助养老新机制探索》,载《合作经济与科技》2012年第19期,第99~100页。

② Marks M. B. *Time banking service exchange systems*: *A review of the research and policy and practice implications in support of youth in transition*, Children and Youth Service Review, 2012, 34, pp. 1230 – 1236.

适应的不同养老方式下，有不同的表现形式和不同的解决办法。家庭养老虽然可以使老年人比较容易地感受到亲情和精神上的慰藉，但同时，它也可能使代际矛盾内化。养老的主要功能由家庭过渡到社会，实现以社会化为主的养老形式，可以使老年人口和年轻人口之间的矛盾从家庭内部转移到家庭外部，不容易引起代际摩擦及两代人之间的矛盾，而采取社区居家养老模式，又能顾全老年人希望处于熟悉环境中安享晚年的心愿。

在我国，最早实行"时间储蓄"这一做法的是位于上海虹口区提篮桥街道的晋阳居委会，倡导已退休并有闲暇时间和精力的老年人自愿成为会员，按照自身情况和时间银行的分工为需要服务的老年人提供劳务服务，过程中积累下的时间由这一时间银行来存储，待到日后自己有需求时，再来提取所存储的时间，然后由时间银行辖内的其他会员来提供服务，服务时间与存储时间相对应。随后，北京、广州、太原等社区纷纷试点。然而，虽然在一些地区该做法一直持续至今，但大多数城市在当初实行"时间储蓄"之后持续的时间并不长。"时间储蓄"应用于养老问题，由于受到当时的环境及人为制定的一些局限，使得这一做法的实施具有条件性。近些年，随着我国老龄化压力的逐渐加深，"时间储蓄"式养老服务的计划再度为社会所重视。2009年，广州越秀区三个街道（洪桥街、广卫街和光塔街）对养老时间储蓄机制进行试点。2010年，北京市民政局局长吴世民于市十三届人民代表大会常务委员会第二十次会议中提出积极探索养老服务时间银行的声明，以自愿、量力为原则，将服务老年人为出发点，对具体操作方法进行思考，务求公民能对养老服务时间银行这一做法树立信心。

第二节　政府购买社会保障服务的国际比较与借鉴

世界上没有两个国家采取相同的社会保障体系，而不同的社会保障模式中的保障内容、程度、政府与市场的作用，以及社会保险与商业保险的关系都有很大的不同。虽然各国采取的体系差别很大，但是"他山之石，可以攻玉"，国外社会保障体系的研究对我国社会保障制度的建立、发展与改革提供了经验。按照政府在医疗保障所起的作用大致将世界上医疗保障体系分为三种基本类型：政府包揽型、政府主导型、政府补缺型。对于每种类型所建立的经济理论依据、代表国家的基本政策以及该国家所面临的问题与挑战这三个方面进行讨论和研究。

一、政府包揽型模式

政府包揽型是建立在福利经济学的基础之上的。福利经济学是一种规范经济学，它以研究社会经济福利为内容，并以一定的伦理价值判断为前提，其思想可以追溯到亚当·斯密和边沁的古典经济思想。而福利经济学正式作为一门学科是由马歇尔的继承者庇古在《福利经济学》中提出的。帕累托以序数效用和无差异曲线分析为基础，发展出他的社会最大满足原则或所谓最优状态。与此同时，庇古致力于寻求一种更方便的测定和改善社会福利的方法，并提出了两个基本的福利命题：（1）国民收入总量越大，福利越大；（2）国民收入分配越平均，福利越大。具体而言，庇古的思想对医疗保障制度有着如下影响：一是通过改善分配来增加社会福利总量；二是通过政府干预来提高社会福利总量。

英国现行的医疗保障体系（national health service，NHS）的基本框架是建立在1942年提出的贝弗里奇报告的基础上的，并于1948年正式建立起NHS体系。而在1948年之后，NHS又经历了1974年，1982年，1991年和1997年的几次改革，建立了三层管理机构即各级公立医院、各类诊所、基层医疗卫生机构医疗中心和养老院等的医疗保险体制。NHS的核心原则之一：不论收入多少，人人都可以享受同样标准的医疗服务。而医疗保障基本是通过国家来提供的，所以也就是说英国是典型的政府包揽型医疗保障。在NHS的框架下英国医疗保障展现了如下的特点：是由政府通过税收筹集资金，直接举办公共卫生机构，免费或低价向城乡绝大多数居民提供服务。但是由于参与英国的保障全、待遇高、覆盖广的医疗服务几乎由政府包揽，商业保险很少能够参与其中。

虽然在这种模式下，英国居民可以免费或者以低廉价格方便地获取所需的基本医疗保障服务。但是这种医疗保险体系也存在着许多问题，主要是医疗保险经费来源单一，政府财政负担过重，再加上卫生资源配置的高度计划性，市场机制难以发挥作用，医疗服务供给效率低并且医务人员积极性不高，限制了医疗服务系统的发展和居民日益增长的医疗服务需求。同时由于政府通过医疗保险系统向居民提供免费或者低廉的医疗服务，因而也存在着过度利用医疗服务的行为，浪费现象严重。

二、政府主导型模式

政府主导型的保障模式主要是建立在国家干预主义下。国家干预主义是指一种主张削弱市场经济活动范围，政府干预和参与社会经济活动，在一定程度上承担多种生产、交换、分配、消费等经济职能的思想和政策。该理论并没有否定市场机制的作用,主要强调必须由政府干预来弥补自由市场机制的缺陷,具体到社会保障等社会政策方面,政府应该发挥其在社会财富再分配的重要作用,担负起"文明和福利"的职责。而之后的凯恩斯主义更是将国家干预主义推向了"主流经济学"。简而言之,凯恩斯认为,从资本主义经济发展的长期需要看,政府对经济一味地采取自由放任的不干预政策,单纯依靠私人经济的市场自动调节不可能使资本主义经济在充分就业的水平上持续增长。

1883年,德国议会通过《工人疾病保险法》,奠定了现代社会医疗保险的法律基础。在其后的100多年里,德国对医疗保险制度的覆盖范围、待遇水平及费用控制等方面经过多次改革,不断得到完善。随着时代的发展和德国社会经济结构的变化,德国医疗保险体系也面临严峻挑战,如保险费入不敷出、医疗资源浪费、效率低下等。从2004年开始,德国实施《法定医疗保险现代化法》,对医疗保险体系的主要支柱——法定医疗保险制度进行大刀阔斧的革新。近年来,德国医疗保险改革已经初见成效,医疗保险支出不断增长的势头终于得到遏制,找医生看病的人数明显减少,请病假的情况降到历史最低水平。

德国通过国家立法,强制要求雇主和雇员按照工资的一定比例向法定保险机构缴纳社会医疗保险费,建立社会医疗保险基金,由法定保险机构向公立或者私立医疗机构购买服务,为参保人提供相对公平的医疗卫生保障。政府对无力缴纳保险费的弱势群体提供补贴,帮助他们参加社会健康保险,使得健康保险覆盖全部人口。健康保险基金实行社会统筹、互助共济。以收定支、收支平衡的原则。德国政府并不购买商业保险进行补充,而是对需要补充医疗保险的人群指定法定医疗保险公司,而这些公司的竞争意识也在增强,纷纷推出向投保人让利的"折扣方案"。

目前,德国90%的人口通过法定医疗保险获得医疗保障,剩下10%的人口则通过商业性的医疗保险等其他形式获得医疗保障。总的来说,德国基本上建立了较为完备的法定医疗保险和私人医疗保险系统,共同构成了德国的医疗保险体系。

综合来看,政府主导模式通过社会共同筹资、建立风险分担制度,提高了国民医疗卫生服务的公平性和可及性。而且所提供的医疗服务通常不是全部免费的,城乡居民需要自付一部分医疗费用,这样可以通过增加个人的费用意识来约束医疗服务的需求。但是同时也存在着问题:一是对医疗服务提供方与需求方的行为确实有力度的制约措施的情况下,社会医疗保险所采取的"以支定筹"的基金筹措与偿付方法将会导致医疗保险基金收支的循环上升。二是社会医疗保险制度采用现收先付的财务模式,一般没有基金积累,因而随着人口老龄化速度加快不能解决医疗费用负担的代际转移问题。

三、政府补缺型模式

经济自由主义分为古典自由主义和新自由主义,以亚当·斯密"无形的手"的理论为基础,认为市场机制具有完美的自动均衡能力,一切生产要素及其价格都可以通过市场机制自我调节。20世纪70年代初期的石油危机使得整个资本主义世界陷入了"滞胀"(高通胀、高失业、低经济增长)的困境。面对"滞胀",凯恩斯主义的国家干预、"混合经济"以及社会福利制度等在理论上和实践上都面临着严重危机。以弗里德曼为代表的新自由主义者,将其归结为国家干预过度、政府开支过大、人们的理性预期导致政府政策失灵所致。他们提出要坚持自由市场经济,反对国家干预经济,对国家福利制度提出了质疑和批评,认为"私人化"、"市场化"、"商业化"应该成为社会福利和社会保障的主要形式。

按照通常的划分方法,美国采取的是商业医疗保险的模式,而政府只负责给少数弱势人群,如老年人、残疾人提供基本的医疗保险,所以从政府的角度来划分的话,美国政府在医疗保险中所充当的作用是补缺。在这样的制度下,商业保险公司把化解疾病经济风险和医疗卫生服务作为商品提供给社会,或者私人自愿购买,疾病保险程度与缴费挂钩,政府只负责弱势群体等少数人的基本医保。商业保险公司负责筹集资金,向符合赔付条件的患者提供就医经济补偿或者直接向医疗机构购买服务。

虽然商业医疗保险自身具有很大的灵活性,而且买卖双方能够通过需求进行博弈,并提供多样化的服务,最大程度上满足人们的不同消费需求。在这样的竞争体制下,卫生资源的分配效率以及卫生服务的提供效率均较高。但是与此同时,这种医疗保障存在很多弊端:一是健康和卫生服务不公平的现象比较严重,穷人、低收入人口和部分外国移民难以享受到良好的医疗服务;二是医疗费用支出巨大;三是健康绩效较差,国民主要健康指标在发达国家中处于较低水平;四是政府和居民负担沉重。

四、国外模式的启示与借鉴

第一,以计划管理为主体的基本医疗保障服务体系在尝试引入市场机制,而以市场调节为主体的基本医疗保障服务体系正逐步引入计划管理的措施,这是国际领域医疗保健体制改革的一个重要发展方向。从经营方式看,市场调节和计划调节是两种不同的基本医疗保障服务经营模式。美国和英国都是市场经济国家,但美国的基本医疗保障服务以市场调节为主,有利于引入竞争机制,提高服务效率,但可能出现无序发展的局面。美国就出现了由于私有化而过度利用卫生服务,导致医疗费用居高不下,其 1998 年卫生总费用占 GDP14%(英国为 7%),高居 27 个 OECD 国家之首。英国的卫生服务是计划调节模式,该模式有利于基本医疗保障服务的公平性及功能的发挥,但可能缺乏竞争活力,出现低效率。如英国虽然卫生服务取得了瞩目的成绩,但卫生服务的及时性矛盾突出,大量的住院和手术需排队等候几个星期,甚至更长时间。因此,近 10 年来,英国国家卫生主管部门在卫生系统内建立"内部市场",各种卫生机构都可以投标开展基本医疗保障服务,其目的是引入竞争机制,提高基本医疗保障服务的效率,而美国政府也正在加强对基本医疗保障服务的管理力度。

第二,强调基层医疗卫生机构首诊制。基层医疗卫生机构提供的服务内容都属于第一级接触的范畴,如门诊、出诊及预防保健等。西方国家尽管卫生体制差别很大,但均不同程度地实行了"首诊制",家庭医生向固定居民提供连续服务就起始于基层医疗卫生机构,大部分疾病可以在基层医疗卫生机构得到解决,以至大多数医院不开设门诊服务,只有急诊病人和家庭医生转诊的病人才能获得二、三级医院服务。这种分级、分工,就近就医的第一级接触制度有力地将卫生系统按功能区分定位,家庭医生(或全科医生)在其中发挥"守门人"的作用,使卫生资源得到合理利用。英国是家庭医生首诊制实施最严格、最彻底的国家,居民享受免费服务,必须遵从这种制度。而其他国家(包括美国)家庭医生首诊制则不如英国完善,但也成为卫生服务程序的常规,主要是通过健康保险制的规定来实现的。实行家庭医生首诊制的目的与发展基本医疗保障服务的主要目的是一致的,即避免不必要地使用医院服务,节约卫生资源。我国目前还缺乏这种完善的基层医疗卫生机构医疗服务体系,因此,需要结合我国国情,加速推进基层医疗卫生机构及卫生体系的建设。

第三,建立良好的双向转诊制度,促进资源的合理利用。双向转诊体系的建立,主要是让病人更多地利用价格低廉的基本医疗保障服务,而减少使用成本较高的专科服务及综合医院服务。德国的转诊制度要求病人首先必须到基层医疗卫生机构的家庭医生处就医,若需要住院服务,则双方共同决定转诊的医院。但其转诊体系是一个开放式的系统,病人有选择转诊医院的权利。同时,还利用对机构的补偿机制来促进转诊,如对开药医生的预算封顶,使其将病人更多地转向专科医生或医院,虽然这种变化不一定是有益的,但也说明在建立基层医疗卫生机构转诊体系时,利用补偿机制是能起到一定作用的。而我国,目前大多强调的是封闭型的转诊体系,但目前我国城镇医疗卫生体制改革中已明确提出建立"病人选择医生"的机制,病人有选择医生和服务机构的权利,因而对转诊体系的设计必须与国家的有关政策相适应。在我国，建立良好的上限转诊制度，必须考虑如何保持基层医疗卫生服务机构与上级机构间的紧密联系。

第四，从医疗保险政策看，各国均把医疗保险政策作为经济制约杠杆和激励机制。国外典型国家都建立了不同形式但相对成熟的健康保险制度，社会医疗保险覆盖率很高，不仅有强制性健康医疗保险，而且有各类私人健康保险、商业保险作为强力补充；医疗保险与基本医疗保障服务有效衔接，纳入法制轨道。健康医疗保险在基本医疗保障服务中发挥了非常重要的作用，一是筹资的重要来源之一；二是规范了基本医疗保障服务管理；三是加强了对基本医疗保障服务的调控。完善的健康医疗保险制度，是发展基本医疗保障服务的重要支撑。在医疗保险方案中利用全科医生作为"守门人"和资金掌握者，从而控制专科服务的提供。如美国，保险公司按人数将一定比例的保费预付给家庭医生，家庭医生除提供医疗服务外，还负责病人转诊的审核批准。对费用控制好的家庭医生，保险公司对其给予经济奖励。我国应汲取国外的经验，在兼顾公平、可及、高效的同时，运用医疗保险的杠杆和激励机制，将政策化解成具体可操作的实施策略，在体制配套、人员到位、设施齐备等情况下，把医疗保险投放到基层医疗卫生机构，积极引导人群的就医方向，真正发挥全科医生"守门人"的作用。发展基本医疗保障服务要和医疗保健制度改革结合起来。扩大医疗保障的覆盖面、规定就医的层次性，有利于基本医疗保障服务的发展；基本医疗保障服务功能的完善是医疗保障制度持续发展的基本条件之一。

第五，重视政府的投入。政府对基本医疗保障服务的投入取向分供方投入和需方投入两个方面。政府投入的取向不同，产生的效果也不相同，许多国家越来越注重针对需方投入。英国国家卫生服务的经费来源主要有如下途径：一是国家税收，这是 NHS 经费来源主渠道，占 82%；二是各种保险，占 12%；三是其他收入，约占 6%。由国家财政拨款给卫生部，卫生部再下拨给各地区卫生管理部门。然后由地区卫生管理部门分别将款项拨给医院和全科医生。医院和全科医生每年度将当年经费使用情况和来年经费预算情况逐级呈报国家卫生部，由卫生部根据经费预算作拨款计划。德国政府对卫生保健的投入方式，主要是为居民购买健康保险或作为社会健康保险的主要筹资者。德国是社会健康保险的发源地，健康保险的人群覆盖率很高，基层医疗卫生机构居民自由选择医生。因此，需方投入使病人掌握了购买服务的主动权，全科医生只有努力改善服务质量，才能获得病人的信任，争取到较多的就诊病人。私人开业的全科医生与社会（国家）健康保险部门签订服务合同，提供基本医疗保障服务。在美国，由于联邦政府对卫生保健的投入以需方投入为主，很难准确计算政府的卫生投入有多少份额用于基本医疗保障服务。但是，20 世纪 60 年代中期实行的 Medicare 和 Medica 则是政府卫生支出的主要部分，其中基本医疗保障服务占有相当大的份额。基本医疗保障服务筹资的主要来源有国家拨款、健康保险、商业保险等，虽然侧重点不同，但是都纳入法制轨道和政府的正常运作体系，非常有保证。我国基本医疗保障服务的筹资体系处于起步阶段，应实行国家、集体和个人合理负担机制，同时，积极推进商业保险进程，以作为筹资的补充手段。

目前，我国初级医疗服务体系尚未制度化，而全科医生还是一个全新的概念。通过建立基本医疗保障服务中心来建立一个相对独立的、制度化的初级卫生服务体系，是我国医改的方向，但是由于路径依赖的问题，这一努力至今没有取得成效，大量初级医疗卫生服务依然由医院来承担。我国目前所探索的基本医疗保障服务体系，主要思路是由政府主管部门主办，以公有制占绝对优势的模式。这种模式存在的缺陷在于：首先，在卫生服务筹资方面导致资金不足；在具体的服务提供主体上，不能鼓励其他私人机构开展基本医疗保障服务，这不利于引入竞争机制，也不利于激励医疗机构提高服务质量和效率。其次，缺乏基本医疗保障服务与健康保险制度紧密结合，不利于基本医疗保障服务与健康保险制度的共同发展。德国的卫生保健体系是以健康保险制度为中心的。我国的城市基本医疗保障服务从1996年开始酝酿及试点，到2000~2005年的框架建设阶段，再到2006年至今的完善建设阶段，也仅有10多年的时间，虽然发展较快并不断深化，但因为起步较晚，无论在理论探讨、基本建设、政策配套还是实施效果等方面，都处在初级阶段，与理想目标差距甚大，存在诸多弊端，需要大力完善。

第三节 政府购买医疗保障服务的公共契约治理模式

在现阶段政府转型的背景下，研究政府购买基本医疗保障服务具有重要的现实意义和理论价值。从世界范围来看，实行全民医保的国家，包括实行全民公费医疗制度的国家，普遍开展了医疗付费者与服务者分开的改革，走向所谓"公共契约模式"。具体而言，公共或准公共的医疗付费管理机构（相当于我国的医保经办机构），同走向自主化、法人化的医疗提供者（包括医疗服务提供者、私人诊所和医院）签订服务合同，为所有居民购买医疗服务。在全球性医疗体制改革的背景下，我国医保经办机构与医疗提供者必将走上公共契约模式。进而参考弗里德曼提出的教育券模式以及中国香港政府实行的医疗券模式，设计政府购买基本医疗保障服务的公共契约，将政府、医疗服务提供者和居民三方主体统一于契约模式下，探讨（医保经办机构）如何设计公共契约治理风格，使具有共同目标的多元治理主体共同实现保障居民的基本医疗服务的责任，这是研究基本医疗服务政府治理的关键问题。

一、公共契约模式的提出背景

政府购买基本医疗保障服务是全球性的议题。无论发达国家还是发展中国家，医疗保障服务与医疗服务提供两方面都面临着改革的压力，而改革的大方向是引入竞争、引入市场机制。世界各国无论是哪一种体制，无论改革的细节如何，改革的焦点都放在医疗服务购买者与医疗服务提供者的关系上。从总体看，医疗服务购买者与提供者的关系主要为两种模式所主导：一是公共契约模式（public-contract），即公立或准公立的医疗保险机构同各种各样的医疗服务提供者订立契约为投保人服务；二是公共集成模式（public integrated），即政府建立公立机构负责医疗服务的购买和提供。前者主要在社会医疗保险制的国家（如德国、荷兰、法国等）实行，后者则主要在全面公费医疗制的国家（如英国、瑞典、意大利等）实行。在公共集成模式下，医疗服务购买者与提供者并没有分开，公费医疗体系实际上是一个庞大的等级化体系。在这样的体系中，交易成本固然没有，却产生了大量官僚成本。所以，对公费医疗主导的国家来说，推进有管理的竞争，将医疗服务购买者与医疗服务提供者分开，并在两者中引入契约化安排是其改革的核心，故其改革可以归结为从公共集成模式走向公共契约模式的转型过程。此外，只有极少数的国家如美国实行私人契约与私人集成模式。

美国在管理式医疗兴起之前主要是私人契约模式，商业性医疗保险机构同医疗服务者订立契约为投保者服务。美国的管理式医疗（managed care），把医疗保险和医疗服务的功能结合起来，可以看成是从私人契约模式向私人集成模式转型。新兴的管理保健组织有网络式和混合式（network and mixed models）的医疗保健联合体。医院通过合并、减小规模、减少床位，然后组成联合体，以提高服务效率。管理型保健通过采用人头费，使得医生的收入与看病多少无关，可以避免过度利用服务。管理保健就相当于保险公司和医院医生的选择性契约：保险公司将一定数量的参保者包给某医院或医疗集团，参保者的医疗费用超过约定的数额，由医院自己承担；数额没用完，医院保留余额。其机制是节支收益，医院节约得越多结余得就越多；弊端是医院为了省钱，可能会抑制病人的合理需求，全科医生为了保持预算平衡或增加盈利，就可能会减少病人的服务量，该做的检查也不做了，该开的药也不开了。委托保险公司与医院签订合同，保险公司有更多的网络、更多的信息，在与医院的谈判中比病人拥有更大的筹码。这种竞争确实有效，它控制了医疗成本。这种制度带来的结果是每个医院竞相压低成本，因为只有压低成本，医院才可能生存。所以管理保健制度很有效地控制了医疗费用的上涨，而且医院的效率也提高了。综上所述，我国政府购买基本医疗服务必将采取公共契约模式，同时尽可能吸收管理式医疗促进竞争、提高效率的合理内核，设计符合中国特色的公共契约模式。

二、公共契约模式设计

从世界范围来看，实行全民医保的国家，包括实行全民公费医疗制度的国家，普遍开展了医疗付费者与服务者分开的改革，走向所谓"公共契约模式"。在全球性医疗体制改革的背景下，我国医保经办机构与医疗提供者必将走上公共契约模式。鉴于我国现有的医疗保障模式虽然实现了医保经办机构通过契约向医疗服务提供者购买大病和住院医疗服务，但尚未实现普通门诊的社会统筹，导致医保基金节余过多，个人账户资金闲置。本书参考弗里德曼提出的教育券模式，借鉴医疗券引入竞争、优化资源配置、赋予居民选票的功能，设计以居民为持有者，基层医疗卫生机构为提供者的基本医疗普通门诊服务契约，通过公共契约模式设计实现政府购买服务，基层医疗卫生机构提供服务，城乡居民享有服务的多方共赢的治理结构。政府购买基本医疗服务的三要素是主体、客体和内容。主体包括政府、医疗提供者和城乡居民三方，主要解决由谁购买、向谁购买和为谁购买问题。客体是基本医疗普通门诊服务，是三方共同指向的对象。内容是政府按人头付费的方式向医疗服务提供者购买基本医疗门诊服务，允许城乡居民未来以约定的价格获得基本医疗门诊服务，缓解门诊医疗服务极大的不确定性。医疗提供者得到人头定额费用，就必须承担按约期权定价格提供基本医疗门诊服务的义务；城乡居民是公共契约的实际持有人，可以自由选择医疗提供者，决定人头费（政府补偿基金）的最终流向和归属。

基本医疗保障服务公共契约模式是一种普惠制式非缴费型基本医疗门诊服务公共契约，全体居民无须缴费即可获得一份公共契约，享有以约定的价格获得基本医疗门诊服务的权利；与此同时，医保经办机构与一批社区卫生服务机构或乡镇卫生院、私人诊所等基层医疗卫生机构签订服务契约，通过支付人头费的方式购买基本医疗保障服务，促使医疗提供者成为基本医疗保障服务公共契约的承担者，基层医疗卫生机构一旦收到人头费就必须承担以约定的价格提供基本医疗保障服务的责任。公共契约模式的三方治理主体均拥有独立的运作自主权，彼此相互依赖，有着共同的利害关系，都掌握着为达到互利结果所必需的，同时又是以分散控制的独立资源为基础。其中，政府（医保经办机构）掌握着财政资金，居民享有公共契约，基层医疗卫生机构提供服务，三方治理主体通过政府设计的公共契约模式发挥各利益主体的协调与合作（见图 8-2）。政府购买基本医疗保障服务契约模式旨在改变"政府—医疗机构"这一传统的资源配置模式，取而代之以"政府—居民—医疗机构"这一以消费者为轴心的资源流动方式，在基本医疗保障服务领域引入竞争机制，鼓励民营医院、私人诊所提供基本医疗服务，吸引社会资本进入医疗保障领域，从而优化医疗资源配置，提高医疗服务的质量与效率。

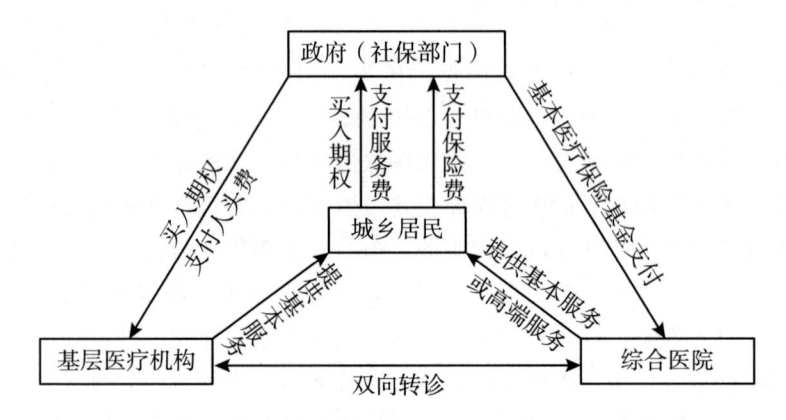

图 8-3 政府购买基本医疗服务公共契约模式设计

图 8-3 中，左侧闭环是基本医疗服务制度的主体，右侧闭环是现行基本医疗保险制度的主体，通过双向转诊实现基本医疗服务制度与基本医疗保险制度的有效衔接。

国家基本医疗卫生制度建设中，既需要完善以基层医疗卫生服务为基础的医疗服务体系，也需要探索现有医疗保障如何从重点保障大病为主逐步向门诊小病延伸，提高保障水平，实现医疗保障从疾病保险向健康保障过渡。国家基本医疗卫生制度应该能够与现有的医疗保障制度有效衔接，体现制度设计的前瞻性和可操作性。初步设想是在现有医疗保障体系和"统账结合"模式下，嵌入一个覆盖全民的公共卫生和基本医疗保障服务制度。总的设计思路是：按照人人享有基本医疗保障服务目标，建立以政府风险管理为中心，社区卫生服务机构和乡镇卫生院等基层医疗机构为载体，为城乡居民提供公平、可及和有效的基本医疗、预防、保健及康复等服务，最终设计一个制度完备、结构合理、功能齐全、运转有效、简洁方便的基本医疗服务制度。制度完备是指政府投入既补供方又补需方。补供方是指政府负责乡镇卫生院、城市社区卫生服务中心的基本建设、设备购置、人员经费和承担公共卫生服务的业务经费，使其正常运行。补需方是指政府购买服务，城乡居民少量分担成本，让政府补贴的公共资金跟着人头走。结构合理是政府、基层医疗机构以及城乡居民三方形成良好的运行和补偿机制，实现三方共赢。功能齐全是指医疗服务从治疗服务扩展到预防服务,将预防、防治和治疗结合在一起,提供基本医疗、预防、保健及康复等一整套服务。运转有效是指实现基本医疗服务和医疗保障有效衔接,引导现有的医疗保险向预防保健和门诊小病延伸,将个人账户的部分资金投入到基本医疗服务中,购买预防保健和基本医疗服务,实现社区首诊、分级医疗和双向转诊制度。简洁方便是指,简化各种手续和程序,方便群众就医。城乡居民在政府指定的社区或乡镇卫生服务机构选择一个全科医生作为自己和家庭的主治医生,实现"小病在基层,大病在医院,康复回基层"医疗服务模式的转变。具体设计思路如下:

1. 设计公共契约模式,使社区等基层卫生机构成为费用控制的主体,从制度上缓解看病贵问题。社保部门收取基本医疗服务费,买下了城乡居民的风险,实际相当于政府向居民卖出了一个买方。为管理这些风险,社保部门将收取的基本医疗服务费(医药补偿费)和政府按人头补贴的资金(经营管理费)转化为预付给医疗提供者的人头费,将其支付给基层医疗机构来避免风险,这相当于政府从基层医疗机构手中购买了一个买方,使城乡居民获得基本医疗服务。政府通过买入社区卫生机构服务这个买方,对冲其对城乡居民承担的卖出买方的风险,这里社区卫生机构就成了政府防范风险的金融工具。居民买保险,保险买服务,社区提供服务的基本医疗服务模式实际是一种非常高明的公共契约模式,其实质是通过公共契约模式取代政府严格控制费用的财政预算机制,实现风险在城乡居民、政府和医疗服务者之间合理转移,促使医疗提供者承担风险。如果基层医疗机构提供的服务超过得到的人头费,医疗提供者就要自己承担这部分损失,反之可以得到节余。这种激励作用可以促使社区卫生机构加强健康管理,寻求成本效益较高的途径来提供必要的医疗服务,降低服务的成本。

2. 改革基本医疗服务费用支付方式,激活社区等基层医疗服务。目前大多数社区卫生机构尚未实现与基本医疗保险接轨,社区卫生服务无人付款,是制度安排的内在缺陷。本书在对国外流行的成本控制方法进行全面分析的基础上,根据社区医疗服务特点,提出改革基本医疗服务费用支付方式,将传统按服务项目付费改为按人头付费,运用期权定价模型测算出人均医疗服务费,由社保部门作为人头费支付给社区卫生服务机构,避免现行"收支两条线"管理带来的巨额管理成本和财政负担,理顺社保机构、社区卫生机构和个人三者关系,达到三方共赢。为便于基本医疗服务的迅速推广和普及,实现基本医疗保险与社区卫生服务有效衔接,在制度建设初期可考虑由基本医疗保险基金支持社区卫生服务的发展。不是由医保基金支付全部的社区医疗服务费,而是将按期权定价模型测算的人头费支付给向居民提供服务的社区等基层卫生服务机构。通过把按服务项目付费的后付制改为按人头付费的预付制,一方面使社区发展有资金保证,吸引和鼓励定点医院在社区建立服务站，激活社区医疗服务，引导基本医疗服务前移；另一方面，吸引社会资源进入基本医疗服务领域，鼓励包括私人全科医生在内的基本医疗服务，激励社区提高自身服务水平，实现公平竞争。

3. 设计基本医疗服务治理模式，规范政府、社区医疗机构和城乡居民在费用控制中的策略行为。政府是公共契约模式的治理主体。政府的目标是向城乡居民提供方便、可及与买得起的服务，为此需要政府提供保障公民健康的长远规划、基本医疗服务的制度框架和法律法规与政策安排，授权各类所有制的基层医疗机构提供基本医疗服务，鼓励基层医疗服务机构自治，支持患者联盟、专业组织和社会公众发挥评价与监督作用，建立公民健康的社会治理。基层医疗机构是公共契约模式的载体。公共契约模式的最终目标是使社区等基层医疗机构逐步承担大中型医院的一般门诊、康复和护理等服务以及预防保健服务。基层医疗机构自治是公共契约模式的基础和核心，只有医疗提供者知道什么是基本医疗服务和怎样提供基本医疗服务。公共契约模式通过支付制度改革，使医疗提供者在经济上对医疗服务的成本和质量负责，增强医疗服务提供者的费用和成本意识，促使其努力开展健康管理，调动居民自觉性和主动性，防治疾病的发生，保护和促进人类健康，提高生命质量，利用有限资源来达到最大的健康改善效果，真正达到降低和控制医疗费用的目的，实现"小病在基层，大病在医院，康复回基层"医疗服务模式的转变，从根本上缓解"看病难、看病贵"问题。城乡居民是公共契约模式的最终客体。公共契约模式以城乡居民利益最大化为基本原则，重视患者联盟、专业组织和社会公众参与基本医疗服务政策制定和基本医疗服务管理的重要性，使城乡居民不仅是制度的受益者，更是制度的建设者、监督者和评价者。设计城乡居民以家庭为单位参加基本卫生服务计划，在政府指定的社区和乡镇卫生院选择一个内科医生作为自己家庭的主治医生，居民在社区可以享受到预防保健等公共卫生服务和一般常见病、多发病的基本医疗服务，实现"户户拥有家庭医生，人人享有卫生保健"的长远目标。

三、公共契约模式治理

随着政府由以经济建设为中心向以公共服务为主导的职能转变，原有的"效率优先，兼顾公平"的政策导向应该调整为"公平优先，兼顾效率"的政策定位。在指导思想上，首先应追求公平，确保所有社会成员都能够获得基本的医疗卫生服务，其次才是兼顾效率，将有限的医疗卫生资源获得最大限度地提高全民族健康水平。政府主导基本医疗服务制度，如果完全由政府组织建立，面向全体居民提供公共卫生和基本医疗服务，虽然可以有效避免逆向选择和道德风险，但由于管理和运作成本完全由政府支付，一方面政府负担过重，另一方面仍然难以控制医疗费用的上涨，必须在政府主导基本医疗服务的基础上发挥市场的资源配置作用。这就需要在制度设计上下工夫。如果不能从根本上改革医疗服务的运行机制，医疗费用的上涨趋势依然难以控制，长此以往公共资金也难以支撑，必须探索医疗服务的微观运行主体在自身利益与社会利益之间取得平衡的机制，找到真正有效的办法和途径。

基本医疗服务制度的构建和实施应当在现有基本医疗保险框架下进行。如何将大量的常见病、多发病、诊断明确的慢性病等基本医疗服务的需求重心从综合医院转移到基层医疗机构是制度设计的关键。本书设计的基本医疗服务主要由基层医疗服务机构承担，负责对常见病、多发病和诊断明确的慢性病提供医疗服务，而对一些复杂性疾病或疑难杂症经由基层医疗机构转诊到综合医院，与现有医疗保险制度有效衔接，一方面完善以基层医疗卫生服务为基础的医疗服务体系，另一方面实现基本医疗保障从重点保障大病为主逐步向门诊小病、预防保健延伸，提高保障水平，体现医疗卫生事业的社会福利性。这是保障基本医疗服务，提高卫生资源利用率和有效控制医疗费用的根本途径。要实现上述目标，本书将对基本医疗服务的体系结构、管理模式、运行机制和补偿机制进行系统研究，给出政府购买基本医疗服务治理模式框架。

在此，借鉴医疗券引入竞争、赋予居民选票的功能，设计一个以居民为持有者，社区卫生机构为出售者的社区医疗服务，试图通过治理模式实现政府购买服务，社区卫生机构提供服务，城乡居民享有服务的多方共赢的治理结构。政府购买医疗服务治理模式是根据多中心治理理念与元治理理念，利用契约构建一个普惠制式非缴费型社区医疗服务，为最基本的医疗卫生服务包筹资。具体方法是政府（医保经办机构）设计一个社区医疗服务契约，全体居民无须缴费即可获得一份，给予其在未来以约定的价格获得社区基本医疗服务的权利；与此同时，政府与社区卫生机构签约，通过支付费的方式购买社区基本医疗服务，促使医疗提供者成为社区医疗服务的出售者，社区卫生机构一旦收到费就必须承担以约定的价格提供基本医疗服务的责任。公共契约模式的三方治理主体均拥有独立的运作自主权，彼此相互依赖，有着共同的利害关系，都掌握着为达到互利结果所必需的，同时又是以分散控制的独立资源为基础。其中，政府掌握着财政资金，居民享有，社区卫生机构提供服务，三方治理主体通过政府设计的公共契约模式发挥各利益主体的协调与合作。

首先，政府在公共契约模式中是重要的一方，但与以往相比却不是主导的一方，而是在一个协商和合作的语境下促使社区卫生机构、公民和其他社会力量（包括各类居民健康组织）共同承担保障居民基本医疗服务的责任。作为元治理的政府将承担设计治理风格的责任，构建社区医疗服务治理模式的制度框架与运作模式，给出社区卫生机构与各类居民健康组织自治和运营的基本游戏规则，建立公民健康的社会治理。契约与其他契约相比的优势在于它赋予买方（政府和居民）以权利而不是义务，赋予卖方（社区卫生机构）以义务而不是权利，居民可以自由决定是否执行，而社区卫生机构得到费必须承担提供基本医疗服务的责任，这种权利与义务的非对称性为政府治理提供了一个更加灵活的方式。政府的作用是通过支付费的方式授权各类所有制的基层医疗机构提供基本医疗服务，通过税收政策鼓励居民健康组织参与保障居民基本医疗服务的责任，政府最终掌握着对公共契约模式的开启、关闭、调整和另行建制的权力。政府治理的公共契约模式将在实践运行中进行再设计，这将有助于更系统地审视和评估存在的问题，发挥政府的元治理功能，实现多元治理为基础的公共契约模式协同增效作用。

其次，社区卫生机构自治是公共契约模式的重要载体。由于每个社区卫生机构都有自己复杂的运行逻辑，以至于不可能从系统以外对其发展进行有效的全面控制。现行的社区医疗服务"收支两条线"管理剥夺了社区卫生机构要求自治的权利，而社区卫生机构自治是公共契约模式的基础和核心，只有让社区医疗机构成为正常的市场主体，才能增强其成本费用意识，使其有动力为城乡居民提供性价比比较高的诊疗方案和用药方案。社区卫生机构是社区基本医疗服务的最终提供者，只有医疗提供者知道什么是基本医疗服务和怎样提供基本医疗服务。在公共契约模式中，社区卫生机构只有向居民提供基本医疗服务，才能获得政府的资金补偿，只有让其自治，才能使其增强费用和成本意识，促使其努力开展健康管理，调动社区居民防治疾病的自觉性和主动性，利用有限资源来达到最大化的健康改善效果，真正达到降低和控制医疗费用的目的。社区医疗服务的职责是肩负起居民健康"守门人"的角色，将服务理念由治疗转变为预防。公共契约模式最终目标是使社区医疗服务机构逐步承担大中型医院的一般门诊、康复和护理等服务以及预防保健服务，实现"小病在基层，大病在医院，康复回基层"医疗服务模式的转变，从根本上缓解看病难、看病贵问题。

再其次，作为公共契约模式最终客体的城乡居民也是不可或缺的治理主体。公共契约模式以城乡居民利益最大化为目标，以政府、社区卫生机构与居民社会的良好互动和合作为保障，这种合作一方面体现在政府鼓励居民自愿参加社区一些非营利性健康促进组织，通过居民健康组织实现政府与居民之间互动交流的平台，对政府设计与实施公共契约模式产生重要影响，形成有第三方介入的监督机制，实现对政府和社区医疗机构的有效监督；另一方面体现在居民是社区医疗服务的真正持有人，可以以家庭为单位自由选择社区卫生机构，政府支付的费用

（即补偿资金）随人走，居民选择在哪里建立健康档案、享受服务，补偿资金就落到哪里，城乡居民有权决定政府补偿基金的流向和归属。城乡居民不仅是制度的受益者，更是制度的建设者、监督者和评价者。城乡居民在社区可以享受到预防保健等公共卫生服务和一般常见病、多发病等基本医疗服务，并保留重新选择社区卫生机构的权利，是社区医疗服务的真正主人。

最后，公共契约模式的政府治理不可混同于建立一个至高无上、一切安排都服从于政府的治理安排，它的运作语境是合作，将国家干预和市场竞争为合作协调所平衡，将"看得见的手"与"看不见的手"握在一起。政府在公共契约模式中不是最高权威，只是多元治理主体中的一员，通过公共契约模式贡献自己独特的资源，随着社区卫生机构自治和公民组织的建立和扩大，政府不过是同辈中的长者。诚然，政府的财政资金和有关法律制度对支持公共契约模式的运作和实施仍然很重要，但社区卫生机构的自治和公民组织参与同样不可或缺。没有一种理念是一成不变的，也没有一种理念可以一劳永逸地指导政府治理活动。总之，公共契约模式并不意味着建立一套一成不变的治理方式，由于保障居民基本医疗服务的复杂性，充当元治理角色的政府主要是从战略上促进建立共同的愿景，从制度上提供各种机制，促进医保经办机构、社区卫生机构和公民组织之间在功能和物质上的相互依存关系，不是为它们制定特定的战略和采取特定的措施，而是鼓励建立新的制度安排和新的协调机制，以便补充和充实现有治理模式之不足，发挥社区卫生机构和公民组织的自治和相互协调作用。政府作为公共契约模式的制定者，使有关各方遵循和运用规章制度，实现各自的目标，并在其他各方协调失败的情况下作为最高权力机关负责采取补救措施，承担最后的保证责任。

第四节　政府购买基本医疗服务人头费测算

　　政府购买基本医疗保障服务中最核心的问题是付费方式的确定。目前我国医保结算方式普遍流行的是按项目付费，而这一付费方式容易导致供方诱导过度消费，医疗费用不断攀升。一般来讲，付费者可以引导收费者，在政府购买基本医疗服务的公共契约模式中，医保经办机构作为医疗服务的付费者理应通过采取合理的付费方式使作为收费者的医疗机构成为正常的市场主体，即具有强烈的性价比意识，针对患者的具体病情，合理诊疗，合理用药。因此，政府购买服务的付费方式是影响医疗提供者行为的有力杠杆，是推动政府购买服务的公共契约模式有效运行的关键。

一、人头费测算的原理与方法

政府购买服务的付费方式不应该是单一的，而应该是多种付费方式的组合。针对政府购买不同类型的医药服务，应该采取不同的付费方式。国际通行做法是，对于普通门诊医疗服务，采取按人头付费的方式支付普通门诊的费用，对于非普通门诊医疗服务，采取多元付费方式的组合支付医疗费用。我国现行的医保制度实现了大病和住院医疗费用统筹，尚未建立普通门诊医疗费用统筹，当前主要用个人账户以按项目付费方式支付普通门诊费用，导致门诊医疗费用居高不下，个人自付水平过高。因此，本节主要探讨政府购买普通门诊服务的人头费测算方法。

在人头费测算时可将期权定价模型引入政府购买基本医疗保障服务费率厘定中。在门诊医疗服务中，允许城乡居民只按人均医疗费用水平支付一个固定的费用，如果在有效期内城乡居民累积医疗费用没有超过人均医疗费用水平（免赔额），由城乡居民自负；一旦城乡居民在保险期内累积医疗费用超过人均医疗费用水平，则只按人均医疗费用水平支付，此时，保险人收取的保费就相当于人头费。虽然人均累积医疗费用不同于期权定价模型中的标的资产价格，但在城乡居民相当多的情况下，可以认为人均累积医疗费用 $S(t)$ 满足对数正态分布。在假定累积医疗费用符合对数正态分布假设下，将人均累积医疗费用 S_t 视为标的价格，免赔额 X 视为执行价格，则政府购买普通门诊服务的人头费相当于一个特殊的欧式看涨期权价格，利用期权定价模型就可以测算政府需向医疗服务提供者支付的人头费。在确定人头费时采用群体法，即把参保人都看成是与平均风险水平有同等条件的人，测算人头费时不考虑人口特征和健康状况差异所造成的医疗费用的差异，根据城乡居民的人均基本医疗卫生费用水平确定人头费，克服商业保险针对不同风险的投保人分类测算保费，需要对特定人群发病率和次均医疗费用进行大量数据收集和统计分析的弊端，为医疗保险精算提供一种较为新颖的分析方法。

公共契约理念和期权定价模型改变了传统思维模式，为医疗保险领域的研究提供了新的视野、新的研究方法和新的技术手段。像金融市场一样，医疗保险市场也充满了风险和不确定性，这就为基于连续时间金融框架的期权定价理论在医疗保险领域中的应用提供了可能。国内外已有一些文献将期权定价理论应用到保险期权定价和保险决策方面，但在保险领域中的应用，无疑尚处于发展的起步期，在医疗保险领域的应用还属于空白，能否将期权定价模型引入基本医疗服务人头费期权定价方面，是一个全新的研究课题，无论在理论和实践方面都有重要价值。期权定价在医疗保险领域的应用一直存在争议,争议的焦点主要体现在只能执行一次,保险可以多次索赔,导致期权定价模型难以在医疗保险领域应用。其实,这里存在一个认识误区,只要假定在较短期限内至多索赔一次,则这方面的障碍是可以克服的。从理论上讲,医疗保险纯保费是保险人承担城乡居民健康风险的预期损失,即 $P = E(S)$,其中随机变量 S 为未来损失。由于损失 S 是损失次数 N 和每次损失额 S_i 的函数,则有:

$$P = E(S) = E_N[E_S(S/N)] = E_N[NE(S_i)] = E(N)E(S_i)$$

即医疗保险纯保费是损失频率 $E(N)$ 和损失额 $E(S_i)$ 的乘积。但如果假设在一个较短的时间内至多索赔一次,例如,两周或四周至多患病一次,在较短期限内医疗保险的纯保费则只取决于损失额 $E(S_i)$,而与损失频率 $E(N)$ 无关,这样就可以应用纯保费的期权定价模型确定较短期的医疗保险纯保费,进而利用期权定价模型测算本项目设计的基本医疗服务人头费。

二、政府购买基本医疗保障服务人头费期权定价模型

(一)模型假设

本书沿用布莱克和斯科尔斯假设标的物价格的变化遵循对数正态分布的随机过程,基本假设如下:

(1)标的物价格连续变化。

(2)在整个生命期内,标的物价格的期望瞬时上涨率和瞬时标准差保持不变。

(3)在任何时间段标的物价格的瞬时上涨率和其他时间段标的物价格的瞬时上涨率相互独立。

(4)任何时间段标的物价格的瞬时上涨率服从对数正态分布,即有:

$$\log\left(\frac{S(t_2)}{S(t_1)}\right) \sim N[\mu(t_2 - t_1), \sigma^2(t_2 - t_1)]$$

这样,标的物价格的运动遵循一种称为带漂移的几何布朗运动规律,在数学上称为伊藤过程的一种随机过程。用公式表示:

$$dS = \mu^* Sdt + \sigma Sdz = \left(\mu + \frac{1}{2}\sigma^2\right)Sdt + \sigma Sdz \qquad (8-1)$$

式中,S 是标的物的价格;μ^* 是瞬时上涨率;而 μ 是瞬时上涨率自然对数的数学期望值;σ 是波动率,即瞬时上涨率自然对数的标准差;$dz = \varepsilon\sqrt{dt}$ 称之为维纳过程(即布朗运动)的一种随机过程,ε 满足标准正态分布,即 $\varepsilon \sim N(0, 1)$。

本书所指的标的物价格即为人均累积医疗费用，本书设计的政府购买基本医疗服务公共契约模式有以下特点：

（1）规定免赔额 X：在保障期 $[0, T]$ 内，城乡居民的医疗费用累积额 S_t 低于免赔额 X 时由城乡居民自付。

（2）费用分担制：当 $S_t > X$ 时，城乡居民对超过部分 $S_t - X$ 按比例 $1-\alpha$ （$0 < \alpha < 1$）支付。

（3）假设城乡居民在较短的期限 $[0, T]$ 内（一个月或两周）至多索赔一次，政府按月支付基本医疗保障服务人头费。

在此基础上进一步增加规定如下：在有效期限内城乡居民累积医疗费用没有超过期权定价格（免赔额），则由城乡居民自负；一旦城乡居民在保险期内累积医疗费用超过免赔额，则按免赔额支付。因此，如果将城乡居民累积医疗费用 S_t 视为标的价格，医疗提供者与政府（城乡居民）约定的免赔额 X 视为执行价格，则政府向医疗提供者支付的人头费相当于一个特殊的欧式看涨期权价格，可以利用期权定价方法，通过估计医疗提供者的潜在损失和相应概率分布计算政府需支付的人头费。

（二）政府购买基本医疗保障服务人头费期权定价模型

基本卫生服务费的测算是本书的核心内容，关系着政府购买基本医疗服务制度的功效和成败。本书所指的基本医疗保障服务人头费是政府为使城乡居民获得基层医疗机构的基本医疗和预防保健服务而由政府向医疗提供者支付的按人头预付的医药补偿费。根据医疗保险的精算原理，医疗提供者收取的基本医疗服务人头费应等于医疗机构未来承担损失的数学期望，可通过估算医疗提供者承担的未来潜在损失和相应概率分布计算求得。传统医疗保险精算理论认为，医疗保险不可能以一个指标来客观的衡量风险大小，而医疗保险赔付，具体表现为医疗费用的支付，也不可能用某一随机变量表示出来，导致医疗保险精算缺乏标准化和规范化的方法。因此，传统的精算方法需要分别估计投保人生病的概率和次均医疗费用，而两者属于不同的分布函数，都需要积累大量的经验数据，而我国目前还没有专门机构针对特定人群的发病率和次均医疗费用进行数据搜集和统计分析工作，使得传统费率厘定缺乏科学基础，限制其在实际中的推广和应用。本项目从医疗保险精算的期权定价角度分析，认为保险标的可能的损失可用一个随机变量表示，当把医疗提供者承担的损失结果抽象成随机事件后，求相应损失事件的概率就可以转化为求某一随机事件的概率。医疗提供者根据一定的损失概率确定损失的期望值，这就是制定纯保费的数理基础，也是人头费期权定价的理论基础。

本书将城乡居民累积医疗费用 S_t 视为标的价格，医保经办机构与医疗提供者约定的自负额 X 视为执行价格,则医保经办机构支付的基本医疗保障服务人头费相当于一个特殊的欧式看涨期权价格,以下利用期权定价方法,通过估计医疗提供者的潜在损失和相应概率分布推导政府支付的基本医疗服务人头费期权定价模型。设 $B[S(t), t]$ 表示在 t 时刻医保经办机构支付的人头费,其中,$S(t)$ 为城乡居民人均累积医疗费用;S_t 表示 t 时刻城乡居民人均累积医疗费用;S_T 表示期末城乡居民人均累积医疗费用;最小保费计算期限 $[0, T]$ 可以是两周或一个月,到期日为 $T > t$。医保经办机构与医疗提供者约定自负额,规定在保险有效期内,当城乡居民期末的医疗费用累积额 S_T 低于自负额 X 时城乡居民自负,不执行;一旦城乡居民期末医疗费用的累积额超过自负额时城乡居民则执行,并规定当 $S_T > X$ 时,城乡居民对超过自负额部分 $S_T - X$ 按比例 $1 - \alpha$ 支付,此时医疗提供者的潜在损失是 $\alpha(S_T - X)$。即基本医疗服务人头费应等于保险标的未来可能遭受的损失期望值,用公式表为 $B[S(t), T] = E\{\alpha(S_T - X)\}$。的特征是期权定价在先,损失发生在后,医疗提供者在收取人头费与支付损失之间一般存在着时间差。因此 t 时刻计算的人头费应是未来潜在损失的期望值以无风险利率 r 折算到初始时刻 t 的现值,即 $B[S(t), t] = e^{-r(T-t)}E\{\alpha(S_T - X)\}$。根据期权定价的精算方法,得到基本医疗服务人头费期权定价公式为:

$$B[S(t), t] = e^{-r(T-t)} \int_X^\infty \alpha(S_T - X) f(S_T) dS_T \qquad (8-2)$$

在已知潜在损失的基础上,基本医疗服务人头费依赖于城乡居民累积医疗费用 S_t 上升至自负额 X 之上的概率分布。Black-scholes 期权定价模型假定资产的价格过程服从对数正态分布。虽然累积治疗费用不同于资产价格,但在城乡居民相当多的情况下,可以认为城乡居民累积医疗费用 $S(t)$ 满足对数正态分布,即:

$$\ln S(t) \sim N\left[\left(\mu - \frac{\sigma^2}{2}\right)t, \sigma^2 t\right]$$

其中,μ、$\sigma > 0$ 为常数;μ 为累积医疗费用期望瞬时上涨率;σ 为累积医疗费用的瞬时标准差。在风险中性条件下,期望上涨率 μ 应等于无风险利率 r。给定现行人均累计医疗费用 S_t,期末城乡居民累积医疗费用 S_T 的条件分布是以均值 $E[\ln S_T | S_t] = \ln S_t + \left(r - \frac{\sigma^2}{2}\right)(T - t)$,方差 $Var[\ln S_T | S_t] = \sigma^2(T - t)$ 的对数正态分布,则在给定现行人均累积医疗费用 S_t 的情况下,期末城乡居民累积医疗费用 S_T 上升至自负额 X 之上的概率密度函数记为:

$$f(\ln S_T) = \frac{1}{\sqrt{2\pi(T-t)}\sigma} \exp\left\{\frac{[\ln S_T - \ln S_t - \left(r - \frac{\sigma^2}{2}\right)(T-t)]^2}{2\sigma^2(T-t)}\right\} \qquad (8-3)$$

综上所述,基本医疗服务人头费等于潜在损失的数学期望折现到初始时刻的现值，将式（8-2）进一步整理为：

$$B[S(t),t] = \int_{-\infty}^{+\infty} \alpha [e^{-r(T-t)}S_T - e^{-r(T-t)}X] f(\ln S_T) d(\ln S_T) \quad (8-4)$$

只有当 $S_T > X$ 时看涨才会执行，式（8-4）转化为：

$$B[S(t),t] = \int_{\ln X}^{+\infty} \alpha e^{-r(T-t)} S_T f(\ln S_T) d(\ln S_T) - \int_{\ln X}^{+\infty} \alpha e^{-r(T-t)} X f(\ln S_T) d(\ln S_T) \quad (8-5)$$

将式（8-3）代入式（8-5），根据凑微分法整理得出基本医疗服务人头费期权定价模型为：

$$B[S(t),t] = \alpha S_t N(d_1) - \alpha X e^{-r(T-t)} N(d_2) \quad (8-6)$$

其中，$N(\cdot)$ 为标准正态分布累积分布函数；α 为赔付比例，而：

$$d_1 = \frac{\ln(S_t/X) + \left(r + \frac{\sigma^2}{2}\right)(T-t)}{\sigma\sqrt{T-t}}$$

$$d_2 = \frac{\ln(S_t/X) + \left(r - \frac{\sigma^2}{2}\right)(T-t)}{\sigma\sqrt{T-t}} = d_1 - \sigma\sqrt{T-t}$$

三、政府购买基本医疗保障服务人头费测算

（一）数据来源与方法

本书采用1978～2010年卫生部统计中心数据，其来源主要包括三个方面：人均医疗费用数据主要来自于《中国卫生统计年鉴》，部分数据来自于《中国劳动与社会保障统计年鉴》，还有些数据来自国家统计局网站公布的数据。尽管我国目前存在着城乡二元结构，本书立足于城乡一体化基本卫生服务实践，仿真测算政府支付的基本医疗服务人头费。研究思路是先对数据资料进行分布拟合，再利用样本对分布的参数进行估计，然后进行统计检验。当预期相反的结果出现时，可以考虑其他分布。精算中将医疗费用的分布称为损失分布，它描述每次费用的发生变化规律，其特点是右偏态，带有一条长长的尾巴，实践中常用对数正态分布来拟合，可以计算某些统计量的方法来判断数据是否属于对数正态分布。基本方法是从以上三个来源获取历年我国人均卫生总费用作为样本数据，选取1978～2010年共33个样本数据，先对样本是否符合对数正态分布进行假设检验，检验通过后运用期权定价模型计算人头费，克服传统医疗保险精算期权定价

需要对特定人群发病率和次均医疗费用进行大量数据收集和统计分析的弊端，为基本医疗服务人头费期权定价提供一种较为新颖的分析方法。

（二）假设检验

首先对样本是否符合对数正态分布进行假设检验。期权定价模型假设人均累积医疗费用符合对数正态分布，如果总体分布类型不符合假设情形，将无法应用期权定价模型测算基本医疗服务人头费。本书采用卡方分布检验法，是根据样本数据信息对总体分布类型假设进行可靠性检验的统计方法。设原假设 H_0：人均医疗费用符合对数正态分布；备择假设 H_1：人均医疗费用不符合对数正态分布。运用 χ^2 拟合优度检验法进行非参数假设检验。先对样本数据取对数，选取 $k-1$ 个实数将所有样本划分为 k 个区间，确定各区间的频数 n_i，用 p_i 表示 $\ln S_i$ 落入各区间的概率，利用皮尔逊构造的统计量 χ^2：

$$\chi^2 = \sum_{i=1}^{k} (n_i - np_i)^2 / np_i$$

根据样本数据信息计算 χ^2 的样本观测值（见表 8-1），得到 $\chi^2 = 6.835$。由于总体的期望值和方差未知，从样本中求出样本均值和方差分别为 4.6796，1.4413，于是 χ^2 统计量趋近于自由度为 $k-2-1$ 的卡方分布。设定检验水平 $\alpha = 0.01$，查 $\chi^2(k-2-1)$，得出临界值 $\chi_\alpha^2 = 9.210$，由于 $\chi^2 < \chi_\alpha^2$，于是接受 H_0，认为人均医疗费用服从对数正态分布。

表 8-1　　　　人均医疗费用对数正态分布 χ^2 拟合优度检验

k	分组区间 $(t_i - t_{i-1})$	各区间频数 n_i	概率 p_i	$n^* p_i$	$(n_i - np_i)^2$	$(n_i - np_i)^2 / np_i$
1	2.44 ~ 2.88	5	0.102	3.15	3.423	1.087
2	2.88 ~ 3.76	5	0.155	4.796	0.0419	0.009
3	3.78 ~ 4.63	5	0.266	6.996	3.984	0.569
4	4.63 ~ 5.94	8	0.323	10.028	4.112	0.410
5	5.94 ~ 7.27	10	0.121	3.766	17.927	4.760

（三）政府购买基本医疗服务人头费测算

基本医疗服务人头费期权定价虽然不同于金融，但可以推证基本医疗服务人头费期权定价与金融具有相同的发生机理，在人均医疗费用符合对数正态分布假设下，如果将人均医疗费用 S_t 视为标的价格，政府与医疗提供者约定的免赔额

X 视为执行价格，由于政府购买基本医疗服务公共契约模式赋予城乡居民未来可以约定的价格获得基本医疗保障服务的权利，基本医疗服务人头费期权定价相当于一个特殊的欧式看涨，利用期权定价模型可以测算基本医疗服务人头费。在应用期权定价模型时需要估计参数 σ。由于人均医疗费用是随时间变化的随机变量且服从几何布朗运动，通过计算样本时间序列值 $U_i = \ln S_{i+1} - \ln S_i$，利用 Excel 表可以计算时间序列 U_i 的均值和方差分别是 $\overline{U} = 0.1509$，$S = 0.0463$（见表 8-2）。设执行期限以月为时间单位计算并假定居民在较短的时间（一个月）至多执行一次，根据对数正态分布公式 $\overline{U} = (\mu - \sigma^2/2)(T-t)$ 和 $S^2 = \sigma^2(T-t)$，得到 $\mu = \dfrac{\overline{U} + S^2/2}{T-t} = 1.7634$，$\sigma = S/\sqrt{T-t} = 0.1590$。

表 8-2　　　　　　　　　人均医疗费用样本均值与方差

年份	人均卫生费用 S_i	$\ln S_i$	U_i	年份	人均卫生费用 S_i	$\ln S_i$	U_i
1978	11.5	2.4423	0.1149	1995	177.9	5.1812	0.2187
1979	12.9	2.5572	0.1169	1996	221.4	5.4000	0.1553
1980	14.5	2.6741	0.0984	1997	258.6	5.5553	0.1314
1981	16	2.7726	0.0896	1998	294.9	5.6866	0.0873
1982	17.5	2.8622	0.1385	1999	321.8	5.7739	0.1174
1983	20.1	3.0007	0.1434	2000	361.9	5.8914	0.0845
1984	23.2	3.1442	0.1292	2001	393.8	5.9758	0.1168
1985	26.4	3.2734	0.1076	2002	442.6	6.0927	0.1466
1986	29.4	3.3810	0.1657	2003	512.5	6.2393	0.1304
1987	34.7	3.5467	0.2374	2004	583.9	6.3697	0.1260
1988	44.0	3.7842	0.2158	2005	662.3	6.4957	0.1230
1989	54.6	4.0000	0.1805	2006	748.8	6.6185	0.1569
1990	65.4	4.1805	0.1646	2007	876.0	6.7754	0.2227
1991	77.1	4.3451	0.1939	2008	1 094.5	6.9981	0.1830
1992	93.6	4.5390	0.2171	2009	1 314.3	7.1811	0.0915
1993	116.3	4.7562	0.2336	2010	1 440.3	7.2726	
1994	146.9	4.9898	0.1915	样本均值 $\overline{U} = 0.1509$，样本方差 $S = 0.0463$			

以下利用卫生部统计中心数据测算按人均医疗费用水平测算的人头费。根据 2011 年统计数据，2010 年，我国人均卫生总费用为 1 440.3 元，则设初始人均

月医疗费用 $S_t = 1\,440.3/12 = 120.025$（元）。如果设免赔额为平均医疗费用水平，则设执行价格与月人均医疗费一致，即令 $X = 120$（元），$T - t = 1/12$，共付比例为 $\alpha = 0.8$，按国际公认无风险利率为 4.5% 计算，确定 $r = 4.5\%$，代入 Black – Scholes 期权定价模型，得到医保经办机构支付的人头费为 $C[S(t), t] = 5.758$。根据卫生部网上公布的数据，2010 年公立医院门诊人次均费用 167.3 元，同期社区卫生服务中心人次均费用 82.8 元，为简化工作、便于操作则可设免赔额 100 元，则按同样方法测算人头费为 25.9 元。

测算结果表明，医保经办机构为每位城乡居民支付人头费 25.9 元（纯保费即医药补偿费）就可以使城乡居民获得一份按人均医疗费用水平享受门诊服务的权利，若月累积医疗支出少于月人均医疗费用 100 元，城乡居民自付；超过月人均医疗费用则按 100 元支付，并对超过部分只承担 20% 的医疗费用。需要指出，本项目计算的人头费只是医药补偿费即纯保费，不包括风险储备金和管理费（这部分费用由各级财政按人头给予补贴）。同时，本书计算人头费主要适用于基层医疗机构提供的门诊和保健费用，大病与住院费用仍然通过社会医疗保险，包括职工保险、新农合、城镇居民医疗保险给予补偿。人头费不是一成不变的，根据城乡人均医疗费用的增长水平，人头费将逐年进行调整，医疗保险经办机构可根据上年度人均医疗费用水平核算本年度政府替医保经办机构支付的人头费。

第五节 面向人口老龄化的养老服务时间银行模式构建

我国的人均收入在世界上处于落后水平，大多数老人属于"未富先老"的弱势群体，难以有多余的经济能力来购买养老服务。在现有工资和价格水平下，有相当多的劳动资源闲置，人们闲暇时间增多，完全有能力为一些高龄老人提供力所能及的服务。引入时间银行模式可以促进养老服务的代际交换，实现养老资源的有效利用和合理配置，必将产生巨大的经济效益。但时间银行模式还存在着许多理论和技术问题尚未解决，一定程度上限制了时间银行模式的广泛推广和普及。时间银行本质上属于货币经济学范畴，但现有文献却没有从货币经济学视角研究养老服务领域为什么需要时间银行；为什么时间货币最适合充当养老服务代际交换的媒介；时间银行模式能否实现让个体通过互惠的交易来达到养老资源最优配置；怎样才能推动时间银行发展。鉴于此，本书从货币经济学视角出发，论证时间银行极大地促进了养老服务的代际交换，并将货币经济学的代际交叠模型拓展引入养老服务领域，论证引入与现行货币体系平行的时间货币、建立时间银行，可以高效地在潜在供求者之间配置资源，提高交易效率。进而借鉴国外经验与我国国情，构建政府主导、全民参与、发行统一时间货币的统一时间银行模式，为政府科学决策提供政策建议。

一、养老服务现状及时间银行作用分析

我国养老需求巨大，但有效需求不足；劳动力丰富、闲暇时间多但养老供给严重短缺；养老服务供给普遍、长期、严重滞后于需求。运用货币经济学理论对养老服务市场供求缺口巨大的现状进行全面分析，揭示养老服务供给不能满足需求的原因在于老百姓手中持有的金钱货币有限，不能购买所需服务，导致有效需求不足。而在现有劳动价格水平下，还有大量劳动没有被利用，出现劳动资源禀赋闲置。由于有未被利用的资源，引入创建与现行货币体系平行的时间货币，建立时间银行，将扩大有效需求，进而增加养老服务的供给和需求，有助于解决日益严重的养老服务供给短缺和效率低下问题，实现养老服务在更高水平上达到均衡。进而解释和论证创建时间银行、时间货币有助于提高交易效率、扩大就业，满足养老服务代际交换需求。

（一）养老服务供求缺口巨大，购买服务难以满足需求

"十二五"时期是我国人口老龄化加速发展期，老龄化、高龄化、空巢化日益严峻，我国人口老龄化速度之快，老年人口规模之大，人口结构变化时间之短，在世界上其他国家均未曾经历过。发达国家是在基本实现现代化的条件下进入老龄化社会的，我国是在尚未实现现代化、经济尚不发达的情况下提前进入老龄化社会，应对人口老龄化挑战的经济基础、养老保障制度和养老服务体系还比较薄弱。因此，我国尚不能与其他发达国家相比，不可能积聚大量的资金用于老年服务业，老龄化到来的时刻与经济发展的时期不相适应，所以必须探索适应中国特色的面向人口老龄化的新型养老服务模式。事实上，如果当前老年人有足够经济能力，那么生活照料的问题可以通过购买服务解决。但是矛盾恰恰在于老年人经济能力不够，尤其是生活迫切需要料理的老年人往往是经济上最脆弱的群体，他们中大多数人的闲暇时间也无法出售给传统市场转换为经济收入，但随着年龄增长、身体状况的影响，需要的生活照料、日托服务、保健护理、精神慰藉为主的养老服务却与日俱增，迫切需要开辟新型养老服务模式，以应对人口老龄化的挑战。

（二）家庭小型化及空巢化使养老形势更加严峻

自从我国实行相关生育政策及其他相关制度以来，伴随时间的推移，我国的

家庭结构发生了巨大的变化。"421"家庭大量出现，家庭结构变得简单，家庭内"重幼轻老"代际倾斜明显，家庭中的子女因求学或工作的缘故离家外出，使得空巢家庭逐渐增多，或是空巢期提前来临，这将是今后我国大多数家庭所面临的主要模式。目前我国城乡空巢家庭超过50%，部分大中城市达到70%，农村也已达到37%，而且空巢化还在持续，预计到2030年，老龄人口将达到近3亿，而空巢老人家庭比例或将达到90%，这意味着届时将有超过2亿的空巢老人。导致空巢家庭出现的因素是多方面的，然而引发的代际冲突等却使我国面临的养老形势更加严峻。空巢家庭中的老年人谁来照料？他们的生活该如何料理？老年人的情感方面如何得到温暖？现代家庭为老年人提供照顾和满足老年人需要的功能正在削弱，这些都是传统养老模式不得不面对的现实。

（三）人口流动频繁使我国的养老问题面临挑战

第六次全国人口普查（2010）在对我国内地31个省、自治区、直辖市的人口流动统计中，公布了居住地与户口登记所在地不一致且分离时间达半年以上的人口数约为2.61亿，该项数据与第五次全国人口普查（2005）时相比，人口数增加超过了1.16亿，约增长81个百分点。在这2.61亿人口中，包含的市辖区内人户分离（即居住地和户口登记所在地在同一个直辖市或地级市内，而乡镇街道不同）的人数约为3 995万，并不属于市辖区内人户分离的约有2.21亿人口。也就是说，随着我国社会经济的飞速发展，越来越多的人由于多样的原因，倾向于选择到一个离户口所在地很远的地方去工作生活，老年人口高龄化对生活照料需求增加，使传统家庭中子女全身心照料老人的状况难以维系。我们甚至可以预料，将来我国人口的流动会越来越频繁，这对我国的养老事业来说是另一个大的挑战。一方面，它导致空巢家庭的增多；另一方面，流动人口对应养老保障的转移接续也是一项需要深度挖掘的课题。养老保险等虽然在这一方面有所应对，但覆盖面不够广以及其他资源相对缺乏的事实，使得我国目前的养老现状不容乐观。以我国国力国情而论，我国亿万老年人的"老有所养"还必须依靠家庭。为了强化家庭养老，社会应将支助家庭养老作为一项重要政策，建立支助家庭养老的激励机制，探索新型养老服务模式。

（四）时间银行是应对人口老龄化、化解养老服务供需矛盾的有益探索

总的来说，我们现在面对的是这样一个现实：一方面随着高龄社会的到来，寻求照料的老人在逐年增多，而愿意提供这种帮助的人员却远远不足；另一方

面，虽然很多有劳动能力的人希望为高龄老年人做一点事情，但是由于一些客观条件的限制和互助性的难以持续，他们又难以投入对他人提供无偿性的志愿互助养老服务。志愿者精神固然是一种崇高的人道主义精神，但是在社会的市场经济化愈加显著的今天，这种只求付出、不求回报的互助形式并不符合基本的市场规律。虽然老人们参与志愿服务的意识比以前有了较大的进步，但是总体来说，参与者仍然数量少且不稳定。想依靠纯粹的老人之间的志愿互助来提供足够、稳定的社区养老服务，目前还难以实现。目前我国老年人的需求正由低层次、单一化向高层次、多样化过渡，因此养老问题的重点不应只是老年人基本生活需求的满足和单一金钱货币形式的保障，而应向更高层次多元化发展，养老服务时间银行模式对缓解这种供需矛盾而言能够发挥积极作用。

时间银行的提出和实行主要是为了一种经济目的：低龄健康老年人为高龄老年人服务，尤其适用于那些有时间和精力，但经济收入较低的老年人，通过储存劳务的方式为自身储备养老资源。经过几年甚至十几年的积累后，当他们需要得到这类服务时，可将积累的时间提取用于支付他人提供的照料服务上，而不需付以现金报酬。通过这种一代人接一代人接力式延期支付劳务报酬的方法，可以解决一部分老人急需帮助而无现金支付能力的问题。时间银行对互助服务进行量化并存储起来，承诺了提供者将来可以支取等量的他人服务。这既是对人们所提供服务的价值的认可，体现了对志愿者服务的尊重，同时也保障了提供者将来的回报，符合经济规律，解除了一些人"今天我为别人服务，到我老了谁来为我服务"的顾虑，建立一种"人人为我，我为人人"的长效互助服务信用体制，是对现有的社会援助保障机制的一种重要补充。可以预见，这一机制如果能够得到推广，将可以弥补传统的无偿互助养老模式存在的问题，吸引大量的人群加入这一互助服务体系，有效地解决高龄化社会中的居家养老问题。

二、时间银行模式基础理论研究

时间银行理论的研究远远落后于实践的发展，本书尝试将应用于养老保险领域的代际交叠模型拓展引入养老服务领域，在代际交叠模型框架下建立养老服务时间银行、时间货币的代际交叠模型理论框架。首先根据实际情况建立符合养老服务的模型假设，然后根据假设条件建立一套完整的养老服务时间银行、时间货币代际交叠模型。进一步解释和论证创建时间银行、时间货币有助于提高交易效率、扩大就业，抑制通货膨胀，满足养老服务代际交换需求，实现养老资源最优配置；最后进行拓展研究，在时间货币供给一定和货币供给按比例增长两种情况下建立模型，研究时间货币供给量的增长对时间货币价值的影响。

（一）模型假设

养老保障包括经济保障和服务保障两方面，但长期以来我国重经济保障轻服务保障，导致养老服务保障的发展速度严重滞后于老龄化发展速度。我国养老需求巨大，但有效需求不足；劳动力丰富、闲暇时间多但养老供给严重短缺；养老服务供给普遍、长期、严重滞后于需求。本书从货币经济学视角出发，认为养老服务供给不能满足需求的原因在于老百姓手中持有的金钱货币有限，不能购买所需服务，导致有效需求不足。而在现有劳动价格水平下，还有大量劳动没有被利用，出现劳动资源禀赋闲置。由于有未被利用的资源，引入创建与现行货币体系平行的时间货币，建立时间银行，会扩大有效需求，增加养老服务的供给和需求，有助于解决日益严重的养老服务供给短缺和效率低下问题。由于存在未被利用的资源，货币供给量的增加将会扩大养老服务的供给和需求，实现养老服务在更高水平上达到均衡。20世纪80年代以来，西方发达国家积极探索改革老年照顾服务供给体制，寻求市场化途径解决老年照顾供给不足与效率低下问题，时间银行模式作为一种新型养老服务创新模式被越来越多的学者引入和关注。

本书将货币经济学的代际交叠模型拓展引入养老服务领域，构建养老服务的时间银行代际交叠模型，从理论和实践两方面论证引入与现行货币体系平行的时间货币、建立统一的时间银行是应对人口老龄化、建立新型养老保障服务模式的有益探索。代际交叠模型中的货币一直被批评者攻击为与普遍意义上的货币并非同一概念，本书将代际交叠模型中的货币解释为时间货币，将提供商品的禀赋解释为提供养老服务的禀赋，假定政府可以无成本的生产时间货币，而除政府之外任何人都不能生产或伪造。为最大化初始年老代的效用，政府给每位初始年老代的人等量的时间货币，年轻人可以向老年人卖出一部分他拥有的劳动禀赋，获得时间货币，将这些时间货币持有到下一期同下一期的年轻人交换服务，建立与养老服务相适应的模型假设。

最早由萨缪尔森1958年提出的代际交叠模型在一个非常简洁的框架下介绍了货币存在的必要性，本书证明代际交叠模型中货币极大地促进了养老服务的代际交换。模型假定每一代的生命是有限的，但代与代之间是交叠的，这样就有一部分而不是所有的人都可以活到下个时期。在代际交叠模型中，每个人的生命存在两个时期，将处于生命第一时期的人称为青年，处于生命第二时期的人则是老年。假设经济始于第一个时期，在每一个时期 $t(t \geq 0)$，有 N_t 个处于年轻时的人和 N_{t-1} 个处于年老的人。例如，在第一时期，有 N_0 个初始年老代的人和 N_1 个出生在第一时期并正年轻的人。在每一个给定的时期中，有年轻的和老年的两代人。代际交叠模型的名字就是从这个代际结构来的。

为简化起见，假设在整个经济中只考虑养老服务，并假定它不能从一个时期贮存到下一时期。每个人都可以在自己生命的第一时期获得劳动能力的禀赋，通过使用这种劳动能力，个人能够获得收入进行消费，每人禀赋的总量记为 y；并且每人在自己生命的第二时期都不能获得禀赋。每人的生命有两个时期，在他年轻时和年老时分别获得 y 单位和 0 单位劳动能力禀赋。由于劳动能力的禀赋是不可贮存的，个人只能在年轻时通过劳动能力获得收入进行消费，但个人又想在年轻时和年老时都能消费，这就需要通过货币交易合理配置经济中的资源，使得个人在年轻和年老时都能消费。本书将代际交叠模型中的货币解释为时间货币，将提供商品的禀赋解释为提供养老服务的禀赋，假定政府可以无成本的生产时间货币，而除政府之外任何人都不能生产或伪造。为最大化初始年老代的效用，政府给每位初始年老代的人等量的时间货币。假定政府发行固定的时间货币存量 M，M 是可以完全细分的，并且每一个初始年老代都获得等量的时间货币 M/N。时间货币的存在使得养老服务交换成为可能。年轻人可以向老年人卖出一部分他拥有的劳动能力禀赋，获得时间货币，将这些时间货币持有到下一期同下一期的年轻人交换养老服务。进一步假定个体在时期 t 认为 1 单位时间货币的价值是 v_t，在时期 t 出生的个体能够完全地预测时间货币在下一时期的价值 v_{t+1}，而且他关于这个价值的期望正好得到实现。

（二）时间银行代际交叠模型建立

养老实质是代际交换，运用代际交叠模型论证时间银行模式将提高经济中所有个体的福利，促进养老服务代际交换，实现养老资源最优配置。时间货币的引入、时间银行的建立不仅使得将来一代通过提供养老服务增加了他们的效用，而且也使他们达到了自己最大可能的效用，而初始年老一代得到政府发行的时间货币，可以用它们来交换养老服务，满足自己的需要，也可以将时间货币留给后代，增加自己和后代的效用，实现个体通过互惠的交易来达到养老资源的最优配置。一个在时期 t 出生的年轻人面临的问题是最大化其生命的每个时期的效用。利用模型假设，个体生命的第一时期拥有 y 单位禀赋，可以消费他们享受闲暇，也可以卖掉他们向他人提供养老照顾服务，获得时间货币。需要注意的是将来代没有人生来就有时间货币，为了在老年时获得养老服务，个人必须在年轻时放弃一部分闲暇为同一时期老人提供养老服务，得到时间货币用以满足个体将来的需要。如果将个体在时期 t 的消费记为 $c_{1,t}$，提供养老服务获得的时间货币记为 m_t，为了获得时间货币需提供的养老服务总量为 $v_t m_t$，那么个体在生命的第一时期面对的消费约束为：

$$c_{1,t} + v_t m_t \leq y \qquad (8-7)$$

个体在生命的第二时期不能获得禀赋,当个体年老时可以通过花费第一时期获得的时间货币换取养老服务,在他生命的第二时期(时期 $t+1$),这些货币可以获得 $v_{t+1}m_t$ 单位的养老服务。个体在其生命的第二时间面对的预算约束为:

$$c_{2,t+1} \leqslant v_{t+1}m_t \tag{8-8}$$

在一个货币均衡中,对任意 t,有 $v_t \geqslant 0$。于是将式(8-8)重写为 $m_t \geqslant \dfrac{c_{2,t+1}}{v_{t+1}}$,将其代入第一时期预算约束式(8-7),进而得到个体一生的预算约束为:

$$c_{1,t} + \left[\frac{v_t}{v_{t+1}}\right]c_{2,t+1} \leqslant y \tag{8-9}$$

用图来描述个体的偏好会很直观,下面通过无差异曲线来分析个体的偏好。一条无差异曲线连接了所有使得个体得到相同效用的消费束。由于将来代的人在年轻和年老时都可以消费,每个人的效用取决于在年轻时和年老时消费的组合。当一个时期下的消费总量确定时,个体总是希望在另一时期有更多的消费。也就是说当消费品在今天是丰裕的而明天相对稀缺,人们愿意在今天放弃更多的消费品而将其留到明天,即边际消费倾向是递减的。一个给定的货币回报率水平 $\dfrac{v_{t+1}}{v_t}$ 下,寻求自身效用最大化的个体会选择消费组合 $(c_1^*, c_{2,t+1}^*)$,它是预算线能够触到的最高的无差异曲线,此时这一点必定是预算线和无差异曲线的切点(见图8-4)。货币的回报率决定了预算线的斜率。以上通过建立养老服务代际交叠模型,证明引入时间货币、建立时间银行不仅提高经济中所有个体的福利,而且在现有资源条件下达到个体最大可能的效用,促进养老服务代际交换,实现养老资源最优配置。

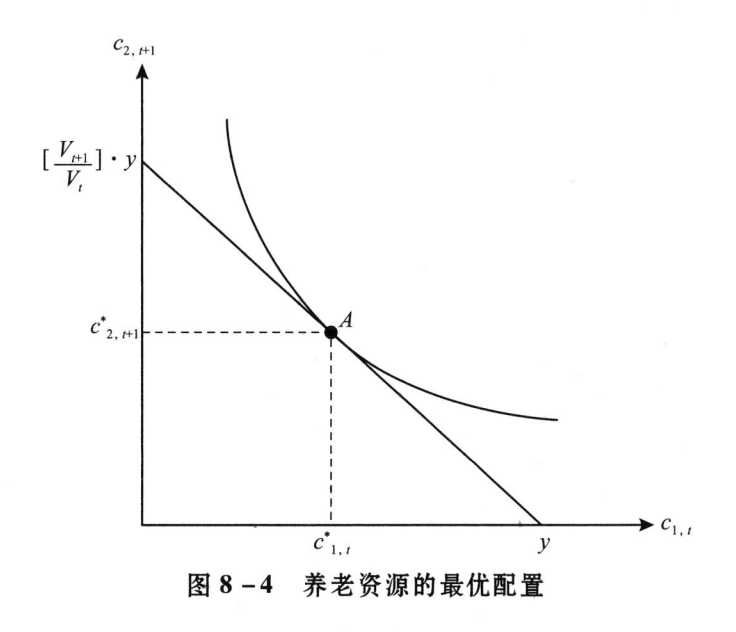

图 8 - 4　养老资源的最优配置

在一个完全竞争的市场上,时间货币的价值是由时间货币的供给和需求决定的。每一个个体对时间货币的需求等于他为了得到时间货币而向同一时期的老年人提供的养老服务总量,也等于他在年轻时没有消费(享受闲暇)的那部分劳动能力禀赋 $y-c_{1,t}$。于是时期 t 经济中所有个体对货币的总需求是 $N_t(y-c_{1,t})$。时间货币的总供给是 M_t,于是用养老服务衡量的时间货币总供给等于时间货币的数量乘以 1 单位时间货币的价值,即 $v_t m_t$。供给与需求相等,即要求:

$$v_t M_t = N_t(y - c_{1,t}) \tag{8-10}$$

变形一下即:

$$v_t = \frac{N_t(y - c_{1,t})}{M_t} \tag{8-11}$$

式(8-11)表明 1 单位时间货币的价值是由时间货币的实际需求与时间货币供给总量的比值来确定的。这样由市场决定时间货币的价值,可以改变不考虑劳动强度差别、统一由服务时间长度计量时间货币价值的局限。

图 8-4 中,在点 A,个体达到了给定一生的预算约束下的最大效用,促进养老服务代际交换,实现养老资源最优配置。点 A 是一条无差异曲线与个体一生的预算线的切点。时间货币的回报率决定了预算线的斜率。

三、社区时间银行模式现存问题分析

国外时间银行模式在实践中逐渐演化为立足于邻里之间的社区时间银行、由公共和非营利组织主导的个人——组织时间银行和以年轻人为中心的时间银行三种模式。对三种模式比较分析发现,认识障碍、参加者难以持续、缺乏将服务需要和提供有效匹配的长效机制是制约时间银行发展的突出问题。我国时间银行的发展阶段主要集中在养老服务的社区时间银行模式,社区时间银行在实践中存在着规模小、制度不健全、持续时间短、难以可持续发展的弊端。比较和借鉴国外模式,深层次挖掘养老服务社区时间模式在我国发展不尽如人意的原因,从认识层面、政策层面、技术层面、操作层面、参与主体层面入手揭示社区时间银行发展障碍,为建立养老服务统一时间银行模式奠定实践基础。

(一)认识层面

我国仅将社区时间银行看做是一项极具公益性的活动,但仅靠它的公益性不足以支撑其持续发展;养老服务时间银行要达到覆盖全民的程度,出发点是为了缓解我国目前乃至今后的养老困境,因而只谈公益不谈保障是不周全、不成熟的做法。其公益性的背后,需要有对应的法律保障或者其他形式的保障来做支撑。

社区时间银行模式未曾被大众所熟知,政府及相关机构对它的宣传力度有欠缺。社区时间银行模式在过去的实践经验虽然涉及全国几大重要城市,但覆盖面并不广,仅仅是在城市内几个街道或社区这样的小区域内进行短暂而热烈的开展。一直以来养老服务时间银行这一概念并未被大众所熟知,政府或相关机构对它的宣传力度有限,使得知晓的群众对其信心也有限,即使心动也不愿行动。

(二) 政策层面

时间银行的发展需要政府法律和政策支持与保障。在发达国家和地区的养老服务体系中,像德国和日本等,政府或有关机构部门所制定的相关法律政策在其中都起到了极为重要的作用。养老服务时间银行在我国大多数地区的收效和成果并不理想,其中一个很大的原因就是在实施过程中缺少权威性法律政策体系的保障,即使有相应的措施,也仅为分散的社区或街道所拟定,通用范围狭窄,导致公众对养老服务时间银行的信心有限,持有怀疑和观望的态度,行动力不足。通过发达国家的经验可以看出,不论是社区居家养老模式的发展还是养老服务时间银行的有效实施,都与政策法律的保障和指引作用分不开。相关政策法律不仅能起到保障作用,还能向公众宣传养老服务时间银行的重要作用,使公众知其然并知其所以然,政府作为政策法律的研究者和制定者,对时间银行的建立和发展承担着无可替代的责任。

(三) 技术层面

时间银行相关理论和技术方面的不成熟制约时间银行的发展。养老服务时间银行能够通存通兑吗?可以转让吗?该如何转让?这涉及养老服务时间银行方案实施的可持续性。目前在我国实施的养老服务时间银行做法,大多是各自为政的行为,不仅各有一套实施标准,还限定了存兑养老服务时间的地理位置范围和转让范围;有些地方基于时间储蓄的精神建设层面,并不十分提倡将所存储的时间转让给第三人。如果我们将养老服务时间银行视作一种短期性、微观性的做法,以上问题或许不用仔细考虑。但它若以补充现有养老保障体系为目的,则须制定长期性、宏观性的实施方案,不仅要求它能在小范围内行得通,还要求它在全国范围内具备通行的能力,如同金钱货币在全国范围内的银行可以通存通兑一样。

(四) 操作层面

对不同劳动强度下"时间"如何存储、计量等具体操作方面制约,使得养老服务时间银行的实践之路并不平坦。在养老服务时间银行方案中应该如何对不同劳动强度标准下的时间进行换算和记录,是实施过程中需要解决的难题。在社区时间银行中,志愿者向服务对象提供服务,然后根据一定的标准和比例存储"时间"。应该遵循怎样的标准和比例,影响标准和比例的因素是什么,成为拟定相关制度时需要着重考虑的问题。其中一条是劳动强度的考量,因为在相同的时间长度内,不同劳动强度所造成的消耗必然不同。虽说无论简单与否,每一项劳动都有一定的价值——不管是日常的清洁打扫,还是专业的医药护理,都应当一视同仁。但若以此为根据,会造成简单的服务大家抢着去做、稍有难度的劳动却无人问津这样的情况发生,反而会对养老服务时间银行良好作用的发挥造成障碍。因此,在时间存储的过程中,仅对服务时间长度进行记录却忽略服务内容和劳动强度的做法,难以体现公平。

(五) 参与主体层面

由低龄健康老年人为高龄老年人提供服务的社区时间银行主要限于志愿者参加,而志愿者的难以持续制约时间银行可持续发展。时间银行的提出和实行主要是为了一种经济目的:适用于那些有时间和精力,但经济收入较低的老年人,通过储存劳务的方式为自身储备养老资源。德国政府鼓励年满18岁的公民参与"时间储蓄"的政策,对我国向来坚持以低龄老人服务高龄老人的社区时间银行做法来说是一种进步,它将参与者扩大到社会的全年龄层,是代际互助精神的体现。我国的老龄化问题并非一朝一夕可以解决的,在今后几十年的时间里它必然是一项重大而持久的课题。如果仅将社区时间银行的做法在老年人群中普及,会造成劳务时间储蓄供需的断层,因而不利于它的可持续发展。根据我国第六次人口普查的年龄结构分布和世界人口展望中关于2025年乃至2050年我国的老龄化情况显示,我国今后的养老形势会更加严峻。基于此,若仍坚持仅以低龄老人作为养老服务时间银行的志愿者,或是不允许储蓄的时间转让给第三人,将难以实现养老服务时间银行这一方案的可持续性;进而可能会造成一段时间过去,社区时间银行的做法依旧不了了之,养老形势依旧难以缓解的局面。

四、养老服务的统一时间银行模式构建

时间银行本质上属于货币经济学问题,本书从货币经济学视角出发,不局限于社区,而是立足于全国,建立统一的时间银行模式;不局限于单纯的时间银行,而是由时间银行发行统一、有形、符号化的时间货币;参加者不局限于志愿者,而是倡导全民参与的养老服务时间银行模式,以应对人口老龄化的挑战。根据我国不同于西方国家的国情出发,从营造宏观环境、发行统一时间货币、建立

统一时间银行、全民参与、阶段性试点过渡等方面构建符合我国国情的政府主导、全民参与、发行统一时间货币的统一时间银行模式。

（一） 营造宏观环境

政府是否发挥有效的作用对时间银行模式是否成功至关重要。政府在养老服务时间银行方案实施中的责任承担主要体现在三个方面，一是宣传，二是研究和立法，三是保障和监督。公众的信心是时间银行模式成功实施的群众基础，在过往的经验中，一些地区正是由于公众对社区时间银行缺乏信心，导致时间储蓄方案不了了之。公众对养老服务时间银行的信心缺失原因有以下几点：首先是对这一概念和做法不甚了解，感觉是新鲜名称，缺乏尝试的勇气；其次是它如果仅在小范围内实行，社区与社区之间的标准不统一，具体操作流程"各自为政"，难免会无法满足人员流动频繁的现实情况；相关的法律没有跟上，没有制定相应的法律和政策以支持时间银行的发展。因此，无论是对养老服务时间银行的宣传工作，还是对具体实施操作流程的统一部署，以及相关法律的制定和完善都需要政府在其中发挥重要的作用。政府以其权威性进行介入和支持，于广大群众而言是良好的心理保障、安全保障和信心保障。在德国和日本，政府和有关机构部门为保证相关养老服务方案的顺利实施，都设立了一定的法律政策，因为政策法律的保障和指引作用与方案的顺利实施是难以分隔开的。我国目前的养老保障体系中也设立了社会保险法，在完善和拓展养老保障的过程中，建立养老服务的时间银行模式是利国利民的重要探索，政府作为政策法律的研究者和制定者，也应负担相应的责任。

（二） 发行统一时间货币

现有的时间银行模式并没有发行统一、有形、符号化的时间货币，以记账货币、电子货币形式存在的时间货币难以取得社会的广泛认同，其权威性、可靠性和可持续性难以保障，这可能是制约时间银行取得突破性进展的根本原因。为更好地促进养老服务代际交换，时间货币有必要改变其虚拟货币的形式，发行统一、有形、符号的时间货币，有效发挥时间货币作为养老服务交换中介、价值标准、延期支付与财富贮藏职能。为实现这些职能，需要做的就是像金钱货币那样建立强制性的币值标准，并将其价值符号凭证化、有形化，运用国家强制力赋予时间货币应有的通货能力。时间货币与金钱货币并存，并不是复制金钱货币的所有功能，而是执行特殊功能的货币，旨在化解养老服务供需矛盾，促进养老服务的代际交换，实现养老资源最优配置。相对于金钱货币，以"小时"为单位的时间货币，将闲置的时间利用并储存起来，用于养老服务需要，具有创造财富和扩大财富的功效。时间货币作为社会物质财富和精神财富的价值标准，改变当前社会对金钱货币财富的穷尽极致的追求，而对时间财富的大量浪费，时刻提醒资源稀缺性、更好地理解和判断财富地位和人生价值，积累和培育社会资本，弘扬中华民族的传统美德。

（三）建立统一的时间银行

既然时间银行期待在将来得到支付，就必须由权力机关建立统一的时间货币经营和管理机构，为时间银行模式提供有力的机构保障和信誉保障。而现在试行的社区"时间储蓄"实际上缺少统一的制度化和规范化的保证机构，具有社区自助和互助色彩。目前实施时间银行的机构各不相同，各个机构的实施方式也存在差异，而且受政府机构改革影响，即使在同一城市，不同地区的做法也不相同。迫切需要建立统一的时间银行，参考金钱货币运作体系，建立统一的时间银行运作系统，发行统一的时间货币，实现时间货币价值计量和通存通兑问题。国外时间银行模式实质上属于社区自愿领域，由民间组织推动，但我国有不同于西方国家的国情，民间组织不发达，依靠民间自愿组织的力量远远不够。时间银行模式的健康发展需要依靠政府主导，通过制定相关政策和制度措施，自上而下建立全国统一的养老服务时间银行模式，以应对人口老龄化的挑战。统一时间银行的建立离不开政府的支持，政府需研究建立与时间货币相对应的时间货币经营机构，通过高效的时间货币经营运行机制，为时间货币的发行、变现、计量、存储、转让创造相应条件，提供相应的保障。政府为此制定相关的政策、法规，确保时间银行有效运行。可以利用统一的社会保障卡建立契机，建立统一的养老服务时间银行运行机制。与金钱货币一样，时间货币经营机构的经营能力、资信状况与时间货币币值的稳定性高度相关，只有依靠政府强有力的支持，才能从根本上解决时间银行的保障和信任问题，只有建立长期性、权威性的时间货币经营机构，具有在全国范围内具备通行的能力，如同金钱货币在全国范围内的银行可以通存通兑一样，才能提高经济中所有个体的福利，促进养老服务的代际交换，实现养老资源最优配置。

（四）倡导全民参与

随着社会的发展和人民生活水平的提高，老年人的需求也逐渐从单一化向多样化发展。我国传统的养老保障体系，如养老保险和各种商业保险等，重点是在养老资源的金钱货币保障上。老年人作为特殊的弱势群体，他们的需求更多地体现在心灵层面和精神层面的多样性上，在这些领域内传统的养老保障体系鞭长莫及。养老服务时间银行在最初虽仅是鼓励低龄老年人参与，但随着普遍实施，应逐渐转变为提倡全民参与。这样一来，老年人的需求多样化，便有多样化的服务来对应；老年人对精神满足的渴求，便有注重精神层面的服务来对应。养老服务时间银行对注重金钱货币层面的传统养老保障体系，是一种精神层面的补充，是一种和谐的发展。养老服务时间货币储备是金钱货币储备之外的养老储备形式，作为一种选择，参与者不分年龄层；无论是老年人还是年轻人，都应该积极参与到养老服务时间银行模式中来。时间货币储备与金钱货币储备相比，具有不受通货膨胀影响、不需要课税，能够扩大就业，满足养老服务代际交换需求等特点，在养老服务领域保持稳定，是一种很好的补充形式。个人积极储蓄养老服务时间货币，侧面也是对养老服务时间银行模式的支持，使其普及面更广、相关操作体系更加稳定，进而能使养老服务时间银行模式反过来更有效地保障参与者。

（五）做好过渡试点工作

养老服务时间银行方案是一项覆盖全民的方案，所以无论是在构建制度体系，还是在付诸实践的过程中，都需要先行试点，明确其中包含的各方责任（主要包括个人及家庭责任、社会责任、政府责任）。只有明确了责任，才能为养老服务时间银行的制度体系构建乃至今后的健康发展打下良好的基础。由于我国目前养老保障金的实际保障能力有限，个人及家庭有必要在力所能及的情况下通过多种正面渠道积极储备养老服务资源。通过全民参与的养老服务统一时间银行模式，城乡居民积极支持与参与养老服务时间货币使用、储存，积极学习日常照料护理服务，提高自身健康水平同时对养老资源的积极储备，实现养老资源的最优配置。试点阶段主要包括发行统一时间货币，建立养老服务时间银行存兑与转让机制，信息互享机制，评估与监督机制和养老服务时间银行法律保障机制，它们在方案实施的具体过程中发挥各自的作用，保障养老服务时间银行健康、有效、持续的发展。

第九章

社会转型时期教育发展的政府治理模式

第一节 教育的产品属性与教育的公共治理

一、教育的产品属性

关于教育的产品性质问题，一直存在着公共产品、准公共产品与私人产品的争论。究竟哪种观点更接近事实，需要根据教育服务的内容与特点予以正确的判断。

教育服务的内容包括服务于教育或通过教育产出的有形产品和无形信息。其中有形产品包括教育行政组织、教育资金、学校、作为人力资源的教育者、作为人才资源的毕业生和一些教育器材、具有物质形态的研究成果等；无形信息包括各种法律、政策、规章制度、作为信息资源的教育目标和教育内容、以信息形态存在的研究成果等。教育的无形信息就自身的存在形态来说具有消费的非竞争性和消费的非排他性特征，属于纯公共产品。但由于技术的进步，也存在可排他性，校园网就是一个生动的事实。因此，它也可能转化为俱乐部产品。

教育的有形产品具有资源的有限性和拥挤性特点，当消费者使用它时需要具有一定的限度，不可能无限度地消费。但在拥挤的边界内使用它时具有消费的非竞争性，如当一个教师在拥挤的边界内为消费者服务时，具有消费的非竞争性；国家为特殊的学生群体提供助学金，对于符合条件的学生来说助学金具有消费的非竞争性；教师在课堂上授课，对于在这一课堂上听课的学生来说，教师具有消费的非竞争性。可见，教育的有形产品对于拥挤边界内的消费者来说具有相对的非竞争性，但具有消费的可排他性，它是一种俱乐部产品。不过，像学校开放的操场、绿地等，虽在拥挤的边界内具有消费的非竞争性，但在技术上不可排他或排他成本较高，它是一种公共池塘资源。

霍布斯认为，国家是一种具有公共产品性质的社会契约，政府的职能就是为个人提供公共服务，包括教育的供给。亚当·斯密在政府供给公共产品的清单中，将教育上的公共设施分为两项，即关于青年教育的设施，如学校；关于全体公民的教育设施，如宗教教育设施。他认为，这类设施的性质决定了"由个人或少数人办理，那所得利润绝不能偿其所费。所以，这种事业，不能期望个人或少数出来创办或维持"。[①]不过，虽然他把教育的供给责任归于政府，但并不否定私人在获益的前提下参与教育的经营。他从公共费用支出的角度指出，教育设施由那些直接受到这些利益的人支付也是正当的。教育设施在能给私人带来利润的前提下，由私人经营比政府经营更有效率。约翰·斯图亚特·穆勒认为，个人对教育的效用无法作出恰当评价，因此自由经济制度不能保证良好的教育被充分而完整地提供出来，政府介入是必需的，政府应该使孩子享受免费的初等教育。但不论是初等教育还是高等教育，政府都不应该享有垄断权。[②]

教育制度、法律、规章等信息资源，主要是体现国家意志和社会发展方向的纯公共产品，这类产品由私人来提供和生产是不可能的，必须由政府来提供和生产。根据公共产品"供给"与"生产"分离的理论，教育中俱乐部产品的"供给"和具体的"生产"是一个过程的不同环节，可以分开并由不同的主体来进行。所谓"供给"，主要是就资金的提供而言的；所谓"生产"，则强调怎样进行具体的产出活动。教育的资金可以由政府来供给，也可以由其他盈利或非营利团体及个人来供给，但教育的生产只能由学校来完成。

教育中的"公共池塘资源"，存在"拥挤效应"和"过度使用问题"。在学校公共绿地和开放的学校操场这种具有可分性和共享性的公共池塘资源环境中，对资源系统的有序、有效使用和持续供给具有决定性意义。根据奥斯特罗姆的研究，受"公共池塘资源"影响的社群人数不算多，他们比较容易把自己组织起来，对"公共池塘资源"的占用和供给可进行自主治理，从而有效克服人们的

---

① 亚当·斯密：《国民财富的性质和原因的研究》（下卷），商务印书馆 2004 年版，第 284 页。
② 张颖：《美国公共产品供给轨迹研究》，辽宁大学 2008 年博士学位论文，第 14 页。

机会主义和"搭便车"倾向。

综上所述,教育作为一项国家的事业,需要有明确的发展方向和行为规范。因此,国家必须提供科学的教育法律、教育政策、教育规划等纯公共产品。而作为教育资金、学校等俱乐部产品,可采用供给和生产分离的方法,按教育投入和产出的不同阶段,分别由不同的主体来完成。而对于教育中存在的公共池塘资源可以通过自主治理的方式,保证资源的可持续利用。

二、教育的公共治理

自从有了人类的教育现象开始,就有了人类的教育治理活动。原始社会的教育治理活动虽然比较简单,但也有其特有的治理目标、组织机构、治理程序和治理方法。大约在公元前2000年的奴隶制时代,我国开始有了系统的传授文化知识的机构——学校。伴随着学校的发展和变迁,教育治理的经验也越来越丰富。大约距今2 300余年前的战国时期,齐桓公为发展国力,在齐国都城临淄的稷门地区办起了一所学校。学校由官方出资,私家主持,即办学的一切费用由国家承担,学校实行门户开放,教者可自由讲学择徒,学者可自由求学选师。教学治理的形式是将讲学、著述、育才等融为一体,为学校的发展提供良好的学术氛围,同时对教师做到学术不干涉,生活提供优厚待遇。良好的教育环境,使学校在最兴盛时,集学者千余,大师70多位,培养的人个个光彩夺目,对战国中后期的政治和学术活动的发展产生了极大的影响。这就是中国古代著名的稷下学宫办学模式。稷下学宫办学模式是我国古代最著名的教育治理的范例之一。战国后期的《学记》是中外文明史上最早的教育治理文献之一,提倡"建国君民,教学为先",主张从中央到地方按行政建制办学,即"家有塾,党有庠,术有序,国有学",成为后来历代政府进行重大教育改革和规划的蓝图。孔子的教育治理以"仁"为核心,主张"己所不欲,勿施于人","己欲立而立于人,己欲达而达于人"等通过关心、爱护和重视人来实施有效治理的思想。而荀子则重视制度、法令等对教育治理的影响,提倡师道尊严,"国将兴,必贵师而重傅,贵师而重傅则法度存"。墨家主张唯才是举,"选择天下之贤可者";而道家崇尚"自然""无为"的治理原则,认为"人法地,地法天,天法道,道法自然",即治理要尊重人的个性。法家主张采取"信赏必罚"的治理方法,并看重法治教育,倡导"以法为教"。我国隋唐时期中央成立了专门负责治理教育事业的政府机构——国子监,中央和地方分级治理,形成了比较完善的学校治理制度和科举考试制度。兴于我国宋代的书院教育则带有明显的自治色彩:经费自筹、自主治理、办学方针自立、课程设置自定等。19世纪60年代,我国受西方资本主义教育制度影响，开始创办新式学堂，其中1898年设立的京师大学堂是当时新式学堂的最高学府和最高教育行政机构，新式学堂在招生上要求求学机会平等，学生考试入学，实行担保人制度、学生分配制度和严格的教学治理制度。20世纪初，我国建立了教育督导制度。其后，为加强对学校的控制与治理，中央政府着手改革旧的教育治理体制，中央设学部，省设学务公所，县设劝学所。同时各级监督机制也相继建立，中央设中央视学，省设省视学，县设县视学，并制定了《视学官章程》。蔡元培主张根据各地的实际实施教育治理，将普通教育的治理权下放给地方政府，同时倡导教育的民主与法治，如"教授治校"、"学生自治"等。而我国另一位著名教育家陶行知主张，治理学校的最好组织形式是建立学校董事会。①

在西方，古希腊城邦国斯巴达实行国家集权式的教育治理制度，政府完全控制教育，教育行政高度从属于普通行政，专职教师和督学从高级行政官吏中选拔，实施完全的免费教育，禁止私立学校；古希腊的柏拉图和亚里士多德认为，教育是理想国家和理想政治的一部分，是国家的头等大事，可以改造人性，故国家执政者要认真制定教育政策，统一管理全国的教育事业。与此相反，古希腊的另一城邦国雅典则尝试依法治教，不主张国家对教育的过多干预，提倡多种形式办学，尊重人们选择教育机构和教育方式的权利。17世纪，捷克著名的教育家夸美纽斯主张国家应担负起教育治理的责任，普遍设立学校，选择合适的人担任国家督学，督学的职责包括对教育管理者进行培训、检查校长教师工作、了解学校教学情况等；在他的倡导下全国统一的学校制度开始建立，学年制、学日制和班级授课制开始实施。②

20世纪以前，几乎没有任何关于管理的系统研究，管理实践只是建立在经验和常识的基础之上。20世纪初，出现了古典组织理论的两种思潮，即科学管理和行政管理。弗雷德里克·W. 泰勒认为，管理者应该对工作进行科学的研究，找到完成任务的"一种最好的方法"，以提高工作效率。泰勒的"科学管理"包括四个组成部分：科学的工作分析，确定完成每一项工作的"一种最好的方法"；科学地选择并培训、教育和培养工人；管理者与工人亲密合作；功能性监督，即管理者承担起计划、组织和决策的职责，工人则主要是完成好他们的工作。科学管理专注于对单个工人工作的研究，主要是对工作和工人的管理。

古典组织理论的第二种思潮是行政管理。亨利·法约尔将管理上的成功归因于所使用的一套管理原理。他宣称所有的管理者都要履行五项基本的职能：计

---

① 吴志宏、冯大鸣、周嘉方：《新编教育管理学》，华东师范大学出版社2000年版，第35~44页。
② 同①，第45~49页。

划、组织、指挥、协调和控制。并提出了引导组织管理的 14 条原则，强调指挥链、权力分配、秩序、效率、公平和稳定性。卢瑟·古利克进一步拓展了法约尔的五项基本管理职能，提出了管理的七项职能，即计划、组织、人事、指挥、协调、报告和预算。马克斯·韦伯提出了"行政组织体系"的概念。行政组织体系概念是建立在一套综合的理性准则之上的，在概念上与法约尔的 14 条管理原则有很多相似之处，韦伯的准则被许多人认为是构成了一个理想的组织效能结构。韦伯的"理想型"科层制和法约尔的 14 条管理原则奠定了当代组织理论的基础。[1]

从 20 世纪 50 年代起，管理科学步入行为科学阶段。行为科学从心理学、社会学、政治学、经济学、人类学等多个角度，探讨人的行为问题，对教育治理的职业化研究产生了积极的影响。一些学者认为，教育管理学发端于 20 世纪初，其"职业化"的研究开始于这一时期。[2] 自此，教育治理经历了教育政府治理、教育市场治理，直至今日的教育公共治理的不同历程。

实践表明，教育政府治理和教育市场治理均不能同时保障教育的公平与效率。为此人们开始寻求教育治理的"第三条道路"，即教育公共治理。

在教育公共治理中，政府作为教育公共治理的重要主体之一，起着主导全局的作用。通过政府的制度创新和机制设计，政府、学校和社会在教育公共事务的治理过程中"平等协商、良性互动、各尽其能、各司其职"。在充分发挥各自优势的基础上，合理分配教育公共治理的权力与利益，实现其职能与能力的协调和责任与利益的协调。

教育公共治理的发展过程是政府本位逐步消退，经历了市场本位的洗礼，社会本位逐步形成和发展的过程。教育政府治理阶段、教育市场治理阶段和教育公共治理阶段，都应该体现社会本位思想。只不过在教育政府治理阶段，社会本位思想受到政府本位思想的制约，在教育市场治理阶段，社会本位思想受到社会交易思想的冲击；只有在教育公共治理阶段，社会本位理念才得以全面释放，"人本、责任、服务"与"参与、合作、互惠"的精神才得以真正实现。

20 世纪 70 年代，建立在威尔逊与古德诺的政治—行政二分论和韦伯的科层管理理论基础上的传统公共行政遭受到新的外部环境的挑战，知识经济和信息社会环境要求改变近乎刻板、僵化的科层体制，新公共管理范式诞生。新公共管理强调明确的责任制、产出导向和绩效评估，以准独立的行政单位为主进行分权，采用私人部门管理的模式、技术和工具，引入市场机制，强调竞争为特征的公共

---

[1] 伦恩伯格、奥斯坦：《教育管理学：理论与实践》，中国轻工业出版社 2003 年版，第 5~7 页。
[2] 吴志宏、冯大鸣、周嘉方：《新编教育管理学》，华东师范大学出版社 2000 年版，第 21 页。

部门管理。于是，在 20 世纪 70 年代末 80 年代初，英、美等国家实行教育民营化的改革运动。教育民营化直指科层制的"官僚管理模式"下的教育服务垄断性提供、效率低下、教育质量问题以及个体教育自由权利的保障问题，希望通过引入市场竞争机制向公众提供自由的市场选择和优质的教育服务。因此，教育与市场机制的结合，强化国家对教育内容等领域的控制，将教育的具体管理、运营权限进一步下放给学校，同时，把市场机制引入教育领域，建立家长自由选校制度，扩大家长替子女自由选择学校的权利与机会，以使学校类似于市场竞争中的独立企业一样，拥有可以进行创造性活动的充分的自主权和独立性。市场对教育的介入，通过教育凭单和择校运动可以满足社会成员对教育的多元需求，也有助于最大限度地保障个人的教育自由权利，促进了教育资源的优化配置。然而，教育的市场化却引发了教育的公共性危机。因此，人们开始寻求既有利于打破政府垄断，又可以避免市场趋利性的治理新模式。

20 世纪 90 年代，西方主要资本主义国家在反思新保守主义和新自由主义泛市场经济理论的同时，提出了公共管理的"第三条道路"，安东尼·吉登斯（Anthony Giddens）将"第三条道路"阐述为："在政治方面打破左右两分法，在经济方面创造混合经济，在行政方面分解国家的权力，在国际方面建立世界主义的民族国家，在社会方面变福利国家为社会投资国家。""第三条道路"在政治上，主张建立政府和人民之间的新型伙伴关系，推进民主化，权力下放，还政于民；在经济上，提倡混合型经济模式，既强调市场机制的作用，又注重加强政府对经济的宏观调控，从而在管制与解除管制之间、在社会生活的经济领域与非经济领域之间取得平衡；在福利制度上，倡导公民的权利和义务相结合，强调个人承担责任，鼓励"自助"，而不是一味地依赖福利支持；在教育问题上，主张增加教育投入、改革教育体制、提高教育质量。在此思想的指导下，首先在英国，布莱尔政府在各领域进行了大刀阔斧的改革，其中教育就是这些改革当中的一个重头戏。1997 年 7 月，刚刚由工党组建的新一届英国内阁发布了第一份教育白皮书《追求卓越的学校教育》（excellence in schools），认为英国教育的主要问题在于两极分化。英国拥有世界一流的大学剑桥、牛津等，但是英国一般学生的成绩却不尽如人意。因此，"工党政府要致力于提高学生初等教育阶段的读算能力"，同时"实现教育机会均等"、"开发每个人的潜能，注重知识经济时代中的人力投资"。[1] 一个重大的教育举措就是"教育行动区"（education action zone）计划。"教育行动区"计划的宗旨是通过管理权的招标吸引教育以外的社

---

[1] 迟萍萍：《"第三条道路"引导下的布莱尔政府教育改革》，载《英才高职论坛》2005 年第 1 期，第 61～64 页。

会力量参与教育薄弱地区学校的管理和运作，为薄弱学校带来新的管理思想、经验和资金，提高学校的办学质量，从而改善英国教育地域发展的不平衡现象。"第三条道路"的理论和实践的成果表明：在加强政府的指导和监督，使教育在政府担负主要责任的前提下，把教育推向社会，让全社会共同参与教育的治理，既有利于打破政府垄断教育的局面，也有利于避免市场提供教育时的趋利性，是一项兼顾教育公平与效率的新举措。"第三条道路"开辟了教育治理的新天地，也奠定了教育公共治理理论研究的基础。

随着公共治理理论的兴起和发展，西方的一些教育文献中，开始使用教育治理（educational governance）的概念，托马斯·萨乔万尼（Thomas J. Sergiovanni）等在其所著的《教育治理与行政》（Educational Governance and Administration）一书中认为，"教育治理关注的是联邦机构、州教育厅和地方学区等政治单位所行使的权力和工作职能，并关注作为管理功能和管理职责的复杂的政治制度、法律体系及各种社会习俗。"[①] 萨乔万尼等所说的"教育治理"指的就是我们所说的"教育公共治理"。教育公共治理的含义可概括为：政府通过制度创新保障政府、市场、社会共同参与教育公共事务管理，并承担相应责任，在充分调动利益相关人积极性的基础上，达成公共利益实现最大化的过程。教育公共治理的内涵主要体现在以下五个方面：

第一，教育公共治理是教育行政发展的历史必然。教育虽然具有公共产品的性质，但就教育投入来说，它是一种稀缺资源，资源的有限性决定了政府包办的时效性。因此，伴随着人们对教育需求的不断扩大，特别是在面临较大规模的经济危机时，政府必然将教育的提供让位于市场，市场的趋利性导致教育的公共性危机，使社会加入到教育主体的行列。所以，今天的教育公共治理是历史发展与进步的结果。

第二，教育公共治理是一种新型的政府治理工具。政府通过制度创新赋予市场和社会提供和生产教育的合法地位，为教育提供与生产的健康发展保驾护航。因此，教育公共治理可以看做是一种新型的政府治理工具。

第三，教育公共治理的关键是教育供给与教育生产的分离。教育作为一项公益性的公共事业，政府负有义不容辞的责任，但要满足公民多元化的教育需求，还需要教育的自主性生产。只有将教育的供给与教育的生产相分离，充分发挥学校生产教育的自主性和创造性，才能满足公民多元选择的需要。同时，将教育的供给与生产相分离，让学校在自主的竞争中求得生存和发展，也是教育按市场机制运行的必要前提。

---

① 姜美玲：《教育公共治理：内涵、特征与模式》，载《全球教育展望》2009年第5期。

第四,教育公共治理的健康发展必须有人性化的机制作为激励。利益相关主体需求的多样性是教育公共治理主体的多元化参与的前提。这种多样性的需求表现为:家长希望子女能够受到良好的学校教育;学校管理者和教师希望学校持续繁荣,以保障其收益和地位的不断提高;政府官员希望有出色的管理业绩而得到升迁;等等。而这些正是人性化机制设计的基础。只有建立在能够满足人性化需要基础上的机制设计,才能充分调动人们的积极性、发挥人们的潜能,才能真正保证教育公共治理的健康运行,才能实现教育公益的最大化。

第五,教育公共治理以教育公共利益实现的程度作为利益相关者私利实现的工具,符合教育公共治理机制设计的科学方向。教育公益的基本目标是提高教育的效率和公平,若能有效地将此目标分解,便可以确立教育公共治理绩效评价的指标体系,由此,利益相关主体的权利和责任就明确了,结果导向的教育公共治理机制设计就形成了。

第二节 教育公共治理中的角色分析

一、政府在教育公共治理中的角色

在现实的社会生活中,人们总以不同的形式和方式,在不同的范围和程度上与政府发生着这样或那样的联系,从摇篮到坟墓,人们不是管理政府,就是被政府管理。恩格斯指出:"政治统治到处都是以执行某种社会职能为基础,而且政治统治只有在它执行了它的这种社会职能时才能持续下去。"[1] 根据马克思主义公共权力的观念,政府是国家的代理,是行使公共权力的机构。"公共权力"在表象上是代表全体国民的,是代表全体国民利益的,对全体国民是具有普遍约束力的,即政府是国家进行阶级统治和社会管理的机关,是国家表达意志、发布命令和处理事务的机关。

西方学者将政府概念大致分为五种:(1)制定规则、为居民提供服务的机构,这是最广义的政府。(2)治理国家或社区的政治机构,这是次最广义的政府。(3)一切国家政权机关,国家立法机关、行政机关、司法机关和其他一切国家政权机关,都统称为政府,这是广义的政府。(4)一个国家的中央和地方

---

[1] 《马克思恩格斯选集》(第3卷),人民出版社1972年版,第291页。

行政机关。如我国宪法中"人民政府"就是指各级行政机关。这是狭义的政府。(5) 中央行政机关的核心部分，即内阁及各部，这是最狭义的政府。① 教育公共治理是一项系统的工程，包括相互关联的决策、执行和监督等诸多方面，政府将在不同的环节履行各自的角色功能。因此，本书所指称的政府主要是广义的政府，即泛指一切国家政权机关，包括国家立法机关、行政机关、司法机关和其他一切国家政权机关。

政府角色的内容是动态发展的。中国先秦诸子的"止争论"认为，政府的角色在于止争。"政府是最主要的战略上的国家主体，因为它主要的机制是实现资源的再分配，因此，它是一个协调不同意愿和利益冲突的舞台。"② 墨翟主张"尚同"，政府的角色在于统治，达天下于一统。亚里士多德从自然论出发，认为政府源于人类倾向于过社会生活的本性，政府角色在于维护秩序、控制社会。以霍布斯、洛克、卢梭为代表的社会契约论认为，政府是人们为摆脱自然状态的不便，防止战争，而自愿订立契约，让渡自己的全部或部分自然权利给政府。代表公共权力的政府按照理性原则形成的社会契约，保护人们的生命、自由和财产。法国学者托马斯·潘恩（Thomas Paine）认为，政府的角色在于为全体国民造福。③

马克思主义从历史唯物主义观点出发，对政府的角色进行了比较全面的分析和定位，认为国家和政府具有社会属性和阶级属性双重属性；国家是私有制的产物、是阶级矛盾不可调和的产物；经济上占统治地位的阶级，政治上也必然占统治地位，统治阶级为了能长久地维持自己的统治地位，它不得不以代表全社会的利益施行统治。恩格斯指出："政治统治到处都是以执行某种社会职能为基础，而且政治统治只有在它执行了它的这种社会职能时才能维持下去。"④ 因此，政府的角色就是运用国家权力，实施阶级统治和社会管理。

一般而言，人们对政府政治角色的看法与要求比较一致，但对政府的社会管理，特别是政府的经济社会管理角色分歧较大。产生于18世纪自由竞争的市场经济时代的古典经济学主张"守夜人"政府。"守夜人"政府认为，管得最少的政府就是最好的政府。亚当·斯密为政府设立了三项基本职能："第一，保护社会，使其不受其他独立社会的侵犯；第二，尽可能保护社会上各个人，使其不受社会上其他人的侵害和压迫，这就是说，要设立严正的司法机关；第三，建设并

---

① 滕世华：《公共治理视角下的中国政府改革》，中共中央党校2003年博士学位论文，第13页。
② J. Zajda（ed.）. *International Handbook on Globalization, Education and Policy Research*, Springer, 2005, pp. 93–107.
③ 托马斯·潘恩：《潘恩》（选集），台湾商务印书馆1981年版，第264页。
④ 《马克思恩格斯选集》（第4卷），人民出版社1972年版，第166页。

维持某些公共事业及某些公共设施（其建设与维持绝不是为着任何个人或任何少数人的利益）。"① 主张政府的职能限定于市场力量所不能达到的领域。政府是履行社会公共事务管理的组织，国家除了赋税外不需要介入经济活动过程。因为经济过程是一个自然的过程，它会自动形成"自然秩序"，政府只要充当一个"守夜人"角色，防止窃贼入室，保证它的监护对象的权益不受侵犯，不被他人无偿（或暴力）剥夺即可。随着市场经济的发展，自由放任的经济理论逐渐暴露出局限性。市场经济国家周期性经济危机，使人们越来越认识到市场作为资源配置的手段的缺陷。于是，从20世纪30年代起，凯恩斯主义大行其道。凯恩斯主义主张，不加干预的市场经济会产生有效需求不足，需要政府采取积极措施来加以消除和弥补。政府在市场经济中所扮演的不应该仅仅是个"守夜人"的角色，政府应该通过积极的财政政策、货币政策介入社会经济生活。政府不仅要干预生产，也要干预分配，以创造有利条件，刺激经济增长，维护社会公正。20世纪70年代，凯恩斯国家全面干预政策带来的一系列问题开始显现，特别是随着传统工业社会向现代信息社会的过渡，西方各国政府的财政危机、管理危机和信任危机日益加深，重新规范政府角色成为摆脱危机、应对挑战的必然选择。在新自由主义思潮的影响下，1979年上台的英国保守党领袖撒切尔夫人率先推行了私有化改革运动，即新公共管理运动，并很快引起了西方国家和一些经济转制国家的积极响应，全能政府又开始向有限政府转变。许多国家对企业放松管制，或将以往划归公共部门的产业私有化；各国还将市场原则应用于新兴领域，如教育市场化、无线电频道拍卖等。简·莱恩（Jan-Erik Lane）认为，在新公共管理中，政府是委托人，政府机关官员或首席执行官（CEO）则是代理人，委托—代理理论是理解现代治理的关键。新公共管理是一种关于政府如何通过竞争性的契约制，决定一项服务是由体系内还是由体系外的组织来提供的操作性理论。政府的基本任务是确保市场交换关系的法则，从而为生产者、消费者和公民提供福利和创造在市场中自觉发挥各自的才干有效履行各自角色的机会。② 政府在新公共管理中扮演着与传统公共行政不同的购买者、服务提供者和仲裁者的角色。③ 但从20世纪90年代开始，这场市场与政府的博弈又发生了新的变化，市场不仅无法保证经济的持续增长、人民生活水平的不断提高、人们更充分的就业，更无法保证社会的公正与公平。正像理查德·布隆克（Richard Blonck）所

---

① 亚当·斯密：《国富论》，中南大学出版社2003年版，第442页。
② J. Zajda (ed.). *International Handbook on Globalization, Education and Policy Research*, Springer, 2005, pp. 93–107.
③ 肖俊：《超越官僚制：新公共治理的原则与架构》，载《深圳大学学报》（人文社会科学版）2009年第6期。

言：“无论何时，只要政府机制和个人自由之间的创造性的平衡被打破，其中任何一个占统治地位，其结果不是造成无政府状态就是极权主义。”① 因此，市场经济的全球发展对国家和政府的作用提出了更高的要求，政府和市场的关系问题已经不是一个简单的孰优孰劣的问题，而是如何通过制度创新才能使二者在各自作用的领域和范围内发挥优势，增进人类福祉的问题。这样，"政府—市场"二元对立的状态逐渐被打破，社会作为公共资源配置"第三股力量"开始介入公共管理的实践，产生了公共资源配置的公共治理的模式。由于目前政府在公共治理中的角色尚无定论，需要在理论研究和实践发展中不断探索和总结。

角色包括角色地位、角色规范和角色行为三个方面，其中角色地位和角色规范是根据组织对角色扮演的需要而确立的。角色行为扮演犹如演戏，一个演员根据剧情的需要被赋予了主角的地位，他要按照脚本（规范）作出相应的角色行为，他就是戏中主角的角色；如果其角色行为脱离了脚本（规范）就可能出现角色越位或角色缺位的情况，需要在导演的监督下重新扮演或更换演员。教育公共治理也如同教育舞台上的一场大戏，政府是这场大戏的一个演员，只有首先确立了政府在教育公共治理的角色地位、角色规范，才能按照相应的角色期待规范政府的角色行为。

教育公共治理就是政府治理教育的一种政府工具（或称政策工具）。政府工具"就是指政府实现其管理职能的手段和方式"。② 莱斯特·M. 萨拉蒙（Lester M. Salamon）将政府工具的特性概括为三个方面："首先，每一种工具应该具有一些共同属性，这些属性使得这些工具得以识别。这并不是说所有的工具都具有共同的特征，除了一些共同的特征外，每一种具体工具都有其设计上的特征，使之与其他工具区分。其次，工具行动。即每一种工具规定的行动中各要素的关系并不是随意或临时的，而是一种制度化的行动模式。因此，在某种意义上，'新制度学派'将工具强调为'制度'（如他们在个人或组织间有固定的相互作用方式）。这些工具规定谁有权操作公共项目，其角色是什么，以及与他人关系如何。因此，在目前执行环节成为政策关键时，它们规定了一组有效的公共行动的权利与义务。最后，这种结构化的行动是一种'集体行动'，它的目的是解决公共问题。这不同于以往认为政府工具只是政府行动的说法，其他实体（如私人机构和非营利组织）同样可以参与到行动中，成为公共行动工具结构中的一部分。"③

根据政府工具的特性与内容，政府在教育公共治理的角色主要应表现在以下

---

① 理查德·布隆克：《质疑自由市场经济》，江苏人民出版社 2000 年版，第 279~280 页。
② 陈振明：《政府工具导论》，北京大学出版社 2009 年版，第 18 页。
③ 同①，第 22 页。

四个方面：

第一，教育公共治理就是一种教育产品的提供或服务。根据教育产品或服务提供和生产分离的理论，教育的生产可以由学校来独立完成，学校就是教育生产的代理机构。这种代理机构可以由政府举办，也可以由非政府机构或个人举办，即在教育的生产上，政府、非政府机构或个人拥有相同的角色地位。但是，教育的提供不是简单地举办一所学校，重要的是教育的原则、规范和内容，即教育的精神产品。如英国，虽然在20世纪90年代推行教育改革的"第三条道路"，但国家对教育方向的控制并未减弱，甚至具体到控制课程的内容。[1] 可见，教育精神产品的提供，政府负有义不容辞的责任。

第二，教育以何种方式提供与生产是一种制度安排。我国计划经济时代，教育由政府垄断提供与生产，学校是政府的一个附属事业单位；进入市场经济时代后，出现了民办学校，教育可以由私人部门生产。这看起来教育的生产方式是由时代决定的，其实不然，以何种方式生产教育只是一种制度安排，市场经济时代也有公立学校。如何进行有效的制度安排和做何种制度安排是政府的责任。正如大卫·哈尔品（David Halpin）所言，政府的职责不是垄断社会服务，而是制定必要的管理框架，让公营部门、私营部门和志愿团体一起协作。[2]

第三，教育公共治理提倡教育物质产品的提供和教育的生产多元参与、规范生产，如何规范参与者的行为和教育的生产过程是政府的义务。教育公共治理中利益主体间的角色关系是多重的委托代理关系，当委托人与代理人的利益相互冲突且信息不对称时，代理人以各种委托代理问题。控制委托代理问题滋生的最有效方法是科学的机制设计，制度化的机制设计是教育公共治理成功的关键。政府需要通过立法、制定相关政策提供制度性公共产品，规范学校和参与者的行为。

第四，教育的产出是否符合规范的要求，需要政府的监督与控制。教育的控制包括产前控制、过程控制和产后控制，规则是控制的制度方式，但只是一种角色期待，完成角色任务的关键在角色规则的执行，即角色行为。政府是角色行为监督、检查和控制的重要主体之一。政府控制角色行为的方法可以通过执法、行政和奖惩等多种方式完成。

总之，政府是教育公共治理的主导者。一个国家以何种制度安排提供和生产教育、提供和生产什么样的教育，以及如何规范和控制教育提供与生产的过程和教育公共治理中不同主体的关系与行为，这既是政府的责任，也是政府的义务。正如我国1994年颁布的《中国教育改革和发展纲要》提出的那样，"政府要转

---

[1] J. Zajda (ed.). *International Handbook on Globalisation, Education and Policy Research*, Springer, 2005, pp. 3–27.

[2] 国家教育发展研究中心：《2001 中国教育绿皮书》，教育科学出版社 2001 年版，第 148 页。

变职能，由对学校的直接行政管理，转变为运用立法、拨款、规划、信息服务、政策指导和必要的行政手段，进行宏观管理"。

二、学校、家庭和社会在教育公共治理中的角色

（一）学校在教育公共治理中的角色

学校就是一个生产教育的场所，在那里有教室、桌椅、黑板等基本的教学设施，也有校长、主任、教师、保安等工作人员。新生入学的时候，学生被编入了不同的班级，校长或主管教学主任为每个班级配备了负责不同科目教学的主讲教师，教师按照教学大纲和计划的要求履行教学的职责，课程结束的时候，还要考察一下学生的学习水平，以检验教师的教学效果。这就是教育的基本生产过程。美国教育界的杰出专家卡伯利（Ellwood Cubberley）指出，学校就是"一座工厂，其中的原材料有待于重新塑造和加工成满足不同生活需要的产品"。[①] 丹尼斯·多尔（Denis Doyle）和坦利·哈特（Terry Hartle）也指出："教师是教育流水线上的工人；学生是产品；学监是最高行政长官，学校受托人是董事，纳税人就是股东。"[②] 所以，学校的基本角色是作为教育的生产部门。学校作为教育生产部门角色的确立，为学校的自主办学提供了坚实的物质基础，即学校不是政府的附庸，学校在整个教育的领域内有自己的职能定位。在教育公共治理系统中，人们常常以委托代理理论为指导来划分教育公共治理主体的角色，如唐·倍根（Don Bagin）、唐纳德·R.格莱叶（Donald R. Gallagher）认为："学校是民众共有的'股份制教育企业'。社区居民是学校的股东，拥有股本：学校靠他们缴纳的税金资助，他们的红利是自己和子女享受正规教育，同时通过社会获得间接收益——因为艺术、科学、工业、农业各领域人口的文化素质都有了提高。"[③] 因此，学校又充当代理者的角色。学校与其他利益关系主体，如政府、家庭和社会等委托代理关系的确立，使教育公共治理的研究者能够从信息经济学的视角来审视并运用信息经济学的方法来研究教育公共治理的问题。教育公共治理主体间同样存在环境的不确定性和复杂性及信息不对称等问题，这些问题需要科学的机制设计才能解决。

学校在教育公共治理中除了充当教育生产者和利益关系主体的代理者的角色

[①] 罗伯特·G.欧文斯：《教育组织行为学》，华东师范大学出版社2001年版，第68页。
[②] 同①，第99页。
[③] 唐·倍根、唐纳德·R.格莱叶：《学校与社区关系》，重庆大学出版社2003年版，第13页。

以外，学校也是教育公共治理利益关系主体"产权"交易的场所。教育公共治理中存在政府、学校、家庭和社会等不同的利益关系主体，各利益关系主体拥有自己的"产权"，在各利益关系主体相互影响中，通过利益关系博弈实现"产权"的"交易"。因为教育的成果必须通过学校教育的实践才能体现出来，因此，学校就成为这种利益博弈的竞技场。

最后，学校是国家意志的执行者。任何国家，不管是公立学校，还是私立学校，其教育的生产都必须体现国家意志。在办学的政治与文化方向上，政府的主导地位是绝对的。政府通过立法等方式，确保学校生产教育的政治与文化发展方向。

（二）家庭和社会在教育公共治理中的角色

在教育政府治理中，政府垄断教育，家长将子女的教育义务委托给政府举办的学校，家庭与政府间的关系是一种实质性的委托代理关系，而学校只是政府的一个附属单位，对政府负责。因此，家庭不仅无法选择学校，而且参与学校教育监督的积极性也不高。在我国，这种状况直至现在仍未得到根本的转变。2008年的一项调查显示，在接受调查的2 336位家长中，面对教育不满现象，有42.3%的家长认为"投诉也没有用"，有9.3%的家长认为"投诉可能给孩子或家庭带来麻烦"，另有12.5%的家长认为"这个问题已经是中小学的普遍做法"，仅有50位（4%）曾经向相关部门投诉。[①] 在教育市场治理中家庭的角色发生了根本性变化，家庭与政府之间变成了一种间接的委托代理关系，而家庭与学校之间是一种直接的委托代理关系，家庭通过自由择校和参与学校管理与监督的方式，敦促学校努力提高办学的质量和效率。家庭作为学校教育的委托者和监督者的角色得到根本的实现。而在教育公共治理中，家庭是教育公共治理利益相关主体中的一员，法律赋予其参与教育公共事务的角色和地位，独立拥有选择和参与决策与监督的权利。家庭可继续履行作为学校教育的委托者和监督者的角色，同时，还要履行作为政府教育决策的参与者角色。除了个体直接参与外，也可以通过民主推荐组成的家长委员会或作为学校董事会的成员参与教育公共事务的治理。

伴随着我国经济、政治的变化，社会组织开始快速增长。2008年，据民政部门的数字，正式登记注册的各类民间组织接近40万个，而据有关研究机构的调查统计，目前全国各类民间组织已超过300万个。震惊海内外的汶川地震发生以后，很多民间组织和多达20万人的志愿者也投入到抗震救灾行动中，曾经一

---

① 王蓉：《"办人民满意的学校"——一个关于中小学校的民众满意度调查》，载《北大教育评论》2008年第4期。

度被认为缺乏公民精神的中国老百姓普遍表现出了强烈的责任感和互助精神,在灾难面前表现出团结友爱、宽容理性的公民力量。这些现象都很好地说明了我国的社会组织已经初步形成并迅速发展起来。① 不过,由于我国市场经济起步较晚,社会组织的发展尚不成熟,许多民间组织还存有较强的政府依赖性。而对于教育公共治理而言,因为包括社会民间组织在内的各种社会盈利组织、非营利组织和自治组织等都是教育的受益者,政府必须调动社会多方面的力量参与教育的治理。

"社会"在教育公共治理中的角色首先是教育的委托者,因为社会所需的人才通过学校来提供;同时,"社会"也是学校的代理者,因为学生通过社会实践提高其实践能力。其次,"社会"是教育公共事务决策的参与者和教育活动的监督者,法律赋予学校参与教育政策制定和监督教育活动的合法权利,使其成为教育公共治理的主体之一,在平等协商和合作中,"社会"可以与其他主体间开展"产权"交易。最后,"社会"是教育的"供给"者,社会可通过慈善、合作办学等形式,为教育提供资金支持。

第三节 教育公共治理中的各种关系与机制设计

自从生物学家贝塔朗菲提出系统论思想以来,人类已成功地将自然科学与社会科学融合在一起,人们越来越清醒地意识到,无论是宇宙、自然,还是人类,一切都在一个统一的运转的系统之中,系统论方法是分析一切事物的出发点及归属。正如马克思所预言的那样:"自然科学往后将会把关于人类的科学总括在自己下面,正如同关于人类的科学把自然科学总括在自己的下面一样:它将成为一个科学。"② 教育公共治理是一个社会系统。教育公共治理发生在政府、学校、家庭和社会这些互动利益关系之中,而这些利益关系主体也构成了各自利益相关的子系统,用系统论的方法分析利益关系主体的结构、功能及其关系是解决教育公共治理问题的重要内容之一。

一、教育公共治理的系统分析

系统科学将"按一定的秩序或因果关系相互联系、相互作用和相互制约着

---

① 张西标:《公民社会的兴起与公民教育》,载《魅力中国》2010年第4期。
② 马克思:《经济学—哲学手稿》,人民出版社1956年版,第91~92页。

的一组事务所构成的体系，称为系统。"① 系统中各要素不是孤立地存在着，每个要素在系统中都处于一定的位置上，起着特定的作用。要素是整体中的要素，要素之间相互关联，构成了一个不可分割的有组织的整体，如果将要素从系统整体中割离出来，它将失去要素的作用。

教育公共治理是一个社会系统。奥尔森（Marvin E. Olsen）认为，社会系统是一种组织的模式，具有超越其组成分子独特的整体统一性（创造性）；它与环境之间有明确的界限；它是由一些次级单位、元素和次级系统所组成，这些组成分子在相当稳定的社会秩序（平衡）中，彼此相互关联。② 根据奥尔森的观点，在教育公共治理系统中，政府、学校、家庭和社会是它的元素（次级系统）。如果把教育公共治理作为一个分析单位，我们必须把它限定在某些范围内，以便和环境分开。环境是指分析单位边界以外的任何事物，它一方面会影响内部组成分子的特性，另一方面也会受到社会系统本身的影响而改变。

根据霍伊和米斯格关于社会系统模式的基本假定③，我们将教育公共治理系统模式总结为八个方面：（1）教育公共治理系统由相互依赖的各部分、各种特质与活动所组成，它们一方面贡献于整体，另一方面也由整体受益。当某一部分受到影响时，系统的其他部分也会受到波及。如当社会参与政府的教育决策时，政府将受到影响，然后将直接或间接地影响整个教育治理的过程。（2）教育公共治理系统是目标导向的，而且事实上可能有多种目标。如教育公共资源配置的科学决策只是众多目标中的一个，教育公共治理的中心目标是促进教育公共利益的实现。（3）教育公共治理系统是由人员所组成的。他们担任公务员、教师、学生或社会参与者等角色。（4）教育公共治理系统是结构性的，它需要不同的组成分子以实现特定的功能和分配资源。教育公共治理系统具有某种程度的网络性。（5）教育公共治理系统是规范性的。在教育公共治理系统中，每个人都被期望表现特定的行为方式，正式的规章和非正式的引导都会指示应有的适当行为。教育公共治理系统的角色结构基本上可以分为学生、教师、官员、家长和社会参与者等几个部分。（6）教育公共治理系统具有制裁的功能。行为规范是用奖惩来强制实行的。正式的措施，对于官员来说可以是升迁、降级或诉诸法律等，对于教师来说，可以是提职、加薪或罚款等；非正式的措施，可以是表扬、训斥等。（7）教育公共治理系统是开放的。社会政治、经济和文化等环境因素为教育公共治理系统提供了输入、系统和环境相互交流，影响着教育公共治理系统的发展。（8）教育公共治理系统是概念性和相对性的。教育公共治理是应对

---

① 宋健：《科学与社会系统论》，山东科学技术出版社1991年版，第4页。
② 霍伊·米斯格：《教育行政学——理论、研究与实践》，复文图书出版社1983年版，第63页。
③ 同②，第66~67页。

教育政府治理和教育市场治理的缺陷而产生的一种新型的政府工具。也可以将其看成是政府、学校、家庭和社会关系的一种新的调整,所以具有概念性,是相对的。

教育公共治理系统模式包含两个基本的要素:一是机构方面(Institutional),以达成系统目标的角色和期望来界定;二是个人方面(Individual),系统内成员提供达成目标的能量,以成员的人格和需要来界定[①]。教育公共治理行为就是角色和人格互动的一种功能,如图9-1所示。

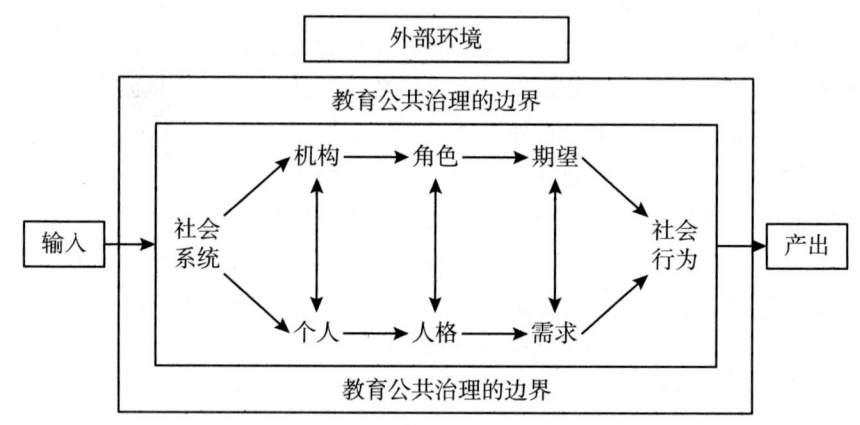

图9-1 教育公共治理系统模式

资料来源:霍伊·米斯格:《教育行政学——理论、研究与实践》,复文图书出版社1983年版,第68页。

每一个社会系统要完成其活动和功能必须要有一个稳定的社会形态,称为行为的制度化形式。机构就是完成这种制度化功能的一种结构。在教育公共治理系统中,政府、学校、家庭和相关的社会非政府组织均属于教育公共治理的机构。机构中最重要的是角色,角色代表在机构中的职位和地位,通过期望或规范界定角色的权利和义务,并在不同角色的互动中表现出来。

教育公共治理系统模式中的另一个基本的要素是个人。担任教育公共治理机构中不同角色和职位的个人的人格是不同的,他们不同于戏剧舞台上的演员,他们有个人特殊的需求。虽然在概念的层面上,单独依据职位、角色和期望来描述和预测教育公共治理中的行为是可能的,但事实上,这只是我们对机构层面的描述而已。不同人有不同的人格和需求,每个人将以自己的行为风格来塑造他们在教育公共治理中所扮演的角色。

---

① 霍伊,米斯格:《教育行政学——理论、研究与实践》,复文图书出版社1983年版,第67~68页。

二、政府、学校、家庭和社会关系在教育治理发展中的演变

根据系统论的观点，教育治理就是由一群存在于政府、学校、家庭和社会中的彼此交互作用的人组成，透过一定的有机联系而结合在一起的社会系统。在教育治理系统中，学校是教育生产的场所，教育治理系统各利益关系主体——政府、家庭和社会均围绕学校这一主体逻辑展开：政府制定的教育政策在学校执行、家庭子女在学校接受教育、社会分享和测试学校教育的成果。当家长将其子女送到学校时，学校就开始按照其预先设定的计划实施教育了，尽管我们可以从学校制订的一些计划和规范中了解一些学校的信息，但一些具体的，特别是操作层面的信息我们是难以掌握的。因此，政府、家庭和社会与学校之间存在不对称信息。信息经济学将这种关系称委托代理关系。在委托代理关系中，具有信息优势的一方为代理人，处于信息劣势的一方为委托人。事实上，委托代理关系常常是多重的，家长将子女委托给学校、学校校长将学生的培养委托给班主任，等等。因此，委托代理关系是教育治理系统中的基本关系。委托代理关系在一定的社会环境下，由人与人之间交互作用形成，这便产生了人们的社会关系网络。在一定的社会关系体系中，人将按照一定的社会期待来规范自己的行为，称为社会行为。霍伊和米斯格认为，"经由社会塑造人类行为的过程有两个来源：（1）团体中的'社会关系结构'；（2）团体的'文化'，即结合团体成员的共同信仰和取向。"[①] 教育治理经历了教育政府治理和教育市场治理两种制度安排，每种制度安排下利益关系主体间的"社会关系结构"和团体的"文化"不同，委托人和代理人行为表现的特点不同，教育治理的途径、方法和效果不同。

（一）教育政府治理中政府、学校、家庭和社会的关系

政府主导教育公共事务的管理是天经地义的事。但在政府集权化管理阶段，政府主导变成了政府本位，我们称这种教育治理为教育政府治理。教育政府治理源于人们对政府全能的崇拜，反映了长期以来人们对于政府本位理念的定式。而这种心理定式首先是来自于专制的历史文化背景的影响。在这种历史文化下，人们往往将公共与政府天然地联系起来，"官"就是"公"，"公"就是"官"，政府是教育公共事务治理主体的唯一代表。而制度安排又使政府本位的行为合法化。这样，教育政府治理集权化的统治地位，特别是在福利经济学的恩惠下不断巩固和发展。教育政府治理孕育了这样一种理念，即"只有政府、只能政府才

---

① 霍伊、米斯格：《教育行政学——理论、研究与实践》，复文图书出版社1983年版，第59~60页。

能管理，只有政府、只能政府才能管理好"。①

教育政府治理系统的机构要素是建立在正式组织之上的，官僚制是这种正式组织的主要结构形式。官僚制的理论是由德国社会科学家马克斯·韦伯首创的。韦伯认为，文化是从原始而神秘的阶段演化到合乎理性而且复杂的阶段的。按照他19世纪的眼光，世界的发展过程只有一条道路：即他所设想出的人类不断"非神秘化"的过程，而这人类的观念又是与周围环境相联系的。② 为了说明为什么自古以来个人会服从他们的统治者，他把权威性分为三个"理想的模式"，即"传统权威"、"魅力权威"和"合法权威"。"传统权威"认为统治者的合法地位来自时间、前例以及权威的传统，传统神圣不可侵犯。"魅力权威"以领袖人物个人的特质和吸引力为基础，具有超凡魅力的人物自封为领袖，并运用权威的资格迫使人们产生信仰。他们的英雄业绩或者神奇轶事鼓舞和吸引着追随者。"合法权威"是现代文明的基石，这种权威以一种不以个人的意志为转移的一套法规为基础，法规赋予了统治者合法的权威地位。"合法权威"构成了韦伯官僚制度理论的基础。韦伯说："这种权威在其纪律的精确性、稳定性与严格性方面以及在其可靠程度方面，比任何其他种形式都来得优越。就这样，对于各种组织机构的首脑以及对于那些在与此种组织机构相关联的情况下进行活动的人们来说，这种形式使得政府行为的结果可能具有特别高度的可靠性……可以正式地应用到各种行政工作上面去。"③

以韦伯的官僚制结构为基础，便形成了教育政府治理的结构。在教育政府治理中，韦伯所列举的那些官僚制度的核心要素充分显现。（1）分工与专门化。教育政府治理的组织工作太复杂，单独的组织或个人无法完成，必须按组织或职位加以分工以提高效率。如教育政府组织分为教育厅、教育局，学校又分为大学、中学、小学，教学又分为数学、化学、语文等不同科目。由于分工便产生了专门化，组织可以根据分工后的专门技术任用有资质的职员。因此，分工与专门化使得教育的人事有较高的专业水准。（2）非个人取向。教育官员、行政人员及教师以非个人原则保证公平处理问题，表现出理性的行为。（3）权威的层级制。教育政府治理依层级安排职位，局长—校长—教务长—处长—科长—职员，"下级人员受到上级人员的控制与监督"。④（4）法令与规章。教育政府治理有一套严明的抽象法规系统。这些法令与规章能够促进雇员行动的统一性和稳定性。

---

① 陈庆云、郑益奋、曾军荣、刘小康：《公共管理理念的跨越：从政府本位到社会本位》，载《中国行政管理》2005年第4期，第18~22页。
② R. J. 斯蒂尔曼：《公共行政学：观点和案例（上册）》，中国社会科学出版社1988年版，第79页。
③ 同②，第80页。
④ 霍伊、米斯格：《教育行政学——理论、研究与实践》，复文图书出版社1983年版，第95页。

（5）终身事业取向。教育政府治理机构的人员一般按资质任用，为培养其对组织的忠诚，受雇者往往以终身事业取向，并通过文官制度和长期任用予以制度化保障。按照韦伯的设想，在教育政府治理中，"分工与专门化产生专家，这些专家具有非个人取向，能够根据事实做正确而理性的决定。合理的决策一经完成，权力的层级制即保证其规律性地服从指挥；同时，配合法令与规章，就会出现一套协调良好的实施系统，统一且稳定地使组织运作。最后终身事业取向将会激励成员对组织的忠诚而发挥其最大的努力。因为，委任专家做合理的决策，并以纪律的方式去执行和协调，故可使行政效率发挥到极点。"①

我国计划经济体制下的教育治理方式是典型的教育政府治理模式。在这种治理模式下，学校只是政府的一个附属机构，听命于政府的指挥。政府似乎是全知全能的行动者，运用其高度集中的权力，按层级自上而下发号施令，行使强制性的权威，其权力的触角延伸到包括私人领域在内的一切领域，在资源、机构、人员、内部管理及行动的范围、内容乃至方式等各个方面垄断教育公共事务的管理活动。虽然在本质上政府、学校、家庭和社会的关系是委托代理关系，但委托代理的向度以政府为中心，信息传递的效率、利益关系主体权利的享用受到极大的限制。政府、学校、家庭和社会的关系模式如图9-2所示。

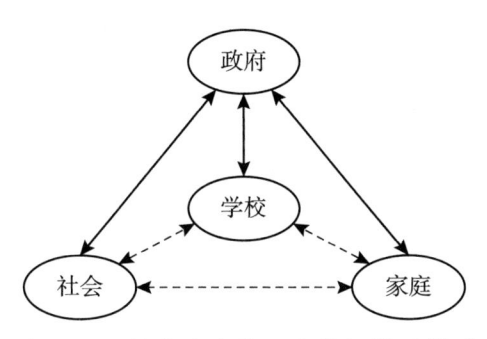

图9-2 教育政府治理主体间关系模式

政府是学校、家庭和社会的权力中心。家庭虽然将子女委托给学校，但学校相当于政府的一个部门，听命于政府，政府是家庭代理人的实体。家庭的要求往往需要经过政府的加工整理后形成教育的指令性信息转达给学校，再由学校去执行；而学校关于学生教育的相关信息也要通过政府的筛选后将其认可的信息反馈给家庭。这些经过认真过滤的信息常常导致信息的失真或扭曲，影响教育的信息交流。虽然在民主社会强调家庭应该参与教育的治理，但由于缺乏规范的约束，难以在垄断的教育体制下真正发挥作用。社会与学校的关系也是如此，如我国计

---

① 霍伊、米斯格：《教育行政学——理论、研究与实践》，复文图书出版社1983年版，第96页。

划经济时期高等教育或专业教育实行的计划和分配制度，社会用人单位每年将用人计划上报给政府，政府将即将毕业学生的分配指标下达给用人单位，而且这种分配是指令性分配，用人单位基本没有选择的权利。这样，社会与学校的委托代理关系也是虚置的。同时，由于家庭和社会均基本没有选择的权利，因此，家庭与社会间也难以建立起实质性的联系。

教育政府治理中政府、学校、家庭和社会的关系体现了理想的官僚制模式。这种正式组织的架构模式在"私益人"的操纵下，最终必然导致政府权力的过度膨胀，家庭和社会与学校之间的委托代理关系模糊，参与教育治理的权利被剥夺，政府公共管理的职能也不能有效发挥，学校教育的质量和教育资源配置效率下降，"政府失灵"在所难免。在新自由主义思潮的恩惠下，教育市场治理呼之即出。

（二）教育市场治理中政府、学校、家庭和社会关系

教育政府治理对社会的平等化或民主化起到了一定的作用。因为在教育政府治理中，教育行政管理工作和教育教学工作由专业人员担任，权力是按照法规以精确、稳定、有纪律、严肃紧张和可靠为准则，在既定的章程和规则的约束范围内，通过职务等级形成的权威影响集体行动，每一个服从这种权力的人在法律上都是平等的。但教育政府治理强调集权主义，家庭和社会等与教育密切相关的利益主体的话语权利被剥夺或未形成有效的表达机制，教育政府治理系统因缺乏相关的机构要素，相关人的角色与期待无法实现，教育政府治理行为的整体互动效应难以体现。新自由主义强调教育的提供与教育的生产分离，建立教育生产的市场竞争机制，即教育市场治理模式，以提高教育的质量和教育资源配置的效率。

新公共管理运动产生于20世纪70年代末和80年代初，"这场运动的主要特征表现在：它推动了向市场的转变、促进了权力分解、倡导管理主义和合约的使用，已经引起许多国家公共部门的变革。"[①] 新公共管理的主要理论基础是公共选择理论和委托—代理理论。公共选择理论以"理性经济人"的假设为基础，将微观经济学运用于政治和社会领域，认为公共部门的奖励制度没能有效地提高绩效，政治和科层对于控制成本没有促进作用，反而加剧了政府职能的扩张和人员的增加，使得成本提高和效率低下同时出现。市场具有更好的责任机制。[②] 如果能够减少政府在提供商品和服务方面的作用，整个经济将会从中受益。因此，

[①] 汤姆·克里斯滕森、佩尔·勒格莱德：《新公共管理：观念与实践的转变》，河南人民出版社2003年版，第2页。

[②] 欧文·E. 休斯：《公共管理导论》（第二版），中国人民大学出版社2001年版，第12~13页。

最好的结果应以市场力量作用最大化，政府的作用则相应减少。委托—代理理论是针对私营部门中管理者（代理者）和股东（委托人）的目标经常出现偏差，股东追求的是利润的最大化，管理者追求的则是长期发展和个人有较高的薪金，公司不一定为了股东利益追求利润的最大化而提出来的，试图制订使代理人为委托人的利益而行动的刺激计划。这些质疑国家干预和一再强调市场力量的重要性的经济学观点，得到了那些为控制国家干预寻找理由的政治家的支持。政府开始在政策制定和服务提供方面较多地运用市场机制。

教育市场治理模式首先发生在英国。1979 年，撒切尔夫人信奉新自由主义思想，她领导下的政府率先实行了教育市场治理改革运动。"政府倾向于从市场理论的角度看学校，使消费者在学校事务中具有更多的影响力。解除家长为子女选择学校的人为限制，通过把个人的选择权和受教育的责任都交还给个人，摆脱对国家的依赖，使教育提供者和教育消费者之间建立直接的经济关系"。[①] 与此同时，1981 年美国总统里根掀起了"里根革命"，也开始了私有化的改革。提出"美国公共服务不再以直接生产公共服务（如高速公路建设和教育）的方式来提供服务，而是从私人供应商（接收政府的包出任务）那里购买，或者向个人、机构和公司提供凭单让人们去购买"。[②] 试图把联邦政府对教育的干预降到最低限度。20 世纪 80 年代，美国私立中小学的数量增加了 30%，达 26 800 所，公立学校数量下降了 3%，为 83 800 所。[③] 在英、美国家的带领下，世界范围内掀起了教育市场治理改革热潮，通过教育凭单、择校运动、教育私营化等促进教育资源的优化配置。

根据新公共管理的观点，教育市场治理中的政府是起催化作用的政府——掌舵而不是划桨。第一，教育市场治理就是要改变教育政府治理中政府既是教育的提供者也是教育的生产者的局面，将教育的提供和教育的生产分离，政府通过投资和制定"规则"，掌控教育发展的方向和大局，而将教育的生产授权给学校并推向市场，并鼓励私立学校的发展，通过公共选择创造教育生产的竞争环境，提高教育生产的质量和教育资源配置的效率。第二，打破官僚体制的等级制观念，各级政府间实行分权和授权，通过竞争与合作，充分调动各级政府在教育公共事务管理中参与和协作的积极性。第三，重视人力资源管理水平的提高，强调教育行政人员和教师的职业化，通过明确绩效标准和开展绩效目标管理，评估教育行政人员和教师服务顾客的业绩水平。第四，满足顾客而不是官僚制度的需要。教育服务的目标以顾客满意为标准，而不是教育政府治理模式下听命于政府，通过

---

① 铃木慎一：《公共教育空间：英、日两国教育政策比较研究》，载《外国教育研究》2005 年第 4 期。
② 李其庆：《全球化与新自由主义》，广西师范大学出版社 2003 年版，第 65 页。
③ 周俊：《治理结构中的全球公民社会与国家》，载《中共浙江省委党校学报》2007 年第 5 期。

顾客对教育服务质量的评价与选择便形成了教育服务的市场竞争环境。第五，教育市场治理的形式通常采用：（1）教育公共服务业务合同出租，即把教育公共服务的一些工作任务以合同的方式推向市场。（2）"化公为私"，即让营利性部门参与教育公共服务的供给，或以替代的方式对某些提供教育公共服务的公营部门进行私有化改造，按营利性部门的方式运营。（3）建立教育公共部门与私营企业的伙伴关系，即教育公共部门和私人实体通过共同行使权力、共同承担责任、联合投入资源、共同承担风险、共同分享利益的方式，生产和提供教育公共服务。（4）使用者付费等形式提供和生产教育公共服务。[①]

总之，教育市场治理以新公共管理理论为基础，借鉴私人部门管理的技术、工具和方法，将市场机制引入教育公共领域，建立以准独立的行政单位为主的分权结构，取消垄断性管制规定，强调用者付费、合同外包、顾客导向和绩效评价等管理理念，从而营造以竞争为特征的教育公共部门管理新途径。

与教育政府治理中政府与学校的关系不同，在教育市场治理模式中，学校不是政府的附属机构，而是一个独立的教育生产单位，政府与学校的关系是一种真正意义上的委托代理关系，即政府提供教育的政策、原则、信息、必要的投入和业绩的评估，而将教育的生产交由具有自主办学权利的学校来完成。这样，通过社会选择，家长用脚投票自由择校，便可以在整个教育的生产领域内建立起相互竞争的市场环境。在这种环境下，家庭、社会与学校间也建立起实质性的委托代理关系。由于家庭的选择往往依据社会的需要，因此，家庭与社会间的关系也更加紧密。教育市场治理中政府、学校、家庭和社会的关系模式如图9-3所示。

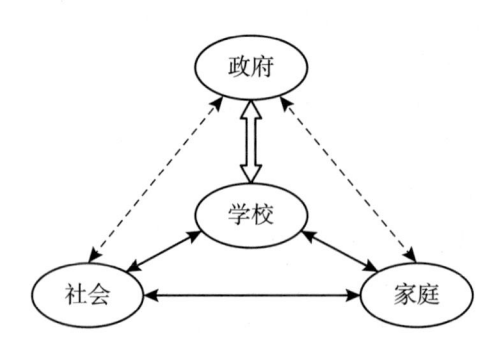

图9-3 教育市场治理主体间关系模式

在教育市场治理模式下，政府与学校、家庭与学校、社会与学校间均建立起单向度的委托代理关系，政府将为实现国家公共利益的教育事业通过政策的制定

---

① 张良：《公共管理学》（第二版），华东理工大学出版社2005年版，第175页。

和实施委托给学校，家庭将培养子女的义务通过自由选择委托给学校，社会通过择优录用将提高人力资源素质的责任委托给学校，学校是教育事业发展的中心和市场。这种单向度的委托代理关系首先具有明显的信息传递优势，学校可以直接倾听家庭和社会的呼声，在国家政策许可的范畴内灵活调整人才培养和社会服务的策略，满足家庭和社会的要求；同时，学校也可以将自身发展的战略信息直接与政府、家庭和社会沟通，听取他们的合理建议与主张。其次，家庭与社会的直接选择，大大提高了学校的办学积极性和创造性。学校为了增强自身在教育市场中的竞争实力，必然要自觉加强教育、教学的改革与创造，学校内部竞争与合作的氛围也会自然形成，提高了办学的质量和效率。最后，确立了家庭和社会在教育生产中的参与主体地位。在教育政府治理中，学校听命于政府，家庭和社会是教育生产的局外人，但在教育市场治理中，家庭和社会通过政府的制度安排使其由局外人变成了直接的利益相关人，参与教育生产的监督与管理不仅仅是政府和学校的事，也是他们的责任。

但是，我们必须看到，教育市场治理也存在一定的问题，单向度的委托代理关系中也存在着信息不对称，缺乏监督的"理性经济人"也易诱发道德风险；家庭自由择校可能将无力偿付高收费的学生拒之门外，损伤教育的机会公平；经济利益充斥教育领域，容易导致人们的观念和价值扭曲，金钱至上、短期行为，影响教育公共利益的实现。因此，教育市场治理最终也恐难逃教育"市场失灵"的厄运。正因如此，20世纪90年代后，教育公共治理逐渐走上世界教育改革的前台。教育公共治理吸取了教育政府治理和教育市场治理的经验和教训，重新确立政府、学校、家庭和社会在教育治理中的地位与关系，是一种新的政府工具。

三、教育公共治理中政府、学校、家庭和社会的关系

教育政府治理的基本假设是：教育公共事务是一项公益事业，理应由政府来提供和生产；为政府部门服务的政治家及官员们都是公共利益的忠实代表，他们不同于在市场上追求经济利益最大化的"理性经济人"，是忠诚的"理性公益人"；官僚制为"理性公益人"搭建了事业的舞台，他们被赋予了合法的职位与角色；既定的规章和严明的纪律能够"约束"他们按照公益理性严格执行他们的公益行动。而教育市场治理认为，教育不是必须由政府来提供和生产的，非政府部门和个人也可以提供教育的投入和组织教育的生产，并提出了与"理性公益人"相反"理性经济人"的假设。经济学家丹尼斯·缪勒指出，同样的人怎么可能仅仅因为从经济市场转入政治市场之后就由求利的自利者转变成大公无私

的利他者呢？这是绝对不可能的事。① 在经济市场和政治市场上活动的是同一个人，同一个人是不会根据两种完全不同的行为动机去进行活动的。政治过程中的政治家及官员们与经济活动中追求利润的企业家是类似的，为了实现政治家的个人目的，他们才去制定能获得最多选票的政策，正像企业家生产能获得最多利润的产品一样。②

理论是为解决问题服务的，理论是发展的。教育政府治理和教育市场治理的产生和发展有其时代的背景和滋生的土壤，从这个角度来说，它们是积极的，是曾经为社会作出过突出贡献的思想，我们不可以妄加批评。但随着时代的发展，社会的进步，特别是人类精神文明的提高，今天看来它们确有不足之处：教育政府治理把政治家和官员"神话"了，而教育市场治理把所有的人"庸俗化"了。马斯洛认为，人的需要是分层次的，当人的基本生存和安全的需要相对满足以后，就会追求交往、尊重和自我实现等更高层次的需要，不过，人不是"神"，追求私益是人的天性，人是"理性私益人"。"理性私益人"的假设满足了"复杂人"的追求。在"理性私益人"的"操纵"下，政府、学校、家庭和社会等利益相关人在"规则"的约束下各得其所、各安其分、各司其职、各盈其"利"，共同促进教育公共利益的实现。教育事业中政府、学校、家庭和社会的这种"公益互惠"关系建立的过程就是教育公共治理的过程。

（一）官僚、民主与"规则"

将"规则"加上引号代表了人们对规则的不同解读。在我们的生活中充斥了太多的"按'规则'办事"的主张或要求。机动车在马路上要按右侧通行，这是交通规则；在办公室内不得大声喧哗，这是职员行为规则；官场上要层级服从，这是官僚制的规则；人民代表要民主选举产生，这是民主政治的规则……但规则并不固定，如中国内地实行交通右侧通行，而中国香港则执行左侧通行；一些人民代表是选举产生的，而另一些人民代表是上级组织任命的；教育政府治理要求中小学学生就近入学，而教育市场治理则允许中小学学生自由择校……因此，基本上可以说，规则是人定的。规则的功能就是约束人们朝着既定的方向努力，达到一定的目的。通常，组织中的规则是为了实现特定的组织目标，并基于某种人性的假设而设立的，如政府为了实现教育公益，基于"理性公益人"的假设，颁布了教育政府治理的官僚制规则；之后，为了摆脱"政府失灵"的尴尬，基于"理性经济人"的假设，又高举起教育市场治理这面市场规则的大旗，

---

① 丹尼斯·C.缪勒：《公共选择》，中国社会科学出版社1999年版，第3页。
② 张康之等：《公共管理导论》，经济科学出版社2003年版，第64~65页。

结果也"失灵"了。问题的根源是什么？系统的稳定性。教育治理是一个由政府、学校、家庭和社会为主体元素组成的系统。根据霍伊—米斯格系统模式的观点，系统的各元素间相互依赖，一方面贡献于整体，另一方面也由整体受益。当某一部分受到影响时，系统的其他部分也会受到波及。在教育政府治理系统中，家庭和社会通过赋税将培养人才的责任委托给政府，作为"理性私益人"的政府官僚代理制定并执行人才培养的规则，这样，即使政府在教育政府治理的后期强力推行规则制定的民主化，但信息经济学告诉我们，由于信息不对称，代理人也难免出现"道德风险"。新自由主义的代言人弗里德曼认为，克服"道德风险"的有效措施是政府有限介入，政府只管市场管不了或管不好的事情。于是，走向官僚治理反面的教育市场治理便诞生了。在教育市场治理系统中，民主得到了真正的实现，家庭和社会与学校间建立起实质性的委托代理关系，学校可以通过家庭选择与社会选择有效防范"道德风险"的滋生，但又出现了教育均衡和机会公平的难题。因此，要有效保障教育均衡和机会公平，同时又能提高教育的质量与效率，克服"道德风险"，必须通过"规则"的创新，建立起教育治理元素：政府、学校、家庭和社会联动、共赢的稳定系统，即教育公共治理系统。

（二）教育公共治理中政府、学校、家庭和社会的关系

机构和个人构成了社会系统的要素，个人在机构中担当特定的角色，并按照社会的角色期待表现出具有个人人格特点和能满足个人需要的社会行为。这就是社会系统的基本模式。教育公共治理系统要完成其活动和功能必须要有一个稳定的社会形态，我们称之为行为的制度化形式。政府、学校、家庭和相关的社会非政府组织是完成教育公共治理系统制度化功能的机构。机构中最重要的是角色，角色代表在机构中的职位和地位，通过期望或规范界定角色的权利和义务，并在不同角色的互动中表现出来。在教育政府治理中，学校自主办学的角色被剥夺、家庭和社会参与教育治理的角色也未形成制度化的结构与功能；教育市场治理虽确立了学校自主办学、家庭和社会自由选择的制度化角色，但最重要的政府在教育治理中角色地位被弱化了。教育公共治理就是要赋予政府、学校、家庭和社会参与教育治理的制度化角色功能，通过规则约束下的角色互动，形成教育公共治理稳定的系统模式。教育公共治理系统中政府、学校、家庭和社会的关系如图9-4所示。

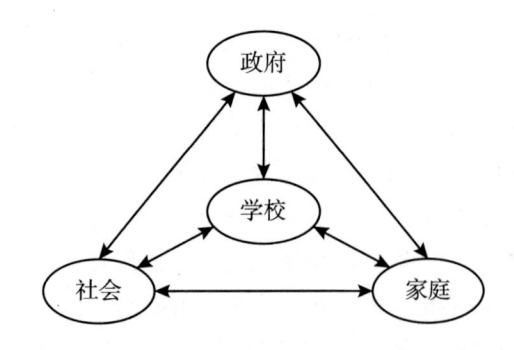

图 9-4　教育公共治理主体间关系模式

在教育公共治理系统中，政府、学校、家庭和社会形成了多元参与教育治理的网络结构，参与者之间互动的集体行动取代单边行动，参与者之间博弈、合作，进行产权交易，集体发挥治理力量。每个参与者都可以以其特定的角色和地位在教育领域中拥有发号施令的权威和行动的能力，但又都与政府合作，分担政府的教育公共治理责任。教育公共治理表明，办好教育的能力并不仅限于政府单一的权力和力量，不限于政府的发号施令或运用权威，而在于政府与学校和社会之间广泛的沟通与合作。以政府与学校、社会及家庭之间建立起来的广泛的"伙伴关系"替代传统的支配与被支配、管制与被管制的关系。教育公共治理的发展使教育领域中"一个强加于人、凌驾于社会之上、能够实现发展的国家的形象正在消失，取而代之的是采取一种更加客观的观念来审视公共行动、统合各种社会力量的条件。因此，国家和其他行动者的合作伙伴关系具有压倒一切的重要性"。[①]

教育公共治理的结构要求在一个民主的权力框架中，建立一个比政府组织更为广泛的、更为开放的教育公共服务体系。教育公共治理不能是政府自上而下的控制的结果，而是多元的利益相关者合作互动的过程。由于利益相关者在教育公共治理中拥有各自的"产权"优势，因此他们之间存在着权力依赖；与此同时，由于利益相关者的个人"私益"的实现是教育公共利益实现的产物，因此他们离不开合作。这种权力依赖支持着利益相关者在教育公共治理过程中的平等地位，并有助于形成以信任、合作、互惠为基础的教育公共治理网络。

教育公共治理的合作伙伴关系，意味着学校、社会和家庭从"边缘人"变成为"中心人"，从作为政府统治和公共管理的支配对象，而成为教育公共治理不可缺少的合作伙伴。在合作伙伴关系中，不同利益相关者以教育公共事务为焦点，通过对话、谈判、博弈、讨价还价、协商、妥协和合作等方式，确立集体选

---

① 皮埃尔·卡蓝默：《破碎的民主——试论治理的革命》，上海三联书店 2005 年版，第 56 页。

择和集体行动，交换资源，彼此依赖，合作互惠，共谋发展。而政府的责任在于学校和社会之间"建立和维持横向的、平行的权威关系，他们要努力寻求合作的力量而不是寻找控制公民的力量"。[①]

四、教育公共治理机制的设计

机制设计说到底是政府的一种制度创新。我国计划经济时期和改革开放初期，由于国际大环境的影响和国家经济与社会发展的实际需要，教育政府治理是我国教育改革与发展的基本制度安排；20世纪90年代，由于受到世界新公共管理运动的影响和国内教育改革与发展实际的需要，以教育市场化改革为主题的教育市场治理的探讨与实践曾经在国内轰动一时，虽只是昙花一现，未形成彻底的教育制度安排，但却为目前关注教育公平与效率均衡发展的教育公共治理起到了极大的推动作用。

教育公共治理机制设计的前提是政府主导，政府根据国家基本的制度环境和人性的基本假设由政府立法部门通过制度创新提供教育治理合法化基础。教育公共治理要求政府、（类）市场和社会合作参与教育公共事务的管理，即政府通过其立法机关以制度创新规制教育公共治理中各利益关系人的行为，保障教育公共治理中（类）市场的有序运行，通过利益关系人的竞争、参与和合作达成教育公共利益的实现，从而达到互惠的目的。教育公共治理机制的结构模式如图9-5所示。

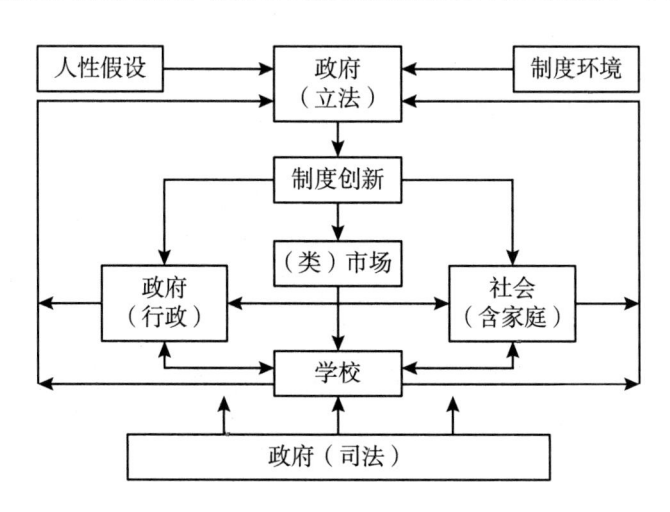

图9-5 教育公共治理机制的模式

[①] 约翰·克莱顿·托马斯：《公共决策中的公民参与：公共管理者的新技能与新策略》，中国人民大学出版社2005年版，第5页。

从图 9-5 可见，教育公共治理机制的设计主要体现在两个方面，一是规制约束，二是（类）市场牵动。"规制"体现在教育公共治理机制的整体设计上，它通过制度创新规范并约束教育公共治理各利益相关主体的行为，目的是促进多元合作和教育公共利益的实现；"（类）市场"则直指学校，学校是（类）市场交易的场所，通过制度创新搭建学校间彼此"竞争"和各利益相关主体及个人"互惠"平台，达到教育公共治理各子系统中个人满足私益的目的。因此，教育公共治理机制可概括为"政府主导、多元合作、市场牵动、公益互惠"机制。

（一）规制与制度创新

规制（Regulation）又称政府规制，它是一个经济学的概念，指的是"政府对经济的干预和控制"。[①] 规制实质上就是一种制度安排，具有显著的制度特征。根据新制度经济学的观点，制度（Institutions）是约束人的行为的规制体系。诺思认为："制度是为约束在谋求财富或本人效用最大化中的个人行为而制定的一组规章、依循程序和伦理道德行为准则。"西奥多·威廉·舒尔茨（Theodore W. Schultz）将制度定义为："一种行为规则，这些规则涉及社会、政治及经济行为。"也有人认为，制度是人与人之间的一种正规的、成文的，或约定俗成合约关系。这种合约关系可以是自愿性的，也可能是非自愿性的，对有关当事人可以是平等的，也可以是不平等的。[②] 其实，制度就是由政府为完成某一公共目标所制定的一套规则体系，通过这套规则体系，确定利益关系主体的行为边界，约束和激励利益相关主体行为方向，承诺、并赋予和保护利益相关主体合法地位。

教育公共治理是一种新的政府工具，它是社会发展中弃旧图新的产物，吴建民曾指出："在中国弃旧图新的社会变迁中，最核心的激励因素，不是空洞的说教，而是制度的变革。这种制度变革的方向就是，让所有的创造能量无拘无束，让创造性的知识自由流动……制度的现代化，将最终决定中国现代化的命运。"[③] 教育公共治理的健康发展，制度创新是关键。制度存在于最小的交易成本之中，制度的形成可以降低交易成本，通过制度的建立剥夺或限定利益相关主体的权力及其行为，从而保障教育公共治理目标的实现。正如科斯所说："我倾向于把科斯定理当做对交易成本大于零的经济进行分析的道路上的垫脚石"，"我的结论是，如果我们从交易成本为零的世界转向交易成本大于零的世界，那么，立刻变得清楚的是，在这个新天地里，制度至关重要"。[④]

[①] 马云泽：《规制经济学》，经济管理出版社 2008 年版，第 4 页。
[②] 方福前：《当代西方经济学主要流派》，中国人民大学出版社 2004 年版，第 272 页。
[③] 吴建民：《公民社会是治理的关键》，载《南风窗》2009 年第 18 期。
[④] 罗纳德·哈里·科斯：《企业、市场与法律》，上海三联书店 1990 年版，第 83 页。

提供制度性公共产品是国家最主要的职能。"国家最重要的也是最困难的任务就是建立一系列的游戏规则，并将之付诸实施，以鼓励全体人民充满活力地加入到经济活动中来"，① 教育公共治理的基本设想就是国家通过制度创新建立规范教育公共治理新秩序的游戏规则，并将之付诸实施，以鼓励教育公共治理利益相关人充满活力地加入到教育公共治理中来。

（二）市场与类市场

市场就是商品交换场所和领域。亚当·斯密以"个人满足私欲的活动将促进社会福利"为逻辑起点，推演出市场就是"自由放任"秩序。指出，一个人"他通常既不打算促进公共的利益，也不知道自己是在什么程度上促进那种利益……他所盘算的也只是他自己的利益。在这场合，像其他现代场合一样，他受着一只'看不见的手'的指导，去尽力达到一个并非他本意想要达到的目的。也并不因为事非出于本意，就对社会有害。他追求自己的利益，往往使他能比在真正出于本意的情况下更有效地促进社会的利益"。② 按照亚当·斯密的观点，政府完全不能干预个人的追求财富的活动，也完全不用担心这种自由放任将制造混乱，一只"看不见的手"将把自由放任的个人经济活动安排得井井有条。但马克思指出："人以其需要的无限性和广泛性区别于其他一切动物。"③ 人不仅追求经济上的满足，重要的是，人是社会化的产物，特别是在现代社会，物质产品相对丰富，人们的精神需求——交往、尊重、声誉等将远远大于物质的满足。而且，面对经济、社会一体化的新时代，人们这些私益的满足往往需要经过组织目标的实现才能达成。所以，教育公共治理的逻辑起点是：教育公益目标是个人私益目标实现的工具。

教育公共治理通过"规制"规范教育利益相关主体的行为共同促进教育公益目标的实现，从而实现利益相关人各自的私益。因此在教育公共治理系统内部存在一个"类市场（like-market）"，在类市场中也存在着"交易"，但交易的对象是"产权"。根据产权理论，产权是"个人或（和）组织拥有的一组受法律保护的权利，这些权利使其所有者可以通过购买、使用、转让和抵押资产的方式持有或处理某种资产，并享有运用这种资产所获得的收益或损失"。"产权不等于资产本身，资产只是产权的附着物或载体，产权是一组权利和责任。"④ 教育公共治理中的产权，就是指教育利益相关人行使促进教育公益实现的权利和责

---

① 斯蒂格利茨：《政府为什么干预经济》，中国物资出版社1998年版，第163页。
② 亚当·斯密：《国民财富的性质和原因的研究》（下册），商务印书馆1961年版，第27页。
③ 《马克思恩格斯全集》（第49卷），人民出版社1982年版，第130页。
④ 方福前：《当代西方经济学主要流派》，中国人民大学出版社2004年版，第295页。

任。教育公共治理类市场交换的实质是产权的交换。产权之间相互交换的成本称交易费用。按照合约理论的观点,交易费用就是指达成有关交易的合约和保证合约执行的费用。政府规制使教育公共治理各利益相关人产权清晰,大大降低交易费用,提高制度创新的效率。通过产权交易,利益相关人实现了各自的私益,如家庭得到了他希望的教育,社会满足了他需要的人才,政府获得了社会的赞誉,特别是学校提高了其办学的经济和社会效益。根据机制设计理论,由于私益的实现只有通过公益的实现才能满足,显示原理告诉我们,代理人很少会出现"逆向选择"和"道德风险"的状况;同时,实施理论也告诉我们,利益相关人的动机看似在追求私益,但该机制的结果一定和教育公益目标一致。

(三) 竞争、参与与合作

竞争是指各利益主体为维护和扩大自己的利益而采取的各种自我保护行为和扩张行为。在教育公共治理系统中存在着公共选择,良校驱劣校是教育生产未来发展的趋势,家庭用脚投票,自由选择他们满意的学校;社会用表情投票,自由选择声誉高的学校学生。自由选择促进了学校之间的竞争,从而带动整体教育水平的不断提高。但"自由不仅意味着个人拥有选择的机会并承受选择的重负,而且还意味着他必须承担其行动的后果,接受对其行动的赞扬或谴责。自由与责任实不可分"。[①] 家庭和社会还必须依据规则和法规负起同政府一道参与学校办学、监督学校办学的责任。家庭和社会不仅参与和监督学校的办学,而且还将参与政府的决策,因为"社会的变迁,治理模式的变革及其带来的其他规范性价值的转变,意味着公共管理者以及政府组织内外的领导者都必须面对一个不断强化的、必须履行的责任,那就是,在所有类型的公共决策过程中,必须让公民参与进来"。[②] 库珀认为,"在一个具有大量的特殊性的多元化的巨型社会中,创建一个能代表那些变动不安的利益的正规的政府是不可能的。允许各种社会组织起来并让他们的要求在管理过程中得到体现,既是有效的也是切实可行的。"[③] "大部分真实的问题都需要公共权力机构与各种各样的行动者的合作。因此,大部分关于治理的言论都赞扬合作伙伴关系,却不愿意看到公共政权很少能成为真正的伙伴。"[④] 于是,利益的博弈使教育利益相关人作出理性的选择:"合作—公益—互惠"。

[①] 哈耶克:《自由秩序原理》,上海三联书店 1997 年版,第 83 页。
[②] 约翰·克莱顿·托马斯:《公共决策中的公民参与:公共管理者的新技能与新策略》,中国人民大学出版社 2005 年版,第 5 页。
[③] 特里·L. 库珀:《新政伦理学:实现行政责任的途径》,中国人民大学出版社 2001 年版,第 50 页。
[④] 皮埃尔·卡蓝默:《破碎的民主——试论治理的革命》,上海三联书店 2005 年版,第 66 页。

第十章

社会转型时期中国地方政府治理模式

第一节 社会转型期中国地方政府竞争的治理模式

一、中国地方政府竞争的发展历程

改革开放以来，虽然我国地方政府在从经济建设型政府向公共服务型政府转型，但是经济建设依然是地方政府最为主要和关键的职能，因为经济发展是现代化过程中最为基本的因素，只有经济获得长远发展，才能带动整个社会进入一个全面发展的阶段。以经济建设为主的发展历程，决定了地方政府竞争的核心是经济资源。按照竞争的主要经济资源的类别，可将中国地方政府竞争划分为三个阶段，分别为原料资源的竞争阶段、政策资源的竞争阶段和制度资源的竞争阶段。

（一）原料资源竞争阶段

1979年4月，党中央召开了工作会议，会议全面分析了中国经济建设的现状，决定集中几年的时间，搞好国民经济建设的调整工作，提出了对整个国民经济进行调整、改革、整顿、提高的方针，坚决纠正前两年经济工作中的失误，认真清理过去在这方面长期存在的"左"倾错误影响。① 在这种思想的指导下，中央政府开始对财政体系进行探索性变革，主要是实行财政包干体制，具体体现为：1980～1984年的"划分收支、分级包干"；1985～1988年的"划分税种、核定收支、分级包干"；1993年的"收入递增包干"。②

财政包干体制使得地方政府有了自身利益，激发了地方政府在经济建设中的积极性。地方政府在政府利益的促使下，纷纷加大了对地方企业的干预力度，并在缺乏有效制度制约的条件下，利用政治影响力干预企业的投资方向，同时还通过多种手段促进经济领域的投资甚至直接参与投资。经济投资的竞争目的在于使得本地的原材料就地生产，地方政府尽可能地把本地生产的优质的或紧缺的原材料控制在供"自己的企业"使用范围内，并努力阻止其他地区生产的对本地企业形成竞争关系的商品进入本地市场，以求"肥水不流入外人田"③。财政包干制度激发了地方政府竞争内在的活力，使得中国经济增长保持了前所未有的发展态势，为中国地方政府层面的变革和创新奠定了基础。

经济特区在原料资料的竞争中优势最为明显，因为经济特区拥有雄厚的财政基础。为了探索中国经济发展的道路，经济特区享受中央政府批准的税收优惠。除此之外，地方政府之间的财政支付水平也存在较大的差距，如1987年，上海地方财政收入为172.91亿元，上缴中央119.82亿元，财政支出53.85亿元；江苏省地方财政收入为107亿元，上缴中央60多亿元，地方财政支出不到40亿元；而广东只上缴中央14亿元，地方留成80多亿元。④ 这就使得广东在原料的竞争过程中，相对江苏和上海具有较为明显的优势。

地方政府关注经济效率而忽视了社会效率并倾向于扩张型的政府，即愿意配置更多的资源在生产性支出上而忽视带有长期机制和外溢性的制度安排，如人力资本投入、医疗卫生体系的健全等。⑤ 地方政府在原料资源竞争的阶段，形成了地方政府在经济资源领域竞争的路径依赖，加大了地方政府向公共服务和社会管理领域竞争转向的难度。

（二）政策资源竞争阶段

1992年，邓小平的南方讲话澄清了姓"资"还是姓"社"的问题，认为中

---

① 汪海波：《中国经济发展30年》，中国社会科学出版社2008年版，第3页。
② 邹继础：《中国财政制度改革之探索》，社会科学文献出版社2003年版，第44页。
③ 同②，第59页。
④ 《地方财政收入与上解的差异比较》，载《世界经济导报》1988年6月6日。
⑤ 王焕祥、李静：《中国地方政府竞争演进的理论与实践研究》，载《社会科学辑刊》2009年第4期，第88页。

国应该继续推行改革开放的基本政策。"改革开放胆子要大一些,敢于试验,不能像小脚女人一样。看准了的,就大胆地试,大胆地闯。"① 在全面推行改革开放之后,中央政府继续实行财政体制改革,1994 年开始实施新的财政制度即分税制。分税制财政体制主要有三个方面的内容构成,即中央与地方税收的划分、中央与地方事权和支出的划分、中央对地方税收返数额的确定。② 其中财政收入划分为中央财政固定收入、地方财政固定收入、中央和地方财政共享收入。

中央政府于 1991 年 3 月和 1992~1994 年先后批准建立两批高新技术开发区。由于分税制以制度的形式规定了地方政府的财政收入,而高新技术开发区又能享受多种优惠政策,所以 1994 年之后地方政府竞争的主要内容转变为向中央索要政策,设立国家级经济开发区。在地方政府向中央政府反复地争夺优惠政策之后,1999 年国务院决定"允许中西部各省、自治区、直辖市在其省会或首府城市选择一个符合条件并已建成的省级经济技术开发区申办国家级经济技术开发区",2000~2002 年,国务院先后批准合肥、郑州、西安、呼和浩特、太原、南宁、银川、石家庄、拉萨、兰州等 17 个省级经济技术开发区升为国家级,至此,国家级经济开发区达到 54 个,分布在全国各个省区。③ 这些国家级经济开发区享受大量的优惠政策,同时地方政府还兴建了大量的省级、市级、县级经济开发区,即使有些开发区不能享受优惠政策,地方政府也打政策的"擦边球",甚至私自设立本不应有的特殊待遇。

这一阶段的政策资源竞争,除了地方政府向中央政府争夺政策资源外,地方政府也利用公共权力制定大量的优惠政策,争取资金流入本地,特别是对外商直接投资更是加大竞争力度。除国家规定的税收优惠政策外,地方政府还想方设法降低税收水平。而在土地的优惠政策中更是各显神通,如 2005 年珠江三角洲土地价格是 25 万元 1 亩,而苏南某些地区的土地价格只要 5 万元 1 亩,个别地区甚至更低,如无锡地区甚至到了 2 万~3 万元 1 亩,就是上海的一些郊区也拿出了 5 万~6 万元的低价,而成熟的开发区用于基础设施的投入和土地出让金额应该在 15 万元 1 亩的水平,在这样的价格下,1 亩地政府要倒贴将近 10 万元。④

地方政府在政策资源的竞争,使得中国经济开发区不断增多,改善了基础设施的整体水平,为中国引进外商直接投资提供了有益的借鉴,同时也使得改革开放的战略不断深入。各类园区大多以非常低廉的价格出让土地来换取投资,进入

---

① 《邓小平文选》(第 3 卷),人民出版社 1993 年版,第 372 页。
② 赵云旗:《中国分税制财政体制研究》,经济科学出版社 2005 年版,第 207 页。
③ 刘玉:《中国区域政策》,经济日报出版社 2007 年版,第 81 页。
④ 张准:《浅析招商引资中的土地问题》,载《世界农业》2004 年第 5 期,第 18 页。

园区的企业大多冲着土地低廉价格而来，企业并不具备足够的市场竞争能力，这些企业技术和管理层次普遍比较低下，一些园区成为外资的"血汗工厂"，各级政府积极开办园区，形成市、县、乡都设置园区的现象，园区普遍开花的结果是大量的园区常年闲置，杂草丛生，造成社会资源的极大浪费。①

地方政府在政策资源的竞争，并未使得区域差距缩小，反而不断扩大，例如，1992 年，人均 GDP 最高的为上海（6 377.03 元），最低的为贵州（862.12 元），只是上海的 13.51%。2002 年，人均 GDP 最高的为上海（33 284.92 元），最低的为贵州（3 075.32 元），为上海的 9.24%。到 2004 年，人均 GDP 最高的为上海（42 768.48 元），最低的为贵州（4 077.61 元），为上海的 9.53%。②

地方政府在政策资源领域的竞争，事实上延续了地方政府注重经济效率而忽视社会效率的惯性。虽然中央政府之后出台了西部大开发和东北老工业振兴战略政策，但此种方式的竞争并没有使得地方政府在公共服务和社会管理的竞争力度加大，而且地方政府竞争的弊端不断凸显。

（三）制度资源竞争阶段

进入 21 世纪后，中央政府在反思中国发展过程的基础上，明确提出了"科学发展"的发展模式。科学发展对地方政府竞争的内在要求是，兼顾经济效率和社会效率，同时按照社会公平的价值诉求，把社会效率放在更为重要的位置。为激励地方政府因地制宜，探索发展模式，中央政府明确提出的国家综合配套改革试验区战略，使得地方政府竞争的主要内容开始向制度资源转变。

中央政府一方面规范地方政府随意设置的税收优惠政策。新的《企业所得税法实施细则》将继续保留 5 个经济特区和浦东新区的税收优惠地位，除此之外，其他地方的企业不再享受特殊的税收政策；另一方面，中央政府在地方政府竞争中，不断扩大地方政府在制度资源的自主权。

我国有学者形象地把国家综合配套改革试验区称之为"第四特区"。为了争取"第四特区"内在的利益，广州市把广州开发区升级为"新区"，辽宁省把沈北新区由"省级"升级为"国家级"，广西壮族自治区把北部湾经济区作为"新区"，湖南省由长株潭"一体化"升级为"新特区"，除此之外，湖北武汉、四川成都和重庆市，也加入了"第四特区"竞争的行列。最终，成渝统筹城乡综合配套改革试验区获得批准。当然这种竞争也并非简单的零和博弈，2007 年 12

---

① 黄燕：《谨防地方政府由经营城市转向经营管制》，载《中国行政管理》2007 年第 2 期，第 34 页。

② 王志涛：《地区差距与地方支出的公共支出竞争》，载《社会科学辑刊》2006 年第 3 期，第 128 页。

月14日，武汉城市圈和长株潭城市群获批成为全国资源节约型和环境友好型社会建设综合配套改革试验区。此后中央政府还陆续批准了其他几个地方政府进行综合配套改革试验区的申请。同时中央政府继续加大西部大开发、东北老工业基地和中部崛起等战略实施的支持力度和扶持，中央政府作为弱小地方的扶持者，使得弱小地方能够有着均等的机会参与市场维度的竞争，这对于竞争良性发展将起到积极的作用。① 地方政府在制度资源竞争的目的是允许地方政府在自身范围内进行试点和改革，因地制宜，进行制度建设和创新，从而促进经济、社会、政治和生态文明的整体推进，而不仅仅是有利于经济总量的增长。虽然中央政府转让的制度自主权意味着更多的潜在利益，但是对我国经济和社会的全面发展无疑有着重要的推动作用。

同政策资源的竞争一样，地方政府在制度资源的竞争阶段也是积极争取中央的支持，但是争取的并不是具体的优惠政策，而是制度自主权。中央政府转让给地方政府的这种自主权，意味着地方政府可获取更多的利益，所以利益倾斜更为明显。制度资源的竞争，并不局限于东部经济发达地区，而是着眼于地方的特殊条件，打破东部地区在政策资源竞争中的垄断权。

随着中国加入WTO，中国越来越融入世界经济贸易体系中，地方政府对制度资源的竞争也越来越激烈。地方政府对制度资源的竞争，为摸索地方的发展模式提供了空间，同时为地方政府的利益提供了更多的机会。因此，地方政府在制度资源的竞争，并不一定能促进地方政府的制度创新，也有可能使破坏性更为明显。

二、中国地方政府非合作竞争的内在机理

（一）中国地方政府非合作竞争的制度起点

1. 压力型行政体制

所谓"压力型体制"，指的是一级政治组织为了实现经济赶超，完成上级下达的各项指标而采取的数量化任务分解的管理方式和物质化的评价体系。② 与压力型体制相对应的是"表现型政治"：自下而上响应上级指令，层层加码、层层拔高，表现出大轰大嗡的特征。③ 在压力型体制及由此产生的"表现型政治"的

---

① 刘亚平：《当代中国地方政府间竞争》，社会科学文献出版社2007年版，第74页。
② 徐湘林：《渐进政治改革中的政党、政府与社会》，中信出版社2004年版，第222页。
③ 周志忍：《政府管理的行与知》，北京大学出版社2008年版，第128页。

背景下，我国的地方政府竞争有别于西方国家的表现之一是具备有限竞争的特征。

我国地方政府有限竞争的原因在于中央政府对地方的财政预决算、地方经济与社会发展规划、资源的配置等具有重大影响或决定的权力，中央政府的优惠政策和特殊待遇为地方经济的发展创造了重要条件，中央政府的天平倾向，对地方政府的竞争优势具有绝对性的决定力量，因此，与中央政府的讨价还价，谋取中央政府提供的优惠政策和特殊待遇，成为地方政府竞争的重要内容。[1] 为获取中央政府的天平倾斜，地方政府把中央政府的任务层层量化分解，分派到每个行政组织和个人手中，并规定这些任务的奖惩措施。由于这些任务，在地方政府体系中常采用"一票否决制"，所以中国地方政府竞争的有限性更为明显。

在我国地方政府非合作竞争的制度起点中，压力型行政体制最为关键。压力型行政体制并不必然导致非合作竞争，但是反映了地方政府竞争中的制度缺失，压力型行政体制只有与制度建设相互衔接，才能避免地方政府非合作竞争的负面效应。但在制度建设缺失的条件下，压力型行政体制使得地方政府竞争的非合作性难以获得根治。

2. 职责同构式组织体系

我国的行政组织体系既不同于西方国家的职责异构，也不同于苏联的中央集权，而是有着自己独有的特征。我国学者朱光磊将这种独特的行政组织体系称之为职责同构。职责同构是指在政府关系中，不同层次的政府在纵向间职能、职责和机构设置上的高度统一，通俗地讲，就是在这种政府管理模式下，中国每一级政府都管理大体相同的事情，相应地在机构设置上表现为"上下对口，左右对齐"，职责同构的产生，主要源于计划经济体制下中央政府既要集中掌握社会资源，又要支持地方自主发展来限制部门集权。[2]

在职责同构式组织体系下地方政府竞争的内容基本是一致的，而且竞争的重点是与地方政府利益直接相关的经济建设。而地方政府竞争过程中的竞争优势显示出来的前提条件是，地方政府竞争的内容应不同。目前而言，地方政府竞争的关键是经济总量的增长，而增加经济总量的实现途径，存在招商引资和向中央政府索要优惠待遇两种趋同的方式。在招商引资过程中，地方政府不断扩大规模和力度，力争使地方政府的各级组织和人员都纳入招商引资中来，另外，对招商引资结果制定强有力的奖惩措施，使得招商引资的任务强制性地定岗、定人。而向中央政府索要优惠待遇的实现方式中，地方政府在中央要求撤销驻京办事处后，

---

[1] 汪伟全：《当代中国地方政府竞争：演进历程与现实特征》，载《晋阳学刊》2008年第6期，第26页。

[2] 朱光磊、张志红：《"职责同构"批判》，载《北京大学学报》（社会科学版）2005年第1期，第102页。

并未解决地方政府向中央讨价还价的无序问题,而是继续索要优惠政策,不过具体方式有所变化。

在职责同构式组织体系下,不管地方政府竞争的内容还是途径,都出现了明显的趋同现象。这种趋同现象改变了改革开放之初地方不同经济发展模式的良好开局,也使得地方政府在合作中竞争和竞争中合作的基础不断丧失。因为地方政府合作式竞争在地方政府有不同的优势条件下才能实现,在地方政府都积极争夺相同的竞争资源时,就难以形成竞争优势,地方政府非合作式竞争的出现难以避免。

3. 社会网络的雏形发展现状

我国的地方政府竞争从经济建设领域向公共服务和社会管理转变,重要的制约力量之一应来源于社会力量。随着科学技术的发展,网络技术日趋成熟,日趋成为社会向地方政府施加压力和影响的重要工具。网络政治参与的时空超越和主体虚拟性,使公民在网络中可以就某一事件快速表达真实意见,进行意见交流,形成共振效应和舆论压力。[①] 网络技术提供了社会向地方政府表达意志的途径,从而向地方政府施压影响,促进地方政府竞争内容和方向的调整。但是网络技术并不能自然地促进地方政府竞争的制度创新。

社会网络的发展一方面需要网络民意的理性不断成长,另一方面需要地方政府支持并积极引导社会网络的发展方向。地方政府相对公民社会而言,对网络技术拥有更多的优先权。掌握网络核心技术和强大网络资源的国家,通过网络技术传播其政治文化,影响甚至左右若干国家的政治文化,进而实现特定政治目的的网络技术政治垄断。[②] 地方政府作为国家机器的重要组成部分,自然利用网络技术的优先权,一方面并不积极支持社会网络的发展,并设置障碍,另一方面向有利于地方政府利益的方向引导网络民意,有时甚至动用社会权威的影响。即使在这种情况下,社会网络并不甘于屈服地方政府的意志,尤其是地方政府偏离公共利益的时候。但是社会网络在中国处于雏形阶段的现实,使得社会力量难以对地方政府的政策和行为施加有效的影响。而往往是地方政府以强制性的地位,企图压制网络民意,减少社会力量的干预。

社会网络的雏形阶段决定了社会力量对地方政府的影响有限,难以发挥公民社会应有的作用,所以公民社会在中国地方政府竞争中发挥作用的空间较大。由于社会力量的竞争压力不足,地方政府竞争向公共服务和社会管理转变的动力不足。地方政府在公共服务和社会管理的竞争不足,使得地方政府竞争经常处于盲

---

① 付建军:《网络政治参与:概念、现状与二维价值》,载《当代社科视野》2010年第7期,第34页。

② 娄成武、张雷:《质疑网络民主的现实性》,载《政治学研究》2003年第3期,第69~70页。

目的状态,从而难以避免偏离公共利益。当地方政府竞争有失于公共利益的时候,地方政府竞争的契合点不足,地方政府非合作竞争就难以避免。

4. 经济体制转型中的父爱主义

父爱主义作为经济学名词,概括了计划经济体制下无所不包的行政干预模式,尤其用来描述国有企业对政府形成的高度依赖,这种依赖的不断强化,一方面造成了企业的惰性,另一方面把政府拖入企业的事务性决策而难以自拔。[①] 在中国从计划经济向市场经济的转型过程中,虽然中央政府下放了具体的经济管理权,以期地方政府把这种管理权下放到具体的企业手中,从而激发企业的内在活力,促进企业自身不断扩大自主管理和技术变革的创新能力。但是在地方政府利益的诱导下,地方政府并未把经济管理的相关权力下放到企业手中而是紧紧抓在自己手中,使得地方企业不管是国有还是私有企业,都需要地方政府的支持甚至保护。

经济体制转型中的父爱主义,使得地方政府竞争更多出于自身短期利益的考虑,所以经济增长领域的竞争始终最为明显。为解决地方企业的资金问题,地方政府在这方面的财政预算往往是软约束的状态。那些有利于地方政府短期利益的项目,地方政府一方面利用政府财政积极支持,另一方面利用政府部门的权威为企业争取更多的融资渠道。地方政府急功近利行为的出发点更多的是地方政府利益,而地方政府短期利益的实现必然不利于公共利益甚至以牺牲公共利益为代价。

随着经济体制改革的深入,现代行政管理则面对的是相对独立的企业和市场,这时,政府更多地成为一种职能化、官僚化的机构,面对的是相对的预算硬约束。[②] 在预算硬约束的条件下,地方政府利益就会受到损失,地方企业也面临挑战,所以地方政府和企业都不愿意打破父爱主义的局面。在父爱主义引导下的地方政府竞争,难以加大地方政府在科技创新领域的竞争力度,因为科技创新所带来的价值需要一个较长时间才能显示出来。但在科技含量低、高污染、高消耗的领域,由于短期内能促进经济增长,地方政府在这些领域的竞争更为激烈。

(二) 中国地方政府非合作竞争的表现形式

1. 招商引资策略趋同

地方政府在强大的GDP考核体系压力下,为了吸引资金,直接承担起经济

[①] 李庆红:《父爱主义与母子交易》,载《管理现代化》1997年第6期,第19页。
[②] 唐兴霖、李新春:《中国转型时期行政管理的"二元"状态与国企改革》,载《中国行政管理》1997年第9期,第36页。

主体的角色，在招商引资中一方面使各政府部门承担起明确的责任，另一方面对外地企业尤其是外资企业竞相优惠。在招商引资中，地方政府出现了趋同现象的内在逻辑之一为：强迫机制，在自上而下的官僚科层体制下，一般而言各政府部门，甚至包括一些非经济职能部门，如妇联、气象局、老干部局，都有招商引资的任务，并用硬性指标把招商引资的任务定人、定责、定时间。① 在这种条件下，外商特别是一些熟悉中国国情、了解地方政府官员心态的外商和港澳台投资者，拿着资金和项目往往并不急于投资，即使看中了某一个投资地也不急于下手。而是同时与另外数家地方政府谈条件，尤其是要与所看中的投资地相邻或有关联，如情况类似或正在竞争发展速度和政绩的地区进行谈判，结果最终迫使投资地给出"吐血"的优惠条件。以竞相优惠为主要内容的非合作式竞争，后果要么损失利益，要么丢失诚信，也有可能是二者兼而有之，最终都是由于一些蝇头小利而影响经济的可持续发展。②

为在招商引资中获得更多的主动权，有些地方政府直接垄断土地一级市场，并且以此为抵押获得大量廉价的金融资源。甚至一些地方政府打着"经营城市"的旗号滥用土地和国有金融资源。一方面各个地区不断扩大自己城市的面积，被学者们称为"好大病"，全国各地几乎同时出现"大上海"、"大武汉"、"大北京"、"大重庆"、"大广州"的提法或口号，地方城市报的头版头条常常是"城市范围扩张"一类的新闻：北京"五环开通六环在建"、广州"将在南沙建设第二个新广州"、武汉"城市新环线即将连接仙桃咸宁孝感"。③ 这表明我国城市建设不可避免地重复西方国家工业时代的"城市病"，其中隐藏着城市治安、环境质量甚至包括文化价值在内的危机。

2. 产业结构雷同

产业结构雷同具体表现为地方保护主义和重复建设严重。地方保护主义与地方政府成为利益主体有密切关系，它是地方政府试图将外在性内在化的行为，具体体现为：阻止短缺的产品流出；禁止与地方政府直属企业有竞争的产品进入；阻止稀缺性较高的生产要素流出。④ 而且地方政府的这种地方保护的手段正由硬性规定向隐形手段过渡，所以甄别和监督的成本越来越高。地方保护主义的本质是地方政府利用公共权力直接干预市场经济的资源配置方式，使得市场的基础性作用难以正常发挥，必然使经济的成本难以减少，损失却不断增加。

---

① 王洛忠、刘金发：《招商引资过程中地方政府行为失范及其治理》，载《中国行政管理》2007年第2期，第72页。
② 谢安：《利用外资须扫清"恶性竞争毒瘤"》，载《中国国情国力》2005年第8期，第20页。
③ 张在元：《大城市让中国背上"大包袱"》，载《环球时报》2007年8月7日。
④ 蔡玉胜：《中国区域经济发展中地方政府竞争的异质性》，载《学海》2006年第3期，第21页。

我国著名区域专家张可云认为中国的重复建设经历了四个阶段：第一阶段是1980年前后，重复建设的领域主要集中体现在轻纺产品和自行车、缝纫机、手表等这些群众必需的基本生活用品。第二阶段为1985～1988年，重复建设的领域主要集中在彩电、电冰箱、洗衣机等耐用消费品。第三阶段为1992～2002年，重复建设的领域主要体现在汽车、电子、机械、化工等重化工业。第四阶段从2002年至今，重复建设的主要领域为原材料项目，如钢铁厂、电解铝等项目，后来因为电力紧缺，发电厂也成为各地的热门投资项目，与此同时，以电子信息、新材料、生物医学工程为代表的重复建设正在中国凸显，高科技园区建设热潮正席卷全国，中国的"硅谷"至少有数十家。① 由于重化工产业能在短时间内实现经济增长，所以地方政府在此领域的竞争一直并未减弱，在"十一五"期间，有22个省市区把汽车列为支柱产业，24个省市区把电子列为支柱产业，16个省市区把机械、化工列为支柱产业，14个省市区把冶金作为支柱产业，更为严重的是在同一个省内也有很多市、区的现有产业结构以及产业规划相似。②

重复建设的结果导致大规模的过剩，如我国的轿车领域内的过剩现象越来越严重，2003年仅为1%，2004年过剩11%，2005年过剩23%。③ 产品的过剩必然导致产能过剩的问题，根据有关部门对部分行业生产能力产出市场需求的情况调查，产能过剩问题比较突出的有钢铁、电解铝、铁合金、水泥、电力、煤炭等11个行业。④

3. 基础设施建设盲目

为给招商引资提供更好的环境，地方政府建设了很多明显与实际情况不符的基础设施，例如，当今正在如火如荼建设的中央商务区（CBD）建设，继北京朝阳、上海陆家嘴开始大规模建设CBD之后，天津、武汉、成都、西安、重庆、南京、深圳、兰州、厦门、济南、杭州等40多个城市也制订了CBD规划，其中七八个城市已经启动了建设工作，个别城市甚至提出要在几年内建成自己的CBD。建设CBD须具备的基本条件有：有足够的国际影响力；有足够的经济实力，城市GDP超过1 000亿元；城市基础设施完备；处于资金流、信息流和物流的核心位置；聚集了各个方面的人才。实际上我国符合上述条件的地方很少。CBD的本意是推动城市现代化建设、国际经贸交流和聚集效应，但是实际上为"短、平、快"地出政绩，大部分城市的CBD更多的是豪华住宅，CBD的建设偏离原有的轨道。

---

① 黄小伟：《中国第三轮区域经济冲突凸现》，载《南方周末》2007年3月22日。
② 蔡玉胜：《中国区域经济发展中地方政府竞争的异质性》，载《学海》2006年第3期，第22页。
③ 孙健含：《地方政府无序竞争的弊端及对策》，载《浙江统计》2005年第9期，第34页。
④ 白钢、史卫民：《中国公共政策分析》（2007年卷），中国社会科学出版社2007年版，第36页。

地方政府在竞争过程中的基础设施盲目建设，除了"CBD 热"外，还有"港口热"、"机场热"。例如，在安徽阜阳修建的机场，只能说是政绩，实际的功用却很小，再如长三角地区，除了上海建立自己的港口外，江苏和浙江也建立了自己的港口。这种盲目地上项目和铺大摊子的行为，更多的是基于地方政府失常利益的考虑，而往往牺牲公共利益。在大规模的基础设施建设过程中，往往超出地方财政预算，例如，珠海的机场建设超支 35 亿元，广东的机场改造更是从 148 亿元窜到 196 亿元。①

而在住房领域的政府管理中，由于地方政府利益与房地产行业的利益紧密联系在一起，例如，有学者研究发现土地出让金收入已经占到地方收入的 30%，有的甚至高达 60%。② 而公民却期望住房价格降下来，但是在地方政府利益引导下，地方政府在房地产行业的竞争，更多地体现为房价的上涨，而不是公共住房面积的增加和居住条件的改善。当然随着中央政府对房地产行业的调控力度增大，公共住房将得到不断改进。

4. 公益性公共服务滞后

地方政府竞争在公益性公共服务的滞后，一方面表现为忽视关系到社会民生的公共服务的改善，另一方面地方政府在经济领域的竞争，以巨大的资金投入和物质消耗为代价，而生产效率却很低，所以表现为 GDP 增长所牺牲的公共利益长期得不到扭转的局面。

由于过于重视经济总量的增长，地方政府容易忽视本地公共服务的数量和质量的提高。本应由地方政府负责的公共服务职能，例如，基础设施、社会保障制度、义务教育、医疗服务、基本的信息和金融服务等，一方面管理模式落后，运行效率低下，另一方面对弱势群体的公共需要回应迟钝，没有履行好公共服务中监管者的角色。我国改革进入深水区后，社会公平应与经济和效率成为地方政府竞争的基本价值理念。某一政府方案对一些公民来说非常有效率，但对另一些公民来说则没有效率。并且，某一公共方案对一些公民来说可能是经济的，但对另一些公民来说则是昂贵的。③ 所以地方政府忽视公共服务的重要性，尤其是忽视事关社会弱势群体的公共服务时，加上弱势群体缺乏表达自身意志的渠道，为社会稳定埋下了祸根，也对改革开放的成果为广大人民群众所共享提出了挑战。

为 GDP 增长而牺牲公共利益，主要体现为环境恶化。全球 10 个污染最严重的城市，中国就占了 8 个，全国河段有 70% 受到污染，2/3 的居民生活在噪声超

---

① 邓秀萍、刘峻：《从竞争走向竞合——中国地方政府竞争问题研究》，载《人文杂志》2007 年第 4 期，第 78 页。
② 孙健合：《地方政府无序竞争的弊端及对策》，载《浙江统计》2005 年第 9 期，第 34 页。
③ 弗雷德里克森：《公共行政的精神》，中国人民大学出版社 2003 年版，第 88 页。

标的环境中，人们受到不洁食物、饮用水、空气等的危害越来越大，国土荒漠化正以 2 600 平方公里的速度自西向东推进，各种灾害爆发的频度越来越高。① 再如，我国的水污染，2007 年夏天，太湖、滇池、巢湖都发生了严重的蓝藻事件，这标志着我国粗放型经济发展所付出的环境成本达到了临界值，根据环保部门的统计，目前 7 大水系的 26% 是五类和劣五类，9 大湖泊中有 7 个是五类和劣五类，而五类和劣五类水不能直接接触人体，连农业用水也不能做。② 而工业固体废弃物每年堆存 6 亿多吨，历年总占地面积 5 万多公顷，单位工业产值产生的固体废弃物比发达国家高 10 多倍，每增加单位 GDP 的废水排放量比发达国家高 4 倍，我国氮氧化物和二氧化硫排放强度分别为 16.6 和 18.5，是经济合作与发展组织国家平均水平的 8 倍和 9 倍。③

（三）中国地方政府非合作竞争的内在根源——地方政府利益

地方政府竞争产生的前提是地方政府拥有地方自主权，自从改革开放以来，为了建设有中国特色的市场经济体制，中央政府在总结历史的经验和教训的基础上，推行地方分权的决心并未曾减少，为此而制定和实施的具体政策日益多样化和深入化。地方分权化的改革包括经济管理权、社会管理权和政府管理权的下放，经济管理下放给地方政府，以期地方政府把这种权力还原给企业，使企业成为市场经济的真正主体，而社会管理权是期望地方政府逐渐还原给社会，使社会实现自我管理，而政府管理权是期在各个地方政府层级之间合理分配，责、权和利相统一。

但我国的分权化停留在中央政府和省级政府之间的权力分配，其他层面的分权基本处于初始状态，而中央政府力推地方分权的改革方向未变，所以我国的地方政府竞争以省级政府为主，竞争主体和利益主体也基本以地方政府为核心。地方政府竞争以地方利益为中心而展开。地方利益具体而言包括：地方共同利益、地方政府利益和地方政府官员利益。由于地方政府官员利益与地方政府官员的考核体系直接相关，所以将在地方政府官员考核体系中论述。

地方共同利益之间缺乏协调和统筹可以看作地方政府非合作竞争的根源之一。共同利益是一个社会共同体内部为相对确定的组织内部成员所享有的资源和条件，或者说，享有这些资源和条件的资格具有相对封闭性，仅限于组织的成

---

① 周奋进：《政绩评价过程中的偏差与矫正》，载《中共杭州市委党校学报》2002 年第 5 期，第 43 页。

② 潘岳：《环保总局副局长：水污染逼近危险临界》，http://news.sina.com.cn/2007~07~06/17013391934.shtml。

③ 中国改革发展研究院：《政府转型与建设和谐社会》，中国经济出版社 2005 年版，第 43 页。

员，对组织成员之外的个人具有排斥性；这些资源和条件，我们可以称为"共用"资源和条件，与组织共同体相关，具有组织分享性的特征。① 地方政府作为地方民众的代理人，承担着代表和维护地方共同利益的角色，以提供和维护公民生存和发展所必需的资源和条件。地方共同利益本身是个体系，其中包括经济的发展速度、政府财政收入、就业率、社会稳定、社会福利水平、公民受教育程度等，同时地方共同利益也包含着眼前利益和长远利益两个层面。由于地方共同利益本身与国家公共利益在范围、层面上均存在差异，加上由于地方经济差距不断扩大而引起的地方共同利益的后劲相差较大，所以地方共同利益诱导下的地方政府竞争，强调地方共同利益而忽略国家整体利益，结果自然是地方政府非合作竞争具备出现的可能性。

地方政府非合作竞争的最为主要的根源是地方政府利益特别是地方政府失常利益。随着公共选择理论的兴起，地方政府除了承担公共的代理人外，本身也是追求自身利益的"经济人"，所以在地方政府竞争过程中，地方政府作为最主要的竞争主体，地方政府利益为最主要的追求目标。根据利益的来源，可以把地方政府利益划分为基本利益和角色利益：基本利益是维系组织生命、保障组织运作的资源和相关权益；角色利益是由于外部环境的差异和职能上的分工，不同职责的政府组织有效地实施政府目标和宗旨，必须拥有与权责相对应的资源和条件。② 而地方政府的失常利益，正是通过角色利益获得，并导致在地方政府竞争过程中地方政府的失常利益不断膨胀。

公众的主人地位，意指政务官和文官们的工作并不是为了满足公众所需要意义上的公共利益，而是为了满足公众表达的公众所想要意义上的公共利益。③ 而地方政府利益的膨胀，使得地方政府代替公众进行需要的表达和综合。地方政府内部纵横交错的复杂关系，加上对权力和利益的争夺，从而形成政府失常利益的内在支撑力量。在地方政府失常利益引导下，地方政府竞争内容和方式都难以改变，所以不管区域经济一体化还是区域公共管理的整合，必然面临严重的阻碍。

地方政府为了获得更多的市场利益，发展经济的尽头往往超出理性的范围，所以旨在激发地方政府活力的地方政府竞争过程中才出现非合作的局面。地方政府利益与中央政府所代表的公共利益在一定程度上是一致的，是个协调统一的系统，但是在地方政府过于强调自身利益时，就会忽略中央政府所代表的公共利益，甚至损害公共利益。地方政府在积极开展"跑步运动"，主要向中央政府索

---

① 陈庆云、刘小康、曾学荣：《论公共管理中的社会利益》，载《中国行政管理》2005 年第 9 期，第 32 页。
② 陈庆云：《论公共管理中的政府利益》，载《中国行政管理》2005 年第 8 期，第 37 页。
③ 颜昌武、马骏：《公共行政学百年争论》，中国人民大学出版社 2010 年版，第 16 页。

要更多的倾斜,目的在于获得更多的财政倾斜、政策倾斜和制度自主权。从目前情况看,虽然宪法和有关法律对中央政府和地方政府的权力划分及各自的职责、权限及相互关系有了一些明确规定,但都过于笼统、宽泛,不易操作,使得中央政府及地方政府的关系的调整,带有较大的随意性和缺乏稳定性及连续性。①

在这样的体制背景下,经济发展水平高的地方政府,利用自身的经济实力和有利的人际关系网络,向中央索要发展机会的能力更强,而获得地方政府利益的可能性也越大。在转型期中央政府和地方政府即失去了计划经济体制下的紧密关系,而市场经济体制下的企业自主经营权和社会自主权尚不具备。在这种条件下中央政府和地方政府相对均衡的利益格局被打破,处于一种失衡的状态。

在地方层面上,地方政府的全能性决定了政府与社会、政府与企业的关系并没按照市场经济的要求而理顺,没有形成地方政府竞争过程中有效的竞争压力。地方政府在经济增长的竞争愈演愈烈,忽视了在经济全球化的背景下,地方政府只有相互配合、优势互补、取长补短,才能在国际环境中不断提高竞争实力。如在长三角地区,合理的经济布局应该是实现梯次转移,按照城市功能定位的不同,共同搭建产业链条,实现分工和资源配置合理化,但现在各地在 GDP、财政收入、就业等指标的驱使下,每个省、市、县都力图建立大而全、小而全的经济体系,把产业链的全部链条都囊括在本地区来,从而客观上形成了"诸侯经济"的局面。② 而地方政府跨越式的经济竞争,都忙于盲目攀比地争夺各种经济资源,人为强制性地设置行政壁垒,结果消耗了大量的社会成本,其中既包括显性成本也包括隐形成本的浪费,而这种竞争不利于国家的经济和社会的可持续发展。

地方政府都知晓现行的非合作竞争对国家的长远发展不利,但谁也不愿意停下来。究其原因在于,如果谁停下来,谁就可能会失去发展的机会,而宏观失控的成本谁都要承担。地方政府一味地追求经济总量的增长,而忽略公共利益的重要性,使得地方政府竞争陷入"公共地的悲剧"。

在地方政府利益凸显的条件下,中央政府在实现公共利益的过程中,遇到了巨大的障碍。如地方环保部门作为维护公共利益的重要部门,但却处于被边缘化的部门,在执法过程中经常面临暴力抗法、拒绝检查或者改进不到位等情况。地方政府在经济增长中的非合作式竞争,使得公民生存和发展所必需的自然环境和社会环境难以改善。而电力、钢铁、有色、石油加工、化工、建材六大高污染、

---

① 柳俊峰:《中央和地方政府的利益博弈关系及对策研究》,载《西南交通大学学报》(社会科学版)2004 年第 5 期,第 70 页。

② 许庆明、杨琦:《区域经济一体化与地方政府的利益》,载《嘉兴学院学报》2005 年第 1 期,第 42 页。

高耗能的企业的投产，在中央政府强制性的管制措施中得以暂时减缓，但是在地方政府利益诱导下的地方政府竞争中，很容易死灰复燃，这一点中央政府前几次的管制可以印证。

地方政府在经济总量的过于激烈的竞争，使得地方政府容易忽略地方公共服务的提高和社会管理的改进。地方政府直接参与市场竞争，身兼"运动员"和"裁判员"的双重角色，而在公共服务和社会管理中，维持在最低的程度，仅仅限制在社会稳定的层面上，公民迫切希望地方政府改进公共服务和社会管理长期处于较低水平，所以公民对地方政府的满意度和支持率反而随着经济的发展在不断降低。由于过于强调地方政府的失常利益，地方政府竞争的效用并未使得公民和地方政府共享。

（四）中国地方政府非合作竞争的路径依赖——地方官员考核体系

在地方政府非合作竞争过程中，作为最重要的个体角色无疑是地方政府官员。地方政府官员作为理性经济人，目的在于实现个人利益的最大化，在当前我国的转型背景下，地方政府官员个人利益的最大化主要通过官员的考核体系来实现。

省级的党政领导人的产生，按照法律规定应由地方民主选举产生，实际上，省级党政领导人要经过中央书记处提名，并经中央政治局同意才能当选，没有中央政治局的同意和认可就不可能作为候选人提交人民代表大会或者党代表大会的主席团上。[①] 而正、副省长由上级派人与中共省委协商，再上报上级党委，得到中共中央的同意后再进入法律程序，省政府各部门的正职负责人，由中共省委组织部考察，报中共中央批准，然后才能进入省人大的法律程序。[②] 市、县级政府的领导的产生过程基本相当，都要经过上级政府的批准，然后才能进入相应的法律程序，而候选提名人往往是唯一的，此种零和博弈更加重了"政治晋升锦标赛"的激烈程度。

从地方政府官员的考核内容来看，经济绩效自然为重中之重。斯坦福大学的博士对1980~1993年中国内地28个省的数据进行实证检验的结果表明，各个省的经济绩效与政府官员的晋升之间呈现出高度的正相关性。[③] 在经济绩效为核心的地方政府竞争过程中，地方政府在现代化、国际化道路上，有着史无前例的热情与气势，却其中难免有因急于前行而顾此失彼者：争夺"故里"，为发展经

[①] 刘亚平：《当代中国地方政府间竞争》，社会科学文献出版社2007年版，第54页。
[②] 毛寿龙：《省政府管理》，中国广播电视出版社1998年版，第78页。
[③] 周黎安：《晋升和财政激励：中国地方政府官员的激励研究》，载《北京大学国家经济研究中心报告》2002年11月17日。

济;雷人口号,为一举成名;"低三下四",为招商引资。回首十年,一波波造城潮风起云涌,圈地规划不厌其宏大,地标建设不厌其豪华,一番大兴土木、劳民伤财之后,有时却陷入形象上不叫好、经济上不叫座的尴尬。①

地方政府热衷的竞争主要还是地方政府官员考核指标中的 GDP 增长,而忽视了经济的可持续发展。2005 年,国家环保总局和国家统计局同时启动绿色 GDP 试点工作,"绿色 GDP 至今没有在地方政府层面取得共识",试点工作仅得到北京、天津、河北等省 10 省市的支持,而且现在"有不少省市要求退出试点"。② 退出绿色 GDP 试点的地方政府主要看到,未试点绿色 GDP 的地方由于一味地追求经济总量的增长,结果获得更多的利益,而绿色 GDP 试点的结果则损失了本属于自身的利益,在缺乏利益的足够刺激下,绿色 GDP 举步维艰。而当前低碳经济的发展,依然面临着与绿色 GDP 同样的现实困境。地方政府进行 GDP 总量增长的激烈竞争,但在社会发展的竞争动力不足。地方政府往往把社会发展等同于不发生重大群体性事件,即使出现重大事件以后,地方政府惯有的做法是封堵消息,事实上重大群体性事件出现的最为重要的根源是社会利益的分配问题,社会利益的分配需要地方政府在多个层面进行制度创新。但地方政府热衷于 GDP 总量增长,忽视了地方政府公共职能的有效发挥。

从地方官员的考核程序来看,由于考核的重点在于经济绩效,这种以考核结果为重的考核方式,忽视了考核程序的重要性。而考核过程的不健全使得地方政府竞争面临着两方面的后果:一方面,由于地方主要官员的任期较短,所以地方政府在竞争过程中,虽然在短期内出现比较好的结果,但是考虑成本的可能性却很小,所以造成成本一直居高不下,有时以牺牲公共利益为代价;另一方面,为迎合以经济绩效为核心的考核体系,地方政府在竞争过程中"政绩工程"、"形象工程"层出不穷,这些工程大多并没有经过科学的可行性分析,特别是一些"献礼工程",更是如此,仅在地方政府的日常会议上靠地方主要领导人以"拍脑袋"的方式作出决定,为打消各种疑虑,凭借着自身的政治权力以"拍胸脯"的方式担保,但一旦出现严重的质量问题或者实际功效很有限时,就以"拍拍屁股"的方式,推卸作为地方主要首长的责任或者调离本地。

除此之外,地方政府对于一些规避非合作竞争的措施学会打"擦边球",紧邻但是又不超过警戒线,更有一些地方政府采取不认账或狡辩的举措。每当上级政府要求地方政府处理相关负责人时,地方政府要么处理一些乡长、村委会主任,要么是一些挂空头衔的官员,而这些官员在这些问题上几乎没有话语权。例

---

① 瞭望东方周刊:《中国城市病》,http://focus.news.163.com/10/0706/10/6ATC3U2K00011SM9.html#。

② 马力:《不少省市要退出绿色 GDP 核算试点》,载《新京报》2006 年 12 月 10 日。

如，南方某地，大规模违法违规建小产权房，其上级政府不但知道而且支持，等到事情暴露，由当地村干部"顶罪"，该村干部免职以后，继续到县里某国有企业担任老总，反而成了英雄。① 地方政府官员考核程序的短缺，使得地方政府在竞争过程中形成了制度惰性而由此形成了路径依赖。

"短、平、快"的地方政府竞争过程中，必然会出现置党纪国法而不顾，铤而走险，以身试法。地方官员尽管无权行使"国家主权"，但却可以利用国家机器为己所用，他们甚至与黑恶势力相勾结，肆意欺压和鱼肉百姓。② 重庆打黑案就很好地印证了这一点，由于黑恶势力的加入，群体性腐败事件不断增多。

（五）中国地方政府非合作竞争中亟待完善的制度领域

为更深刻地剖析中国地方政府非合作竞争的内在根源，在考量共同利益切合点的基础上，促进地方政府合作共赢和实现帕累托改进，应完善以下几方面的相关制度领域：

1. 完善地方政府竞争中的财政分权机制

中国地方政府的主体性，主要源于地方政府的财政自主权，但是当前的财政分权，主要是中央政府与省级政府间税收权限的划分。为有效地克服地方政府竞争中出现的弊端，一方面应加强省际财政支出的转移力度研究，在不影响省级政府经济发展的积极性的前提下，加大对不发达地区的财政支持，加快其发展速度，转变其发展模式。此外，地方政府预算外支出的绩效考核问题也是亟待深化的制度设计。

另一亟待制度建设的方面是省级以下地方政府的财政分权问题。随着省直管县体制的试点深入，省级以下地方政府的财政分权趋势逐渐明晰，但在压力型政府体系下如何确保县级政府和市级政府实现"一级政府、一级事权、一级财政"的目标，依然需要深入研究。

只有理清各级政府的财政实权，才能在制度上奠定地方政府履行自身职能的财政基础，同时改变省级以下地方政府靠上级政府补助的现实困境。只有如此各级政府在竞争过程中才不会无限扩展，也会减少中央政府在地方政府竞争过程中的监督成本。

2. 完善地方政府竞争中的官员考核系统

在以政府为主导的现实背景下，官员的考核系统直接关系到中国社会和经济发展的方向和速度。长期以来，以经济增长特别是 GDP 增长为核心内容的官员

---

① 陈晓：《9月土地问责：别拿"虾米"搪塞，要大鱼》，载《南方周末》2010年8月26日。
② 杨宏山：《府际关系论》，中国社会科学出版社2005年版，第286页。

考核系统，使政府官员形成"GDP崇拜"的现象，导致GDP增长成为地方政府竞争的主要内容。虽然此种发展方式对中国经济发展的初始阶段有着重要的作用，但随着改革的深入，中国经济发展应权衡经济增长与成本间的关系。同时在考虑经济发展时还应考虑社会和政治发展。

基于中国经济、社会和政治发展的现实需求，如何设计中国政府官员的考核系统是一项复杂的系统工程，也是中国地方政府竞争内容转变的动力所在。当前"国民幸福总值"是发达国家官员政绩评价的新趋势，但在以发展为中心的现代化进程中，按照中国的现实国情，政府官员考核指标的研究需要有新突破。

3. 完善地方政府竞争中的组织体系

为更好地实现和维护公共利益，如何设计地方政府竞争的组织体系是我国学术界和实践者面临的制度课题。当前地方政府竞争的组织体系仅仅发挥着合作谈判的形式化作用，制度化相对滞后。地方政府竞争的组织体系设计，亟须改变临时的座谈会形式进而寻求正式组织的建立。地方政府竞争正式组织的建立，目的在于解决地方政府间的纠纷问题。只有解决好地方政府竞争过程中的矛盾和冲突，才能使得地方政府的合作协议得以贯彻实施。但是如何才能推动地方政府竞争的正式组织建立，除了制度背景的研究外，还应加强组织实际运行过程中信息交流和利益协调等方面的研究。

地方政府竞争的组织体系，除建立正式组织外还应研究具体规则的制定和如何实施。地方政府竞争的具体规则是在平等协商的基础上制定的，但在区域差距过大的现实背景下如何实现地方政府平等协商依然很困难，而且中央政府如何发挥主导性作用才能不影响地方政府的积极性也需要深入研究。另外，需要关注的是如何实施地方政府竞争的具体规则，改变仅仅停留在纸面上的被动局面。

4. 完善地方政府竞争中的跨界治理模式

地方政府竞争之所以要实现跨界治理，原因在于打破地方行政区划的刚性限制，使地方政府在合作中竞争和在竞争中合作。地方政府竞争实现跨界治理的目标，须要深化两个具体的制度领域：

其一，政府、企业、非营利组织与公民间的合作性治理关系。在市场经济体制不完善和公民社会发育不充分的现实背景下，要使企业、非营利组织与公民在地方政府竞争中发挥积极的正面效应，政府应担负起培育其不断成熟的职责。在公共利益和地方政府利益处于矛盾的现实下，地方政府怎样才能担当起培育社会不断成熟的重担一直是制度设计的盲点。

其二，不同类型的地方政府间的合作性治理关系。发展水平不同的地方政府在竞争过程中要实现公平竞争，除发挥中央政府的主导性作用外，还有哪些社会主体能发挥实质性作用也是制度设计的盲区，而这对跨界治理的实现模式具有重要的现实意义。

三、中国地方政府的合作式竞争模式

（一）倡导以公共利益为导向的地方政府竞争价值理念

转型期，我国不仅面临着市场经济体制完善的重担还担负着公共服务体系优化的重任，而地方政府横向关系与此密切相关。作为地方政府横向关系的重要内容，地方政府竞争要实现上述预期目标，就需倡导以公共利益为导向的价值理念。

从市场经济体制的角度来看，地方政府竞争应该促进市场经济体制不断发育成熟而不是延误市场经济体制的完善。我国的市场经济体制，从新经济制度经济学的角度来看："对于一个有着长期集权且市场不发达的国家而讲，供给主导型的制度变迁将起主导作用。"[1] 而供给主导型的制度变迁方式，决定了地方政府竞争只有倡导公共利益为导向才能推进市场经济体制的完善。因为地方政府只有以公共利益为价值导向，才能真正承担起培育和扶持市场体制的职能，才能摒弃行政壁垒和诸侯经济的陋习。只有地方政府竞争倡导公共利益为导向的价值观念，才能在更大的区域内建立自由开放的市场，使得市场在资源配置中的基础作用不断显现，人力、物力、财力和信息自由地流动。在全局利益的通盘考虑下，经济收益与经济成本、局部经济利益与整体经济利益相统一。

从公共服务体系的角度来看，地方政府竞争只有倡导以公共利益为导向的价值理念，才能促进公共服务体系的优化。美国学者布鲁克·格雷夫斯指出："过去每个地方当局就像每个公民一样，是能够独立存在的，并多少能自足自给，可是在今天，哪怕是一个比较小的地方当局，也几乎无法拥有足够的时间、人力、物力和基础设施来满足公众对现代政府的需要。"[2] 随着经济全球化和信息多元化的到来，大量跨界公共事务的"外部性"和"无界化"的特征日益明显，而满足此种公共需求，地方政府竞争不能只着眼于本位主义驱动下的短期利益，而应以公共利益为基本的价值导向。地方政府之间应不断扩大合作的范围和领域，进而搭建地方政府竞争的平台，使得地方政府在更高的层次上展开竞争。而公共利益为价值导向的地方政府竞争，由于竞争内在的效率，使地方公共服务和公共

---

[1] 卢现祥：《西方新制度主义经济学》，中国发展出版社1996年版，第122页。
[2] 张紧跟：《当代美国地方政府间关系协调的实践与启示》，载《公共管理学报》2005年第1期，第25页。

产品的数量和质量不断提升。

在地方政府竞争中倡导以公共利益为导向的价值理念，对地方政府在经济领域的竞争和在公共服务、社会管理领域的竞争而言，有不同的具体内容。

地方政府在经济领域的竞争过程中，必然以市场经济体制的发育与完善为出发点。虽然我国的社会主义市场经济体制与西方国家的自由市场经济体制有着不同的属性和特征，但市场经济本身存在很多重要的相同点。我国在2008年以来的金融危机中经受住了严峻的考验，坚定了建设有中国特色社会主义市场经济体制的决心，但我国的市场经济体制总体上处于建设阶段。此种现实条件要求地方政府要树立统一的非歧视性原则、市场准入原则、透明度原则、公平贸易原则观念，清理各类法规文件，逐步取消一切妨碍市场一体化的制度与政策规定，取消一些妨碍商品、要素自由流动的区域壁垒和歧视性规定，促进市场的发育与完善。① 地方政府只有在促进市场经济体制上的竞争过程中，转变在经济总量增长的竞争，才能凸显公共利益的重要性。

地方政府在公共服务和社会管理的竞争过程中，则要求不管是在竞争方式还是竞争侧重点都需要转变。公共利益与组织共享的共同利益、个人利益的区分，并不完全由享用人数的多与寡来决定，关键在于"是否具有社会共享性"。② 公共利益本身的"社会共享性"就容易被模糊化，与经济增长、政绩形象密切相关的公共服务和社会管理盲目建设，而与社会民生相关的公共服务和社会管理则保持着最低的维持限度。其实"社会共享性"的内容是以人的基本需要和发展为核心。对于地方政府在公共服务和社会管理的竞争而言，需要以公共利益为契合点，在社会民生亟待改进的领域展开竞争，从而不断提高公共服务的水平和社会管理的层次。而地方政府在公共服务和社会管理的竞争方式，应扩大在竞争过程中合作的范围，改变在地方政府利益下相互推诿麻烦和争夺利益的窘状。

地方政府竞争过程中，只有倡导以公共利益为导向的价值理念，才能在制度建设上走上渐进的改革道路。当市场导向方法的倡导者提及竞争时，他们通常是指"创造内部市场及从内部改革公共部门"，竞争被认为是提高公共官僚绩效的可行策略，因为它降低了成本，提高了效率，市场导向方法的支持者们相信，如果面临市场的压力，公共管理者就会提高他们的绩效水平。③ 实际上市场导向的西方式变革是在政府制度建设相对稳定和完善的条件下展开的。而我国的政府内

---

① 陈剩勇：《区域间政府合作：区域间政府一体化选择》，载《政治学研究》2004年第1期，第27页。

② 陈庆云、刘小康、曾军荣：《论公共管理中的社会利益》，载《中国行政管理》2005年第9期，第33页。

③ 颜昌武、马骏：《公共行政学百年争论》，中国人民大学出版社2010年版，第134页。

部的制度建设相对落后，因此急于效仿西方地方政府内部的全面竞争，则会适得其反。而地方政府竞争过程的基本假设是，地方政府是理性经济人。理性经济人（在此指公共管理者）有"这样一种内在的倾向，即偷懒、机会主义、最大化他或她的个人利益、在行动中进行欺诈、在行为上表现出道德风险"。[1] 我国的地方政府制度相对滞后的现状，可能为理性经济人驱使的地方政府获取更多的失常利益留下漏洞。

事实上，我国的地方政府竞争的观念已经发生了变化，"已由传统较为权威、封闭和狭隘的旧地方主义，转变为强调权力或资源相互依赖、开放和区域合作的新地方主义。"[2] 地方政府已意识到突破行政壁垒，从更广阔的区域展开竞争的必要性，只是我国地方政府竞争的相关制度建设缺乏选择性激励措施。

以公共利益为导向的价值理念，必然促使地方政府在竞争过程中不断调整，加快制度建设步伐。地方政府只有以公共利益出发，才能更好地定位本地区的发展思路，才能促进地方政府在竞争过程中的合作和协调，通过互通有无，加快资源的整合，从而形成"你中有我、我中有你"的关系。以公共利益为导向的价值理念，作为地方政府竞争过程中的观念创新，必然伴随着制度创新，使得地方在更高的层次和更广的领域中展开竞争，从而维护和实现公共利益。地方政府竞争中的公共利益只有通过制度建设才能真正实现，"我们如此寄希望于热心公益的精神，固然非常好，如果不能，就应该把我们的制度设计好，使我们无须乎热心公益的精神。"[3]

（二）健全中央政府引导的竞争仲裁制度

中央政府作为当前中国公共利益的主要代表者，在地方政府竞争向合作式竞争转变中的作用不可忽视。在地方自治的全球政府变革背景下，中央政府的引导性作用并不能等同于强化中央集权，在借鉴其他单一制国家的改革经验和考虑中国的政治传统的基础上，较为可行的方法是建立中央政府主导的竞争仲裁制度，以便于实现地方政府利益和公共利益的契合，也便于规范地方政府的失常利益。

1. 加大地方财政体制改革的力度

首先，加大省际财政转移力度。1993年中央的财政收入占22%，支出占28%，地方收入占78%，支出占72%，而到2004年时，中央财政占57%，支出占28%，地方收入占43%，支出占72%。中央政府收支比重偏差高达29%，其

---

[1] 颜昌武、马骏：《公共行政学百年争论》，中国人民大学出版社2010年版，第156页。
[2] 江岷钦：《地方政府间建立策略性伙伴关系之研究》，载《行政暨政策学报》2004年第9期，第38页。
[3] 凯尔曼：《制定公共政策》，商务印书馆1990年版，第184页。

背后寓意在于地方政府近 1/3 的财政支出是通过中央政府规模巨大的转移支付来弥补。① 按照分税制事权与财权相匹配的原则，重构中央税和地方税体系，合理设计共享税，将中央财政收入控制在 50% 左右。同时中央政府要加大省级政府之间财政转移的制度建设，尤其是转移支付过程的激励约束机制和监督检查机制。同时省级财政转移的有效发挥，还应加大财政援助力度的加强，使其在制度化的程序下运行，避免随意性。

其次，中央政府应主导省级以下地方政府的财政体制改革。地方财政体制中的重要特点为财权层层上收，事权层层下移。市、县、乡财政收入主要靠上级政府的补助。2006 年，全国 18 个省份推行乡财县管改革，18 个省份推行省直管改革。② 当前省管县的改革逐渐深入，但还主要停留在县的财政由省级政府管理，其他的政治权力还是要经过市级政府。改革过程直接涉及省级政府利益，所以中央政府必须主动推进省级以下的地方政府财政体制改革，依照各层级地方政府的事权，保证财权，并加快制度化建设，真正实现"一级政府、一级事权、一级财政"的既定目标。只有财政体制的深入改革，才能既保证省级政府有履行自身职能的财政基础，同时市、县各级地方政府的财政收入也能获得制度保证，使省级政府的财政权力不过于庞大。这样省级政府竞争在职能范围上就不能无限扩展，确保中央政府对省级竞争监督控制的有效实施。

地方政府财政体制改革的另一亟待完善的是地方政府非预算支出的管理。各级地方政府在政府财政收入不能满足经济增长的需求时，往往利用自身的公共权力，筹集各方资金使得非预算支出尤为凸显。地方政府在转型期不断深化中所扮演的角色日益重要，所以对于非预算支出的管理并不是杜绝而是加强其绩效审查，避免任凭地方政府随意地支出。对符合地方政府发展需要的预算外支出加以支持，同时报地方人民代表大会备案，为以后的预算编制提供借鉴。对绩效较低和不合理的预算支出应及时制止，并问责相关主要责任人。

2. 完善地方政府领导干部的考核体系

长期以来在"一部分人先富起来"、"发展是硬道理"的理念下，对地方政府官员的考核一般把经济增长作为核心指标，所以在我国的地方政府中出现"政绩合法性"现象，"崇拜 GDP"现状本身就要求对地方领导干部的考核制度进行改革。经济发展在今后的一段时间内，还将是我国地方政府的主要任务。在这种背景条件下，地方政府经济发展依然应放在比较突出的位置上，但应考虑其所付出的代价，同时还应把本地实际情况和长远利益、全局利益相结合，确保经

---

① 王振宇：《现行财政体制缺陷及其优化》，转引自本书编委会：《繁荣　和谐　振兴——辽宁省哲学社会科学首届学术年会获奖成果文集》，东北大学出版社 2008 年版，第 318 页。

② 白钢、史卫民：《中国公共政策分析》（2007 年卷），中国社会科学出版社 2007 年版，第 55 页。

济可持续发展。

更为重要的是考核本身是个系统，而不仅仅是经济发展的能力。整个考核体系要建立在科学规范的基础上，具有可操作性、可量化、定性与定量相结合的指标。在考核体系中，把是否执行国家宏观调控政策、遵守国家法律法规、直接干预市场机制或企业活动的机会成本、在公共服务质量和社会效益方面是否采取合作的策略作为考核的重要指标。

当今在政绩考核方面引起世界关注的是不丹国王创建的"国民幸福总值"（GNH），基本含义为：人生的基本问题是保持物质生活和精神生活的平衡，政府施政应关注幸福并以实现幸福为目标。卡尼曼和克鲁格也因编制国民幸福指数获得诺贝尔经济学奖，美国、英国、日本等发达国家都将国民幸福指数作为官员的考核体系。徐祖容结合我国的实际情况，提出适合我国的国民幸福指数体系：经济发展指标，包括经济增长、收入分配、增长效率；国民生存指标，包含环境指标、住房指标、医疗指标和就业指标；国民发展指标，包括教育指标、健康指标、社会保障指标和创业指标；国民幸福指标，包括工作与休闲指标、政治与公益活动、法治、满意度。①

不管是发达国家的国民幸福指数还是徐祖容提出的适合我国国情的国民幸福指标体系，对我国的地方领导干部考核体系改革都具有重要的启示意义。只有考核体系的完善，才能加快地方政府职能从经济建设型政府向公共服务型政府转变，才能使地方政府减少对市场经济的直接干预，把工作的重点放在公共服务的优化，加快公共服务市场化的进程上。地方政府官员的考核体系是产权保护机制和有限政府职能的制度前提，而这两项制度又是地方政府为公共服务展开竞争的制度保证。

地方政府官员的考核体系除了完善相关的考核内容外，还应完善相关的程序规定。政府职能的公共性，决定了地方政府竞争应向公共服务和社会管理倾斜，而公民作为公共服务和社会管理的直接感触者，应在地方政府官员的考核中发挥更有效的作用。在对地方政府官员的考核中，应注意收集公民对当地政府在公共服务和社会管理方面的满意度，作为上级政府考核的重要指标。由于公共服务和社会管理的领域广泛，所以在相关的调查和资料收集过程中，应选择当地公民切实需要改进的公共服务和社会管理作为重点。基本公共服务对公共利益最为基础，所以当前弱势群体对地方政府公共服务和社会管理的满意度应作为地方政府官员考核的一个重要方面。随着我国经济的发展，社会分层不断明显，公民的公

---

① 徐祖容：《构建以GDP与GNH为主要内容的地方政府考核体系》，载《求实》2007年第9期，第47页。

共需求不断分化，公民满意度存在误差，所以在地方政府官员的考核中应注意其可能带来的负面影响。

3. 强化对跨省级行政区划的公共事务管理权限

考虑到省级政府作为地方政府的最高层级，由此而展开的地方政府竞争也最为激烈。中央政府作为公共利益的代表，并不意味着干预到地方政府竞争过程的所有细节，而是对当前地方政府合作式竞争有着关键意义的公共事务进行积极干预。从这个意义上来看，中央政府应积极干预地方政府竞争最为激烈的基础设施建设领域。

基础设施的一体化是区域一体化的基础架构，交通、港口、通信是推进区域一体化的重要基础，也应该是区域整体规划的核心。① 打破条块分割体制的影响，实现跨省级行政区域的"无缝隙"衔接，提高基础设施的整体效用，为经济效率的提高奠定基础。加快地方行政区域和交通运输方式的整体协调配套，从综合运输的角度来统一规划和建设本区域的交通设施。对投资特别巨大和具有重要区域意义的基础设施规划，中央政府应综合考虑在此工程在此区域的实际作用，摒弃地方利益集团的利益需求，从公共利益的角度综合考虑经济、社会和环境的因素，有时甚至要考虑到历史、文化、民族的因素，使得基础设施的建设不仅符合经济发展的需求，更符合社会发展的要求。

在中央政府主导的竞争仲裁制度中，地方政府既可以参与整个仲裁方案的制订，同时在整个过程中也有一定的表决权，从而在仲裁方案的执行过程中实现整体需求与因地制宜的内在统一。中央政府在限制地方政府在基础实施非合作竞争的同时，应该引导公益性领域的竞争，使地方政府竞争有利于环境友好型社会和绿色经济模式的形成。

4. 加快地方政府竞争的公平政策建设

中央政府在地方政府竞争过程中不应直接参与竞争，而应提供公平的竞争环境。在市场经济体制建立之初，为探索经验而实施了优惠政策的做法，在一定程度上促进效率的提高。但是在市场经济体制建设进入相对成熟的时期，中央政府就应引导地方政府进入制度竞争的阶段，而地方政府在制度的竞争阶段则要求中央政府放弃优惠政策为主的引导策略。因为中央政府的优惠政策使得一部分地区享受着特殊待遇，在竞争中有中央政府的袒护，自然优势非常明显，而一些地方政府因为得不到优惠政策，在竞争中处于不公平的地位，甚至受到歧视。"公平是维持社会团体的黏合剂；不公平感也加剧了社会的不信任"，② 对地方政府和

---

① 盛世茂：《长三角中一体化的政府与企业》，载《浙江经济》2003 年第 6 期，第 25 页。
② 弗雷德里克森：《公共行政的精神》，中国人民大学出版社 2003 年版，第 10 页。

中央政府的关系来说公平同样重要，它可以消除府际关系的不信任感，也是地方政府与中央政府保持统一的价值支撑。中央政府应按照罗尔斯在《正义论》提出的正义原则：平等自由原则、机会的公正平等与差异的原则，[①] 加快政策公平的建设。为地方政府竞争提供机会平等的环境，中央政府应避免社会利益在地方政府分配中的不公平性现象，构建起地方政府竞争的新体系。

公平的政策环境，既有利于地方政府的交流与合作，同时也有利于中央政府作为竞争仲裁者在实践中发挥作用。公平的政策环境建立在以法律的形式明确地方政府的职责和权限，改变中央部委"红头文件"满天飞的方式，使得地方政府有法可依，同时对地方政府与中央政府的法律相违背的文件、规章和规章进行彻底清查。而公平的政策环境并不等同于中央政府扮演独立的第三者角色，而是要扮演行政辅助的角色。对于地方政府无力完成的公共职能，中央政府应通过财政补助的方式为其提供资金，同时要求具有此方面经验的地方政府帮助其完成。对于公平竞争的科技、教育等领域，中央政府应加大对落后地区的公共财政投入力度，加快发展，同时为这些领域的创新行为留下足够的空间，调动地方政府的积极性和主动性。

（三）鼓励地方政府的创新性竞争行为

在经济全球化的国际背景下，地方政府参与全球化竞争的机会越来越多。加上我国加入 WTO 组织的后过渡期内，地方政府参与全球化竞争所面临的制度规范与约束越来越明显。地方政府提高在竞争过程中的实力，关键在于地方政府治理能力的提升。而地方政府治理能力的提升，具体体现为一系列的制度创新行为。从公共利益的视角来看，目前地方政府亟待加强的制度创新行为主要包括转变经济管理的方式、优化公共服务的质量和提高社会管理的绩效。

1. 转变经济管理的方式

随着地方分权化的推进，地方政府享有的经济管理权限不断扩大。中央逐步将固定资产审批权、物价管理权、统配物资的品种和质量、对外贸易和外汇权及旅游事项的外联权和签证通知权等权力下放给地方。[②] 地方政府在运用这些经济管理权限时应该转变管理方式，从利用这些权限直接参与经济竞争到间接参与经济竞争，为经济竞争提供良好的社会环境和制度条件。

首先，优化地方行政审批的流程。当前地方政府在行政审批过程中，政府职能部门各自为政，相互推诿和扯皮的现状并没有改观。地方政府行政审批大厅如

[①] 罗尔斯：《正义论》，中国社会科学出版社 1988 年版，第 3 页。
[②] 张志红：《当代中国地方政府间纵向关系研究》，天津人民出版社 2005 年版，第 125 页。

雨后春笋般地建立,并未从根本上提高政府审批的效率。而地方政府审批效率的提高是全球化背景下地方政府竞争实力提高的较为关键性因素。地方政府行政审批效率的提高,首先要对不同的经济管理事务确定不同的责任主体。在审批过程中,由主要的政府职能部门负责和其他部门协商,在明确规定的期限内对审批事务作出回复。同时可以向有关部门提出申诉,要求政府部门对申请作出解释,并在法定期限内完成审批。地方政府审批大厅担负起实质的职能,不能仅作为政府职能部门的一个对外窗口而不具有任何权限,对于当场能办理的事务应当场解决。随着经济的发展,除严重影响到公共利益的经济管理事项以外,应由审批制逐渐向注册制过渡。

其次,改善地方的投资环境。市场经济本身并不是万能的,市场经济的建设本身需要法制的完善,地方政府需要加强政府政策的规范,摒弃"诸侯经济"的思想,使商品自由流动,优化人力、物力和财力等资源的配置。适应市场经济体制发展的需要,使得在市场经济中出现的矛盾有章可循,特别是地方司法系统的独立性建设尤为关键,促进矛盾和冲突得到公平正义的解决。同时市场经济体制的完善,需要社会中盛行诚信的风气。随着经济体制在我国建立,社会风气却出现了下滑的现象。不良的社会风气,使得市场交换中投机行为不断增多,假冒伪劣的商品不断增多,由此而带来的社会危害性不断增强。在政府主导下的市场经济,应引导建立诚信的社会风气和提高社会道德的水准。

2. 优化公共服务的质量

地方政府竞争如何促进公共服务质量的提高,是公共利益的现实体现。当前中国地方政府竞争中优化公共服务的创新行为相对不足,为实现地方政府合作式竞争,地方政府在公共服务中的创新行为主要是指划定不同层级地方政府的竞争内容和竞争方式。

首先,省级政府围绕着公共服务相关政策的科学性而展开竞争。我国的有些省级政府不管是在面积还是人口总数上,与西欧的一些国家相差无几,所以我国的省级政府担负着一部分公共服务的综合管理职能。具体而言,省级政府要围绕着公共服务相关政策的科学性而展开竞争,省级政府担负着引导市、县级政府间的财政转移职责,目的在于促进不同的地级市、城乡之间的公共财政转移和援助,加快基本公共服务均等化的进程。尤其省会城市和国务院批准的计划单列市、经济特区等地区在公共服务均等化中应发挥更多的作用,在促进本地区的城乡一体化的同时,帮助落后地级市实现基本公共服务均等化。

其次,市级政府要围绕城市公共服务而展开竞争。城市公共服务的整体水平较高,市级政府在公共服务的竞争主要围绕着如何实现高效化而展开。当前由于政府主导的社会发展模式,城市公共服务的建设基本上不计成本,效率较低。20

世纪 90 年代末,"政府公共服务外包"制度被引入中国,由于其极符合中国提高政府效能需要,又没有意识形态色彩,"外包"很快得到效仿和推广。① 事实上,公共服务合同外包并不是万能的方式,其可能产生制度惰性,具体分为政府惰性和主体惰性。所以市级政府应加强公共服务合同外包中的能力建设,具体包括:可行性分析能力,主要是找出适合合同外包的公共服务种类,以及如果该类公共服务采取合同外包的模式是否在运行过程中始终都存在竞争;执行能力,包括合同竞标过程,中标者的选择,合同谈判和合同条款的具体规定,同时还涉及参照系的选取,试点对象的跟踪观察和允许公共企业参与竞标;评估能力,主要包括监督和评价合同承包商是否达到合同规定的标准,其中涉及服务接受者的反馈结果,顾客抱怨情况的调查,现场观测和运行过程中文字记录的分析。②

最后,县级政府主要围绕农村公共服务而展开竞争。随着"省直管县"财政体制的推进,县级政府的公共财政将改变受市级政府挤压的窘境。许多地方——包括江西省已经实施的"乡镇归到县里管"(乡财县管)——的改革将乡镇工作的现金管理职能转移到县里。③ 这都意味着县级政府担负起更多的农村公共服务建设的职责。当前农村基本公共服务尤其需要加强,具体包括义务教育、基本医疗和农村养老保障。县级政府应建立稳定的公共财政投资机制,建立起公共服务一体化的格局,使农村地区的民众享受改革开放带来的成果。

3. 提高社会管理的绩效

地方政府在社会管理中的竞争同样亟待转变,从促进社会发展的角度而不是仅仅出于"不出事"的逻辑,加强在社会管理的竞争力度和强度。具体而言包括:地方政府应引导社区成为提高社会管理绩效的重要主体;强化不同地区间公平的社会管理。

授权社区成为社会管理竞争的重要主体。美国学者奥斯本和盖布勒在《改革政府》中认为,社区化的优势主要体现在:社区对其成员的责任关切超过了服务提供系统对其服务对象的责任关切;社区比专业人员更了解自己的问题;专业人士和官僚机构提供服务,而社区解决问题;机构和专业人士提供"服务",而社区提供"关心";比起大型的官僚服务机构,社区更灵活更有创造性;社区比提供服务的专业人员花费更少;社区比官僚机构或专业服务人士更有效地实施行为规范标准;社区针对能力,服务系统针对欠缺。④ 社区成为社会管理的重要

---

① 苏永通:《党政事务外包:企业也能干"政事"》,载《南方周末》2010 年 8 月 2 日。
② Brown, Treor L. and Matthew Potoski. *Contract – Management Capacity in Municipal and County Governments. Public Administration Review*, 2003 (2), pp. 152 – 167.
③ 世界银行东亚与太平洋地区:《改善农村公共服务》,中信出版社 2008 年版,第 31 页。
④ 奥斯本、盖布勒:《改革政府》,上海译文出版社 2006 年版,第 35 ~ 38 页。

主体，符合公民自治的基本要求。地方政府应授权于社区，加强社区的社会管理职能，改变仅仅作为地方政府的"办事员"，使得居民自我管理。

社区在社会管理中的职能与社区居民的日常生活息息相关。首先，社区在社会弱势群体的管理中应扮演更为重要的角色，通过爱心超市、慈善超市和互助超市的建设，为下岗职工提供更多的工作机会，化解地方政府在就业方面的压力，为老弱病残人员提供更多的具体照顾和关心，从满足弱势群体的基本生活需要到满足他们的物质和精神的双重需要；其次，社区在社会安全上应扮演更多的角色，当前社会稳定面临着严峻的考验，社会应在安全警务方面成立居民互助组织，通过日常的轮流执勤制度，排查内在的隐患，使得社区安全成为常态化自我管理形式；社区应成为居民自我管理的平台，社区发展的重要问题应由居民全体讨论，或者全体决定或者由居民选出的自治委员会决定，培养公民参与公共事务的热情，提高公民对社区事务的参与能力，同时积极倡导社区的文化建设，使社区成为居民互帮互助的舞台。

强化不同地区间公平的社会管理。随着经济的发展，人口流动的管理成为地方政府不得不面临的现实问题。地方政府在流动人口的管理过程中，应避免以"外地人"和"外乡人"的角度制定歧视性管理政策，尤其是发达地区的地方政府应对外地人和本地人实施同样的管理措施，实现"公平对待、服务至上、合理引导、完善管理"。加强流动人口的就业、就医、居住、子女教育等问题，为所有居民提供一视同仁的社会保障制度，对于引起社会问题的流动人口居住地，如"城乡结合部"和"城中村"地区加强综合治理的力度，严厉打击社会犯罪的发生，加强社会特殊人群的帮教改措施，引导他们改变陋习。对于跨地区的社会管理问题，地方政府应积极协商，制定统一的社会管理措施，促进不同地区间人口的合理流动，化解由此带来的社会安全问题。

（四）优化地方政府间学习机制

1. 完善学习机制中的体制背景

地方政府良性学习机制与地方政府的竞争压力来源有着直接的相关性。地方政府竞争压力体系的完备，是地方政府完善学习机制的关键。在中国，急剧的分权既没有被制度化，又未发展成制度化的民主，在这种分权状态下，一方面中央政府感到没有足够的权力，因为权力已经分到地方政府手中；另一方面，地方政府抱怨没有权力，因为所有权力从理论上说仍属于中央政府，地方即使有权，也没有制度保障，中央政府随时都可以把权力收回，可以说政治权力的流失情况是非常严峻的。① 地方政府竞争的压力来源应跳出政府体系内部的压力系统，更多地依赖来自公民社会的竞争压力。

邓小平认为，"这些年来搞改革的一条经验，就是首先调动农民的积极性，把生产经营的自主权下放给农民。农村改革是权力下放，城市经济体制改革也要权力下放，下放给企业，下放给基层，同时广泛调动工人和知识分子的积极性，让他们参与管理，实现管理的民主化。各方面都要解决这个问题。"② 如何使得公民社会的竞争压力在地方政府合作式竞争中发挥实质性作用，就成为地方政府良性学习机制的体制环境。公民社会的竞争压力具体表现为以下几方面：

公民在地方政府主要领导人的产生中发挥更为有效的作用。当前地方政府领导人在地方政府竞争中的作用不可忽视。通过地方人大的平台，在地方政府领导人的选举中，保障公民个人的选举权。对于选举过程中的贿选、堕选等情况，地方人大应交由司法系统解决，特别是黑恶势力的干扰应严厉打击，使公民更加自主地选择地方主要领导人。通过激发公民的政治热情，使得地方政府主要领导人更多地面临公民社会的压力，在竞争过程中更多地考虑公共利益。除了使公民具备"用手投票"之外，还应改革现有的户籍制度，使得公民可以在不同地区之间自由流动，不断增强公民"用脚投票"的能力。

公民更多地参与地方具体公共事务的决策。随着信息技术的发展，公民参与的途径不断增多，尤其是电子政府的建设为公民参与政府事务提供良好的渠道。最近，公民在网络上参与公共事务的讨论，说明中国公民参与政府事务的热情不断提高，维护社会公平和公共利益的能力不断增强。但这并不意味着绝大多数公民必然参与到地方重大公共事务中来，所以地方政府还应加快"阳光政府"的建设，公开政府信息，同时鼓励公民参与到地方政府的具体事务中来。

菲欧曼认为，要提高基于网络的公民参与率要做到以下几点：使公民更容易接触到网络。在特定时间公民可以在城市的中心地带得到上网的相关免费服务，要比公民去寻求主办方更能有效地促进公民参与。同时在条件允许的情况下，公民在家通过电视或缆线就可以上网参与到相关的调查中去；做好参与的后续工作。当多次以信件形式邀请关键人参与但其仍未参与时，可以尝试电话联系，与此同时告知在公共图书馆或者城市的政府大厅中免费得到上网服务；缩短网站地址。如果网站地址很长，单就在地址框中输入这些字母，就可能会减少参与的比率。网站地址缩短的同时，在主要社区的主页上建立相关链接，还要减少网络调

---

① 郑永年、王旭：《论中央地方关系中的集权与民主》，载《战略与管理》2001 年第 3 期，第 62 页。
② 《邓小平文选》（第 3 卷），人民出版社 1993 年版，第 180 页。

查设计中的按键数，以此来提高参与的程度。①

通过公民在政府具体事务中的参与，可以在地方政府具体竞争过程中形成有效的竞争压力。中国第三部门的不断成长，使得公民的原子化力量不断凝结，形成更大的力量，从而在地方政府竞争过程中从公共利益的角度出发，建立良性学习机制。

2. 扩大学习机制中的共享利益

地方政府间共享利益的扩大和融合，直接关系着地方政府良性学习机制的建立。地方政府共享利益的扩大和融合，既体现为地方政府促进区域市场一体化的形成，也体现为区域公共管理的系统整合。共享利益的扩大，是地方政府利益和公共利益的交集不断增多的必然结果，其既要成为地方政府主要领导人的考核内容，更为关键的是应成为制度建设的组成部分。

在地方政府主要领导人的绩效评价中，增加该地区在区域经济一体化中作用的内容。对于人为设置的行政壁垒，应令地方政府在限期内撤销相关文件，为市场经济一体化扫清障碍。地方政府之间的共享利益在区域经济中，更为关键的体现是地方政府经济管理政策的一体化，避免地方政府在竞争外资中竞相用土地、税收等损害公共利益的方式。地方政府应从区域经济的角度，合理规划本地区的发展规划，避免小而全的产业体系。只有地方政府在经济一体化的进程中相互合作，才能使地方政府竞争改变当前零和博弈的窘境。地方政府在区域经济的竞争中主要依靠政府管理制度的完善和政府能力的提升。改变地方政府对企业的父爱主义，使得企业在区域经济中科学定位于自身的发展战略，而不是寻求地方政府的保护。

地方政府在区域公共管理的利益融合，主要体现为对跨区域的环保问题、地域稳定问题、流行病的防治等问题的共同治理。由于地方政府竞相争夺自身利益，而忽视了公共利益，所以忽视了对上述区域公共管理问题的治理。从公共利益的视角来看，地方政府利益应与区域公共问题直接挂钩，采取由谁管理不当出现的问题由谁负责，同时强化互相监督，避免"搭便车"的出现，对于难以分清谁的责任问题时，应由本区域的中心城市牵头协商解决方法。

区域公共管理中的另一个利益融合点就是基础设施的利益共享，随着地方经济的发展，地方政府在基础设施的投资力度非常大，但是利用率不高。所以地方政府应从区域公共管理的角度，在公民的监督和专家的科学论证后，谨慎作出决策。如果可以利用其他地区的基础设施，可以采用付费的方式，付费标准在中央

---

① Mark D. Robbins, Bill Simonsen and Barry Feldman. *Citizens and Resource Allocation：Improving Decision Making with Interactive Web - Based Citizen Participation. Public Administration Review*，2008（3），P. 574.

政府的主导下制定，以避免交易不公平。

3. 畅通学习机制中的实现渠道

随着科技的进步，地方政府学习渠道除了传统的面对面的直接交流之外，通过电子信息技术可以实现跨越空间的交流。面对面的传统学习渠道和电子工具实现的现代学习渠道之间是相互促进的关系，而不是相互替代的关系。电子工具实现的现代学习渠道虽然可以减少为实现学习而花费的时间和资金，但是有的学习内容并不是仅仅通过语言的方式能学到的，还需要学习者对学习对象现场观察，才能不断改进学习效果。但不意味着所有的学习内容都需要面对面的方式，电子化技术实现的现代学习渠道大大提高了学习效率。

面对面的交流主要用于本地区发展所面对的重大公共问题。通过对此方面的典型地区进行考察和主要负责人进行面对面的交流，学习发达地区在制度建设和技术改进方面的成功经验。但是学习经验并不意味着一劳永逸地解决问题，毕竟地区经济和社会发展水平不同，所以简单地临摹并不能解决问题，反而使得问题越来越难以解决。所以地方政府在学习发达地区的经验同时，还应积极与同样面临此问题的其他地方政府进行交流，共同协商解决这些问题的对策，在吸取以往的教训基础上，论证解决方式的科学性。

网络技术的手段有电话、传真、电子邮件、外部局域网、内部局域网、互联网、数据库共享等技术。网络技术的手段使得地方政府在学习机制中即时的信息交流更为可能，但并不意味着必然能畅通学习渠道。只有地方政府在竞争过程中，更多地从公共利益出发，才能有效地发挥作用。促进地方政府在经济发展模式、环境污染的整治、药品食品的政府监管、基本公共服务的建设、政府审批程序的简化等领域的交流和合作。网络技术的现代渠道方式，在行政体制改革不断深化和政府职能不断转型过程中，其优势必然不断显现，必然促进地方政府竞争有利于公共利益的实现。

（五）强化跨省区域治理格局

1. 跨省区域治理格局的可行性

博弈理论中著名的"囚徒困境"表明，在信息不通的情况下将产生两败俱伤的结果。省级政府甲和省级政府乙在博弈中，存在三种情况：两者合作，两者都不合作和其中一方合作、另一方不合作。两者合作的收益之和大于其中一方合作、另一方不合作的情景，而两者不合作的损失最大。但其中值得关注的是在一方合作、另一方不合作的情况下，不合作的一方获得的收益大于其在两者都合作时的收益，所以对于理性的微观抉择来说，最佳选择是不合作，但是当另一方也选择不合作时，两者的损失都最大。所以省级政府在博弈过程中，为了避免损失最大，对于所有省级政府的宏观理性而言，最佳选择是合作。这样对个体而言，可以避免损失最大，对整体而言，促进整体收益最大。此外西方经济学中，还有著名的"公用地的悲剧"，也可以用来解释当前我国省级政府竞争所面临的困境。

省级政府作为中央政府和当地公众的双重代理人角色，自身的发展理性和政治体系的改革使其在我国目前的经济利益主体地位日趋明显，获得更多经济利益的动力可促使省级政府去建立跨省区域治理机制，以避免"囚徒困境"和"公用地的悲剧"，进而促进共同利益的实现。

省级政府在本省行政区域内，相对中央政府可以避免哈耶克所言的"构造性无知"，能够更准确、全面地了解信息的整个过程，在信息的反馈机制中，能确保快捷、高效、经济地作出回应，所以在跨省区域治理过程中，省级政府应该作为主体，这样既有利于节省中央政府调控成本，降低交易费用，破除时间的滞后，同时基于跨省区域治理的省级政府之间的内部控制还有利于避免政策执行过程中的"代理违背"的博弈困境。[1]

由于我国幅员辽阔，所以可行的办法就是加大跨省区域治理机制的建设。当前我国已经出现跨省区域治理形式，如泛珠江三角洲、长江三角洲、环渤海湾、环北部湾等。其中也形成了一些特色治理模式，例如，政策分区与空间管制——珠三角城镇群模式、跨越行政区域——南京都市圈模式、借助党委力量——乌昌模式。[2] 跨省区域治理的优势初露端倪，有效地促进了区域内的资源优化配置对区域内的共同问题能够作出快速回应。跨省区域治理的潜力巨大，其要求进一步加强各省级政府的合作与交流，在竞争中合作、在合作中竞争，促进各方利益最大化，最终有利于跨省区域社会、经济的可持续发展。

2. 跨省区域治理的组织层面支撑

跨省区域政府治理核心为加强跨省区域治理组织的建设和完善。改革开放以来，在经济规律的作用下，省际经济合作组织不断出现，如西南五省七市经济协调会、西北五省（区）经济协调会、苏浙沪省（市）座谈会、泛珠江三角区域合作与发展论坛、环渤海经济圈合作与发展高层论坛、京张区域协调发展论坛等。[3] 而且长三角经济圈还出现多层次的合作组织：最高级别是副省（市）长级的"苏沪浙经济与发展座谈会"；其次是三省市所辖的市长级"长江三角洲经济协调会"；第三层次是"长三角城市部门之间的协调会"。"苏沪浙经济与发展座谈会"确定三省（市）合作的"大政方针"，"长江三角洲经济协调会"在"苏

---

[1] 金太军：《从行政区行政到区域公共管理》，载《中国社会科学》2007年第6期，第53页。
[2] 胡佳：《区域经济发展中的城市政府合作机制创新》，载《行政与法》2008年第1期，第40页。
[3] 杨小云、张浩：《省级政府间关系规范化研究》，载《政治学研究》2005年第4期，第50页。

沪浙经济与发展座谈会"之后召开,以便及时有效落实省级层面的有关议题。[①]长三角这种多层次的跨省区域治理组织的建立,对其他的跨省区域治理组织的建设有重要的借鉴意义。

加强跨省区域治理组织建设,更为深层的要求就是把临时性的跨省区域首长座谈会形式转变为长久存在的跨省区域治理委员会组织,由该区域内的省级政府的党委书记、行政首长、重要城市的党委书记组成,主任由省级政府的党委书记轮流担任。在跨省区域政府委员会组织的建设过程中,中央政府的主导作用不能忽视。正如迈克尔·泰勒所阐述的那样:"国家干预经济最有说服力的理由在于,如果没有国家,人们就不能卓有成效地相互协调,以实现他们的公共利益,尤其是不能为自己提供特定的公共产品。"[②] 同样,旨在协调区域内各省利益的跨省区域治理委员会的构建,应该在中央的主导下进行,至少要得到中央政府的理解和支持。这样才能使得跨省区域治理委员会更好地发挥作用,在有利于各省利益的基础上维护好公共利益。

委员会将在经济格局与战略优化、重要能源开发计划、重大环境问题治理、跨区域的基础设施建设、生产要素流动等关系该区域的战略问题进行协商沟通,并作出相关决定和实施纲要。在委员会下面设置由发展专业领域所分成的小组,如长三角地区可以根据实际情况设立区域规划与产业协调小组、重大基础设施开发管理小组、上海国际航运中心小组、太湖流域环境保护与治理小组等。小组人员由各省级政府从本地区抽调,负责委员会决议的实施,更为重要的是及时地进行区域内省级政府间的信息交流和沟通,对跨省区域的问题作出快速回应,及时采取措施,避免信息不对称所造成的巨大损失。对于一些经常性问题,还可以拟订相关的政策草案,提请委员会批准。

随着市场经济体制的完善,当省级政府不再承担市场竞争主体的角色时,跨省区域治理委员会可以把工作重点放在跨省区域的公共服务和社会管理上,为经济发展创造更好的外部环境,更好地维护公共利益。

3. 跨省区域治理的规则层面支撑

组织的建立并不能保证跨省区域治理机制的运行顺畅,正如著名转型经济学家罗兰所言,转型社会的一个重要问题就在于,以现有的制度环境为起点的转型过程并不一定会达到人们所预想的某个终极目标。跨省区域治理机制的建设和完善,必须有足够多的制度和政治支持,"制度向更高效率的演进取决于初始状态和持续的政治上的支持。"[③] 制度规则的重要功能体现为"使得个体意识到只有

---

① 徐寿松:《长三角:"泛"还是不"泛"》,载《瞭望新闻周刊》2004年11月22日。
② Tayor M. *The Possibility of Cooperation*. London: Cambridge Press, 1987, P. 4.
③ 罗兰:《转型与经济学》,北京大学出版社2002年版,第4页。

通过制度行为才能最有效地实现自己的目标,进一步讲,明确规则的存在最终有利于组织中的所有成员,甚至会有利于整个社会"。[1]

制度规则的主要目的为:作为促进个体效用最大化的工具,制度越完善和明确,它越能塑造个体的偏好。制度促进人们选择各种有利于资源合理配置的最佳制度安排,实现"帕累托"最优;制度的设定为了防范个人"搭便车"的机会主义行为,制裁行为者规避责任、逆向选择和道德危害,降低由此带来的道德风险,从而防止集体行动陷入非理性的困境。[2] 所以,制度规则包括相关正式的激励和约束规则,激励正常的信息沟通和协调行为,对破坏合作的行为和'搭便车'现象进行严厉惩罚。

走出"囚徒困境"的出路,在于加强省级政府地方信息交流和合作均衡具体规则的构建,"因为,在一个自主和平等的环境中,微观主体能及时感知和捕获到获利的机会。并在自愿和一致的基础上,通过排除外部性和'搭便车'等问题,最终完成制度创新。"[3] 所以建设自主和平等的环境关键在于区域内的省级政府能够平等协商,并在相互妥协、讨价还价中形成以文字为记录形式的正式制度规则。同时还要确保跨省区域治理委员会下的专门小组能贯彻实施此项制度的具体规则。正式规则的原则主要包括:跨省级行政区域内基础建设体系协调准则;共同保护和治理环境准则;加强区域内经济分工和整体产业结构优化准则;社会管理制度整体推进准则;经济建设的政策环境无差异准则。同时,跨省区域治理还要有利于区域内各省利益补偿和共享的制度化。在区域经济布局中相对获益较少的省份从相对获益较多的省份获得补偿,使得区域内各省能共享合作中的多种利益。

地方政府竞争过程中所出现的问题,是单个省级政府的单边公共行政所无法解决的,跨省区域治理之所以能有效地应对此弊端就在于其能打破省级行政区划的刚性限制。跨省区域治理不但符合地方政府的利益,而且现实中已经初显成效,所以要加大跨省区域治理的制度建设力度,使地方政府形成互惠、合作和共同发展的关系,从而实现在竞争中合作,在合作中竞争,最终有利于公共利益。

第二节 社会转型期中国市辖区政府治理模式

在中国内地,"市辖区"是指直辖市和较大城市(少数是副省级城市,大多

---

[1] G. B. Peters. *Institutional Theories of Political Science*. London: New Printer Press, 1999, P. 44.
[2] 孙柏瑛:《当代地方政府治理》,中国人民大学出版社 2004 年版,第 93 页。
[3] 陈天祥:《产权、制度化和范式选择——对中国地方政府制度创新路向的分析》,载《中山大学学报》(社会科学版)2003 年第 1 期,第 96 页。

数是地级市）城区划定的行政分区，这些行政分区根据其所在城市的行政级别分为正厅级（直辖市下设的市辖区）、副厅级（副省级市下设的市辖区）或者正处级（一般地级市下设的市辖区）行政区。本书所指的"市辖区政府"主要是属于副省级城市和地级市所属的市辖区，不包括直辖市下设的市辖区级政府。

一、市辖区政府的沿革与职能

（一）市辖区政府的历史沿革

我国市辖区政府的发展经历了萌芽时期（1911～1949年）、生长发育时期（1949～1978年）、快速增长时期（1978～2010年）三个阶段。

1. 市辖区政府的萌芽时期

相对历史悠久的县制而言，市辖区建制在我国出现较晚，尚处一个较不成熟的发展阶段。其发端最早可追溯至1909年清政府颁布的《城镇乡地方自治章程》，其中规定城区扩大或人口满10万人以上者，可划分为若干区管理。1911年11月，宣布独立的江苏省军政府颁布《江苏暂行市乡制》，将城的名称改为市，并规定市有区域过广其人口满10万人以上者，境内划分为若干区，各设"区董"办理区内事宜，由此开始正式确立市—区两级的行政管理体制架构，市辖区作为基层政府管理的一种实现模式正式出现于我国的行政管理领域。1921年7月，当时的北洋政府内务部以"大总统敕令"的形式颁布《市自治制》，从国家意义上正式开创了中国的城市市建制，还设立了南京、上海两个特别市，并在第41条中规定特别市可以分设区。1928年，南京国民政府成立后，曾先后颁布《特别市组织法》、《市组织法》，规定市之下的自治单位分为区、坊、闾、邻。由于当时我国的城市发展还十分落后，市辖区的建立只是存在于少数大城市，如北京、天津、上海、南京、广州等，一般市都没有设区，市辖区的设置只是极个别情况，而且市辖区的概念与现代规范的概念也有较大的差距，并非一级行政单位，区内事务由市政府各局分别办理。

2. 市辖区政府的生长发育时期

1949年12月2日，中央人民政府通过《省、市、县各界人民代表会议组织通则》，要求各地迅速召开省、市、县、乡各界人民代表会议，建立各级人民政府。于是，一些大中城市开始筹集召开城区人民代表大会或代表会议，建立区政权工作。1951年4月24日，中央人民政府政务院发布《关于人民民主政权建立工作的指示》，规定10万人口以上的城市应该分设区，召开人民代表大会会议，成立区级人民政府。1954年颁布的《中华人民共和国宪法》第5条规定：

"直辖市和较大的市分设区。"同年颁布的《地方组织法》规定,市辖区设区人民代表大会和区人民委员会,区人民委员会下设民政、生产合作、工商管理、建设、劳动、文教、卫生等科(股)。1955年,国务院发布的《关于设置市、镇建制的决定》明确规定:"人口在20万以上的市,如确有分设区的必要,可以设市辖区。"1979年,全国人民代表大会通过新的《地方组织法》规定:"市辖区为县级以上行政单位,设立区人民代表大会常务委员会。"这样,我国的市辖区制度逐步形成发展起来,并建立起完整的政权体系如权力机关、行政机关、司法机关等。1982年颁布的《中华人民共和国宪法》再次明确规定:"直辖市和较大的市分为区、县",市辖区设立人民代表大会和人民政府。

3. 市辖区政府的快速增长时期

传统的城市行政管理体制呈现高度集中、计划管理的特征,虽然存在效率低下、弹性与灵活性差等一系列缺点,但是保证了市政府的行政权威性和城市发展的整体性,而且与当时的计划经济体制是相互适应的。随着改革开放的逐步推进,城市行政体制与管理模式的改革同步展开,并大致经历了三个阶段。第一阶段,从党的十一届三中全会到1988年,城市行政管理体制由单一的高度集中管理向"一级半政府、两级管理"模式过渡。这一时期,区级政府仅在部分事权有所扩大,而在其他方面的管理权限并没有实质性改变,只是部分地发挥出一级政府的职能。第二阶段,1988~1995年,城市管理体制由"一级半政府、两级管理"向"两级政府、两级管理"模式转变,区级政府的职能得到了进一步完善和拓展。第三阶段,1995年至今,城市行政管理体制在原有"两级政府、两级管理"的基础上,增加并强化了街道一级的管理功能,实现了向"两级政府、三级管理"模式的转化。区级政府的职能被定位为:根据市政府决策对区属经济、社会、文化等公共事务进行决策和管理。

1983年以来,由于市管县体制的推行,省辖市作为地级市的地位被明确,大多数县级市升为地级市后,都相应地设置了市辖区建制,市辖区数量有了更大的发展,在同级建制单位中数量仅次于县,它们所辖的地域多为经济、文化较发达的城市型社区。近年来,我国市辖区的数量也呈现出持续增长的趋势。全国市辖区1997年、1998年、1999年、2000年分别为727个、737个、749个、787个,每年比上年分别增加了10个、12个、38个,增长比例为1.4%、1.6%、5.1%,其中2000年的增长幅度最大。在全国31个省、自治区、直辖市中,有16个在2000年增加了市辖区,其中有5个省、自治区、直辖市增长3个以上的市辖区。1949年底,全国市辖区349个,2010年底全国市辖区853个,61年间增加了504个,是1949年的2.44倍,平均每年增加约8个市辖区。2005年以来,我国市辖区数量的变化不大,2005年市辖区852个,2010年853个,只增加1个。总体上看，中华人民共和国成立以后，市辖区作为一级政权的地位是稳固的，市辖区建制的数量也基本稳定下来。

（二）市辖区政府的定位与职能

1. 市辖区政府的定位

作为城市最基层的政府，市辖区政府执行上级政府的各项政策、指令。在我国现行的行政管理体制之下，市辖区级政府是城市最基层的政府。在隶属关系上，区级政府接受市一级政府的全面领导和监督，区政府的各个职能部门受市辖职能部门指导，属于"条条"垂直管理。与平行的县相比，在市辖区与市的行政管理关系中有两个突出的特点：第一，城市管理具有鲜明的整体性，城市的各项基本公共服务系统大都整体规划运行，加之市辖区与市政府及其各职能部门在地理位置上处于同一区域，层级政府之间的职能分工并不明确，因而市辖区的独立性较差，受市级政府以及市属各职能部门的制约较强。第二，迄今为止，我国的城市管理机制仍然是属地制与单位制并存，有的居民居住在一个市辖区，但其人事关系可能属于另一个市辖区的某单位；选区划分也是按照单位和居住地双轨道进行的。"在一个区里，不仅存在着'条条'，而且存在着大量的业务、党政、人事关系均隶属于市，甚至隶属于中央的单位。它们对区的关系仅是'借贵方一块宝地'"，这些因素极大地削弱了市辖区政府因纵向行政性分权而获得自主性，也极大地制约了市辖区政府横向集权运作的潜在空间。市辖区政府的角色更多的是一个各项政策的执行者，而决策者的角色比较弱。市辖区级政府在与市级政府讨价还价时的博弈能力则更弱一些，但市辖区政府也并非毫无博弈能力，市辖区政府在与市级政府博弈的过程中也有市级政府所不具备的一些优势。改革开放之前，由于法律、法规对市辖区的地位、作用和权限等要素的界定不尽完善且经常调整，市辖区政府在实际运作过程中更像上级政府的派出机构，特别是众多权力主体的交错，造成市辖区行政权力较少有独立运作的机会，但在实际政府变迁过程中，市辖区政府的行政权力得以不同形式悄悄扩大。改革开放之后，规范意义上的市辖区政府得以建立和完善，市辖区政府行政权力的运行与扩张有了一个明确的载体。其后，随着我国社会主义市场经济建设的加快，伴随改革的深化和社会的转型，市辖区政府行政权力在某些领域和某些方面（主要指微观经济领域），存在弱化以至淡出的趋势，但总体而言，新时期为市辖区政府权力全面扩张提供了机遇，也造就了其行政权力急剧扩张的过程与现实。尤其是在市辖区政府及部门责任的落实中，市辖区政府具有区域综合管理的职能和能力，能够在区域内实现全面发动、组织和落实，市辖区以街道（乡镇）、社区（村）为组织基础的优势，在这方面得以充分体现。这恰恰是市级政府所不具备的，因此市级政府就要充分依靠和借助市辖区政府这种优势的支持、帮助，以期完成自己的职能。而这种情况不可避免地造成市与市辖区政府及有关部门之间在某些问题上的协调、谈判、协商，相互适应，存在着相互妥协与让步的可能。也就是说，虽然在尚未明确市辖区政府怎么管和具体管什么的情况下，已进行了对市辖区的一种"隐性授权"，使市辖区或多或少地行使一种"以配合名义"得到的权力。另外，市对市辖区某些创新行为的事中默许和事后合法化，也促成了市辖区行政权力的扩张。当然，最终或重大的决策权、裁定权、审批权还是牢牢控制在市一级政府，而有限地、适当地放权于市辖区，更多的是将一些琐碎繁杂的事务推由市辖区政府或区内相应职能部门处理，实质上是将"不愿意管"或"不好管"的事推给市辖区来管，这些都在一定程度上推进了区政府行政权力的扩张。

2. 基层民众所需的各项公共服务的提供者

我国一直实行"强政府、弱社会"、"大政府、小社会"的治理模式，因而需要政府出面协调解决的各种问题会更多一些，这样，市辖区政府直接与公众接触，处理他们所提出的各种问题的概率就非常大。理论上，"市辖区政府工作的主要任务，是在市委、市政府的统筹下，管理城市和为社区提供社会化的服务；街道经济工作要服从这个大局。"但在实际运作上，市辖区政府有压力也有动力"经济挂帅"。此外，街道办事处作为市辖区政府的派出机关更直接地为基层社区提供各项公共服务。我国城市地方政权和地方政府的基本模式可以概括为"两级政府，三级管理，一级自治"。在市级政府与街道办事处之间，市辖区政府在一定程度上处于中间转接和协调的位置。

（三）市辖区政府的功能

《中华人民共和国宪法》第107条规定：县级以上地方各级人民政府依照法律规定的权限，管理本行政区域内的经济、教育、科学、文化、卫生、体育事业、城乡建设事业和财政、民政、公安、民族事务、司法行政、监察、计划生育等行政工作，发布决定和命令，任免、培训、考核和奖惩行政工作人员。《中华人民共和国地方各级人民代表大会和地方各级人民政府组织法》第59条规定，县级以上的地方各级人民政府行使以下职权：（1）执行本级人民代表大会及其常务委员会的决议，以及上级国家行政机关的决定和命令，规定行政措施，发布决定和命令；（2）领导所属各工作部门和下级人民政府的工作；（3）改变或者撤销所属各工作部门的不适当的命令、指示和下级人民政府的不适当的决定、命令；（4）依照法律的规定任免、培训、考核和奖惩国家行政机关工作人员；（5）执行国民经济和社会发展计划、预算，管理本行政区域内的经济、教育、科学、文化、卫生、体育事业、环境和资源保护、城乡建设事业和财政、民政、公安、民族事务、司法行政、监察、计划生育等行政工作；（6）保护社会主义的全民所有的财产和劳动群众集体所有的财产，保护公民私人所有的合法财产，维护社会秩序，保障公民的人身权利、民主权利和其他权利；（7）保护各种经济组织的合法权益；（8）保障少数民族的权利和尊重少数民族的风俗习惯，帮助本行政区域内各少数民族聚居的地方依照宪法和法律实行区域自治，帮助各少数民族发展政治、经济和文化的建设事业；（9）保障宪法和法律赋予妇女的男女平等、同工同酬和婚姻自由等各项权利；（10）办理上级国家行政机关交办的其他事项。

应当指出，受我国各级政府"职责同构"等现实因素的影响，上述法定职能是我国各种类型市辖区的共有法定职能，也是市辖区、县和县级市的共有法定职能。这种职能确定只是一种在法律上的原则确定，与实际运作中的政府职能定位并不完全一致。

1. 市辖区政府的经济职能

市辖区政府的经济职能是随着社会经济的发展而产生和扩张的，这与市场经济条件下政府经济职能的发展相同步。经济和财富的增长为政府履行经济职能准备了物质条件，而各种问题的出现也为政府干预市场提供了合法性理由。目前，市辖区政府的经济职能主要有以下三个方面：第一，鼓励引导区域经济发展。当前中国执政党的指导思想依然是以经济建设为中心，发展经济自然成为各级政府的首要职能。作为城市组成部分的市辖区，多是工商业发达的都市区，兼有行政中心和商业中心的双重地位，在整个市域经济中起着先导和领头雁的作用。如西安市新城区的社会消费零售品总额，多年来位居西安市首位，占西安市社会消费品零售总额的1/3左右。市辖区政府通过产业发展规划、财政税收物价等调控手段对辖区的经济产生影响，使得辖区经济的发展体现出政府的调控意图，克服市场自发力量所造成的市场缺陷和市场失灵，保证经济总量的扩大和经济质量的提高，并汲取一定数量的财政收入用于公共产品的供给和公共服务的提供。第二，建立和维护市场秩序。市辖区政府遵照国家法律和上级政府的规章政策，结合区域内市场体系建设，制定市场规则，严格公正执法，保证各种市场规则的严肃性和公正性。作为执法主体的市辖区政府，其建立和维护市场秩序的职能履行得好坏，对区域经济的健康长远发展起着举足轻重的作用。第三，管理国有资产。市辖区政府作为一级政府，根据国家法律规定，承担着保证市辖区属国有资产的保值增值责任，履行监管职责，优化资产结构，确保保值增值，防止资产流失。

2. 市辖区政府的社会职能

市辖区政府的社会职能主要指在除了经济领域之外的其他领域，诸如治安管理、基层自治、危机管理、社区管理、社会保障、科学普及、教育卫生等方面的职责和功能，这种职能不同于经济职能，它包括以往学界认定的政治职能和文化职能，主要以社会公共福利为取向，多是服务性和非营利性的。第一，提供公共服务的基础设施。市辖区政府利用公共资源统一提供城市生产生活必需的各种公共服务和基础设施，有利于降低公共服务和基础设施的社会成本，为经济发展和市民生活创造必要的和良好的基础设施条件。如市区道路交通设施建设，背街小巷改造，环境卫生的清扫和保洁，环境保护等。第二，维护社会治安和社会秩序。市辖区政府作为公共权力组织，是社会治安管理的主导者，必须调动一切可以利用的资源，并发动和组织社会力量，依法最大限度地打击犯罪，公正协调不同地域、不同种族、不同行业之间的冲突，确保社会治安良好，社会秩序井然。第三，管理辖区内各项社会事务。如文化体育、教育卫生等社会公共事业。这类事务既是社会和公民之福利，也是体现社会公平的基本承载物，是市辖区政府义不容辞的责任。第四，制定和实施社会保障的制度和措施，提供社会福利、保险、救济。现代社会的保障职能尽管很多都由市场来承担，但政府提供的社会保障是基本保障，也是基础保障，是维护社会稳定，防止社会断裂的底线。市辖区政府处在一线，提供的各类社会保障产品维护着社会的基本公平与公正。第五，促进社会组织的发展和监管。随着市场经济的发展和公民意识的提高，特别是随着现代服务业的发展，经济领域与社会领域都出现了大量的中介组织。对于社会组织的发展，市辖区政府起着推动、引导与规范的作用。

二、市辖区级政府治理中的问题分析

（一）市辖区政府治理存在的问题

1. 市辖区级政府治理过程中的"权力碎片化"

市辖区自建立以来，就与所属市之间发生着难以割断，又一直未能梳理清楚的千丝万缕的联系。从理论上讲，市与市辖区政府两者之间根本上属于行政隶属关系，但改革开放以来地方政府自主性的扩张使得在现实中两者相互之间日益处于一种既有遵从又有谈判、既有合作又有竞争的复杂局面。特别是从现阶段的发展来看，围绕着独立与依赖、制约与反制约、控制与反控制，在管理领域、行政体制、财政体制等方面产生了众多的摩擦。

（1）职能交叉和机构设置重叠。虽然我国现行《宪法》和《地方各级人民代表大会和地方各级人民政府组织法》中，都有关于市辖区级政府与县级政府具有同样的行政管理职能的相关表述，但由于多数市辖区完全或大部分地处城区之内，在空间上与城市重合，难免使得市辖区在实际发展中对中心城市产生强烈的依附性，鲜有自身特色与发展空间，甚至客观上造成了公众对市辖区是否是一级政府存在模糊的认识。在行政体制改革过程中有的市地级政府对所辖市辖区级政府的干预有时随意性较强，这就容易造成市辖区级政府在管理上的错位和越位现象。这种行政定位的不清晰势必在客观上造成市辖区的事权较大，具体表现为行使公共服务职能的范围大而杂，特别是市区两级政府的责、权、利划分不清，具体管辖范围不够明确，造成本应由市级政府管辖的一些事务往往由市辖区级政府承担，而本应属市辖区级政府的一些职责范围往往又被市级政府上收。

与职能交叉、职权不清相对应的是机构设置高度重叠。我国现有社会城市管理体制实行的是"两级政府，三级管理"模式，其中"两级政府"指的是市政府及市辖区（县）政府，"三级管理"指的是市、市辖区（县）及街道（乡镇）。虽然我国已于2007年颁布实施《地方各级人民政府机构设置和编制管理条例》，授予各级地方政府科学配置、合理调整机构设置的权力，但条例同时指出在一届政府任期内应尽量保持政府工作部门的相对稳定；县级以上政府机构的设立、合并、撤销应报本级人大常委会备案，地方政府的机构变更要由上级政府审核批准等。这些限制条件客观上约束了我国现有各级地方政府机构的变动，地方政府的机构设置通常完全复制上级政府（只是有时在名称上略有区别，职能上完全一致），即使是临时机构绝大多数也是在上级政府设置了之后才对应设置的。市级政府所辖委办局与市辖区级政府所辖委办局职能交叉重叠、资源浪费现象严重。如何协调市与市辖区之间类似的职能交叉、设置重叠的机构间关系，规避市辖区级政府为寻求自身发展而与市级政府展开纵向竞争造成的不良影响，引导市辖区级政府与市级政府间良性的竞争以促进整个城市的发展，已经成为当前市辖区级政府管理体制改革的一个努力的趋向。

（2）以事权与财权为核心的权力摩擦。事权竞争。市辖区自设立以来，在相关制度的设计安排上，一直处于相对被动、劣势的地位。即使是新中国成立以来，市与市辖区政府在职能权限的划分上也一直没有非常明确具体的法律条文来约束，多数由各市自主确定，随意性和自由裁量空间过大。对于大多数市而言，市、区管理体制不顺是个非常普遍的共性问题，特别是处于市政府驻地的城区更是如此。在相关职能权限的制度安排上，一般多为倾向于保障市级利益的最大化。总体上看，如果把市与市辖区政府竞争视作"块"与"块"之间的竞争，那么这种竞争很大程度上又主要通过"条"与"条"之间的竞争，也就是市级部门和市辖区部门之间的竞争得以分解实现及充分显化与转化。最直接的反映就是在"条条"的管理上，权力的广泛上收，所辖区域的事关全局的、原则性的重大决策和指导、协调、监督等具有实质性内容的重要职能权限更多地集中于市一级。市辖区政府虽下设众多部门，但在归口管理体制下，市级主管部门与市辖区对应的职能部门之间在实践中也是领导的成分大于指导的成分。① 特别是许多职能部门成为分局之后，人事与经费渠道与市级直接挂钩，市辖区政府对其的控制能力更加弱化，所以说真正能由市辖区政府控制的，许多是那些在市里排不上位的事权。从具体的实践来看，"条块"分割格局的存在，使得市辖区政府在行政运作过程中呈现出明显的局限性和依赖性，过多地将精力消耗在与市的谈判过程中，较多时候处于一种"部门掌权、政府协调"的状态。而且近年来国家不断扩大垂直管理部门的范围，使得市辖区政府在可调控领域与权限上更是捉襟见肘。有时，在事权下放不到位的情况下，会造成在城市及其边缘地区的管理上出现一些管理盲区：市政府及其职能部门有权有责，但在管理的积极性、方便有效性上较差；区政府及其职能部门能够更为及时、更为方便有效的实施管理，但缺乏必要的权力和资源。以对城区内违建房屋的处理为例。一般而言，处理房屋违建问题的责任单位，要视房屋违建的具体情况而定。如是违反规划建设房屋，则处理单位为市建委；如在小区内的违建问题，则由市房产局负责处理；如在未验收的小区内个人私搭乱建，则由市综合执法局负责处理。但是有很多房屋违建问题，市直相关部门互相推诿扯皮，均不承认由己负责，反而要求区综合执法部门前去执法。但区综合执法部门根本就没有执法依据，只能望之兴叹。如果区综合执法局强行拆除违建，那区综合执法局就将作为区政府的职能部门作为被告诉诸法律后将会败诉。

财权竞争。财权，即财政权限的简称，也就是"政府在取得财政收入、安排财政支出，以及对财政收入和支出过程进行管理等方面的权限"。② 从广义的概念理解，它包括市和市辖区政府在国有资产、财政税收等方面的一种占有和支配的权力关系，但并不是仅仅以具体额度来衡量的一种量化概念，更包括了对某种收益权的一种控制。仅以新中国成立以来市辖区的发展为例，市往往都将主要的国有资产、重点企业、重点项目、重点资源等最大利益代表者收归己有，留给市辖区的多为低、小、弱、散层面的，当然这只是个相对概念。由于地区发展水平的差异，在不同地域、不同发展水平之下会有较大的不同。现阶段最根本的竞争还在于市和市辖区之间的财权竞争上，集中反映在税和费两个方面。税的方面主要反映在税源划分、结算体制以及税收优惠、财政奖励等方面。有的市辖区具有独立的金库和独立的财政税收征管机构，在这种状况下竞争则主要反映在税源的划分上，更多地表现为市将效益比较好的企业或比较好的税源、权限尽量上收，而将收税麻烦且税量少的税项或微利和亏损企业下放。有的市辖区没有自己

---

① 朱光磊：《当代中国政府过程》，天津人民出版社2002年版，第400页。
② 刘溶沧、李茂生：《转轨中的中国财经问题》，中国社会科学出版社2002年版，第374页。

的独立金库和税收征管机构,这种情况下,与市级财权的竞争更多反映在财政结算体制中的结算基数和分成比例等方面的谈判博弈上。费则与事权相关,某些特定事权能够带来体制内的预算外收入和体制外的非规范性收入。因此,市与市辖区政府在事权上的竞争,许多时候也可看做是某种财权的竞争,一些能收费的事项权限尽量上收,而各种需要财政投入的事业则不同程度被下放。在这种状况下,市辖区政府有时往往会采取财政投入"体外循环"的应对举措,也就是将部分预算内收入经由体制外运作,从而达到隐性操作、滞留收益于区本级的目的。特别值得一提的是,在经营城市理念的推动下,市级政府也会利用对城市规划、国土资源管理的相对控制权,在城市总体规划、土地利用总体规划的调整过程中,加大对升值潜力较大、预期收益较好的区域的控制,以获取土地级差收益,在这一过程中也就不免涉及对市辖区政府原有预期收益的调整,带来矛盾的加剧。[①]

市辖区政府治理过程中的这些问题符合"权力碎片化"的特征。希克斯将政府权力碎片化归纳为以下几个特征:政府机构之间的问题相互转嫁;政府机构之间政策项目相互冲突;政府机构之间目标冲突;政府机构之间缺乏必要的整合和协调,政府机构各自为政;政府在提供服务时,零碎而且不协调;政府提供公共服务过程中存在漏洞或交叠之处。[②] 以这些特征来衡量,发现将市辖区政府治理过程中存在的以上各种问题概括为"权力碎片化"毫不为过。

2. 市辖区治理过程中"经营者"与"管理者"角色的冲突

现阶段市辖区治理过程中的深层次问题主要是,作为地方政府运行的重要一环,市辖区治理受地方政府治理基本逻辑的制约,是地方政府治理政治承包制/晋升锦标赛/压力型体制/政绩考核机制的参与主体,但是却不具有独立的主体资格。

市辖区政府的职责定位存在内在冲突。市辖区作为与县和县级市平行的县级政权机构,在上级政府分解经济社会发展的各项任务指标时,往往把市辖区与平级的县市一律看待,即市辖区政府也要承担 GDP 增长、财政收入增长、招商引资数额等经济发展的"硬指标"要求,也要接受计划生育、社会维稳等"硬底线"约束。虽然有的个别地方强调,"区政府要'把主要精力放在管理好城市,组织好人民生活,积极开展区域性工作,为群众主动办实事、办好事,替群众解困分忧','相应的发展经济',但是要在'服务中发展经济'。"[③] 但整体而言,

---

[①] 徐飞:《市辖区治理——纵向政府竞争基础上的一种制度安排》,浙江大学 2004 年研究生论文,第 6~7 页。
[②] Perri. Towards Holistic Governance: The New Reform Agenda. New York: Palgrave, 2002, P. 48.
[③] 朱光磊:《当代中国政府过程》,天津人民出版社 2002 年版,第 398 页。

这不是普遍性的、制度性的做法，大多数地方的市辖区仍然在"经济建设为中心"还是"公共服务为中心"之间挣扎。

市辖区政府缺乏参与地方政府竞争的必要支撑条件。市辖区政府是地方政府竞争和政绩考核的参与主体，但与平级县市相比，市辖区政府缺乏相应的参与竞赛的支持性条件。纵向关系上缺乏独立性、自主性，受制于市与市级各部门，招商引资、城市建设、经济发展、土地拍卖等没有相应的权力；横向集权程度也不够；缺乏独立的资源渠道和预算外手段，如"土地财政"等。

市辖区政府客观上不得不参与地方政府之间的竞争，因为市辖区政府也是一级利益主体，上级政府的考评压力使其不得不参与竞争，尤其是政治晋升锦标赛的驱动力以及创造政绩的内在冲动，更是加剧着其与同级市辖区或同级县市之间横向竞争压力。既想参与也不得不参与，参与之后发现自己不得不"戴着镣铐跳舞"，缺乏必要的支持性条件去平等竞争，这正是市辖区政府深层次的尴尬所在。假如地方政府治理的基本逻辑没有根本改变，徒然要求市辖区转变政府职能是很难做到的，这也正是静态政府职能研究所面临的问题。[①]

（二）市辖区级政府治理存在问题的成因

1. 现代官僚制的内在特性

权力碎片化与现代官僚制的内在特性紧密相关。现代官僚制的出发点有两个，一个是理性化，另一个就是分工和专业化。"官僚制是建立在高度分工和专业化基础之上的，为了有效处理纷繁复杂的事务和解决各种各样的问题，各个部门均有一套稳定且详细的技术规范要求，因此，组织在各个领域都必须配备专家和技术人员，以适应工作需要。"[②] 按照职能划分的官僚制组织有利于组织成员通过训练掌握专门的知识和技能，进而有利于提高组织的工作效率。但是，政府过度强调分工和职能区分将不可避免地造成部门间政策目标与手段的冲突。"官僚体系内部也会不断地再分工及更专业化发展，进而形成官僚体系内部的隔阂，各机关组织朝向分立法方向发展，组织关系便呈现'碎裂化'的状态，'韦伯式问题'实导向碎裂化问题。"[③] 在实践中，各级政府总是被划分成许多职能不同的部门，这种按功能划分的分部组织结构适应了专业分工的需要，有利于政府效率的提升，却同时也带来了政府服务的分裂性，为碎片化政府埋下了隐患。如果不同职能的部门在面临共同的社会问题时各自为政，缺乏相互协调、沟通和合

[①] 何显明：《市场化进程中的地方政府行为逻辑》，人民出版社2008年版，第8~17页。
[②] 丁煌：《西方行政学说史》，武汉大学出版社2004年版，第77页。
[③] 韩保中：《全观型治理之研究》，载《公共行政学报》（台湾）2009年第31期。

作，致使政府的整体政策目标无法顺利达成，那么就导致了政府权力的碎片化。

地盘意识以及地盘战使得官僚体系内在的"权力碎片化"问题更甚。地盘指的是不同部门具有各自独立的职能区域和政策空间，以及该领域的裁判权。每个部门都在各自的地盘上制定自己的政策议程，并试图以最有效的方式运用自己的资源，达到自己设定的政策目标，与此同时，它们也发展出了自己的组织个性或意识形态。在缺乏沟通和协调的情况下，各部门为了保护地盘，通常在合作的时候保留实力或者牺牲整体利益，而在冲突的时候相互侵犯。一旦部门之间因为地盘和地盘战而陷入高度分立的状态，权力的运行就呈现为碎片化状态，各种问题将会接踵而至。一是"价值"的碎片化，下级对于上级的服从往往只是象征性的。对于上级的许多部署精神，下级往往从思想上就不认同，只是表现出表面上的认同或者顺从。二是"体制"的碎片化，不同层级政府之间、不同政府部门之间，根据各自需要执行上级部署。因此出现众多的"文件打架"、执行文件的人员打架。这样，看上去一呼百应的政府体制其实蕴涵着内在的割裂。三是"职能"的碎片化。职能部门缺乏整合，政策过程相互脱节。政府运行的重要机制演变为非正式规则主导下的"个人运作"，或者说政府部门的运行已经被植根于政府内部的人际关系结构中。讨价还价成为政府部门工作的重要方式，不仅存在于政策制定过程中，也存在于政策执行过程中。不同政策相互间不衔接，政府权力往往被用于谋取私利，而且许多私利介于合法与非法之间的灰色地带。在这样的政府运行过程中，正式的制度规范往往成为摆设，难以建立有效的法律框架，无法形成共同的价值和公认的程序。①

2. 中国行政性分权的特点

改革开放之初，政策的初创者深刻认识到国家权威高度集中在中央政府之手，是体制僵化的主要原因。因此，中国的改革在现实中是循着"放权让利"的途径走的。给地方、部门和企业以自主权，承认它们的权利和利益，调动它们的积极性和创造性，推动社会经济的发展，这是改革的必然选择。从理论上说，国家向地方和部门的放权和分权不必然就导致国家权威的碎裂化。但这需要几个约束性条件。一是中央政府始终控制着国家权威的运行方向，国家权威能够制约地方和部门权威的离心倾向和自我扩张的冲动，使得落实在中央、部门和地方各个层面上的国家权威保持集权和分权的统一，避免权力的山头化；二是国家向部门和地方授权的范围和程序要在宪政的框架下依法进行，避免盲目和随意；三是部门和地方再向次一级的部门和地方授权也要纳入制度化的轨道；四是国家能够

---

① 叶托：《碎片化政府：理论分析与中国实际》，载《中共宁波市委党校学报》2011年第2期，第42~48页。

建立一整套对分权后地方和部门的监控机制,避免部门和地方的权力自利和权力私有。[①]

放权和分权过程中的难题无论在什么社会制度下的国家都难以避免。在法治程度比较高,法制比较健全的国家,国家与社会、政府与企业、政府与市场的权限有着法律的规定性,其权力内容和权力程序都是法定的。虽然人际关系的因素、资本的力量都可以对由法律确定的权限进行干扰,但是长期的法治传统使得任何不确定的干扰都不可能在大的范围和较长的时期对法的刚性构成真正的挑战。因此,法治的传统和实践是这些国家克服放权和分权难题的可靠保证。以美国为例,联邦政府的权限和州政府的权限分别以概括和列举的方式进行划分,同时,联邦政府的权限和州政府以及地方政府的权限又通过宪法修正案和联邦最高法院的判例进行不断调整,逐渐趋于更加合理。在中国,情形则与此不同,无论是在计划经济时期还是市场经济阶段,在中国实行的分权都是行政性的,哪些权力应该保留在中央手中,哪些权力应该下放给地方、部门和企业并不明确。这样的放权和分权过程有着很大的灵活性,所以在改革开放之初,灵活的分权政策和措施焕发了地方、企业和基层的积极性和自主精神,在经济上取得了很大的成就。但是,这种灵活性的另一面就是随意性和盲目性。行政放权过程中,地方自主性形成,地方利益最大化和部门利益最大化意味着地方和部门放弃了对作为整体而存在的国家权威的维护责任,地方利益至上、部门利益至上替代了国家利益至上的原则;个人利益最大化导致了行政腐败的滋生和蔓延。一方面,经济的发展需要依靠地方利益的成长和地方力量的增强,需要依靠地方和基层推动经济发展和社会进步;另一方面,地方和基层的自利行为和对国家权威的分割和交易又可能成为经济发展和社会进步的阻碍因素。

中国改革开放以来的行政性分权始终没有达到较高的制度化水平。[②] 宪法、地方各级人民代表大会和地方各级人民政府组织法虽然对中央政府和地方政府的权限,中央以及各级地方人民政府管理国家事务、经济建设和社会生活都有规定,但由于这些规定只是原则性的,缺乏相对完善的配套法律,因而宪法和法律在放权和分权的内容和程序方面都不具备可操作性,放权和分权只能依靠政策性的调整来实行。放权和分权政策潜在的公共政策特性,即可博弈性,意味着放权和分权多半是权变和策略的。国家权力的可放可收、可伸可缩在国家的本意来说是要保持权变操之于中央的机动和灵活,但也因此留下了大量的灰色的可竞争的权利领域,为国家权力在部门、地方和基层的被截留和交易留下了空间。

---

①② 戴长征:《国家权威碎裂化:成因、影响及对策分析》,载《中国行政管理》2004 年第 6 期,第 75~82 页。

就市辖区政府治理而言,"中国多年的集中领导模式,'归口管理体制'和城市工作所特别明显的整体性,都决定了市区两级政府部门之间的这种关系"。① 一方面,集中领导模式、城市工作明显的整体性,使得市级政府及其所属职能部门有能力也有理由加强对市辖区的控制,在上下级博弈中处于明显的优势地位;另一方面,作为一级建制政府,市辖区政府有压力也有动力去争取、拓展本级政府的生存空间和生存资源。这种或明或暗的博弈由于缺乏刚性、具体、有效的制度化规范,制度化水平很低,也就使得官僚制政府内在的"权力碎片化"问题更为严重。

三、市辖区政府治理模式的建构

(一) 市辖区政府治理模式建构的基本原则

1. 由"经营城市"的偏颇观念向治理城市理念转变

经营城市,就是以城市发展、社会进步、人民物质文化生活水平的提高为目标,政府运用市场经济手段,通过市场机制对构成城市空间和城市功能载体的自然生成资本(土地、河湖)与人力作用资本(如路桥等市政设施和公共建筑)及相关延利资本(如路桥冠名权、广告设置使用权)等进行重组营运,最大限度地盘活存量,对城市资产进行集聚、重组和营运,以实现城市资源配置容量和效益的最大化、最优化。

"经营城市"是一种比较典型的中国城市治理模式。经营城市理念的优点在于,它有效地改变了原来在计划经济条件下形成的政府对市政设施只建设、不经营,只投入,不收益的状况,走出一条以城建城,以城兴城的市场化之路。但经营城市的副作用也是很明显的,"城市经营不同于政府'卖地',但'卖地'或'以地生财'却成为一些城市的城市经营的主导内容或唯一内容。"② 这种模式概括出了现阶段我国大中小城市、东中西部城市、不同行政级别的城市的特征。究其本质,城市经营模式确实道出了中国在转型期上至中央政府下至乡镇政府,其中当然包括城市政府,对于 GDP 的疯狂追求。

城市治理是城市管理创新的一种新思潮。城市治理基本内涵包括:城市治理的主体是多元的,城市政府、城市市民、城市私人营利组织和城市非营利组织构成城市的内部治理体系;城市治理的内容包括经济、社会和环境等多个领域;城

---

① 朱光磊:《当代中国政府过程》,天津人民出版社 2002 年版,第 400 页。
② 踪家峰:《城市与区域治理》,经济科学出版社 2008 年版,第 131 页。

市治理的过程强调各种利益主体的互动。① 就城市内部治理体系而言，城市政府治理包括政府的职能治理、组织治理和对市长团队的激励和约束机制的建立，城市政府与城市市民主要探讨城市市民如何建立一个机制来约束和激励城市政府，城市市民如何参与城市政府的决策机制问题，城市政府与企业之间的关系问题，以及非营利组织如何有效地参与城市政府的决策和城市的发展。②

经营城市与治理城市最本质的差别是，经营城市带有浓厚的经济赶超色彩，把城市作为一个经济实体来经营，追求经济收益最大化。而治理城市是以公共服务为导向的，强调政府最重要的职能是为城市公众提供公共服务；为有效提供公共服务，城市治理要求政府实现由直接生产者的单一角色向动态的兼任生产者、安排者和培育者的"多面人"角色转换，即以政府为主导，私营部门和第三部门广泛参与的多种方式并存的公共服务格局。③

2. 对市辖区级政府治理变革分类别指导

截至 2010 年底，我国大陆地区共有 853 个市辖区，在全国 2 856 个县级行政单位中，约占 30% 的比例。以本书的研究对象——地级市的市辖区而言，其内部情况也较为多样化，发展很不平衡。在与城市的关系、经济发展程度、城市规模等方面，具有高度的多样性、复杂性，因而不适于用"一刀切"的方案予以统一解决。少数因"虚假城市化"而来的县改市市辖区，可能需要恢复本来面目，去"虚假城市化"而回归县的建制。大多数市辖区仍然需要保持市辖区的建制，但也需要因类别不同分别制定指导性意见，不宜以"一刀切"的方式强行推行市辖区治理变革。

3. 以公共物品分层级供给促进市辖区级政府职能转变

公共产品按其受益或者效用溢出的程度即外溢性分为全国性公共产品和地方性公共产品。全国性公共物品具备两个基本特征：其一，只要有一个人从共享物品中受益，其他所有人都能从中受益。就如宏观经济调控，各地政府都愿意享受宏观稳定的好处，却希望别人负担实现宏观稳定的成本。很明显，把宏观稳定的职能分散到各级政府，肯定是行的。其二，"谁付款、谁享用"的原则在此行不通。因此，全国性的公共物品如国防、法制等都属于纯公共物品。从政府成本—效率来分析，只有中央政府才具备提供全国性的公共物品的资格，也只有这样，才能确保其政治管理的权威性和社会管理的稳定性。地方性公共物品，实质上属

---

① 丁健：《论城市治理——兼论构建上海城市治理新体系》，载《上海市经济管理干部学院学报》2004 年第 2 期；葛海鹰：《经营城市与城市治理》，载《中国行政管理》2005 年第 1 期；王佃利：《政府创新与我国城市治理模式的选择》，载《国家行政学院学报》2005 年第 1 期。
② 踪家峰：《城市与区域治理》，经济科学出版社 2008 年版，第 131 页。
③ 周义程：《公共服务供给主体选择的悖论及其消解策略》，载《行政与法》2005 年第 11 期，第 22~24 页。

于准公共物品,主要指那些公共物品的受益范围和成本分摊都限于一个辖区内部,其他地区并不能从中受益,也不必为之分摊成本。由于不同受益范围的地方性公共物品的存在,中央政府是不可能也不应该包揽下所有的不同范围和层次的公共物品供应。因此,地方性公共物品的提供应根据受益范围的大小,在考虑相应的外部效益的基础上,由受益地区的成员来承担提供这些物品的费用,实行政府间职责的多级分配。如高速公路可由省一级政府负责,市镇建设、基本公共服务设施等则应当由市一级政府来负责。根据公共物品在受益范围上的差异,以及其分布特征,实行政府间纵向职责的多级分权式配置,有利于消除公共物品的外部效应,防止资源的无效率配置。① 全国性公共产品的提供由中央政府负责;地方性公共产品的提供应由中央政府向地方政府进行财政分权,由地方政府负责。政府职能定位和职责划分的理论依据源于公共产品的层次性和不同级次政府行为目标的差异性。公共产品的层次性决定了不同种类的公共产品须由不同级次政府提供才会有效率,而政府行为目标的差异更充分论证了政府职责划分的必要性。

根据公共物品分层级供给理论确定各级地方政府的职责范围,也就是确定了各级政府的职能定位。地方性公共产品决定了地方政府职责范围。由于地方性公共产品具有内在层次性,为确保地方性公共产品的有效率的供给,必须在各级地方政府间进一步进行职责划分,财权划分,为不同级次的地方政府履行其职责提供物质保证。由此可见,公共产品理论是明确各级地方政府提供公共产品范围、赋予提供公共产品能力大小的理论基础。

4. 在官员激励和约束之间保持平衡

对包括市辖区政府在内的中国各级地方政府及其主要官员而言,假如说竞争和激励机制还是比较有效的话(虽然也存在很大问题,如竞争的内容),那么约束和监督机制则基本处于缺位状态。现行体制下,主要依赖上级的监督,但上级因为信息不对称及"政绩共同体"等因素监督并不是很有效,而来源于平级的权力监督、来源于下级和社会的监督则受制于基本制度,基本不到位。这导致地方自主性演变为地方政府的自主性,地方政府自主性演变为地方政府主要领导的自主性,并进一步导致腐败、政绩工程等严重的问题。

我国是社会主义国家,是人民当家做主的国家。改革开放以来,随着社会主义市场经济体制的建立和民主法治建设的不断加强,我国正由政治权力至上转变为公民权利至上,由官本位向民本位转变。这是中国社会深刻的重大历史变化,

---

① 朱光磊、张志红:《"职责同构"批判》,载《北京大学学报》(哲学社会科学版)2005年第1期,第107页。

也是中国走向现代国家的必然趋势。因此，市辖区政府的各项职能的配置和设计，不仅要适应这一转变，而且要积极推进这一转变。在公民民主法制意识不断增强的今天，遵循公民至上原则，不仅充分体现了政府的性质，明确了政府职能的总体运行方向，而且有利于约束政府行为，增强其合法性基础。与此同时，遵循这一原则，能够比较容易地确定市辖区政府的权力边界。因为，在社会主义市场经济和民主政治条件下，公民权利的边界也就是政府权力的边界，政府行使权力、履行职能时，不仅不能侵犯公民的权力，还要将维护公民权利、不断增进公民合法权益作为首要职责。

5. 遵循公共管理的基本规律

作为政府公共管理的基本组成部分，市辖区政府治理的重塑和日常运行都要遵循公共管理的基本规律，这其实是常识性的东西，但对于中国的地方治理建构及其日常运行而言，尊重这些常识性的公共管理规律，异常重要。其中，与市辖区治理变革密切关联的原则有：职能法定化原则，职能下属化原则，权责利对称原则。

职能法定化原则。政府职能法定化，是指政府职责与功能用法律法规的形式明确和固定下来。就市与市辖区来讲，就是要用法律来明确市辖区的管理范围和拥有的权限及职能。坚持职能法定化，是依法治国和建设法治政府的必然要求，也能减少政府间的利益博弈，同时也是改进行政组织法的必然要求。具体分析，应做到四点：一是制定单行的市辖区政府组织法，对市辖区的组成、职能、权限、隶属关系和设立、变更程序分别作出规定。二是法律授予市辖区的权力，应有市辖区独立行使，不受干涉。三是市辖区职能必须依法设置、变更和撤销。四是保护法律赋予的市辖区政府职能，强化对干涉市辖区职能行为的法律责任追究。

职能下属化原则。制度经济学中的职能下属化原则是一项在各级政府间划分任务的原则。它确立了财政分权和公共物品分层供给理论，指出政府的大量职能都能够被分散化，并由相互竞争的机构来承担，主张将集体行动中的每一项任务放置在尽可能低的政府级别上。布雷顿针对该原则还提出了两个子原则，即响应原则和辅助性原则。所谓响应原则，是指行政体制架构中处于较低层次的政府与民众更为接近，对公民的偏好能够更好地反映。因此，只有当下级政府不能在技术上承担行使一项权力或职能的责任时，才应当将其指派给一个更高的管辖级次。辅助性原则是指一项权力或者职能不应该派给行政体制架构中一个更高的层次，如果下级可以同样程度或者更好地履行该更高级次所承担的责任。将以上理论应用到市辖区职能定位上，应将区政府能够履行的各种职能分权到区一级，只有涉及整个城市宏观性的职能，才应集中和指派给市一级。

权责利对称原则。首先要合理分配市与市辖区的权力，就是要适应经济、政治、文化、社会发展的需要和现代化变革的要求，明确划分市与区的职责和权限。市一级集权的上限是不能导致市级职能部门或组织的过分集权；下限是不得侵犯和剥夺市辖区的自主权，不得侵犯和剥夺企事业、社会团体的合法权益，不得侵犯和剥夺公民的合法权益。市辖区分权的上限是在政治上不得危害国家的政治、法律制度。不得动摇市级的合法权威，在经济上不得妨碍市场体系的建立、形成和发展；下限是不得侵犯和剥夺公民的合法权益，不得侵犯和损害企事业、社会团体和社会中介组织的合法权利。市辖区是城市的组成部分，城市的特点决定了城市管理的整体性和集中性，从而要求市辖区必须服从市政府对整个城市的统一规划和管理；另一方面，在具体实施过程中，又需要调动市辖区的积极性，积极配合城市的规划、建设和服务，做到统分结合，市与市辖区权责要对称。首先，市与市辖区行政、经济权力应该和各自所承担的管理责任相对应。其次，市与市辖区责任要对称，就是要使各自的利益与其肩负的责任和权力相统一，有多少责任就给多少权力，有多少责任就给多少利益，切实做到事与权的统一，权和责的一致，责和利的吻合。

（二）市辖区政府治理模式建构的制度保障

1. 推进财政体制改革

中国在建立社会主义市场经济新体制的过程中，已通过 1994 年的财税配套改革搭建了一个"以分税制为基础的分级财政"框架。但由于种种制约条件，1994 年体制的过渡色彩比较浓重，需要在深化改革中对之加以改进和完善。近年基层财政运转困难，与事权重心下移、财权重心上移以致两者严重缺乏对应性直接关联。深化我国财政体制改革的大思路，应按照建立公共财政框架的方向，在适当简化政府层级的前提下，按照"一级政权、一级事权、一级财权、一级税基、一级预算"的原则构造完整的多级财政。而"一级财权"最根本的问题，是分税制里的税基问题，对那些有利于发挥地方信息优势和征管优势、宜于由地方调节掌握得更切合基层职能、更具多样性的税种，应划为地方税。[①]

对市辖区而言，一是要改革按企业隶属关系划分财税收入的传统做法，按照"一级政府，一级事权，一级财政"的要求，根据财权与事权相统一、效益与公平相兼顾的原则，化繁为简，改变根据工商系统企业登记级次划分市、区财税收入的办法，代之以属地征收为主确定税收归属的管理办法。这种财税分配体制的

[①] 贾康：《中国财政改革：政府层级、事权、支出与税收安排的思路》，载《经济管理文摘》2005 年第 10 期，第 40～42 页。

优势在于，为区级政府管理社会事务、提升公共服务的能力和水平奠定基础。二是要按照构建公共财政框架的要求，依法界定市、区政府的事权责任，明确市、区政府财政支出责任，使其各负其责。凡属市级政府承担的财政支出，市级财政应设法予以保障，不留资金缺口；属于市、区两级共同事务的，应根据各方收益程度，并考虑市及市辖区财政的承受能力，确定合理的负担比例，建立共同事务经费分担的长效机制。三是规范转移支付。对市辖区来说，在财政转移支付的政策上应享受省直管县的同等待遇，在计算口径和方法上与省管县一样，特别在财政支出、惠农政策、公益事业支出和项目资金上，省财政给予适当倾斜，帮助解决部分市辖区的财政困难，使得这些市辖区能享受到市级人口平均的公共服务水平。

2. 推进官员激励、考核、监督机制改革

（1）完善和转变政绩考核机制。现行的官员政绩考核机制，表面上看已经很完善，但在实际运行中却经常走向区分"硬指标"、"硬底线"、"软指标"的偏颇。因此，应进一步完善和转变官员政绩考核体系，真正做到全方位、立体化考核。一是在指标体系上，将科学发展观、和谐社会建设、社会管理创新、环境保护、社会保障等指标真正做实，避免"唯GDP论英雄"的极端局面。二是在考核方式上，改变单一的由组织部门考核的做法，加大公众、人大、政协、独立评估机构、专家在地方政府及其领导成员政绩考核中的权重。二者比较，显然后者更为重要。

（2）推动横向政治分权改革。地方政府的权力缺乏宪政秩序下有效的制衡机制，地方政府得以将自身的行为自主性扩张到极致，同时又能够在地方公共事务的管理和地方公共产品、公共服务的提供上逃避其相应的责任，导致地方政府行为不断偏离公共利益最大化的轨道，这是20世纪90年代以来地方政府行为模式最值得关注的现象之一。

推动政治分权是约束地方政府行为自主性的必然选择。从现代国家治理结构的建构来看，这种政治分权至少包括以下内容：一是建立宪政秩序，使执政党的政治整合由组织整合向制度整合过渡，形成政党与政府合理的权力分工，改变目前地方党委既高于地方政府同时又是政府本身，使得地方政府得以方便地借助于党的组织体系的整合机制强化横向集权，超越行政权限和行政程序的局面。二是充分保障公民依法享有的各项基本人权，让公民真正获得法律框架内的自主行为空间，并使公民在遇到合法权益受到地方政府自主性行为的侵犯时能够从独立于地方政府的司法体系获得救济，实现以公民的行为自主性制约地方政府的行为自主性。三是从法律上严格限制地方政府对区域市场体系发育和市场秩序扩展的行政干预，将地方政府的经济职责定位于产权保护和市场规则的维护上，赋予企业法律规则框架内完全的自主经营权,形成政府与市场之间的明确分工,以企业的行为自主性来限制地方政府的行为自主性。四是积极引导和培育社会中介组织、自治组织,在相对成熟的市民社会基础上促成国家与社会相对分离,打破国家(政府)统摄一切的大一统格局,逐步实现"从行政到管理"的转变,以自治、半自治的社会组织的行为自主性制约政府行为的自主性。当公民、市场主体、社会组织均确立了自己相对独立的自主权,拥有了法律框架内的行为自主性的时候,地方政府也就获得了其合理的行为自主性空间。

(3)健全对权力的监督和制约机制。第一,健全监督制约权力的法律体系。法律的基本作用之一乃是约束和限制权力。要完善规范权利主体方面的立法,在明确界定其权力和责任的基础上,对国家机关及其工作人员实行规范化管理,约束其权力行为;抓紧行政程序立法,严格规范行政行为;完善监督方面的法律体系,实行全方位、多渠道的监督。第二,建立科学的权力制衡机制。坚持以权力制约权力,就是要完善相关制度,对直接掌管人财物的权力,涉及公民、法人及其他组织的利益或者人身自由的权力加以分解,交由不同的部门和人员交叉分工行使,使之互相监督制约,从而改变政府部门既当运动员又当裁判员的失范状态。第三,建立有效的权力运行机制。要通过整章建制,明确规定政务公开的原则、范围、方式,从决策到执行等环节加强对权力的监督,防止权力成为少数人谋利的工具。第四,建立强有力的监督机构。强化权力监督制约机制,最重要的是要有专门的机构进行强有力的监督检查。当前,要强化法律监督为主体的多元监督,强化党的纪律检察机关的监督作用,明确赋予纪律检查机关在监督工作上拥有对检察、审计和行政监察等监督机构的协调、指挥权,强化行政机关的内部监督和新闻媒体监督,保证人民赋予的权力真正用来为人民服务。

3. 促进社会管理体制改革

(1)积极发展社会自治组织。从长远来看,健全利益表达机制,应立足于积极培育民间自治组织,以立法的形式明确社会自治组织的法律地位,规范其运作,为它们的发展提供良好的社会空间和制度保障。各级地方政府应当有意识地扶持、帮助弱势群体建立自己的自治组织,使弱势群体的利益诉求能够通过制度化的渠道及时地反映出来,避免弱势群体只有通过大规模的非法集体行动,形成强大的体制外压力,甚至酿成重大事端,才能迫使地方政府对其利益诉求作出反应的不正常现象。推动和扶持民间组织发展,是政府行使社会职能的重要方面。推动和扶持民间组织的发展,不但可以减轻政府社会管理的某些职能任务,而且也是培养公民参与意识,使公民在民间组织以及各种组织间的网络中养成协商、诚信、互利的精神,积累国家治理的"社会资本"的重要途径。

(2)积极推动基层自治。根据国情,适当借鉴国内外其他地方的城市基层管理经验。以中国香港、中国台湾、日本、韩国、美国等地区或国家的城市基层管理经验来看，充分发挥基层社区的灵活性、积极性是一个重要的方向。上一级政府就应该勇于授权，解除地方组织、人事、财务以及行政运作上不合理的限制，落实基层自治权限，协助区政府以及自治机构执行公共服务与政策的实施。各级政府应该一改过去的强制型统治，而应真正做一个为人民服务的组织，与人民一道互动、合作管理地方公共事务的组织。

（三）市辖区政府治理模式建构的路径

1. 调整市与市辖区间的纵向关系

（1）尽可能从法律上明确市与市辖区政府关系。石亚军在《中国行政管理体制改革：基于全国调研基础上的理论思考与对策建议》一文中提出，依据党的十七大报告中有关组织制订行政管理体制改革总体配套方案的精神，需要制订的配套改革方案就包括加强法治政府建设方案，制定《行政组织基本法》，完善地方行政组织法，包括制定《地方基本法》和相应的《省、市、县（区）、乡基本法》等，使行政主体制度、行政组织形态、行政组织程序、地方法律分权、违法责任追究等基本问题法规化。按照职权法定的原则，市、区两级政府的职能来源和依据都应是成文法律，市、区两级政府都应依据法律赋予的权力行使职权，权力的行使同样都要受到法律的限制，不得滥用权力或侵权、越权。在对市区两级政府职责权限进行重新划分和配置的最重要的原则就是使两者的这种职权划分法律化、制度化和稳固化。① 因此，推动市辖区制度的立法显得极为关键，应尽快把市、区关系纳入法制化的轨道，对市、区的职权划分的原则、内容、监督机制以及程序通过立法予以规范，硬化政府间的关系，减少市对区授权的自由裁量空间，消除不确定性，回归职权法定的轨道，从根本上解决市、区职权在收放之间反复变动的问题。使市与市辖区之间的关系不再摇摆不定，不再是单纯的行政隶属关系和上下级关系，而是具有一定契约关系的性质，市政府和市辖区政府在一定程度上成为具有不同权力和利益的平等的法律主体，具有不同的行为目标。以此理顺关系，优化结构，规范竞争，提高效能，形成市、区两级政府权责一致、分工合理、决策科学、执行顺畅、监督有力的行政管理体制。

（2）合理划分市与市辖区职能。从目前市、区两级政府的情况来看，虽然说市辖区政府是一种全能型政区，但事实上，市辖区在某些职能上并没有权限或者没有足够的权限，它又是一个不完全政府。基于此，应当对市、区两级政府的

---

① 石亚军：《中国行政管理体制改革：基于全国调研基础上的理论思考与对策建议》，载《中国行政管理》2008 年第 3 期，第 8~13 页。

职能权限进行合理划分，正确区分核心职能和非核心职能。

所谓核心职能是指对某一具体部门来说最重要的职能。核心职能是决定部门存在的依据。应根据市政府的职能重点，强化核心职能，转移、弱化、下放或取消非核心职能。市政府可以考虑只保留如下核心职能：国土资源与房屋管理、质量监督、药品监督、城管、公安、计划、统计、物价、规划、市政、审计、工商、税务（国税、地税）等。可以考虑下放给区政府的职能主要集中在公共服务方面，主要包括：①提供地方安全和秩序，如户籍、居民登记、灾害防救。②建立公立公益设施，提供地区基础设施。如公共厕所、街道照明、停车场、人行道，部分交通建设，区域河流管理。③提供必要的公共服务，如兴建图书馆，职业训练，提供丧葬、娱乐设施等。④环境保护，如垃圾处理。⑤基层教育与社会保障，托儿所、幼儿园、小学、初中校舍的维护，实施义务教育，老人福利保健、儿童福利、国民健康保险等。⑥地区规划，负责地区经济振兴，农田规划管理等。

总之，市、区两级政府之间并不意味着产生相互倾轧、相互对抗的矛盾，而应该根据各自功能，发挥潜力，实现优势互补、和谐共生的可持续发展状态。因此，未来区政府职能演变方向应该是在有限领域有所增强，而非全面铺开，关键要把握好区政府权力扩张的合理强度。

（3）建立综合性协调机构：市公共服务综合协调委员会。现阶段，城市公共服务的供给普遍实行"主管部门——事业单位"的部门分割式治理方式，即所有的公益服务性的事业单位都隶属于相应的职能部门，而部门分割又造成了一定的"碎片化"现象。应借鉴 OECD 国家一体化公共服务提供模式的成功经验，组建专门性质的城市"公共服务综合协调委员会"，作为一个综合性的协调机构，由市长、部分副市长、相关职能部门主要负责人、公益性社会组织主要负责人、专家等组成，直接对市政府负责。"公共服务委员会，是在构建公共服务体系、提高公共服务水平的过程中，政府用以公共服务各个领域、统筹社会公共资源、进而配置公共服务职责的引领型机构。它是聚合公共服务各领域、社会各类公共服务资源、公共服务各个行为主体的统领者，是公共服务的政策制定者、采购规划者和绩效评价者。"①

（4）建立行政权限争议仲裁机制。我国的仲裁制度由于历史原因，还未形成一套完善的运行机制，触及的领域也相当有限。目前，就中央和地方行政领域的争议解决来讲，主要通过国务院改变或撤销不适当的地方政府规章，裁决部门规章和地方政府规章，解释行政法规条文，或由国务院法制工作机构和国务院有

---

① 朱光磊：《城市公共服务体系建设纲要》，中国经济出版社 2010 年版，第 327~328 页。

关部门通过对行政法规具体问题研究答复等形式来处理。就市与市辖区之间的行政争议来看，目前还没有形成一套行之有效的解决机制。市与市辖区政府在发生行政权限争议时，往往是处于被领导地位的市辖区政府作出妥协和让步。而正是这种让步，久而久之，使得市辖区政府对于一些应有的职权、责任采取无所谓的态度，以求得所谓的"平稳与和谐"。这样既挫伤了市辖区政府的积极性，耽误了许多政务工作，又影响了市辖区的发展。因此，很有必要在市和市辖区之间建立行政权限争议仲裁机制，理顺市与市辖区的关系。

2. 整合市辖区级政府内部机构

由于历史原因，市辖区政府内部的一部分垂直管理机构、双重领导机构与其他职能部门交叉在一起，在应对实际问题的时候固然经常会协作、互相配合、开展联合行动等，但也难免会发生摩擦、矛盾，如何协调、理顺这些职能部门也值得关注。可以从以下几个方面进行改革：

第一，撤销某些机构，这些机构主要是一些权力事实上已经被市政府上收但是机构仍然设立在市辖区的，以及一些双重领导但市政府最终有决策权的部分职能部门。

第二，城市政府的组织结构设计要减少中间层，扩大管理幅度，减少管理层级，加强综合协调职能。例如说，在街道层面实行"大部门制"，相应地，在区政府层面实行"大部制"或"委员会制"，把职能相近或交叉较多的专业局划归各"大部"或各"委员会"，各"大部"或各"委员会"的职责是统筹决策、协调、监督，各专业管理局的主要职责是面向基层进行具体操作与执行。

第三，弱化区政府经济管理职能，与经济管理相关的委、办、局可以撤销、合并或者精简；强化社会管理和公共服务职能。区政府与其他相关管理部门应建立各种面向居民的专业管理及提供多样化服务的机制。同时，在社会管理和公共服务方面，建立通过中介组织、非营利组织承担具体业务，市辖区政府提供支持、加强监管的新机制。

3. 建构以市辖区政府为核心的公共治理体系

（1）发展和规范社会中介组织和行业协会，增强社会自我管理的能力。理顺政府部门、行业协会和中介机构之间的相互关系，强化行业协会的管理职能，逐步建立起以行业自律管理为主，政府间接管理为辅的管理体制。同时，继续发展各类社会中介组织，以满足市场经济发展的需要。

（2）发展社区自治。提升社区功能，充分尊重人民群众的主人翁意识和首创精神，落实居民自治制度，把能交给人民群众自己管理的事情就大胆交给人民群众，自觉实现管理重心下移和管理权力下放，逐步扩大基层自治范围，提高管理质量。社区自治的充分发展，有利于基层民众公共事务自我管理、自我服务，有利于减轻市辖区政府及其派出的街道办事处的事务负担，为市辖区级政府的职能转变打好基础。同时，基层社区自治的发展也有利于夯实民主法治建设的社会基础，自下而上地推进公共服务型政府建设。

（3）建构、整合以市辖区政府为核心的公共服务供给体系。政府仍然是公共服务供给体系无可置疑的核心，但是政府在公共服务体系中的角色将是更多的"掌舵者"的角色，而不是"划桨者"的角色。政府在提供公共服务时候，要创造条件把竞争机制引入公共服务领域，允许私营企业经营传统的公共服务，或是将部分适宜的公共部门实行私营化管理。政府在履行公共职责时，要更多地释放空间促使非政府组织发挥其应有的作用，在一些适宜非政府组织发挥作用的领域，如环境保护、公共卫生、社会救济、文化娱乐、心理指导、就业培训、邻里关系、扶危济困等，政府要逐步促使非政府组织承担主要责任，从而为自身的职能转变奠定坚实的基础。当然，私营部门、非政府组织和政府在提供公共物品和公共服务上是竞争关系，但这种"竞争"和"经营"，不再是市辖区政府本身作为地方经济总"经营者"的经营和地方政府之间的较为偏颇的"GDP"竞争，而是在地方政府监督、约束之下，公共部门、私营部门与第三部门为更好地提供公共服务、公共产品的竞争。

参考文献

1. 阿尔蒙德、鲍威尔：《比较政治学：体系、过程和政策》，上海译文出版社1987年版。
2. 奥斯本、普拉斯特里克：《摒弃官僚制：政府再造的五项战略》，中国人民大学出版社2002年版。
3. 奥斯本、盖布勒：《改革政府：企业精神如何改革公共部门》，上海译文出版社1996年版。
4. 布莱克著，景跃进、张静译：《现代化的动力：一个比较史的研究》，浙江人民出版社1989年版。
5. 布莱克：《比较现代化》，上海译文出版社1996年版。
6. 查普夫著，陆宏成、陈黎译：《现代化与社会转型》（第二版），社会科学文献出版社2000年版。
7. 陈振明：《政府工具导论》，北京大学出版社2009年版。
8. 《邓小平文选》（第2卷），人民出版社1994年版。
9. 《邓小平文选》（第3卷），人民出版社1993年版。
10. 弗雷德里克森：《公共行政的精神》，中国人民大学出版社2003年版。
11. 朱光磊：《当代中国政府过程（修订版）》，天津人民出版社2002年版。
12. 哈贝马斯著，曹卫东译：《公共领域的结构转型》，学林出版社1999年版。
13. 何显明：《市场化进程中的地方政府行为逻辑》，人民出版社2008年版。
14. 亨廷顿：《变化社会中的政治秩序》，上海人民出版社2008年版。
15. 胡宁生：《中国政府形象战略》，中共中央党校出版社1998年版。
16. 胡伟：《政府过程》，浙江人民出版社1998年版。
17. 黄德发：《政府治理范式的制度选择》，广东人民出版社2005年版。
18. 经济合作与发展组织：《中国治理》，清华大学出版社2007年版。
19. 雷龙乾：《中国社会转型的哲学阐释》，人民出版社2004年版。
20. 李军鹏：《公共服务型政府》，北京大学出版社2004年版。

21. 刘亚平：《当代中国地方政府间竞争》，社会科学文献出版社 2007 年版。

22. 陆学艺、景天魁：《转型中的中国社会》，黑龙江人民出版社 1994 年版。

23. 陆学艺：《当代中国社会阶层研究报告》，社会科学文献出版社 2002 年版。

24. 罗兰：《转型与经济学》，北京大学出版社 2002 年版。

25. 罗荣渠：《现代化新论：世界与中国的现代化进程》，商务印书馆 2004 年版。

26. 罗西瑙：《没有政府的治理》，江西人民出版社 2001 年版。

27. 马云瑞：《中国政府治理模式研究》，郑州大学出版社 2007 年版。

28. 毛寿龙、李梅、陈幽泓：《西方政府的治道变革》，中国人民大学出版社 1998 年版。

29. 《毛泽东选集》（第 2 卷），人民出版社 1991 年版。

30. 《毛泽东选集》（第 4 卷），人民出版社 1991 年版。

31. 米什拉：《资本主义的福利国家》，法律出版社 2003 年版。

32. 皮埃尔·卡蓝默：《破碎的民主——试论治理的革命》，上海三联书店 2005 年版。

33. 普拉斯特里克：《摒弃官僚制：政府再造的五项战略》，中国人民大学出版社 2002 年版。

34. 让－皮埃尔戈丹著，钟震宇译：《何谓治理》，社会科学文献出版社 2010 年版。

35. 任剑涛：《政治学：基本理论与中国视角》，中国人民大学出版社 2009 年版。

36. 萨拉蒙：《全球公民社会——非营利部门视界》，社会科学文献出版社 2002 年版。

37. 石国亮：《服务型政府——中国政府治理新思维》，研究出版社 2009 年版。

38. 斯蒂格利茨：《政府为什么干预经济》，中国物资出版社 1998 年版。

39. 孙柏瑛：《当代地方政府治理》，中国人民大学出版社 2004 年版

40. 孙立平：《转型与断裂：改革以来的中国社会结构变迁》，清华大学出版社 2004 年版。

41. 孙晓莉：《中国现代化进程中的国家与社会》，中国社会科学出版社 2001 年版。

42. 孙学玉：《企业型政府论》，社会科学文献出版社 2005 年版。

43. 唐娟：《政府治理论：公共物品供给模式及其变迁考察》，中国社会科学出版社 2006 年版。

44. 汪辉、陈燕谷：《文化与公共性》，上海三联书店 2005 年版。

45. 王绍光、胡鞍钢：《中国国家能力报告》，辽宁人民出版社 1993 年版。

46. 韦斯特：《控制官僚》，重庆出版社 2001 年版。

47. 谢庆奎：《当代中国政府与政治》，高等教育出版社 2003 年版。

48. 谢庆奎：《政府学概论》，中国社会科学出版社 2005 年版。

49. 徐家良：《政府评价论》，中国社会科学出版社 2006 年版。

50. 颜昌武、马骏：《公共行政学百年争论》，中国人民大学出版社 2010 年版。

51. 杨宏山：《府际关系论》，中国社会科学出版社 2005 年版。

52. 俞可平：《治理与善治》，社会科学文献出版社 2000 年版。

53. 朱光磊：《当代中国政府过程》，天津人民出版社 1997 年版。

54. 踪家峰：《城市与区域治理》，经济科学出版社 2008 年版。

55. B. Jessop. *The dynamics of partnership and governance failure.* in G. Stoker（ed.）*New politics of Britishlocal governance*, Basingstoke：Palgrave Macmillan, 2000.

56. D. F. Kettle. *Sharing Power：Public Governance and Private Markets.* Washington DC：The Brookings Institution, 1993.

57. E. Sorensen, J. Torfing. *Theories of democratic network governance.* Basingstoke：Palgrave Macmillan, 2007.

58. G. Stoker（ed.）*New politics of Britishlocal governance*, Basingstoke：Palgrave Macmillan, 2000.

59. J. Pierre, B. G. Peters. *Governing complex societies.* Basingstoke：Palgrave Macmillan, 2000.

60. J. Pierre. *Debating Governance：Authority, Steeing and Democracy.* Oxford University Press, 2000.

61. J. Kooiman. *Modern Governance*, London：Sage, 1993.

62. K. A. Eljassen, J. Kooiman. *Managing public organizations：lessons from contemporary European experience*, London：Sage, 1993.

63. L. Lynn, C. Heinrich and C. Hill. *Improving governance：a new logic for empirical research*, Washington DC：Georgetown University Press, 2001.

64. L. Salamon. *The new governance and the tools of public action：an introduction.* Fordham Urban Law Journal, 2001, 28（5）.

65. M. Tayor. *The Possibility of Cooperation.* London：Cambridge Press, 1987.

66. Perri. *Towards Holistic Governance：The New Reform Agenda.* New York：Palgrave, 2002.

67. Ulrich Beck. *Risk Society：TowardS a new Modernity.* London：Sage, 1992.

教育部哲学社会科学研究重大课题攻关项目成果出版列表

书　名	首席专家
《马克思主义基础理论若干重大问题研究》	陈先达
《马克思主义理论学科体系建构与建设研究》	张雷声
《马克思主义整体性研究》	逄锦聚
《改革开放以来马克思主义在中国的发展》	顾钰民
《新时期　新探索　新征程 ——当代资本主义国家共产党的理论与实践研究》	聂运麟
《坚持马克思主义在意识形态领域指导地位研究》	陈先达
《当代中国人精神生活研究》	童世骏
《弘扬与培育民族精神研究》	杨叔子
《当代科学哲学的发展趋势》	郭贵春
《服务型政府建设规律研究》	朱光磊
《地方政府改革与深化行政管理体制改革研究》	沈荣华
《面向知识表示与推理的自然语言逻辑》	鞠实儿
《当代宗教冲突与对话研究》	张志刚
《马克思主义文艺理论中国化研究》	朱立元
《历史题材文学创作重大问题研究》	童庆炳
《现代中西高校公共艺术教育比较研究》	曾繁仁
《西方文论中国化与中国文论建设》	王一川
《中华民族音乐文化的国际传播与推广》	王耀华
《楚地出土戰國簡册［十四種］》	陳　偉
《近代中国的知识与制度转型》	桑　兵
《中国抗战在世界反法西斯战争中的历史地位》	胡德坤
《近代以来日本对华认识及其行动选择研究》	杨栋梁
《京津冀都市圈的崛起与中国经济发展》	周立群
《金融市场全球化下的中国监管体系研究》	曹凤岐
《中国市场经济发展研究》	刘　伟
《全球经济调整中的中国经济增长与宏观调控体系研究》	黄　达
《中国特大都市圈与世界制造业中心研究》	李廉水
《中国产业竞争力研究》	赵彦云

书　名	首席专家
《东北老工业基地资源型城市发展可持续产业问题研究》	宋冬林
《转型时期消费需求升级与产业发展研究》	臧旭恒
《中国金融国际化中的风险防范与金融安全研究》	刘锡良
《全球新型金融危机与中国的外汇储备战略》	陈雨露
《中国民营经济制度创新与发展》	李维安
《中国现代服务经济理论与发展战略研究》	陈　宪
《中国转型期的社会风险及公共危机管理研究》	丁烈云
《人文社会科学研究成果评价体系研究》	刘大椿
《中国工业化、城镇化进程中的农村土地问题研究》	曲福田
《东北老工业基地改造与振兴研究》	程　伟
《全面建设小康社会进程中的我国就业发展战略研究》	曾湘泉
《自主创新战略与国际竞争力研究》	吴贵生
《转轨经济中的反行政性垄断与促进竞争政策研究》	于良春
《面向公共服务的电子政务管理体系研究》	孙宝文
《产权理论比较与中国产权制度变革》	黄少安
《中国企业集团成长与重组研究》	蓝海林
《我国资源、环境、人口与经济承载能力研究》	邱　东
《"病有所医"——目标、路径与战略选择》	高建民
《税收对国民收入分配调控作用研究》	郭庆旺
《多党合作与中国共产党执政能力建设研究》	周淑真
《规范收入分配秩序研究》	杨灿明
《中国社会转型中的政府治理模式研究》	娄成武
《中国加入区域经济一体化研究》	黄卫平
《金融体制改革和货币问题研究》	王广谦
《人民币均衡汇率问题研究》	姜波克
《我国土地制度与社会经济协调发展研究》	黄祖辉
《南水北调工程与中部地区经济社会可持续发展研究》	杨云彦
《产业集聚与区域经济协调发展研究》	王　珺
《我国货币政策体系与传导机制研究》	刘　伟
《我国民法典体系问题研究》	王利明
《中国司法制度的基础理论问题研究》	陈光中
《多元化纠纷解决机制与和谐社会的构建》	范　愉
《中国和平发展的重大前沿国际法律问题研究》	曾令良
《中国法制现代化的理论与实践》	徐显明
《农村土地问题立法研究》	陈小君

书　名	首席专家
《知识产权制度变革与发展研究》	吴汉东
《中国能源安全若干法律与政策问题研究》	黄　进
《城乡统筹视角下我国城乡双向商贸流通体系研究》	任保平
《产权强度、土地流转与农民权益保护》	罗必良
《矿产资源有偿使用制度与生态补偿机制》	李国平
《巨灾风险管理制度创新研究》	卓　志
《国有资产法律保护机制研究》	李曙光
《中国与全球油气资源重点区域合作研究》	王　震
《可持续发展的中国新型农村社会养老保险制度研究》	邓大松
《农民工权益保护理论与实践研究》	刘林平
《大学生就业创业教育研究》	杨晓慧
《新能源与可再生能源法律与政策研究》	李艳芳
《生活质量的指标构建与现状评价》	周长城
《中国公民人文素质研究》	石亚军
《城市化进程中的重大社会问题及其对策研究》	李　强
《中国农村与农民问题前沿研究》	徐　勇
《西部开发中的人口流动与族际交往研究》	马　戎
《现代农业发展战略研究》	周应恒
《综合交通运输体系研究——认知与建构》	荣朝和
《中国独生子女问题研究》	风笑天
《我国粮食安全保障体系研究》	胡小平
《城市新移民问题及其对策研究》	周大鸣
《新农村建设与城镇化推进中农村教育布局调整研究》	史宁中
《农村公共产品供给与农村和谐社会建设》	王国华
《中国大城市户籍制度改革研究》	彭希哲
《国家惠农政策的成效评价与完善研究》	邓大才
《中国边疆治理研究》	周　平
《边疆多民族地区构建社会主义和谐社会研究》	张先亮
《新疆民族文化、民族心理与社会长治久安》	高静文
《中国大众媒介的传播效果与公信力研究》	喻国明
《媒介素养：理念、认知、参与》	陆　晔
《创新型国家的知识信息服务体系研究》	胡昌平
《数字信息资源规划、管理与利用研究》	马费成
《新闻传媒发展与建构和谐社会关系研究》	罗以澄
《数字传播技术与媒体产业发展研究》	黄升民

书　名	首席专家
《互联网等新媒体对社会舆论影响与利用研究》	谢新洲
《网络舆论监测与安全研究》	黄永林
《中国文化产业发展战略论》	胡惠林
《教育投入、资源配置与人力资本收益》	闵维方
《创新人才与教育创新研究》	林崇德
《中国农村教育发展指标体系研究》	袁桂林
《高校思想政治理论课程建设研究》	顾海良
《网络思想政治教育研究》	张再兴
《高校招生考试制度改革研究》	刘海峰
《基础教育改革与中国教育学理论重建研究》	叶　澜
《公共财政框架下公共教育财政制度研究》	王善迈
《农民工子女问题研究》	袁振国
《当代大学生诚信制度建设及加强大学生思想政治工作研究》	黄蓉生
《从失衡走向平衡：素质教育课程评价体系研究》	钟启泉　崔允漷
《构建城乡一体化的教育体制机制研究》	李　玲
《高校思想政治理论课教育教学质量监测体系研究》	张耀灿
《处境不利儿童的心理发展现状与教育对策研究》	申继亮
《学习过程与机制研究》	莫　雷
《青少年心理健康素质调查研究》	沈德立
《灾后中小学生心理疏导研究》	林崇德
《民族地区教育优先发展研究》	张诗亚
《WTO主要成员贸易政策体系与对策研究》	张汉林
《中国和平发展的国际环境分析》	叶自成
《冷战时期美国重大外交政策案例研究》	沈志华
《我国的地缘政治及其战略研究》	倪世雄
*《中国政治文明与宪法建设》	谢庆奎
*《非传统安全合作与中俄关系》	冯绍雷
*《中国的中亚区域经济与能源合作战略研究》	安尼瓦尔·阿木提
……	

*为即将出版图书